海盐年鉴

2024

海盐县档案馆（海盐县史志研究室） 编

方志出版社
Publishing House of Local Records

图书在版编目（CIP）数据

海盐年鉴．2024 / 海盐县档案馆（海盐县史志研究室）编．-- 北京 ：方志出版社，2024. 10. -- ISBN 978-7-5144-6381-1

Ⅰ．Z525.54

中国国家版本馆 CIP 数据核字第 2024KV0022 号

责任编辑：刘方圆
责任校对：张玉霞
责任印制：梅中英
出 版 者：方志出版社
地　　址：北京市朝阳区潘家园东里 9 号（国家方志馆 4 层）
邮　　编：100021
网　　址：http://www.zgfzcb.cn
发　　行：方志出版社图书营销中心（010-67110500）
印　　刷：云南美嘉美印刷包装有限公司
开　　本：889 毫米 ×1194 毫米　1/16
印　　张：29.25
字　　数：980 千字
版　　次：2024 年 10 月第 1 版
印　　次：2024 年 10 月第 1 次印刷
定　　价：185.00 元

《海盐年鉴》编辑部

《海盐年鉴（2024）》撰稿人员

（排名不分先后）

万　磊	卫文宇	马丽燕	马卓仪	马　凯	王旭炜	王肖维	王肖雅	王张群	王胜梅
王素丽	王晓伟	王郭萍	王　望	王　超	王　斌	王　静	王嘉玮	王燕华	孔子豪
卢海军	叶文婷	叶昭辰	叶晓婷	史瑶函	冯微红	冯　煜	吕丽静	朱小勤	朱阳阳
朱　杰	朱明立	朱育慧	朱建新	朱艳丽	朱晓丹	朱晓莹	朱晓婷	朱梓颀	朱敏杰
朱　锦	伍学民	任潇渊	庄晓洁	刘　磊	汤晓洁	许　凯	许晶星	许　婷	孙云霞
孙艺莲	孙方言	孙会锋	孙　昕	孙晓梅	严朦伊	苏韵汀	李书凡	李　昱	李保祥
李　洁	李彩勤	李瑞华	李嘉渊	李　燕	李　懿	杨宇华	杨佳喆	杨晨希	步亚军
肖　军	肖　瑾	吴凤莉	吴达青	吴成文	吴伊蕾	吴许峰	吴运惇	吴利锋	吴林峰
吴国军	吴佳辉	吴益君	吴娟萍	吴晨光	吴福英	吴群超	吴燕芳	邱康伟	何文杰
何陈杰	何晨昕	何琴娣	汪依琴	汪　晟	沈云峰	沈凤霞	沈文星	沈心丹	沈芸晗
沈　芳	沈杨杨	沈　佳	沈秋叶	沈神秀	沈笑琴	沈　甜	沈解伟	宋　丹	宋燕婷
张月芳	张冬燕	张加林	张　杰	张铃涛	张逸莹	张　婷	张震毅	陆凤麟	陆丽娟
陆迎希	陆劭宇	陆春欣	陆梦婷	陆紫薇	陈以龙	陈　伟	陈怡心	陈建业	陈　哲
陈铁章	陈雪峰	陈　婷	陈　璐	邵久灵	邵海晴	范林霞	范莹莹	范雪峰	林小卫
林艺伦	郁惠明	罗　芳	罗　峰	罗敏飞	金林峰	金诗怡	金春琴	金　峰	金海燕
金　萍	金银凤	金　婷	周冬梅	周宇鑫	周胜妹	周恒星	郑芳琳	郑国和	郑欣荟
郑　剑	郑海霞	赵思雨	赵奕曼	胡安琪	胡羽茜	胡剑雄	胡徐艳	柳丽珍	段浩洁
俞刚翔	俞　峻	俞焱恺	姜　涛	姜　斌	祝　立	费燕萍	姚妍丽	姚若宇	姚泽超
姚恺丰	秦凯丽	袁灵洁	袁毅春	莫嘉栋	夏　露	顾冬韵	顾林燕	顾佳悦	顾依婷
顾琳怡	顾锦华	钱一鸣	钱天艳	钱　丽	钱雪婷	钱　惠	徐小源	徐卫锋	徐天璐
徐　贝	徐生良	徐光亚	徐冰洁	徐建芬	徐建明	徐晓婷	徐　超	徐　雲	翁路楠
高欣页	郭依丽	郭建丽	唐逸炯	陶　琛	陶璐琰	黄　琳	黄飘莹	戚丁霞	崔成武
崔芳蕾	崔群华	笪超杰	章　敏	梁　洁	董　威	蒋云兰	蒋哲凡	蒋慧伦	覃红梅
程世儒	傅拥军	曾浦成	富勤婷	富慧琴	谢军叶	蓝晓娟	楼银伟	虞伟祥	詹志浩
蔡　忻	蔡建凤	潘杰达	潘静怡	薛宇婷	魏国华	魏洁萍			

编辑说明

一、《海盐年鉴（2024）》以马克思列宁主义、毛泽东思想、邓小平理论、“三个代表”重要思想、科学发展观、习近平新时代中国特色社会主义思想为指导，坚持辩证唯物主义和历史唯物主义的立场、观点和方法，求真务实，力求客观、全面、系统地记录海盐县2023年度政治、经济、文化、社会、生态等各项事业的基本情况，为社会各界了解和研究海盐提供翔实的基础资料。

二、《海盐年鉴》是中共海盐县委、海盐县人民政府主办，海盐县档案馆（海盐县史志研究室）组织编纂的地方综合年鉴，是逐年记载海盐县政治、经济、文化、社会和生态文明建设的年度资料性文献。

三、《海盐年鉴（2024）》是海盐县第28部地方综合年鉴。记载时间从2023年1月1日至12月31日，部分条目内容的记述作简要的历史追溯，以求内容的完整。凡在文中直书月、日的，均指2023年内的日期，书中涉及其他年份的时间则表明年份。

四、《海盐年鉴（2024）》依次设特载、专记、大事记、海盐概况、中共海盐县委员会、海盐县人民代表大会、海盐县人民政府、中国人民政治协商会议海盐县委员会、中共海盐县纪律检查委员会　海盐县监察委员会、民主党派・工商联・知联会、群众团体、法治、军事、农业、水利・海塘、工业、秦山核电、经济技术开发区、商贸服务、旅游、开放型经济、金融、经济管理、交通、邮政・通信、城乡建设、生态建设、教育、科学技术、文化・体育、卫生・健康、社会生活、应急管理、镇・街道、人物・名录、附录等类目36个、分目212个、条目1298个、照片160幅、表格83张。

五、《海盐年鉴（2024）》主要采用分类编辑法，划分类目、分目、条目三个层次，条目为年鉴基本记述单位。全书结构根据年度特点进行相关调整，专记收录“我们的村晚”具有年度特色的亮点专题。将“国内贸易”类目改为“商贸服务”，“生态环境”类目改为“生态建设”，“开放型经济与区域合作”类目改为“开放型经济”等。

六、《海盐年鉴（2024）》数字用法、标点符号用法分别采用国家标准《出版物上数字用法》（GB/T 15835—2011）、《标点符号用法》（GB/T 15834—2011），计量单位采用国家技术监督局1993年12月发布的《量和单位》系列国家标准，部分“亩”“公里”等约定俗成的单位名称保持原貌。

七、《海盐年鉴（2024）》所采用稿件，均由海盐县县级机关各部门、各有关单位和各镇（街道）专人撰写或提供，经撰稿、供稿单位领导审核，并经县保密局作保密审核。各种数据均经有关部门、单位核实确认。凡涉及海盐县国民经济和社会发展全局性的数据以县统计局公布的数据为准；县统计局未作统计的，由有关业务部门提供。特载部分数据尊重原文。书稿中部分数据和计数或相对数，由于单位取舍不同而产生的计算误差，均未作机械调整。

八、为方便检索查阅，正文后设有综合性主题索引，索引款目按首字汉语拼音字母顺序排列，使用方法详见索引说明。

数字海盐·2023

全县总面积 **1072.63** 平方千米，其中陆域面积 **595.57** 平方千米、海域面积 **477.06** 平方千米

全县户籍人口 **38.38** 万人，常住人口 **47.09** 万人

全县生产总值 **668.31** 亿元，其中第一产业增加值 **20.1** 亿元、第二产业增加值 **384.88** 亿元、第三产业增加值 **263.33** 亿元

全县人均生产总值 **174164** 元

全县财政总收入 **114.37** 亿元，其中一般公共预算收入 **65.54** 亿元

全县一般公共预算支出 **78.16** 亿元

全县货物进出口总额 **315.97** 亿元，其中出口 **277.72** 亿元、进口 **38.25** 亿元

全县新批外商和中国港澳台商投资企业 **28** 家，合同利用外资和中国港澳台投资 **8.69** 亿美元，实际利用外资和中国港澳台投资 **3.53** 亿美元

全县实现社会消费品零售总额 **202.74** 亿元

全县城镇居民人均可支配收入 **78591** 元

全县农村居民人均可支配收入 **50647** 元

全县有正常营业商品交易市场 **27** 家，市场成交总额 **57.91** 亿元

经济发展

临港物流全景

（县开发区供）

百步经济开发区夜景

（百步镇供）

3月11日，海盐县核技术（同位素）产业集中签约仪式举行　　（秦山街道供）

4月26日，DSV国际储运及供应链管理中心建设项目（东方先航物流中心）开工仪式举行 （县商务局供）

5月7日，海盐·丹佛斯第二园区项目签约落户望海街道 （望海街道供）

7月20日，海盐县武原街道招引的年产1000万千瓦时储能系统建设项目签约仪式举行　（武原街道供）

8月10日，全省“一标一品一产业”融合发展现场推进会在海盐召开　（赵思雨摄）

12月1日，诺华中国放射性药品投资项目签约仪式在省人民大会堂举行　（秦山街道供）

7月7日，海盐县开展水稻钵苗移栽

12月21日，全县首座工业污水处理厂工程完工通水仪式举行

（县综合执法局供）

（张铃涛摄）

10月20日，海盐葡萄国家地理标志农产品保护工程示范基地建成　（陈哲摄）

工业强县

化工园区 （县开发区供）

中法（海盐）国际产业合作园

六里工业园区 （溆浦镇供）

（县开发区供）

长墙山工业园区

（澉浦镇供）

浙江青莲食品股份有限公司工业互联网大屏　（县经信局供）

浙江友邦集成吊顶股份有限公司　（县经信局供）

民生事业

8月，海盐县实验中学教育集团东校区获浙江省建设工程质量最高奖“钱江杯（优质工程）”。图为海盐县实验中学外景

（县教育局供）

9月，三毛小学东校区建成投入使用

9月，海盐县顺利通过国家学前教育普及普惠县创建省级督导评估。图为9月20日评估反馈会现场

（县教育局供）

（县教育局供）

2023年，建设中的海盐县人民医院　　（县卫生健康局供）

文体活动

2月6日，2024年海盐县农村文化礼堂“我们的村晚”新春晚会在望海街道新街社区文化礼堂举行

（县委宣传部供）

3月1日，首届“秦山核电杯”全国业余围棋公开赛举行

（县文化广电旅游体育局供）

4月22日，2023南北湖春季徒步大会举行　（县文化广电旅游体育局供）

5月30日，长三角滚灯联盟暨2023海盐县滚灯文化节活动之滚灯精品节目展评活动在海盐大剧院上演

（姜国峰摄）

6月1日，2023长三角沈荡古镇户外运动多项赛举行　　（县文化广电旅游体育局供）

7月13日，嘉兴市“村BA”篮球超级联赛海盐选拔赛在望海街道文体中心举行

（望海街道供）

9月1日，2023年嘉兴市农村文化礼堂“我们的村歌”大赛在通元镇丰义村举行　　（通元镇供）

11月27日，“佳惠杯”2023年第5届海盐·南北湖马拉松在南北湖举行　　（县文化广电旅游体育局供）

12月2—3日，“法狮龙杯”2023浙江省青少年（儿童）乒乓球积分排名赛在望海全民健身中心举行

（望海街道供）

美丽海盐

“闲宿雅居·和翠通元”和美乡村示范片区

（通元镇供）

百步镇新农村点

（百步镇供）

天仙湖公园 （郭秋敏摄）

南北湖景区

百步镇云鼎广场　　　　（百步镇供）

（澉浦镇供）

“古韵甪里”农文旅融合示范点（六里村）　（县文化广电旅游体育局供）

敕海观塘城市阳台　（武原街道供）

目　录

特　载

专　记

大事记

海盐概况

中共海盐县委员会

海盐县人民代表大会

海盐县人民政府

中国人民政治协商会议海盐县委员会

中共海盐县纪律检查委员会 海盐县监察委员会

民主党派・工商联・知联会

群众团体

法　治

军 事

农 业

水利 · 海塘

经济技术开发区

商贸服务

旅　游

开放型经济

金　融

经济管理

邮政 · 通信

城乡建设

生态建设

教　育

文化·体育

卫生·健康

社会生活

应急管理

镇·街道

人物·名录

附　录

Contents

The People's Congress of Haiyan County

The People's Government of Haiyan County

Haiyan County Committee of the Chinese People's Political Consultative Conference

Haiyan County Discipline Inspection Commission of CPC, Haiyan County Supervision Commission

Non-CPC Parties, Federation of Industry and Commerce, Association of Non-Party Intellectuals

Mass Organization

Rule of Law

Military

Agriculture

Water Conservancy and Seawall

Industry

Qinshan Nuclear Power

Economic and Technological Development Zone

Trade Services

Tourism

Open Economy

Finance

Economic Management

Traffic

Post & Communication

Urban and Rural Construction

Towns & Sub-districts

People and Directory

Appendix

特　载

深入学习贯彻习近平总书记考察浙江重要讲话精神在奋力推进中国式现代化县域实践新征程上走在前争先锋

——2023年12月29日在县委十五届六次全体（扩大）会议上的报告

县委书记　王碎社

这次县委全会的主要任务是：坚持以习近平新时代中国特色社会主义思想为指导，全面贯彻党的二十大、二十届二中全会精神和习近平总书记考察浙江重要讲话精神，深入落实中央和省市经济工作会议及省市委全会部署要求，回顾总结过去一年工作，研究部署2024年各项目标任务，进一步动员全县上下坚定不移践行“八八战略”，一以贯之落实“三个示范”嘱托，坚定信心、敢作善为、攻坚突破，在奋力推进中国式现代化县域实践新征程上走在前争先锋。

下面，我代表县委常委会向全会报告工作。

一、充分肯定今年发展成绩，坚定在推进中国式现代化县域实践新征程上走在前争先锋的信心决心

今年以来，面对复杂严峻的发展形势，县委常委会全面贯彻党的二十大精神，认真落实省三个“一号工程”、“十项重大工程”、市“四敢争先”等各项部署要求，突出“狠抓落实年”主题主线，全面开展“三大比拼”、实施“三大攻坚”、强化“三大提升”，埋头苦干、奋进实干、拼搏争先，交出了经济社会发展的高分答卷。预计全年实现地区生产总值670亿元，其中县内增长7%左右；财政总收入114.2亿元，增长6.8%，其中一般公共预算收入65.5亿元，增长5%；城乡居民人均可支配收入分别增长5.7%和8%。

这一年，我们牢记嘱托、感恩奋进，政治生态更加良好。认真学习贯彻习近平总书记考察浙江重要讲话及重要指示批示精

神，忠实践行“八八战略”，牢记“三个示范”嘱托，扎实有效推进习近平新时代中国特色社会主义思想第二批主题教育，以捍卫者的绝对忠诚坚定拥护“两个确立”、坚决做到“两个维护”。全面加强政治建设，不断完善县委统一领导、县四套班子民主和谐、同心合力的工作格局，全县上下政通人和、心齐劲足、共谋发展，风清气正的良好政治生态持续巩固。

这一年，我们立足当前、谋划长远，发展势头更加强劲。紧盯事关县域未来发展的重大交通、重大平台、重大项目等核心关键，抢抓机遇谋项目、全力以赴强推进，“2+2+X”现代综合交通体系提速建设，南北湖未来城科创湖区、高铁新城CBD等一批先行标志项目谋深谋实，占地5000亩的南北湖湿地公园开工建设，招大引强再创佳绩，成功引入瑞士诺华、丹佛斯第二园区等一批重大外资制造业项目，获省委主要领导表扬肯定。

这一年，我们迎难而上、克难攻坚，旧账清理更加有力。聚焦项目推进、“腾笼换鸟”、征地拆迁等领域历史遗留问题，率先在全市开展“清理旧账”破难行动，强化“一把手”领衔、专班专案攻坚，以“大兵团”作战高效平稳完成重大交通线型工程、高铁新城等农房征（搬）迁3899户，攻坚销号历史遗留征迁户65户，153项攻坚破难事项完成率全市第一，一批历史旧账清理取得实质性突破，进一步扫除了发展的堵点和障碍。

这一年，我们比拼争先、勇创一流，成绩取得更加靓丽。创新举办镇（街道）“红旗赛”、部门（单位）“擂台赛”，全县上下想干事、求发展、争上游的意愿持续高涨，广大党员干部奋勇争先的信心显著增强、精气神持续提振，各领域工作齐头并进、成绩靓丽，新增上市企业数、省级“隐形冠军”数均居全市第一，获省政府督查激励；基层卫生健康主要指标评价连续两年全国第一，平安考核和平安指数连续两年全市第一；连续两个季度获市投资赛马激励，以第二名夺得全市三季度“互学互比互赛”流动红旗奖，创历史最好成绩。

具体来说，重点抓实了以下“七个方面”的工作：

（一）集中精力抓招商、攻要素、推项目，有效投资较快增长。坚定招商引资“一号工程”不动摇，强化“一把手”带头招、周三外出招、专班攻坚招，实际利用外资3.53亿美元，引进“招大引强”项目41个。大力开展“有效投入”比拼，深化落实“周一项目推进日”等机制，新列入省“千项万亿”工程项目15个，预计完成固定资产投资343亿元、增长10%。持续攻坚要素保障，发行专项债59.97亿元，居全市第二；争取土地指标2030亩，盘活存量用地1357亩；南北湖未来城EOD项目被纳入中央生态环保金融支持项目库；蓝湾项目入选国家海洋生态保护修复项目，获中央直补资金3亿元。

（二）坚定不移强工业、育企业、促消费，经济质效持续提升。召开“415”工业大会暨智造创新强县发展大会，制定出台氢能、5G通信、同位素产业专项政策，推进传统产业“两化”改造，预计县内规模以上工业增加值增长7%，数字经济核心制造业增加值增长10%。开展“腾笼换鸟”比拼，整治提升高耗低效企业171家，腾退低效土地2385.7亩，淘汰落后用能5万吨标煤，获省攻坚行动考核激励。坚定企业“专精特新”发展，新增上市企业3家、国家级专精特新“小巨人”5家、省级“专精特新”中小企业56家。快速落实省市“民营经济32条”等惠企纾困政策，累计减免税费60.99亿元，兑现各类惠企财政资金4.6亿元。开展“消费提振”比拼，召开服务业高质量发展大会，制定出台提消费、拓市场、稳外贸等政策，预计外贸出口增长10%、社会消费品零售总额增长10%、服务业增加值增长7.5%。大力实施乡村产业升级行动，预计农业增加值增长3%。

（三）狠下功夫攻改革、强创新、引人才，发展动能持续增强。大力实施营商环境优化提升“一号改革工程”，全省首创知识产权刑事案件诉前赔偿调解机制，全市率先实施政务服务区域协同一体化建设，入选国家深化农村集体经营性建设用地入市试点县，高分通过国家基本公共服务标准化试点验收，争列国家级改革试点7项、省级44项，“无感监测”营商指数、“大综合一体化”行政执法改革指数、营商环境事项一次性化解率等均居省市前列，争列省级创新深化、改革攻坚、共同富裕等最佳实践案例5项。制定出台科技新政11条、人才新政3.0和技能人才专项政策，秦山核电获全国质量奖、中国标准创新贡献奖和省政府质量奖。海盐高新技术产业园区获评省级高新技术产业园，同位素制备和应用技术中心成功认定为省级工程研究中心，入围省重大科技成果1项、科技进步奖4项，研发强度提高0.11个百分点，科技创新指数、企业研发机构设置率等居全省前列。持续强化人才引育，新增中华技能大奖1人、全国技术能手3人，累计数量居全省第一；新增“长三角大工匠”1人，全市唯一；到岗省级以上高层次人才4人，创历年之最；新增高技能人才3643人。

（四）久久为功提品质、塑风貌、优生态，城乡颜值不断提升。稳步实施“小县大城”，完成农房公寓式安置2557户，常住人口城镇化率提升至66%，成功入选以县城为重要载体的城镇化建设和城市更新省级试点。深耕精致城市建设，北大街历史文化街区、县文化艺术中心（天仙湖公园）等建成投用，新人民医院、职教中心（竞技体育场馆）、县康体活动中心等加快建设，杭州湾日出观景平台即将建成开放，“陪你到海盐看日出”“浪漫风车集市”持续网红“出圈”。深入实施新时代“千万工程”，召开县委农村工作会议，扎实推进“南北两带”建设，新增省级未来乡村5个，创建和美乡村特色精品村5个、达标村19个，创成省级城乡风貌样板区2个，以第二名获全市和美乡村优胜奖。深化美丽海盐建设，农村人居环境保持全市前列，入选省级减污降碳协同试点县，创成全省首批四星级无废城市，生态环境主要指标、生态满意度保持领先。

（五）持之以恒惠民生、优服务、强保障，共同富裕扎实推进。拓展帮扶重点群体就业，零就业家庭保持“动态清零”。稳步扩大兜底保障，县、镇、村三级社会救助服务联合体实现全覆盖，城镇住房保障受益覆盖率保持全市第一，医保基金运行绩效连续两年全市第一。持续擦亮“优学在盐”品牌，三毛小学东校区等3所学校建成投用，嘉职院海盐学院实现秋季招生，高分通过全国学前教育普及普惠县创建省级评估。深化健康海盐建设，县人民医院创成三乙医院，健康浙江考核全省第四。聚焦“一老一小”，县老年活动中心加快建设，成功创建全国首批未成年人保护示范县。深化文化文明建设，高人气举办全省“我们的村晚”，获省委主要领导批示肯定；“盐之有礼”品牌入选全省首批“浙江有礼”金名片。常态长效抓好全国文明城市创建，新时代文明实践中心评估全市第一。

（六）不遗余力防风险、除隐患、保平安，社会大局和谐稳定。全链条拧紧安全生产工作责任，深入开展安全生产大检查、大整治，全县各类生产安全事故数下降20%、火灾数下降25.3%。从严抓实初信初访，全市率先实现省、市信访积案清零，成功创建全国信访工作示范县。大力开展平安建设基层基础提升年活动，秦山街道人民调解委员会获评全国模范人民调解委员会，创成全省人民调解工作先进县，数字法治监督应用县域试点、基层抓法治督察等工作走在前列。圆满完成杭州亚（残）运会等重大活动和敏感时间节点维稳安保任务，稳妥处置恒大、融创等房地产领域风险隐患，刑事、治安警情实现双下降，平安建设勇夺全省首批“二星平安金鼎”，有望高分实现“十九连冠”。

（七）从严从实夯基础、强队伍、转作风，党的建设全面加强。牢固树立和践行正确政绩观，不断掀起学习宣传贯彻习近平总书记考察浙江重要讲话精神热潮。高质量推进县级媒体深度融合发展，融媒指数居全省前列，主流舆论声势持续巩固壮大。严格落实意识形态工作责任制，扫黄打非督办案件工作得到中央领导批示肯定。深入实施“红色根脉强基工程”，持续推进“百千万”工程创评和现代社区建设，通元镇获评省红色根脉强基示范镇，北荡社区等创成引领型省级未来社区，南门社区等获评全省首批现代社区。深入开展“四敢争先”实践活动，深化综合考核改革，持续实施“青苗工程”“常青树”行动，各年龄段干部干事创业积极性充分激发。全域深化清廉海盐建设，开发区公权力“数智双轨”治理模式入选省清廉单元建设“十大创新案例”。高质量完成省委巡视反馈问题整改和县委第三、四轮巡察。纵深推进正风肃纪反腐，全年立案157件，党纪政务处分162人，移送司法机关13人。查处全市首例诬告陷害行为，为24名党员干部和2个党组织澄清正名。全面加强民主法治建设，支持人大、政府、政协和监委、法院、检察院依法依章履行职能，大统战工作格局持续巩固，工青妇等群团组织功能不断增强，党管武装、退役军人、老干部、关心下一代等工作迈上新台阶。

这些成绩来之不易、成之惟艰。同时，我们也要清醒看到当前仍面临不小的压力和挑战：外部环境面临较大的复杂性、不确定性，自身发展的结构性素质性矛盾依然突出，有效需求不足，社会预期偏弱，部分行业和中小企业生产经营困难，工业经济运行质效有待提升；城市能级提升速度还不够快，公共服务供给、民生事业保障等与群众期望还有较大差距；安全发展基础不够牢固，风险隐患依然不少；少数党员干部推动高质量发展的谋划能力、落实能力还有不足，全面从严治党仍存在薄弱环节，等等。对这些问题，我们要高度重视，切实采取有力措施努力加以解决。

二、深入学习贯彻习近平总书记考察浙江重要讲话精神，切实增强在推进中国式现代化县域实践新征程上走在前争先锋的政治自觉、行动自觉和使命自觉

9月19日至24日，习近平总书记到浙江考察并发表重要讲话、作出重要指示，这在浙江发展历程中具有重要里程碑意义。全县上下要全面学习、全面把握、全面落实习近平总书记考察浙江重要讲话精神。一要以紧跟核心、感恩奋进的政治自觉，深刻感悟习近平总书记对浙江大地和浙江人民的深情大爱。每到浙江发展的重要节点关键时刻，习近平总书记都为浙江把脉定向、指路引航。党的十八大以来，习近平总书记先后6次到浙江考察指导，每一次都给予我们极大鼓舞和鞭策。我们要深刻认识习近平总书记这次考察的重大政治意义、战略意义、时代意义，切实增强忠诚之心、爱戴之情、捍卫之志，更加坚定捍卫“两个确立”、坚决做到“两个维护”，坚定不移沿着习近平总书记指引的道路奋勇前进，把习近平总书记的深情厚爱转化为担当作为、干事创业的强大动力。二要以久久为功、走深走实的行动自觉，深刻认识习近平总书记作出“八八战略”之于浙江的极端重要性。今年适逢“八八战略”实施20周年，在这一重大历史节点上，习近平总书记来浙江考察发表的一系列重要讲话，丰富了新时代“八八战略”的理论内涵和时代价值，赋予了浙江新的重大光荣使命、更大发展机遇和宏大展示舞台。我们要始终坚定持续推动“八八战略”走深走实的战略方向和战略定力，坚持创造性贯彻落实、创新性转化发展，一张蓝图绘到底、一任接着一任干，一步一个脚印把习近平总书记擘画的宏伟蓝图变为美好现实。三要以走在前列、示范引领的使命自觉，深刻领悟习近平总书记对浙江发展战略的精准定位。这次考察，习近平总书记提出了“浙江是中国式现代化的先行者”的新定位、“奋力谱写中国式现代化浙江新篇章”的新使命，是历次重要指示批示的传承递进、螺旋上升，把浙江工作再次提升到了一个全新高度。我们要完整准确全面学习领会习近平总书记重要讲话精神，更好地从中国式现代化的大场景、从党和国家工作大局认识和把握海盐各项工作，进一步放大格局视野、找准方位坐标，切实增强前列意识、强化前瞻思维、加快前进步伐，担当作为、狠抓落实、创新突破，在奋力推进共同富裕和中国式现代化县域实践新征程上走在前争先锋。

习近平总书记考察浙江重要讲话为浙江明确的“4+1”工作重点，贯穿体现中国式现代化的5大特征、9个方面本质要求，极具政治方向感、战略引领力、现实针对性。全县上下要坚决贯彻习近平总书记重要指示精神，坚定不移践行“八八战略”，一以贯之落实“三个示范”嘱托，在奋力推进中国式现代化县域实践新征程上走在前争先锋，聚焦聚力打造“10个方面”标志性成果。一要在创新发展转型升级上走在前争先锋，打造杭州湾先进制造业重要基地。持续强化创新引领、人才支撑，坚定走“专精特新”之路，加快推动制造业高端化、智能化、绿色化转型，大力发展数字经济，培育壮大“3+3”先进制造业集群，打造高水平“智造创新强县”，确保到2027年，全县规模以上工业总产值突破2000亿元。二要在扩大对外开放上走在前争先锋，打造虹桥南向拓展带金南翼重要节点。坚定长三角一体化发展首位战略，积极抢抓虹桥南向拓展带建设机遇，加快构建“2+2+X”接沪连杭融嘉通苏甬的现代综合交通体系，全面提升城市平台、产业平台等承载力和竞争力，深度融入和服务新发展格局。三要在推进共同富裕上走在前争先锋，打造高品质生活“海盐样板”。紧盯“扩中提低”、乡村振兴等重点领域，深化强村富民乡村集成改革，确保城乡居民收入持续增长、差距不

断缩小，高质量办好一批民生实事，迭代“15分钟公共服务圈”，不断打响“优学在盐”“健康在盐”等民生优享品牌。四要在优化营商环境上走在前争先锋，打造高质效改革先行县。突出以政务服务增值化改革为牵引，深入实施营商环境优化提升“一号改革工程”，扎实推进重点领域关键环节改革，全面提升“五大环境”，持续促进民营经济“两个健康”发展，加快形成一批具有海盐辨识度的改革成果。五要在建设品质城市上走在前争先锋，打造杭州湾面海第一城。深入推进以县城为重要载体的城镇化试点，持续深化城市有机更新，高标准建设高铁新城、南北湖未来城，建成投运一批城市品质提升标志性工程，显著提升城市的美誉度和影响力。六要在深化新时代“千万工程”上走在前争先锋，打造乡村振兴示范标杆。持续塑优城乡风貌，高标准推进现代化美丽城镇、未来社区、和美乡村建设，大力发展现代高效生态农业，深化乡村集成改革，加快建成“南部未来乡村样板带”和“北部特色产业示范带”，着力重塑海盐乡村振兴新优势。七要在建设文化文明高地上走在前争先锋，打造江南文化新空间。深入实施新时代文化海盐“410”工程，加快实施“古城复兴”行动，进一步传承文化基因、繁荣文化文艺、加速文旅融合，积极培育践行社会主义核心价值观，巩固提升全国文明城市创建成果。八要在建设高水平生态文明上走在前争先锋，打造平原发达地区生态高地。落实碳达峰碳中和，大力发展核能、光伏、风电、氢能等各类清洁能源，加快推进零碳未来城建设，持续打好污染防治攻坚战，高水平协同推进减污降碳协同省级试点，全面拓宽“绿水青山就是金山银山”转化通道，着力绘就“美丽海盐画卷”。九要在深化平安海盐、法治海盐建设上走在前争先锋，打造县域善治典范。坚持和发展新时代“枫桥经验”，深化自治、法治、德治“三治融合”，迭代完善大平安机制，持续强化和创新县域社会治理，巩固提升平安海盐建设成果，全力打造长三角最具安全感的城市。十要在加强和改进党的建设上走在前争先锋，打造勤廉并重的新时代党建高地和清廉建设高地。坚持把政治建设摆在首位，强化理论武装，守牢意识形态底线，筑牢夯实基层战斗堡垒，大力锻造“五敢型”高素质干部队伍，纵深推进全面从严治党，切实以高质量党建引领保障高质量发展。

三、强力攻坚、争先突破，高标准高质量做好明年工作

明年工作指导思想是：坚持以习近平新时代中国特色社会主义思想为指导，全面贯彻党的二十大精神和习近平总书记考察浙江重要讲话精神，深入落实中央和省、市经济工作会议及省委、市委全会部署，坚持稳中求进、以进促稳、先立后破，完整准确全面贯彻新发展理念，统筹高质量发展和高水平安全，持续推动“八八战略”走深走实，强力推进创新深化改革攻坚开放提升，坚定不移推进全面从严治党，持续巩固和增强经济回升向好态势，持续增进民生福祉，保持社会和谐稳定，在奋力推进中国式现代化县域实践新征程上走在前争先锋。

明年主要预期目标是：全县地区生产总值增长5.5%左右，其中县内增长7%以上；规模以上工业增加值增长5%左右，其中县内增长10%左右；服务业增加值增长7%以上；一般公共预算收入增长5%左右；城乡居民人均可支配收入与经济增长同步；全面完成上级下达的各项安全生产、节能减排和环境质量指标。实际工作中要更加努力，实现更快速度，务求更好效果。

围绕上述指导思想和预期目标，高质量完成明年各项目标任务，我们面临的外部环境仍然是战略机遇和风险挑战并存，但总体有利条件强于不利因素。明年发展的要求更高、任务更重，面临的困难和挑战也更多，我们要深刻把握新时代经济社会发展的规律性认识，进一步坚定迎难攻坚的信心，增强赶超突破的底气，始终把推进中国式现代化作为最大的政治、把加快高质量发展作为新时代的硬道理，牢牢把握“稳”的大局和基础、“进”的方向和动力、“立”的目标和追求，聚焦聚力三个“一号工程”“十项重大工程”等部署要求，强力攻坚、争先突破、奋发有为，不断开辟县域经济社会高质量发展新局面。

在具体工作上，要始终坚持问题导向、目标导向、结果导向，突出“攻坚突破”主题主线，强化狠抓落实，重点开展“十大攻坚”：

1. 攻坚民间投资，着力扩大有效投入。聚焦聚力稳预期、强

信心，强化政策扶持的精准性和实效性，千方百计提振民间投资信心、提高制造业投资占比。要强化政策供给，深化落实“8+4”政策体系、“民营经济32条”等，迭代完善地方工业、服务业等产业政策“加油包”，加快推动各类惠企政策精准直达、真实可感，有力有效提振企业发展信心。要全力招项目，坚定招商引资“一号工程”不动摇，更加强化“一把手”带头、专班攻坚招等制度，加大以商引商、基金招商、市场化招商等力度，注重本地企业内生项目谋划建设，确保完成实际利用外资3.2亿美元，力争招引超亿美元项目和50亿元以上重大制造业项目6个。要加速推进项目，持续深化“投资赛马”“达产履约”，加快拓展扩大民间投资新渠道新模式；全力争列省级重大项目，积极盘活国有资产，争取专项债不少于40亿元，确保全年固定资产投资增长8%以上，其中民间投资增长5%以上。

2. 攻坚县内工业，着力建设智造强县。聚焦聚力做大做强县内工业，深入实施数字经济创新提质“一号发展工程”，围绕打造“3+3”先进制造业集群，确保县内规模以上工业产值突破1300亿元，增加值增长10%左右，数字经济核心制造业增加值增长10%以上。要抓新兴产业培育，聚焦核电关联及核技术应用、新能源新材料、新型显示及电子信息等新兴产业，以瑞士诺华、丹佛斯第二园区等龙头项目为引领，加快推动产业集群式、高端化发展。要抓专项技改提升，迭代升级“专项技改”政策，着力推进紧固件、智能家居、装备制造等传统优势产业数字化绿色化改造，确保完成制造业投资125亿元，其中技改投资50亿元以上。要抓腾笼换鸟转型，重点推进开发区化工园区、乡（镇）老旧工业区块集中连片有机更新，力争全年腾退低效用地1500亩、化工用地700亩。要抓企业培大育强，深化“专精特新”培育和企业“上市50”行动，确保新增上市企业2家、国家级专精特新“小巨人”企业5家、省级专精特新中小企业40家。

3. 攻坚三产提振，着力调优产业结构。更加聚焦三产服务业发展，深入推进服务业产业提升“433”行动和高质量发展扩容提质工程，力争服务业增加值增速高于GDP增速2个百分点左右。要狠抓现代服务业引育，鼓励出台服务业招引专项政策，加强国家骨干冷链物流基地海盐片区等“1+1+3”重点服务业平台建设，大力发展生产性服务业，加快引育一批市场主体和服务业领军企业，确保全年新备案亿元以上服务业项目、新引育超亿元营收项目均不少于10个，净增规模（限额）以上服务业企业不少于40家。要持续激发有潜能的消费，持续实施促消费政策，激发新能源汽车、智能家居等消费活力，全力提振社会消费预期；积极培育日出经济、直播电商等消费新业态，创新拓展特色文化旅游、假日经济、网红经济等消费新场景，社会消费品零售总额增长5.5%以上。要稳定和扩大外贸出口。深入实施“地瓜经济”提能升级“一号开放工程”，打好外贸“稳拓调”组合拳，持续开展“百团千企拓市场增订单”行动，全力稳住重点出口企业、开拓新兴市场。着力优化贸易结构，强化以引促贸和外贸回归，大力培育外贸新增长点，外贸出口增速高于全市平均。

4. 攻坚重大交通，着力重塑区位优势。坚定“大干交通、干大交通、快干交通”，确保全年完成交通投资超40亿元、增长15%以上。要快速推进在建项目，重点抓好通苏嘉甬高铁、沪平盐城际铁路、嘉兴至海盐快速路、杭浦高速海盐联络线（一期）、迎宾大道等一批已开工重大交通项目建设，确保G524、盐于公路（一期）等年内全面建成。要系统谋划新建项目，重点谋划推进嘉兴至南北湖、武原至南北湖（滨海快速路）等一批新重大交通项目，确保S207疏港公路明年下半年开工。要强力破解推进难题，确保年底前完成秦塘线、秦跃线高压电力线迁改。攻坚完成征迁遗留户和征（搬）迁任务，创新强化用地、资金等要素保障。

5. 攻坚科技人才，着力补强创新短板。坚持创新引领不动摇，加快构建“315”科技创新体系，以更大力度、更实举措提升县域创新能力。要启动建设南北湖科创湖区，进一步强化县域科创资源整合，加快核技术（同位素）创新中心建设，确保南北湖科创中心项目明年8月开工建设，全年招引高质量科创项目60个以上。要培育壮大创新主体，开展规模以上企业创新指数评定，确保全年新增科技型企业100家、省级企业研发机构6家，研发投入强度提高0.1个百分点以上。要营造最优创新生态，大力实施人才“引育留用”提升工程，创新完善“政企校”联合培育人才模式，确保新增省级以上高层次人才4人以上。

6. 攻坚重点平台，着力提升承载能级。坚持以县城为重要载体城镇化建设试点为抓手，全面启动高铁新城、古城复兴、南北湖未来城等重点区块建设，持续提升重点平台承载能级。要提升中心城区首位度，以高铁新城打造城市新门户，重点推进高铁场站、商务总部大楼、如意湖水系改造等一批标志性项目建设；以古城复兴丰富城市新内涵，全面启动建设杨家弄、护城河等先行区块，重点推进非遗展示馆、商务印书版本馆等一批标志性文化项目建设；持续深化城市更新，扎实推进老旧小区整治提升、城市道路有机更新等，积极推进城市片区开发和滨海新城建设，加强城市精细化管理，着力提升中心城区城市品质。要增强特色产业平台竞争力，持续做大做强核技术应用（同位素）、氢能、5G通信等特色产业园区，加快打造全国最大的同位素生产基地，县开发区要持续加大国家级开发区创建力度，百步开发区要确保争先进位。要打造未来发展增长极，按照“产城融合”理念，以科创智造为主导，深化完成南北湖未来城发展规划，重点建设南北湖湿地公园、南北湖科创中心等一批先行标志项目，奋力打造面向2035的未来新城。

7. 攻坚公共服务，着力增进民生福祉。强化公共服务普惠均衡供给，持续提升群众获得感、幸福感。要重塑乡村振兴优势，深化新时代“千万工程”，进一步做强现代农业、建设和美乡村、推进强村富民，加快建成“南北两带”，打造共同富裕现代化基本单元，确保农村人居环境全市前列，实现村集体经济年经常性收入200万元以上、经营性收入100万元以上全覆盖，城乡收入倍差持续缩小。要擦亮民生优享品牌，建成投用县职教中心（竞技体育场馆），积极争创全国学校家庭社会协同育人实验区，确保创成全国学前教育普及普惠县。建成投运新县人民医院，积极争创全国基层中医药工作示范县和国家慢性病综合防控示范区。基本建成县康体活动中心、县老年活动中心等，高质量完成民生实事项目。要打造文化文明高地，深入实施新时代文化海盐“410”工程，扎实推进南北湖国家AAAAA级旅游景区创建，持续打响“陪你到海盐看日出”品牌，广泛培育和践行社会主义核心价值观，启动新一轮省、市文明村镇创建，积极争创中国文学之乡。要扎实兜牢民生底线，精准帮扶重点群体就业，健全完善社会救助、慈善帮扶等制度，加快县社会福利中心和社会救助联合体建设，持续提升保障性住房、“一老一小”等社会保障水平。

8. 攻坚重点改革，着力优化营商环境。深入实施营商环境优化提升“一号改革工程”，紧盯政务服务增值化等重点领域改革，持续打响海盐改革品牌。要打造“和盐悦色”政务服务品牌，加快县、镇两级企业综合服务中心和线上平台建设，重点打造同位素产业“一类事”等海盐特色服务场景，确保“无感监测”营商指数等保持全省“第一档”。要打造“盐而有信”行政执法监督品牌，落实“综合查一次”制度，推行轻微违法“首违不罚”“轻微免罚”等执法制度，确保执法既有力度又有温度。要打造重点领域改革先行品牌，落实推进新一轮机构改革，持续深化国资国企等领域改革。一体推进共同富裕“扩中提低”等重大改革，持续做好国家深化农村集体经营性建设用地入市、税费服务和征管协同共治等重点领域改革试点，加快形成一批标志性成果、争创一批最佳实践案例。

9. 攻坚基层治理，着力夯实平安根基。突出大抓基层鲜明导向，持续推进县域治理体系和治理能力现代化。要创新治理模式，迭代基层治理“141”体系，深化基层治理现代化和“大综合一体化”行政执法改革“两化融合”，加快构建“三治融合+整体智治”基层治理新格局。要抓实安全生产，加快推进基层应消一体化建设，常态化开展危化品、消防、道路交通、城市运行等重点领域风险隐患大排查大整治，条抓块统压实各方责任，牢牢守住不发生重大及以上安全生产事故底线。要守护生态环境，持续打好污染防治攻坚战，狠抓突出环境问题整治，抓实能源保供、节能管理和能耗双控，稳步推进零碳未来城建设，确保主要生态环境指标保持领先。要维护社会安定，深化法治海盐、平安海盐建设，完善重大风险闭环管控等“大平安”机制，严格执行初信初访“硬核十条”，攻坚化解信访积案，积极稳妥处置房地产、欠薪等领域矛盾风险，严厉打击各类违法犯罪活动，确保高分实现平安建设“二十连冠”，争创平安中国建设示范县。

10. 攻坚旧账清理，着力破

除发展障碍。深化推进“清理旧账”破难行动，全力再攻坚清理一批历史遗留问题。要分层分类梳理清单，县、镇、村三级联动，紧盯项目推进、征地拆迁等重点领域、关键部位的顽瘴痼疾，按照产生时间、问题类型、责任主体等，开展问题再梳理、进度再排查、难点再攻坚。要专班专案压实责任，坚持“一个难题、一套方案、一个专班”，县领导挂帅领办、专班统筹专办、责任单位分工负责、成员单位协同配合，形成贯通协调、高效联动的工作体系。要督查督办闭环销号，按照项目化、节点化、清单化要求，实行“三色管理、三单督办、每月晾晒、分级评价”和差异化考核，确保问题按时序闭环销号。

四、坚持和加强党的全面领导、加强和改进党的建设，为在推进中国式现代化县域实践新征程上走在前争先锋提供坚强保障

推进中国式现代化县域实践，核心在党，关键在干部。要贯彻落实新时代党的建设总要求，树牢和践行正确政绩观，加快提升干部队伍推进现代化建设的能力和本领，不断增强党组织的组织力、凝聚力和战斗力，全力打造勤廉并重的新时代党建高地。

（一）旗帜鲜明加强党的领导。始终坚持党总揽全局、协调各方，充分发挥人大、政协以及各民主党派、工商联、无党派人士的积极作用，强化工青妇等人民团体联系服务群众功能，深化党管武装，进一步营造全县上下民主团结、担当实干、齐心奋斗的浓厚氛围。持续健全习近平总书记重要指示批示精神和上级重大决策部署全链条闭环落实的责任体系，严格执行传达学习、贯彻落实、督查督办等机制，切实做到“总书记有号令、党中央有部署、省市委有要求、海盐率先见行动见成效”。

（二）坚定不移筑牢思想根基。坚持用习近平新时代中国特色社会主义思想凝心铸魂，深入学习贯彻党的二十大精神和习近平总书记考察浙江重要讲话精神，深化落实“第一议题”等制度，高水平推进理论学习规范化、制度化，用足用好第二批主题教育实践成果，常态化开展“循迹溯源学思想促践行”，进一步教育引导广大党员干部学思想、强党性、重实践、建新功。全面落实意识形态工作责任制，牢牢把握意识形态工作领导权和主动权。持续巩固壮大奋进新时代的主流思想舆论，不断唱响海盐好声音。

（三）严管厚爱建强干部队伍。树牢“四个坚持、八个不”鲜明导向，健全党管干部、选贤任能制度，持续锻造“五敢型”高素质干部（团队）。实施“百名新秀破百难”“90优苗成长”行动，健全“干中学、学中干”能力提升和干部交流互派机制，全面提升干部现代化、专业化能力。持续打好能上能下、容错纠错、澄清正名等激励担当“组合拳”，高质量做好省级干部政治素质档案试点，深化完善综合考核评价体系，考准考实干部业绩实绩，不断激发干部队伍积极性主动性和创造性。

（四）常抓不懈夯实基层堡垒。深入实施“红色根脉强基工程”，健全完善党内基本制度，强化落实基层党建工作责任制，不断织密建强基层组织体系，推动基层党建全面进步、全面过硬。突出党建引领,实施两新党建“双融双强”工程，打响“和盐悦社”小区睦邻党建品牌，确保创成省级现代社区2个以上。深入推进以组织振兴引领乡村振兴，开展村（社区）党组织书记“开年一件事”行动，创新抓好党建引领农村网格治理试点建设，加快形成一批具有海盐辨识度的实践经验。

（五）驰而不息净化政治生态。始终严明政治纪律和政治规矩，聚焦落实全面从严治党“五张责任清单”，紧盯“一把手”和领导班子，压紧压实管党治党责任，持续巩固放大“四责协同”效应。加大腐败问题查处力度，试点建立合成办案中心，紧盯医药、金融、国企、招投标等重点领域，精准纠治新型腐败和隐形腐败。锲而不舍落实中央八项规定及其实施细则精神，力戒形式主义、官僚主义等“四风”问题。全域推进清廉海盐建设，持续构建清廉建设“责任共同体”，深入开展“贯穿式”政德教育。发挥好巡察利剑作用，持续巩固提升风清气正的良好政治生态。

同志们，感恩奋进启新程，砥砺前行勇争先。让我们更加紧密地团结在以习近平同志为核心的党中央周围，深入学习贯彻习近平总书记考察浙江重要讲话精神,坚定不移践行“八八战略”，一以贯之落实“三个示范”嘱托，坚定信心、敢作善为、攻坚突破，在奋力推进中国式现代化县域实践新征程上走在前、争先锋！

政府工作报告

——2024年2月4日在海盐县第十六届人民代表大会第三次会议上

县委副书记、县长　顾秋莉

一、2023 年工作回顾

过去一年，面对复杂严峻的外部环境，县政府坚持以习近平新时代中国特色社会主义思想为指导，深入贯彻党的二十大精神和习近平总书记考察浙江重要讲话精神，在上级党委、政府和县委的正确领导下，在县人大、县政协的监督支持下，忠实践行“八八战略”，牢记“三个示范”嘱托，紧紧依靠全县人民，攻坚克难、承压奋进、实干争先，交出了一份“难中求成、干中有为、稳中有进”的厚重答卷。

——我们全力促发展。全面贯彻落实省“民营经济 32 条”“8+4”经济政策体系等一揽子政策，出台科技新政 11 条、人才新政 3.0 版、“三合一”特色产业等地方政策，全力稳增长、扩内需、促转型，有力有效推动经济回升向好。全县实现地区生产总值 668.31 亿元、增长 6%，其中县内增长 7.3%；财政总收入 114.37 亿元，其中一般公共预算收入 65.54 亿元，分别增长 7% 和 5.1%；城乡居民人均可支配收入与经济增长基本同步。

——我们全力强攻坚。率先开展“清理旧账”破难行动，强化“一把手”领衔，专班专案攻坚 153 个破难事项，整体完成率全市第一。通过“大兵团”工作模式，高效平稳推进重大交通线型工程征迁。疏解住房保障堵点难点，多元化改善农民住房 3750 户，以实际行动回应群众期盼。

——我们全力保平安。统筹高质量发展和高水平安全，抓好房地产领域风险化解，全力以赴保交楼、保民生、保稳定，全面开展安全生产隐患大排查大整治行动，各类生产安全事故起数下降 20%。圆满完成平安护航亚运等维稳安保工作，实现平安建设“十八连冠”，高分夺取全省首批“二星平安金鼎”。

——我们全力争一流。强力推进创新深化改革攻坚开放提升，高效落实三个“一号工程”“十项重大工程”，全面开展“三大比拼”“三大攻坚”“三大提升”，实行部门“打擂”、镇（街道）“赛马”比拼，创新“每月晾晒、双月评价”等机制，连续两季获得全市“投资赛马”激励，勇夺全市三季度“互学互比互赛”流动红旗奖，全市唯一获评全省人民调解工作先进县，成功入选以县城为重要载体的城镇化建设省级试点，基层卫生健康综合试验区建设连续两年全国第一。

过去一年，我们重点抓好五个方面工作：

（一）注重项目引领，有效投资持续扩大

招大引强有突破。深化“一把手”招商、专班招商等制度，成立市场化招商公司，组团赴欧美、东南亚等地区招商洽谈，全力拼抢高质量外资和“大好高”制造业项目。新引进招大引强项目 41 个，新增工业用地 1588 亩，内资新增工业用地备案投资额 155 亿元，实际利用外资 3.53 亿美元、完成率全市第一。

项目推进有力度。强化项目全生命周期管理，新开工项目 132 个，其中亿元以上 54 个，建成投运项目 40 个。深化达产履约行动，全市率先开展服务业达产履约，完成工业达产履约挖潜投资 60.2 亿元、增长 19.3%。开展有效投入比拼，实现固定资产投资 345.1 亿元、增长 10.6%，其中制造业投资增长 18.7%。

要素支撑有保障。抢抓政策机遇，增列省重点建设项目 7 个，争取土地指标 2533 亩、专项债额度 59.97 亿元、特别国债 4.39 亿元，均居全市前列。统筹内部挖潜，完成建设用地复垦 1669 亩，整治提升高耗低效企业 174 家，腾退土地 2445.7 亩，腾出用能 5 万吨标煤，获省新一轮制造业“腾笼换鸟、凤凰涅槃”攻坚行动考核激励。

（二）注重量质并举，产业发展势头良好

平台能级更强。主平台引领作用进一步凸显，县经济开发区首次跻身全国省级开发区高质量发展百强，海盐高新技术产业园区获省政府认定。特色园区持续发展，新型印染产业园开工，核技术应用（同位素）产业园建设有序推进，核技术创新中心、生产基地一期工程进度过半。小微园区管理不断规范，新建成小微园区2个，推动218家企业入园集聚。

产业质效更高。坚持先进制造业与现代服务业“双轮驱动”，实现规模以上工业增加值增长5.1%、县内7.9%，服务业增加值增长7%、全市第三。坚持智造创新强县，承办全省中小企业数字化改造试点现场会，实施“两化”改造项目186个，带动制造业投资62.3亿元，创成国家级绿色工厂、绿色供应链企业、省级绿色工厂各1家。坚持服务业高质量发展，开展百日攻坚，净增服务业规模（限额）以上企业54家，新备案亿元以上服务业项目14个。北大街历史文化街区开街，浪漫风车集市成为新晋网红打卡地，举办稻田龙虾文化节、沈荡开酿节等活动，实现社会消费品零售总额增长10.6%、全市第三，入选省级县域商业体系建设试点。

企业梯队更优。深耕“上市50”行动，新增上市企业3家、新三板挂牌企业2家，“凤凰行动”升级版获省政府督查激励。深化“专精特新”发展，新培育国家专精特新“小巨人”企业5家、省级“隐形冠军”1家，新增省级专精特新中小企业107家、全市第一。推进创新提标行动，新增“品字标”认证企业10家，秦山核电获评省政府质量奖、中国质量奖提名奖，入选中国标准创新贡献奖。

（三）注重协调发展，城乡风貌更加彰显

城市品质日益提升。推进城市有机更新，天仙湖公园建成开放，众安花苑区块老旧小区完成改造，新增绿道57千米，建设提升口袋公园11个、中心城区道路10条，众安桥、海盐大桥、G525平面交叉改造等工程建成通车，入选省级城市更新试点。加强城市精细管理，成功创建省级“高品质示范街区”1个，蝉联省无违建创先争优示范县。持续提升县域风貌，创成省级未来社区5个，入选省级风貌样板区2个，澉浦—通元“湖光山色”风貌区获评“新时代富春山居图样板区”。

乡村振兴深入推进。深化新时代“千万工程”，高标准启动南部未来乡村样板带建设，新增省级未来乡村5个、和美乡村特色精品村5个，获全市和美乡村示范片区建设优胜奖，所有村集体经济年经常性收入达到180万元以上、经营性收入达到85万元以上。深入实施农业“双强”行动，湖山现代农业园区被列入省级创建名单，创成省级农业综合性“机器换人”高质量发展先行县。严守耕地保护红线，落实粮食安全责任，新建、改造高标准农田、绿色农田1.43万亩，粮食生产实现“二十连丰”，农业增加值增长4.8%。

生态环境有效改善。深入开展“大排查、大整治、大曝光”专项行动，及时消除生态环境风险隐患，全力推进省委生态环保督察等反馈问题整改销号。加强生态环境治理，环境质量有效提升，空气质量综合指数全市领先，县控以上断面Ⅲ类水及以上比例、千亩荡饮用水水源地水质达标率均保持100%，生态满意度评价全市第一，获评全省首批四星级“无废城市”，成为全省“减污降碳、协同创新”县域试点。加强生态修复保护，南北湖未来城EOD项目成功被列入中央生态环保金融支持项目库，生态湿地一期工程启动建设，蓝湾项目成为杭州湾首个国家海洋生态保护修复项目。

（四）注重创新赋能，改革开放纵深推进

科技创新活力迸发。强化创新驱动，新认定国家高新技术企业87家、省科技型中小企业162家，获评国家级知识产权优势企业2家，新增省级研发机构17家，创成国家级工业设计中心1家，研发经费投入占营业收入比重、工业R&D经费增速、高新技术产业增加值占比均居全市前三。加快成果转化，招引落地科创项目超70个，获省重大科技成果1项、省科技进步奖4项。深化人才引育，新增硕博人才484人、高技能人才4279人，到岗省级以上高层次人才4人，新增“长三角大工匠”1人、全市唯一，获中华技能大奖、全国技术能手累计数全省第一。

营商环境向优向好。扎实开展“大走访大调研大服务大解题”活动，助力企业降本减负增效，兑现惠企资金4.6亿元，减免税费61亿元。推进政务增值化服务，全市率先实施政务服务区域协同一体化建设，县企业综合服务中心挂牌运行，进驻涉企服务事项187项，“无感监测”营商指数居省、市前列，“大综合一体化”行政执法改革指数全省第三。深化融资畅通工程，联合省担保集团等推出“政保共担贷”“科担贷”，政策性融资担保在保余额32.5亿元、增长21.8%。加强企业家队伍建设，广大企业家艰苦奋斗、创业创新，获评全省优秀企业家2名，全市唯一。

重点改革走深走实。高标准承接重大改革任务，新争列“深化农村集体经营性建设用地入市”等国家级试点7个、“税费服务和征管协同共治改革”等省级试点44个，全省首创知识产权刑事案件诉前赔偿调解机制，县“数智国医”获评首届全国数字健康创新应用大赛医学人工智能主题特等奖，高分通过国家基本公共服务标准化试点验收。

开放合作拓面增效。推进“百团千企”行动，积极抢订单、拓市场，新增有出口实绩企业168家，外贸出口增长14.1%。加快构建现代综合交通体系，杭浦高速公路南北湖互通改建工程等项目相继开工，通苏嘉甬高铁、嘉兴至海盐快速路射线一期等在建项目快速推进，浙北高等级航道网海盐段达到三层集装箱全线通航能力。积极融入长三角一体化发展，举办核技术应用产业国际大会等活动，“沪核盐”两地三方协同打造同位素特色产业平台入选省推进长三角一体化发展最佳实践。深入推进山海协作、东西部协作，海盐—景宁“产业飞地”加快建设，屏山浙川纺织产业园获评全国纺织服装产业示范园区。

（五）注重民生优享，人民生活幸福可感

社会保障精准有力。落实就业扶持政策，城镇新增就业21442人，零就业家庭保持动态清零。健全住房保障体系，新建筹集保障性租赁住房3138套（间），城镇住房保障受益覆盖率保持全市第一。促进参保提质扩面，户籍人口基本养老保险、基本医疗保险参保率分别达97.5%、99.6%。加大兜底保障力度，发放各类救助补助资金2772万元，增长11.6%，开工建设县社会福利中心，县、镇、村三级社会救助服务联合体实现全覆盖。顺利完成省食品安全示范县、省双拥模范县验收。完成省、市、县三级90个民生实事项目。

公共服务优质均衡。办好人民满意教育，三毛小学东校区等3所学校建成投用，嘉职院海盐学院首届学生入学，入选省级全域集团化改革办学试点县，教育现代化水平监测蝉联全市第一，高分通过全国学前教育普及普惠县创建省级评估。疫情防控平稳转段。县人民医院成功晋升三乙、新院建设工程主体完工，“健康浙江”建设保持全省优秀。关心关爱“一老一小”，加快县老年活动中心（老年大学）建设，完成公办养老机构改革，全县托幼机构新增普惠型托位360个。

文体事业繁荣发展。完善文体基础设施，县康体活动中心（全民健身中心）、职教中心（竞技体育场馆）加快建设，建成社区多功能运动场、百姓健身房14个，县文化艺术中心开放投用，公共文化服务现代化发展指数全省第九。强化文化保护传承，完成观海园改造提升，杭州湾日出观景平台建成开放，绮园路历史文化街区获评省级历史文化街区，澉浦镇六里村入选中国传统村落，百年酿造品牌“沈荡”入选“中华老字号”。丰富群众文体生活，高人气承办全省“我们的村晚”，成功举办南北湖文化旅游节、县第十二届运动会等活动。

过去一年，我们自觉将“狠抓落实”贯穿工作全过程，扎实开展政府系统主题教育，切实把“学思想、强党性、重实践、建新功”的总要求落实落细、见行见效。深入推进法治政府建设，严格依法行政，自觉接受人大法律监督、政协民主监督，共办理人大代表建议176件、政协提案219件。启动第五次全国经济普查准备，市场主体清查摸底工作全面完成。严格履行从严治党和党风廉政建设主体责任，从严压减“三公”经费，严防“四风”反弹回潮。积极做好省委巡视反馈问题整改“后半篇文章”，完成所有问题销号，并举一反三、建章立制。全力支持工商联、工青妇、老干部、科协、文联、红十字会等开展工作，国防动员、双拥共建、退役军人事务、民族宗教、统计审计、外事侨台、哲学社会科学、史志档案、气象等工作取得新成绩，老龄、慈善、残疾人、关心下一代等事业持续健康发展。

各位代表，过去一年取得的成绩来之不易，这是上级党委、政府和县委坚强领导的结果，是县人大、县政协大力支持的结果，是全县干部群众真抓实干、奋力拼搏的结果。在此，我谨代表县人民政府，向全县人民，向人大代表、政协委员和离退休老同志，向各民主党派、工商联、人民团体，向驻盐部队全体官兵，向所有关心支持海盐发展的广大乡贤、社会各界朋友，表示衷心的感谢！

在肯定成绩的同时，我们也清醒认识到存在的问题和短板：经济运行持续向好的基础仍需稳固；产业转型升级仍需持续发力，科技创新动能和人才支撑有待增强；民生领域还有不少薄弱环节，高品质教育、医疗、养老、育幼等公共服务供给不够充分；安全生产、生态环境等领域仍面临风险挑战；政府系统应对复杂形势和多重考验的能力还需进一步加强。对此，我们一定高度重视，采取有力措施，切实加以解决。

二、2024 年工作任务

2024 年是中华人民共和国成立 75 周年，是实施“十四五”规划的关键一年，做好各项工作至关重要、意义重大。新的一年新的征程，我们将坚定信心、担当作为、狠抓落实，勇当先行者、谱写新篇章。

根据县委十五届六次全会精神，今年政府工作的总体要求是：坚持以习近平新时代中国特色社会主义思想为指导，全面贯彻党的二十大精神和习近平总书记考察浙江重要讲话精神，深入落实中央和省、市经济工作会议及省委、市委全会部署，坚持稳中求进、以进促稳、先立后破，完整准确全面贯彻新发展理念，统筹高质量发展和高水平安全，持续推动“八八战略”走深走实，强力推进创新深化改革攻坚开放提升，坚定不移推进全面从严治党，持续巩固和增强经济回升向好态势，持续增进民生福祉，保持社会和谐稳定，在奋力推进中国式现代化县域实践新征程上走在前争先锋。

建议全县经济社会发展的主要预期目标是：地区生产总值增长 5.5% 左右，其中县内增长 7% 以上；固定资产投资增长 8% 以上；一般公共预算收入增长 5% 左右；城乡居民人均可支配收入与经济增长同步；安全生产、节能减排、环境质量指标等完成上级下达任务。

今年，政府工作将以“攻坚突破”为主题主线，围绕“十大攻坚”，重点做好九个方面工作：

（一）突出创新驱动，着力抓改革谋发展

强化创新核心地位，推进各领域体制机制改革创新，加快释放市场活力和社会创造力，进一步增强高质量发展内生动力。

提升创新集聚度。启动南北湖科创湖区建设，加强与清华长三角研究院合作，高质量招引科创项目 70 个以上。开展规模以上企业创新指数评定，加大科技创新领域金融支持力度，新增省级企业研发机构 6 家、科技型中小企业 100 家，研发投入强度提高 0.1 个百分点以上。开展“海纳英才·盐途有你”系列引才活动，推进青年发展型城市建设，新增省级以上高层次人才 4 人以上，国家级博士后工作站实现零的突破。

提升改革实效度。深入实施营商环境优化提升“一号改革工程”，以政务服务增值化改革为牵引，建强县企业综合服务中心和基层服务站，打造具有海盐特色的“一类事”服务场景，确保“无感监测”营商指数、“大综合一体化”行政执法改革指数等保持全省前列。推进国家基层卫生健康综合试验区、省级全域集团化改革办学等试点，完成全国农村集体经营性建设用地入市等改革试点 5 项以上。推进国资国企改革，更好担负起国企服务中心大局的重任。全面深化统计改革，高质量完成第五次全国经济普查。

提升协作紧密度。积极参与长三角一体化建设，深度对接虹桥国际开放枢纽核心功能，持续推动区域公积金一体化，扩大医保异地实时结算覆盖面，拓展与周边地区政务服务一网通办事项。办好南北湖文化旅游节等重要活动，充分运用进博会等重大展会平台开展推介，不断提升海盐对外影响力。深耕国际友城资源，积极拓展对外合作领域、合作空间。继续做好山海协作和东西部协作。

（二）强化实体根基，着力拼经济稳增长

持续深耕实体经济，做大做强平台，做精做深产业，进一步提升先进制造业核心竞争力。

加速积蓄平台势能。发挥省级经济开发区主阵地、主战场作用，推动县经济开发区积极争创国家级开发区，百步经济开发区在省级考评中实现争先进位。推进核技术应用（同位素）产业园建设，核技术创新中心基本建成，生产基地一期工程投用，全力争创省级未来产业先导区。提升小微园区建设管理水平，争创省四星级小微企业园。

积极拓宽产业赛道。强力推动“智造创新强县”，加快打造“3+3”先进制造业产业集群，全县规模以上工业增加值增长5%左右，其中县内增长10%左右。深入推进数字经济创新提质“一号发展工程”，实施制造业“两化”改造项目200个以上，完成制造业投资125亿元以上，新增智能工厂（车间）2家，数字经济核心制造业增加值增长10%以上。加快战略性新兴产业引育，以龙头项目为引领，不断强链、延链、补链，推动5G通信及电子信息产业、核电关联及核技术应用产业、新能源新材料产业集群式、高端化发展，大力培育发展海洋经济。

精准助力企业发展。支持企业做大做强，净增亿元企业15家，新增上市企业2家。加大“专精特新”培育力度，新增国家级专精特新“小巨人”企业5家、省级专精特新中小企业40家以上。高效落实“民营经济32条”“8+4”经济政策体系，推出本地政策“加油包”，力争为企业减负20亿元以上。丰富金融产品供给，确保小微企业贷款增速超全县贷款平均增速。坚持“两个毫不动摇”，建立健全政企沟通恳谈机制，常态化开展企业走访服务，切实为企业解难题、办实事，依法保护企业家权益，让民营企业放心投资、安心经营、专心创业。

（三）狠抓项目攻坚，着力抓招商扩投资

践行“项目为王”理念，全员抓招商、全力推项目，持续扩大有效益的投入，进一步增强县域发展后劲。

更大力度招引项目。健全“1+3+N”招商体系，加大以商引商、基金招商，以超常规力度招大引强。紧盯“大好高”“链群配”项目,新引进10亿元以上项目8个，内资新增工业用地备案投资额140亿元。紧盯优质外资招引，提升制造业外资占比，确保实际利用外资3.2亿美元。加强内生项目谋划建设，支持企业增资扩产。

更大力度推进项目。强化项目全生命周期管理，新开工亿元以上项目40个、竣工40个，确保政府性投资项目一季度开工率30%以上，力争10月底全部开工。优化投资结构，攻坚扩大民间投资，提高投资效益，民间投资增长5%以上。深化“投资赛马”“达产履约”机制,推动“千项万亿”等重大项目建设。

更大力度保障项目。抢抓特别国债、专项债等政策机遇，争取更多项目列入国家、省、市重点项目库。实施跨乡（镇）土地综合整治，完成垦造耕地2000亩、建设用地复垦1500亩。深化“腾笼换鸟”，整治提升高耗低效企业100家以上，腾出用能5万吨标煤，力争腾退低效用地1500亩、化工用地700亩。

（四）扩大开放格局，着力稳外贸促消费

加快融入国内国际双循环，推动商贸大流通、消费大繁荣，进一步提升内外贸一体化发展水平。

积极拓展对外贸易。深入实施“地瓜经济”提能升级“一号开放工程”，深化“百团千企”行动，支持企业参加各类展会，扩市场增订单。加快拓宽贸易渠道，推进国际营销体系建设创新省级试点，巩固紧固件等优势产品出口，鼓励智能集成家居等产业“走出去”，持续培育壮大跨境电商、数字贸易等新业态，力争全年外贸出口增速高于全市平均。

持续激发消费潜能。打响“陪你到海盐看日出”品牌，筹划浪漫风车集市、水乐园等消费季系列活动，培育日出经济、假日经济、网红经济等新业态。突出多元化消费供给，引导北大街历史文化街区、绮园商业街、吾悦商贸综合体等特色发展，积极培育智能家居、文娱旅游、银发经济等新的消费增长点。组织系列促消费活动，营造放心消费环境，社会消费品零售总额增长5.5%以上。

加快推动服务业提档。深入推进服务业产业提升“433”行动，服务业增加值增速高于GDP增速2个百分点左右。强化服务业主体引育，新增备案超亿元项目17个，净增规模（限额）以上服务业企业40家以上。紧盯服务业项目建设，推进一批续建项目，建成投运南北湖开元森泊酒店。

（五）坚持建管并重，着力塑品质提能级

推进以县城为重要载体的城镇化建设试点，坚持高起点规划、高标准建设、高水平治理，进一步加快打造现代化品质城市。

构建内联外畅大交通。加快“2+2+X”综合交通体系建设，交通投资增长15%以上。推进杭浦高速公路海盐联络线一期、南北湖互通改建工程等项目建设，嘉兴至海盐快速路射线一期主体工程基本完工，G524海盐段、盐于公路一期全面建成，嘉兴至海盐快速路射线二期、盐于公路二期开工建设。做好通苏嘉甬高铁、沪平盐城际铁路建设保障，启动涉铁基础设施建设。浙北高等级航道网海盐段全面完工，吕家桥、黄桥建成通车，嘉兴港海盐澉浦作业区一阶段投用。

赋能片区开发新未来。加快复兴千年古城，重点推进杨家弄区块建设，实施商务印书版本馆、余华书屋及周边配套项目。加快建设高铁新城，实施站前广场及周边道路工程，谋划推进商务总部大楼建设和周边水系改造，打造海盐城市新门户。加快建设南北湖未来城，谋划建设科创（会展）中心等一批标志性项目，培育海盐未来发展新增长极。

推动城市管理精细化。深化城市有机更新试点建设，推广“装配式建筑＋装配化装修”，实施老旧小区改造，推进既有住宅增设电梯，提升口袋公园品质，新建一批城市绿道。完善城市便捷服务，新改建停车泊位1000个，优化智慧停车系统，加快城乡新能源充电桩布局。强化城市综合管理，推进无违建创建和垃圾分类示范，巩固提升全国文明城市创建成果。

（六）筑牢民生保障，着力办实事添福祉

坚持民生优先，用心、用情、用力解决群众急难愁盼问题，增强公共服务的均衡性和可及性，进一步提升群众的幸福指数。

夯实兜底保障基础。推进“劳有所得”，开展毕业大学生等重点人群就业帮扶，完善县零工市场建设，新增城镇就业1万人以上。推进“住有宜居”，建设筹集保障性租赁住房1200套（间），危房解危动态清零。推进“弱有众扶”，加快县社会福利中心建设，加强社会救助联合体运行管理，提高困难群体综合救助水平。

提升优养优教品质。推进“老有康养”，县老年大学（老年活动中心）投入使用，沈荡康养中心基本建成。推进“幼有善育”，新增普惠性托位280个以上，建设儿童友好城市。推进“学有优教”，启动向阳小学海兴校区和西塘桥小学南校区建设，完成百步小学扩建，争创全国学校家庭社会协同育人实验区，创成全国学前教育普及普惠县。推动“县中崛起”，实施普通高中教育质量提升工程，组建县职业教育中心。嘉职院海盐学院建成投用。

优化公共服务供给。推进“病有良医”，启用县人民医院新址，统筹县中医院、康复护理院搬迁，优化整合县妇幼医疗服务资源，智慧化改造村（社区）卫生场所25个，深化“名医在盐”，争创全国基层中医药工作示范县和国家慢性病综合防控示范区。倡导全民健身，县康体活动中心（全民健身中心）基本建成，推动学校、竞技体育场馆等向社会开放，办好省自行车联赛等品牌赛事。推进文化繁荣，开展“张元济读书节”等活动，县非遗馆建成开放，争创“中国文学之乡”。

（七）立足乡村特色，着力扬优势促振兴

深入实施新时代“千万工程”，加快实现农业高质高效、乡村宜居宜业、农民富裕富足，进一步推进乡村全面振兴。

高效发展现代农业。严格落实耕地保护和粮食安全责任制，新建、提升高标准农田4.67万亩，农业增加值增长3%以上。深化科技强农、机械强农，农业科创绿谷建成投用，争创全国农业生产全程机械化示范县。推进湖山省级现代农业园区和北部特色产业示范带建设，力争招引1000万元以上农业项目13个，提升“盐邑稻虾”“海盐葡萄”等特色农产品辨识度，争创国家级水产健康养殖和生态养殖示范区。

协同共建美丽镇村。深入开展城乡风貌整治提升行动，创建3个风貌区、7个未来社区、1个现代化美丽城镇，推动形成“连片风景”。统筹推进南部未来乡村样板带、和美乡村示范片区建设，改造提升农村公路20千米以上，争创省级未来乡村4个、和美乡村特色精品村3个，打造见山面海平原山水特色“美村链”。提升农村人居环境整治水平，综合排名保持全市前列。

持续推动强村富民。深化强村富民乡村集成改革，不断壮大村级集体经济，新增“飞地抱团”项目3个，村集体经济年经常性收入200万元以上、经营性收入100万元以上全覆盖。实施村级共富体项目3个以上，建成共富工坊100家以上，低收入农户增收10%以上。

（八）紧扣绿色发展，着力优环境亮底色

统筹推进减污降碳，系统实施保护修复，加快推动“山水林田湖”一体治理，进一步提升生态环境质量。

加强生态综合治理。持续开展生态环境问题“大排查、大整治、大曝光”行动，高质量完成生态环保督察反馈问题整改。深入打好污染防治攻坚战，推进臭氧与PM2.5协同治理，空气质量综合指数保持全市领先。推进“污水零直排”扩面提质，加强农业面源污染治理，确保县控以上地表水监测断面水质和饮用水水源地水质100%稳定达标。巩固“无废城市”创建成果，确保通过国家生态文明建设示范县复评。

加强自然保护修复。深化海洋与生态湿地保护，启动南北湖海洋生态保护修复项目，完成南北湖生态湿地一期工程，打造浙北海岸十里生态长廊。深入推进海塘安澜工程，加快长山至杨柳山段海塘建设。持续推进全域幸福河湖建设，创建省市美丽河湖2条、水美乡（镇）1个。

促进绿色低碳转型。推进国家整县屋顶分布式光伏开发试点，力争新增光伏装机容量60兆瓦。推动绿色创建，新增市级以上绿色工厂25家。加快零碳未来城建设，培育省级低（零）碳示范镇2个、示范村（社区）14个。推动节水标杆创建，确保通过国家级节水型社会复评。

（九）树牢底线思维，着力防风险保平安

以“时时放心不下”的责任感，高水平统筹发展和安全，有效防范化解各类风险，进一步打造更具安全感的城市。

增强公共安全能力。实施安全生产治本攻坚行动，推进“应急消防一体化”建设，深化安全生产隐患大排查大整治，突出抓好化工园区安全风险管控，坚决防范遏制重大事故发生，争创“安全发展鼎”。加强重大活动、重要节点安保工作，高压严打黄赌毒、盗抢骗、食药环等违法犯罪，全力提升反诈宣传、预警反制和全链条打击能力，切实筑牢和谐稳定屏障。

提高风险防范水平。推进韧性城市建设，全面提升城市运行、防台防汛等重点领域的风险辨识、隐患排查、快速响应能力。强化灾害预警“吹哨人”制度，做好极端天气等重大自然灾害动态监测预警。健全金融风险防范化解机制，及时处置苗头性、倾向性问题，坚决守住不发生区域性系统性风险底线。

织密基层治理网络。坚持和发展新时代“枫桥经验”，巩固社会风险隐患闭环管控机制，强化源头治理，力争信访积案、矛盾纠纷化解动态清零。高效运行“141”基层治理体系，充分发挥网格队伍作用，全域推进“三治融合”，提升社会治理现代化水平。

三、切实加强政府自身建设

各位代表，目标在前，重任在肩。我们将切实增强政治自觉、思想自觉和行动自觉，求真务实、真抓实干，全面提升政府履职水平，努力打造人民满意政府。

旗帜鲜明讲政治。始终把加强政治建设摆在首位，坚定捍卫“两个确立”，坚决做到“两个维护”，不断提高政治判断力、政治领悟力、政治执行力。牢固树立正确政绩观，忠实践行“八八战略”，牢记习近平总书记“三个示范”殷切嘱托，落实落细中央、省市和县委决策部署，以实际行动彰显忠诚本色。

依法行政履职责。深入学习贯彻习近平法治思想，严格遵守宪法法律，提高政府治理规范化、法治化水平，确保政府工作始终在法治轨道上高效运行。深化政务公开，主动接受县人大及其常委会法律监督、县政协民主监督，自觉接受纪检监察、司法、社会和舆论监督，加强审计监督。

清账破难促实干。强化系统思维，把扬优势、锻长板和强弱项、补短板贯穿政府工作始终，持续推进历史旧账清理，提升破难攻坚能力。深化部门“打擂”、镇（街道）“赛马”，完善重点工作闭环落实机制，持续推动政府工作提质提速、提能提效。

忠诚为民守初心。自觉增强为民服务的宗旨意识，始终问计于民、问需于民，真心实意回应群众诉求关切。坚持政府过“紧日子”，严控一般性支出，科学安排、统筹推进民生实事项目，把更多财力用在改善民生福祉上，让发展成果可见可感可及。

勤廉并举优作风。全面压紧压实政府系统从严治党主体责任和党风廉政建设“一岗双责”，加强政府重点领域监管，从源头上预防和治理腐败。严格执行中央八项规定及其实施细则精神，锲而不舍纠“四风”、树新风，着力营造风清气正、勤勉干事的浓厚氛围。

各位代表，使命催人奋进，实干铸就未来。让我们更加紧密地团结在以习近平同志为核心的党中央周围，高举习近平新时代中国特色社会主义思想伟大旗帜，在县委的坚强领导下，锐意进取、攻坚突破，在奋力推进中国式现代化县域实践新征程上走在前、争先锋！

专　记

“我们的村晚”

一、概　况

2023年2月5日，农历元宵节，浙江省“我们的村晚”主场活动在海盐县沈荡镇永庆村顺利举办。本次活动由中共浙江省委宣传部、浙江广播电视集团主办，嘉兴市委宣传部、海盐县委县政府、浙江电视台教科影视频道承办。根据省市相关要求及海盐特色，本次“村晚”主要安排“1+3”村晚活动板块，文化礼堂是主会场“丰年·同庆——看村晚”板块，入口处集中展示农村文化礼堂十周年展，晚会呈现15个具有“年味、乡土味、文化味”的优秀文艺节目。草坪东侧停车场内“古法·新味——赶集市”板块，设置年货集市、非遗文创展区、群众戏台等贴近百姓生活、满足群众所需的集市内容，营造热闹喜庆的民俗氛围。大草坪上设置“故园·新光——赏花灯”板块，以共富为主题打造灯展，闲雅江南，国富民安。“古镇·新意——逛老街”板块，主要通过建筑、文化名人、文化场所等展示沿河古街的文化气息和氛围。形成了以晚会“看村晚”为核心，以“农村文化礼堂十周年展”为序章，以“场景展示、民俗表演、非遗体验、年货集市、美食品鉴、趣味游园”等为丰富载体的活动体系，由永庆村村民自编自导的三句半《说海盐》惊艳亮相2023年“我们的村晚”。通过农、文、旅的深度融合，将沈荡镇永庆村打造成为文化礼堂赋能乡村振兴的示范样板。同时，成立海盐县“我们的村晚”活动领导小组，下设综合协调组、活动执行（攻坚）组、宣传报道组、维稳秩序组、后勤保障（接待）组和疫情防控组，活动领导小组办公室设在县委宣传部，全力保障活动顺利举办。2月4—5日，“我们的村晚”举办期间，吸引来自省内外10万余人次齐聚永庆村文化礼堂，共度元宵佳节，带动消费超500万元。

二、宣传报道情况

热热闹闹的“村晚”氛围不只局限于活动现场，更是通过全媒体矩阵，让全民参与的“村晚”举办经验走出海盐、走出浙江、走向全国，并通过简报、专报、总结等信息宣传，及时向有关单位、领导报送反映“村晚”进展情况。借助省市宣传力量，海盐与央媒积极对接，提供新闻线索，本场“村晚”吸引了《人民日报》、新华网、《光明日报》等14家重量级央媒省媒聚集海盐，通过权威平台和新媒体平台，推出一批阅读量大、传播面广、感染力强的报道，“爆款”频出。如《浙江日报》头版头条点赞“我们的村晚”，“浙江宣传”微信公众号刊发《“村晚”为何让百姓如此高兴》，阅读量超10万人次，刷屏朋友圈，共有相关报道50余篇，浏览量超500万人次，极大提升海盐的知名度、美誉度和影响力。

三、“村晚”场地情况

围绕提高农村文化礼堂利用效率，在启动村晚场馆建设改造项目时,统筹考虑综合利用问题,赋予多方面使用功能。村晚举办地永庆村文化礼堂于2020年由旧厂房改造提升而成，是全省“拆改”示范项目中唯一用作文化场馆的项目。礼堂配套有特色展馆、书屋、多功能活动室、文化公园、特色文化街区等活动空间,能够满足周边村民文艺创作、文体活动、阅读分享、艺术展示等多元文化需求。

四、周边环境提升情况

为保障省主场晚会后勤服务，沈荡镇在文化礼堂区块周边配备千余个停车位及5000平方米演职人员室内后勤服务区；从嘉南线进入沈荡镇入口处至文化礼堂区域沿路配套集镇灯光景观工程、文化小景工程、建筑立面改造工程,营造浓厚的元宵氛围。并按照省晚会主办地的要求及时完善各类基础设施建设及相关活动配套要求，全力为活动承办做好各项筹备和组织实施工作。

（吴益君）

大事记

1月

2日　S207秀洲至仙居公路海盐通元至澉浦段新建工程完成长山河桥左跨合龙，标志着长山河桥主桥主跨建设任务完成。

3日　省委常委、常务副省长徐文光到海盐县专题开展“大走访大调研大服务大解题”活动，到基层和企业走访调研。

15日　沈荡贲湖老街开街仪式暨年味集市活动举行。贲湖老街全长1500余米，建筑大多为晚清至民国初期古建筑，入驻特色餐饮和文化企业10余家。

是日　通苏嘉甬高铁全线首根桩基开钻，标志着项目正式进入主体工程施工阶段。

16日　海盐沈荡黄酒制作技艺入选浙江省第六批省级非物质文化遗产代表性项目名录。

17日　四川省屏山县委副书记、县长赵丹率党政代表团来盐考察交流。代表团一行先后到海盐沈荡酿造有限公司、通元镇雪水港村、浙江荣亿精密机械股份有限公司等地参观考察，并慰问屏山籍务工人员、海盐援屏挂职干部家属及专技人才。

1月30日至2月2日　中国人民政治协商会议第十届海盐县委员会第二次会议举行。

是月　省政府办公厅发布《关于命名第六批省级特色小镇的通知》，海盐集成家居时尚小镇上榜。

2月

1日　县城城西主干道联翔路正式通车。联翔路南起河南路，北至海丰西路，全长1355米，道路为双向四车道，设计车速50千米/小时。

1—3日　海盐县第十六届人民代表大会第二次会议召开。

5日　省委宣传部、浙江广电集团主办，市委宣传部、县委县政府、浙江电视台教育科技频道承办，沈荡镇协办的2023年浙江省农村文化礼堂“我们的村晚”主场活动举行。

6日　市委书记陈伟到海盐县就制造业高质量发展、基层社会治理等进行调研。

16日　海盐经济开发区（西塘桥街道）山鹰国际绿色纸业百亿循环产业基地项目子项目——浙江山鹰纸业77万吨绿色环保高档包装纸升级改造项目PM16造纸生产线正式投产。

是日　总投资15亿元的储能及光伏组件项目签约落户望海街道，该项目为“年产3GW逆变器、3GW储能系统和年产3GW光伏组件”，将建设逆变器、储能系统和光伏组件生产基地。

28日　浙江艾能聚光伏科技股份有限公司（艾能聚）在北交所上市。

3月

1日　由中国围棋协会和县人民政府主办的首届“秦山核电杯”全国业余围棋公开赛开幕。

5日　是日起，全县7所学

校11个校区室外运动场地和体育设施恢复对社会开放。

9日 由世界500强企业——法国国营铁路集团投资的国际性物流服务公司法国乔达国际集团签约入驻县开发区。

10日 通苏嘉甬高铁杭州湾大桥海上首桩开钻，标志着世界上最长的跨海高速铁路桥海上工程正式开工。

14日 省卫生健康委发布《关于公布第四周期第六批综合（专科）医院等级评审结论的通知》，海盐县人民医院晋升为三级乙等综合医院，成为全县首家公立三乙综合医院。

是日 四川省乐山市政协主席黄平林、夹江县委书记许天毅一行到海盐县考察核电建设工作。

15日 海盐集中销毁假冒伪劣商品2.3万余件，价值20余万元。

17日 海盐海塘·潮文化景观申报中国世界文化遗产预备名单专家论证会召开，邀请相关领域专家到会指导论证。

19日 澉浦镇六里村入选第六批《中国传统村落名录村落名单》。

29日 嘉兴市"台胞台属之家"创建启动仪式在澉浦镇侨台之家举行。

30日 海盐县第18次获评浙江省平安县，获全省首批"二星平安金鼎"。

4月

1日 海盐县启动口腔种植医疗服务提质降费专项行动，全县种植牙数量同比增加122.8%。

4日 省政协主席黄莉新到海盐对"加强灵活就业和新就业形态劳动者权益保障"开展专题调研。

9日 萨洛蒙越野跑上海站第二站南北湖越野跑开赛，全程21千米，参赛选手320人。

是日 通苏嘉甬高铁杭州湾大桥工程使用万吨海上打桩船，在杭州湾海域开展深水区试桩作业，并打下大桥第一根海上斜钢管桩。

15日 于城镇举行海盐德创电子有限公司年产1200套智能检测系统项目和博崴（浙江）智能科技有限公司年产7万套光伏、高铁、新能源汽车领域集成式成套控制及逆变设备项目开工奠基仪式。

17日 浙江诸老大供应链管理有限公司智慧化未来工厂项目奠基仪式举行。该项目位于望海街道，总投资3.6亿元，总建筑面积约8万平方米。

18日 浙江郑林机械股份有限公司投资的年产3万台伺服电机及组件建设项目签约落户通元镇，该项目总投资2.2亿元。

是日 海盐德业新能源科技有限公司年产25.5GW组串式、储能逆变器建设项目开工仪式举行。

19日 "燃阅读星火 传红色基因"嘉兴首家样板红旗书屋启用仪式暨秦山街道"全民阅读月"系列活动举行。

22日 海盐县举办2023南北湖春季徒步大会。本次徒步活动设置22千米越野组、10千米休闲组和5千米亲子组3个组别，参加1000余人。

22日 通元镇受邀出席中国第二届文旅融合发展大会并获"中国美丽乡村特色旅游乡镇"称号。

26日 总投资5000万美元的丹麦得斯威东方先航物流中心项目开工仪式在百步经济开发区（百步镇）举行。

是月 县商务局组织县内集成家居企业赴泰国参加曼谷建材展。参展企业10家，参展人数20人，摊位数24个，面积216平方米，是海盐首次组织智能集成家居企业以抱团形式赴海外参展。

5月

5日 副省长胡伟到海盐县调研文旅融合工作，并接待信访群众。

7日 总投资15亿元的海盐欧达新能源产业基地"年产5GW光伏组件、3GW光储充一体设备建设项目"奠基仪式举行。

8日 总投资近25亿元的丹佛斯第二园区项目签约落户海盐县。

12日 海军军医大学第二附属医院（上海长征医院）急诊重症医学科副教授兼血透室护士长陈静（海盐籍）获2023年第49届弗洛伦斯·南丁格尔奖章。

12日 《中国县域高质量发展报告2023》发布，海盐县列"2023全国县域高质量发展百强"榜单第77位。

15日 海盐县博物馆选送的文物良渚文化玉背象牙梳、九方宋代铜军印入选首届全省博物馆"百大镇馆之宝"名单。

18日 年产10套大型模块化深冷化工装备绿色智能制造建设项目和电梯整机及年产15万

吨电梯配件项目签约落户海盐经济开发区，2个高端智造项目总投资13亿元。

是日 国家基本公共服务标准化试点考核评估专家组到海盐县，对海盐承担的国家基本公共服务标准化试点项目进行考核评估。海盐获92+7分，以优秀水平通过考核验收。

20日 海盐县第十二届运动会开幕。本届运动会设大众体育部20项、青少年部7项赛事，产生金牌304枚。

23日 “浙江交工杯”2023年海盐县首届男子篮球甲级联赛开赛，10支篮球队150余人参加。

24日 嘉兴市无结核社区创建示范点签约启动仪式现场会在百步镇举行，市疾控中心、县卫生健康局与百步经济开发区（百步镇）现场签约，百步镇成为全市首个“无结核社区”创建示范点。

24—26日 由中国核能行业协会主办，中国核能行业协会核技术应用专业委员会、海盐县人民政府承办2023年核技术应用产业国际大会举行。

31日 市委书记陈伟到海盐县开展基层调研和信访接访。

是月 海盐县入选以县城为重要载体的城镇化建设省级试点名单。

6月

2日 农业农村部农村经济研究中心主任金文成率调研组到海盐县调研深化“千村示范、万村整治”工程工作。

10日 共青团广东省委员会书记冉波率调研组到海盐县考察调研“千村示范、万村整治”工程相关工作经验。

12日 浙江清廉开发区（园区）建设暨公权力大数据运行平台建设现场推进会在海盐县举行。

17日 望海全民健身中心启用。全民健身中心占地面积2.67公顷，是海盐首个旧改类综合运动中心，由3幢旧厂房改建而成，建筑面积1.2万余平方米，总投资1500余万元。

30日 北大街历史文化街区开街。北大街总用地面积94.1亩，项目新建建筑面积约5.8万平方米，可租赁面积3.4万平方米，总计规划品牌79个。

是日 海盐县首个集文化、教育、休闲为一体的大型艺术中心——海盐县文化艺术中心正式启用。县文化艺术中心位于天仙湖公园内，总建筑面积约4.8万平方米，总投资4.08亿元。由县新时代文明实践中心、青少年宫、县文化馆和李子侯书画院组成。

是月 生态环境部正式将“嘉兴南北湖未来城EOD项目”推送给国开行等十大金融机构，标志着该项目被纳入国家生态环境导向的开发模式（EOD）试点项目库，步入融资及建设等实质性推进阶段。

7月

12日 省人大常委会党组书记、副主任陈金彪到海盐县宣讲省委十五届三次全会精神。

20日 年产10GWh储能系统建设项目签约落户武原街道金星工业园。该项目由北京煜邦电力技术股份有限公司投资，用地57亩，总投资10亿元。

26日 杭浦高速公路海盐联络线（一期）项目和杭浦高速公路南北湖互通改建工程签约仪式举行，2个项目总投资约87亿元，建设总里程约23.71千米。

是月 由浙江宏丰半导体新材料有限公司投资的高端引线框架建设项目签约落户海盐经济开发区。项目总投资10亿元，占地86亩，分两期建设。

是月 海盐县发布中国首个核能供热管网建设与管理地方标准《核能供热管网建设与管理标准》。

8月

8日 省美丽浙江建设领导小组办公室公布关于通过2022年度全域“无废城市”建设评估设区市和县（市、区）名单，海盐县通过四星级“无废城市”评估。

9—10日 省“一标一品一产业”融合发展现场推进会在海盐举行。“一标一品一产业”融合发展是指农产品地理标志、绿色食品、区域特色产业融合发展。

15日 县城众安桥（一号桥）通车。新建众安桥梁采用钢拱肋钢梁系杆拱桥，主桥跨径92米，全长107.30米，桥面由原来的双向四车道改为双向八车道。

22日 市委副书记、政法委书记帅燮琨到海盐县调研南北湖未来城EOD项目现场、通元镇雪水港村，并参加海盐县平安稳定工作汇报会。

是日 2023浙江省精品葡萄评比暨产业高质量发展研讨会在海盐举行。44家农业主体选送54份葡萄样品参赛，评选出金奖10个。

是日 省政协副主席、九三学社省委会主委叶正波到海盐县开展“主委走基层”活动，看望九三学社海盐县基层委社员。

是月 “南北湖未来城EOD项目”被纳入国家生态环境导向开发模式（EOD）试点项目库。

是月 海盐县获评全省首批四星级“无废城市”。

9月

9日 海盐县人民医院通过“中国创伤救治联盟创伤中心”国家级评审，并授予“中国创伤救治联盟海盐县人民医院创伤中心”牌匾。

12日 浙江省政协副主席张学伟到海盐县，对“委员履职平台建设运行工作”开展专题调研。

19日 省廉洁文化教育基地揭牌仪式举行，承接全市“贯穿式”政德教育试点。

是月 南北湖景区获评首批“嘉兴市国际人文交流基地”。

是月 杭州湾跨海大桥公路路基路面长期性能科学观测网试点建设通过评审验收。该观测站为“全国交通基础设施长期性能观测网第一批试点”，是全国首个跨海桥梁路面长期性能观测站。

10月

1日 县内最大综合型公园天仙湖公园正式对外开放。公园位于县城西部，占地面积890亩，水域面积311亩。

7日 嘉兴职业技术学院海盐学院2023级大一新生入学，学院首批开设机电一体化技术、应用电子技术、物联网应用技术以及跨境电子商务4个专业，首批学生315人，来自浙江省内11个地市。

9日 市委书记陈伟到海盐县开展“纵深推进‘八八战略’系列重大问题及举措研究”课题调研和“追寻足迹学思想、感恩奋进建新功”现场学习。

11日 省民政厅党组书记、厅长陈斌到海盐县调研未成年人保护、县级助联体建设等工作。

17日 省委常委、统战部部长邱启文到海盐县调研，走访浙江青莲食品股份有限公司、恒锋工具股份有限公司、澉浦镇“侨之家”。

11月

3日 以“嘉里庆丰收　禾美促共富”为主题的“2023嘉兴—海盐·中国农民丰收节”在沈荡镇举行。

7日 赛迪顾问县域经济研究中心发布“县域投资竞争力百强（2023）”榜单，海盐县位列全国百强榜第65位。

10日 2023“三毛”文艺嘉年华启动仪式暨第七届“三毛杯”中国漫画展览开展仪式举行。

12日 2023年第十二届浙江自行车联赛（海盐站）山地车湿地挑战赛开赛。全省43支车队150人参加比赛。

13日 省文化和旅游厅发布《关于国家AAAAA级旅游景区、国家级旅游度假区培育名单的公示》，南北湖景区拟被纳入国家AAAAA级旅游景区培育名单。

16日 杭州湾北岸文史协作联盟暨“古海盐”文史研究联盟成立。活动现场举行《海上风华——杭州湾北岸历史文化印记》联动课题签约仪式、“海上风华——历史变迁中的杭州湾北岸”文史研讨会等。

20日 海盐首个中国传统村落——六里村，在澉浦镇（南北湖风景区）朱家门广场举行授牌仪式。

是日 嘉兴宋韵文化传承与创新研讨会在海盐澉浦举行。

是日 海盐县政德教育现场教学点揭牌仪式暨海盐县“青年干部话政德”大赛举行，长山河时代印记馆成为全县首批政德教育现场教学点。

23日 浙江坤博精工科技股份有限公司通过视频连线方式，在北交所首发上市。

是日 副省长张雁云到海盐县调研，走访恒锋工具股份有限公司、海盐核技术应用（同位素）产业园、澉浦镇（南北湖风景区）。

25日 中大朗颐（海盐）养老服务中心（原县老年公寓）冬季核能供暖启动，该中心成为全省首家实现集中供暖的养老机构。

是月 海盐“数智国医”在首届全国数字健康创新应用大赛——医学人工智能主题赛决赛中获“数智中医”赛道特等奖，是中医类项目最高奖项。

12月

1日 国内首个核药领域外资项目诺华高端核药项目签约落户海盐。诺华高端核药项目位于海盐核技术应用（同位素）产业园，将作为诺华放射性药品业务中国区功能性总部，主要生产销售治疗前列腺癌镥-177核药。

5日 省防治农业动植物疫病指挥部联合嘉兴、海盐指挥部在海盐县举办全省防控重大动物疫情应急演习。

6日 市委书记陈伟到海盐县调研2024年工作谋划情况，并考察良信电器（海盐）有限公司。

12日 海盐南北湖金九避难处被授牌成为“浙江省国际人文交流基地”，是海盐首个省级国际人文交流基地。

是日 县自然资源规划局召开关于海盐县深化农村集体经营性建设用地入市试点工作新闻发布会。海盐首宗农村集体经营性建设用地签约出让。

是日 县委党校获评省“标杆引领类”县级党校。

是日 竞争力智库、北京中新城市规划设计研究院等机构联合发布《中国县域共同富裕监测报告（2023）》，海盐县位列全国第11名。

14日 世界知名压铸模具制造商德国肖弗勒模具集团嘉兴新工厂开业典礼在海盐举行。该高端汽车模具加工项目，总投资2000万欧元，是肖弗勒模具集团在国内第一家工厂，主要生产国际知名电动汽车品牌整车车型模具，预计年产值1.3亿元。

是日 省市场监督管理局公布2023年第二批“浙江制造”标准认定清单，海盐企业上榜6家。

21日 海盐“沈荡”老字号被商务部拟认定为新一批中华老字号。该公司以传统工艺生产黄酒、酱油、白酒，是海盐历史悠久的企业，也是上海“海盐帮”酿造技艺传承者。

25日 省委书记易炼红到海盐县调研经济社会发展情况，实地走访省级重大项目通苏嘉甬高铁建设现场、浙江海利普电子科技有限公司、海盐光大绿能环保项目。

26日 通苏嘉甬高铁杭州湾大桥中航道桥首根钻孔桩开钻，标志着主体控制性工程正式开工。

是日 海盐县传媒集团揭牌成立。新成立的海盐县传媒集团由海盐县新城国有控股集团有限公司投资成立、县传媒中心管理，注册资金1亿元。

31日 海盐观日出新地标——“敕海观塘”城市阳台启用。“敕海观塘”城市阳台面积约6500平方米，有3层观赏平台，可同时容纳6000人观赏日出。

是月 海盐县获评2023年度全省人民调解工作先进县。

是年 第二十三届全国县域经济和社会综合发展百强县、第二十三届全国县域经济基本竞争力百强县双榜单公布，海盐分列全国县域经济和社会综合发展第42位、全国县域经济基本竞争力（县域经济百强县）第70位。

海盐概况

地理环境

【地理位置】 海盐县隶属于浙江省嘉兴市，位于浙江省北部杭嘉湖平原。地处北纬30°21′47″~30° 38′ 29″，东经120° 43′ 21″~121°02′55″，东濒杭州湾，西、南邻海宁市，北连平湖市和南湖区、秀洲区。县城武原街道北距上海118千米，南离杭州98千米。

【地形地貌】 海盐县陆地总面积595.57平方千米，地形似一个顶角朝南的等腰三角形，东西最宽处相距约31千米，南北最远处相距约33千米。海拔3~4米，地势从东南向西北倾斜，大致可分三个部分：南部为平原孤丘区，山丘高度大多在100米左右，与海宁市交界的高阳山为县境最高处，主峰高251.6米；东部为平原海涂区，地势稍高于西部平原；西部为平原水网区，面积约占全县的2/3。

自然资源

【水资源】 海盐县地处长江三角洲冲积平原，上游山区河溪、太湖、黄浦江支流等是全县主要水源。海盐第Ⅱ、Ⅲ组承压水是杭嘉湖平原区域孔隙承压含水系统一部分，是无现代水补给之"封存古水"，属消耗型不可再生水资源。降水、地表径流、外来客水都储存在全县河流（浜）、湖泊、水塘中。全县水系属于运河水系，是杭嘉湖平原东部水网组成部分。县内孔隙承压水水质较为稳定，中性偏弱碱性水，属于低矿化软水—微硬水，水质区域分布和动态均较稳定，不受地表水污染影响，也不存在海水入侵现象。

【海洋资源】 境内海岸自澉浦镇（南北湖风景区）永乐村起至海盐经济开发区（西塘桥街道）东港村止，全长53.48千米，是浙北海岸线最长的县（市）。

【动植物资源】 海盐植物资源繁多，分布面广，品种有210余科800余种。主要为一年生或多年生草本植物，其他为生长在低丘的乔木（或小乔木）、灌木类。草本植物有170余科700余种。属畜、鱼旱生饲草有7科8种，水生饲草有4科4种。除南部丘陵有些野生植被外，多为人工植被。动物资源除海洋动物中浮游动物105种、潮间带动物235种外，其余550余种，分为软体动物、节肢动物、脊椎动物和其他动物4类。

【矿产资源】 海盐县已知矿产资源有建筑石料、砖瓦黏土、矿泉水和海沙，总体分布为北部黏土、南部石料。建筑石料分布于南部丰山至六里山一线以南平原低丘区，系侏罗系高坞组酸性晶屑熔凝灰岩、凝灰质熔岩和燕山期侵入岩——花岗斑岩和钾长花岗斑岩。砖瓦黏土产于第四系覆盖层黏土、亚黏土。县内矿泉水类型有偏硅酸锶型和偏硅酸型。海沙分布于澉浦镇至西塘桥街道沿海。

（县档案馆）

历史人文

【建置区划】 海盐县是马家浜文化、崧泽文化、良渚文化发祥地之一。秦王政二十五年（前222）置县，因“海滨广斥，盐田相望”而得名。建县以来，海盐曾四徙县治，六析其境。秦末，县治陷为湖（柘湖），迁至武原乡（今平湖市东门外）。东汉永建元年至六年（126—131）中，县治又陷为湖（当湖），南迁至齐景乡故邑山旁（今乍浦附近）。东汉建安五年至八年（200—203），析海盐西南境，由拳南境置海昌县（今海宁市）。东晋咸康七年（341），县治迁至马嗥城（今海盐县城东南）。南朝梁天监六年（507），析县东北境置前京县。南朝梁中大通六年（534）至大同元年（535），再析县东北境置胥浦县。唐开元五年（717），迁县治于今地。唐天宝十载（751），割海盐北境、嘉兴东境、昆山南境置华亭县。元元贞元年（1295），升为海盐州。明洪武二年（1369），复降为县。明宣德五年（1430），析武原、齐景、华亭、大易4个乡置平湖县。1949年5月7日，海盐县解放。1950年5月，狮岭乡3个村划属海宁县，平湖县10个村划属海盐县。1958年11月21日，撤销海盐县建制，区域并入海宁县，其中西塘、海塘、元通3个公社划归平湖县。1961年12月15日，复置海盐县，辖2个镇16个公社，狮岭公社仍属海宁县。1983年，撤社建乡。1985年8月，澉浦、通元、西塘桥3个乡撤乡建镇。随着经济发展，又有欤城、百步、长川坝、石泉4个乡撤乡建镇，欤城、长川坝更名为于城、秦山。1999年，调整乡（镇）行政区划，辖9个镇3个乡。2001年10月，乡（镇）行政区划再次调整，辖武原、沈荡、澉浦、秦山、通元、西塘桥、于城、百步8个镇。2010年，调整部分镇行政区划，全县8个镇调整为4个街道5个镇，即武原、西塘桥、元通、秦山4个街道，沈荡、百步、于城、澉浦、通元5个镇。2018年9月，撤销元通街道，设立望海街道。至2023年，海盐县辖4个街道5个镇，即武原、秦山、望海、西塘桥4个街道，沈荡、百步、于城、澉浦、通元5个镇。

（县档案馆）

【海盐方言】 海盐方言属江南吴语系统，仍保留着中古余音。有声母25个（包括零声母），韵母42个（口韵母19个、鼻韵母和鼻化韵母12个、入声韵母7个、零韵母4个），声调8个。海盐方言内部可以根据语音标准分为2个大区或3个小区，各乡（镇）之间发音略有不同。

【历史名人】 海盐历史上人文荟萃，古代有：东晋干宝，南朝顾野王，唐代顾况，北宋鲁宗道，南宋常棠，元代杨梓，明代吴昂、徐行健、许相卿、郑晓、胡震亨、钱嘉徵、彭孙贻，清代彭孙遹、毕宏述、钱陈群、朱琰、吴仪洛、吴东发、吴良材、张燕昌、李修易、黄燮清。近现代有徐用仪、朱瑞、朱希祖、张元济、张乐平、毕云程、富文寿、沈祖棻（女）、陈大燮、陈大齐、任小田、步鑫生。两院院士沈闻孙、陈宗懋、杨玉良。

【南北湖】 位于海盐县澉浦镇内，古名永安湖，又名澉湖、高士湖，是钱塘江口的一个潟湖。湖形曲折，有长堤横贯东西，将湖一分为二，故名。南北湖风景区以南北湖为中心，东起青山、长墙山，包括巫子山沿海一带，西到海盐县与海宁市行政分界线，南及葫芦山、狮子头、黄沙坞沿堤一线，北至老沪杭公路。南北湖风景区是集山海湖于一体，兼有天象奇观和文物古迹的旅游胜地。景区总面积约30平方千米。南宋绍定三年（1230）《海盐澉水志》有记载。自古有八景：云岫合璧、澉湖秋月、鹰窠晴雪、茶磨松风、孟泉瀑布、巫门渔笛、石帆蜃气、葫芦叠翠。1984年，县政府成立南北湖风景区规划领导小组，对南北湖进行开发。南北湖风景区由四大景区组成，即湖塘景区、山林景区、海滨景区以及古城景区。湖塘景区有蝴蝶岛、鲍公堤、白鹭洲等，山林景区有云岫庵、鹰窠顶、白云阁、新四军海北支队旧址、谭仙石城、革命烈士纪念碑、金牛古洞等，海滨景区有钱江潮源、日月并升、沙坞橘香、石帆蜃气等，古城景区由澉浦古城内外景点组成。另有金九避难处、黄源藏书楼、陈从周艺术馆、西涧草堂、吴越王公园等人文景点。《南北湖志》“名胜景赞”记有湖上八景、山上八景、海上八景、古城八景共32个景。南北湖是浙

白鹭洲　　（澉浦镇人民政府供）

江省第一批省级风景名胜区、国家AAAA级旅游景区、浙江十大“最佳休闲度假胜地”之一。2021年，南北湖风景区入选首批“浙江省气候康养乡村”。

【绮园】 位于县城武原街道，俗称冯家花园。清同治十年（1871），富商冯缵斋综合其岳父黄燮清经营的明代故园拙宜园、砚园两废园之精华，在自己住宅“冯三乐堂”后辟地修建园林，名绮园，取“妆奁绮丽”之意。绮园占地1万平方米，水面约2000平方米，树木遮盖面积7000平方米，百年古树名木40余株。绮园既有苏州、扬州园林雅致、豪放的特点，又有浙江园林的风格，运用“水随山转，山因水活”的叠山理水园论，以树木山池为主，建筑仅作点缀。绮园自成一片，不附属于住宅区；大面积水域形式以聚为主、散为辅，山水相随的布局。绮园从南到北呈现不同的景观，有“绮园十景”：别有洞天、潭影九曲、美人照镜、四剑探水、晨曦罨画、蝶来滴翠、海月小隐、古藤盘云、幽谷听琴、风荷揽榭。2001年，绮园被列为全国重点文物保护单位。2014年，被评为国家AAAA级旅游景区。

【海盐腔】 海盐腔是一种传统戏曲声腔，又称“浙调”“越调”“海盐高调”等，因形成于海盐而得名。海盐腔曾被称为明代南方戏曲“四大声腔”之一，由元代海盐澉浦人杨梓对当时流行的南北歌调加工而成。演唱语言多为官话，曲调轻柔婉转。海盐腔流布地区后扩展到浙江乃至江西、山东和北京，对后来中国的弋阳腔和昆山腔等各种声腔发展产生重要的影响。300余年前，“海盐腔”在海盐本地逐渐失传。后在江西省抚州市广昌县“盱河戏”中，发现还保留着一批“海盐腔”的音乐曲牌。海盐腔剧本主要有《白兔记》《香囊记》《绣襦记》《琵琶记》《南西厢》《蓝桥玉杵记》及汤显祖《还魂记》《邯郸记》《紫钗记》《南柯记》等。

【海盐滚灯】 海盐滚灯是浙江民间在节庆和灯会期间表演的一种竞技舞蹈，起源于海盐，并在当地长期流传，至今已有800余年历史。南宋和清初海盐地方文献中有记载。据民间传说，海盐地处杭州湾北岸，濒临大海，古代又有通商口岸澉浦港，经常遭受海患和海盗侵袭。为御外侮，海盐当地形成尚武的风气，民间盛行滚灯竞技比武活动，以此来展示村坊实力。滚灯有红心灯和黑心灯两种，红心灯为文灯，黑心灯为武灯。夺到黑心灯的村坊公认为武艺高超、实力强大，连海盗也闻风而避。海盐滚灯是劳

12月17日，县文化馆小剧场群舞表演《海盐腔》　　（徐建明摄）

动群众自娱自乐的一种民间竞技舞蹈表演形式，主要用于春节拜年、庆典庙会等活动，是本地民俗文化典型代表。20 世纪 80 年代，海盐滚灯经挖掘整理被收入《中国民族民间舞蹈集成·浙江卷》。海盐滚灯参加 2004 年第七届中国艺术节开幕式演出，荣获金奖，并进入“群星奖”决赛，获优秀作品奖。2008 年，滚灯（海盐滚灯）经中华人民共和国国务院批准入选第二批国家级非物质文化遗产名录。

（县档案馆）

经济社会发展

【经济概况】 2023 年，海盐县实现生产总值 668.31 亿元，按可比价格计算，比 2022 年增长 6%。第一产业增加值 20.1 亿元，比 2022 年增长 4.8%；第二产业增加值 384.88 亿元，比 2022 年增长 5.3%；第三产业增加值 263.33 亿元，比 2022 年增长 7%。第二产业中，工业增加值 360.7 亿元，比 2022 年增长 4.9%。扣除核电工业，县内生产总值 584.11 亿元，比 2022 年增长 7.3%；县内工业增加值 276.51 亿元，比 2022 年增长 7.3%。三次产业结构调整为 3：57.6：39.4。按户籍人口计算，人均生产总值为 174164 元。

【人口】 2023 年年末，海盐县常住人口 47.09 万人，比 2022 年增长 0.22 万人，户籍人口 38.38 万人，比 2022 年增加 116 人。其中，女性 19.68 万人，男性 18.7 万人。全年出生人口 1901 人，出生率 4.95‰；死亡人口 3441 人，死亡率 8.97‰。人口自然增长率 -4.01‰，较 2022 年下降 2.1 个千分点。全年迁入人口 3684 人，迁出人口 2029 人，人口机械增长率 4.41‰，比 2022 年度上升 0.98 个千分点。

（叶晓婷）

【农业】 2023 年，全县完成农林牧渔业增加值 20.1 亿元，比 2022 年增长 4.8%。实现农业总产值 34.44 亿元，比 2022 年增长 4.9%，其中农、林、牧、渔业和农林牧渔服务业分别增长 0.5%、142.3%、13.8%、12.2% 和 4.5%。粮食播种面积 35.48 万亩，比 2022 年增长 2.2%；经济作物播种面积 14 万亩，比 2022 年增长 3.9%。其中，蔬菜（含菜用瓜）播种面积 12.17 万亩，比 2022 年增长 0.1%；油菜籽播种面积 0.91 万亩，比 2022 年增长 91.4%；棉花播种面积 0.02 万亩，比 2022 年下降 10.5%。生猪出栏 8.82 万头，比 2022 年增长 31.9%；存栏 6.9 万头，比 2022 年下降 2.3%；羊出栏 3.6 万头，比 2022 年下降 4.6%；存栏 2.48 万头，比 2022 年下降 20.2%；家禽出栏 1790.64 万只，比 2022 年增长 7.3%；存栏 428.45 万只，比 2022 年增长 5.0%。肉类总产量 35411 吨，比 2022 年增长 13.3%。其中，猪肉 6158 吨，比 2022 年增长 34.7%；羊肉 711 吨，比 2022 年增长 12.9%；禽肉 28542 吨，比 2022 年增长 9.5%。

【工业】 2023 年，全县工业增加值 360.7 亿元，比 2022 年增长 4.9%，占生产总值的 54%。规模以上工业增加值 327.88 亿元，比 2022 年增长 5.1%，其中县内规模以上工业增加值 217.82 亿元，比 2022 年增长 7.9%。规模以上工业企业实现总产值 1391.48 亿元，比 2022 年增长 3.2%，其中核电工业总产值 193.14 亿元，比 2022 年增长 3.7%；县内规模以上工业企业实现总产值 1198.34 亿元，比 2022 年增长 3.1%。重工业和轻工业分别实现总产值 1024.43 亿元和 367.05 亿元，比 2022 年增长 2.4% 和 5.4%。全县规模以上工业销售产值 1354.46 亿元，其中出口交货值 155.11 亿元。全县规模以上工业企业实现新产品产值 683.01 亿元，比 2022 年增长 22.7%，新产品产值率 49.1%。规模以上工业企业营业收入 1337.19 亿元，比 2022 年下降 0.9%；实现利税总额 161.50 亿元，比 2022 年增长 3.4%；实现利润总额 116 亿元。其中，县内规模以上工业实现营业收入 1143.01 亿元，比 2022 年下降 1.7%；实现利税总额 73.97 亿元，比 2022 年下降 0.6%；实现利润总额 48.03 亿元，比 2022 年下降 9.5%。效益指标中，规模以上工业产品销售率 97.3%，资本保值增值率 107.6%，成本费用利润率 9.4%。

【建筑业】 2023 年，全县建筑业增加值 24.27 亿元，比 2022 年增长 12.7%，占生产总值比重为 3.6%。

【服务业】 2023 年，全县服务业增加值 263.33 亿元，比 2022

年增长 7%，拉动全县生产总值增长 2.8%。规模以上服务业企业营业收入 151.83 亿元，比 2022 年增长 12%。其中，信息传输、软件和信息技术服务业，水利、环境和公共设施管理业，居民服务、修理和其他服务业营业收入分别比 2022 年增长 46.9%、33.4% 和 19.5%。规模以上服务业企业户均营业收入 1.08 亿元。年营业收入 10 亿元以上企业 2 家，占规模以上服务业企业数 1.4%，营业收入占规模以上服务业 35.4%，对全县规模以上服务业营业收入增长贡献率为 24.8%，拉动全县服务业营业收入增长 3%。

【投资】 2023 年，全县固定资产投资 345.10 亿元，比 2022 年增长 10.6%。其中，项目投资 246.22 亿元，比 2022 年增长 14.4%。分产业看，第一产业投资下降 41.9%，第二、三产业投资分别增长 9.7% 和 11.6%。从重点领域看，制造业投资 112.20 亿元，比 2022 年增长 18.7%。三个结构中，高新产业投资、民间投资（不含房地产开发）和交通、能源和水利投资分别为 64.9 亿元、185.71 亿元和 41.98 亿元，分别比 2022 年增长 24.7%、0.6% 和 52.6%。房地产开发投资 98.88 亿元，比 2022 年增长 2%。其中，住宅投资比 2022 年下降 8.3%。房屋施工面积 437.99 万平方米，比 2022 年下降 15.1%，房屋竣工面积 60.07 万平方米，比 2022 年增长 11.2%。商品房销售面积 45.88 万平方米，比 2022 年下降 33.8%，商品房销售额 55.31 亿元，比 2022 年下降 7%。

【贸易】 2023 年，全县实现社会消费品零售总额 202.74 亿元，比 2022 年增长 10.6%。其中，批发业、零售业、餐饮业、住宿业零售额分别为 88.1 亿元、96.06 亿元、16.91 亿元和 1.67 亿元，分别比 2022 年增长 3.7%、15%、28.9% 和 2.8%。批发零售业销售额 529.26 亿元，比 2022 年增长 7.2%，其中限额以上 370.92 亿元，比 2022 年增长 3.6%。住宿餐饮业营业额 20.50 亿元，比 2022 年增长 18.9%，其中限额以上 6.22 亿元，比 2022 年增长 18.3%。限额以上企业商品零售额中，粮油、食品类零售额比 2022 年增长 10.1%，饮料类增长 19.0%，烟酒类增长 28.2%，服装、鞋帽、针纺织品类增长 82.3%，化妆品类下降 2.4%，日用品类下降 0.1%，家用电器和音像器材类增长 51.7%，中西药品类增长 10%，文化办公用品类下降 30.4%，家具类下降 10.9%，通信器材类下降 55.4%，石油及制品类增长 21.4%，建筑及装潢材料类增长 61.8%，汽车类增长 91.4%。

【外贸经济】 2023 年，全县货物进出口总额 315.97 亿元，比 2022 年增长 13.2%。其中，出口 277.72 亿元，比 2022 年增长 14.1%；进口 38.25 亿元，比 2022 年增长 6.9%。实际利用外资（部口径）3.53 亿美元，比 2022 年增长 5.1%；合同利用外资 8.69 亿美元，比 2022 年增长 18.6%。

【交通运输】 2023 年，全县交通运输、多式联运搬运仓储和邮政业实现增加值 24.19 亿元，比 2022 年增长 12.6%。境内等级公路里程 1001.37 千米，其中一级以上公路里程 96.13 千米、高速公路里程 40.4 千米。年末实有公共汽车营运车辆 237 辆，比 2022 年减少 9 辆；公共汽车客运总量 825.97 万人次，比 2022 年增长 8.2%。全年公路旅客周转量 0.35 亿人千米，比 2022 年增长 55.5%；公路货物周转量 17.15 亿吨千米，比 2022 年增长 32.5%。内河港口吞吐量 2545.82 万吨，比 2022 年增长 24.5%。完成水路货运量 1938.82 万吨，同比下降 4.3%；货物周转量 61.83 亿吨千米，同比下降 43.8%。其中，内河水路货运量 1330.32 万吨，货物周转量 16.55 亿吨千米，同比分别增长 13.5%、9.8%；沿海水路货运量 608.5 万吨，货物周转量 47.5 亿吨千米，同比分别下降 28.7%、50%。

【邮电】 2023 年末，全县有邮政支局 16 处，邮政业务收入 1.07 亿元，比 2022 年增长 8.2%。其中，金融收入 6086 万元，比 2022 年增长 22%；寄递收入 2778 万元，比 2022 年下降 15.8%；函件收入 262 万元，比 2022 年增长 24.5%。订销报刊累计数 683.8 万份，比 2022 年增长 1.1%，其中订销党报党刊 8752 份，比 2022 年下降 0.03%。邮票发行量 6.3 万枚（册），比 2022 年下降 52.9%。邮政业实现增加值 0.08 亿元。年末固定电话用户 6.16 万户，比 2022 年下降 2.7%，移动电话用户 59.98 万户，比 2022 年增长 3.7%，拥有互联网用户

（指固定宽带用户）26.73万户，比2022年增长6.2%。

【旅游】2023年，全县接待游客415.7万人次，同比增长44.2%，旅游总收入43.4亿元，同比增长11.5%。

【财税】2023年，全县财政总收入114.37亿元，比上年增长7%，其中一般公共预算收入65.54亿元，比2022年增长5.1%。其中，税收收入55.08亿元，比2022年增长9.8%，非税收入10.46亿元，比2022年下降14.3%。一般公共预算支出78.16亿元，比2022年下降10.7%。

【金融】2023年年末，全县全部金融机构本外币各项存款余额1154.45亿元，比年初增加139.23亿元，其中人民币各项存款余额1131.07亿元，比年初增加138.60亿元。全部金融机构本外币各项贷款余额1319.32亿元，比年初增加133.08亿元，其中人民币各项贷款余额1316.51亿元，比年初增加132.71亿元。住户存款中人民币685.5亿元，比年初增加118.79亿元。

【科技】2023年，全县一般公共预算支出中科学技术支出5.23亿元，比2022年增长18.8%。全年有高新技术企业465家，其中新认定87家；省科技型中小企业943家，其中新认定162家。专利授权总量3485件，比2022年下降21.9%；专利授权总量中发明专利授权量620件，比2022年增长202件。

【教育】2023年年末，全县有幼儿园50所，在园幼儿12215人，教师1001人；小学20所，在校学生28936人，教师1631人；普通中学16所，在校学生17738人，教师1493人。九年义务教育对象入学率100%。初中、高中毕业生升学率分别为99.33%和85.03%。全县有职业中学2所，在校学生3682人，教师366人。向普通高校输送新生1724人，输送高职（单考单招）1038人。全年有4447人参加各类学历教育和非学历教育证书自学考试。

【文体传媒】2023年年末，全县有县级博物馆1个，县级文化馆（总馆）1个，企业分馆25个，镇（街道）文化站（分馆）9个；公共图书馆体系有县级总馆1个，镇级分馆9个，智慧书房18个（3个与当地镇级分馆整合），礼堂书屋55个，乡村博物馆6个。公共图书馆纸质图书藏量1214千册，比2022年增长6.1%；电子图书藏量1002千册，比2022年增长0.1%。全县有广播电台1套，广播节目综合人口覆盖率100%；电视台1套，电视节目综合人口覆盖率100%。年内新增镇（街道）级全民健身中心1个、社区多功能运动场5个、百姓健身房9个、村级全民健身广场3个；提升“运动家”智慧体育社区9个、更新健身路径28条。组织参加嘉兴市第十届运动会，青少年部近600名运动员参加击剑、柔道等17个大项，获金牌59.5枚，总分1805分；大众部约150人参加7个项目比赛。举办和承办“秦山核电杯全国业余围棋大赛”“南北湖马拉松”“2023第十二届浙江自行车联赛（海盐站）山地车湿地挑战赛”、2023环浙步道登顶11峰暨浙江省登山健身步道挑战赛（海盐站）、海盐县第十二届运动会等近100项比赛活动，参与超1.9万人次。推进“一人一技”全民健身公益培训活动，线下培训11个项目258场约2万人次。在“浙里健身”累计激活社会体育指导员1405人，每千人拥有社会体育指导员超过3人。推进健康浙江国民体质监测工作，全年监测3—69周岁海盐县常住居民1888人。

【医疗卫生】2023年，全县有医疗卫生机构161个。有县级公立医疗机构6家、镇卫生院（街道社区卫生服务中心）9家、社区卫生服务站（村卫生室）82家；医疗卫生机构开放床位2351张；医疗卫生机构技术人员4576人，比2022年增长10.8%，其中执业（助理）医师1848人、注册护士2035人，分别比2022年增长9.3%和10%。国家基层卫生健康综合试验区综合评价连续两年列全国第一，在全国第二期走进基层——基层卫生健康综合试验区建设经验交流观摩学习会、省第三十届基层卫生改革与发展大会暨2022年度学术会议、第十二届基层卫生大会暨华夏县域医共体发展论坛、中医改革经验在全省共同富裕研讨会上作交流发言；“数智国医”应用在首届全国数字健康创新应用大赛获评“数智中医”赛道中获特等奖；健康浙江连续5年获评优秀，健康嘉兴考核获全市第一；公立医院综合改革获全省优秀；县人民医院创成三级乙等综合性医院；全县院前急救综合指数排名连续两年获全省第一；千人托位数4.35个；全年接待省内外考察调研组51批次、758人次；省级以上主流媒体报道43篇。

【资源环境】2023年，全县规模以上工业企业能源消费量181.99万吨标准煤，比2022年增长9.4%；县内规模以上工业单位增加值能耗增长1.1%。全社会用电量61.46亿千瓦时，比2022年增长8.3%。空气质量综合指数3.28，空气质量优良率90.9%，PM2.5年均浓度27.51微克/立方米。县控以上断面Ⅲ类水及以上比例、千亩荡饮用水水源地水质达标率保持100%，城市污水处理率97.7%，生活垃圾无害化处理率100%，污染地块安全利用率、危险废物处置率达到100%，成功创建为全省首批四星级“无废城市”。

【城市建设】2023年，全县供水普及率、燃气普及率、生活垃圾处理率均为100%。县城市政公用设施建设固定资产投资7.31亿元。县城建成区面积27.81平方千米，比2022年扩大3.9%。建成区人口17.43万人，比2022年增长1.6%；年末实有城市道路面积510.67万平方米，比2022年增长6%；排水管道长度504.05千米，比2022年增长2.4%；绿地面积1044.14公顷，比2022年增长2.6%，人均公园绿地面积18.68平方米。

【安全生产】2023年，全县各类生产安全事故（不含火灾）5起、死亡4人。其中，工矿领域生产安全死亡事故2起、死亡2人；道路运输死亡事故3起、死亡2人。火灾事故66起，无人员伤亡。

【人民生活】2023年，全县城镇居民人均可支配收入78591元，比上年增长5.8%；农村居民人均可支配收入50647元，比上年增长7.4%。城乡居民人均消费支出分别为52014元和37287元，比上年增长9.1%和12.8%。城乡居民家庭恩格尔系数分别为25.1%和26.9%。城镇家庭人均住房建筑面积46.9平方米；农村家庭人均住房建筑面积61.2平方米。

【社会保障】2023年，海盐县职工基本养老保险参保人数26.75万人，比2022年增长3.2%；城乡居民养老保险参保人数6.99万人，比2022年下降1.9%；工伤保险参保人数28.86万人，比2022年下降6.7%。参加基本医疗保险人数（职工医保+居民医保）40.55万人，比2022年增长1.7%。全县低保对象1873人，比2022年同期增加60人；低保对象中城镇367人、农村1506人，共享受最低生活保障金1818.44万元，比2022年增长16.2%。全年有在运营养老机构7家，实有床位数1476张，入住老人528人。全县建有城乡社区居家养老服务照料中心116家，覆盖全县121个村（社区），其中建有示范型居家养老服务中心9家，实现镇（街道）全覆盖。

（叶晓婷）

气候水文

【气温】2023年，海盐县年平均气温18℃，较常年偏高0.9℃。8月平均气温与常年持平，12月较常年偏低0.7℃，其余月份气温不同程度偏高，偏高幅度在0.7℃～2℃。11月极端最高气温30.3℃和12月极端最高气温25.3℃，均打破海盐建站以来历史同期极值。年极端最高气温38.6℃，出现在7月12日；年极端最低气温-6.7℃，出现在1月25日。全年出现低于0℃低温日数22天，其中12月21—26日受冷空气和晴空辐射降温影响，全县出现持续低温冰冻天气，冰冻持续日数为近10年最长。出现高于35℃高温日数19天，其中38℃以上酷热天数1天。其中，5月高温日数1天，6月高温日数2天，7月高温日数12天，8月高温日数4天，7月10—15日出现连续高温天气。

【降水量】2023年，海盐县年总降水量1093.2毫米，较常年偏少294.5毫米。日降水量≥50毫米日数为2天。全年降水分布极不均匀，2月、6—7月偏多，偏多幅度在10.6~64.5毫米，其中6月偏多最明显，比常年多64.5毫米；其他月份均不同程度偏少，偏少幅度在1.9~105.1毫米，其中8月偏少最明显，比常年少105.1毫米。年总降水日数124天，比常年偏少15.2天。2月、7—8月降水日数较常年偏多，偏多幅度在1.5~4.6天，7月偏多最明显，比常年多4.5天；其余月份均不同程度偏少，偏少幅度在0.2~4.3天，1月偏少最明显，比常年少4.3天。6月17日入梅，7月11日出梅，梅雨期24天（比常年少7天）。梅雨不典型，以过程性降水为主，梅雨量281.4毫米，较常年略偏少，而且梅中有伏，出现35℃以上高温日数9天。

【日照时数】 2023年，海盐县年总日照时数2254.3小时，较常年偏多461.2小时，为建站以来第二多。全年各月均有不同程度偏多，偏多幅度0.2~92.7小时，其中1月日照时数偏多最明显，比常年多92.7小时。

【台风】 2023年，海盐县受第5号台风"杜苏芮"外围环流影响，7月27日8时至29日11时，全县面雨量45.9毫米，最大雨量望海街道76.8毫米。全县出现6~8级东南大风，最大西塘桥街道海塘村站19.6米每秒（8级）。

【强对流】 2023年，海盐县夏季短时强降水频次高、局地性强。6月出现2次明显强对流天气过程，分别在19日和23日。其中19日傍晚到夜里全县普降大到暴雨，19日17时至20日8时全县面雨量47.9毫米，最大雨量沈荡镇84毫米，最大小时雨强沈荡镇74.1毫米；23日傍晚到24日夜里全县出现大暴雨，23日17时至25日8时全县面雨量119.8毫米，最大雨量于城镇147.4毫米，最大小时雨强沈荡镇21.7毫米。7月出现局地强对流天气3次，分别在19日、20日和22日，19日最大雨量和最大小时雨强都出现在澉浦镇，分别是71.6毫米和58.6毫米；20日最大雨量和最大小时雨强均出现在澉浦镇，分别为62毫米和54.9毫米；22日最大雨量和最大小时雨强均出现在秦山街道，分别为69.7毫米和52.9毫米。

【寒潮】 2023年，海盐县出现寒潮2次，略多于常年（1.2次）。受寒潮影响，1月14日早晨起出现一次强降温、雨雪和风力增大天气过程，日平均气温过程降温幅度14℃左右，其中15日出现雨雪天气，并伴有6~7级偏北风；12月15—17日受强寒潮影响，出现剧烈降温、大风和降水天气，日平均气温过程降温幅度16.4℃。

（陈　伟）

表1　2023年海盐县主要气象要素一览表

项目	年合计 / 年极值	年平均	项目	年合计 / 年极值	年平均
平均气温（℃）	—	18.0	平均风速（米 / 秒）	—	2.4
最高气温（℃）	38.6（7月12日）	—	雪日（天）	6	—
最低气温（℃）	-6.7（1月25日）	—	积雪日（天）	0	—
雨量（毫米）	1093.2	—	霜日（天）	33	—
雨日（天）	124	—	雾日（天）	17	—
日照时数（小时）	2254.3	—			

表2　2023年海盐县于城水位站水雨情一览表

月份	降水量（毫米）			水位（米）				
	月降水量	降水日数(日)	日最大量	月最高水位	出现时间(日)	月最低水位	出现时间(日)	月平均水位
1	60.10	9	31.50	3.09	15	2.74	4	2.86
2	91.50	11	27.50	3.37	13	2.74	1	2.97
3	60.00	11	53.50	3.11	24	2.78	4	2.91

续表 2

月份	降水量（毫米）			水位（米）				
	月降水量	降水日数(日)	日最大量	月最高水位	出现时间(日)	月最低水位	出现时间(日)	月平均水位
4	53.50	11	13.00	3.03	25	2.79	30	2.89
5	115.00	11	33.50	3.08	22	2.72	2	2.91
6	315.50	16	104.00	3.99	24	2.81	30	3.04
7	178.00	17	42.50	3.44	21	2.76	27	3.06
8	132.50	12	25.50	3.30	8	2.81	1	3.09
9	99.00	10	35.50	3.22	17	2.91	20	3.04
10	10.50	6	4.00	3.17	13	2.90	8	3.08
11	55.50	6	31.50	3.09	1	2.85	22	2.96
12	42.70	6	13.70	2.97	17	2.67	7	2.83

（肖　军）

中共海盐县委员会

综　述

【经济稳进提质】 2023年，县内规模以上工业增加值增长7.9%，数字经济核心制造业增加值增长10.1%，获全省“腾笼换鸟”攻坚行动考核激励。新增上市企业3家、国家级专精特新“小巨人”企业5家、省级“专精特新”中小企业56家，省级“隐形冠军”数全市第一，获省政府督查激励。外贸出口增长14.1%，社会消费品零售总额增长10.6%，服务业增加值增长7%，农业增加值增长4.8%。

【改革创新成果显著】 2023年，海盐县争列国家级改革试点7项、省级44项，“无感监测”营商指数等居省市前列，获省改革攻坚等最佳实践案例5项。秦山核电获全国质量奖、中国标准创新贡献奖和省政府质量奖。海盐高新技术产业园区获评省级高新技术产业园，研发强度提高0.11%，科技创新指数居全省前列。新增中华技能大奖1人、全国技术能手3人。

【城乡品质升级提档】 2023年，海盐县现代综合交通体系提速建设，南北湖未来城科创湖区、高铁新城CBD等一批先行标志项目开发建设；北大街历史文化街区、杭州湾日出观景平台等建成投用，新人民医院、职教中心等加快建设，成功入选以县城为重要载体的城镇化建设和城市更新试点。新增省级城乡风貌样板区2个、未来乡村5个，获全市和美乡村优胜奖。创成全省首批四星级无废城市，生态环境主要指标、生态满意度保持领先。

【公共服务共享】 2023年，海盐县零就业家庭保持动态“清零”，城镇住房保障受益覆盖率保持全市第一。教育现代化水平监测居全省第六、全市第一，通过全国学前教育普及普惠县创建省级评估。基层卫生健康主要指标评价连续两年全国第一，健康浙江考核全省第四。县老年活动中心加快建设，创成全国首批未成年人保护示范县。举办全省“我们的村晚”，获省委主要领导批示肯定。

【除险保安工作】 2023年，海盐县圆满完成杭州亚（残）运会等重大活动和重要时间节点维稳安保任务，稳妥处置恒大、融创等房地产领域风险隐患，各类生产安全事故起数下降20%、火灾数下降25.3%。获评全省人民调解工作先进县，创成全国信访工作示范县，平安考核和平安指数连续三年全市第一，获全省首批“二星平安金鼎”，连续19年获“平安县”称号。

（钱　丽）

重要会议

【县委全会】 8月1日，县委十五届五次全体（扩大）会议暨县十六届政府第三次全体（扩大）

会议召开。会议强调学习贯彻党的二十大和习近平总书记对浙江工作重要指示精神，落实省委、市委全会部署，回顾总结上半年工作，研究部署下半年任务，坚定不移践行“八八战略”，一以贯之落实“三个示范”嘱托，强力推进创新深化改革攻坚开放提升，确保全面完成全年经济社会各项目标任务，努力在推进共同富裕和中国式现代化县域实践中走在前、争先锋。

12月29日，县委十五届六次全体（扩大）会议暨县十六届政府第四次全体（扩大）会议召开。会议强调，坚持以习近平新时代中国特色社会主义思想为指导，全面贯彻党的二十大、二十届二中全会精神和习近平总书记考察浙江重要讲话精神，落实中央和省、市经济工作会议及省、市委全会部署要求，回顾总结过去一年工作，研究部署2024年各项目标任务，进一步动员全县上下坚定不移践行“八八战略”，一以贯之落实“三个示范”嘱托，坚定信心、敢作善为、攻坚突破，在奋力推进中国式现代化县域实践新征程上走在前、争先锋。

【其他会议】 全县三级干部大会　1月29日，海盐县三级干部大会召开。会议重点围绕开展“狠抓落实年”，增强狠抓落实的思想自觉、牢牢把握狠抓落实的重点关键、着力提升狠抓落实的实绩实效，为奋力谱写中国式现代化海盐新篇章开好局起好步而努力奋斗。

省委巡视整改工作推进会　2月7日，海盐县省委巡视整改工作推进会召开。会议听取整改牵头单位工作汇报，对下一阶段整改工作进行再动员、再部署、再推进，推动巡视反馈问题及时整改到位、按期销号，不断深化和巩固巡视整改成效。

全县全面深化改革（营商环境优化提升“一号改革工程”）暨打造共同富裕示范样板与现代社区建设推进会　3月16日，海盐县全面深化改革（营商环境优化提升“一号改革工程”）暨打造共同富裕示范样板与现代社区建设推进会召开。会议总结过去一年工作成效，系统部署2023年改革攻坚工作。

全面融入长三角一体化发展暨“三大攻坚”行动部署会　3月24日，海盐县全面融入长三角一体化发展暨“三大攻坚”行动部署会召开。会议学习贯彻习近平总书记关于长三角一体化发展重要论述精神，紧紧抓牢交通建设、平台提升、科技人才“三大攻坚”这个关键抓手，以实干实绩推动海盐高质量融入长三角一体化发展迈上新台阶。

全县党建工作会议　3月24日，海盐县党建工作会议召开。会议贯彻党的二十大精神，全面落实上级关于组织、宣传、统战等工作最新部署要求，回顾总结上年工作，部署2023年重点工作任务。

全县工业大会暨智造创新强县发展大会　4月18日，海盐县工业大会暨智造创新强县发展大会召开。会议回顾上一年度全县工业发展成效，表彰2022年度优秀企业家及相关奖项，举行招商项目签约仪式，听取专家主题报告，部署2023年全县工业经济工作。

全县迎亚运、守底线暨平安建设会议　4月21日，海盐县迎亚运、守底线暨平安建设会议召开。会议贯彻落实上级会议精神，总结2022年全县平安工作，通报平安创建工作年度考核结果，研究部署下一步工作任务，动员全县上下统一思想、坚定信心，进一步推动平安海盐建设再上新台阶，平安护航杭州亚运会亚残运会，为奋力谱写中国式现代化海盐新篇章提供坚强平安保障。

清廉海盐建设推进会暨政德教育大会　6月8日，清廉海盐建设推进会暨政德教育大会召开。会议贯彻落实党的二十大精神和全省清廉浙江建设现场推进会精神，以更高站位、更高标准、更严要求纵深推进清廉海盐建设，加快打造勤廉并重的新时代清廉建设高地。

网络安全和信息化委员会第五次全体（扩大）会议　6月20日，海盐县网络安全和信息化委员会第五次全体（扩大）会议召开。会议传达上级网信委会议精神，全面回顾总结过去一年全县网信工作，研究部署2023年工作重点任务。

全县服务业大会　6月30日，海盐县服务业大会召开。会议回顾服务业过去一年取得的成绩，部署2023年全县服务业经济工作，加快推动服务业提质增效。

全面依法治县委员会第五次会议暨全面深化执行“一件事”改革工作部署会　8月8日，海盐县全面依法治县委员会第五次会议暨全面深化执行“一件事”改革工作部署会召开。会议学习习近平法治思想特别是习近平总书记在党的二十大报告中关于法治建设的新论述新要求和省委全面依法治省委员会第五次会议精神，回顾总结过去一年全面依法治县工作情况，部署下阶段重点工作。

学习贯彻习近平新时代中国特色社会主义思想主题教育动员部署会　9月12日，海盐县学习贯彻习近平新时代中国特色社会主义思想主题教育动员部署会召开。会议学习贯彻习近平总书记关于主题教育系列重要讲话和重要指示批示精神，贯彻落实中央学习贯彻习近平新时代中国特色社会主义思想主题教育第一批总结暨第二批部署会议精神，根据省委、市委、县委统一部署，对全县主题教育进行动员部署，推动主题教育走深走实、见行见效。

主题教育调研成果交流会暨2023年度读书会　12月14日，海盐县主题教育调研成果交流会暨2023年度读书会召开。会议学习贯彻习近平新时代中国特色社会主义思想，围绕主题教育调查研究成果，结合正反面典型案例研讨，开展调研成果交流，科学谋划确定2024年工作思路和载体抓手，推动主题教育走深走实。

（朱晓婷）

重要决策和活动

【通苏嘉甬高铁杭州湾大桥海上首桩开钻】　3月10日，通苏嘉甬高铁杭州湾大桥海上首桩开钻，标志着世界上最长的跨海高速铁路桥海上工程正式开工。通苏嘉甬高铁杭州湾大桥是通苏嘉甬高铁的关键控制性工程，北起嘉兴海盐，跨杭州湾海域后南接宁波慈溪，全桥长度29.2千米。

【“狠抓落实年”工作方案实施】　3月15日，县委、县政府制定《海盐县2023年“狠抓落实年”工作方案》，提出开展“三大比拼”“三大攻坚”“三大提升”行动。“三大比拼”即比拼“有效投入”、比拼“腾笼换鸟”、比拼“消费提振”；“三大攻坚”即攻坚“交通建设”、攻坚“平台提升”、攻坚“科技人才”；“三大提升”即提升“民生保障”、提升“营商环境”、提升“党建统领”。

【“四敢争先”实践活动】　3月16日，县委、县政府印发《海盐县“四敢争先”实践活动实施方案》，提出要在提升经济发展总量、激发市场主体活力、催生创新引领动能、增进城乡民生福祉、锻造一流干部队伍等五个方面狠抓落实、奋勇争先，全面调动干部群众“敢”和“干”的劲头，激发“闯”和“创”的活力。

【建设新时代人才强县】　3月24日，县委、县政府印发《关于高质量建设新时代人才强县的若干政策意见》，提出深入实施人才强县战略，从推进国家和省重大人才工程、深入实施嘉兴市“星耀南湖”计划、加快引育县域急需的紧缺型人才、充分发挥企业引才主体作用、高质量推进科技创新平台建设、畅通市场化引才渠道、加强人才服务保障等七个方面着手，加大各类优秀人才、智力资源引育力度，助力推动海盐经济社会高质量发展。

【全面融入长三角一体化发展】　4月6日，县委、县政府印发《海盐县全面融入长三角一体化发展暨虹桥国际开放枢纽南向拓展带建设三年行动计划（2023—2025年）》，提出实施交通工程攻坚、产业平台赋能、现代产业发展、科技创新拓展、滨海新城提级、文旅商务提效、公共服务优化、区域协作深化等八大行动。到2025年，着力实现基础设施互联互通、产业平台高效协作、科技人才开放交流、公共服务同城优享，全县创新、协调、绿色、开放、共享发展水平进一步提升。

【技能人才队伍建设】　4月23日，县委、县政府印发《海盐县加强技能人才队伍建设 加快引育“共同富裕”匠才队伍的实施办法（试行）》，提出实施技能人才培育强基行动、职业技能提升行动、技能人才引育工程和高技能人才集聚工程，培养造就一支“数量充足、结构合理、技艺精湛”的技能人才队伍。到2025年底，力争全县技能人才总量达13万人，其中高技能人才总量4.7万人，全县技能人才占从业人员比例达到36%以上，高技能人才占技能人才比例达到36%以上。

【创新深化改革攻坚开放提升工作】　4月25日，县委、县政府印发《海盐县深入实施“八八战略”强力推进创新深化改革攻坚开放提升工作总体方案》，提出加快打造高水平创新县、高质效改革先行县、高能级开放县，全面增强高质量发展新动能，全力构筑县域高质量发展新优势。

【2023年核技术应用产业国际大会】 5月24日，由中国国家原子能机构指导、中国核能行业协会主办的2023年核技术应用产业国际大会在海盐开幕。会议以“核技术造福人类”为主题，交流世界各国核技术产业最新发展情况与展望，介绍中国和国际核技术在农业、安保、环境治理、医学、工业、辐照应用等领域的最新技术与应用，共同商讨核技术应用产业发展前景和挑战。大会还发布中国首份《中国核技术应用产业发展报告（2023）》。

【科技创新推动】 6月19日，县委、县政府印发《关于进一步推动科技创新的若干政策意见》，提出抢抓长三角一体化发展国家战略机遇，从加强科技企业培育、支持企业开展高质量研发、支持产学研合作、支持开展高等级创新载体建设、鼓励科技企业孵化器发展、完善科技金融服务体系建设、加大对科技成果的奖励力度、优化民生及农业科技创新环境、鼓励企业推进知识产权工作、加大对知识产权质押保险和维权奖励力度、加大促进知识产权运用的奖励力度等方面加大政策支持力度，发挥科技创新对区域创新发展的引领带动作用。

【中国·海盐南北湖文化旅游节开幕】 11月1日，2023中国·海盐南北湖文化旅游节开幕式暨海盐县第六届国际经贸洽谈会举行。会上集中签约项目27个，总投资217.36亿元，涉及高端智能制造、数字经济产业、核关联及核技术应用、高端酒店等领域。此次南北湖文化旅游节以“长歌锦绣山海间”为主题，共设“潮涌东方”“艺韵故园”“金秋交响”三大篇章13项重要活动。开幕式当晚，举办“此心安处是吾乡——余华对刘家琨访谈”活动。

【诺华中国放射性药品投资项目签约】 12月1日，诺华中国放射性药品投资项目签约仪式在浙江省人民大会堂举行，标志着国内首个核药领域外资项目正式落户海盐。诺华集团是全球三大药企之一和世界500强，此次落户的诺华高端放射性药品项目是全球放射性药品领域引领性标志性项目，将填补国内放射性药品领域发展空白，对破解群众诊疗癌症用放射性药品“贵”与“难”的问题具有重要的里程碑意义。

（钱　丽）

组织工作

【概况】 2023年，全县有基层党组织1775个。其中，党委102个、党总支98个、党支部1575个，另有工委4个。全县有党员26904人。其中：预备党员268人，占党员总数的1%；女党员9163人，占党员总数的34.1%；少数民族党员68人，占党员总数的0.25%；35岁及以下青年党员5876人，占党员总数的21.8%；60岁以上党员9235人，占党员总数的34.3%；大专以上学历党员13854人，占党员总数的51.5%。

【主题教育】 2023年，海盐县开展学习贯彻习近平新时代中国特色社会主义思想主题教育，部署推进“持正确政绩观、建为民新业绩”、青年干部“与信仰对话”、“夯实基层、服务基层、关爱基层”、加强和改进流动党员管理等4个专项行动。抓实

9月28日，县委组织部组织开展雪水港村“循迹溯源”路线发布活动

（县委组织部供）

理论学习，推出“10+6+X”工作计划指引，发布“循迹溯源”精品路线7条。扎实开展调研，县处级领导干部确定调研课题31个，科级领导干部确定专项课题482个，党员干部包镇进村入网格走访群众8.8万人次，收集建议1.5万余条。紧盯问题整改，经验信息入选省级简报1篇，案例入选全省整改整治典型案例2个，案例入选全市整改整治典型案例1个。

【基层队伍建设】 2023年，县委组织部推进新时代“领雁工程”，打造异地“领雁”跟班实训平台，开展村（社区）党组织书记“四敢争先 头雁领航”大比武活动6期，有4名村（社区）党组织书记获评省、市担当作为好支书。组织开展村社换届“回头看”，动态调整村（社区）党组织书记5人、村（社区）干部10余人。研究制定《海盐县发展党员政审联审办法（试行）》，建立县级党员档案集中管理中心，17000余册农村、社区、两新领域档案全部纳管。开展“万名党员进党校”“党课开讲啦”等活动，累计培训1万余人次。开展流动党员核查纳管“百日攻坚”行动，累计纳管流动党员2200余名。

【党建引领高质量发展】 2023年，海盐县实施“三先助共富”工程，深化党建引领“共富工坊”建设，举办“三先助富·一十百千”现场推进会，发布“六个一”工作机制，6个“共富工坊”获省级荣誉。深化党群创业共富工程，推出培育一批示范基地、编印一册案例汇编等“八个一”主题活动，发布县级《党群创业服务规范》和抓落实12条举措，全年扶持创业项目30个、授信3亿元。

【党建引领基层治理】 2023年，县委组织部推进党群服务中心星级提标行动和挂牌、机制清理专项行动，党群服务中心获评嘉兴市五星级党群服务中心18个，党群服务中心获评省级示范10个。推进现代社区建设，建立契约化共建、集成化服务、制度化运行“三个一”工作机制，承办全市“红社先锋 益路同行”现场会，天宁寺社区被评为“省级城市社区议事协商创新试点优秀单位”。深入推进“网格连心、组团服务”，深化党建引领农村网格治理试点工作，3个试点村矛盾纠纷发生率同比下降48.6%。持续推进工业社区建设，形成“1套网格化管理地方标准+N个未来社区应用场景”的助企服务体系，相关做法获评省首届现代产业社区十佳案例，党建品牌入选全国“年度百佳园区党建品牌案例”2个。开展在职党员干部“一编三定”进村社活动，1.5万余名在职党员干部、800余个党员志愿服务团组下沉进入网格，实现为民服务零距离。

【干部选拔培养】 2023年，海盐县着力打造“五敢”型高素质干部队伍，为推动县域经济社会高质量发展提供坚强组织保障。县委常委会讨论通过7批次188名干部的任免决定，其中新提拔62人次、进一步使用15人次、平职交流68人次。注重年轻干部实践能力培养，组织90余名新录用干部前往县矛调中心首站锻炼。开展年轻干部制度性交流，选派120余名年轻干部参与重大交通项目、重大招商项目等中心工作。弘扬“五敢”作风，选树“五敢”型团队25个，“五敢”型干部暨担当作为好干部52名。

【公务员工作】 2023年，海盐县累计开展职级晋升290人次，其中晋升四级以上调研员40人次、一至四级主任科员250人次。全年新录用公务员95人，其中镇（街道）7人、选调生6人。望海街道被确定为第二批公务员考核省级示范点。

【干部监督教育】 2023年，结合十五届县委巡察工作，县委组织部对15个县级部门、镇（街道）开展选人用人专项检查。落实县级部门和镇（街道）中层干部选拔任用工作规定，涉及中层干部调整114批，35岁以下中层干部比例和全日制大学比例得到进一步提升。创新开发“干部政商关系监管”场景和应用模型，实现干部从业情况全程监管、干部监督职能质效提升、干部选拔任用精准化科学化，“干部政商关系闭环监督模型”获评全省数字组工“好模型”，为嘉兴市唯一入选项目。出台《海盐县管领导干部“八小时外”监督管理办法（试行）》，创新开展干部监督闭环攻坚行动，加强干部“八小时外”管理。出台《海盐县关于加强政商关系监管 推动构建亲清政商关系的实施细则》，常态化对廉洁从政从业行为自查，组织开展领导干部个人有关事项、兼职事项和有关亲属从业及从事经营活动报告等工作。出台《海盐县推进领导干部能上能下实施细则（试行）》，完善干部能上能下操作程序及后续管理。加强干部教育培训，完成2023年度全县干部教育培训20个主体班次。加强教学案例成果转化，形成“创改开”、三个“一号工程”教学案例13个，其中“专精特新”案例入选省委组织部典型案例。开展精品课程研究，“公共服务优质共享的海盐样板”“步鑫生改革创新思想及其时代价值”先后获评全省精品课程、全市优秀课程。完成乡村振兴示范样板（北团村、雪水港村）、秦山核电两个现场教学项目课程开发工作，其中雪水港村现场教学点获评省级现场教学示范点。

【人才工作】2023年，海盐县实施人才强县战略，先后出台人才新政3.0和高技能人才专项政策，加大硕博人才、高技能人才补助力度，新增大专生就业补助、实习补助等。成立招商引智服务有限公司，在7个招商片区设立招商引才工作站，全年新引育省级以上高层次人才10人，成功获评“长三角大工匠”1人。启动南北湖科创湖区建设，建立核电关联产业学院，与浙江清华长三角研究院开展深入合作，持续推进南北湖医学人工智能研究院、复旦科技园发展研究院（海盐）科创中心科创载体建设，举办项目路演3场，引进孵化科创项目8个。支持以校企合作方式培养人才，新建省级博士后工作站2家，新增博士创新站6家、县级技能大师工作室10个。制定人才工作“双八条”，建立“营智环境体验官”制度，定期发布人才活动月历。组建“1+9+N”宣传团队，全领域开展人才新政宣介，发放政策汇编5000余册。建立1亿元的海盐科创人才基金，加大对初创型科创人才项目的金融支持力度。

（王肖雅）

宣传工作

【概况】2023年，全县宣传思想文化系统坚持以习近平新时代中国特色社会主义思想为指导，坚决守好“红色根脉”，践行“三个示范”，全面推进新时代文化海盐工程。承办全省农村文化礼堂“我们的村晚”，获多名省、市领导批示肯定。聚焦企地融合，举办“溯源新思想·中国式现代化下的核能高质量发展之路”理论研讨会，发布“秦山经验”，成果在《人民日报》等19家媒体刊登。实施对外宣传突破工程，端午民俗活动获央视直播，《浙江日报》头版11篇，“暖心包子铺夫妇”等21个凡人善举获《人民日报》等传播，总点阅量超15亿人次。增强名人效应，举办“余华对话刘家琨”“沈石溪阅读分享”活动，全网流量超千万人次。筑牢安全底线，首创“E企网安实验室”，入选省级营商环境微改革项目库。

【理论学习宣讲】2023年，县委宣传部夯实理论学习，常态执行县委常委会“第一议题”、理论学习中心组巡听旁听等制度，围绕习近平总书记考察浙江重要讲话精神等议题开展学习40次，中心组成员署名文章在新华社《高管信息》、《新安全》杂志、《嘉兴日报》等媒体刊登。创新理论宣讲，组建“县领导＋基层干部＋专家骨干＋青年宣讲员”大宣讲团，推出“海盐青年·爱学习”品牌，组织“三个示范”大讨论70余场次，开展“八八战略”20周年、习近平总书记考察浙江重要讲话精神等主题宣讲活动2万余场次，1名选手入选全省青年理论宣讲团。推进课题研究，《打造中医药“最后一公里”服务网的建议》在《浙江社科要报》刊登，获省领导批示肯定，获评省社科测评优秀县。领办全市唯一“宋韵文化传承三年行动”项目，承办嘉兴市全民阅读推广活动，开展“启梦者行动计划”暨“阅满海盐”活动，邀请著名儿童作家沈石溪开展阅读推广活动。

【意识形态工作】2023年，县委宣传部协助县委落实《浙江省党委（党组）意识形态工作责任制实施细则》，坚持意识形态工作“书记抓、抓书记”不放松，连续6年召开镇（街道）党（工）委书记抓意识形态工作述职会议。抓好省委巡视意识形态专项检查整改，在完善机制、夯实平台、做好引导上强链补链，高站位制定整改方案，落实整改措施47条，提前完成整改率达98%。抓实县委巡察意识形态专项检查，对16家部门单位、镇（街道）开展专项检查工作。深化宣传思想舆论阵地巩固提升行动，开展意识形态阵地督查，完成重点风险隐患整改。

【对外宣传工作】2023年，全媒体刊发刊播稿件1万余篇（次），组织主题报道53个。加大对重大交通、核技术应用（同位素）产业园等标志性代表性工作宣传报道力度。开展“传承弘扬步鑫生改革创新精神”融媒体新闻行动。实施对外宣传突破工程，打好“村晚”、千万工程、诺华项目签约、南北湖文化旅游节等对外宣传主动战，召开跨海铁路大桥首桩开桩、营商环境优化等新闻发布会。实现市级以上平台录用4000余篇，省级以上平台上稿量1300余篇，同比增长32.5%。组织第七批新闻发言人培训，提高主动发声的能力水平。建立正能量爆款选题报送联席会议等机制，全年大流量作品90余篇（条），千万流量以上7条。县传媒集团成功组建，媒体融合指数年度全省排名第十七，“原汁盐味”抖音公众号、“海盐发布”微信公众号、“爱海盐”客户端三大新媒体平台用户规模突破110万人次。探索“爱海盐”客户端“媒体＋政务服务”运行模式，新增用户超过5万人。

【精神文明建设】2023年，海盐县开展文明城市创建八大提升行动、文明村镇“文明助共富”城乡联动工程，交办问题13万余个，整改率100%。中央文明办赴海盐县调研，海盐县在相关座谈会上做经验交流，《人民日报》头版头条点赞雪水港村文明乡村建设。深化“浙江有礼·盐之有礼”县域文明新实践品牌建设，入选全省首批金名片，相关经验做法宣传片在全省展播。推出新时代文明实践“青年引育”行动和“善治管家 最美乡村”两大建设行动，入选嘉兴市揭榜挂帅项目，“天宁评谈”获评全省志愿服务项目优秀奖。推进典型选树，何少华提名全国道德模范，获评“浙江好人”2人、省道德模范1人、市“40年·40人”先锋人物6人。在县新时代文明实践中心建设县文化礼堂总堂，组建礼堂服务联盟，建成“文化礼堂·老年学堂”50个，开展“礼堂享老”活动120余场。

11月1日，海盐县南北湖文化旅游节开幕仪式举行

（县委宣传部供）

【文化建设工作】2023年，海盐县建成投用县文化艺术中心、北大街历史文化街区、李子侯书画院和丰明画院，形成海盐文化阵地集群。推动基层“15分钟品质文化圈”建设，打造省级5星级文化礼堂2家。加强文艺精品创作，长篇报告文学《秦山里的中国》等6项获评市级重点文艺精品扶持项目。举办“嘉兴宋韵文化：传承与创新”主题研讨会、“郑晓与百可园——千年古城的文化印记”研讨会，“盐邑人文”走读宋韵入选省社科联年度社科普及创新项目。举办端午民俗文化活动、2023中国·海盐南北湖文化旅游节等，推出3条红色研学精品线和4个红色故事。研究完善文化产业发展政策，玖地文化传媒、侨星文化传媒、联彩影业等影视公司相继落地海盐。

【网络安全和信息化工作】2023年，海盐县全面上线县域网络安全协同支撑平台，创新推行网络安全态势月报制。全力做好护航亚运等重点时间节点的网络安全工作。挂牌成立海盐县互联网违法和不良信息举报中心，联合法院等部门组建“盐E力量”，实施互联网信息内容“分业分层监管、联合联动执法”。

（沈杨扬）

【新闻出版工作】2023年，县委宣传部开展全县出版物市场、文化市场监管工作，完成每年

1260场农村电影放映和全县软件正版化安装工作。开展全县6家电影院、46家出版物发行单位、358家印刷企业年检工作。深化“扫黄打非”工作,成立“蓝盾联盟”版权保护法律工作站,加强与京版十五社反盗版联盟的深度合作。

（董仕渊）

统战工作

【概况】 2023年，海盐县统战工作坚持围绕中心、服务大局，实施统一战线“狠抓落实年”“品牌提升年”“基层质效年”，构建“之江同心·盐邑同行”品牌矩阵。在全省新乡贤工作经验交流会、全省工商联系统经济服务工作会议暨上规模民营企业调研工作部署会、全省乡镇（街道）商会建设推进会、全省注册会计师行业和资产评估行业统战工作推进会、第四届“浙江商会周”启动仪式暨第四届长三角商协会资源对接会、省工商联揭榜挂帅项目成果展示会等6次省级会议和4次市级统战工作会议上做交流发言。获2021—2022年度全国侨联系统“侨胞之家”典型选树单位、全国归侨侨眷先进个人等国家级荣誉2项；创建2023年省级宗教普法示范点等省级阵地15处；创建省清廉民企建设示范单位等省级先进单位6家；获评省工商联重点工作揭榜挂帅优秀项目等省级优秀案例10个。县委统战部获评2023年度嘉兴市打造“浙里最嘉”营商环境最优市成绩突出集体、全县“党建统领”提升先进集体、全县征搬迁工作清理旧账成绩突出集体。县统战工作在市对县目标责任制考核中获一等奖，在全县半年度和年度“四敢争先 狠抓落实”部门（单位）擂台赛中两次荣获“争先创优先锋奖”。

【“同心联力”品牌】 2023年，县委统战部以民主党派集智聚力为重点，打造“同心联力”品牌。承办“重温‘五一口号’·携手奋进新征程”嘉兴市统一战线纪念中共中央发布“五一口号”75周年“四敢争先”统战青年说主题分享会；举办全县纪念“五一口号”发布75周年座谈会，组织征文活动，获市委统战部一等奖3名。与县政协联合举办社会各界人士中秋联谊会，邀请全县政协委员、统战各界代表人士参加。落实通报会、征求意见会、谈心交友、对口联系、调研等多党合作制度机制。推进“同心同廉”工程，发出“同心同廉”倡议，发布“之江同心·初心之旅”研学线路2条，组织民主党派班子成员到海盐县法纪教育基地开展警示教育。各民主党派着力打造“一党派一品牌”，民革“海盐心·民革情”、民盟“盟声聚识”、民进“开明彩虹”、农工党“红豆杉”联盟、九三学社“九三核声”。实施“同心培优”工程，24名党外年轻干部参加“培优营”。健全党外干部组织推优机制，有60名35岁以下的优秀党外干部入库纳管。全县配备党外在职科级领导干部25人（副处级5人、正科级4人），配备党外领导干部的政府工作部门8个、干部11人（正科级3人）。

【营商人文环境优化】 2023年，由县委统战部牵头，县经信局、县工商联等部门配合的《建立新生代企业家健康成长培育体系助力青蓝接力工程》案例获评嘉兴市营商环境优化提升创新案例，相关信息登上《浙江信息（工作交流）》第30期，并获省委统战部领导批示。专报《海盐县打造三张统战工作金名片助力经济高质量发展》再次

5月4日，海盐县承办嘉兴市统一战线纪念中共中央发布“五一口号”75周年“四敢争先”统战青年说主题分享会　（县委统战部供）

获省委统战部领导批示。涉及人文环境有关部门在《浙里改》刊发经验做法2篇，其中《城乡师资“全域多元交流”》获省领导批示。县工商联“一盐为定”商事纠纷调解品牌获评省工商联揭榜挂帅优秀项目。在各民主党派和民营企业家中开展优化提升营商环境“金点子”征集活动，征集意见建议203条。

【港澳交流交往活动】 2023年，香港慕光英文书院与海盐武原中学开展实地考察交流2次。参与承接“港澳青年浙江行”活动，85名港澳青年到海盐县考察美丽乡村建设、非遗手作等。坚持重点人士联络机制，县委统战部、镇（街道）加强联络工作，累计接待返海盐县港胞100余人次。邀请港胞参加首届嘉兴人大会、“盐邑乡情·共话发展”家乡行活动和制作祝福视频等。

【党外知识分子和新的社会阶层人士统战工作】 2023年，以党外知识分子联谊会和新的社会阶层人士联谊会为主体推动“知新智享”品牌建设。开展党外知识分子主题教育，不断巩固思想政治基础。完成各镇（街道）知联分会换届，开展“之江同心·爱国奋斗”宣讲和新的社会阶层人士“共话党的二十大”活动，组织新的社会阶层人士开展“之江同心·寻美浙江”主题活动。组织国资企业党外知识分子开展“党建引领——党外代表人士活动日”走进嘉兴档案馆、走进水务等系列集体活动。发挥县知联会与浙大知联会12年共建优势，持续深化校地共建，年内2次召开合作交流座谈会，就农业发展、同位素产业等进行交流探讨。

【新乡贤拓展工作】 2023年，海盐县打造“盐邑乡情”品牌，凝聚新乡贤桑梓心。建立海盐籍在外新乡贤信息库；邀请25名代表人士参加首届嘉兴人大会，作家余华在大会上作《我只要写作，就是回家》专题发言；4人参加专题恳谈会。举办“盐邑乡情·共话发展”家乡行活动。邀请在外新乡贤参加海盐南北湖文化旅游节开幕式、经贸洽谈会等。持续关注和宣传作家余华、主持人冯琳、女子撑竿跳运动员徐惠琴等知名新乡贤。推进新乡贤“同心共富”工程，获评市级四星级“乡贤助乡兴”同心共富实践基地5个。优化“乡贤贷”，助力创业。各镇（街道）通过新乡贤引进1000万元以上项目15个，投资额约32亿元。

【统战工作基础夯实】 2023年，县委统战部《打造镇（街道）统战工作规范化建设升级版》入选省委统战部《“八八战略”实施20周年全省统战工作实践创新成果选编》。县委召开镇（街道）党（工）委书记抓统战工作专题述职会议，将统战工作纳入县目标责任制考核、县委巡察工作、全县督查工作。邀请省民宗委副主任在县委理论学习中心组（扩大）会议上作专题讲座。召开县委统战工作领导小组会议，制定领导小组工作规则，调整领导小组成员单位，明确工作职责，制定成员单位重大任务清单。在县级机关深化党建引领和组织联建、干部联心、服务联力的“一领三联”活动，10个机关基层党组织与民主党派基层委开展“组织联建”。对镇（街道）统战工作建立月度工作晾晒机制。1人参加“之江同心·团结奋斗”全省统战系统主题教育微型党课决赛并获优秀奖。

（谭泽芳　胡羽茜）

政策研究工作

【概况】 2023年，县委政研室组织全县开展调研活动，形成一批高质量的调研成果。起草县三级干部会、县委读书会、县委全会等全县重大会议报告10余篇，科学谋划全县2024年工作思路、重点和举措，提出围绕“攻坚突破”主题主线，强化狠抓落实，重点开展“民间投资、县内工业、三产提振、重大交通、科技人才、重点平台、公共服务、重点改革、基层治理、旧账清理”等十大攻坚。

【重点课题调研】 2023年，县委政研室牵头起草《海盐县关于开展深入学习贯彻习近平总书记考察浙江重要讲话精神重点课题研究的方案》，形成专题调研成果18篇。组织开展县委班子“一正一反”典型案例调研。深入基层开展调查研究，《关于加快我县服务业高质量发展的研究与思考》《关于海盐城市未来发展的几点思考》获县委主要领导批示肯定，《共同富裕背景下海盐推进新型城镇化研究》获评全市党政系统优秀调研成果，《蓄势赋能 创新作为 全力打造营商环境最优县》等5篇材料在《政策瞭望》《今日浙江》《新嘉兴》刊登。

【协调全县调研工作】 2023年，县委政研室牵头制定《海盐县关于大兴调查研究进一步推进调查研究工作规范化制度化的实施方案》，组织开展县级领导重点调研课题17个，副科级以上领导调研课题500余个。开展2022年度党政系统优秀调研成果评比，评选出优秀调研文章25篇。全年出刊《调研与参考》6期，汇编书籍《文件选编》1册、《海盐调研》2册印发至全县各单位。

附：2023年县级重点课题目录

1. 海盐县深入实施“八八战略”强力推进创新深化改革攻坚开放提升的研究（县委办公室）

2. 关于盘活存量国有资产扩大有效投资的思考与建议（县政府办公室）

3. 关于优化提升海盐县法治化营商环境的调查与研究（县人大常委会办公室）

4. 对标先进 争创一流 全力打造长三角最优营商环境示范县（县政协办公室）

5. 打造长三角城市群重要中心城市背景下深化海盐营商环境改革的思考（县委改革办）

6. 以平台建设助力海盐县核技术应用（同位素）产业生态圈构建的对策研究（县核电产业发展服务局）

7. 统筹推进“四项监督”贯通协同的地方实践与思考（县纪委县监委）

8. 深化“三治融合”谱写高水平的平安海盐基层治理新篇章（县委政法委）

9. 进一步优化协作联动机制提升应急时效的研究（县应急局）

10. 城乡精神文明建设融合发展路径研究（县委宣传部）

11. 关于推动新时代全民国防教育深入普及的思考（县人武部）

12. 秦山核电与地方党建联建机制探索实践和思考（县委组织部）

13. 关于全力打造农业强国县域样板的思考（县农业农村局）

14. 关于新形势下促进我县文化和旅游融合发展的思考（县文化广电旅游体育局）

15. 工程项目领域招投标存在问题及对策分析（县公安局）

16. 海盐县法治化营商环境改革工作现状与对策研究（县司法局）

17. 擘画浪漫滨海旅游带新画卷 打造县域文旅新标杆（县文化广电旅游体育局）

（朱明立）

机构编制管理

【党管机构编制】 2023年，县委编办坚持党管机构编制原则，组织实施机构编制重要事项报告制度，落实党对机构编制工作的全面领导。加强党对教育工作的领导，设立中共海盐县委教育工作委员会。在财政局增设国企党建科，加强国企领域党的建设，全面实施红色根脉强基工程。在县委组织部增设综合考核科，进一步推进综合考核工作体系建设。在县退役军人事务局增设双拥科，设立县烈士纪念设施管理中心，助推新时代双拥模范城市建设。

【部门机构职能配置建设】 2023年，县委编办在县市场监管局创新设立放射性药品监管分局，助力同位素产业园建设，推动放射性药品柔性服务与监管。在县市场监管局增挂县知识产权局牌子，在县公安局巡特警大队加挂知识产权犯罪侦查大队牌子，助力知识产权强县建设。组建县铁路与轨道建设发展服务中心，调整铁路与轨道建设领导架构和推进体系，助力重大交通项目建设。对住建、经信、宣传等部门的内设机构进行调整优化，完善部门内设机构职责，增强核心业务能力。协调解决部门间职责争议，调整能源管理、海洋执法等部门间职责。新设县疾病预防控制局，调整县疾病预防控制中心机构设置和隶属关系，有效完善疾病预防体系。

【机构编制优化】 2023年，县委编办出台《海盐县机构编制工作专项联席会议制度》，推动事业编制资源重点向教学机构、医疗机构等紧缺型和高层次人才招引倾斜。依托“机关内部跑一次”平台，优化用编、用职数审批，全年办理用编41件、用职数148件、使用编外控制数10件。会同县人力社保局对公益类事业单位、编外用工公开招考用编进行审核，全年公益类事业单位（教学和医疗机构除外）公开招考用编102人，编外用工公开招考112人。

【基层管理体制改革】2023年，县委编办完成《深化基层管理体制改革创新研究》调研课题。开展镇（街道）“三定”规定重新拟订工作，完善镇（街道）职责体系，优化机构设置，鼓励相关镇（街道）在相对统一的基础上设立特色机构。通过“三上三下”工作法，经过“初审、复审、终审”的审核程序，印发各镇（街道）“三定”规定。

【“大综合一体化”改革】2023年，县委编办在镇（街道）统一设立综合执法队，与县综合执法局派驻中队合署，实行镇（街道）“一支队伍”管执法。深化权责清单制度，实现监管事项应领尽领。至年末，全县认领监管事项9931项，认领率100%。开展监管事项认领“回头看”工作，对在全县职权范围内已取消的460项监管事项不认领标记进行重新认领，另有15项不在全县职责范围内事项继续保留不认领标记。

【机构编制监督检查】2023年，县委编办对部门提交机构编制申请事项进行事前论证评估，形成专题情况汇报26个。结合县委巡察、机构编制审计等，联合县委组织部、巡察工作组、县审计局等部门不定期开展专项检查，提升各单位领导干部机构编制纪律意识。开展机构编制实名制系统数据的日常维护，全年开展实名制数据维护压力测试2次，利用省机构编制数字化预警平台显示的预警线索，提升实名制系统数据的精准性。

【事业单位登记管理】2023年，县委编办全流程即时在线办理事业单位登记事项，全年办理事业单位设立登记1件、变更登记57件、注销登记3件；办理机关群团统一社会信用代码证初领1件、变更23件。完成273家事业单位法人年度报告公示工作，开展本年度事业单位法人公示信息“双随机”抽查工作。按要求完成中文域名续费、维护工作，开展党政机关、事业单位网站挂标情况清查工作，网站挂标率为100%。

【编外用工管理】2023年，县委编办牵头完成市级“七张问题清单”重大审计问题编外用工管理不规范整改工作，开展全县各镇（街道）编外用工管理举一反三，会同县财政局、县人力社保局、县审计局等部门对镇（街道）行政事业人员之外的各类用工形式进行摸底调研，推动出台《关于进一步规范行政事业编制外镇（街道）各类用工管理的通知》，通过建章立制明确管理原则，规范镇（街道）编外用工、镇属国企人员、各类临时性用工管理。

（孙云霞）

信访工作

【概况】2023年，全县信访总量106745件（人）次，其中县信访局受理群众来信104件、上级转送来信100件、群众来访554批861人次、办理网上信访3987件、受理来电10.2万件。揭榜认领全省信访工作法治化试点，创新开发“三项建议权行使”核心应用，在全省推广运行。改造提升政务服务热线项目，创新开设“企意通”专线，营商环境一次性化解率提升至100%。县信访局获全省治理重复信访化解信访积案专项工作及依法维护信访秩序工作突出集体、全市人民建议征集成绩突出单位等称号。马彬杰荣获浙江省平安护航系列重大活动成绩突出个人称号。

【压实信访工作责任】2023年，县委、县政府主要领导连续20年与9个镇（街道）、27个县级单位（部门）签订信访工作目标管理责任书。创新印发《关于进一步加强镇（街道）党（工）委书记信访工作责任和矛盾纠纷化解责任的通知》，压实属地领导干部责任，全年通报工作落实情况5次。县委常委会、县政府常务会议专题研究信访工作、分析信访形势、部署重点工作4次。建立县、镇、村、网格四级调委会组织193个，实现9个镇（街道）信访工作联席会议全覆盖。推行县领导接访下访、批阅来信、接听来电和包案化解疑难复杂信访问题，全年县领导批阅来信13封、公开接访群众166批249人次，10名县领导到“12345”政务服务热线值机接听群众来电22件。会同县纪委、巡察办、组织部等部门开展联合督导28次，专项督查4次，出具督查意见17份，提出改进工作建议27条，责任追究建议6条，完善政策建议2条。实现全年重大会议活动等重点时段“五个无”的目标，完成亚运会、亚残运会、乌镇峰会等重大活动期间的信访保障工作。

【积案清零工作】2023年，县信访局集中力量攻坚破难、促进积案化解清仓见底，至7月7日，23件上级交办的“十大领域”信访突出问题信访事项全部清零。省、市、县三级清单全部销号，创成省级示范榜2个，相关经验得到省级领导批示肯定。

【访源治理】2023年，海盐县落实初信初访“硬核十条”，落实《关于完善县领导信访接待首问负责制的通知》，走访初次化解率99.96%，来信初次化解率66.67%，网上信访初次化解率95.19%。实现县、镇、村人民建议征集站覆盖率达100%，收到市民意见建议超过1600条，报送县委、县政府的重要建议采纳率98.2%，征集“金点子”转化案例66条，择优上报市信访局12条，其中《关于欠薪线索反映线上化的建议》获评嘉兴市十大金点子之一。实时分析县域信访形势，全年编辑每日信访工作动态275篇，各类信访工作信息专报48篇。发出信访预警单32份、提醒单15份、督办单9份、函告单2份。受理信访复查申请17件，复查申请率达58.33%，撤销纠正处理意见书4份，协调化解6件，经复查后信访率达76.47%。

（富勤婷）

老干部工作

【概况】2023年，全县有离休干部41人，其中厅局级1人、县处级24人、科局级及以下16人。易地安置1人，省、市属单位代管2人。至年末，有离退休干部党支部（单建）56个。

【老干部党建工作】2023年，县委老干部局深化“政治引领 培根铸魂”等六大行动，举办全县离退休干部党支部负责人培训班、离退休干部读书会；全年召开党员大会341次，开展主题党日活动306次，举办党课187次，召开民主生活会112次，征集主题党日优秀案例11个。聚焦“八八战略”实施20周年，组织全县56个离退休干部党支部开展“蝶变·点赞新成就”“八八战略”主题宣讲、“迎亚运 学反诈”等系列主题党日活动，收到党员感言体会文章30余篇，征集蝶变微故事7篇，其中2篇被省《蝶变·微故事》收录。与秦山核电离退休管理处建立“五同五共”党建联建协议，共同推进“银晖助企智囊团”项目及老年大学秦山核电分校建设。创建省首批离退休干部“三强六好”示范支部4个。

【老干部志愿服务】2023年，聚焦抗美援朝战争胜利70周年，收录吴瑗、王世才、周文祥3名老兵的战场往事回忆“一江山”“国防观察营”推送。指导离退休干部党支部开展“走看守促”活动50余次。挖掘新增银色人才25人，组织“盐邑银晖·初心讲师团”开展政治理论、非遗传承等宣讲170场次，受众2万人次，录制精品课程2堂。组建“银晖暖心驿站”老党员工作室，关心关爱青少年心理健康。设立“以老助老伴你行”志愿服务项目，结对帮扶离休干部，提供上门测量血压、就医陪诊等医养服务。挖掘省级“最美系列”，获评最美离退休干部党支部1个、最美离退休干部党支部书记1人、最美银耀志愿服务团队1个、最美银耀志愿者2人、最美银耀志愿服务项目1个。

【老干部服务管理】2023年，县委老干部局走访慰问老干部2000余人次。结合结对机制，为离休干部提供送助老包、电话定联等亲情服务250余人次。向居住武原街道内的46名离休干部发放家政服务券，开展“四就近”工作。协调县委组织部、县人力社保局、县财政局，印发《关于调整退休干部职工管理服务工作活动经费标准的通知》，提高离退休干部活动公用经费标准。健全老干部意见建议办处闭环管理机制，全面办结2022年全县离退休干部读书会上提出的24条意见建议。

【老干部文体活动】2023年，海盐县打造“乐活驿站”7家；老干部活动中心举办免费理发、反诈知识宣传、慢性病防治讲座等服务。5月，举办“银心迎亚运、康乐展风采”太极拳（械）交流展示活动。7月，征集37名老干部创作的67幅书画精品，举办纪念“八八战略”实施20周年老干部书画展。10月，开展重阳节离休干部祝寿游艺系列活动。组队参加省市文体比赛，获嘉兴市第二十四届老干部棋牌赛围棋团体第二名，象棋、桥牌团体第三名。与嘉兴市直举办“迎亚运 展风采 助共富”老干部乒乓球交流友谊赛。老年大学春季班开班70个、学员1544人、

2900余人次；秋季班开班74个、学员1709人、2900余人次。推出隔代抚育、美妆教学等“盐邑银龄”公益课12期。12月，举办老年教育教学交流展示活动。

【老干部文化交流】2023年，县委老干部局与景宁县老干部服务中心建立“山海协作 银耀共富”老干部领域共建协议，联合举办景宁离退休干部读书会、海盐县（处）级离退休干部“八八战略20年看‘浙’蝶变”专题调研、“山海融情 携手共富”老干部文化艺术交流活动等。与县人力社保局联合举办“无感TV·一卡智享”省级项目试点启动仪式。与县委宣传部联合打造“老年学堂·文化礼堂”，开展“送宣讲、送文化、送服务、送技能、送演出”“五送”服务。秦山核电老年分校、于城镇、通元镇老年学校获评嘉兴市优质老年学校，武原街道蒋家桥社区老年学堂等18个单位获评嘉兴市优质老年学堂。

（富慧琴）

11月17日，景宁—海盐“山海融情、携手共富”老干部文化艺术交流活动在景宁县老年大学举办。图为海盐县老年大学舞蹈队表演《滚灯》（县老干部局供）

党校工作

【概况】2023年，县委党校组织举办各类培训班22个41期，培训学员4396人次，培训时长212天。其中，主体班次20个35期，培训学员3996人次，培训时长188天。全年重点班次：习近平新时代中国特色社会主义思想进修班暨新任科级干部任职培训班40人、青年干部“五敢”赋能暨东西部协作交流培训班55人、新录用公务员初任培训班113人、数字经济创新提质“一号发展工程”专题研讨班50人、共同富裕专题研讨班31人、海盐县深化改革专题培训班65人等。理论教育和党性教育课程占总课时的73.68%，领导干部上讲台占总课时的23.76%。深化“环南北湖寻廉路”体验式教学，构建党校教师、部门领导、先进典型、专家学者“四位一体”师资库；与秦山核电打造校企合作共同体，“基地共建、资源共享、人才共育”，激活“央地合作”品牌效能。全年完成对外培训63期，培训学员近3000人次，学员教学评价平均优秀率达98.7%。12月12日，获评浙江省“标杆引领类”县级党校。

【理论宣讲】2023年，县委党校与组织、宣传等部门合作，常态化开展理论宣讲，获评浙江省首批理论宣讲研修基地。依托“送课下基层”“红色宣讲暖基层”等宣讲品牌的社会影响，打造“嘉里盐讲”宣讲品牌。吸纳10名青年党员教师充实到宣讲队伍中，其中研究生学历宣讲员6人。整合党校理论宣讲骨干教师组建党史学习教育宣讲团、“盐讲新声”宣讲团等，创新推出90余个教学专题组成的专题菜单。以“嘉里盐讲”品牌为载体，通过“点单式”宣讲，推进党课学习进农村、进社区、进学校、进企业、进机关、进网络，扩大基层党课学习教育覆盖面。全年15名教师外出宣讲，合计200余场次，受众对象超过1.3万人次。

【科研成果】2023年，县委党校申报课题50项，立项9个，入围21个，结题23个。获评优秀结题3个，是全省党校系统唯一一家连续9年获评优秀结题的县级党校；全省党校系统课题海盐立项4项，全市第二；参加嘉兴市党校系统理论研讨会，入选8篇，入选数在县（市、区）党校居首。全年报送文章43篇，各级评比获一等奖3篇、二等奖2篇、三等奖5篇、优秀奖1篇、入选9篇；发表文章19篇，其中市级报纸12篇、市级内刊7篇。完成《2023年科研成果汇编》编辑印发工作，报送上级党校和县领导及县内100余个部门。编撰《领导参阅》12期，获县领导15人次批示。1项咨政成果被《浙江社科要报》刊用，获省领导批示。科研咨政工作经验交流信息获《浙江党校通讯》录用。“郑雪科研咨政名师工作室”获评全市党校系统“名师工作室”。

【教学改革】2023年，县委党校打造“1+6+X”习近平新时代中国特色社会主义思想核心课程教学体系，涵盖党的理论教育、党性教育、能力培训三大板块，以及包含海盐清廉元素的全面从严治党核心课程体系。通过公务员统考、专技教师自主招聘、选调等多种方式引进高层次人才5人。出台《“135菁英成长营”项目工作方案》，开展“师徒结对”“菁英成长特训”等活动。推出《公共服务优质共享的海盐样板》《步鑫生改革创新精神及其时代价值》等一批具有地方特色的精品课程，上报中组部中国干部网络学院“基层干部微课堂”“千万工程”系列课程2门。全年开展集体研磨备课活动10余次，1门申报课程获评嘉兴市委党校系统精品课程优秀奖，2名青年教师在嘉兴市党校系统微宣讲（党课）比赛中分别获得一等奖和优秀奖。以步鑫生教学项目为主题的论文《基于本土资源的全景式教学模式探究》获2023年省委党校系统教学改革研究优秀论文三等奖，并被收录至浙江省委党校《浙江党校系统教学改革创新探索》一书。参与市委组织部和市委党校合作牵头课题“以精品课程建设为牵引推动干部教育培训质效提升的实践与思考”，协助完成资料梳理及文章撰写。完善海盐县雪水港村现场教学点，获评浙江省学习贯彻习近平新时代中国特色社会主义思想现场教学示范点。与县委组织部合作开发优秀教学案例4个，其中1个入选省委组织部三个“一号工程”典型案例。

（吴伊蕾）

档案史志工作

【概况】2023年，县档案馆坚持“为党管档，为国守史，为民服务”，完成年度各项工作任务。《浙江企业改革的先行者——步鑫生》一文由浙江省档案馆简报（档案资政）刊登，呈送省委领导参阅；农村档案公共服务均等化建设全市领先，相关经验在《中国档案》刊登；完成2次省部级领导来馆参观接待任务；完成库房改造并移交县委组织部，解决全县“两新”组织党员档案无处统一存放的问题。完成嘉兴市纪委委托承办的全市清廉家风赛等10场活动，累计1000余人次。征集到陆机《平复帖》、胡震亨《唐音统签》等珍贵档案资料高仿件。“海盐县成功创建国家级数字档案馆”被《中国档案事业发展报告（2022）》遴选为成功案例。

【档案监督指导】2023年，县档案馆开展档案监管和行政执法，以档案“双随机”执法检查为契机，联合有关部门抓好档案联合执法检查。年底共完成“双随机”执法检查30家，联合执法检查6次，联合执法率75%。完成海盐县城西片污水工程、海盐县天仙河水厂原水给水管迁建工程等24个政府投资与重点建设项目档案验收工作。开展共同富裕、数字化改革、碳达峰三类档案收集工作，收集县数据办等24个单位的三类档案材料3454件。抓好档案室创建申报及指导，村档案室申报40家，部门档案室业务评价8家。联合县教育局继续开展教育系统档案提升，完成9个学校的档案规范化建设。建设卫健系统档案室，检查指导武原街道社区卫生服务中心等乡（镇）卫生院7家，西塘桥卫生院等2家卫生院完成档案规范化整理。对县域内4家档案中介服务机构开展专项执法检查。

【档案接收】2023年，县档案馆依法开展到期档案接收进馆，完成县委办、县纪委、县自然资源规划局等26家单位到期档案依法接收进馆，接收文书、照片、会计、业务等各门类档案25463卷、215478件。接收农民建房、二轮土地承包、婚姻等民生档案，建立数字档案专题库。接收县人力社保局等6家单位“最多跑一次”网上行政事项电子档案52399件进馆。建设电子公文归档系统，逐步推开党政机关OA系统电子公文归档试点。

【档案征集】2023年，县档案馆先后征集到朱乃正艺术馆档案、陆定芳个人档案100余件；征集到地方名人吴佚虎与金庸、苏步青、陈从周等往来书信40件，其中包括中共中央办公厅寄给周利坤的回信和毛主席肖像照等；征集到海盐工业遗存海盐丝织地毯厂真丝地毯工艺产品、长山河档案、征收田赋执照等老档案总计190余件。全县“三重一特”照片总计1100余张。征集进馆图书资料《浙江土地改革文献》《嘉兴烟标收藏集萃》《海盐村编小史》等1000余册以及革命老干部徐中武的红色内容资料1159件。

【档案利用】 2023年，县档案馆窗口接待7398人次，查阅126360卷件次，复印66326页，出具证明10453份。嘉兴市民生利用平台服务查档731例，浙江政务服务网长三角异地查档115例，县法院执行一件事（海盐县机关最多跑一次平台）查档6例。

【档案信息化建设】 2023年，县档案馆启动电子公文归档项目申报、招投标和开发、建设等工作，督查各有关部门完成网办行政事项办结预归档情况。配合省档案馆开展数据中心建设。开展登记备份工作，备份全县78家单位各类室藏档案数据。馆藏档案数据按照备份策略做好保全和“市备县”、异地备份工作。开展IRS信息系统梳理上报和安全管理，防毒软件升级、办公电脑病毒查杀、弱口令检查，软件正版化等网络安全管理。全年完成37089卷、298781件纸质档案除尘、灭菌、杀虫等消毒工作。

【档案开放审核】 2023年，县档案馆完善数字档案馆功能，梳理、打造档案开放审核全流程，开辟“开放审核”工作区域，创建开放审核专用账号。69个全宗、23万件档案完成开放审核并分批向社会公告开放。

【党史大事记整理】 2023年，县档案馆开展党史大事记整理工作，组织干部编辑2013—2022年党史大事记，形成初稿40余万字。同时做好2023年党史大事记收集编写工作。

【党史编撰工作】 2023年，县档案馆推进《中国共产党海盐历史（1978—2012）》（简称“海盐党史三卷”）编纂工作。根据省委党史研究室的要求，将党史编撰年限从1978—2002年延长为1978—2012年，海盐党史三卷纲目从五编调整为三编，并做好相关资料收集。

【史志资政】 2023年，县档案馆完成资政课题《“四敢争先”视角下的步鑫生企业改革》。做好新四军北撤澉浦之战纪念碑、凤凰山下十姑娘纪念馆等6处红色革命遗迹视频拍摄工作。协助推进长山河时代印记展、海盐烈士纪念园展陈、海盐县退役军人展示馆等展馆建设，为地方党史教育基地提供相关资料。做好方志成果应用转化，发挥资政作用。撰写《蕴藏在史志文献中的廉政力量》文章，被“方志浙江”刊登录用。梳理海盐历代园林相关资料，为《浙江省园林志》供稿提供资料。参与澉浦古镇建设、海盐高铁新城道路命名、全面提升城市品质加快打造杭州湾面海第一城、北大街标识系统文化挖掘等座谈研讨。

【《海盐年鉴（2023）》出版】 12月，由中共海盐县委、海盐县人民政府主办，海盐县党史地方志编委会编撰的《海盐年鉴（2023）》由中华书局出版发行，这是海盐县第27部综合性地方性年鉴。《海盐年鉴（2023）》按照“记述客观、编排有序、准确权威、图文并茂”原则，分类目、分目、条目3个层次，全书设特载、专记、大事记等41个栏目、245个分目。收录129幅照片、86张表格。文献特载栏目提前收录2023年1月30日县委书记在全县三级干部大会上的讲话摘要、2023年2月1日县委领导在海盐县第十六届人民代表大会第二次会议上的讲话，人物、名录栏目提前收录新任县领导简历。全面真实反映海盐县2022年1月1日至12月31日期间自然、经济、政治、文化社会等方面的发展状况。全书共83.4万字。

【方志编撰指导和古籍整理】 2023年，县档案馆加强志书业务指导和协调服务，做好志书编纂指导和评审工作。推进乡镇（街道）志、部门志、村（社区）志等编纂，提升志书编纂水平和质量。西塘桥街道申报为浙江省乡镇街道志带动村志编修试点，推动《澉浦镇志》申报中国名镇志文化工程。召开全县村志编修会议，出台《海盐县村志编纂工作方案》。《沈荡镇志》《永乐村志》完成初稿。由海盐县史志研究室编，宋金华、钱张建点校，西泠印社出版社出版的《盐邑志林》“点校本”获全国古籍出版社百佳图书二等奖。

【档案史志宣传】 2023年，县档案馆打造“海盐县档案史志基本陈列展”。全年举办“践行‘八八战略’海盐这二十年图片展”“共富之路——海盐工业史展览”等展览。年内，接待中共文献研究会会长、中央党史和文献研究院原院务委员等领导3批次，接待团体参观3500余人次。开展《中华人民共和国档案法》宣传、“红领巾走进档案馆”、档案馆“八大镇馆之宝”晾晒等多种活动形式，开展“6·9”国际档案日活动和“六进”送书下乡，赠送《海盐县志》《海盐年鉴》等图书10余种1000余册。与省档案馆联合编写《浙江省档案馆简报》第二期资政材料，专题介绍《浙江企业改革的先行者——步鑫生》，报送省委、省政府。《浙江海盐：档案规范化管理助推海盐均衡发展》被《中国档案报》录用，《浙江海盐：在社会主义新农村建设档案工作上“档案当好示范”》被《中国档案》录用，5篇档案工作信息被《浙江档案》录用，4篇稿件被“学习强国”学习平台录用。档案史志微信公众号和“爱海盐”客户端总计发布信息30余篇。内部出刊《海盐档案史志》3期。

（郑国和）

机关党建工作

【概况】2023年，县直机关工委助力优化营商环境工作在2023年度省、市、县机关系统联动工作会议上做交流发言；党业融合工作在全市机关党建工作会议上做交流发言，相关材料被省、市工委简报录用；举办嘉兴市第35期“知行论坛”海盐专场，获省、市领导肯定；县法院机关党委在全市“双建争先”现场会暨清廉机关建设推进会上做交流发言；先锋书记“三领”服务机制经验信息被旗帜网录用。

【机关党的思想政治建设】2023年，县直机关工委举办季度党课、入党第一课、“行走的思政课”，培训人员3000余人次。成立“盐潮·机关青年说”宣讲团，举办“四敢争先”青春思辨会、“青年干部话政德”等活动40余场。开展调查研究，形成调研成果60篇，其中6篇调研报告分别获评省、市机关党建优秀理论研究成果。

【机关党建工作体系建设】2023年，县直机关工委抓实机关党建责任制落实，实施“四清单三评议”工作机制，全年形成工作提示单12份，发布各类通报24次、年度任务清单3个，形成问题清单354个。与县委巡察办首次建立清廉预警“双向通报”工作机制，实现机关党建领域问题的共享共治。创新建立“三谈三促”制度，与新任党组织书记、发生党员违纪案件党组织的28名书记开展谈心谈话。

【“盐邑红帆·双建争先”主题实践活动】2023年，县直机关工委开展“盐邑红帆·双建争先”主题实践活动，围绕“优化营商环境机关先行”“五心助共富”“清廉作表率”等重点，创设“先锋书记惠企直通车”服务载体，形成先锋书记“三领”服务机制，助力营商环境优化提升；梳理排摸“破百难　助共富”难题53个，选送15个优化营商环境“书记项目”和130个“金点子”向营商专班推送，促进项目成果转化。联合县委组织部，落实专兼职党务干部经历纳入履历要求。推进机关党建示范点建设，8家单位获评县级示范支部、7家单位获评市级“双建争先”先进党组织和示范集体、1家单位在全市“双建争先”现场会上作交流。“党建引领基层治理工作”获评全省机关党建创新成果，5个品牌获评市级机关服务品牌。

（许晶星）

3月27日，海盐县举办“盐邑暖心”公务员心理健康讲座暨2023年第一期“季度党课”活动（县直机关工委供）

海盐县人民代表大会

综　述

【人大系统政治建设】 2023年，县人大常委会开展学习贯彻习近平新时代中国特色社会主义思想主题教育活动，召开常委会党组（扩大）会议及理论学习中心组学习会32次，组织交流研讨、大宣讲、上党课16次。执行请示报告制度，党组向县委及时请示报告重大问题、重要事项5次，每季向县委报告人大工作。落实“加强党委对人大工作领导”考核要求，作出决定决议8个，任免国家机关工作人员54人次，组织18名国家机关工作人员进行宪法宣誓。加强与虹桥国际开放枢纽12个县（市、区）人大工作协同协作、联动联络。常委会领导领衔推进冠宇电池等21个重大攻坚项目，带头开展“大走访大调研大服务大解题”和“三领三助”活动，做好护航亚运、通苏嘉甬铁路房屋征迁、文明城市创建、河长治水、信访值守、安全生产检查、防汛抗台等工作。结合《浙江省民营企业发展促进条例》《浙江省促进中小微企业发展条例》执法检查，开展法治化营商环境专题调研。

【依法监督】 2023年，县人大常委会听取和审议经济社会发展、计划执行、财政预决算、审计和政府债务管理等报告，审查批准年度财政决算、预算调整方案和4个政府重大投资项目。开展“十四五”规划纲要中期评估监督。制定《部门预算审查监督暂行办法》，实现预算审查全口径、监督全过程。强化国有资产管理情况监督，听取和审议全县企业国有资产管理专项工作报告，开展专题询问。听取和审议法治政府建设情况，监督落实行政执法“三项制度”。监督“八五”普法中期实施情况，视察“共享法庭”建设和运行工作。听取26个政府工作部门主要负责人依法履职情况报告，开展满意度测评。首次联动基层人大对县应急局、县综合执法局开展工作评议和依法行政专项评查。听取和审议县检察院关于未成年人检察工作情况的报告。开展反电信网络诈骗法、家庭教育促进法、华侨权益保护条例实施情况的监督检查。备案审查行政规范性文件19件，首次审查县检察院、镇人大报备的规范性文件，指导基层人大做好备案审查工作。对受理的11件来信来访加强督办。监督城乡规划实施情况，审议并通过《海盐县国土空间总体规划（2021—2035）》。持续关注接沪联杭融嘉现代综合交通体系建设、县内公路交通重大项目谋划和实施、农村公路建设养护管理情况。视察海塘安澜工程建设推进情况，开展耕地保护和机械强农推进农业高质量发展工作专项监督，持续关注村级集体经济发展。落实生态环境报告制度，配合上级人大开展禁止秸秆露天焚烧执行情况专项检查。

【监督质效提升】 2023年，县人大常委会抓好全市人大财经监督与审计监督贯通协调试点，

"四同一共享"实践样本在海盐召开的全市现场推进会上推广，相关做法在省《人大参阅》刊发。推进人大依法监督和监委专责监督贯通协同，构建人大代表联络站（室、点）和基层监察工作联络站"站站联动"监督机制。人大代表建议与公益诉讼检察建议双向衔接转化3件。规范完善国有资产管理提质增效"五督法"、政府重大投资项目"八审八督"等监督程序与工作标准。跟踪监督一次会议《关于全面提升城市品质，加快打造杭州湾面海第一城的议案》办理，深化千年古城复兴文化研究和城市品质提升调研，开展"提升县城城市活力，恢复城市人气烟火气"专题询问。县、镇、村三级连续两年联动开展农村生活污水治理和运维全过程民主监督。跟踪监督养老服务体系建设议案办理和决议落实，视察居家养老服务工作。听取和审议职业教育发展情况报告，对婴幼儿照护服务体系建设工作开展专项监督。专题审议全民健身工作，对11所学校（校区）体育设施开放共享开展"回头看"，监督高层民用建筑消防安全风险治理。

【代表工作】 2023年，县人大常委会全面提升代表联络站，各级领导干部、国家机关工作人员进站310人次，接待代表、选民1291人次，收集意见建议951件，协调解决941件。全覆盖推进代表联络站与"共享法庭"、检察"益之家"融合建设。实施"双联系"制度，深化代表"三亮三进"接待选民制度。制定监督办法，创新设立线上"监督码"，督促票决产生的8件民生实事项目办到位。坚持"内容高质量，办理高质量"，推动176件（含闭会期间3件）建议按期办理并答复代表，其中解决或基本解决162件、占92.05%。坚持季度学习和专题培训相结合，县、镇两级代表和街道居民议事员培训实现全覆盖。组织代表列席常委会会议和参与重点议题调研、执法检查、工作评议等活动795人次。创新代表"四微"履职模式，组建代表微小组114个，开展"微主题"接待活动，协同推进基层社会"微治理"。倡议发动代表开展助力三个"一号工程"暨"奋进新征程 履职建新功"主题活动，收集意见建议1186条，推动解决问题374个。56名县人大代表到选区述职，评选"五好一争"先进履职代表18人、优秀代表小组4个。开展在盐市人大代表日常联系服务工作，依法补选市人大代表2人、县人大代表9人，10名市人大代表在常委会上述职。

【自身建设】 2023年，县人大常委会党组全面履行领导责任，压紧压实全面从严治党主体责任。加强对机关党组的领导，推进机关党总支规范化提升，开展年轻干部素质提升行动暨"导师传帮带 青年干中学"分享交流活动。机关党建工作在全省人大常委会机关党建工作座谈会上作交流，"民情站·连心桥"获评嘉兴市第十一批机关服务品牌，9人获县级荣誉。开展"'八八战略'引领人大工作实践与展望"等研讨，形成理论、调研报告46篇，3篇文章获市人大优秀调研成果奖。召开人大理论研究和信息宣传推进会，开展第二届"海盐人大好故事"暨"我的驻站日志"微视频评选活动，办好海盐人大微信公众号和门户网站，启动《海盐县人民代表大会志》编撰工作。全年在市级及以上平台刊发信息及宣传报道285篇次，"代表'四微'履职"先后被全国人大常委会《内部工作情况交流》《人民代表报》专版刊发，加强政府投资项目竣工验收监督等做法在中国人大网刊发，国有资产管理"五督法"等在《浙江人大信息》专刊交流。密切与上级人大的工作联系和协同联动，完善与"一府一委两院"沟通协同机制。升级用好"代表嘉"应用场景和财经联网监督系统。召开基层人大工作推进会，坚持季度工作例会制度，修订完善制度指引178项，推进基层人大工作"六化协同"。组织开展"海盐人大工作与时俱进通报表扬"活动，形成"一镇（街道）一品"实践特色。

重要会议

【县第十六届人民代表大会第二次会议】 2月1—3日，海盐县第十六届人民代表大会第二次会议召开。应到会代表232人，实到226人。会议听取和审查海盐县人民政府工作报告，审查和批准海盐县2022年国民经济和社会发展计划执行情况和2023年国民经济和社会发展计划，审查海盐县2022年财政预算执行情况和2023年财政预算，听取和审查海盐县人民代表大会常务委

2月1日，海盐县第十六届人民代表大会第二次会议召开
（县人大常委会办公室供）

员会工作报告、海盐县人民法院工作报告、海盐县人民检察院工作报告。会议表决通过《海盐县人民代表大会议事规则（修订案）》，对县十六届人大一次会议议案办理情况和海盐县2022年度民生实事项目完成情况进行满意度测评，票决产生海盐县2023年度民生实事项目。依法选举海盐县人民政府县长、海盐县十六届人大常委会委员。

【县人大常委会会议】 2023年，县十六届人大常委会召开常委会会议7次。

1月9—10日，县十六届人大常委会第九次会议召开。会议听取和审议县人大常委会主任会议关于县十六届人大二次会议有关事项的报告，表决通过县十六届人大二次会议列席人员名单和《关于补选的海盐县第十六届人民代表大会代表资格审查报告》。同意将《海盐县人大常委会工作报告（送审稿）》《关于海盐县2022年国民经济和社会发展计划执行情况、2023年国民经济和社会发展计划草案的审查报告（草案）》《关于海盐县2022年财政预算执行情况和2023年财政预算草案的审查报告（草案）》提交县十六届人大二次会议审查。会议还听取和审议县人民政府关于县十六届人大一次会议《关于全面提升城市品质，加快打造杭州湾面海第一城的议案》办理情况的报告和县商务局、县卫生健康局工作评议意见整改情况的报告，对两个部门整改情况进行满意度测评，听取部分人大任命干部2022年依法履职报告，对人大任命干部述职情况进行测评。会议还书面审议县政府工作报告（送审稿）、县法院工作报告（送审稿）、县检察院工作报告（送审稿）、县人大法制（监察和司法）委员会工作报告、财政经济委员会工作报告、社会建设与民宗外侨委员会工作报告、县人大法制（监察和司法）委员会关于规范性文件备案审查工作的报告和《海盐县人民代表大会议事规则（修订草案）》。会议还表决通过相关人事事项，颁发任命书、进行宪法宣誓，任命干部代表进行表态发言。

3月14日，县十六届人大常委会第十次会议召开。会议听取和审议县人民政府关于浙北高等级航道网集装箱运输通道建设工程嘉兴段（海盐）SG-1标段湖盐公路吕冢桥概算调整的议案、杭浦高速公路南北湖互通改建工程的议案、2022年度法治政府建设工作情况的报告、《海盐县国土空间总体规划》编制情况的报告和人大街道工委2022年工作情况及2023年工作计划的报告，表决通过两个县级重大投资建设项目和关于人大街道工委工作报告的决议。会议审议并表决通过《海盐县人大常委会2023年工作要点》。会议还表决通过相关人事事项，颁发任命书、进行宪法宣誓。县人大常委会主任黄江莺对2023年工作作出部署。会前，与会人员学习《浙江省促进中小微企业发展条例》。

5月18—19日，县十六届人大常委会第十一次会议召开。会议听取和审议县人民政府关于“两高”联络线地面工程——七沈公路新建工程（海盐沈荡段）的议案、“八五”普法规划实施情况的报告、全县民用高层建筑消防安全风险治理工作的报告、海盐县实施机械强农推进农业高质量发展工作的报告、2022年度环境状况和环境保护目标完成情况的报告，表决通过县级重大投资建设项目。会议补选嘉兴市第九届人民代表大会代表，表决通过相关人事事项，颁发任命书、进行宪法宣誓，任命干部代表进行表态发言。会前，与会人员学习《中华人民共和国消防法》。

7月31日至8月1日，县十六届人大常委会第十二次会议召开。会议听取和审议县政府关于海盐县2022年度县级预算执行和全县其他财政收支的审计工作报告、2023年上半年国民经济和社会发展计划执行情况及法治化营商环境情况的报告、海盐县2023年1—6月财政预算收支执行情况的报告，县人大常委会关于优化提升海盐县法治化营商环境的调研报告，关于县应急局、县综合行政执法局接受县人大常委会工作评议的自查报告和调查报告，关于对县应急局、县综合行政执法局依法行政工作的评查报告。会议批准海盐县2023年地方政府债务限额及新增债券预算调整方案和海盐县2022年财政决算。会议补选嘉兴市第九届人民代表大会代表，表决通过相关人事事项，颁发任命书、进行宪法宣誓。县人大常委会主任总结回顾上半年工作，对下半年工作作出部署。会前，与会人员学习《中华人民共和国未成年人保护法》。

9月25日，县十六届人大常委会第十三次会议召开。会议听取和审议县政府《关于全面提升城市品质，加快打造杭州湾面海第一城的议案》的处理意见中有关人气、烟火气不足问题的办理情况报告、县政府关于2022年度城乡规划实施情况的报告、县政府关于全民健身工作情况的报告、县人民检察院关于未成年人检察工作的报告。县政府、县人民检察院相关负责人作表态发言。会议表决通过相关人事事项，颁发任命书、举行宪法宣誓仪式。会前，与会人员学习《中华人民共和国噪声污染防治法》。

11月29—30日，县十六届人大常委会第十四次会议召开。会议听取和审议县人民政府关于海盐县武原街道绿色产业园区基础配套项目——武原街道绿色产业园区小微企业园二期工程建设项目的议案、海盐县“十四五”规划纲要实施情况中期评估的报告、2022年度全县企业国有资产管理情况的专项报告、海盐县2022年度县级预算执行和全县其他财政收支审计工作报告中反映问题整改结果的报告、全县职业教育发展工作的报告、县十六届人大二次会议代表建议办理工作的报告、县应急局和县综合执法局关于落实县人大常委会评议意见的整改报告，审议县政府关于2022年度全县国有资产管理情况的综合报告，对审计整改工作以及县应急局、县综合执法局整改情况进行满意度测评。县人民政府相关负责人作表态发言。会议批准2023年县级预算调整方案，表决通过政府重大投资项目和有关人事事项，颁发任命书、进行宪法宣誓。会上，与会人员学习《中华人民共和国职业教育法》。

12月28日，县十六届人大常委会第十五次会议召开。会议听取和审议并表决通过《关于举行海盐县第十六届人民代表大会第三次会议的决定》《关于补选海盐县第十六届人大出缺代表的决定》。根据《关于举行海盐县第十六届人民代表大会第三次会议的决定》，海盐县第十六届人民代表大会第三次会议将于2024年2月上旬召开。会议还听取部分市人大代表2023年述职报告、部分人大任命干部2023年依法履职报告，对人大任命干部依法履职情况进行了满意度测评。会议还表决通过有关人事事项，颁发任命书。

【县人大常委会主任会议】 2023年，县十六届人大常委会召开主任会议24次。主要活动有：4月19日，县十六届人大常委会召开第28次主任会议，听取和讨论全县贯彻落实《中华人民共和国家庭教育促进法》情况报告；6月21日，县十六届人大常委会召开第32次主任会议，听取和讨论关于全县婴幼儿照护服务体系建设工作情况；8月18日，县十六届人大常委会召开第36次主任会议，听取和讨论全县贯彻落实《中华人民共和国反电信网络诈骗法》情况报告；10月18日，县十六届人大常委会召开第40次主任会议，听取和讨论全县耕地保护情况的报告；11月24日，县十六届人大常委会召开第42次主任会议，听取和讨论全县农村公路建设养护管理工作的报告。

人大监督

【概况】 2023年，县人大常委会坚持在大局中谋划工作、正确监督，发挥制度、职能优势，助推发展增速、法治增效、民生增福。听取和审议“一府一委两院”工作报告22个，开展执法检查、视察、调研8次，组织专题询问会2次。

【视察活动】2023年，县十六届人大常委会组织视察组采取听汇报、实地察看、现场调研等形式，对“一府一委两院”依法开展法律监督和工作监督，有针对性地提出意见和建议。

3月31日，县十六届人大常委会视察全县滨海旅游工作，实地察看县城潮音阁修缮项目、千阙廊桥项目、城北路驿站项目、北大街文化旅游街区项目等地，听取县政府关于海盐县滨海旅游发展工作情况的报告和县人大常委会教科文卫工委的相关调研报告并进行座谈。

4月23日，县十六届人大常委会对海盐县海塘安澜工程建设情况进行视察，实地察看澉浦镇（南北湖风景区）长山至青山、秦山街道青山至杨柳山段海塘工程和县经济开发区（西塘桥街道）东段围涂标准海塘二期工程，听取县政府关于海盐县海塘安澜建设情况的报告和县人大常委会农业农村工委的相关调研报告并进行座谈。

6月19日，县十六届人大常委会对全县“共享法庭”建设和运行情况进行视察，实地察看武原街道社会治理中心“共享法庭”、县公证处“共享法庭”，听取县人民法院关于“共享法庭”建设和运行情况的报告以及县人大常委会监察司法工委的相关调研报告并进行座谈。

9月19日，县十六届人大常委会组织视察2023年民生实事项目推进情况，实地察看“阳光餐饮”食品安全提升项目和学生“安心学”保障提升项目推进情况，听取县政府及相关部门关于2023年民生实事项目推进情况的汇报并进行座谈。

9月19日，县十六届人大常委会视察2023年民生实事项目推进情况
（县人大常委会办公室供）

10月30日，县十六届人大常委会对全县居家养老服务工作进行视察，实地察看武原街道居家养老服务中心城北分中心、海盐县智慧养老服务平台，听取县政府关于居家养老服务工作情况的报告以及县人大常委会社会建设与民宗外侨工委的相关调研报告并进行座谈。

11月16日，县十六届人大常委会对海盐高铁新城建设工作进行视察，赴嘉兴考察国际金融广场二期项目、高铁新城双溪湖超级未来社区、嘉兴火车站等的同时，实地察看规划高铁海盐站、规划高铁新城板块、高铁杭州湾大桥施工现场，听取县政府介绍有关情况。

12月12日，县十六届人大常委会组织人大代表开展会前集中视察活动，实地察看县职教中心（竞技体育场馆）新建工程、县人民医院迁建工程（暂名）以及中大朗颐（海盐）养老服务中心。

【执法检查】2023年，县人大常委会加强对法律实施情况的监督，先后对3部法律法规贯彻实施情况开展监督检查。2—5月，开展《浙江省全民健身条例》执法检查，形成自查报告，县十六届人大常委会第十三次会议听取和审议县政府关于全民健身工作情况的报告；2—11月，开展海盐县法治化营商环境专项调研和《浙江省促进中小微企业发展条例》《浙江省民营企业发展促进条例》执法检查。

【部门工作评议】2023年，县人大常委会首次联动基层人大对县应急局、县综合执法局开展工作评议和依法行政专项评查。常委会通过深入调查研究，广泛听取民意，结合依法行政评估报告，提出评议意见，交办具体问题21个，并在县十六届人大常委会第十四次会议上对两个部门的整改结果进行满意度测评，推动提高依法行政能力与水平。

【专题询问】 9月25日，县人大常委会围绕县十六届人大一次会议《关于全面提升城市品质，加快打造杭州湾面海第一城的议案》办理，开展“提升县城城市活力，恢复城市人气烟火气”专题询问，提出加快基础设施建设、推进城市产业迭代升级、优化公共服务供给、培育消费亮点、改善城市管理等五方面审议意见和10项近期主要工作建议。11月29日，县人大常委会召开全县企业国有资产管理情况专题询问会，提出完善监管机制、提升经营能力、防范经营风险、强化绩效评价等意见。

【监督贯通协调】 1月16日，县人大常委会制定《关于海盐县人大代表建议与检察建议双向衔接转化工作的实施意见》，促进人大监督与检察监督的融会贯通。9月8日，县人大常委会、县监委联合举办海盐县“人大+监委”站站联动项目发布式，推进人大依法监督和监委专责监督贯通协同。10月8日，嘉兴人大财经监督与审计监督贯通协调现场推进会在海盐召开，县人大常委会“四同一共享”实践样本在会上交流推广。

【民事实事项目】 2月，在县十六届人大二次会议上，经全体代表票决，产生学生“安心学”保障提升项目、居家养老助安服务项目、65岁以上卒中高危筛查项目、公共停车泊位新增（修复）项目、基层文体设施提升项目、智慧消防安全保障项目、“阳光餐饮”食品安全提升项目、残疾人家庭无障碍改造项目8项2023年度民生实事项目；9月，县十六届人大常委会视察民生实事项目推进情况；12月，组织8个代表监督小组分别对民生实事项目开展绩效评价。至年末，8项民生实事项目全部按计划完成，总投资4739万元。

【数字化改革】 2023年，县人大常委会聚力数字化改革实战实效，升级用好“代表嘉”“民情智联”等应用场景，汇集线上民情民意、意见建议4104件，办结3921件。实施财经联网监督系统迭代提升，贯通“云哨”公权力大数据监督平台，以数字赋能提升履职水平。

决定及任免

【概况】 2023年，县人大常委会作出决定决议8个，任免国家机关工作人员54人次，接受嘉兴市第九届人民代表大会代表辞职1人、海盐县第十六届人民代表大会代表辞职9人，依法补选市人大代表2人、县人大代表9人。

【人事任免】 1月9日，海盐县第十六届人民代表大会常务委员会第九次会议表决通过，决定免去曹惠明的海盐县人民政府副县长职务；1月10日，海盐县第十六届人民代表大会常务委员会第九次会议表决通过，决定任命李超为海盐县人民政府副县长。

2月3日，海盐县第十六届人民代表大会第二次会议依法选举顾秋莉为海盐县人民政府县长。依法选举朱琛瑶、汤振杰为海盐县第十六届人民代表大会常务委员会委员。

3月14日，海盐县第十六届人民代表大会常务委员会第十次会议表决通过，决定免去徐胜娟的海盐县人民政府副县长职务，决定任命廖欣为海盐县人民政府副县长（挂职）。

9月25日，海盐县第十六届人民代表大会常务委员会第十三次会议表决通过，决定免去庄佳玥的海盐县人民政府副县长职务，决定任命何峰为海盐县人民政府副县长。

11月30日，海盐县第十六届人民代表大会常务委员会第十四次会议表决通过，决定任命陆秀梅为海盐县人民政府副县长。

【决定决议】 2023年，县人大常委会作出决定决议8个：《关于批准浙北高等级航道网集装箱运输通道建设工程嘉兴段（海盐）SG-1标段湖盐公路吕家桥概算调整的决定》《关于批准杭浦高速公路南北湖互通改建工程的决定》《关于批准两高联络线地面工程—七沈公路新建工程（海盐沈荡段）的决定》《关于批准海盐县2023年财政决算的决议》《关于批准海盐县2023年地方政府债务限额及新增债券预算调整方案的决定》《关于批准海盐县武原街道绿色产业园区基础配套项目—武原街道绿色产业园区小微企业园二期工程建设项目的决定》《关于批准2023年县级预算调整方案的决议》《关于举行海盐县第十六届人民代表大会第三次会议的决定》。

人大代表工作

【人大代表建议督办】 2023年，县十六届人大二次会议期间，收到代表10人以上联名提出的议案4件（均转为建议处理）、收到建议169件、收到闭会建议3件，合计176件。在县人大督办、县政府重视、各承办单位共同努力以及全体县人大代表的支持配合下，176件建议均在法定期限内办结。最终办理结果为“A”类（所提问题已解决或基本解决）的建议162件，占92.05%；“B”类（所提问题部分解决或已列入计划解决）的建议11件，占6.25%；“C”类（所提问题因受条件限制留作参考）的建议2件，占1.14%；“D”类（所提问题无法解决）的建议1件，占0.57%。办理满意度最终评价结果为：对承办单位的办理态度表示满意176件、无基本满意和不满意件；对办理结果表示满意175件、基本满意1件、无不满意件。

【代表联络站建设】 2023年，县人大常委会深化常委会领导和各委室“一对一”联系指导机制，迭代完善、提质增效9个镇（街道）代表联络站，修订完善制度指引178项，做到运行规范化、标准化。拓展“联商督促智”功能，推动29项人大核心业务和31项“一府一委两院”重点业务全面下沉，各级领导干部、国家机关工作人员进站接待选民，听取民意，解决诉求。全覆盖推进代表联络站与“共享法庭”、检察“益之家”融合建设，有效提升代表联络站的服务力。

【创新代表“四微”履职】 2023年，县人大常委会按照“尊重代表意愿、便于代表活动、小组成员不交叉”的原则，以“小型、专业、实效”为目标，将全县535名县、镇两级人大代表和135名街道居民议事员组建成114个代表微小组，常态化开展代表进选区、进联络站、进网格活动。根据代表的来源多样性、能力差异性、个体局限性，紧扣县委中心工作和民生热点难点，以“小切口、微视角”确定“微主题”，全县各代表微小组认领1个监督“微主题”，通过“走访督察”，协同推进基层社会“微治理”，累计参与代表1132人次，走访联系群众7459人次，帮助解决问题723个。

【人大代表主题活动】 2023年，县人大常委会倡议发动人大代表“六带头”（带头学、带头研、带头联、带头议、带头督、带头干）助力三个“一号工程”，助推全县“三个三”工作暨“奋进新征程 履职建新功”主题活动，累计组建营商环境优化提升“微小组”61个，参与代表1050人次；围绕外贸出口、企业招工、安全生产等主题开展活动131场次，收集意见建议1186条，形成工作清单66项、问题清单30项、建议清单9项、成果清单16项，推动解决问题374个，总结形成实践案例9个。其中，《“周末有约”代表助力打造政企协同发展新模式》入选2023年全省各级人大代表助力三个“一号工程”主题活动典型案例。

镇、街道人大工作

【概况】 2023年，县人大常委会按照“六化协同”工作要求，加强对街道人大工作的领导和镇人大工作的指导，形成“一镇（街道）一品”实践特色。

【“三化监督”模式】 2023年，县人大常委会武原街道工委以“城市品质提升面对面”行动为载体，通过常态化调研、项目化推进、清单化落实的“三化监督”模式，持续助推城市功能和品质提升。全年通过发挥人大代表联络站“1+7+25+N”联络网和“三员进点”联动作用，走访城市社区和县级业务部门，开展专题座谈、主题接待选民、民意办理活动等56场次，收集意见建议208条，形成关于城市社区精细化管理等调研报告6篇，推动街道制定出台城市社区“一长一员”考核管理办法，形成老年照护设施提升、“口袋公园”建设等办理成果70件。

【新居民议事厅“134”工作法】 2023年，县人大常委会西塘桥街道工委在智汇湾工业社区建立新居民议事厅，探索实施“134”工作法（“1”即打造一支“代表+议事员”队伍，“3”即“一网两线”网格活动机制、“固定接待日＋移动议事桌”民情收集机制和“三级联动”意见建议交办机制，“4”即推动流动人口管理、群租房整治、社区治理、服务企业四大工作），形成“连新桥——桥见民心”工作品牌。全年收集到关于提供就业岗位、新居民子女就学等意见建议158条，推动解决矛盾纠纷31件，帮助新居民对接出租房400余套、就业岗位1500余个。

【“点题式”监督法】 2023年，县人大常委会望海街道工委围绕群众反映呼声高、事项牵扯范围广、涉及职能部门多的民生问题，创新监督工作机制，推出“点题式”监督法，建立“基层难事、人大点题、部门答题”工作机制，用好“线上＋线下”民意收集平台，打造“固定＋移动”人大代表特色联络站（室、点），推动监督重心下移，提升人大监督质效。全年开展选民接待活动26场，接待走访400余人次，收集意见建议70余条；线上收集民意830条，督促相关职能部门解决群众急难愁盼问题18个。

【“秦义联盟”工作室】 2023年，县人大常委会秦山街道工委推动人大工作与基层治理有机融合，深化拓展代表联络站载体功能，在村（社区）调解室创新嵌入式建设12个“秦义联盟”人大代表主题工作室，引导代表参与基层社会治理，变“坐等式”接待为“下访式”联系，化解群众各类矛盾纠纷。自“秦义联盟”人大代表主题工作室成立以来，人大代表60余人次参与调解工作，调解案件28件，调解成功率98.5%。

【“人大代表＋村民代表”工作模式】 2023年，沈荡镇人大探索实行“人大代表＋村民代表”工作模式，每名人大代表固定联系10—15名村民代表，发挥“常态化联系、数字化联动、制度化联议、专题化联督、一体化联推”五大优势，通过村民代表深入联系到每一户，打通联系服务群众“最后一公里”。辖内90名县、镇人大代表联系625名村民代表，累计组织开展走访、座谈等活动163场次，协助解决问题370余个。

【“大会问政”工作流程】 2023年，百步镇人大在年中镇人代会首设大会问政环节，建立“3341”工作流程（“3”即坚持党的领导、依法监督和全过程人民民主三大原则；“3”即会前做好调研开展、清单形成、形式明确三步骤；“4”即会中确定现场问政、镇长表态、代表测评、问政小结四环节；“1”会后以听取汇报、“回头看”等多种形式进行跟踪督办），推动基层人大工作规范化、标准化建设。通过大会问政，有效推动百步至嘉兴南公交专线在“镇长总负责、分管镇长直接抓、业务站办协同抓”的工作机制下开工建设。

【“交于心”民情联络室】 2023年，于城镇人大响应“大干交通干大交通”的号召，与县交投集团合作，分别在三联村、何家村、吕冢村成立“交于心”民情联络室，人大代表担任民情联络员，针对辖区内重点交通项目开展常态化接待选民、走访调研、专题视察活动24场次，走访联系群众200余人次，收集意见建议60余条，清单化提出降低施工噪声、适当分流车辆等建议30条，推动相关职能部门解决吕冢大桥及周边道路改善提升等问题20个。

【“1+N”站站联动】 2023年，澉浦镇人大创新推出“1+N”多方参与机制（“1”即人大代表联络站，“N”即纪检监察工作联络站、警务联勤站、旅投工程督查站等平台），发挥各站点协作联动、职能优势互补，针对中心工作、重点项目，每两周开展一次联动督查，并形成定期通报和闭环监督机制，促进民生改善和难题解决。通过“1+N”协同联动，助推破解长墙山工业园区停车难题，累计开展联动监督14次，参与代表达130人次，推动完成问题整改15个。

【“联合监督”机制】 2023年，通元镇人大探索构建“人大＋纪委”联合监督机制，发挥人大监督和纪委监督叠加优势，依托镇域内17个人大代表联络站（室、点）和15个村（社区）监察工作联络站，成立15个季度轮换的联动监督站，按照年度计划开展民生实事项目推进、漠视侵害群众利益问题治理、代表议案建议办理等联合监督行动，将人大执法检查、视察调研、工作评议与纪委发现问题、执纪执法、治标治本相结合，通过日常监督、暗访督查和专项检查的方式，推动解决为老助餐服务等重点难点问题。

表 3　海盐县十六届人大二次会议议案建议一览表

编号	案由	领衔人	主办单位
1	关于“激活基层治理力量 赋能幸福社区打造”的建议	刘支群	县民政局
2	关于海盐县环城河与盐平塘处先修建临时便桥的建议	陈子怡	武原街道
3	关于百可园内停车场调整计费方式并加强周边违章停车管理的建议	陈子怡	县综合执法局
4	关于加强我县老旧小区物业提升的建议	高明娟	县住建局
5	关于规范我县家用汽车充电桩及连接线路设施安全的建议	顾建明	县供电局
6	关于长安景苑、长安南苑、丽景花苑、文庭苑安置小区安装健身器材设施的建议	顾　剑	武原街道
7	关于尽早解决农村危旧房问题的建议	顾燕平	县住建局
8	关于海盐境内高速公路差异化收费（高速免费通行）的建议	孙雨良	县交通运输局
9	关于优化城区一类区域停车收费标准引导规范停车的建议	孙雨良	县综合执法局
10	关于增强公共卫生服务能力的建议	蒋群贤	县卫生健康局
11	关于秀水南路（老年公寓往南至断头路）交通安全隐患及停车难问题的建议	李靖鹤	武原街道
12	有关加强多部门联动进行老旧小区改造的建议	李　珏	县住建局
13	关于优化提高人行横道行人过马路安全性的建议	刘　超	县公安局
14	关于三角洲公园照明提升的建议	陆　超	武原街道
15	关于加快百尺北路延长线建设的建议	陆国军	县交通运输局
16	关于完善政务服务中心周边设施的建议	沈心丹	县政务数据办公室
17	关于鱼鳞海塘海景路路段新增基础设施的建议	石何佳	县综合执法局
18	关于要求县财政局加大对公交运营的资金投入、稳定公交队伍的建议	宋勤燕	县交通运输局
19	关于观海园附近建设一条户外塑胶跑道的建议	王海洪	武原街道
20	关于开展秦山核电临近社区部分区域环境整治和美丽乡村建设的建议	王向阳	秦山街道
21	关于多部门协作解决南台头闸前渔船停靠问题的建议	翁雁萍	县农业农村局
22	关于对金涌花苑污水管道改造工程整改的建议	吴怡杰	县住建局
23	关于城西、城南区片增设菜场的建议	项燕凤	武原街道
24	关于建设城南区块生态停车场的建议	张利宏	武原街道
25	关于建设天仙花苑西区健身路径的意见	张雪红	武原街道
26	关于海盐政务服务中心及周边地块增设社区便民店的建议	赵慧娟	武原街道
27	关于小区居民楼梯（道）亮化提升的建议	周刘飞	县住建局
28	关于增强海盐县民兵荣誉感的建议	周潇燚	县人武部
29	关于小区电动汽车充电桩基建设施规范化建设及管理的建议	朱慧超	县供电局
30	关于加强村级卫生服务站建设的建议	朱红忠	县卫生健康局

续表 3

编号	案由	领衔人	主办单位
31	关于提升小型农田水利设施管护经费补助标准的建议	陆俊飞	县水利局
32	关于增加体育活动场所的建议	蒋晓卫	县文化广电旅游体育局
33	关于加快解决退役军人优待事项的建议	沈宏峰	县退役军人事务局
34	关于推进我县城市住宅老旧房屋管理维修难的建议	潘　蕾	县住建局
35	关于建强基层社会治理队伍、明确社区工作者县级报酬保障政策的建议	王频波	县民政局
36	关于完善中兴路城乡公交停靠站设置的建议	王频波	县交通运输局
37	关于财政专项扶持我县高中数字化建设助力县域高中振兴的建议	陆燕飞	县教育局
38	关于开通公交夜间学生定制专线缓解中学周边交通压力的建议	陆燕飞	县交通运输局
39	关于沈荡贲湖老街文旅融合项目应围绕中心，突出特色的建议	陆燕飞	沈荡镇
40	关于中小学食堂安装空调，提升中小学就餐环境建议	陆燕飞	县教育局
41	关于制定符合海盐发展的实习生引进补助政策的建议	陈水明	县人力社保局
42	关于治理小区消防通道（消防登高台）违章占用停车的建议	顾雪忠	县住建局
43	关于安装校园暖水设备的建议	沈雪芳	县教育局
44	关于严打夜间乡镇偏僻河道电鱼的建议	沈云峰	县农业农村局
45	关于进一步落实村级留用地促进集体经济发展的建议	朱红忠	县农业农村局
46	关于规划建设海盐县养老综合体的建议	冯海平	县民政局
47	关于盘活存量国有资产拓展养老服务空间的建议	冯海平	县民政局
48	关于人才引进和用工政策的建议	徐利群	县委组织部
49	关于通过数字化大数据规范管理出租房的建议	徐利群	县公安局
50	关于尽快对城北西路 228 号住宅实施收储的建议	王频波	武原街道
51	关于合理规划设置主城区社区卫生服务站的建议	沈志浩	县卫生健康局
52	关于加快推进海盐经济开发区（西塘桥街道）小学阶段教育资源供给的建议	毛晔萍	县教育局
53	关于优化配置老年活动中心的建议	方芳芬	县民政局
54	关于八团村拆迁后村文化遗址的保存建议	张志明	西塘桥街道
55	关于海盐县城区部分小区门口隔离带开设口子的建议	王燕萍	县公安局
56	关于加快秦海大道（一线海塘至东西大道段）建设的建议	沈家华	县交通运输局
57	关于提升居家养老服务适老化和智慧化改造建设的建议	徐勤兵	县民政局
58	关于在海盐县规划新建小学的建议	黄月伟	县教育局
59	关于在我县社会福利中心项目中设置未成年被害人“一站式”办案专门场所的建议	谢凤英	县公安局
60	关于保障种粮户增收的建议	刘　燕	县农业农村局

续表 3

编号	案由	领衔人	主办单位
61	关于加强开发区八团村和海塘村区块前期规划研究的建议	王雪君	西塘桥街道
62	关于修建张乐平先生故居的建议	褚建中	西塘桥街道
63	关于完善海盐征迁政策的建议	林叶娟	县自然资源规划局
64	关于解决重症患者医院停车难的建议	姚叶娟	县卫生健康局
65	关于加强镇级河道管理提升水质的建议	汤良峰	县水利局
66	关于化工园区建设压缩空气集中供应中心的建议	沈劲贤	西塘桥街道
67	关于保障 60 周岁以上提前拆迁农户的建议	徐仕平	西塘桥街道
68	关于大力打击宣传诈骗的意见和建议	夏伟华	县公安局
69	关于加大农机补贴和农机作业补贴的建议	陆海滨	县农业农村局
70	关于规范整治全县道路交通禁令标志的建议	陈云松	县交通运输局
71	关于规范政府购买服务的建议	徐颖璐	县财政局
72	关于加快农业政策兑现速度的建议	沈雪晶	县农业农村局
73	关于加强家庭农场设施设备共建共享的建议	王　平	县农业农村局
74	关于望海街道老元通片区建设城市社区的建议	魏吴钢	望海街道
75	关于加强幼教行业人员专业素养的建议	姜艳婷	县教育局
76	关于农民危房改建的建议	董叶根	县住建局
77	关于企业专业技术人员再培训再教育的意见建议	顾玉花	县人力社保局
78	关于参考医护人员定向招收农技人员的建议	魏吴钢	县农业农村局
79	关于优化小区物业管理的建议	高志平	县住建局
80	关于增加海盐中小学心理教育的建议	金　婷	县教育局
81	关于加强精细管理提升城区车辆通行能力的建议	徐桂华	县公安局
82	关于海盐县 120 急救中心人员编制扩编的建议	陆春梅	县卫生健康局
83	关于完善小城镇环境综合整治长效管理机制的建议	曹卫良	县住建局
84	关于建立丰山矿坑旅游开发工作专班的建议	马惠良	县文化广电旅游体育局
85	关于解决农民建房难的建议	马惠良	县自然资源规划局
86	关于进一步优化与提高村社干部公积金缴费基数的建议	张正明	县委组织部
87	关于在县域空间规划范围内老工业园边界适当扩充的建议	王勤伟	县自然资源规划局
88	关于进一步优化营商环境的建议	陈建明	县政务数据办公室
89	关于优化 K2 路公交线路的建议	曹卫良	县交通运输局
90	关于进一步深化企地共建的建议	金志刚	秦山街道
91	关于对余沈线（董司村段、尤甪村段）道路两边进行拓宽的建议	黄思悦	县交通运输局

续表 3

编号	案由	领衔人	主办单位
92	关于加大力度整治非标电动自行车违法上路的建议	黄思悦	县公安局
93	关于规划热用户集中用热的建议	陆中华	县发改局
94	关于提升海盐医疗服务的建议	陆中华	县卫生健康局
95	关于提升农村公交站点建设的建议	孙国平	县交通运输局
96	关于提供补助支持村级建设的建议	王建芬	沈荡镇
97	关于加快农村集聚小区管道燃气安装，提升村民生活幸福指数的建议	吴君良	县住建局
98	关于关注农村养老问题更好实现“老有所养”的建议	叶丽华	县民政局
99	关于进一步加强我县医养康体系建设的建议	钟永强	县卫生健康局
100	关于打通农村快递“最后一公里”的建议	孙国平	海盐邮政管理局
101	关于加强垃圾收集车辆管理工作的建议	王朱明	县综合执法局
102	关于进一步深化殡葬改革工作的建议	王朱明	县民政局
103	关于 X602 盐百线道路拓宽的意见建议	叶丽华	县交通运输局
104	关于改善镇级卫生院、村级卫生服务站硬件设施配套的建议	叶丽华	县卫生健康局
105	关于进一步优化快速路施工工作的建议	钟永强	县交通运输局
106	关于加快推进沈荡镇高质量建设特色镇示范的建议	沈晓明	县住建局
107	关于治理学校等特殊场所停车难的建议	曾　君	县教育局
108	关于对企业拉闸限电问题处理方式的建议	梁玲琳	县发改局
109	关于加快出台餐饮 KTV 行业规定的建议	谢董董	县文化广电旅游体育局
110	关于进一步做好课后优服服务平台的建议	吴亚琴	县教育局
111	关于提升海盐县农村生活污水治理的建议	王亚晴	县住建局
112	关于完善县级抱团项目的建议	陆建国	县农业农村局
113	关于加强新入驻企业政策培训的建议	刘建峰	县经信局
114	关于进一步优化在节假日期间有序燃放烟花爆竹的建议	杨　威	县应急局
115	关于扶持我县建筑业发展壮大的建议	赵小龙	县住建局
116	关于加大基层招商引资奖励政策保障力度的建议	金惠明	县商务局
117	关于调整非航道桥梁梁底标高的建议	张永妹	县水利局
118	关于乡村桥梁改造补助政策的建议	张永妹	县交通运输局
119	关于严厉打击售卖非标电动车及改装加装国标电动车 的建议	钱益平	县市场监管局
120	关于农村户籍制度改革的建议	叶吴良	县公安局
121	关于农村公路建设和改造更新的建议	汤敏建	县交通运输局
122	关于进一步优化 65 岁以上企业退休职工健康体检工作的建议	周淑娟	县医保局

续表 3

编号	案由	领衔人	主办单位
123	关于加快卫生院建设的建议	姚卫东	县卫生健康局
124	关于提升改造农村水利设施的建议	姚卫东	县农业农村局
125	关于低收入户申请低保过程中人均房屋面积超标问题的建议	叶水平	县民政局
126	关于乡村道路安装路灯的建议	苏小琴	县交通运输局
127	关于完善支出型贫困救助政策的建议	苏小琴	县民政局
128	关于设立新农村小区建设项目资金补助的建议	韩春娟	县农业农村局
129	关于扩宽改造盐于线公路段的建议	郑利明	县交通运输局
130	关于加快幼儿园建设的建议	朱明江	县教育局
131	关于加快解决农民建房难的建议	董云升	县自然资源规划局
132	关于加快推进疏港公路土地征用政策的建议	陈亚芳	澉浦镇
133	关于加强农业人才培育和关心关爱的建议	陈　燕	县农业农村局
134	关于加强农村生活污水设施后续运维的建议	刘鸣中	县住建局
135	关于引导青少年科学使用手机问题的建议	卢雷克	县教育局
136	关于要求县财政局加大对公交运营的资金投入、稳定公交队伍的建议	卢雷克	县交通运输局
137	关于优化土地租赁模式，提升农业产业结构的意见和建议	卢雷克	县农业农村局
138	关于要求县委县政府实施翁金线西段（紫金山段）增设非机动车道的建议	唐欧晓华	县交通运输局
139	关于加快推进翁金线澉浦段路况提升的建议	王寅超	县交通运输局
140	关于完善“运动家”智慧体育社区专业管理人员配备的建议	吴雪华	县文化广电旅游体育局
141	关于要求提档完善高标准农田基础设施的建议	杨敏芳	县农业农村局
142	关于公共自行车站点向镇街延伸的建议	袁　明	县交通运输局
143	关于要求政府出台房地产扶持相关政策的建议	张　涛	县住建局
144	关于统筹推进未来乡村建设的建议	朱冬伟	县农业农村局
145	关于加强南北湖景区森林消防工作的建议	吴建军	县应急局
146	关于提高特殊老年人生活保障的建议	姚建芬	县民政局
147	关于出台变压器容量扶持政策推进光伏及 储能项目快速发展的建议	朱冬伟	县发改局
148	关于要求全力帮企业优服务 打造澉浦长墙山工业园区最优营商环境的建议	袁　明	澉浦镇
149	关于扩大老桥宽度减少道路安全隐患的建议	陈建明	县交通运输局
150	关于落实社区与行政村工作人员同等保障政策的建议	郭　燕	县民政局
151	关于加强县级“飞地抱团”项目后期管理的建议	何前进	县农业农村局
152	关于农村涉疫垃圾回收的建议	黄利娟	县农业农村局

续表 3

编号	案由	领衔人	主办单位
153	关于后疫情时期加强农村卫生服务站建设的建议	卢永君	县卫生健康局
154	关于强化食品安全执法检查的建议	马娟群	县市场监管局
155	关于要求通元镇新拱村公交车再次新增站点的建议	沈惠明	县交通运输局
156	关于建议澉武线在 525 国道北侧滕泾出口处增设一条出入便道的建议	宋利峰	通元镇
157	关于要求县财政加大对农业水利设施建设补助的建议	俞红飞	县农业农村局
158	关于通过组建准公益性质的互助组织等方式，优化农村失能失智老人照料服务模式的建议	朱陈利	县民政局
159	关于进一步发放 60 周岁以上老年人城乡医保补贴的建议	吴　忠	县医保局
160	关于进一步优化农民建房政策的建议	吴　忠	县自然资源规划局
161	关于进一步壮大村级集体经济的建议	吴　忠	县农业农村局
162	关于王石线道路改造提升工程的建议	曹雪平	县交通运输局
163	关于建成 S207 秀洲至仙居公路海盐通元至澉浦段新建工程（疏港公路）连接线的建议	倪建中	县交通运输局
164	关于农开区发展相关要素保障需及时兑现的建议	倪建中	县农业农村局
165	关于在塑料污染治理工作上增强执行力、强制力，加大监管力度的建议	潜利民	县商务局
166	关于通过用好现有硬件设施提升城市品质的几点建议	李　燕	武原街道
167	关于采取相关措施鼓励核能供热推广应用的建议	李　燕	县住建局
168	关于加强农业品牌化建设及渠道拓展，助力乡村振兴的建议	许明曙	县农业农村局
169	关于加强商业连锁渠道建设，推动服务业发展，助力共同富裕的建议	许明曙	县商务局
◆ 175	关于枣园中路与西官路交通事故易发路口安全隐患整治的建议	顾雪忠	县公安局
◆ 176	关于西塘桥 K311 路公交车终点站延伸的建议	徐勤兵	县交通运输局

说明：标◆为闭会期间代表建议

（范林霞）

海盐县人民政府

综 述

【经济稳定增长】2023年，海盐县深化“一把手”招商、专班招商等制度，新引进招大引强项目41个，实际利用外资3.53亿美元。成功引入诺华放射性药品、丹佛斯第二园区等一批重大制造业项目。强化项目全生命周期管理，新开工项目132个、建成投运40个，完成固定资产投资345.1亿元、增长10.6%，连续两季获得全市“投资赛马”激励。抢抓政策机遇，获专项债额度59.97亿元，列全市第二；争取土地指标2533亩，完成建设用地复垦1669亩，腾退土地2445.7亩。

【产业结构优化】2023年，海盐县全面推进智造创新强县，实施“两化”改造项目186个，带动制造业投资62.3亿元，县内规模以上工业增加值增长7.9%。开展服务业高质量发展行动，推动北大街历史文化街区开街，浪漫风车路集市成为新晋网红打卡地，净增服务业规模（限额）以上企业54家，服务业增加值增长7%，列全市第三。强化企业培育，新增上市企业3家、新三板挂牌企业2家，新培育国家级专精特新“小巨人”企业5家、省级“隐形冠军”1家。

【城乡风貌提升】2023年，海盐县加快提升城市品质，建成开放天仙湖公园，建设改造口袋公园11个，新增绿道57千米，整治提升中心城区道路10条。推进乡村振兴，粮食生产实现“二十连丰”，村集体年经常性收入全部达到180万元以上、经营性收入全部达到85万元以上，新增省级未来乡村5个、和美乡村特色精品村5个。改善生态环境，空气质量综合指数全市领先，生态满意度评价全市第一，获评全省首批四星级“无废城市”。

【积蓄发展动能】2023年，海盐县强化创新驱动，获省重大科技成果奖1项、省科技进步奖4项，到岗省级以上高层次人才4人，新增中华技能大奖1人、全国技术能手3人。持续深化改革，新争列国家级试点7个、省级试点44个，成为国家深化农村集体经营性建设用地入市试点县，高分通过国家基本公共服务标准化试点验收。优化营商环境，出台科技新政11条、服务业高质量发展31条，累计兑现惠企资金4.6亿元，减免税费61亿元，“无感监测”营商指数居全省前列。拓展发展格局，加快构建“2+2+X”现代综合交通体系，全年完成交通投资52.7亿元、增长173%。全年外贸出口增长14.1%。

【实事项目】2023年，海盐县民生支出占一般公共预算支出比例近80%，完成省、市、县三级民生实事项目90个。加强社会保障，城镇新增就业21442人，发放各类救助补助资金2772万元，增长11.6%，新建筹集保障性租赁住房3138套（间）。提升公共服务，3所学校建成投用，入选全省全域集团化改革办学试点县，教育现代化水平监测蝉联全市第一，高分通过全国学前教育普及普惠县省级评估；县人民医院成功晋升、新院建设工程主体完工，“健康浙江”建设继续保持全省优秀。发展文体事业，县文化艺术中心建成投用，县文化馆、县美术馆等对外开放。

（笪超杰）

重要会议

【概况】 2023年，海盐县人民政府召开全体（扩大）会议2次，召开常务会议21次，研究讨论全县社会经济发展有关事项。

【县政府常务会议】 2023年，海盐县十六届政府召开常务会议21次。

1月6日，县十六届政府召开第十五次常务会议。会议学习《浙江省土地管理条例》。会议讨论研究县政府办公室《2023年政府工作报告》、县发改局《关于海盐县2023年度投资项目建设计划和政府重大投资项目建设计划编制情况汇报》《关于海盐县2022年国民经济和社会发展计划执行情况、2023年国民经济和社会发展计划（草案）的报告》《2023年经济社会主要指标安排情况汇报》、县财政局《关于海盐县2022年财政预算执行情况和2023年财政预算（草案）的报告》，要求根据会议讨论意见修改完善后提交县委常委会、县人大常委会审议。会议讨论研究县发改局《关于浙北高等级航道网集装箱运输通道建设工程嘉兴段（海盐）SG–1标段湖盐公路吕家桥概算调整的情况汇报》，要求根据会议讨论意见修改完善后提交县人大常委会审议。会议讨论研究并原则同意县住建局《海盐县城市供水管理办法》《海盐县城市节约用水管理办法》、县审计局《海盐县内部审计工作规定》。

1月19日，县十六届政府召开第十六次常务会议。会议学习《重大行政决策程序暂行条例》《浙江省重大行政决策程序规定》。会议讨论研究县财政局《关于参与组建沪平盐铁路（上海）项目公司的情况汇报》，要求提交县委常委会审议。会议讨论研究并原则同意县公安局《采购有关应用平台的情况报告》、县农业农村局《海盐县动物疫病强制免疫政策改革实施方案（试行）》、县财政局《关于合资组建海盐县浙勤城市服务有限公司的情况汇报》、县人力社保局《关于给予全县除险保安和新冠疫情防控先进集体和个人行政奖励的决定》。

2月4日，县十六届政府召开第十七次常务会议。会议讨论研究并原则同意县经信局《民丰项目情况汇报》等。会议书面审议并原则同意武原街道（城投集团）《关于进一步优化县重大交通项目（武原段）征迁工作方案的情况汇报》。

2月20日，县十六届政府召开第十八次常务会议。会议学习《浙江省固体废物污染环境防治条例》。会议讨论研究澉浦镇（南北湖风景区）《关于南北湖未来城核心区开发建设有关事项的情况汇报》、县发改局《海盐县贯彻〈浙江省推动经济高质量发展若干政策〉承接落实方案》《关于海盐县2022年度长江经济带生态环境警示片反馈问题整改工作情况的汇报》、县水利局《海盐县水域保护规划（2021—2035年）》，要求根据会议讨论意见修改完善后提交县委常委会审议。会议讨论研究县发改局《关于杭浦高速公路南北湖互通改建工程情况汇报》，要求根据会议讨论意见修改完善后提交县人大常委会审议。会议讨论研究并原则同意县发改局《关于杭浦高速公路海盐联络线（一期）的情况汇报》。

3月10日，县十六届政府召开第十九次常务会议。会议学习《浙江省税费服务和征管保障方法》。会议讨论研究并原则同意县自然资源规划局《海盐县国土空间总体规划（2021—2035年）》、县人力社保局《海盐县欠薪周转金管理暂行办法》《关于加强技能人才队伍建设加快引育“共同富裕”匠才队伍的实施办法（试行）》、县民政局关于《困境儿童政策落实情况》和《特困老人集中供养政策落实情况》的汇报、县委组织部《关于高质量建设新时代人才强县的若干政策意见》、县发改局《海盐—景宁山海协作“产业飞地”合作共建补充协议》、县卫生健康局《海盐县3岁以下婴幼儿照护服务机构奖补标准（试行）》、县农业农村局《关于高水平全面推进农业现代化建设的若干政策意见》等。

3月24日，县十六届政府

召开第二十次常务会议。会议学习《浙江省促进中小微企业发展条例》。会议讨论研究并原则同意县经信局《海盐县推进老旧工业园区有机更新促进工业转型升级若干意见（试行）》、县自然资源规划局《关于进一步加强海盐县土地储备的实施意见（试行）》、县文化广电旅游体育局《海盐县文旅深度融合工程推进方案（2023—2027 年）》、县财政局《海盐县国有企业经营性投资项目管理暂行办法》《海盐县基本建设项目控制标准管理指导意见》、县政府办公室《海盐县公共服务“七优享”工程推进方案（2023—2027 年）》《2023 年度海盐县人民政府重大行政决策事项目录》、县司法局《海盐县人民政府重大行政决策程序规定》、县发改局《海盐县全面融入长三角一体化发展暨虹桥国际开放枢纽南向拓展带建设三年行动计划（2023—2025 年）》《海盐县体系化推进“十项重大工程”工作总体方案及总专班工作方案》《政府投资项目拟增列建设计划的情况汇报》《投资项目建设内容及投资调整的情况汇报》《投资项目概算调整的情况汇报》《海盐县以县城为重要载体的城镇化建设省级试点申报方案》、县总工会《推荐嘉兴市劳动模范、先进集体候选名单》。

4 月 12 日，县十六届政府召开第二十一次常务会议。会议学习《浙江省行政合法性审查工作规定》。会议讨论研究并原则同意县统计局《学习传达习近平总书记关于统计工作最新重要批示精神及下一步贯彻落实建议》、县自然资源规划局《海盐县土地综合整治工程推进方案（2023—2027 年）》、县科技局《海盐县“315”科技创新体系建设工程行动计划（2023—2027 年）》、县发改局《海盐县能源绿色低碳发展和保供稳价工程实施方案（2023—2027 年）》《海盐县扩大有效投资“百项千亿”工程实施方案（2023—2027 年）》、县农业农村局《海盐县县城承载能力提升和深化“千村示范、万村整治”工程实施方案（2023—2027 年）》、县公安局《关于建议给张青茹等见义勇为人员记功奖励的情况报告》、县经信局《海盐县加快推进核电关联及核技术应用（同位素）、5G 通讯及电子信息、氢能产业发展专项政策意见》《2023 年海盐县工业大会暨智造创新强县发展大会实施方案》、县财政局《海盐县金融支持经济发展考评办法》、县教育局《海盐县民办幼儿园奖补资金管理办法（2023 年修订）》。

4 月 25 日，县十六届政府召开第二十二次常务会议。会议学习《中华人民共和国文物保护法》。会议讨论研究并原则同意县民政局《关于推进养老服务高质量发展的实施意见》、县科技局《关于进一步推动科技创新的若干政策意见》、县交通运输局《海盐县加快高水平交通强省建设重大项目推进工作方案（2023—2027 年）、加快建设长三角海河联运枢纽港—海盐港区实施方案（2023—2025 年）》《海盐县“盐途畅行”通行券实施方案》、县商务局《海盐县服务业高质量发展扩容提质工程实施方案》、县经信局《海盐县先进制造业集群培育工程推进方案（2023—2027 年）》《海盐县制造业产业发展导向目录（2023 年版）》。会议书面审议并原则同意县信访局《2022 年县 12345 政务热线工作报告、2023 年一季度信访工作形势分析》。

5 月 17 日，县十六届政府召开第二十三次常务会议。会议学习《全国经济普查条例》。会议讨论研究并原则同意县应急局《全县安全生产领域排查整治工作推进情况汇报》、县综合执法局《关于餐厨垃圾收运处服务费单价调整的报告》、县发改局《海盐县零碳未来城开发建设方案》《政府投资项目拟增列建设计划的情况汇报》《投资项目调整计划投资的情况汇报》《新建南通至宁波高速铁路海盐站站房合作建设协议》。

6 月 6 日，县十六届政府召开第二十四次常务会议。会议学习《食品相关产品质量安全监督管理暂行办法》。会议讨论研究并原则同意县生态环境分局《海盐县 2023 年生态环境提升行动实施方案》、县发改局《关于钱江潮源生态湿地一期工程拟增列建设计划的情况汇报》、县财政局《优化海盐新兴产业股权投资基金组建方案》《关于修订鋆昊海盐臻选基金协议中部分重要条款的报告》、县农业农村局《关于 2023 年建设宜居宜业和美乡村的若干政策意见》。会议书面审议并原则同意县自然资源规划局《海盐县“十四五”土地整治规划》、县文史工作领导小组办公室《关于聘请海盐县人民政府文化顾问的情况汇报》。

6 月 29 日，县十六届政府

召开第二十五次常务会议。会议学习《浙江省消防条例》。会议讨论研究并原则同意县商务局《2023年海盐县服务业大会方案》、县财政局《2022年度国有公司经营业绩考核汇报》、县司法局《关于行政规范性文件清理结果的情况汇报》、县卫生健康局《关于进一步加强卫生人才队伍建设的若干意见》、县住建局《关于对2022年度“无欠薪”先进建筑企业、“走出去发展”优秀建筑企业的表彰》。

7月21日，县十六届政府召开第二十六次常务会议。会议学习《浙江省防汛防台抗旱条例》。会议讨论研究并原则同意县应急局《海盐县防汛防台工作情况汇报》、县生态环境分局《2023年省委生态环境保护例行督察迎检工作汇报》《海盐县千亩荡饮用水水源保护区管理办法》、县铁路与轨道交通建设指挥部办公室《新建南通至宁波高速铁路嘉兴段海盐县征地拆迁实施协议》、县发改局《新建南通至宁波高速铁路海盐站站房地方配套市政及地下空间工程建设框架协议》《关于政府投资项目拟增列2023年度建设计划的情况汇报》《关于S207秀洲至仙居公路海盐通元至澉浦段新建工程（疏港公路）的情况汇报》《关于2023年上半年海盐县国民经济和社会发展计划执行情况及法治化营商环境情况的报告》、县农业农村局《关于2023年高质量推进乡村全面振兴实施意见》、县审计局《关于2022年度海盐县本级预算执行和其他财政收支的审计工作报告》、县财政局《关于海盐县2023年1月至6月财政预算收支执行情况的报告》《关于海盐县2022年财政决算（草案）的报告》《嘉兴市小微企业信保基金融资担保有限公司增资情况汇报》。

8月14日，县十六届政府召开第二十七次常务会议。会议学习《浙江省平安建设条例》。会议讨论研究并原则同意县档案馆《海盐县村（社区）志编纂工作方案》、县财政局《海盐县国有企业招聘工作人员管理办法》《海盐县镇（街道）管理国有企业人员核编方案》、县发改局《海盐县打造“杭州湾两桥之间黄金海岸经济带”中长期规划（2023—2035年）》《关于2023年上半年海盐县“十项重大工程”推进情况的汇报》、县商务局《海盐县促进服务业高质量发展若干政策意见》《海盐县市场化招商公司组建方案》、县消防救援大队《关于建议给有关事故扑救单位和个人立功授奖的报告》。会议书面审议并原则同意县气象局《关于加快推进气象高质量发展的实施意见》。

8月21日，县十六届政府召开第二十八次常务会议。会议讨论研究并原则同意县传媒中心《海盐县传媒集团组建方案》《关于高质量推进县级媒体深度融合发展的实施意见》。

9月5日，县十六届政府召开第二十九次常务会议。会议学习《浙江省审计条例》。会议讨论研究并原则同意县自然资源规划局《关于重新公布海盐县征地区片综合地价的通知》、县经信局《关于进一步深化和推进工业招引项目达产履约精准帮扶的补充意见》《海盐县促进小微企业园高质量发展实施意见（试行）》《海盐县新一轮工业企业“亩均论英雄”绩效综合评价和结果应用办法》、县发改局《海盐县推进以县城为重要载体的城镇化建设五年行动计划》、县卫生健康局《海盐县创建“省中医药综合改革先行区”实施方案（2023—2025年）》。

9月18日，县十六届政府召开第三十次常务会议。会议讨论研究并原则同意县财政局《海盐“政保共担贷”科技风险池业务合作协议》。

9月28日，县十六届政府召开第三十一次常务会议。会议学习《中华人民共和国反电信网络诈骗法》。会议讨论研究并原则同意县应急局《关于当前安全生产工作情况的汇报》、县统计局《全县第五次全国经济普查清查情况汇报》、县水利局《海盐县节约用水奖励办法》、县自然资源规划局《关于提高旱地改水田项目“以奖代补”标准的事项》、县综合执法局《关于明确厨余垃圾处理价格及相关事宜的报告》、县财政局《关于海盐县参与组建浙江省科技创新母基金的报告》和《关于海盐县参与组建浙江省高端装备（嘉兴）产业基金的报告》。会议书面审议并原则同意县信访局《海盐县12345政务热线1月至8月工作报告》、县教育局《关于海盐县未成年人思想道德建设情况的汇报》。

11月13日，县十六届政府召开第三十二次常务会议。会议学习《中华人民共和国行政复议法》。会议讨论研究并原则同意县自然资源规划局《海盐县深化农村集体经营性建设用地入市试点工作方案》、县发改局《关于政府投资项目拟增列2023年度建设计划的情况汇报》、县政务数据办《海盐县政务服务增值化改革工作实施方案》、县农业农村局《海盐县打造粮食流通企业“主力军”确保全县粮食供应链安全的配套扶持政策》《关于切实抓好2023年粮油生产保供工作的通知》、县财政局《关于完善国检公司组织管理结构的意见》等。

11月22日，县十六届政府召开第三十三次常务会议。会议学习《公平竞争审查制度实施细则》。会议讨论研究并原则同意县住建局《海盐县农村生活污水运维管理一体化工作实施方案》、县教育局《关于擦亮“优学在盐”品牌推进教育全面高质量发展的实施意见》、县科技局《海盐易创科创股权投资基金（暂定名）组建方案》。

11月28日，县十六届政府召开第三十四次常务会议。会议讨论研究并原则同意县发改局《海盐县国民经济和社会发展第十四个五年规划和二〇三五年远景目标纲要中期评估报告》、县财政局《关于2023年县级预算调整情况的报告》。

12月21日，县十六届政府召开第三十五次常务会议。会议学习《中华人民共和国中医药法》。会议讨论研究并原则同意县科技局《关于海盐县人民政府与清华长三角研究院共同推进院地合作（“深根计划”）补充协议的说明汇报》、县经信局《2022年度海盐县工业企业“亩均论英雄”绩效综合评价结果汇报》、县残联《海盐县促进残疾人就业行动方案（2023—2025年）》、县商务局《2022年度海盐县服务业企业亩产效益综合评价结果汇报》《海盐县服务业企业亩产效益综合评价的实施意见（修订）》、县财政局《关于调整镇（街道）财政管理体制的方案》《海盐产融绿色智行股权投资基金组建方案》《关于海盐智汇湾股权投资基金重启事项的报告》、县文化广电旅游体育局《海盐县滨海旅游发展规划》、武原街道（城投集团）和澉浦镇（南北湖风景区）提交的《“三城”开发建设情况的汇报》、县民政局《海盐县惠民殡葬实施办法》、县市场监管局《关于提请审定并表彰2023年海盐县政府质量奖拟奖组织的报告》、县农业农村局《海盐县2023年粮油类农民专业合作社能力提升行动考核与资金奖励办法》。

（赵奕曼）

重要决策和活动

【“三合一”特色产业政策出台】 2023年，推进核电关联及核技术应用（同位素）、5G通信及电子信息、氢能三大新兴产业高质量发展，制定出台“三合一”特色产业政策，加快构建产业链发展良好生态，促进形成县域产业经济新增长点。

【“3+3”先进制造业集群培育】 2023年，贯彻落实省、市部署要求，加快推进智造创新强县建设，重点打造“3+3”先进制造业集群，即做强高端紧固件、高端装备制造、智能家居三大优势产业，做大核电关联及核技术应用（同位素）、5G通信及电子信息、新能源新材料三大新兴产业。

【获评全省人民调解工作先进县】 2023年，海盐县坚持发展“枫桥经验”，不断夯实调解基础，强化队伍建设，优化品牌培育，全面保障人民调解工作规范化运行，标准化实施，高质量提升，逐步推进形成“纵向覆盖、横向延伸、多元融合”的调解工作格局。12月，海盐县获评2023年度全省人民调解工作先进县。

【入选以县城为重要载体的城镇化建设省级试点】 2023年，海盐县先后承担国家、省10余项城镇化建设相关改革试点，在农村产权制度、资源要素市场化配置、基本公共服务、产业高质量发展机制等领域，走出一条具有海盐辨识度的城镇化发展之路。5月，海盐县成功入选以县城为重要载体的城镇化建设省级试点名单。

【南北湖未来城EOD项目成功纳入国家生态环境导向的开发模式（EOD）试点项目库】 8月，“南北湖未来城EOD项目”成功纳入国家生态环境导向的开发模式（EOD）试点项目库。该项目投资总额49.48亿元，立足“山海湖”自然优势，开展全域生态修复和保护，推动生态治理与产业发展双向转化，高水平打造绿色共富海盐样板。

【四星级“无废城市”建设】 2023年，海盐县持续推进“无废城市”建设，围绕“减量化、资源化、无害化”的原则，形成以低碳能源为保障、以循环经济产业链为纽带、以智慧零碳为动力的具有海盐特色的固体废物治理模式。8月，获评全省首批四星级“无废城市”。

（笪超杰）

民生实事工程

【概况】2023年，海盐县人民政府紧盯民生实事项目年度目标任务，落细落实各项工作举措，有力有序推进项目实施。至年末，学生“安心学”保障提升项目、居家养老助安服务项目、65岁以上卒中高危筛查项目、公共停车泊位新增（修复）项目、基层文体设施提升项目、智慧消防安全保障项目、“阳光餐饮”食品安全提升项目、残疾人家庭无障碍改造项目八个方面民生实事项目均告完成。

【学生“安心学”保障提升项目】2023年，海盐县实施学生“安心学”保障提升项目，总投资约1299万元。其中，为三毛小学等6所学校添置更新可调节课桌椅6420套，让学生可依据自身身高对课桌椅进行适度调节；为三毛小学等2所学校安装智慧黑板81块，进一步优化教学环境，提高教学效率；为应对元济高级中学高考标准化考试场建设要求，第一时间将“教室书包柜安装项目”实施主体调整至通元中学，与海盐第二高级中学合计完成49个，拓展学生储物空间，减轻学生书包负担；对海盐高级中学实施学生宿舍、学生食堂修缮工程，改造学生宿舍348间，学生食堂实行天然气灶具更换、“油改气”管道铺设等。

【居家养老助安服务项目】2023年，海盐县实施居家养老助安服务项目，总投资约233万元。该项目探索“平台+老年人+智能终端”模式，为全县400户特定对象老年人家庭配置护理床，安装智能电表、紧急呼叫、烟感报警、流水报警、红外人体传感器等智能终端设备。委托专业养老服务人员，围绕助康、助医、助急、助行、助餐、助洁、助浴、助购、助乐、助学“十助服务项目”，为1000户居家养老服务对象提供上门服务，每户家庭每月不少于4次，全年不少于48次，每次服务时间不低于80分钟，实现家庭养老与机构养老之间有序互转，满足老年群体多样化养老服务需求。

【65岁以上卒中高危筛查项目】2023年，海盐县实施65岁以上卒中高危筛查项目，总投资约640万元。全年为各镇（街道）卫生院引入颈动脉B超人工智能设备，制定《海盐县65岁以上卒中高危人群筛查项目实施方案》以及筛查技术方案。为65岁以上老年人提供颈动脉斑块、血同型半胱氨酸筛查工作，实际完成目标人群筛查6.06万人，筛查出高危人群1.51万人，进一步增强群众主动预防卒中意识。

【公共停车泊位新增（修复）项目】2023年，海盐县实施公共停车泊位新增（修复）项目，投资约2000万元。该项目通过老旧小区、口袋公园改造，结合道路有机更新，重新调整施划公共停车泊位，优化车位布局结构，通过及时修补破损泊位等方式全面挖掘停车资源，累计新增（修复）公共泊位2669个（新增2448个、修复221个）；出台《海盐县停车管理工作实施方案》，提升县城停车管理工作水平。

【基层文体设施提升项目】2023年，海盐县实施基层文体设施提升项目，总投资约166万元。该项目依托现有公共文化设施，以“嵌入空间”的形式在西塘桥街道、望海街道、秦山街道建设文化驿站，为人民群众提供文化分享、艺术普及、互动交流、文旅资讯等服务，累计开展各类文化活动100余次。城西小学等6所学校完成学校体育设施智能化提升改造并对外开放，进一步满足全民健身公共服务需要。

【智慧消防安全保障项目】2023年，海盐县实施智慧消防安全保障项目，总投资约124万元。在全县152个高层业主单位安装消防管网水压智慧监测装置，将消防管网用水压力值实时传输至智慧消防监管平台，线上对业主单位消防管网用水等情况实时监测，实现全县高层建筑水压监测覆盖率100%。根据群众需求，为全县空巢（独居）老人和特殊人群居住场所实际安装无线智能烟感报警器2261个，成功预警通元镇滕泾村、秦山街道新联小区2起火灾。

【“阳光餐饮”食品安全提升项目】2023年，海盐县实施“阳光餐饮”食品安全提升项目，总投资约228万元。推动网络餐饮“一件事”集成改革，按照“浙江外卖在线”系统注册实体数，实际完成926家网络餐饮阳光厨房、80家大型以上餐饮单位智能阳光厨房以及9条阳光餐饮街区建设。发布全省首个《阳光餐饮街区建设和管理规范》《养老机构食堂建设与管理规范》团体标准，填补了省内“阳光餐饮”街区、养老机构食堂建设和管理规范方面的空白。

【残疾人家庭无障碍改造项目】2023年，海盐县实施残疾人家庭无障碍改造项目，总投资约49万元。以打造残疾人“梦想家”为目标，探索“残联牵头、社会参与、多方联动、残疾人受益”的运行模式，实际对81户经济困难、一户多残、重残等残疾人家庭实施无障碍改造和适配无障碍辅具，重点解决坐卧起居、如厕洗澡、烹饪清洁和行动转移等基本需求，为每户改造残疾人家庭赠送棉被等生活用品，提升残疾人居家生活品质。

（王旭炜）

政务服务

【概况】2023年，全县1707项政务服务事项全部实现“最多跑一次”，各部门办理“最多跑一次”事项374万余件。全县组织召开工业项目联审会议9场次，涉及项目33个，新建项目总投资131.8亿元，新增用地2091.7亩。

【示范服务中心创建】2023年，海盐县按照《浙江省示范政务服务中心（便民服务中心）创建工作方案》，完成县政务服务中心示范创建自评申报和9个镇（街道）便民服务中心示范创建现场评定工作，其中西塘桥街道便民服务中心获评浙江省示范便民服务中心。

【政务服务规范化】2023年，海盐县政务服务大厅设置咨询导办区、互联网+政务服务体验区、24小时自助服务区、综合受理区、休闲等候区和后台集中审批协同中心等“五区一中心”功能区域。规范窗口设置，设置综合咨询窗口、综合办事窗口、帮办代办窗口、“通办”窗口、“办不成事”反映5个窗口。

【营商环境“体验官”队伍建设】2023年，海盐县从党代表、人大代表、政协委员、民主党派代表、商会代表、无党派人士、在盐人才、法律从业人员、市场主体代表、群众代表和党政机关退休人员中遴选首批营商环境“体验官”18人，通过“沉浸式”体验各类办事全流程，“零距离”体验政务服务全过程，提出建议，开展监督。

【企业综合服务中心建设】11月1日，海盐县企业综合服务中心挂牌，设置人才、科创、政策、金融、开放、法治、项目、诉求（兜底）等服务板块，形成“综合受理、收集投诉、兜底保障”的全闭环体系。11月11日，召开全县政务服务增值化改革现场推进会，现场举行海盐县企业综合服务中心揭牌仪式和9个镇（街道）企业综合服务分中心授牌仪式。

【行政办事员队伍建设】2023年，海盐县政务服务中心组织完成全县行政办事员培训及等级鉴定工作，82人取得行政办事员职业技能等级证书，持证上岗。海盐“和盐悦色”队参加全市首届政务服务技能大赛，获得团队三等奖和“巧智应变”个人单项奖。

7月29日，海盐县召开政务服务满意度提升工作推进会

（县政务数据办公室供）

【政务服务“跨域通办”】2023年，海盐、平湖、嘉兴港区三地探索推行政务服务“跨域通办”，发布305个通办事项。设立“跨域通办”服务专窗，依托省政务服务2.0收件平台,实现事项“跨域通办”在线办理，形成“窗口收件、快递+网络送件、限时办结”模式，办结全市首件“跨域通办”涉企事项。深化长三角一体化工作，与上海金山区政务服务中心签订两地政务服务“跨省通办”合作协议，上线“远程虚拟窗口”,实现跨时空“面对面”服务，已上线通办事项28项。

（罗　芳）

公共资源交易

【概况】2023年,海盐县大型工程招标147场次，交易额681414.41万元，预算价为755381.8万元，节省资金约73967.39万元，节约率9.79%。政府采购招标41场次，交易额10750.12万元，财政预算资金为11649.46万元，节省899.34万元,节约率为7.72%。镇（街道）、各部门完成各类小型工程招标409场次，交易额42674.92万元，预算价51236.69万元，节省8561.77万元，节约率为16.71%。

【招标投标专项整治】2023年，海盐县制定《海盐县工程建设项目招标投标领域突出问题专项整治工作方案》，在县公共资源交易平台网站设立“海盐县工程建设项目招投标领域突出问题专项整治”征集公告，明确投诉举报受理条件，畅通举报电话、电子邮箱等反映问题线索渠道。对投标保证金账户进行自查清理，清退12笔投标保证金，涉及金额110万元。在全市试点的基础上，县发改局、县财政局、县住建局、县交通局、县水利局、县政务数据办联合出台《海盐县工程建设项目招标“评定分离”暂行办法》，全年完成“评定分离”限额以上建设工程项目57个。专项整治年终考核列全市第一。

【数字化改革与应用】2023年，海盐县贯彻落实《浙江省营商环境无感监测体系S3版》，涉及建设工程招投标监测靶点9个，梳理出影响考核限额以下小型工程200余个,涉及环节2000余个，提交工单，完成删除。实现建设工程项目进度实时监控，每周对中标结果公告、合同签署等相关节点指标与项目业主及代理做好提醒工作。做好“浙里数字化招标”系统切换及运用,1月11日，首个“浙里数字化招标”系统“不见面开标”项目完成开评标。3月1日，全县所有工程建设项目向“浙里数字化招标”系统完成切换。全年完成“不见面开标”项目34个，实施远程异地评标主场项目8个、副场项目20余个。与江苏南通启动合作，完成首个跨省远程异地评标项目。8月28日，县烈士纪念园配套设施建设工程施工监理项目在新搭建的小额交易平台完成开评标工作；9月1日起全县限额以下小型工程全部启用新系统。

【框架采购协议】2023年，封闭式框架协议征集：2023—2024年海盐县行政事业单位车辆维修和保养服务入围封闭式框架协议，于4月25日开标，入围9家供应商，4月26日发布结果公告并签订框架协议。2023—2024年海盐县行政事业单位公务用车租赁服务入围封闭式框架协议，于5月17日开标，征集10座（含）以上标项入围5家供应商、10座以下标项入围8家供应商，5月18日发布结果公告并签订框架协议。开放式框架协议征集：2023年1—5月，发布2023—2024年度“会议服务”“公务用车加油”“培训服务（限于省内培训）”“物业管理服务”“资产评估服务”“印刷服务”6个服务类型开放式框架协议采购项目的征集入围。至年末，全县区域审核入围供应商会议服务36家、培训服务24家、物业管理服务105家、印刷服务18家。完成县教育局及下属三毛小学、理工学校的办公家具、课桌椅、空调、计算机、直饮水设备等货物采购和在线教育平台、学科培训服务等8个服务项目，有66家次投标供应商参与，预算金额1784.87万元，成交金额1623.37万元，节约资金161.49万元、节约率9.04%,中小企业中标（成交）占比50%。

【区域电子卖场管理】2023年，全县区域有供应商1598家，网上超市进驻供应商977家，上架商品139307个。做好网上超市价格巡检违规处理工作，全年完成监测报告12期，总计监测供应商1384家，抽查商品4138件次。查出违约供应商50家、价格违约商品56件、商品属性预警775件，其中23家供应商扣除诚信分、33 家供应商在扣除诚信分的同时暂停网超协议 1—3 月或强制退出。在嘉兴市公共资源交易网（海盐）上发布《海盐县网上超市商品信息及价格巡检结果违规情况的公告》12 期。

（朱敏杰）

大数据管理

【概况】 2023 年，海盐县依托省一体化数字资源系统（IRS）和“市县一体”的公共数据平台全力推进数据归集、回流工作。编目数据 10916 条，其中，共享数据目录 8032 条，开放数据目录总量 5335 条，按需归集数据 6360 条，编目数据信息项总量 158300 个，归集数据项总量 105350 个。持续推进 ISV（数字化改革技术开发单位）与 IRS 应用的关联工作。《搭建海盐一体化数据安全管控平台 加强数据资源全生命周期安全防护》一文，入选浙江省一体化数字资源系统（IRS）平台应用工厂 QA 车间首个典型案例。组织参与嘉兴市公共数据创新利用大赛，联通海盐分公司选送的作品获优胜奖。

【电子政务项目评审管理】 2023 年，海盐县大数据中心与县委网信办、县委机要局、县发改局、县财政局联合印发《关于成立海盐县电子政务项目评审专家委员会的通知》《海盐县电子政务项目评审专家库管理办法》，规范评审专家的入库、出库、抽取、评价。依托运用上线的省电子政务专家库系统，完成全县存量专家数据归集，项目评审专家随机抽取和履职专家考评，不断规范电子政务项目评审专家管理。依托省“专家库系统”和“嘉兴市信息化项目全生命周期管理系统”开展电子政务项目评审，统筹全县信息化项目。支撑保障全县信息化项目推进，为新建项目提供云资源 180 个。

【政务服务“一网通办”】 2023 年，海盐县继续推进政务服务“一网通办”，每月梳理省级 2.0 平台上线的新增事项，全年接入“一网通办”系统事项 1909 项。引进流程自动化智能机器人对超期办件、超期受理自动分析、提前预警，全年“一网通办”办件率 99.45%，超期受理率 0.22%，超期办理率 0.02%。对“浙里办”海盐城市频道进行升级改版，新增“企业综合服务专区”，围绕本地企业高频需求整合相关服务功能入口，打造一站集成的企业综合专区。

【网络安全保障】 2023 年，海盐县持续落实《网络（数据）安全风险告知书制度》，点对点将《安全风险告知书》发至相关单位，要求提交整改报告。与县委网信办、县公安局联合开展“护网 2023”网络安全攻防演练，与县委网信办联合开展信息化项目数据安全专项检查，对 31 家单位数据安全进行核查。执行 24 小时全天候值班任务，保障政务云、政务外网骨干网、公共数据平台、IRS、门户网站、统建政务信息系统等安全，全力护航第 19 届亚运会和第 4 届亚残运会。

【数据协同应用优化】 2023 年，海盐县升级优化“和盐悦数”数据协同应用，协助县税务局推进“税费服务和征管协同共治项目”模型建设，成功入选省经济高质量发展领域试点项目，为全省 7 个试点项目之一。会同县税务局多次召开“税费协同共治”应用数据归集培训会议，进一步梳理税收协同共治相关第三方数据采集需求，提升应用实效。

（沈心丹）

【门户网站管理】 2023 年，县政府采编发布政务信息 25424 条，英文版子站发布信息 248 条，全年独立用户访问总量 2103598 人次，政府网站的页面访问量达 3875254 人次。全年在各个重要时间节点和重要会议期间开展宣传报道工作 3 次，转载 8 条。开展做好国务院“我为政府工作报告提建议”“国务院重要政策决策及实施效果”平台等宣传推广工作 6 次，广泛接收处理社会各界的问题线索和意见建议。

【政务信息公开】 2023 年，海盐县人民政府网站发布规范性文件 53 条、解读信息 53 条。以政府网站为依托，通过专家解读、动漫解读形式等对规范性文件开展多维度解读，推动政策实施与人民愿景“同频共振”。增强舆情风险防控意识，利用政府网站、“浙里办”平台、“浙江省民呼我为”统一平台等政务平台数据的融合共享优势，建设统一的智能化政策问答平台，围绕高频事项更新解答内容、丰富解答形式，稳妥回应关切，及时准确发布权威信息，正确引导社会舆论动向。

全年回应社会关切22件，推出在线访谈15期，召开重点展示新闻发布会3场。政府信息公开列全省考核第21名。

（朱　锦）

对口支援和山海协作

【概况】2023年，海盐县学习贯彻习近平总书记关于对口支援和山海协作工作相关指示精神，聚焦助力结对县巩固拓展脱贫攻坚成果同乡村振兴有效衔接，推动山区26个县跨越式高质量发展，找准发力点和切入口，出成果、出亮点、出模式，在携手发展中实现互利共赢，共同谱写对口支援和山海协作工作新篇章。

【海盐县与四川省屏山县结对帮扶】

考察交流　1月15—17日，屏山县委副书记、县长赵丹率党政代表团到海盐县考察交流；3月7—8日，海盐县委书记王碎社率党政代表团赴屏山县考察调研，召开海盐县—屏山县东西部协作联席会，签订两地职工疗休养合作协议、消费帮扶合作协议；6月28—30日，屏山县委书记代军率党政代表团赴海盐县考察交流。两地部门、镇（街道）18批次152人次开展互访交流。镇镇、村村、村企、学校、医院、社会组织之间持续深化结对认亲，结成帮扶对子30对。

产业合作　2023年，海盐县累计组织3批次12家企业赴对口地区考察。浙川纺织产业协作示范园全年新增引导落地企业16家，实际到位投资11.49亿元；园区获评“全国纺织服装产业园（示范）”，入选第二批全国脱贫攻坚乡村振兴交流基地。

社会力量帮扶　2023年，海盐县组织84家企业、社会组织向屏山县捐赠社会帮扶物资、资金571.8万元。屏山残疾儿童康复托养中心“防、康、养、医、教”一体化服务工作经验获国家残联主席程凯批示肯定。

数字赋能推动资源共享　2023年，海盐“数智国医”项目成功复制落地屏山，智慧中医数字化应用场景入选《四川省第三批数字乡村建设典型案例选编》。

文化交融　2023年，海盐“涵芬智慧书房”运行模式成功引入屏山，建成“智慧书房”2座，累计接待读者3.5万余人次。以“浙里石榴红、同心享亚运”为主题，屏山县6所学校25名青少年与海盐师生开展青少年交往、交流、交融社会实践活动。以“大运会”“亚运会”为契机，鼓励两地国家A级旅游景区对两地游客实行门票优惠政策，23个疗休养团队817名海盐职工赴屏山开展疗休养。援川农技专家王金良作为杭州亚运会火炬手将自己的亚运火炬捐赠至屏山，共享亚运盛会。

10月14日，浙江海盐、四川屏山两县国有企业党组织联合开展主题党日活动　（县综合执法局供）

【海盐县与丽水市景宁畲族自治县山海协作】2023年，海盐县组织11批次32家企业赴景宁县投资洽谈，全年实到投资19.41亿元（含飞地项目）。其中，“产业飞地”2个合作项目实到投资9.32亿元，完成税收返利271.11万元；“消薄飞地”实现返利185万元，破解景宁县47个村集体经济增收难题。投入120万元计划外财政资金，在共建乡村振兴共建示范点推进项目4个，其中在郑坑乡启动的屋顶光伏消薄项目为吴布村等消薄村实现年收益12万元。选派挂职干部1人，在景宁县郑坑乡和澄照乡推广畲家飞猪、“景宁600”等“土特产”金字招牌。围绕科技、教育、卫生、文旅等领域，推进民生共富。重点推动“重楼、黄精”等农业新品种，在景宁适合种植的区域成功种植中药材2种；推

3月14日，海盐县教育局与景宁县教育局跨地区教共体结对签约仪式在景宁县实验一小举行　（县人民政府办公室供）

广“互联网＋义务教育”，开展活动10余场次，参与教师3000余人次；建立两地疾控中心、妇幼保健院结对帮扶，累计完成门急诊30余人次，举办培训30人次，通过“互联网＋医疗”实现远程会诊10人次；两地以“文”为媒，共同举办“优雅海盐、品质景宁”2023年文化走亲专场文艺演出；围绕结对地区对企业技能人才需求，联合建立景宁劳动技能实训基地，共同开展“畲乡经理”等订单式培训21期，培训农村劳动力1077人。

【海盐县与其他地区对口支援】3月6—7日，县委书记率党政代表团赴新疆维吾尔自治区沙雅县考察交流，捐赠援建资金50万元。派出干部朱世鹏和顾敏炜援疆；派出4名教师赴新疆任教，1名教师赴西藏任教。5月11—13日，副县长带队赴吉林白城市查干浩特旅游经济开发区考察交流，捐赠援建资金50万元。7月3—4日，重庆市涪陵区人民政府蔺市街道到海盐县考察，实地走访“数智青莲”未来工厂、北荡未来社区等项目；海盐县向重庆市涪陵区捐赠援建资金59万元。12月20日，海盐县政协主席带企业赴吉林省白城市交流对接。

（王燕华）

人力资源

【概况】2023年，全县新引进大学生10800人，新增青年硕博人才436人，新增技能人才6104人，新增高技能人才4279人。新增城镇就业21442人，就业困难人员再就业1373人。

【人才引育】2023年，县人力社保局出台《海盐县加强技能人才队伍建设加快引育“共同富裕”匠才队伍的实施办法（试行）》。全年6个人才项目获评市“星耀南湖”创业领军人才；新建博士后工作站2家，新引进博士后研究人员15人；举办“百名硕博进海盐”等人才活动。聘请4名高校老师为引才大使，设立江西引才工作站；揭牌东北电力大学（海盐）电力技术研究基地；启动核电产业学院，开展技能人才培训，技能培训2.55万人次。新增浙江大工匠1人、杰出工匠1人；拥有中华技能大奖3人，占全省60%；10名技能人才获评“浙江工匠”。《海盐县围绕“全生命周期”培育实施三大行动　打造“盐邑匠才”职业技能提升品牌》获省领导批示肯定。开展职业技能领域专项治理，获评市纪委典

9月15日，海盐县“智聚山海·助力共富”核电关联及核技术应用专家团启动仪式举行　（县人力社保局供）

型案例、县纪委县监委“十佳案例”。

【就业创业】2023年，海盐县精准帮扶重点群体就业，重点人群帮扶率99.6%、帮扶就业率92.76%。首次春节前赴四川、云南、湖南“逆向招工”，吸引劳动力3500余人，对接意向290人；与川滇湘下属5个县签订人力资源合作协议。9个镇（街道）全面建成零工市场；《海盐县实施就业“九法”精准帮扶困难群体充分就业》获省领导批示肯定。发放创业担保贷款3380万元，选树创业导师50人，创业项目在省返乡入乡合作创业嘉兴市选拔赛中获一等奖；海盐168·创业园获评“省级创业孵化示范基地”，基地负责人受聘为“嘉兴市创业导师”。

【事业单位人事管理】2023年，海盐县招聘事业人员347人，首次面向优秀村（社区）干部专项招聘3人。加强事业人员薪酬管理，出台《海盐县公立医院薪酬制度改革实施办法》。指导规范事业单位通过制度管理、人员调配等，提升省人事工资管理系统数据质量。

【和谐劳动关系】2023年，海盐县安薪指数得分96.702，列全省第17名。将7家单位列入拖欠农民工工资失信联合惩戒对象名单，作出行政处罚15起，移送拒不支付劳动报酬案件3起；欠薪线索流转办结率、欠薪纠纷化解率、信访初访办结率均达100%。培训劳动关系协调员556人，为1120余家企业提供用工体检；6名个人和5家企业（单位）获评市级金牌劳动关系协调员、金牌劳动人事争议调解组织。省级小微企业和谐劳动关系企业创建标准体系获省市认可，被纳入全省“和谐创建”系统。全年劳动争议案件受理386件，结案率100%，无讼指数得分97分。探索聘任人民调解员、兼职仲裁员参与调解及庭审，成功调解案件20余件。

【创新与成果】2023年，海盐县“专精特新”人力资源服务企业遴选培育、“无感TV”和《企业和谐劳动关系考核评价标准》入选省、市相关工作试点。谋划、自主创新一批“海盐人社成果”，全省遴选培育“专精特新”人力资源服务企业研讨会、浙江省首届人力资源服务领跑企业遴选路演和全市建设领域“一卡安薪”现场推广会，均在海盐举办。“专精特新”人力资源服务企业遴选培育、建筑领域“一卡安薪”在省市人社系统相关会议上4次做经验交流。在全省首推人社领域“难事帮办”窗口，所有反映事项100%响应，受理事项100%办结。全省首创“无感TV·一卡智享”便民服务，“我要就业”“我的参保”等六大功能全面上线启用。制定人社“营商环境十条”，推出帮办便企、减负惠企、扩岗援企等十大举措。

2023年度获得高级专业技术职务任职资格人员名单（227人）

1. 副主任护师（4人）：王娟、汤淑彬、陈佳燕、张燕

2. 副主任技师（2人）：方芳、马群波

3. 副主任药师（1人）：邱刚

4. 副主任医师（12人）：吴飞鹤、郑欣、沈小红、邵银燕、林月枫、宋薇、尤利莎、潘兴梅、沈春群、王明轩、黄家卿、方龙才

5. 副主任中医师（2人）：陈兆慧、余燕玲

6. 主任护师（3人）：詹佩娟、任丽青、张美华

7. 主任医师（5人）：籍剑飞、李婷、胡忠伟、万华堂、毛红英

8. 高级教师（63人）：黄冯锋、查丽红、刘造群、史利军、苏艳丽、张艳宗、陈许悦、洪杰、戈春芳、王劼、张海霞、刘美玲、姚康英、甘琴霞、周志娟、李秋萍、张进良、万腾虹、韩燕飞、刘梦、方敏艳、丁林燕、王希、黄燕军、陈沈峰、吴雅萍、富秋华、钱佳乐、杨丙侠、蔡燕芬、朱奕亭、杜陆群、范陈萍、夏茹心、韩建平、张董军、倪菊萍、洪芳丽、纪娟芳、康其娟、李志权、袁李红、李燕珍、杜晓杰、张红勤、沈菊峰、叶红、潘燕红、颜智伟、沈忠、张忠爱、冯琴、叶锋、沈敏艳、李娟芬、宋雅凤、韩杨明、苏利平、郁川萍、曹玉婷、钱陆军、张华、郑高飞

9. 高级讲师（3人）：钟春南、方春、俞婷婷

10. 副研究员（3人）：祝敏佳、祝立、黄浩

11. 副研究馆员（2人）：陆迎春、步亚军

12. 高级畜牧师（1人）：许明曙

13. 高级工程师（73人）：沈康华、张婷、姚佳、吴晓婷、曹惠、张勤平、吴龙、孙国平、翁佳平、蒋海佳、孙清、沈雪琴、

姚文峰、郑忠光、张燕、张家平、包宇洁、李益、步丹莉、陈江文、吴亦波、江涛、高燕虹、钱春燕、江伟超、金烨、宋凤娟、屠伶俐、周佳骏、巴治平、李家生、崔跃虎、陶永法、石飞、邹浦江、许沿、王军、邹大勇、刘海波、屈洁昊、蔡赋涵、姜艳春、姜伟、吴斌、许惠明、董工兵、汤利忠、张震华、严滔滔、卢双佳、金爱玉、廖界丰、王晨辉、姚元其、卢定敏、王联欢、徐丽娟、张晓东、李忠良、朱金根、吉利娜、朱建明、朱燕飞、陈佳、石源、张佳学、冯群伟、王明华、郁强强、黄社良、胡怡、权树恩、康琳军

14. 正高级经济师（1人）：陈子彦

15. 高级经济师（41人）：许浩、陈建明、郑剑、沈正华、马雪明、蒋建军、颜丰、郑忠月、徐飞、陆周良、王小民、陈芳、顾建明、姚洪、王建凤、陈春花、陆海伟、蒋晓霞、沈秋良、宋海红、姚华、汤海芬、方瑞海、富雪生、吴群青、徐海卫、倪恒光、吴东勤、卜晓华、唐庆芬、张战峰、吴连祥、陈铁虎、傅曙光、夏水林、丁宇杰、李勇、干丽萍、韩耘、郁海风、沈李相

16. 主任编辑（1人）：郁建平

17. 正高级工程师（3人）：杨卫明、何勤松、杨新利

18. 正高级教师（2人）：田国华、肖金良

19. 正高级讲师（1人）：卜连英

20. 研究馆员（1人）：刘燕峰

21. 高级会计师（2人）：梁卫英、陆娥英

22. 高级实习指导教师（1人）：马建华

（徐天璐）

机关事务管理

【概况】 2023年，县机关事务管理中心聚焦党建引领，深化机关服务品牌建设及清廉机关建设，县机关事务管理中心党支部获评县级先进基层党组织，创建为全县第二批清廉单位建设示范单位；推进三个“一号工程”贯彻落实，实现后勤不靠后，作为嘉兴市县（市、区）代表在全省机关事务系统务虚会上做交流发言，在嘉兴市机关事务管理系统考评工作中获一等奖，获县级营商环境优化提升集体嘉奖。

【接待工作】 2023年，县机关事务管理中心按照公务接待相关规定及标准，坚持“全面、细致、体贴、周到”服务为目标，打造“海宾广至·盐甜飨往”公务接待品牌。全年完成公务接待277批次、5102人次，其中厅级以上领导接待97批次、重要商务接待27批次。协助全县其他部门单位公务接待71批次、2162人次。完成全省“我们的村晚”、诺华制药、丹佛斯第二园区等重大活动保障任务。

【公共机构节能】 2023年，县机关事务管理中心贯彻落实《公共机构节能条例》，抓好节电、节水、节能等工作，实施“光伏+”项目建设，完成县行政中心光伏停车棚、县大剧院及县财政局等光伏屋顶建设，指导全县开展“无废机关”“绿色食堂”等创建工作。全年创建省级“零碳”单位1个、省二星级“绿色食堂”1个，县行政中心12家单位全部创建为市级“无废机关”。海盐县“公共机构光伏+”工作经验在浙江卫视新闻频道专题报道、在“学习强国”学习平台专题刊登。

【党政机关办公用房管理】 2023年，县机关事务管理中心完成全市首个闲置房产处置用于街道现代社区共富共享建设，有效盘活闲置房产1817.83平方米。4月，在全省党政机关房产管理业务培训会上，作为全市唯一县（市区）代表在会上做经验交流。

【改革创新】 2023年，海盐县揭榜浙江省机关事务数字化建设——会议保障综合应用项目试点，与省人民大会堂、市机关事务管理中心一体化推进“重要会议活动保障一件事”机制变革重塑。与嘉兴职业技术学院航空与轨道学院（智能制造学院）、浙江科路核工程服务有限公司签订《政校企行政运行标准与质量战略合作框架协议》，共建产学研训创新发展基地。

（金林峰）

外事工作

【概况】 2023年，县外事办受理党政领导干部及工作人员因公出国（境）初审10批38人次，其中：招商团7批31人次、参

展团2批3人次、教育交流团1批4人次；接待重要外宾来访5批23人次。全年受理企业邀请外国客户来华申请164批262人次。

【主要来访活动】 3月9日，法国驻上海副总领事柯柏睿一行3人到海盐县，出席法国乔达国际集团供应链项目签约仪式。3月15日，比利时驻上海总领事颜博诺一行4人到海盐县，出席浙江多摩工程材料有限公司奠基仪式。3月31日，韩国地方政府驻上海机构代表团一行12人到访海盐县，参观金九避难处等地。4月26日，丹麦驻上海总领事魏鸣珂一行到海盐县，参加DSV东方先航物流中心奠基仪式，参观核电科技馆与南北湖风景区。

【主要外事出访】 4月9—16日，县委书记率代表团访问丹麦、瑞典，拜访丹麦松德堡市政厅、丹佛斯集团、瑞典思道思高根集团等，就丹佛斯海盐第二园区、高端汽车整车模具等项目进行洽谈。5月7—14日，县委副书记率代表团访问法国、挪威，拜访法国乔达、挪威诺雷科集团等，就促进化妆品生产、化学原料桶回收利用等项目落户海盐进行对接。6月11—18日，县委副书记、县长率代表团访问德国、波兰，拜访德国巴特梅根特海姆市政厅、伍尔特集团、波兰易尔拓公司等，就汽车紧固件生产及分销、电动工具生产基地等项目进行磋商。8月13—16日，县委书记率代表团访问新加坡，参加浙新经贸理事会第17次会议，与新加坡吉宝集团就洽谈可持续城市创新更新开发项目举行签约仪式。

【国际交流合作】 4月，应韩国驻沪总领事馆邀请，县外事办赴上海参加“大韩民国临时政府成立104周年纪念仪式”。9月，南北湖风景区获评首批“嘉兴市国际人文交流基地”。11月，县外事办赴上海参加“大韩民国成立75周年国庆招待会”。2023年连续第八年与友好城市日本小城市开展市民书画作品交流，在日本举办书画作品展。

（刘　磊）

中国人民政治协商会议海盐县委员会

综　述

【思想政治建设】2023年，县政协在中共海盐县委的领导下，坚持以习近平新时代中国特色社会主义思想为指导，学习贯彻习近平新时代中国特色社会主义思想和习近平总书记考察浙江重要讲话精神，将落实中国共产党对政协工作的全面领导放在首要位置，自觉把拥护“两个确立”、做到“两个维护”落实到具体行动上、体现到全部工作中。省政协主席黄莉新，副主席张学伟、叶正波相继到海盐调研并肯定政协工作。

【建言献策】2023年，县政协组织专题议政性常委会会议2场、“请你来协商”47场、专题视察3场、专项集体民主监督2项，提出意见建议，助解群众难题，助推经济社会高质量发展。履职成果获市级以上领导批示13件次，其中获全国政协主要领导批示1件、省政协领导批示1件。

4月4日，省政协主席黄莉新（前排中）到海盐县调研

（县政协办公室供）

【凝心聚力】2023年，县政协通过反映社情民意、开展调查研究、完善基层协商平台、深化委员联系界别群众工作等丰富全过程人民民主实践。文史大格局构建在全省政协主席暑期读书会上作经验交流。承办全市政协系统工作交流会4场，《海盐政协履职“三张清单”》刊登在《人民政协报》头版。

重要会议

【县政协十届二次会议】1月31日至2月2日，中国人民政治协商会议第十届海盐县委员会第二次会议召开。会议审议并同意陆忠祥代表政协第十届海盐县委员会常务委员会所作的工作报告，审议并同意徐刘根代表政协第十届海盐县委员会常务委员会所作的提案工作情况报告。委员们列席海盐县第十六届人民代表大会第二次会议，听取并讨论政府工作报告及其他报告。

【县政协常委会会议】 2023年，县政协召开常委会会议4次。

1月9日，县十届政协第四次常委会会议召开。会议听取政府工作报告及其他工作报告，听取县政协常委述职，审议通过县政协常委会工作报告和提案工作报告并确定报告人，协商通过或提出县政协十届二次会议有关事项，协商通过县政协有关人事事项。

2月2日，县十届政协第五次常委会会议召开。会议听取各组对政府工作报告等有关会议报告讨论情况的汇报，听取各组对提案审查情况报告（草案）和会议决议（草案）讨论情况的汇报，审议政协第十届海盐县委员会提案委员会关于县政协十届二次会议提案审查情况的报告（草案），审议政协第十届海盐县委员会第二次会议决议（草案）。

6月29日，县十届政协第六次常委会会议召开。会议集中学习习近平总书记在学习贯彻习近平新时代中国特色社会主义思想主题教育工作会议上的重要讲话精神；协商讨论“县中崛起”背景下推进县域高中振兴发展；听取县政府关于县十届政协第二次常委会会议协商纪要办理情况的通报，协商通过县政协委员调整等人事事项。

9月27日，县十届政协第七次常委会会议召开。会议集中学习《汇聚磅礴力量　同心勇立潮头——习近平同志在浙江工作期间关于统战工作的探索与实践》、全省政协主席暑期读书会和全市政协工作交流会精神，协商讨论打造高品质宜老宜幼城乡现代社区，听取县政府关于县政协十届二次会议以来提案办理情况和县十届政协第三次常委会会议协商纪要办理情况的通报，协商通过县政协委员调整等人事事项。

【县政协主席会议】 2023年，县政协召开主席会议13次。

1月31日，县十届政协召开第十五次主席会议，审议政协第十届海盐县委员会提案委员会关于县政协十届二次会议提案审查情况的报告（草案）和政协第十届海盐县委员会第二次会议决议（草案）。

2月20日，县十届政协召开第十六次主席会议，研究确定县政协党组2023年工作要点、县政协2023年重点工作任务分工方案和年度协商计划，审议县政协办公室及各专委会2023年工作计划，讨论确定县政协2023年重点提案和跟踪提案建议目录，研究县政协2023年度对部门、镇（街道）考核任务清单等事项。

3月2日，县十届政协召开第十七次主席会议，传达学习市政协九届二次会议精神，研究确定县十届政协主席会议成员分工。

3月23日，县十届政协召开第十八次主席会议，传达学习习近平总书记关于“四敢”的重要论述，视察长期护理保险制度建设情况，协商通过政协有关人事事项和年度调研课题。

4月23日，县十届政协召开第十九次主席会议，专题协商构建中医“三化”服务体系，打造省级中医药综合改革先行区。

5月30日，县十届政协召开第二十次主席会议，县长与委员“面对面”协商以制造业数字化、绿色化改造全力打造智造创新强县。会议还协商通过有关人事事项。

6月26日，县十届政协召开第二十一次主席会议，协商提出有关人事事项，研究确定县政协2023年度对部门、镇（街道）考核任务清单及《政协海盐县委员会委员活动组工作考核办法》《政协海盐县委员会提案审查立案实施细则》《政协海盐县委员会提案质量和提案办理质量评价办法（试行）》《政协海盐县委员会重点提案遴选与督办办法（试行）》，协商讨论县十届政协第六次常委会会议有关事项。

8月2日，县十届政协召开第二十二次主席会议，专题协商完善问题隐患排查整改闭环机制，以更高水平的平安海盐建设护航亚运盛会，传达学习省市县委全会精神，研究确定社情民意信息工作评选表彰办法。

8月29日，县十届政协召开第二十三次主席会议，县委书记与委员“面对面”协商深入实施营商环境优化提升“一号改革工程”，促进全县经济社会高质量发展。

9月20日，县十届政协召

8月29日，县十届政协召开第二十三次主席会议，县委书记与委员“面对面”协商深入实施营商环境优化提升“一号改革工程”

（县政协办公室供）

开第二十四次主席会议，专题协商加快全产业链融合发展，打造平原水乡稻虾示范样板，协商通过有关人事事项和县十届政协第七次常委会会议有关事项。

10月31日，县十届政协召开第二十五次主席会议，专题协商加快全县全域科技孵化体系建设。

11月22日，县十届政协召开第二十六次主席会议，视察南部未来乡村样板带建设，协商通过《政协海盐县委员会关于深化委员联系界别群众工作的实施意见》。

12月28日，县十届政协召开第二十七次主席会议，传达学习全市政协主席读书会精神，听取县人民法院、县人民检察院2023年主要工作情况的通报，审议通过2023年度评先评优事项、办公室及各专委会2023年工作总结以及对县经信局和县农业农村局承办2023年度政协提案办理工作质量评价的意见书。

协商议政

【专题协商】 2023年，县政协围绕“营商环境优化提升”“以数字化绿色化改造，全力打造智造创新强县”等主题，召开政企协商会，邀请县委、县政府主要领导、相关职能部门负责人与企业界委员共话发展，助力三个“一号工程”。聚焦“打造高品质宜老宜幼城乡现代社区”“实施县中振兴行动 推进县域高中高质量发展”和“构建中医‘三化’服务体系 聚力打造省级中医药综合改革先行区”等，召开专题议政性常委会会议和主席会议专题协商。围绕“加快县域科技孵化体系建设”“加快稻虾全产业链融合发展”等组织专题协商，多个协商建议专报获县委书记批示。加强调查研究工作，形成调研成果47篇，《关于“大综合一体化”行政执法改革的思考》获市政协理论研究一等奖并作交流发言。

【民生协商】 2023年，县政协综合推进民生议事堂、委员工作室和社情民意信息联系点“三位一体”建设。围绕“一老一小”等主题，组织民生议事堂36场，收集意见建议219条，落实187条。在市政协民生议事堂案例展示活动中，获评最佳案例1个、优秀案例2个，西塘桥街道民生议事堂被评为市年度十佳民生议

8月24日，县政协百步镇委员履职小组组织开展民生议事堂活动

（县政协办公室供）

事堂。建立9个镇（街道）集体委员工作室、14个界别委员工作室，实现界别全覆盖。其中，工商联界别委员工作室延伸建立4个异地商会服务站和1个电商园区服务站。加强“一界一品”建设，形成“助企直通”“亲农在线”等委员工作室品牌。开展送文化、送健康、送法律等进村（社区）服务活动。

【信息提案工作】 2023年，县政协发挥社情民意直通车作用，收到信息557篇，上报市政协175篇，转报省政协以上134篇，分别同比增长90%和120%；获市级以上领导批示10篇，其中获全国政协主要领导批示1篇。县政协十届二次会议以来，收到提案248件，立案219件，其中委员个人或联名提案162件、集体提案57件。不立案的29件提案，作为社情民意或来信等方式转有关部门处理，所有提案均办理答复。交办的219件提案中，所提意见建议得到较好解决和采纳的209件，部分采纳或纳入计划逐步解决的8件，因条件所限未能采纳或留作参考的2件。除1件提案外，提案者对提案办理态度表示满意的217件，基本满意的1件；对办理落实情况表示满意的214件，基本满意的4件。评选2023年度优秀提案22件。

民主监督

【专项监督】 2023年，县政协围绕营商环境优化提升，开展专项集体民主监督，组织各类督查10余次，参与委员125人次，提出并被采纳意见建议12条。组织专题协商建议落实情况“回头看”，针对助力安全生产护航平安亚运，开展专项监督。围绕深化“千万工程”，组建5个监督小组开展专项监督，发动委员参与线上主题议政活动，提出意见建议27条。围绕长期护理保险制度建设、南部未来乡村样板带建设开展主席会议视察监督。

【派驻监督】 2023年，县政协组成专项派驻队伍，对县住建局等9个部门开展协商式监督。根据监督主题需要，适时邀请非政协委员党派成员、无党派人士参与形成外延监督队伍。4月25日，召开派驻监督专题推进会，部署推动年度民主监督工作。9个派驻部门民主监督小组全年开展民主监督活动29次，参与委员148人次，提出监督建议57条。

【协同监督】 2023年，县政协与县纪委县监委协同配合，共同制定政协民主监督与纪检监察监督贯通协调“三化三督三互”机制，联动贯通做法在全市政协民主监督工作会上作交流发言。围绕民生主题，在镇（街道）探索将协商履职与纪检监察站监督衔接融合，依托纪检刚性监督作用推动协商建言的办理问效。参与特邀监督，组织委员参与“百名委员跟百案”监督活动，通过“定期听审、有序参审、集中评审”，有效监督案件办理，增强委员履职实效度。加强与党政部门联动，组织71人次委员参与检察院、司法局、审计局的听证、执法、审计等专题监督。

凝聚共识

【党建工作】 2023年，县政协与县委、县政府共同制定年度重点协商和民主监督计划。建立重大事项请示报告清单制度，明确规范政协党组向县委请示报告的22条重大事项。专题召开全县政协系统党建工作会议，实施“同心共行”政治能力提升、“同心共学”理论武装夯实、“同心共建”强基聚力增效、“同心共廉”勤廉并重互促、“同心共铸”干部队伍锻造“五大行动”，深化“五个同心”党建工作品牌。

【委员读书活动】 2023年，县政协组织委员相关学习研讨186次。开展学习贯彻习近平新时代中国特色社会主义思想主题教育，实施九大类18项活动。构建“座谈研讨+专题学习+专家报告+委员讲堂+读书分享”五位一体学习模式，提升“书香政协 阅读越美”品牌影响力。组建委员宣讲团，开展“杭州湾日出观景项目建设”等富有特色的“委员讲堂”活动45场。

【团结联谊工作】 2023年，县政协通过安排大会发言、联合开展调研、定期座谈交流等方式，与各民主党派、工商联和人民团体合作共事，保障党派团体在政协发表意见、提出建议。与县委统战部联合举办中秋联谊会，邀请社会各界人士参与。加强委员会客厅聚识作用，秦山核电政协委员会客厅以“融核”“聚核”“助核”做好融合理念传播、

11月16日，杭州湾北岸文史协作联盟暨“古海盐”文史研究联盟在海盐成立　　（县政协办公室供）

央地共融协商；同心教育政协委员会客厅围绕高中多元化特色发展、特殊教育普惠发展等开展协商活动。建立与四川屏山、浙江景宁山海协作友好关系，与屏山县政协签订“海屏协商·助推共富”友好合作协议书，就日常联络联谊、跨区域重点协商、文化交流互动等形成相互合作、互补共赢机制。

【文史宣传工作】 2023年，县政协协助县委出台《关于进一步加强海盐县新时代文史工作的实施方案》，设立海盐文史发展专项资金，构建文史大格局。召开全县文史工作会议，围绕“千年古县”“海盐名人”和改革开放以来“三亲”史料，梳理发布选题指南65条，实行重点课题揭榜挂帅。发起文史合作倡议，与嘉兴海宁、平湖及上海金山、松江、奉贤、闵行结成联盟；召开杭州湾北岸文史协作联盟暨“古海盐”文史研究联盟成立大会，举办首届“海上风华——历史变迁中的杭州湾北岸”文史研讨会，推动古海盐历史文化研究不断深入。编纂《海盐政协四十年》文史专刊，举行《倚晴楼——晚清戏曲家黄燮清传》新书首发式。文史工作获省政协领导批示肯定。政协经验在国家级媒体刊用16篇次、省级媒体刊用45篇次，海盐政协微信公众号影响力指数累计6个月位居全国政协系统县（市区）榜单前十。

表4　2023年度政协提案目录一览表

案号	案由	提案者	承办单位
▲1★	关于发挥核能优势，拓展富农新路径的建议	民革海盐县支部	县政府办公室
2	关于后疫情下政府投资项目建设的建议	民盟海盐县基层委	县政府办公室
▲3★	关于推进生物医药健康产业发展的建议	民盟海盐县基层委	县政府办公室
4	关于改善中小学校周围交通状况的建议	民盟海盐县基层委	县政府办公室
▲5★	关于南部未来乡村样板带先行区建设的建议	民进海盐县基层委	县政府办公室
6	关于加快实施秦山至敕海庙段海塘安澜工程，打造滨海交通文化生态新走廊的建议	民进海盐县基层委	县政府办公室
7	关于优化课后服务供给，构建“后双减”时代课后服务新样态的建设	民进海盐县基层委	县政府办公室
8★	关于加快用户侧新型储能推广建设的建议	九三学社海盐县基层委	县政府办公室
▲9	关于加快托育服务体系建设的建议	九三学社海盐县基层委	县政府办公室
10	关于提升我县参保居民县域内就诊率的建议	农工党海盐县基层委	县政府办公室

续表 4

案号	案由	提案者	承办单位
11	关于推动海盐核电关联服务业发展的建议	农工党海盐县基层委	县政府办公室
▲ 12	关于构建农业新发展格局 推进农业现代化先行的建议	农工党海盐县基层委	县政府办公室
13	关于建立海盐县服务“两个健康”企业培训学院的建议	县工商联	县政府办公室
14	关于将 4 月 15 日设为“海盐工匠日”的建议	孙李峰	县人力社保局
15	关于进一步提升城区防洪排涝能力的建议	武原街道委员联络室	县住建局
16	关于进一步推进文明城市建设常态化管理的建议	武原街道委员联络室	县委宣传部
17	关于推进未来社区建设、共享美好生活的建议	武原街道委员联络室	县住建局
▲ 18	关于海盐县大力推进同位素产业高质量发展的相关建议	肖亚宝	县核电产业发展服务局
19	关于完善我县农业设施用地管理的建议	许玉君	县自然资源规划局
20 ★	关于发挥余华、冯琳名人效应 打响海盐千年古城关注度与知名度的建议	张晓滢	县委宣传部
21	关于助力残障人员就业的建议	王建凤	县残联
22	关于加强对老年人进行交通安全法规知识宣传的建议	张　平　朱华君	县公安局
23	关于优化福利企业亩均绩效评价的建议	王建凤	县经信局
24	关于数字化改革进校园，进一步加快推进校园订餐智能化的建议	张　平	县教育局
25	关于提升住宅小区智能化管理水平的建议	西塘桥街道委员联络室	县住建局
26 ★	关于工业园区污水管网“下改上”建设的建议	西塘桥街道委员联络室	西塘桥街道
27	关于进一步引导我县渣土运输市场健康发展的建议	夏一鸣	县综合执法局
28	关于“非粮化”稳粮食生产和稳定农民再就业的建议	夏金平	县农业农村局
29	关于紧固件国内市场集采的建议	张岩枢	县商务局
▲ 30	关于加快我县中小企业数智化转型的建议	刘道德　张珊珊	县经信局
31	关于提升住宅小区物业管理水平的建议	望海街道委员联络室	县住建局
32 ★	关于推进全民健身的建议	望海街道委员联络室	县文化广电旅游体育局
33	关于“双减”背景下进一步擦亮我县“优学在盐”教育品牌的建议	陆首萍	县教育局
34	关于后疫情时代开拓紧固件国际国内市场的建议	陈　震	县商务局
▲ 35 ★	关于加大农文旅结合支持力度推进农业产业转型的建议	黄文峰	县农业农村局
36	关于加快文物工作发展的建议	张灵瀚	县文化广电旅游体育局
37	关于加强两非整治后农业产业发展提质增效的建议	王海峰	县农业农村局
38	关于美丽乡村建设工作的建议	徐美根	县农业农村局
39	关于电子信息产业链专业技能人才招引育的建议	沈　进	县人力社保局
▲ 40	关于进一步提升农村养老服务能力的建议	秦山街道委员联络室	县民政局

续表 4

案号	案由	提案者	承办单位
▲ 41	关于纵深推进同位素产业园发展的建议	秦山街道委员联络室	县核电产业发展服务局
42	关于废弃电子零配件及电池等可回收再利用资源处理的建议	冯子超	县商务局
43	关于缓解学校放学高峰导致周边道路拥堵情况的建议	冯子超	县教育局
44	关于当前疫情下如何有序开展乡村医疗服务站工作的建议	张小林	县卫生健康局
45	关于加快推进《浙江省电力条例》实施的建议	张小林	县供电局
46	关于连片集聚提升南部区域“海盐新材料工业园区”能级的建议	厉全明	县经信局
47	关于海王公路工业园区段拓宽改造的建议	沈荡镇委员联络室	县交通运输局
48	关于对嘉南线进行拓宽改造的建议	沈荡镇委员联络室	县交通运输局
49	关于电动汽车充电桩安全管理的建议	许志华	县供电局
50	关于为空巢老人提供居家养老服务的建议	朱建明	县民政局
51	关于提升外卖餐饮业食品质量安全的建议	朱成杰	县市场监管局
52	关于破解乡村快递难题的建议	姚殷炎	海盐邮政管理局
53 ★	关于优化学校教学环境的建议	黄云波	县教育局
54	关于筑牢“空巢”老人消防安全防线的建议	巢　生	县民政局
55	关于科学防治“脑卒中”的建议	万陆炳	县卫生健康局
56	关于进一步巩固电动自行车集成改革成果的建议	许烨芸	县市场监管局
57	关于加快推进海盐大道（常台高速出口—升界桥）建设的建议	百步镇委员联络室	县交通运输局
58	关于加强“大综合一体化行政执法改革”的建议	百步镇委员联络室	县综合执法局
▲ 59	关于加强海盐南北湖文化旅游节的建议	金王琴	县委宣传部
60	关于强化企业精准服务的建议	王伟国	县经信局
61	关于缓解学校周边停车难的相关建议	林圣全	县综合执法局
▲ 62	关于加快完善养老服务体系建设的建议	王　哲	县民政局
63	关于全面推进特色产业园模式的高质量发展建议	吴佳栋	县经信局
64	关于进一步弘扬工匠精神 加强高技能人才培育的建议	吴肖峰	县人力社保局
▲ 65 ★	关于通过信息技术促进集成家居产业数字化转型的建议	徐　迹	县经信局
66	关于进一步规范村级集体资产资源管理的建议	许燕平	县农业农村局
▲ 67	关于进一步抓好营商环境建设的建议	百步镇委员联络室	县政务数据办公室
▲ 68	关于疫情后科学规划海盐旅游资源的建议	金王琴	县文化广电旅游体育局
▲ 69	关于实施村级抱团项目的建议	于城镇委员联络室	县农业农村局
70	关于解决卫生院基本医疗功能弱化的建议	于城镇委员联络室	县卫生健康局

续表 4

案号	案由	提案者	承办单位
71	关于加强技术型人才引育工作的建议	刘　飞	县人力社会局
72 ★	关于建设我县区域优势产业人才品牌的建议	张光耀	县人力社会局
73	关于实体经济助力推动我县经济发展的建议	温卢峰	县经信局
74	关于工业企业人力资源引育留用的建议	沈国野	县人力社保局
75	关于推进法治政府建设提升基层治理水平的建议	张美群	县司法局
76	关于加强农田水利基础设施建设的建议	沃燕芳	县水利局
77	关于打造独具海盐特色伴手礼的建议	金玲晓	县文化广电旅游体育局
▲ 78	关于优化我县营商环境的相关建议	澉浦镇委员联络室	县政务数据办公室
79	关于提升翁金线（澉浦段）道路的建议	澉浦镇委员联络室	县交通运输局
80	关于提高特殊老年人生活保障的建议	朱琴义	县民政局
81	关于加快出台政策支持朱家门打造文化艺术区的建议	高　健	县委宣传部
82	关于要求优化完善海盐南部地区公共交通的建议	徐晓利	澉浦镇
83	关于加强南北湖景区森林消防工作的建议	穆云飞	县应急局
▲ 84	关于推进紧固件行业数字化转型过程中的几点建议	罗明诚	县经信局
85	关于如何留住“海盐日出”流量的建议	殳云佳	武原街道
86	关于大数据背景下保障个人隐私的建议	通元镇委员联络室	县委宣传部
87	关于完善心理健康和精神卫生服务体系的建议	通元镇委员联络室	县卫生健康局
▲ 88	关于破解农村养老难题的几点建议	姜燕萍	县民政局
89	关于在县东西大道和盐湖线十字路口新建立交桥的建议	沈李相　马伟华	县交通运输局
90	关于保障预付卡消费者权益的建议	袁灵芝	县商务局
91	关于开通石泉至通元公交线路的建议	马万勇　陈秀红 张　成	县交通运输局
92	关于将海盐高铁新城打造成新增长极的建议	经济组	县发改局
93 ★	关于提升县城产业优化和提档升级的建议	经济组	武原街道
▲ 94	关于成立村级集体企业，振兴村集体经济的建议	倪永峰	县农业农村局
95	关于试点建立社区食堂的建议	钟小红	县民政局
96	关于加强对电动自行车停放及充电桩安装 统一管理规划的建议	吴裕金	县住建局
▲ 97	关于加快规划建设中国海盐高端紧固件产业园的建议	陈建军	县经信局
98	关于利用大数据赋能，打造数字化招商模式的建议	朱徐伟　王　欣	县商务局
▲ 99	关于增强我县长期护理保险新动能的建议	徐明华	县医保局
▲ 100	关于推进海盐县传统产业（紧固件）数字化改造的建议	邢慧峰	县经信局

续表 4

案号	案由	提案者	承办单位
101	关于对联建企业研发中心给予重点扶持的建议	工商组	县科技局
102	关于专业技术人才招育留建议	工商组	县人力社保局
103	关于提升楼宇党建水平，促进楼宇经济高质量发展的建议	朱利祥	县商务局
104	关于打造武原街道百尺北路现代商业大街的建议	王　平	武原街道
105	关于进一步提升海盐城西区域夜市经济的建议	陆海平	武原街道
106	关于扩大我县人才政策适用范围的建议	科技组	县委组织部
107	关于加快推动筹建海盐技师学院的建议	科技组	县人力社保局
108	关于积极发展夜间经济，打造海盐特色街区的建议	赵治海	县商务局
109	关于提升全社会研发强度增强县域创新能力的建议	吴运惇	县科技局
110	关于我县人才培养和人才管理的几点建议	黄小芳	县委组织部
111	关于进一步加强老年人群体智能手机培训工作 的建议	王卫锋	县科协
112	关于升级县城到南北湖道路的建议	姚　翀	县交通运输局
113	关于进一步加强千亩荡水源地保护工作的建议	王天宝	县水务集团
▲114★	关于建设“一老一小”重点人群健康服务保障体系的建议	戴海华	县卫生健康局
▲115★	关于完善我县“智慧养老”建设，让老年人的生活更幸福的建议	祁永东	县民政局
116	关于优化海盐体育馆—嘉兴高铁南站直达专线运营的建议	孙东魁	县交通运输局
117	关于加快南排工程闸前干河节制闸移交管理工作，有效提升我县防汛排涝及改善水环境能力的建议	农业组	县水利局
118	关于加快筹建海盐技师学院的建议	农业组	县人力社保局
119	关于切实保护好海盐主城区鱼鳞古海塘的建议	张士林　詹　华	县水利局
▲120	关于加强我县养老护理员队伍建设的建议	张越茜	县民政局
121	关于加入“抢人”大战 推进经济复苏的建议	姚春雷	县人力社保局
122	关于疫情防控新阶段加快我县人力资源服务业高质量发展的几点建议	黄雪光　钟朱惠	县人力社保局
123	关于后疫情背景下加强民众心理健康疏导的建议	姚云峰	县卫生健康局
124	关于完善县城住宅小区便民服务设施 增强疫情再袭风险抵御能力的建议	俞国平	县商务局
▲125	关于进一步整合我县文化旅游资源的建议	杨周根	县文化广电旅游体育局
▲126	关于政策扶持、村企合作，以产业项目带动村集体经常性收入增加的建议	俞国平	县农业农村局
▲127	关于加快发展县域老年教育的建议	教育组	县委老干部局
128★	关于进一步健全职业学校开展职业培训保障机制的建议	教育组	县人力社保局

续表 4

案号	案由	提案者	承办单位
129	关于推进新农村集聚点家宴中心建设力度的建议	金医妹	县自然资源规划局
130	关于关注民众心理健康，建立健全我县社会心理服务疏导的建议	汪晓华	县卫生健康局
131	关于进一步加强我县养老护理队伍建设的建议	李世富	县民政局
132	关于深化教共体建设 助力农村小规模学校发展的建议	杜伟明	县教育局
133	关于加快盘活农村闲置农房打造乡村振兴新载体的意见建议	陈　洵	县农业农村局
134	关于加强餐饮“一次性餐具”行业卫生问题监管的建议	程雪峰	县卫生健康局
135	关于进一步建立健全社会心理疏导服务体系的建议	王蜜琼	县卫生健康局
136	关于优化推进海盐县核能供暖配套建设的建议	俞喆淳	县住建局
137	关于完善海盐人民医院（新）周边智慧交通的建议	徐建群	县交通运输局
138	关于加强儿童青少年脊柱健康的建议	孙美花	县教育局
139	关于我县中小学“校医配置全覆盖”的建议	舒李敏	县教育局
140	关于加强县农村家宴中心的全面覆盖和升级换代的建议	舒李敏	县自然资源规划局
141	关于加强我县外卖配送行业交通安全管理的建议	张梦欣	县公安局
142	关于加强农村健康步道健康公园建设的建议	医卫组	县卫生健康局
143	关于加快我县传统药方保护和开发工作的建议	医卫组	县卫生健康局
144	关于正视未成年人重复违法，完善管教扶救惩戒体系的建议	李洁琼	县民政局
145	关于进一步扩大健康体检胃肠镜检查受众群体的建议	徐雁鸣	县卫生健康局
▲ 146	关于互联网 + 居家护理服务的有关建议	蔡卫勤	县民政局
147	关于开展儿童青少年心理健康教育的几点建议	蔡卫勤	县教育局
148	关于疫情防控新形势下加快推进县域互联网医院建设的建议	许　印	县卫生健康局
149	关于进一步推进县域紧密型医共体建设的建议	冯龙锋	县卫生健康局
150	关于将低剂量 CT 肺癌早期筛查纳入民生实事工程项目的建议	沈　明　蔡卫勤	县卫生健康局
151	关于落实关心关爱医护人员措施的建议	郭红艳	县卫生健康局
152	关于将心肺复苏急救纳入初中、高中课程的建议	周凯骏	县教育局
153 ★	关于进一步扩大 ETC 无感支付停车领域推广使用的建议	张云东	县综合执法局
154 ★	关于着力建好红色基因库 打造红色文化传承新高地的建议	文化组	县委宣传部
155	关于平衡海盐县中心城区教育资源的建议	文化组	县教育局

续表 4

案号	案由	提案者	承办单位
156	关于保障青少年学生在校刚性锻炼时间 推动青少年学生德智体美劳全面发展的建议	吴晓青	县教育局
157	关于做好建筑行业农民工群体稳就业工作的建议	任　凭	县住建局
158	关于加强我县烂尾楼项目梳理整治工作的建议	王惠华	县住建局
159	关于建设朱希祖纪念馆的建议	宋金华	武原街道
▲ 160	关于重新规划选址新建老年公寓的建议	周　玲	县民政局
161	关于挖掘历史文化，优化空间布局，提升城市品位的建议	宋金华	县委宣传部
162	关于抓住消费“痛点”聚人气 提升文旅发展的建议	杨王平	县文化广电旅游体育局
163	关于恢复海鹰奖或重新设立其他政府文艺奖的建议	马连芬	县文联
164	关于加快推进我县废旧物资循环利用体系建设的建议	徐勋华	县商务局
165	关于推动在我县高中段设置书法专业艺术班的建议	周　红	县教育局
166	关于进一步推进我县养老服务事业，促进共同富裕的建议	浦云峰	县民政局
167	关于优化长安路（海兴路与华丰路段）交通拥堵 提升群众出行满意度的建议	韩　璐	县交通运输局
▲ 168	关于打造长三角特色康养旅游胜地的建议	姜　婕	县文化广电旅游体育局
169	关于推进我县高中校园智慧食堂建设工作的建议	洪慧杰	县教育局
▲ 170 ★	关于进一步推进托育服务体系促进我县人口长期均衡发展的建议	社会组	县卫生健康局
171	关于加强流动人口管理服务条块协作配合的建议	社会组	县公安局
172	关于增加门球活动场地推进老年体育旅游发展的建议	徐海明	县文化广电旅游体育局
173	关于加大中心城区小学教育资源调配力度的建议	金雪飞	县教育局
174	关于加快南王线全线拓宽改造的建议	富小新	县交通运输局
▲ 175	关于加强我县农业领域政府和社会资本合作的几点建议	农宇晴	县农业农村局
176	关于进一步加强建设工程质量监督管理的建议	项小明	县住建局
177	关于重视加强护工队伍建设的建议	姚益芬	县卫生健康局
▲ 178	关于打造荷花池研学基地 赋能助力乡村振兴的建议	陆盛华　徐美根　许姗姗	望海街道
179	关于进一步加强农村人居环境整治工作的建议	肖建中	县农业农村局
180	关于加大社会组织培育发展激活作用发挥的建议	法制组	县民政局
181	关于加强项目（工程）招投标领域行业监管的建议	法制组	县发改局
182	关于改进我县货车后下部防护装置不符合国标的建议	吴彦婷	县公安局
183 ★	关于破解“大综合一体化”改革推进过程中 监管与处罚分离困境的建议	陆蔚红	县综合执法局

续表 4

案号	案由	提案者	承办单位
▲ 184	关于加快建设社区老年食堂的建议	朱　冰	县民政局
185	关于加强建设工程施工现场关键岗位人员到岗履职的建议	李　烨	县住建局
186	关于在中心城区公共停车场设立洗车房的建议	王吴军	武原街道
187	关于进一步加强农村环境整治，提升保留点村庄农村人居环境水平的建议	沈爱萍	县农业农村局
188	关于提高防范非法集资宣传实效、切实提升群众防范意识的建议	沈雪军	县财政局
189	关于进一步优化我县涉侨法律服务的建议	金　润	县司法局
190	关于进一步推进城乡居民适老化改造的建议	许云飞	县民政局
191	关于设置触摸式交通信号灯的建议	许云飞	县交通运输局
192	关于进一步加强我县山林消防基础设施建设的工作的建议	杜晋涅	县应急局
▲ 193 ★	关于推动强村公司高质量发展的建议	侨台组	县农业农村局
▲ 194	关于发展普惠婴幼儿托育服务的建议	侨台组	县卫生健康局
195	关于加强住宅小区屋顶太阳能热水器安全管理的建议	洪雪华	县住建局
196	关于为初一女生免费接种二价 HPV 疫苗的建议	张映波	县卫生健康局
197	关于小区现有状态下提升物业服务业主满意度的建议	顾文佳	县住建局
198	关于装修市场乱象整治的建议	顾爱萍	县住建局
199	关于后疫情时期中小学生学习状态“回归”过程中的家校关系重建与社会支持助力的建议	陈树理	县教育局
200	关于要求扩建长山河澉浦东门桥的建议	赵荣华	澉浦镇
201	关于要求把澉浦程熙元故居打造为“名镇志展示馆”的建议	赵荣华	澉浦镇
202	关于要求全力帮企业优服务 打造澉浦长墙山工业园区最优营商环境的建议	赵荣华　俞海虹 罗明诚　殳云佳 徐晨川	澉浦镇
▲ 203	关于推进同位素产业健康高质量发展的建议	人资环组	秦山街道
204	关于打造我县“海岸经济带”夜经济商圈的意见建议	人资环组	武原街道
205	关于加快新能源车辆充电装置建设的建议	何华春	县发改局
206	关于深入推进我县国资系统数字化改革，打造智慧国资国企“一盘棋”的建议	高　庭	县财政局
207	关于加强县城区停车场建设和管理的建议	胡国杰	县综合执法局
208	关于加快新农村集聚点管道燃气开通工作的建议	唐妤靖	县住建局
209	关于进一步加强核技术产业人才招引的建议	张　苹	县委组织部
210	关于推进我县公路货运行业绿色高质量发展的建议	王　磊	县交通运输局

续表 4

案号	案由	提案者	承办单位
211	关于进一步促进消费持续回升的建议	孙海斌	县商务局
212	关于进一步精准施策靶向发力为企业减负降本的建议	陈国华	县经信局
213	关于进一步推进县核能供暖应用的建议	奚　能	县住建局
214	关于开展海盐学术品牌和阵地建设的建议	徐　中	县委宣传部
215 ★	关于支持我县专精特新中小企业，提升制造业核心竞争力的建议	范黄芳	县经信局
▲ 216	关于保障数据安全提升经济生态环境的建议	工商联	县政府办公室
▲ 217 ★	关于优化提升我县营商环境的建议	农工党	县政府办公室
218	关于加大人才政策受惠面的建议	民进	县政府办公室
219	关于建议利用现有共享车位设置公用充电桩的建议	陈　辉	县发改局

说明：▲代表重点提案，★代表优秀提案

（俞　峻　沈之易）

中共海盐县纪律检查委员会
海盐县监察委员会

综　述

【“盐实”政治监督】2023年，县纪委县监委助推重大交通项目建设征搬迁工作，约谈42人次。推进“指尖上的形式主义”专项整治，削减应用19个，优化整合2个，相关做法获省委办公厅信息录用。加强山海协作监督，与景宁县签订“山海联督”备忘录。协助县委落实省委巡视反馈问题整改，全面完成整改销号。打造整改案例争创省市典型示范，其中：困境儿童保障整改案例获评市级示范案例；长三角一体化发展整改案例被纳入省级典型案例库。制定印发《容错纠错正名行动工作方案》，回访教育受处理、处分党员干部86人，与县公安局建立诬告陷害问题线索双向移送机制，查处全市首例诬告陷害行为，为24名党员干部和3个党组织澄清正名。检举控告量连续4年保持下降趋势，实名举报反馈双满意率70%以上。

【“盐督”专项整治】2023年，县纪委县监委推进审查调查，注重案件查办质量，1件违纪案件获全省纪检监察机关优秀案件二等奖。开展国企、招投标、工程渣土处置等7大领域专项治理。研究梳理国企领域廉政风险问题，形成专项分析报告，获县委主要领导批示肯定。组织县属国企班子成员集体廉政谈话，推动主体开展专项治理。召开党外人士廉政建设和反腐败工作情况通报会。落实中央八项规定及其实施细则精神，研究分析海盐近三年“违反中央八项规定”问题态势，提出意见建议。联合县委组织部开展全县党员干部违规吃喝、酒驾醉驾专项治理。

【“盐治”基层治理】2023年，县纪委县监委聚焦村社主职干部，制定村社主职干部监督管理实施意见，及时调整监督方式、监督内容。探索“村村廉盟”机制，获省委办公厅信息录用。创新“站站联动”监督机制，在全市率先出台“人大+监委”贯通协同监督制度。健全政协民主监督和纪检监察监督贯通协同机制。联动职能部门对中小学食堂采购、老旧小区改造等漠视侵害群众利益问题开展专项治理。开展基层调研走访，听取企业、群众的诉求和建议，交办职能部门问题，督促落实闭环管理。梳理调研情况，撰写报告10份，其中《数字化改革背景下开发区公权力监督的地方探索与实践》等2篇调研文章在全市纪检监察系统获奖。推进基层纪检监察组织规范化建设，发挥村级监察联络站作用，基层监督示范点建设成效显著，在全市推进会上作交流发言。

【“盐味”勤廉建设】2023年，县纪委县监委承接全市政德教育试点，出台《关于加强政德教育常态化建设的实施办法》。联合县委组织部制定干部政德评价体系，选聘“干部工作观察员”，将政德表现作为干部考察、年度考核等评价指标。挖掘海盐本土“盐·廉”文化，新增打造桥馆、长山河时代印记馆等特色展馆，迭代升级盐馆、廉馆等展示馆，申报省级清风廉路精品线，拓展海盐廉洁文化影响力。建立校地合作机制，与南湖学院纪委签订合作协议。协助县委召开清廉建设推进会，制定主体责任和监督责任“双清单”。健全“县领导领衔—纪委监委班子成员联系”机制，监督清廉单元牵头单位制定个性化评价体系。开展清廉单元走访联系工作，与牵头单位“一把手”开展履责谈话。申报省市清廉单元成员突出单位，协助县委开展全县第二批清廉单元示范单位评选。

重要会议和活动

【概况】 2023年，县纪委重要会议主要包括县纪委全会、县纪委常委会会议等，全年共召开县纪委十五届四次全体（扩大）会议1次，县纪委常委会会议44次。

【县纪委十五届四次全体（扩大）会议】 1月19日，中共海盐县纪委十五届四次全体（扩大）会议召开。县委书记出席会议并讲话。县委常委、县纪委书记、县监委主任代表县纪委常委会作题为《坚决贯彻习近平总书记关于党的自我革命的重要思想 纵深推进纪检监察工作高质量发展 为在奋力推进中国式现代化县域实践新征程上走在前争先锋提供坚强保障》的工作报告。

【十五届县委第三轮巡察工作动员部署会议】 2月25日，县委、县纪委县监委召开十五届县委第三轮巡察工作动员部署会议。巡察工作时间为2月底启动至5月底，对县总工会、县科协、县发改局、县经信局、县教育局、县民政局、县司法局、县生态环境分局、县应急局、县统计局、县政务数据办等11个部门（单位）开展常规巡察。县委书记出席会议并讲话。

【纪检监察干部全员培训】 3月6—8日，县纪委县监委组织开展纪检监察干部全员培训，培训内容包括学习贯彻党的二十大精神、违纪违规案例分析、实地参观调研等。参训对象为县纪委县监委机关、派驻、巡察、国企纪委全体干部及各镇（街道）纪（工）委委员、各村（社区）监察工作联络站站长292人。

【国资国企党风廉政建设暨县属国有企业作风和腐败问题专项治理部署会】 3月30日，县政府召开国资国企党风廉政建设暨县属国有企业作风和腐败问题专项治理部署会。会上，县财政局（国资办）、县纪委县监委分别对做好国资国企党风廉政建设和县属国有企业作风和腐败问题专项治理工作进行部署，县城投集团、县水务集团分别作表态发言。

【清廉海盐建设推进会暨政德教育大会】 6月8日，县委召开清廉海盐建设推进会暨政德教育大会。县委书记出席会议并强调：要深入贯彻落实党的二十大精神和全省清廉浙江建设现场推进会精神，以更高站位、更高标准、更严要求纵深推进清廉海盐建设，加快打造勤廉并重的新时代清廉建设高地。

【县级国有企业警示教育大会】 6月10日，县纪委县监委组织召开县级国有企业警示教育大会。会上，县委常委、县纪委书记、县监委主任对县医药有限公司、县城投集团、县水务集团等8家县级国有企业的领导班子进行集体廉政谈话。

【浙江清廉开发区（园区）建设暨公权力大数据运行平台建设现场推进会】 6月12日，省纪委省监委、省商务厅组织召开的浙江清廉开发区（园区）建设暨公权力大数据运行平台建设现场推进会在海盐县举行。省纪委副书记、省监委副主任出席会议并讲话。全省110余家开发区（园区）负责人参加会议。会议以“清廉开发区‘浙’里在行动”为主题，研究分析开发区廉政建设形势，部署下一步工作。海盐经济开发区作为唯一单位汇报交流清廉开发区建设情况，演示讲解公权力大数据运行平台场景应用，向全省推广清廉开发区（园区）建设的“海盐经验”。

【集体约谈活动】 8月2日，县委常委、县纪委书记、县监委主任对县总工会、县科协、县发改局等11个部门党组织主要负责人进行集体约谈。会上，11个部门党组织主要负责人逐一进行巡察整改反馈问题剖析，提出具体整改举措，并就做好整改进行表态发言。

10月13日，嘉兴南湖学院纪委（监察专员办）与海盐县纪委县监委签订纪检监察工作校地合作协议 （县纪委县监委供）

【嘉兴市“树清廉家风、育最美家庭”家庭助廉推进会暨海盐家庭助廉故事汇活动】 8月16日，嘉兴市“树清廉家风、育最美家庭”家庭助廉推进会暨海盐家庭助廉故事汇活动在海盐县举行。活动表彰嘉兴市2023年度“清正廉洁家庭”、海盐县2023年度“清正廉洁家庭”，还举行“清廉润万家”最美家庭展演、海盐县“家庭助廉故事汇”展评。

【十五届县委第四轮巡察工作动员部署会】 8月25日，县委、县纪委县监委组织召开十五届县委第四轮巡察工作动员部署会。对武原街道、沈荡镇、于城镇及所辖村（社区）党组织开展常规巡察；对武原街道、县开发区（西塘桥街道）、望海街道单列经济合作社开展常规巡察；对县市场监管局履行安全生产监管职责情况开展专项监督。

【签订校地合作协议】 10月13日，嘉兴南湖学院纪委（监察专员办）与海盐县纪委县监委签订纪检监察工作校地合作协议，深化纪检监察体制改革，形成纪检监察工作高质量发展合力。10月17日，嘉兴南湖学院主题教育读书班到海盐县开展循迹溯源现场教学。

监督检查

【政治监督】 2023年，县纪委县监委出台海盐县加强“一把手”和领导班子监督方案，对领导干部落实党风廉政建设和履职用权等情况开展监督检查。推动建立海盐县党风廉政建设“双述双评”工作制度，向县四套班子领导、各级党组织发出履责提醒单362份，对18名新（转）任“一把手”开展廉政谈话，回复党风廉政意见945人次。

【专项监督】 2023年，县纪委县监委通过周会商、月报告机制，发现并督促整改问题71个，发现和查处作风不实、执行不力等问题25起26人，其中文物保护专项监督获市纪委市监委主要领导批示肯定。紧盯惠企政策落实、重大项目落地等开展明察暗访，打造“亲清政商连心桥”品牌，合力优化营商环境。

【基层监督】 2023年，县纪委县监委制定《关于进一步加强“一肩挑”后村（社区）主职干部监督管理的实施意见》。推动武原街道、沈荡镇等4个镇（街道）创建为市级基层监督示范点，总量列全市第一。探索开展

9月8日，海盐县举办“人大+监委”站站联动项目发布仪式暨漠视侵害群众利益问题专项治理路演 （县纪委县监委供）

"人大＋监委""政协＋纪委监委"监督贯通协调模式，获市人大常委会、市政协、市纪委市监委主要领导批示肯定。

巡视（巡察）工作

【巡视整改】2023年，县纪委县监委协助县委落实省委巡视反馈问题整改，建立周督月报、三色预警等机制，提前完成整改销号。整改期间，立案20人，移送司法机关2人。争创省市整改典型示范，困境儿童保障整改案例、长三角一体化发展整改案例被纳入省级典型案例库。重大巡视巡察问题清单指数最佳排名全省第四、全市第一。

【提级巡察】2023年，县纪委县监委配合市委巡察组完成县开发区（西塘桥街道）、百步经济开发区（百步镇）2家开发区提级巡察工作。9月26日，召开市委第五巡察组巡察县开发区（西塘桥街道）党工委工作动员会。9月27日，召开市委第五巡察组巡察百步经济开发区（百步镇）工作动员会。

【联动巡察】2023年，县纪委县监委创新建立巡察工作联席会议机制，加强与财政、审计等9个部门联动，提升监督贯通融合实效。开展乡村振兴领域"巡审联动"专项监督，试点探索村经济合作社监督方法路径，高质量完成县委第三轮、第四轮巡察工作，巡察党组织47家，提出意见建议75条，移送问题线索97条，立案30件。开展巡察工作领导小组成员领办重点问题工作，对被巡察单位"一把手"开展整改集中约谈，开展整改质效评估。

案件查处

【惩治腐败】2023年，全县立案157件，给予党纪政务处分162人，留置16人，移送司法机关13人（县管干部3人），挽回经济损失3593万余元。查办穆某飞、叶某华等严重违纪违法案件，彻查测绘领域腐败窝案。全年派驻机构自办案件17件，在全市率先实现派驻机构自办案件全覆盖。全县9个镇（街道）纪检监察组织自办案件44件，同比增长69.2%。

【以案促改】2023年，县纪委县监委发放纪检监察建议书94份。常态化开展警示教育，拍摄警示教育片2部。巩固全市"走读式"谈话智慧化管理系统试点工作，相关做法纳入省纪委省监委经验介绍，获中纪委肯定。开发区公权力大数据监督应用（云哨），获全省纪检监察系统数字监督"最佳应用"。《"小康之道，一个都不能少"，督为针治为线，织密特困救助供养民生保障防护网》一案，荣获全省纪检监察机关优秀案件二等奖。

突出问题整治

【国企、招投标等重点领域腐败问题专项治理】2023年，县纪委县监委推进国企、招投标等重点领域腐败问题专项治理，其中：国企领域立案27件，给予党纪政务处分20人，移送司法机关10人；招投标领域立案37件，给予党纪政务处分28人，移送司法机关9人。

【漠视侵害群众利益问题整治】2023年，县纪委县监委围绕漠视侵害群众利益问题开展专项治理，推动问题整改55个，批评教育帮助和处理104人，党纪政务处分25人。《"三式"治理推动职业技能培训提质增效》入选嘉兴市漠视侵害群众利益问题专项治理典型案例。

党风廉政建设

【正风肃纪】2023年，县纪委县监委查处违反中央八项规定精神问题75起，批评教育帮助和处理83人，党纪政务处分53人，通报曝光典型案例4起。联合县委组织部、县公安局开展党员干部违规吃喝、酒驾醉驾专项治理，制发正风肃纪移送函24份，党纪政务处分33人。纠治政绩观偏差，重点查纠贯彻上级和县委重大决策部署变通打折、弄虚作假、慵懒拖沓等问题，查处形式主义、官僚主义问题39起，党纪政务处分25人。推进"指尖上的形式主义"专项整治，削减应用19个。

【清廉海盐建设】2023年，县纪委县监委将推进清廉海盐建设作为履行全面从严治党主体责任的重要内容，纳入县委目标责任制考核，制定主体责任和监督责任“双清单”。健全完善“县领导领衔—纪委监委班子成员联系”机制，督促制定个性化评价体系15个。建立“校·地”“内·地”协作机制，与南湖学院、嘉兴市烟草局互通共享廉洁资源。沈荡中学、秦山核电等8家单位获评省、市清廉单元示范单位，县机关事务管理中心等28家单位获评第二批县级清廉单元示范单位。承办全省清廉开发区建设现场推进会，作专题经验介绍。海盐县开发区公权力“数智双轨”治理模式，获评基层清廉建设（浙江）十大创新案例。

【廉政建设专项治理活动】 9月8日，县纪委县监委举办“人大+监委”站站联动项目发布式，聘任基层作风观测员，凝聚双方监督合力，总结推广专项治理中形成的可复制、可推广的“海盐经验”。9月8日、9月15日，分别举办漠视侵害群众利益问题专项治理路演（治理篇+监督篇），11个主体部门，9个镇（街道）纪（工）委、7个派驻纪检监察组分别展示专项治理成果及典型案例。

【廉洁文化教育基地打造】 7月6日，县纪委县监委组织全体纪检监察干部，赴浙江省法纪教育基地开展警示教育活动。8月18日，嘉兴市廉洁文化教育基地揭牌仪式在海盐县沈荡镇钱氏宗祠举行。9月19日，浙江省廉洁文化教育基地揭牌仪式在海盐县核电科技馆举行，承接全市“贯穿式”政德教育试点。11月20日，海盐县政德教育现场教学点揭牌仪式暨海盐县“青年干部话政德”大赛在通元镇长山河村举行，位于该村的长山河时代印记馆也成为全县首批政德教育现场教学点。

基层纪检监察工作

【武原街道纪检监察工作】 2023年，武原街道纪委开展重大交通项目专项监督检查，立案查处1人。建立“蔚蓝湾·科创社区”监察工作联络站，运用“码上监督”促营商环境优化。重拳惩贪治腐，全年处置问题线索64条，办结案件19件，运用“四种形态”63人次。深化贯通协同，探索实践“村社廉盟 站站联动”监督模式，融合企地监督，深化与财会审计监督。以有力监督推动主题教育整改整治问题高质量销号，入选省级典型案例1个。成功创建全市第二批基层监督示范点。

【西塘桥街道（县开发区）纪检监察工作】 2023年，县开发区（西塘桥街道）纪委以打造经济、清廉“双高地”为目标，推进清廉开发区建设。发布“六有六清”建设标准，营造湾区新城“清廉风”。承办全省清廉开发区（园区）建设现场推进会，并作交流发言。迭代开发区公权力大数据运行平台和监督场景，“数智双轨”治理模式获评浙江省清廉单元建设十大创新案例。清廉开发区建设相关工作先后在省商务厅和市县清廉建设推进会上作交流发言，区（街道）获评全市清廉单元建设示范单位。配合市委提级巡察，落实驻点保障，展现清廉建设成效。

【望海街道纪检监察工作】 2023年，望海街道纪委持续反腐肃纪，追缴违纪款4万余元，挽回街道财政资金损失47万余元，查处全市年度首例诬告陷害行为。在全县“三大比拼”活动中，3次获评“季度之星”，年度获评全县纪检监察系统先进集体，在全市基层监督工作推进会上做经验交流。举办荷花池里寻“永福”“盐廉”文化诗歌朗诵会暨“菡萏不染”李平原创诗作分享会。关注漠视侵害群众利益专项治理，挽回群众损失289万元。年度创成市级清廉单元2家，县级清廉单元6家。

【秦山街道纪检监察工作】 2023年，秦山街道纪委依托北团村独特“盐廉文化”，通过文化挖掘、场馆建设、宣传推介，打造北团千年盐廉文化线，吸引众多游客与研学队伍前来参观游学；依托盐廉文化线，举办诗人采风活动，出版诗集《轻轻地，廉风吹过海盐》；探索“人大+纪委”工作新模式，建立“站站联动”工作机制，推动人大监督和纪委监察监督的信息共享、联动协同，实现“1+1 > 2”。紧盯同位素产业园开展专项监督，护航重点项目建设工作。

【沈荡镇纪检监察工作】 2023年，沈荡镇纪委点线推进打造“清廉沈荡”廉政品牌。获评市级基层监督示范点，钱氏宗祠入选嘉兴市廉洁文化教育基地、海盐县首批政德教育现场教学点，多个行政村、基层中心（站所）获评省、市、县级清廉单元示范单位。“请您来监督”移动联络站融合村级监察工作联络站、人大代表联络站人员架构，打通人大代表选民走访、监察工作联络站成员廉情收集机制。借力移动监督联络站推动问题解决 14 条，其中监督推动齐家卫生服务站改造项目的落地有效解决当地群众民生问题。

【百步镇（百步经济开发区）纪检监察工作】 2023 年，百步经济开发区（百步镇）纪委围绕打造新时代勤廉并重清廉高地，升级优化“四责协同”机制，推动建立以“三重一大”事项决策闭环为核心、以“问题风险 + 整改措施”为特征的“一把手”和领导班子“1+10”履职用权责任清单，加强“关键少数”监督。打造发布亲清政商“3G+3Q”工作体系，推出“政企周末有约”“会计之家”“商家共治联盟”等联系服务民营企业机制，持续做优营商环境。承办全县“政协 + 纪委监委”协同监督机制发布会。深化基层监督治理，2 个数字监督典型案例被省纪委录用，养老服务机构管理领域治理获评漠视侵害群众利益专项治理县“十佳”案例。

【于城镇纪检监察工作】 2023 年，于城镇纪委高度关注特困供养机构管理问题专项治理领域，做好困难群众生活保障监督，与市场监管、民政、住建、消防等多条线联动监督，完善特困供养机构经费管理、护理费执行、食品安全等工作。

【澉浦镇（南北湖风景区）纪检监察工作】 2023 年，澉浦镇（南北湖风景区）纪委探索“纪检 + 人大 + 政协”联合监督模式，形成监督联动、优势互补、协同发力、相互支持的“大监督”格局，开展监督检查 15 次，发出工作函告单 5 份，纪检建议书 1 份，推动解决问题 23 个。组织召开全镇警示教育大会 2 次。开展容错免责、澄清正名、暖心回访工作，突出实干实绩导向，对 1 名干部进行澄清正名，对 7 名干部开展“暖心回访、激励有为”专项教育回访。承办嘉兴市家庭助廉推进会，六里村获评市清廉单元示范单位，六忠村获评县清廉单元示范单位，黄源藏书楼获县第一批政德教育现场点。

【通元镇纪检监察工作】 2023 年，通元镇纪委“巧解农民‘自产自销’难题”入选《嘉兴市整治整改典型案例》。雪水港村获评浙江省清廉村（居）建设示范村（全县唯一），在嘉兴市基层监督示范推进会上做交流发言。长山河时代印记馆成为全县首个政德教育现场教学点，承办海盐县青年干部话政德大赛。建立“清通”干部四季讲堂和岗位廉政风险“三色”管理制度，针对班子成员、站办负责人、村社书记等七类群体量身定制专题教育，举办“同树清廉家风，共建文明乡风”文艺展演活动并首发“清风之旅”线路。

（马丽燕）

民主党派·工商联·知联会

中国国民党革命委员会海盐县支部委员会

【概况】2023年，民革海盐县支部围绕“祖统”“法治”“三农”党派特色加强自身建设，积极参政议政，开展社会服务，深化结对共建。是年，获民革浙江省组织工作先进集体称号、民革嘉兴市基层组织年度考核一等奖；在民革嘉兴市委员会举办的纪念民革成立75周年暨“凝心铸魂强根基，团结奋进新征程”主题教育应知应会知识竞赛中获得二等奖。曹丽娟获评浙江民革2023年度伯乐奖、2023年度海盐县社情民意工作先进个人称号；姚云峰获评2023年度浙江省粮食生产功能区“非粮化”整治优化先进个人，并获2023年“嘉兴市劳动模范”称号；沈甜在民革市委会、省委会组织的时代赞歌演讲比赛中均获一等奖；董翊迪入选第一批“嘉兴市青年工匠”；沈碧波荣获第五届海盐县十大杰出青年称号。

【参政议政】2023年，民革海盐县支部完成《关于提升涉外司法服务水平助推营商环境优化的相关建议》《以外贸提质增效推动“地瓜经济”提能升级》调研课题，分别入选市、县两会集体提案。其中，《以外贸提质增效推动“地瓜经济”提能升级》被评为县政协年度优秀调研报告，《关于发挥核能优势 拓展富农新路径的建议》提案被评为县优秀提案。提交社情民意信息27篇，3篇社情民意信息获市级以上政府领导批示。对世界互联网峰会中台资企业参会情况的调研转为社情民意《增加互联网十周年大会中对台统战工作元素》被全国政协录用。

【学习交流与理论成果】2023年，民革海盐县支部集中学习中央2023年对台工作会议精神，组织观看《之江同心·两岸一家亲》祖统沙龙；与民革南湖区基层委员会学习交流社情民意信息工作，与民革浙江省直属十二支部结对共建。开展信息宣传工作，县级以上媒体录用信息28篇次。何东风《海盐彭城遗址出土一批马家浜文化遗存》《浙江海盐县葛山遗址的考古发掘与发现》理论研究文章在省级刊物发表；张梦欣《纠错百宝袋》《小学数学“错题管理”的使用策略探寻》《主题图在小学数学课堂教学中的作用价值》学术研究文章在省、市、县课程改革相关刊物上发表。

【“海盐情·民革心”活动】2023年，民革海盐县支部与嘉兴银行海盐支行结对共建，开展金融助农社会服务活动；与海盐行知中学2名家境困难学生开展长期帮扶结对，捐赠爱心助学资金1万元；看望困难户老人，捐助2000元。发挥党员优势，举办更年期健康讲座和义诊、幼小衔接、艺考解读、信息化手机操作咨询、为台企送法律咨询服务等社会服务活动。与多家台胞、台属企业交流联谊，介绍海盐县最新发展情况，并牵线搭桥促成相关文旅合作业务。

5月，民革海盐县支部与嘉兴银行海盐支行开展“深化金融助农 推动共同富裕”社会服务活动　（民革海盐县支部供）

【结对共建】 4月21日，民革海盐县支部与上海市民革金山区第五支部签订结对共建协议，在自身建设、宣传教育、参政议政、社会服务、祖国统一等方面互学互鉴、资源共享、优势互补、共同发展。双方联合开展社会服务活动，来自两地的医疗专家和律师党员为近百名群众提供健康义诊和法律咨询服务。9月16日，民革海盐县支部赴上海南社纪念馆、四行仓库抗战纪念馆参观学习，与民革金山区第五支部进行学习交流。

（沈　甜）

中国民主同盟海盐县基层委员会

【概况】 2023年，民盟海盐县基层委获民盟嘉兴市委会盟务工作优秀单位、参政议政先进集体、反映社情民意先进集体、思想建设优秀集体等荣誉称号；1人获评民盟中央反映社情民意先进个人，3人分别获评民盟市委会盟务、参政议政和思想政治宣传工作先进个人；获县政协社情民意先进集体一等奖，获评优秀提案2件，8名盟员获表彰。

【思想政治建设】 2023年，民盟海盐县基层委印发《民盟海盐县基层委员会开展“凝心铸魂强根基 团结奋进新征程”主题教育实施方案》，全年开展主题教育集体学习4次，现场教学活动4次，购置学习书籍每人3本。10月，召开基层委扩大会议，第一时间传达学习习近平总书记在浙江考察时的重要讲话精神，安排班子委员赴各支部组织学习讨论。抓住疫情转段后的有利时机，高质量开展“走基层悟初心”活动，基层委组织赴党派诞生地重庆开展主题教育现场教学活动。基层委和各支部先后组织开展参观陈云故居暨青浦革命历史纪念馆、桐乡市君匋艺术馆等教育活动。

【参政议政】 2023年，民盟海盐县基层委把聚焦“三个一号工程”、共同富裕建设等作为课题调研的主攻方向，完成省委会课题子项“海盐县重大疾病医疗保障政策的实践与实效”，完成市委统战部“民主党派基层人才队伍培养现实问题研究”和市委会“大力培育杭州湾北岸临港产业空间体系”2个市级课题。开展“文旅深度融合发展”课题调研，形成“以赛事带活城市 推进县域‘旅游+’深度再融合”集体提案。提交市两会提案6件、建议4件，提交县两会提案建议21件（集体提案3件、人大建议3件）。其中，《关于生物医药健康产业发展的建议》做大会发言，《关于成立村级集体企业振兴村经济的建议》等2件提案列为重点提案，《努力打造高品质文化引领型城市的建议》《关于持续发挥核能零碳优势》2件提案被评为优秀提案，提案建议获县领导批示2次。组织基层委盟员参加省委统战部“之江同心知情明政大讲堂”“三个一号工程”“深化千万工程”“美丽乡村主题议政”“核能高质量发展理论研讨”等议政活动并发言。徐中被市委会评为参政议政先进个人，陈辉等5人被县政协评为优秀政协委员、参政议政先进个人。赴对口联系单位县教育局、县文化广电旅游体育局开展座谈，16人被派驻担任县教育局、文化广电旅游体育局民主监督员。全年开展季度议政沙龙4场，撰写社情民意37篇，上报市委会27件，上报市政协12件，上报省政协10件，省委会录用8件。徐中撰写的《健全航空法规体系补齐应急能力短板》被全国政协、民盟中央和中央统战部采用；

徐中被评为民盟中央反映社情民意先进个人、民盟市委反映社情民意先进个人。

【组织建设】 2023年，民盟海盐县基层委先后组织参加县政协履职能力提升专题培训班、党外干部培训班、新盟员培训班。规范和活跃基层组织纪念日活动，组织开展建盟日、"五一口号"发布日主题活动，召开以线上为主、线下为辅的学习交流座谈会。4月19日，参加县民主党派联席会议暨纪念"五一口号"发布75周年座谈会，主委代表全县各民主党派发出倡议书，副主委做交流发言。参加市委会第九届运动会，组织开展"青年盟员说"活动，徐建群等5人分别获市委会征文活动评比一、二、三等奖。王乐天《绿水青山》入选"红船领航 同心共富"作品展。组织全体盟员集体观看防范电信网络诈骗等爱国主题影片。培养骨干盟员，选派5名青年盟员参加县委组织部、县委统战部联合举办的"五敢型干部"我先行暨党外干部"培优营"活动。开展支部退休盟员节假日慰问活动、生日送祝福活动，重阳节组织赴盐官古镇活动；妇女节组织女盟员赴海宁参观金庸故居、长啸村新农村建设；教师节组织教师盟员赴"海盐国际（上海）创新中心"开展学习考察活动。

【社会服务】 2023年，民盟海盐县基层委发挥"助学送教""健康护齿"的人才优势，启动"童心联盟"子品牌，赴百步小学开展"微光亮未来"行动，关注留守儿童和特殊困难家庭孩子，开展爱心帮扶助力健康成长。支持参与"优学在嘉"爱心捐款，参与率超过70%，捐款金额6100元。持续打造"盟声聚识"品牌，深耕"诵盟微播""盟心献智""童心联盟"等子品牌，做实"心舍健心"服务。9月，与张元济图书馆联合举办"阳光成长 从心出发"主题心理沙龙，通过案例讲解与互动讨论，帮助家庭应对教育困扰。全年开展心舍品牌服务4次，童心服务2次。加强帮扶工作，购买省内外农产品价值4020元，助力乡村振兴实践。之江同心海盐品牌"盟声聚识"得到嘉兴统战部转发。邵嘉平"蜀师砖砚"在海盐博物馆首展。继推出12期"诵盟微播"系列音频和开设"学史专刊"后，策划推出《海盐民盟35周年之"忆盟史·话初心"》《海盐民盟35周年之"勇担当·守初心"》专栏，2023年新推"盟员风采""优秀教师风采"篇。

【岗位建功】 2023年，徐中入选省级智库人才计划，当选第十二届浙江省青联委员。石火明指导的海盐高级中学星帆文学社获评全国"百佳校园文学社团"，其本人获评"百佳校园文学社团指导教师"，主编作品选集《星汉灿烂》获图书著作一等奖。石火明、宋金华受聘担任县十届政协文史研究员。屈洁昊被评为海盐县第五届十佳科技工作者。沈雷当选中国牙病防治基金会适宜技术研究推广委员会委员。徐建群荣获第二十五届"语文杯"全国中学生主题征文大赛写作指导一等奖等。

（孙晓梅）

中国民主促进会海盐县基层委员会

【概况】 2023年，民进海盐县基层委获省级优秀基层组织称号、市级社情民意（信息）工作先进集体称号、市优秀调研成果一等奖、县社情民意工作先进集体称号等；1人获评省级优秀基层组织负责人，8人获评市级优秀会员；2件提案获评县政协优秀提案，4名会员获表彰。

【思想政治建设】 2023年，民进海盐县基层委召开民进海盐县基层委扩大会议，开展发言交流。学习传达民进中央主席蔡达峰在全省民进主题教育动员会上的讲话精神，赴"南湖红廉馆"实地开展"同心同廉·清廉民进"系列教育。围绕纪念"五一口号"发布75周年和庆祝民进省委会成立60周年系列活动，组织会员开展"寻根铸魂"——走基层·悟初心活动。

【参政议政】 2023年，全县两会期间，民进海盐县基层委提交集体提案3件、个人提案17件、人大个人建议2件。其中，《关于南部未来乡村样板带先行区建设的建议》做大会交流发言，获县委主要领导批示肯定。立项"加快澉浦海河联运基础设施提升，服务产城融合，推进南北湖未来城开发建设""优化人才引育环境，破解企业'技工荒'""大力推动海外仓建设和跨境电商发展"3个课题并开展调研；参与县政协牵头组织的"加快发展以海河联运为重点的多式联运，全力打造长三角金南翼物流枢纽城市”课题联合调研。重视社情民意，加强信息工作组织协调和选题策划。至年末，上报民进市委会24篇，上报县政协和县委统战部40篇。

【民主监督】2023年，民进海盐县基层委17名会员派驻县民政局、县住建局担任民主监督员。先后分别围绕“颐养在盐”品牌打造和县城老旧小区改造、农村生活污水建设及运维、老小区电梯加装等，确定“社会化服务养老模式探索”等监督主题，多次开展中大朗颐（海盐）养老服务中心等实地考察，听取介绍，提出相关意见建议，提升部门工作成效。

【开明书画院活动】2023年，民进海盐县基层委参加学习贯彻党的二十大精神书画作品微展，9名会员18幅作品在线上展出。2人参加庆祝民进浙江省委会成立60周年全省民进开明画院线上书画作品展。举办“学习二十大·共绘同心梦”海盐·长兴文化走亲四人联展，展出海盐、长兴两地会员画师创作的50余件绘画作品。参与并承办“绿水青山间，共同富裕路”海盐县治水主题美术作品展，展出作品50余件。举办“之江同心·正道前行”庆祝平湖民进成立40周年暨平湖、嘉善、海盐民进开明画院书画摄影联展。承办“同心共行·共筑亚运”嘉杭湖绍民进书法作品联展，海盐、平湖、嘉善三地开明画院书画摄影联展，展出作品120余幅。开展“开明走进校园、助力学校双减”活动，打造开明公益艺术课堂，组织开明画院老师送教到农村。

【社会服务】2023年，民进海盐县基层委征集《关于高质量建设工业经济发展平台的建议》《进一步落实人才政策措施，支持民营企业发展》等优化提升营商环境的金点子30余个，其中《关于加快推动筹建海盐技师学院的建议》得到县委领导批示肯定。扶贫支持安龙县，购买安龙县土特产价值7867.6元。企业家会员热心公益，全年个人和集体分别捐款5万元和422万元。深化山海协作项目，设立“开明·黄湘余名师”工作室，开展对景宁民族中学班主任培训工作。组织民进会员名师进入工作室，在线为更多有需要的孩子释疑解困、精准帮扶。组织开明画院7名画师举办个人画展和开展公益教学活动。

（孙晓梅）

中国农工民主党海盐县基层委员会

【概况】2023年，农工党海盐县基层委获评农工党浙江省委会“组织工作先进集体”；获评农工党嘉兴市委会“参政议政工作先进集体”“宣传工作先进集体”和“五星级”基层组织。被县政协评为社情民意先进集体；获评县政协优秀调研报告1篇、优秀政协提案2篇、优秀人大建议1篇、优秀社情民意1篇；有3篇调研报告获评农工党嘉兴市委会2023年度优秀调研报告（二等奖2篇，三等奖1篇）。徐刘根被农工党浙江省委会评为“组织工作先进个人”，刘超寅、邢慧峰被农工党浙江省委会评为“参政议政工作先进个人”；浦云峰、沈明、陆春梅、陈国华、金润5人被农工党嘉兴市委会表彰为2023年度优秀党员；刘超寅、沈志浩分别被农工党嘉兴市委会表彰为参政议政先进个人、社会服务工作先进个人。徐剑虹被嘉兴市政协评为优秀政协委员；浦云峰被县政协评为优秀政协委员；刘超寅被县政协评为社情民意优秀个人；董雪明、范黄芳、浦国明、马小董获评农工党嘉兴市委会“40年·40人”。

【学习教育】2023年，农工党海盐县基层委健全班子理论学习中心组为主导的学习体系，组织学习党的二十大精神、全国两会精神及省、市、县两会精神。学习农工党中央和省、市关于召开的“凝心铸魂强根基 团结奋进新征程”主题教育动员会精神，学习习近平总书记考察浙江重要讲话精神。参加县委统战部举办的“五敢型干部”我先行暨党外干部“培优营”活动、海盐县党外人士党风廉政建设和反腐败工作情况通报会、政情通报会、各民主党派工作联席会议暨海盐县纪念“五一口号”发布75周年座谈会。观摩嘉兴市统一战线重温“五一口号”携手奋进新征程“四敢争先”统战青年说主题分享会，参加农工党省委会、市委会、县委统战部组织的学习会、培训班等。

【参政议政】2023年，农工党海盐县基层委上报社情民意信息

32 篇，市、县两会提交建议和提案 24 件，被县政协评为社情民意信息先进集体。开展年度课题调研 5 个，其中：“逐鹿‘专精特新’新赛道 助力我省制造业转型升级”和“以亚运会为契机 建设现代化体育强省”被列为农工党省委会课题，课题成果获市委会优秀课题调研报告二等奖；“关于嘉兴市打造生物多样性魅力城市新高地的调研报告”被列为嘉兴市委会招标课题，课题成果获评市委会优秀调研报告；“关于优化提升我县营商环境的建议”被列为县政协重点提案，课题成果获评优秀提案；“关于构建生物多样性保护新格局 建设人与自然和谐共生美丽海盐”被列为县政协调研课题，被评为优秀调研报告。沈志浩提出的《关于合理规则设置主城区社区卫生服务站的建议》被县人大评为优秀代表建议，范黄芳提出的《关于支持我县“专精特新”中小企业提升制造业核心竞争力的建议》被县政协评为优秀提案，徐剑虹提出的《高位谋划布局县域先行先试 加快在海盐打造全国医用同位素产业示范基地的建议》被县政协评为优秀社情民意。

【组织建设】 2023 年，农工党海盐县基层委开展“凝心铸魂强根基 团结奋进新征程”主题教育，组织开展“追寻红色足迹 传承革命精神”主题活动，到上海“中国农工民主党第一次全国干部会议会址”和“中国共产党第一次全国代表大会会址”开展现场学习等活动。参加县委统战部“同心联力”，与部门中共党组织开展支部“双列入、双结对”共建活动。实施“同心同廉”工程，成立基层委内部监督工作委、青年工作委员会，建设“党员之家”活动阵地。全年“海盐农工”微信公众号发布 19 篇，上报市委会被录用 15 篇。

1 月 14 日，农工党海盐县基层委与海盐县癌症康复协会举行携手同行抗癌路“红豆杉”暖心行动活动 （农工党海盐县基层委供）

【社会服务】 2023 年，农工党海盐县基层委开展“农工健康大讲堂”“红豆杉抗癌联盟”“同心助学”等社会服务品牌建设。开展“同心共富”社会服务项目 33 个，平台累计积分 1391 分。组织与贫困学生结对、“方货出山”消费帮扶、基层委党员“做一天志愿者”和各种慈善捐款等活动。开展结对助学学生 3 名，爱心扶贫消费 4296.2 元。

【“红豆杉抗癌联盟”】 1 月 14 日，农工党海盐县基层委与海盐县癌症康复协会举行“携手同行抗癌路，红豆杉暖心行动”启动仪式，正式建立“红豆杉抗癌联盟”社会服务品牌基地。确定每年定期向海盐县癌症协会爱心捐款 5000 元，邀请农工党省委党员医师专家，协同农工党海盐县基层委知名医师专家，到联盟基地举办健康讲座、科普、义诊等活动。全年在社会服务联盟基地开展活动 8 次，被嘉兴市委统战部特设的“之江同心 红船引领——我们的品牌故事”专栏刊登，被浙江省抗癌协会授予“浙江省抗癌爱心单位”称号。

（吴福英）

九三学社海盐县基层委员会

【概况】 2023 年，九三学社海盐县基层委获评九三学社全省 2023 年度社会服务先进基层组织，黄雪光被评为九三学社全省 2023 年度优秀社员，冯龙锋被评为九三学社全省 2023 年度社会服务先进个人，李武平被评为九三学社全省 2023 年度信息工作先进个人。姜婕、刘伟被评为九三学社嘉兴市委员会2023年度优秀社员，黄雪光、孙美花、任林被评为九三学社嘉兴市委员会2023年度优秀社务工作者；任林被评为2022—2023年度嘉兴市人大代表履职先进个人；梁玲琳被县人大评为2023年度“五好”先进履职代表。

【思想政治建设】2023年，九三学社海盐县基层委开展“凝心铸魂强根基 团结奋进新征程”主题教育，组织骨干社员参加各级学习培训班12人次，开展集体政治生日、退休社员“银龄关爱”、庆祝三八国际妇女节“淑厢雅议”、教师节“一封手写卡”、“城议座谈会”等活动13次。与九三学社上海市成套院支社、九三学社嘉兴农业支社开展社务交流活动。承办九三学社“爱国民主 科学”嘉兴打卡点编制工作，承制褚辅成史料陈列室数字VR展馆，开展纪念“五一口号”发布75周年“五个一”系列活动。组织社员参加社省委纪念“五一口号”发布75周年和“八八战略”实施20周年主题摄影比赛，周拯晔的《“核”力发展 中巴情深》等4篇作品获奖；参加市委统战部“重温‘五一口号’携手奋进新征程”主题征文比赛，李加薇的《重温“五一口号”不忘合作初心》、孙美花的《践行初心 同心同行》等6篇作品获奖。连续第七年组织“九三纪念日”活动，开展爱国主义宣传教育进影院活动。

【参政议政】2023年，九三学社海盐县基层委在市两会上，提交市政协提案4件、市人大建议2件。俞晓叶《关于加快推动乡村旅游健康发展的建议》被评为市人大代表优秀建议。在县两会上，主委姜婕代表九三学社海盐县基层委作大会发言《关于加快托育服务体系建设的建议》，获县主要领导批示肯定。提交集体提案2件，个人提案16件。其中，《关于海盐县托育服务体系建设的建议》《关于打造长三角特色康养旅游胜地的建议》被列为县政协重点提案，《关于加快用户侧新型储能推广建设的建议》被评为县政协优秀提案。撰写调研报告3篇，其中《关于推进全县科技创新平台建设的建议》被评为县政协优秀调研报告。提交社情民意32篇，其中：省政协录用《关于加大高标准水文测站建设，进一步提升洪涝预报预警能力的建议》等4篇；《用“灯火”点燃“烟火”打造海盐辨识度夜经济》获县主要领导分别批示。

2023年，省政协副主席、社省委主委叶正波（前排左二）到海盐县开展“主委走基层”活动　　　　（九三学社海盐县基层委供）

【社会服务】2023年，九三学社海盐县基层委与县水利局共建九三学社青少年节水科普实践基地，举办青少年科普夏令营活动。与县科协共同聘请结对学子担任科星宣讲员。承办2023年九三学社嘉兴市委员会“九三·辅成奖学金”签约仪式，资助2名学生圆大学梦。

【“九三核声”工作品牌】2023年，九三学社海盐县基层委创新“一联三共”共建结对形式，与中国核电运行管理有限公司党群工作处联合打造“九三核声”工作品牌，获评嘉兴市“同心共富”最佳案例。8月22日，省政协副主席、九三学社省委主委到海盐开展“主委走基层”活动，参加“九三核声”座谈会并给予肯定。

【岗位建功】2023年，黄雪光获评全省海塘安澜千亿工程成绩突出个人；刘伟获评嘉兴市担当作为好干部；孙美花获评嘉兴市劳动教育优秀导师；俞喆淳获评嘉兴市中小学教坛新秀；任林获评嘉兴市网络人士联谊会“优秀会长”；黄雪光、奚能获评海盐县“五敢”型干部；孙东魁获海盐县新冠疫情防控个人嘉奖；林圣全获评海盐县“盐邑匠才”；冯龙锋获海盐县卫生健康系统名医称号。俞喆淳的作品《镌刻风雅》获全国当代篆刻家作品展优秀奖；姜婕主创的易佰客业务系统获浙江省县（市、区）新闻奖应用创新二等奖；任林主创的新闻作品《阅兵式核酸检测队伍，你见过吗》获嘉兴市新闻奖一等奖。林圣全主持的项目获78项国家专利，梁玲琳主持的项目获5项国家专利。周拯晔论文《欧盟碳边境调节机制以及对我国核电发展的影响分析》发表于《中国核电》；姚春雷论文《2022年浙江省RPPSV流行毒株ORF5基因序列遗传进化分析》发表于《中国动物检疫》。

（吴燕芳）

海盐县工商业联合会

【概况】2023年，县工商联有会员单位2300家（个）。其中，主席（会长）单位1家、副主席（副会长）单位25家、常委单位22家、执委单位95家；县工商联所属行业商协会20家、镇（街道）商会9家、县内异地商会2家，联系服务县外海盐商会4家。全年获得领导批示和肯定5次，省、市交流发言6次，荣获各类先进表彰25次；获评“2023年度全国工商联调查点工作”先进基层单位、2023年度全省工商联服务“两个健康”工作成绩突出集体。工作经验在新华社、《中华工商时报》《浙江日报》等媒体刊发。

【政治引领】2023年，县工商联依托海盐县民营企业家宣讲团、“盐邑商海大讲堂”等持续开展理想信念教育，召开“企业家讲 讲给企业家听”理想信念报告会2场，组织执委常委企业、商会赴鲁冠球精神展陈馆、浙商博物馆等考察学习3次。步鑫生改革精神陈列馆入选第三批浙江省民营经济人士理想信念教育基地。

【青蓝接力】2023年，县工商联举办新生代企业家综合素质和管理能力提升培训班、民营企业家代际传承、盐台青年（新生代）企业家主题交流等活动，邀请浙商博物馆馆长杨轶清教授作专题报告。加强诚信守法教育，邀请县纪委县监委开展青年（新生代）企业家廉政教育，倡导青年企业家与廉同行、筑梦青春。《建立新生代企业家健康成长培育体系助力青蓝接力工程》获评嘉兴市营商环境优化提升“一号改革工程”二季度创新案例；《三举措破解三难题 培育青蓝接力新生力量》获评省工商联三季度服务“两个健康”最佳实践案例和2023年度全省工商联服务“两个健康”最佳工作实践创新成果。

【亲清助企】2023年，县工商联开展“亲清助企”行动，建立县—镇（街道）—行业协会三级联动恳谈机制，召开专题恳谈会、沙龙等，全年县、镇（街道）联动召开各类政企恳谈会18场，解决涉企难点堵点80余个。《政商同频共振 擦亮亲清底色》获评全省工商联系统二季度服务“两个健康”最佳实践案例。提升企业家综合素能，整合各部门培训资源，成立海盐县服务“两个健康”企业培训基地，举办培训班2期、论坛3次、主题沙龙5次。带领企业开阔眼界，先后组织赴北京中关村、中国科学院等科研平台和企业考察学习。《海盐县政企同心全力助推企业家健康成长》被省委办公厅浙江信息（工作交流）录用。推进“同心同联”清廉民企建设，在全市率先成立清廉民企（商会）“廉盟”，发布“廉盟”公约，选树县级清廉民企规范单位473家。在全市清廉民企建设工作现场推进会暨团体标准发布推广会上作典型交流。5月18日，省督查调研组到海盐县调研清廉民企建设工作，实地考察恒锋工具股份有限公司和召开县级部门清廉民企建设座谈会，对海盐清廉民企建设工作予以肯定。

【商事纠纷调解】2023年，县工商联打造“一盐为定”商事纠纷调解品牌，成立9个镇（街道）商会商事纠纷调解工作站，组建由商会会长、企业家为主体的100余人调解员队伍，形成“1+9+N”调解新架构，调解成功案件64件，助企挽回经济损失6900元。“一盐为定”商事纠纷工作获评省工商联揭榜挂帅优秀项目，在省工商联揭榜挂帅项目成果展示会上宣传推广，工作经验在新华社、《浙江日报》等媒体专题报道。

12月5日，县工商联召开“一盐为定”商事纠纷调解经验介绍会

（县工商联供）

【经济服务】 2023年，县工商联联合县经信局成立长三角（嘉兴）“专精特新”企业服务基地海盐工作站，由工商联副主席担任站长，为“专精特新”中小企业培育、成长和发展提供服务，全年累计走访企业60家，开展各类申报指导服务10场。在全省工商联系统经济服务工作会议上做《锚定专精特新 服务经济高质量发展》经验介绍，在全市“两个健康”工作推进会上做交流发言。联合县委组织部举办企业高级管理人才专题讲座，邀请嘉兴市工商联主席专题授课。联合县委组织部、团县委、县人力社保局等开展“雏鹰计划”学生暑期社会实践活动，13家工商联执委以上优质企业推出52人实习需求，引导海盐籍在校大学生返乡就业。联合武原商会、新光社区、法狮龙举办“共建共富‘职’等你来”微招聘会，13家优质企业提供就业岗位90余个，现场达成意向30余个。

【助力共富】 2023年，县工商联通过结对帮扶、项目进村、定向岗位和技能培训等形式，实施党群创业“十百千”共富工程，指导推进400家共富车间（工坊）建设；新盛达共富工坊和青莲食品共富工坊获评定向招工式“共富工坊”省级示范点，玖鸿园区共富工坊、三维大通共富工坊获评市级示范点。与屏山县工商联、景宁县工商联缔结友好工商联（商会），组织企业家赴景宁县开展考察交流，向景宁县养老“爱心卡”项目捐赠10万元。联合县残联开展爱心助残“微心愿”认领倡议，完成1156个“微心愿”认领。承办嘉兴市工商联党建引领打造共富商会工作推进会暨商协会党组织主题党日活动，现场观摩秦山街道北团村、森植新优植物生产展示基地，听取工商联党建引领打造共富商会经验介绍。《以商会兴村为引擎助力共同富裕实践》入选全省乡镇街道商会优秀实践案例，《实施商会兴村 助推强村富民》获评省工商联四季度服务“两个健康”最佳实践案例。通元商会和秦山商会获评首批市级“共富示范商会”。

【工商联组织建设】 2023年，县工商联组建工商界别委员工作室，设立工商联界别委员工作室深圳、杭州、北京、上海等电商园服务站，加强联络联谊、服务会员企业、助力招商引资，举办招商推介会2场，引荐项目8个，落地项目2个。强化商会阵地建设，引导镇（街道）商会按照“六有四好”要求开展示范化建设。百步商会获评浙江省“百家示范商会”，在全省乡镇街道商会建设推进会上做《打造平台载体 优化会员服务 助力高质量发展》经验交流；杭州湾大桥新区商会获评2023年浙江省“四好”商会，秦山商会获评2023年嘉兴市“四好”商会，通元商会在全市镇（街道）商会建设工作推进会上做工作交流。开展民营企业运行状况季度调查、上规模调查、社会责任调研等12次，参与企业1000家（次），为上级部门研判民营企业运行和政策获得情况提供重要支撑，工作获全国工商联肯定。

（沈　芳）

海盐县党外知识分子联谊会

【概况】 县知联会成立于2009年12月，至2023年末，有会员104人，下设经济、文教、医卫、国资和综合5个小组。全县9个镇（街道）知联分会有会员273人。县知联会成立以来，2013—2015年连续3年被评为

"浙江省优秀知联会",2015年,获评"全省无党派人士、党外知识分子坚持和发展中国特色社会主义学习实践活动先进集体"、嘉兴市统一战线"同心·建功"先进集体。2022年,获评"嘉兴市优秀知联会"、嘉兴市十佳"同心组织"。2011年,朱沈良获评全国县(市)科技进步考核先进个人;2012年,陈其荣被中国电力企业联合会评为"'十一五'电力行业节能减排先进个人";2013年,王大连荣获"全国基层优秀感控工作者"称号;2015年,马小平被评为浙江省知联会"奉献之星"。

11月7日,县知联会联合县新联会、网联会共同开展"知新智享"知新沙龙活动 (县知联会供)

【思想建设】 2023年,县知联会深入学习贯彻习近平新时代中国特色社会主义思想和党的二十大精神,学习习近平总书记考察浙江重要讲话精神,开展党外知识分子思想引领,增强党外知识分子坚定不移跟党走的政治自觉、思想自觉、行动自觉。县知联会组织党外知识分子,参加"不忘合作初心,继续携手前行""同心跟党走 迈向新征程"等主题教育,不断巩固团结奋斗的共同思想政治基础。

【组织建设】 2023年,县知联会首次在国资企业党外知识分子中创新开展"成长力指数"考评活动。注重加强队伍建设,将政治素质好、学历层次高、进取精神强的党外知识分子代表纳入人才库,实行动态管理,在干部选拔任用、参政议政上优先推荐,输送多名优秀会员加入中国共产党与民主党派,发挥党外人才"蓄水池"的作用。完成2次换届工作,实现领导班子和会员的新老交替。

【参政议政】 2023年,围绕海盐县古城复兴计划,县知联会联合相关部门共同承办"郑晓与百可园——千年古城的文化印记"研讨会。助力南北湖未来城建设,县知联会会同新联会、网联会联合开展"知新智享"沙龙活动,参观考察未来城EOD项目现场,14名会员为南北湖未来城开发提出30余条意见建议。县知联会为会员搭建建言献策平台和活动载体,发挥"智囊团"作用,组织会员参与县委、县政府"最多跑一次""接沪融杭""新型城镇化""古城复兴"等课题调研。发挥会员中人大代表、政协委员的作用,围绕全县经济社会发展,提交高质量的社情民意、议案、建议。会员代表委员共提出议案、意见、建议130余篇。

【社会服务】 2023年,县知联会会员参加听证、接访等法律服务7次,开展送文化下乡活动43次、普法课堂入企业活动12次,举办金融讲座宣传指导3场次、义诊4场次,受益群众2300余人次。组建教育文化、医疗卫生、科技、经济、法律5个"同心·服务团",开展服务基层活动,开展科普咨询、送医送教等社会服务活动200余场次,受益群众5000余人次。

【校地共建】 2023年,县知联会持续开展与浙大知联会校地共建,全年开展互访交流2次,围绕农业发展、科技成果转化、工作站建设等内容开展交流探讨,推动校地产学研融合发展。

(李　昱)

群众团体

海盐县总工会

【党建引领】 2023年，县总工会深化“红船精神进企业”主题教育实践活动，该活动被列入全县庆祝建党102周年的系列活动。通过“听劳模工匠说”示范宣讲、红色文艺宣讲员情景宣讲、职校老师职业道德类示范宣讲等多种形式，开展全县性的红色示范宣讲36场。开展“守好红色根脉·班前十分钟活动”活动，征集到优秀案例22个，1人获评省级优秀领讲员，1件作品获评省级优秀宣讲文案。

【劳模宣传】 2023年，全县获评首届“长三角大工匠”1人，被授予省五一劳动奖章2人，被授予市级劳动模范11人，被授予市级先进集体3个，被授予市工人先锋号4个班组，获评“嘉兴良匠”63人，被聘任为第九批海盐县职业技能带头人10人，命名年度县级高技能人才创新工作室4家。承办“工匠之城·共富先行”小新走嘉兴、劳动最光荣大型公益活动（海盐专场）。组织开展海盐县庆祝“五一”国际劳动节活动、“身边的最美奋斗者”主题征文、“逐梦新征程 奋进共富路”职工摄影大赛等宣教活动。开展“红五月·听劳模工匠说”系列活动、劳模工匠进校园暨“开学第一课”活动等，开展“听劳模工匠说”主题宣讲近百场。

【数智工会】 2023年，县总工会开展“红驿之声”微党课等“红色驿站·红色宣讲”主题活动300余场，服务职工近2万人次。线下建成首批红色驿站100个，打造代表嘉兴、海盐不同时期红色印记、人物的主题驿站10个。“嘉里红驿”被列入浙江工会数字化改革地方特色创新项目、嘉兴市党建统领智治“五个一批”重点应用，在全省工会深化数字化建设工作专题视频会议上做经验推广；相关做法获《浙江日报》报道，并被嘉兴市《市委数字化改革专报》刊发，在全市推广。

【慰问帮扶】 2023年，县总工会完善困难职工帮扶制度，救助困难职工家庭16户，发放慰问金8万余元、实物价值3000余元，发放夏季送清凉物资价值2.5万元。春节前夕，组织开展重点项目工程“留盐过年”慰问活动，为170名职工送上暖心大礼包。优化完善职工医疗互助保障制度，将参保工作列入“我为职工办实事”重点项目，全年有41937名职工参加，累计发放补助350余万元。开展农民工“求学圆梦行动”，宣传发动货车司机、网约车司机、快递员、外卖配送员等新就业形态劳动者提高学历教育，对符合条件的11人每人予以1000元资金补助。发动职工参加浙江省职工“学历与技能提升行动”，发放学历提升补助资金45000元、技能提升补助资金30500元。

【匠技传承】 2023年，县总工会联合相关部门开展养老护理员、餐厅服务人员、快递员等县级技能竞赛7场，带动镇（街道）、园区、重点工程项目开展岗位练兵、技能比武活动12场。引导和支持企业开展技能等级自主评定，全县技能等级认定企业达112家。以企业高技能人才（劳模）工作室为载体，开展“名师带徒·匠心传承”活动，全县拥有各级劳模188人，市级以上工匠77人，名师带徒350对。姚红飞劳模创新工作室获评省最具影响力高技能人才（劳模）创新工作室，领衔人姚红飞入选首届“长三角大工匠”。

【服务职工】 2023年，县总工会对登记在册5069名失业人员分门别类建立档案，通过“嘉里红驿”等平台投送培训信息8000余条。开展转岗、失业人员技能培训732人，实现转岗再就业477人，就业转化率达65.2%。“就在海盐”工作获评浙江工会助力高质量发展建设共同富裕示范区十大创新案例、海盐县营商环境优化提升“一号改革工程”第二批创新案例，在全省工会高质量就业服务工作现场推进会上做经验交流。开展就业服务月系列活动，加强与四川省屏山县总工会、贵州省岑巩县总工会对接，拓展招聘信息覆盖面。联合县人力社保局开展“春风行动”系列线下招聘活动3场，提供招聘岗位227个。4月，海盐县职工服务中心被列入浙江省“职工服务中心赋能增效打造服务职工综合体”试点单位，恒锋工具股份有限公司被列入浙江省“提升职工生活品质塑造幸福生活环境”试点单位，海盐快递物流行业工会联合会被列入浙江省“新就业形态劳动者温暖行动”试点单位。加强山海协作、对口支援帮扶，与四川屏山、金华浦江、丽水景宁签订职工疗休养协议，安排疗休养活动经费32万元，以“镇（街道）+县本级”的形式，组织179名一线职工及新就业形态劳动者开展疗休养活动。

【工会活动】 2023年，县总工会组织举办“海盐县第二届职工文艺团队展演”“海盐县第七届职工羽毛球团体赛”等大型职工文体活动10余场。组织开展职工子女诗歌朗诵培训班、暑期职工子女羽毛球公益培训班等课程，联合县科协赴光大环保能源（海盐）有限公司开展“绿色家园我先行”职工亲子科普研学等活动。做实做优“盐工学堂”公益普惠品牌，全年举办浅绛山水画、围棋、葫芦丝等各类公益培训80余期，惠及职工及职工子女5000余人。以职工健身俱乐部为主阵地，开展“迎亚运 职工健身嘉年华”主题系列活动。推出“工会有约 健身同行”职工健身系列公益培训，举办海盐首届羽毛球青训营学员邀请赛。县工人文化宫被命名为嘉兴市残疾人羽毛球训练基地，举办全市残疾人首期集训营、县残疾人羽毛球赛。在“两性两化”（公益性、服务性，社会化、市场化）运作试点中，重点打造“工心季·温暖家”服务品牌，做实做优“留盐过年”“假日学校”“午时瑜伽”“有氧周末”等体育类公益服务项目；试点做法被《浙江日报》“潮新闻”客户端等媒体宣传报道，在全市职工服务阵地“两性两化”运作现场推进会上做专题经验交流。

【基层工会建设】 2023年，县总工会开展未建工会企业普查，指导镇（街道）总工会开好规模以上企业工会组建推进会，推动25人以上企业工会应建尽建。以快递、物流货运、互联网行业为重点，推进新业态领域建会入会攻坚行动。新组建成立县物流

12月15日，海盐县互联网行业工会联合会成立大会暨第一次会员代表大会召开
（县总工会供）

货运行业工会联合会，覆盖全县26家货运重点企业，推动5家25人以上的货运企业单独组建工会。依托县快递行业工会联合会，将工会组织覆盖面从快递法人企业延伸到在盐快递品牌的从业人员，推动快递法人企业工会单建全覆盖。加强与嘉兴引领汇电商园管理有限公司对接，发挥其作为园区管理企业的龙头作用，新组建成立168·创业园联合工会，吸纳园区62家入驻企业从业者入会。至年末，全县新组建基层工会46家、新发展工会会员5390人，其中新业态领域新组建基层工会11家、新发展工会会员2013人。

【立功竞赛】 2023年，县总工会下拨镇（街道）9万元产改专项工作经费，以望海街道“两创中心”、百步镇九鸿园区为试点，推动改革工作落地见效。通苏嘉甬高铁海盐段项目工程，成立产业工人培训中心——新建南通至宁波高速铁路站前Ⅲ标产业工人培训中心，设置七大功能板块，将实践和理论相结合，围绕“思想政治引领”“施工现场安全生产”“技术技能与工程质量”等方面开设课程，开展产业工人职业能力提升培训，合力推动产业工人综合素质。

【构建和谐劳动关系】 2023年，县总工会参与协调劳动关系三方机制建设，推进劳动关系“和谐同行”三年行动计划，依托企业和谐劳动关系工作室，将矛盾化解在基层。全年开展普法宣讲27场，覆盖2000余人，为24家企业上门开展法律体检，给出劳动用工相关法律建议300余条。通过“联动到位、指导到位、协商到位”，打造“安新在盐”能级工资集体协商品牌。建立健全联系指导新业态重点企业工会制度，与邮政管理、交通运输、市场监管等行业主管部门协同联动，出台推动新业态能级工资集体协商十条措施，全县产改试点单位能级工资集体协商覆盖率100%，在快递、电商、外卖、货运等新业态重点行业领域实现协商全覆盖。

【助力优化营商环境】 2023年，县总工会发布工会助力优化营商环境“十条”措施，助力企业减负降本，减免工会经费650万元，惠及企业700余家。注重选树宣传先进典型，艾迪西暖通、恒洋热电分获市十佳“美丽厂区创建示范单位”、市十佳“美丽厂区创建优秀单位”称号；通过拍摄制作市级“美丽厂区”展示宣传片，在“海盐发布”微信公众号等媒体上宣传市级“美丽厂区”经验做法等形式，示范带动企业工会争创市级“美丽厂区”。深化“工心季·益智行”职工公益培训，开展“职业道德”“安全生产”等各类公益培训40余场，惠及职工2000余人。以历年获评“星级美丽厂区”的企业工会为重点，年内在全县范围内着力培育百个职工文体活动优秀兴趣小组，其中恒锋工具体育运动组获评省级职工文体活动优秀兴趣小组。推进厂务公开民主管理工作，推荐的2件企业职工提案入选“聚合力 促发展 保安全 迎亚运”全省优秀职工代表提案。

（叶文婷）

共青团海盐县委员会

【概况】 2023年，团县委有直属基层团（工）委23个，下级组织1252个。其中，团委38个、团工委6个、团总支18个、团支部1187个。全县有团员11760人，新发展团员929人。下属民办非企业单位2家，即海盐县志愿服务指导中心和海盐县青少年综合服务中心。

【青年力量培养】 2023年，团县委接待团浙江省委、团广东省委主要负责人一行到海盐调研青春助力“千万工程”及青创农场建设工作。举办乡村振兴创业创新选拔赛，吸引9个优秀项目参赛。打造“党群创业·青创空间”服务品牌，为入驻青创项目提供注册指导等全链条支持，累计服务项目213个，开展专题培训、沙龙34场。举办青创后备箱集市10期32场，吸引青年创业者1200余人次参加。指导海盐168创业园创建为省级示范性青创空间。承接省级“我们的村晚”志愿服务保障工作，获团省委领导调研肯定、县委县政府通报表扬、“青春浙江”公众号报道。举办志愿服务项目创投大赛，吸引13个优质项目参加。迭代升级“时光剪切师”志愿服务项目，有关做法获央视晚间新闻报道。

【青少年宫建设】 2023年，县青少年宫搬迁工作完成，新宫功能、布局获省青少年校外教育中心领导调研肯定。履行“家门口青少年宫”建设牵头抓总职责，构建“1宫8中心”青少年成长服务体系，推动师资、课程等资源下沉。武原街道河滨社区“家门口青少年宫”入选省级、市级第一批建设试点，相关工作获《科技金融时报》“海盐发布”微信公众号等媒体宣传报道，被《嘉兴信息（工作选编）》采用。

【青年服务工作】 2023年，团县委提升“储鹰计划”品牌能级，发布优质岗位200余个，吸引800余名大学生报名参加；落实人才专项补助，最高给予实习实践大学生每人每月2000元的生活补贴；谋划“我在海盐看日出”等城市体验线路8条。擦亮“宜恋海盐”品牌，开展婚恋交友活动5场，优化“青心盐遇”青春专线4条，探索地域化合作模式，与嘉善团县委签订全市首个青春专线合作协议，相关工作获《中国青年报》宣传推广。深化山海协作，联合县青企协、县青少年宫赴景宁县，启动合作项目2个。塑造契合青年需求的消费场景、文娱场景和社交场景，重点打造沈荡老街、吾悦广场青创街区，在北大街设置“人才夜市”招聘角，开展专场招聘会1场。发布红领巾研学地图、“盐味农耕”研学手册，为学生家长提供课余研学路线18条。依托县青联有效吸纳向阳花开心理健康服务社团、吾悦电子竞技交友社等兴趣社团6个，举办“三对三”篮球赛、青少年春晚、定向登山等时尚活动。

【青年引育工作】 2023年，团县委立足新时代文明实践阵地，联动青年之家等团属资源，建成青年讲师名家工作室，打造“海燕传音”青年宣讲品牌；创设“青春文明实践运营社”，引进社工机构、青年社团，为专职社工、青年创客等群体提供筑梦平台，吸纳桂之韵社工事务所“守护花季 护航青春”青春健康教育等项目入驻。升级打造镇级青年之家27个，强化社会优秀青年的引领和管理。

【团组织建设】 2023年，团县委开展学习贯彻习近平总书记重要讲话精神和团十九大精神等主题教育百余场，举办“十四岁集体生日”“新团员集体入团宣誓”等主题仪式活动15场，覆盖团员青年2000余人次。深化全县“十大杰出青年”等推选活动，举办“五敢型干部与青年面对面”、“四敢争先”青春思辨会等活动。常态化开展“循迹溯源学思想促践行”青年学习宣讲活动，配合完成全县青年干部“明德守法、完善自我”专项行动方案起草工作。推动党建带团建工作纳入综合考核，团组织规范化建设、推优入党等内容被纳入县委巡察监督清单。充实团组织的工作力量，新建“两新”团组织103个，较改革前增加25%。打造“盐润青廉”工作品牌，配合县纪委县监委、县委组织部等落实年轻干部政德教育，参与省级重大巡视巡察问题对下属单位（协会）监管不到位协同整改工作，抓好团属社会组织等清廉单元建设，谱好清廉“青春协奏曲”。加强青廉产品和内容供给，承办嘉兴市“浙里青廉”工作启动仪式暨嘉兴市“禾你说青廉”脱口秀大赛，获《钱江晚报》、“青春浙江”等主流媒体宣传报道。

（郭依丽）

海盐县妇女联合会

【概况】 2023年，全县有县属妇女组织15个，镇（街道）妇联9个，村（社区）妇联121个。是年，县妇联被评为省“平安家庭建设优秀单位”，省级优秀档案室；武原街道南门社区妇联被评为省妇联系统先进集体；武原街道海兴社区妇女儿童驿站被评为省三星妇女儿童驿站。《建立新生代企业家健康成长培育体系助力青蓝接力工程》被评为市营商环境季度创新案例。全年在《中国妇女报》等省级以上媒体刊登宣传报道36篇。

【妇女思想政治建设】 6月，县妇联启动“红船女儿百千万大宣讲暨盐姐姐巾帼共学大宣讲”活动，宣讲习近平总书记重要指示批示精神、浙江省第十五次妇女代表大会精神等，开展《习近平走进百姓家》等围读活动108场。11月，成立核电关联企业妇建联盟，承办嘉兴市新领域妇女组织建设现场推进会暨“红船女儿”走进新领域妇联宣讲活动，嘉兴三乐实业有限公司妇联获评嘉兴市第二批示范新领域妇联组织。举办基层妇联执委能力提升培训暨家庭教育指导职业技能培训班。围绕“大走访大调研大服务大解题”活动，深入妇女群众和企业走访调研，解决群众急难愁盼问题125件。强化优秀妇女干部培养，谢凤英、杨志芳、宋艳红、朱小勤当选省第十五次妇女代表大会代表，朱小勤当选中国妇女第十三次全国代表大会代表。周雪梅、蔡培英获评省“三八红旗手”，谢凤英、陆忠勤、钱天艳分别获评省妇联系统先进个人、市平安家庭先进个人以及县“五敢型”干部。

【巾帼助推最美营商环境】 3月，县妇联制定“最美营商环境”十项举措工作方案，发出“优化营商环境盐姐姐在行动”倡议。实施“泰隆创业助跑计划”，扶持创业女性20人。成立女企业家协会党支部，携手县工商联等6家部门（单位）开展“融合赋能 女企红韵”党建联建品牌建设。授牌党建联建实践基地，成立“红韵助企”指导团，推出企业关心关切的服务项目14项。成立以核电关联产业女科技工作者和高技能女性人才为主体的县女科技工作者组织。实施“北光点亮‘她生活’公益项目”。举办女性创业新生代训练营暨“轻舞飞扬 她创联盟”团队拓训。培育一批她创组织，授牌“老镇沈荡·赉湖她创”女性创业实践基地，为周边居民提供就业岗位100余个，其中女性就业率超过65%。

【“巾帼文明岗”争创】 2023年，县妇联开展第二届“海盐县十佳女性”评选，进行事迹展播。开展“优营商 她代言”巾帼文明岗典型案例、最美执委、巾帼志愿者等系列主题宣传。深化巾帼文明岗创建，围绕“迎亚运、共同富裕”等主题，开展系列主题活动和结对活动，全年申报省级争创岗4个、市级争创岗11个、县级争创岗8个。创建市级和美庭院示范区1个。成立县级巾帼红色教育基地。举办“聚力促发展·巾帼展风采”纪念“三八”国际妇女节113周年活动。

【妇女权益保障】 2023年，县妇联加大《中华人民共和国妇女权益保障法》的宣传普及力度，开展宣传活动32场次。举办《中华人民共和国妇女权益保障法》有奖知识竞答活动，参与人数8000余人。开展“平安家庭我示范”活动，建立反家暴部门联动及全流程管理机制，流转家暴警情（含家暴告诫书）126条。建立由1支专家队伍和9支基层志愿者队伍组成的“盐平塘”之盐姐姐队伍。全年发出家暴告诫书的警情全部纳入“和睦E家”，未发出家暴告诫书的警情线下流转。全年“12338”热线接听来电107个，接待来访39人次，调处率100%。联合县慈善总会救助百名贫困妇女，发放救助金和慰问品价值8万元。继续推广使用“最美守护”应用，被纳入县基层智治综合应用。联合县检察院出台《关于加强困难妇女司法救助工作的实施办法》，开展司法救助25件，救助困难妇女34人，发放救助金22.9万元。

【深化家庭建设】 2023年，县妇联根据《海盐县家庭教育工作“十四五”规划》，制定县家庭教育2023年工作要点。配合县人大常委会开展贯彻《中华人民共和国家庭教育促进法》调研。举办家庭教育宣传周活动，开启家庭教育城乡行活动，举办家教讲座63场。联合县教育局推进“家校社”共育体培育点建设，打造县级共育体培育点10个、市级培育点试点1个。在全县范围内开展“最美家庭”、绿色（无废）家庭寻找活动，获评省级季度最美家庭2户、市级最美家庭6户、县级最美家庭55户；获评省级绿色（无废）家庭1户、市级绿色（无废）家庭12户、县级绿色（无废）家庭50户。

【儿童友好示范城市创建】 2023年，海盐县成立由县委书记、县

3月7日，海盐县举办“聚力促发展 巾帼展风采”——海盐县纪念“三八”国际妇女节113周年活动 （县妇联供）

长任双组长的工作领导小组，编制《海盐县儿童友好城市建设三年行动方案（2023—2025）》，细化梳理工作清单74条，分批分类推进公共空间和设施适儿化改造，争创儿童友好示范单元。全年创建省级儿童友好社区和乡村4个，入选市级儿童友好试点单元17个。"盐粒子"儿童观察团入选嘉兴市首批"嘉里童话"十佳儿童观察团。

（钱天艳）

海盐县科学技术协会

【概况】 2023年，县科协被中国科协评为"2023年全国科普日活动优秀组织单位"，连续7年获中国科协表彰。被嘉兴市科协表彰为"2018—2023年度成绩突出集体"，获嘉兴市科协系统创先争优年度考核第一名；获评嘉兴市"建设清廉机关 创建模范机关"先进基层党组织、海盐县"科技人才"攻坚先进集体、海盐县文明单位。

【基层科协组织】 2023年，全县有镇（街道）科协9家，企业科协31家,博士创新站13家。新建核电关联产业科协联合体、南北湖医学人工智能研究院科协2家。全县4家院士工作站2022年度嘉兴市（海外）院士工作站考核合格100%，其中2家考核优秀。秦山电缆集团有限公司成功申报省级博士创新站，新增6家单位获批市级博士创新站。浙江佳乐科仪股份有限公司科协工作亮点获《企业科技》杂志专题报道。

【科技人才服务】 2023年，县科协陪同县领导走访慰问院士8人次，联合省科协院士中心组织4名院士开展海盐行活动。博士创新站奖补政策被列入人才新政，出台全市首个县级层面管理办法。与县委组织部（人才办）、县科技局等部门，联合举办"硕博人才进海盐暨核电关联及核技术应用专家团海盐行"等活动20余场。推进"科创中国"省级创新基地试点建设，代表嘉兴接受中国科协对全国创新枢纽城市的评估验收，助力嘉兴新增"创新驱动示范市"（国家级）荣誉。举办第五届"十佳科技工作者"评选表彰活动，优秀事迹材料和视频媒体播放量15万次。王慧获评2023年嘉兴市"最美科技工作者"。完成本年度企业高级职称科技工作者体检244人次。

【优秀科技论文评选】 2023年，县科协组织开展2021—2022年度海盐县优秀科技论文评选活动，征集到各类论文70篇。通报表彰科技论文28篇，其中一等奖6篇、二等奖8篇、三等奖14篇。《新盛达公司数字化改造对紧固件中小企业转型升级的启示》《以智能手机培训为突破口，助力老年人跨越数字鸿沟》等5篇调研报告，获县委、县政府主要领导的批示肯定。

【科普宣传教育】 2023年，县科协组织开展全国科普日与全国科技系列活动90余项，线上线下参与近20万人次。打造高质量新时代科技志愿服务实践样本，海盐作为全省三家代表之一参加中国科协科技志愿服务工作现场会并交流。新时代文明实践中心科技志愿服务基地挂牌成立，"海盐特色科普讲师团"获评2023年度长三角优秀科技志愿服务组织。开展"院士课堂"进校园活动13场、"小科·堂"进校园活动13场、科普"盐"讲堂活动38场、"新三毛"科普大篷车活动20场。4月，承办省

9月17日，2023全国科普日启动仪式暨盐娃追科星之走进亚运"专精特新"明星企业活动举办

（县科协供）

科协“走进科学”主题活动；9月，承办省科技馆“科学有观”系列活动，全省近80万人次在线观看。9—10月，承办浙江省流动科技馆海盐站，线下累计8000余人次参观。12月，承办嘉兴市中小学信息技术创作大赛工程设计创意赛；与县教育局联合举办第32届海盐县青少年科技创新大赛，评选出优秀作品639件。

【科普阵地建设】 2023年，浙江青莲食品股份有限公司获批“中国农村专业技术协会浙江海盐猪科技小院”和“中国农村专业技术协会科普教育基地”。海盐县数智电网科普教育基地、海盐县节水宣传教育基地、海盐融禾农业科技农场被认定为市级科普教育基地。至年末，全县有市级以上科普教育基地13家。

【农村科普试点】 2023年，海盐县以通元镇雪水港村为样本推进“村庄科普化改革试点与探索”，入选浙江省科协“浙里科普”创新示范试点工作名单。9月，承办省科协“村庄科普化改革试点与探索”嘉兴市研讨会；出台《科普助力共富雪水港村科普讲师团管理办法（试行）》，成立农村科普讲师团。

（朱梓颀）

海盐县归国华侨联合会

【概况】 10月，省委常委、统战部部长到澉浦镇“侨之家”调研，侨联工作获得上级领导肯定。工作专报《嘉兴市海盐县以“三聚”促“三化”构建“浙北侨乡”维护侨益工作新格局》获省侨联主席批示肯定，《海盐县创新发展新时代“枫桥经验”做深做实侨益维护品牌工程》获中国侨联主席批示肯定。澉浦镇侨联主席赵荣华获评“全国归侨侨眷先进个人”。

【思想政治引领】 2023年，组织县侨联委员就《汇聚磅礴力量 同心勇立潮头——习近平同志在浙江工作期间关于统战工作的探索与实践》专题纪实文章开展学习讨论。组织嘉兴市欧美同学会海盐分会理事学习习近平总书记致欧美同学会成立110周年的贺信和欧美同学会成立110周年庆祝大会精神。

【侨联活动】 6月6日，澉浦镇举办“之江同心·浙北侨乡·同心同行四十载”——澉浦镇侨联台联成立40周年活动。中国侨联调研组领导等参加活动。澉浦镇侨联主席赵荣华获“澉侨台三十载特别贡献奖”。编印澉浦镇侨联台联《四十年工作记事》。

【凝聚侨力】 2023年，县侨联开展“大走访大调研大服务大解题”服务活动，对全县侨港资企业和留学归国人员创办的企业进行走访，了解企业生产经营情况，助力解决企业发展难题。联合县委组织部（人才办）等单位举办“储鹰计划·海鸥在线”留学生暑期社会实践活动，53家单位为海盐籍海外留学生提供暑期实践岗位303个。推荐嘉兴市侨商会第四届理事会理事、嘉兴恒瑞金属科技股份有限公司董事长张金发当选为市侨商会常务副会长。参与举办“海纳百川 盐途有你”硕博人才进海盐活动。推动基层侨联开展“千侨帮千村”活动。侨界政协委员建言献策，提交集体提案2件、个人提案11件、社情民意15件，获评优秀提案1件，1名委员获评县优秀政协委员。

【联络联谊】 2023年，县侨联持续与社工组织合作，对25户

6月6日，澉浦镇举办“之江同心·浙北侨乡·同心同行四十载”——澉浦镇侨联台联成立40周年活动

（县侨联供）

高龄侨眷开展“敲门行动”4次，做好日常电话联系。结合传统节日开展侨眷联谊活动4场。组织10余名新春回盐侨胞开展“海盐籍侨胞家乡行——走进澉浦”活动。县侨艺书画社组织侨界书画爱好者开展交流写生活动3场。组织在沪留学生参加在沪嘉兴籍留学归国人员联谊活动。全年办理华侨回国定居证2件。

【侨胞阵地建设】 2023年，澉浦镇“侨之家”获评2021—2022年度全国侨联系统“侨胞之家”典型选树单位。百步镇百步云“侨之家”、澉浦镇澉川社区“侨之家”获评2023年度省五星级“侨胞之家”；百步镇中达“侨之家”、望海街道“海纳百川·侨胞之家”获评省四星级“侨胞之家”；武原街道河滨社区河“HE”之家、西塘桥街道西塘社区四方同心苑“侨之家”、通元镇喜番乐“侨之家”获评省三星级“侨胞之家”。万苍山文化区被确认为第五批“浙江省华侨国际文化交流基地”。澉浦镇草木间民宿获评第一批省级“乡村侨舍”。

（李　昱）

海盐县台胞台属联谊会

【概况】 2023年，县台联依托“侨台之家”，接待领导参观考察70余批、800余人次。台联界政协委员向会议提交提案3件，社情民意1件。

【涉台宣传】 2023年，澉浦镇台联主办的《家乡之声》累计出刊219期，每月定期编写海盐最新的大事、要事、趣事，向海内外寄发33万份小报。县台联及时报送工作信息，总结提炼涉台工作经验做法，全年累计报送稿件50余篇，其中新华网、中新网、《人民日报》等省级以上媒体30余篇。

【台联活动】 2023年，县台联举办“元宵喜乐会·两岸共团圆”云上交流活动，实现在海盐台胞台属与岛内台胞视频连线欢度春节。举办“送鲜花寄哀思清明代祭”活动，为不能到达现场祭扫的台胞台属代祭。重要节日期间，县台联开展走访慰问工作，为在盐台胞台属送上节日祝福。

【社会服务】 2023年，县台联主席赵荣华继续与四川省屏山县签订友好村企结对协议，连续三年累计捐赠服装、皮鞋、毛毯等价值212万元的物资，帮助屏山县进行乡村建设。

（崔芳蕾）

海盐县文学艺术界联合会

【概况】 2023年，县文联创新“文艺之家”建设被列为全市营商环境试点。推进“艺术乡建”，打造六里村为全省“艺术乡建”示范村，在全国首届“艺术乡建助推共同富裕”论坛上做典型案例交流。建立联挂机制，培育市级艺术村落12个，建立村级文艺之家20个。《海盐县以“艺术乡建”赋能营商环境打造精神富有新样板》获得市领导批示肯定，被市政府《政务动态》及《嘉里共富》刊发录用。《“艺术乡建”赋能“千万工程”加快绘就乡村振兴新画卷》入选浙江信息（群

2月5日，县台联举办“元宵喜乐会·两岸共团圆”云上交流活动　　（县台联供）

团改革），得到市领导的批示肯定。是年，县文联获全市文联系统信息工作先进集体、全县“消费提振”比拼先进集体。

【文艺人才】 2023年，县文联新增国家级会员4人。其中，县作协吴松良、王晓栋（贝客邦）升级为中国作协会员；县民协朱国华升级为中国民俗学会会员；县收藏协会曹杰升级为中国收藏家协会会员。新增省级会员7人。其中，县作协姚霞红、方忠明升级为省作协会员；县音舞家协会张伟东升级为省音乐协会会员，俞婷升级为省舞蹈家协会会员；县收藏协会徐建根、徐秀宽、田海军升级为省收藏协会会员。

【文艺作品】 2023年，县文联完成申报文化精品工程重点项目3项。县美协杨晓波《骑骑脚踏车》入选子恺缘第十四届漫画展，任凭《溪山清远》入选“两源三江”美术书法作品展；县书协俞喆淳篆刻作品《得石山馆制印》入展浙江书法奖陆维钊奖、第十届浙江省中青年书法篆刻展、2023浙江省篆刻百家展、全国首届卓筒井杯书法篆刻大赛等；县作协李平《寻隐者不遇》（外一首）被刊发在2023年10月《星星》上旬刊，白地《公交车站》《我多么希望你来》被刊发在《诗刊》2023年第9期，沈宏《蟋蟀是秋夜里最寂静的名字》被刊发在《星火》2023年第6期；县摄协王尤亮《齐眉庆金婚》入展全国“乡村振兴”主题摄影大展，卢霞筠《那时候》入展首届浙江省工业摄影展。县作协王晓栋（贝客邦）《白鸟坠入密林》，县民协胡永良、浦云峰《海盐骚子》获第十三届嘉兴市文学艺术南湖奖创作奖银奖。全年出刊《南北湖》《民间海盐》《海盐人物》杂志各两期。

【文艺惠民活动】 1月，县文联安排书法家协会在沈荡镇年味集市上为群众送春联；“玉兔迎春”——迎春作品展在张乐平纪念馆举办。2月，由县文联、县摄影家协会主办的“我们的中国梦——文艺进万家　温暖全家福”公益拍摄活动进社区、商场以及文化村落开展。“永不消逝的村落”——乡村记忆美术创作成果展开幕式在海盐县博物馆举行。4月，“绿水青山间 共同富裕路”——海盐县水利主题美术作品展在博物馆开幕。6月，县文联与县文化广电旅游体育局联合举办2023年海盐腔进村（社区）巡回演出。7月，《轻轻地，廉风吹过海盐》诗集首发式暨诗歌朗诵会在杭州图书馆举办。8月，县旗袍文化协会在吾悦广场开展“我们的节日·七夕”专场文艺演出。9月，由县音乐舞蹈家协会主办的九音乐团庆亚运迎国庆专场音乐会在海盐吾悦广场举办。10月，“漫趣体育 漫话亚运”首届国际体育幽默画展在海盐三毛小学举办。11月，举办“三毛”文艺嘉年华系列活动。

【艺术乡建】 2月，省文联党组成员、书记处书记考察海盐县艺术乡建工作。3月，县文联受邀作题为《乡村振兴中的文艺力量——以海盐澉浦镇六里村朱家门艺术村落为例》的案例分享，与中国科技大学艺术与科学研究中心主任、博物馆馆长、中国汉画学会会长陈履生作对话交流。4月，嘉兴市“艺术乡建”现场推进会在澉浦镇六里村朱家门召开。6月，全省“艺术乡建”工作推进会在嘉兴召开，省委宣传部、省文联、省农业农村厅、省乡村振兴局、省委主题教育第十四巡回指导组领导等一行，到海盐实地考察调研艺术乡建示范点。推进艺术乡建助力共同富裕暨“在田野里歌唱”全民K歌秀活动，首场演出在朱家门，抖音直播获10万余人次点赞，微信直播平台在线浏览量超25万人次，其后分别在武原街道金星村、秦山街道大北山等9个镇（街道）各完成1场演出。在“乡村悦心”2023年度嘉兴市级艺术村落培育考评中，北团村获评优秀、永庆村和南北湖村获评良好。

【基层文联换届选举】 2023年，县文联推进镇（街道）文联换届工作，以望海街道为试点，完成9个镇（街道）基层文联重组。选举产生会员代表664人、委员97人。8月10日，县文联第七次代表大会举行，选举产生会员代表216人、委员37人。

（李书凡）

海盐县残疾人联合会

【概况】 2023年，海盐县新增持证残疾人1039人，变更130人，注销587人，完成跨省通办29人。至年末，全县有持证残疾人14101人。9月，形成《打造“聚爱方舟”筑牢残疾儿童家庭防返贫基石——东西部协作助残促共富的实践与启示》案例。争取到2023—2024年残疾人服务能力提升工程财政专项激励资金1000万元。创新提出促进残疾人就业百分百工作模式。

【政府民生工程】 2023年，县残联承担省政府民生实事项目3项，县政府民生实事项目1项。3项省政府民生实事项目即11个点位“重要公共服务场所无障碍改造”，结合于城镇枫桥社区“省级无障碍社区”创建工作，对所在辖区内中学、卫生院、综合文化站等11个点位进行改造，涉及无障碍卫生间、内外部无障碍通道、无障碍电梯与停车位等九项改造内容；康复救助孤独症儿童项目，该项目任务数10人，实际救助17人；新增残疾人稳定就业104人，通过提升“残疾人之家”建设，强化扶持服务，组织残疾人职业技能培训，推动残疾人稳定就业。县政府民生实事项目即残疾人家庭无障碍改造项目，项目按照“一户一策”要求，综合实施无障碍改造和适配无障碍辅具，该项目任务数80户，完成改造81户。

【保障补助】 2023年春节、助残日期间，县残联走访困难残疾人家庭115户。全县“困难残疾人生活补贴”在享1411人，累计发放补贴465.57万元；“重度残疾人护理补贴”在享5471人，累计发放补贴1015.58万元。为1206名残疾人参保“城乡居民基本养老服务保险”，补助300.25万元；为6761名残疾人参保“城乡居民基本医疗保险”，补助452.98万元；为2271名残疾人参保“灵活就业残疾人参加职工基本养老（医疗）保险”，补助614.67万元。落实残疾学生及残疾人家庭子女教育就学补助工作，有176名残疾学生及残疾人子女享受补助，发放助学资金15.15万元。为20名残疾人大学生学费住宿费减免22.5万元。3月，与县民政局、县财政局、县卫生健康局联合出台《海盐县残疾儿童少年康复补助实施细则》，县儿童早期干预康复中心儿童康复训练人数达到104人。对符合康复救助的80名儿童，发放补助资金92.3万元。县外残疾儿童康复训练，补助资金40余万元。落实辅助器具适配货币补助，对186人辅具适配进行货币补助40万元。

2月20日，海盐县澉浦镇恒瑞残疾人辅助性就业中心揭牌仪式举行

（县残联供）

【残疾人就业】 2023年，县政府办公室印发《海盐县促进残疾人就业行动方案（2023—2025）》。6月，望海街道残联依托嘉兴利德尔铝业有限公司携手成立嘉兴市首个就业创业点，为残疾人提供创业就业综合性孵化平台。推进事业单位带头安排残疾人高质量就业，县残联推出残疾人单招单考，招录残疾人事业编制1人；卫健部门通过社会招考，招录残疾人事业编制1人。新增规范化残疾人之家2家，安置就业困难残疾人30人。全县建成规范化“残疾人之家”13家，为323名残疾人提供托养庇护服务。举办3期（线上1期、线下2期）残疾人就业专场招聘会，提供残疾人就业岗位110余个，新增残疾人就业360人，残疾人就业率78.39%。组织残疾人参加市残疾人职业技能大赛，获第一名1个、第三名2个、第五名1个。

【社会助残】 2023年，县残联开展残疾人入户访视，实现所有残疾人每季度100%走访，困难残疾人每月100%走访。与县慈善总会、县工商联等部门联合倡议，推进困难残疾人“微心愿”落实。筹集捐助认领慈善捐款15.56万元，完成“微心愿”落实765份。通过爱心企业捐物认领，完成“微心愿”落实认领391份。全县1156名特困、低保、低边困难残疾人的“微心愿”100%完成。

【残疾人体育】 2023年，海盐县举办迎亚运残疾人乒乓球比赛和趣味运动会。县残联选调运动员参加浙江省第十一届残疾人运动会，获得第一名3个、第二名6个、第三名2个。推选3名运动员赴省残联参加训练，备战市乒乓球比赛。“残疾人体育活动服务管理应用”完成建设方案编制和市、县两级评审。

【残疾人事业宣传】 2023年,陆洁获评市“最美残疾人”，王文琴家庭获评市“最美残疾人家庭”，《光外的英雄》获省残疾人事业好新闻二等奖。开展海盐县第二届“最美海盐人”——残疾最美系列评选活动，郑彦尉等7人获评“最美残疾人”，张瑞芬等4人获评“最美残疾人工作者”，周昔程等6人获评“最美助残人”,吴建明等2个家庭获评“最美残疾人家庭”，太阳花社工事务所获评“最美助残社会组织”。

（金海燕）

法　治

综　述

【平安建设】 2023年，海盐县以“平安护航亚运”为主，做好维稳安保工作。落实24小时值班值守、日会商调度、八长直报、驻在式督导等机制。推进系统（行业）和基层平安创建工作，出台“提升平安检查十二项举措”和“一函两单一专报”机制，压实各部门平安工作责任。县应急局灾害风险隐患报送创新做法被应急管理部推广；安全关键指标实现“八个下降”和“三个零发生”。

【营商环境优化】 2023年，全县政法各单位均出台落实“助”企、“暖”企、“护”企、“惠”企、“安”企系列措施，打造全链条优化营商环境新模式，助力营商环境优化。常态化开展扫黑除恶斗争，依法打击涉黑涉恶犯罪，高压严打黄赌毒、食药环知等违法犯罪行为。投身“三个一号工程”建设，致力保障县域经济发展，发布优化提升法治化营商环境重点项目清单，梯度培育22个法治化营商环境重点项目。推出知识产权案件诉前赔偿调解机制，入选省、市“微改革”项目库，获评2023年嘉兴市民营经济增值服务最佳实践案例；打造“一盐为定”商事纠纷调解品牌，入选省工商联揭榜挂帅项目；推出公证赋能金融解纷“全链条、全覆盖”服务，获全省公证行业服务优化提升法治化营商环境案例金奖，“警易办”智能应用获省公安厅发文在全省推广，“安企共富”项目迭代升级为“助企安嘉”平台获全市推广运用。

【基层治理】 2023年，海盐县出台《专职网格员能力素养提升实施方案》，建立“网格讲师团”和业务培训“菜单”，开展分层分类专职网格员培训，举办县、镇两级“网格讲堂”71场，提升全县网格队伍的业务水平。出台《海盐县矛盾纠纷分类分流化解实施意见》，推进矛盾纠纷合理分流，促进矛盾纠纷化解在基层、化解在萌芽。开展年度基层治理品牌项目培育，申报品牌项目62个，“秦义联盟”“135”矛调模式入选嘉兴市“枫桥式”培育项目；乡村善治、民主法治2个项目入选嘉兴市首批打造“五基”建设示范群名单；揭榜领办全省试点浙江法治干警版，在全县推广使用。

（孙方言）

政法委与综治工作

【概况】 2023年，全县社会大局安定有序，平安创建成效持续向好，平安县创建以“全市第一、全省前列”高分获评2023年度浙江省“平安县”，实现平安县创建“十九连冠”、平安镇（街道）“满堂红”，平安指数综合排名列全市第一、全省第十二。

【维稳安保工作】 2023年，县委政法委以平安护航杭州亚（残）运会为主线，全年启动等级响应

201天，在全国、省、市两会及护航杭州亚（残）运会、世界互联网乌镇峰会等重大活动期间，做到安稳有序。全面贯彻落实《浙江省重大决策社会风险评估实施办法》和《涉众型重大政策决策社会风险评估工作指引》，提升各类风险管控和防范化解能力，服务改革发展大局、维护群众合法权益、促进社会和谐稳定。全年完成风险评估项目101个，其中1个中高风险中止实施。

【风险隐患大排查】 2023年，县委政法委聚焦重点事、重点物、重点行业和重点目标，统筹协调相关部门和属地，开展风险隐患大排查、大起底、大整治专项行动，实现联防联控联治。全年排查重点事34件、出租房屋76911间、基础矛盾纠纷3062起（化解率99.8%）；排查各类场所47432家，发现问题隐患52941条（整改率99.89%）。

【平安海盐创建工作】 2023年，县委政法委以平安建设基层基础提升年活动为主线，推进"10+X"系统（行业）平安创建，在承接上级部署平安校园、平安医院等十大系统基础上，拓展平安高层住宅小区、平安寄递等"X"个系统覆盖面。将"三查三整改"问题隐患排查整改机制贯穿平安创建网络，实现第一时间整改、销号。在市、县第一轮互查，县第一轮督查中发现问题401个，注重举一反三，相关问题全部整改到位。线上运用"平安创建"预警督导研判综合应用系统建立数据库，确保风险隐患闭环管控、销号管理。全年发现问题隐患111305条，整改110221条，整改率99%以上。

【网格化社会治理】 2023年，县委政法委出台《专职网格员能力素养提升实施方案》，持续配强队伍提素质。全年县级举办"网格讲堂"6场，参加2500余人次；镇（街道）举办"网格课堂"60余次。在基层网格创新建立企业执法联络站4个，综合执法联络站96个。"秦义联盟"聚合解纷力量工作法获评全省新时代"枫桥式工作法"；"135"矛调模式入选嘉兴市"枫桥式"培育项目。打造嘉兴市首批"五基"建设示范群2个。推进全县"民声一键办"工作机制，4月启动3个镇（街道）试点，至6月9个镇（街道）实现全域全覆盖24小时工作机制，多次获省、市媒体报道宣传。

10月27日，县委政法委举办《浙江省平安建设条例》系列宣传贯彻活动之"平安海盐·共建有我"专题音乐会 （县委政法委供）

【执法监督工作】 2023年，"一屏两端"浙江法治干警版1.0作为全省试点在全县推广使用，推进8个多跨领域突出问题专项整治，海盐入选一本账S3的8个场景全部贯通。全年办理虚假诉讼案件17件；办理政法干警履职保护案件8起，其中刑事案件3起、行政案件5起，为政法干警澄清正名7人；解决判实未执人员50人；清理挂案11件；推送执法司法信息共享17539条。刑事诉讼涉案财物管理处置工作被列为全市试点，处置刑事涉案财物796项、5985件。其中，拍卖处理2089件，销毁处理4359件，移交专业机构处理1275件，拍卖700余项价值25万余元。在中央依法治国办举办的"基层抓法治督察"专题论坛上，海盐县作为特邀地区作交流发言《"法小督"法治督查》。

【政法队伍建设】 2023年，县委政法委根据《中国共产党政法工作条例》规定和省、市要求，迭代升级县政治督察人员库，组织开展针对政法各单位的专项整治督察。在政法系统开展以"七个一"为主题的廉政警示教育活动，开展谈心谈话919人次，签订廉政承诺书733件，干警谈话覆盖率100%。排查风险40条，梳理防范措施40条，梳理提出防范制度36条，形成制度管权机制。开展第二届“最美政法人”评选，评选出10名“最美政法人”进行表彰宣传，树立政法队伍正面形象。

（孙方言）

公 安

【概况】 2023年，县公安局启用“警营智管家”线上平台，建立健全“能上能下”机制，开展中层干部综合素质民主测评，推行相关人员提前晋升较高职级试行办法，开展非员额辅警直接转入员额和层级化管理评定。注重建设主动型警察公共关系，《人民日报》等国家级主流媒体宣推量居全市第一，“海盐公安”微信公众号连续两年入围“美丽浙江”政务号最具传播力年度榜单。是年，县公安局获评全省“平安护航”系列重大活动突出集体、全市“除险保安”先进集体、全县“党建统领”和“民生保障”提升行动先进集体；获评市级以上先进集体9个，立集体三等功5个、个人二等功3人、个人三等功18人，获市级以上个人嘉奖2人、其他奖励36人；祁小兵被评为全省“三能榜样·最美浙警”，张小龙、黄文华被评为嘉兴市劳动模范。

【刑事犯罪案件侦查】 2023年，县公安局深化刑侦工作改革，推进“1316”专业化打击体系建设，设立3支案侦中队，完善三级打击架构，首创指令打处工作机制、“优小侦”闭环打防工作机制，重拳打击各类违法犯罪。全年破获刑事案件963起，破案率54.28%，刑事打击破案率同比上升19.76%，移送起诉上升12.88%，民生小案破获率提升至62%。成立海盐集成家居特色行业知识产权警务联络室，在版权、品牌、商业秘密等保护上打出海盐特色。

【经济犯罪案件侦查】 2023年，县公安局开展涉众型经济犯罪风险排查整治行动，迭代升级“助企安嘉”集成应用，建设西塘智汇湾为企服务警务联络中心及百步工业社区特色联络站，“一企一警”覆盖率、“助企安嘉”推广率、企业走访率均列全市前三。破获招投标领域经济犯罪案件19起，抓获犯罪嫌疑人73人，其中“4·27”串通投标案查实串投标项目429个，涉案资金360余亿元。专项行动绩效列全市第一，在全市招投标领域推进会上做经验交流；“4·27”串投标专案入选全省年度十大精品案例。

【道路交通安全管理】 2023年，县公安局查处道路交通违法19.26万起，完成路口标准化改造54个，改造提升农村道路20条、桥梁20座，完成“星光”工程建设73处，市级重点整治道路九场线实现零死亡。交通亡人事故在保持6年连降的基础上，实现三个重点群体降幅明显，即涉60岁以上老年人下降20.83%、涉货车下降43.75%、涉电动自行车下降63.64%。秦山街道许油车村设立老年人交通安全奖惩制度，获评“全市交通安全平安村（社区）”。

【禁毒工作】 2023年，县公安局开展“清源断流”“云战9号”专项行动，破获涉毒刑事案件6起，抓获涉毒犯罪嫌疑人20人，查处吸毒人员16人，分别同比增长50%、33%、300%。深化毒品预防教育，强化无毒校园建设，开设学生禁毒课堂50余次，其中《立功了！5岁小女孩往草丛中看了一眼，突然发现不对劲》一文被《人民日报》、人民网、浙江新闻等国家级、省级媒体转发点赞。

【治安管理】 2023年，县公安局取消对派出所的量化打处任务，基础防控考核比重提升至60%，全年治安处罚数和拘留数提升17.31%和58.79%。完善交通治安融合体制改革，“三队一室”勤务机制顺利运行，为派出所社区管理、安全宣教、风险排查等基础工作赋予全新动能。防控治理中心完成实体化建设，实现对派出所的归口管理和高效统筹；“警情一件事”解决接处警“体外循环、不受监督、难以管控”等问题；“实有人口全域治理”实现流动人口实时化、动态化管理；“民声一键办”有效分流非警务类警情，各业务警种以“专业先行”全面提升对基层的指挥力和牵引力。

【网络安全管理】 2023年，县公安局严厉打击各类涉网犯罪，侦破重大网络案件1起，抓获犯罪嫌疑人58人并移诉。开展“百日打谣”专项行动，清理网络谣言信息2091条，查处网络造谣类案件2起。

【政务管理】 2023年，全县公安政务服务窗口受理、办理业务36万余件。其中，治安、户政类业务7.3万件，出入境业务1.5万件，车驾管业务14.4万件，交通违法处理业务12.43万件，禁毒类业务0.6万件。依申请政务服务“一网通办”率100%，高频事项2.0办理率96.34%。推进“一窗通拍、全域应用”民生实事落地见效，推出“智能云办”服务场景建设，优化“警易办”智能应用，集成窗口前端设备、综合窗口前端设备成本节约51.7%，窗口办事效能提升33%，群众满意率99.8%以上，公安窗口连续4年获评政务服务满意窗口。1月，该项目获评省公安厅公安大脑“最佳应用”；9月，该经验做法在全省公安系统推广。

【出入境管理】 2023年，县公安局设置企业办理专窗，推进“浙里移民服务”改革，实现外国人入境许可线上审批、线上咨询、线上提交，外国人工作许可和工作类居留许可办理时限分别缩短至3个工作日和5个工作日内。

【社区警务工作】 2023年，县公安局制定《海盐县公安局派出所主防工作评估指标体系》，推动“主防”落地落具体。开展全县安全生产隐患大排查大整治、全县流动人口和居住出租房“大排查大起底”和夏季治安打击整治行动等专项行动，全年查验流动人口252.94万人次，登记32.55万人次，全县流动人口登记率98.65%，信息准确率97.64%，出租房登记率达100%。开展易引发“民转刑”命案矛盾纠纷大排查大化解行动，全年排查化解矛盾纠纷3092起，实现连续34个月命案零发生。

【执法规范化】 2023年，县公安局发布《全县公安机关提升执法办案能力优化法治营商环境工作方案》，开展执法指导，组织法律知识考试，组建公职律师专业团队，落实“教导员主责、法制员主抓、法制辅警主协”的执法监督团队，把牢立案、未破案件归档、案件质量、执法效率4道关，年度考评列全市第二，获评全省公安机关执法质量优秀单位。

8月9日，县公安局举行“护航亚运　平安有我”——决战亚运安保深入推进夏季治安打击整治启动仪式（县公安局供）

【防控治理中心建设】 2023年，县公安局成立防控治理中心，制定《海盐县公安局防控治理中心建设运行方案》，下设要素治理、态势研判、综合督导等工作组，构建扁平化指挥调度体系。全年完成56个预交付住宅小区的“智安小区”建设，累计建成“智安小区”221个。在澉浦镇长墙山工业园区试点“智安园区”建设，预警各类前科人员17人次，调解矛盾纠纷14起，开展专题宣传活动19场次。全面升级监控平台，有力支撑民生小案破案率提升至62%。

【涉民企内部贪腐专项行动】 2023年，全县公安机关开展涉民企内部贪腐整治专项行动，破获涉民企职务侵占、挪用资金、非国家工作人员受贿、对非国家工作人员行贿四类案件14起，采取刑事强制措施19人，为企业挽回经济损失181.7万元。

【“黑气”查处专项工作】 2023年，县公安局牵头开展燃气安全“黑气”专项整治工作，出台《海盐县城镇燃气安全专项整治“黑气”查处专项工作方案》，在全县范围内开展燃气安全排查，发现风险隐患471处，行政处罚

80人，刑事打击1案1人，涉案金额12万余元。

【“百日打谣”专项行动】 2023年，全县公安机关开展“百日打谣”专项行动。行动期间，清理网络谣言信息2091条，监管整治3家本地互联网企业，依法查处网络造谣类案件2起，行政处罚4人，批评教育123人，遏制网络谣言高发频发态势。

（柳丽珍）

检　察

【概况】 2023年，县检察院受理审查逮捕203件284人，同比分别上升91.51%和77.5%。其中：不批捕71人，不捕率26.01%，同比上升35.99%；审查起诉528件965人，同比分别上升14.78%和20.17%；不起诉167人，其中含附条件不起诉5人，不诉率17.78%。连续两年获“全省成绩突出的基层检察院”称号。获评全国典型案例2件，入选全国优秀法律文书1篇；立集体三等功1个、个人三等功3人，29个集体、个人获得县级以上表彰奖励。获评全国先进2人，获评全省先进6人，被评为县“五敢”型干部1人。

【刑事检察】 2023年，县检察院推动构建以证据为核心的刑事指控体系，依法自行补充侦查160件次，对违法取证等问题制发纠正违法通知书7件，对证据不足的依法退回补充侦查43件次。立案监督后起诉59人，督促撤案9件。提前介入重大、疑难、复杂案件23件次，对证据调取、事实认定、法律适用等提出意见和建议。落实认罪认罚从宽制度，同步做好犯罪嫌疑人、在场律师、被害方的工作，全年认罪认罚适用率84.86%，量刑建议采纳率94.79%，一审服判率97.92%。强化刑事审判监督，对确有错误的刑事判决提请抗诉2件。持续抓好社矫对象脱管漏管监督，对1名严重违反管理规定的社矫对象，开展跨省司法协作，撤销缓刑收监执行。运用大数据强化财产刑执行监督，助力县人民法院对58人执行罚金刑。

【民事检察】 2023年，县检察院对确有错误的民事判决、裁定，提请抗诉、发出再审检察建议8件次。针对民间借贷诉讼不合法问题提出再审检察建议4份。针对不当查封、冻结问题，依法提出监督意见6份，维护当事人合法权益。针对司法网拍中部分评估机构违规收取评估费等问题，制发检察建议12份。

【行政检察】 2023年，县检察院开展行政违法行为监督，重点对建设工程领域违法分包、网约车监管不力等问题开展监督，促进规范行业秩序。强化非诉执行监督，针对行政处罚和执行过程中存在损害市场主体合法权益问题，提出检察建议并跟进整改落实。深化行政争议实质性化解，妥善办理因房屋拆迁、社会组织解散等引发的行政争议案件3起。落实行政执法与刑事司法双向衔接机制，对刑事不起诉后需要给予行政处罚的，向行政机关提出检察意见64份，确保“罚当其错”。

【公益诉讼检察】 2023年，县检察院立案办理公益诉讼案件38件。其中：办理生态环保领域公益诉讼6件，联合相关部门成立“山·海·湖”生态环境司法修复基地；对部分建筑工地、生产企业的安全生产问题开展公益诉讼；联合杭州军事检察院办理澉浦扇子山烈士纪念设施保护行政公益诉讼案，获评全省军地协作典型案例。持续深化代表、委员建议提案与公益诉讼检察建议双向衔接转化机制，立案办理由代表意见转化为公益诉讼的案件3件。

【未成年人检察】 2023年，县检察院履行未成年人司法保护职能，批捕15人，起诉18人，批捕率与起诉率均为100%。从严惩处1名严重危害未成年人身心健康的涉罪人员。对4名涉罪未成年人作出附条件不起诉决定，对1名考验期内重新犯罪的撤销附条件不起诉决定，依法起诉。延伸开展家庭教育指导，向严重失职家长发出督促监护令。加强综合履职，以支持起诉方式帮助多名困境儿童追索抚养费、医疗费8万余元。融入未成年人“六大保护”，与县妇联、县未成年人保护工作委员会办公室、团县委等部门出台融合保护机制。

【筑牢平安防线】 2023年，县检察院批准逮捕各类刑事犯罪202人，提起公诉770人。成立亚运维稳安保检察领导小组，开展风险隐患大排查、大起底、大整治，从严从快办理安全生产领域犯罪，起诉田某某等近百人偷盗危化品系列案。起诉故意伤害、寻衅滋事、敲诈勒索等暴力犯罪28人。突出惩治金融领域涉众型犯罪，起诉“中油溢家”“中科捷鑫”非法吸收公众存款、洗钱等破坏金融管理秩序犯罪16人，防范化解金融风险。

【法律服务保障】2023年，县检察院出台能动履职服务保障“十条意见”。对涉案标的300余亿元、横跨10余地市、涉400余个工程项目的“4·27”系列串通投标案，提前介入并引导侦查，依法起诉43人，追缴违法所得500余万元。做好护企纾困“后半篇文章”，开展追赃挽损，联合县公安局为秦燕汽配、华帅特等30余家被侵权企业挽回经济损失2000余万元。对办案中发现的企业内部管理漏洞，主动提供专业法律意见，帮助和引导企业完善内部治理。1项机制入选省级营商环境“微改革”项目库，在市改革专刊《弄潮儿》刊登。

【知识产权保护】2023年，县检察院联合县委宣传部、县公安局等部门出台加强保护机制，成立“蓝盾联盟”版权保护法律工作站。依法起诉侵犯商标权、著作权等知识产权犯罪57人，同比上升128%。强化知识产权综合履职，凝聚“四大检察”，合力实现最优保护效果，经验做法在《嘉兴日报》头版头条刊登。建立知识产权保护人才库，借助“外脑”促进案件办理更加专业、公正、高效。针对知识产权民事维权难题，出台知识产权刑事案件诉前赔偿调解机制，帮助10余名权利人获赔1500余万元。项目获评嘉兴市民营经济增值服务最佳实践案例，被新华社、《检察日报》等多个国家级媒体报道。1起案件获评全国检察机关知识产权保护十大典型案例。

【社会治理效能】2023年，县检察院推动58亩“非粮化”永久基本农田复耕复种。一体推进空壳公司治理、特种行业监管等16个领域专项监督，推动类案监督成果向社会治理效能转化。依法落实宽严相济刑事司法政策，对犯罪情节轻微、社会危险性较小的依法不批捕71人，不起诉166人。针对普遍性、突出性问题制发检察建议12件。

【清廉海盐建设】2023年，县检察院完善监检衔接机制，依法起诉职务犯罪案件14人。依法行使侦查权，严格规范办理司法工作人员相关职务犯罪，协助市检察院侦办市公安局经开分局司法工作人员滥用职权犯罪1件2人。部署开展护民企“啄木鸟”法律监督专项工作，依法打击职务侵占、非国家工作人员受贿等企业内部贪腐和商业贿赂犯罪。组织全县百余名企业代表“零距离”现场观摩非国家工作人员受贿案庭审，以“身边人”“身边事”开展警示教育，提升民企风险防范意识。

（陈怡心）

法　院

【概况】2023年，县法院新收各类案件7878件（剔除执行恢复、执行保全、诉前调解成功申请法院司法确认或出具调解书等三类案件，下同），办结7917件，一线法官年人均结案329件，主要办案质量、效率、效果指标位居全省、全市前列。县法院获评全省优秀法院，受到市级以上领导批示肯定12次，指导人民调解、行政争议实质性化解等工作经验在全省、全市交流推广，涌现出全国法院系统妇女岗位建功表现突出集体等市级以上先进集体和个人48个（人）。

【刑事案件审判】2023年，县法院新收刑事案件411件，同比上升7.31%；审结409件，判处罪犯688人。平安护航杭州亚（残）运会，构建案件源头预防、领导包案、联动攻坚三并重工作机制。巩固扫黑除恶斗争成果，审结涉黑案件6件16人。保持反腐高压态势。推进“全民反诈”行动，审结涉电信网络诈骗等犯罪案件32件61人。

【民事案件审判】2023年，县法院新收民事案件4937件，审结4981件（含积案）。深化家事审判方式改革，妥善化解婚姻、抚养、赡养等家事案件413件。审结涉房屋买卖、租赁、建设工程等案件525件，能动司法助推一揽子化解涉祥华园、华邦置业等纠纷180件。维护劳动者合法权益，建立农民工工资争议“速立、速调、速裁、速审、速执”的工作机制，优化劳动争议裁审衔接，审结劳动争议等案件131件。

【行政案件审判】2023年，县法院助推法治政府建设，新收行政诉讼案件 80 件，审结 74 件，判决行政机关败诉 1 件。审查行政非诉执行案件 15 件，裁定准予执行率 100%。深化“府院联调”机制，行政机关为被告的案件收案数逐年下降，连续三年败诉率保持低位运行。涉征地拆迁领域行政争议调撤率 98.11%，助力 2 条铁路、2 条快速路等重点项目推进。梳理不履行补偿职责等多发问题，向行政机关发送司法建议，连续 5 年发布行政审判白皮书。依法审结各类环境资源案件 15 件，与澉浦镇人民政府、县自然资源规划局共同设立南北湖生物多样性司法保护基地。

【执行工作】 2023 年，县法院推进“切实解决执行难”，新收执行案件 2382 件，执结 2385 件（含积案），累计执行到位标的金额 3.25 亿元；执行完毕率 37.60%，执行标的到位率 44.92%。组织“法护营商”等凌晨集中执行行动 9 次，执行到位资金 200 余万元。深化打击拒执专项行动，移送公安机关侦查 28 件，追究拒执犯罪 16 件 16 人。坚持善意执行，多部门联合妥善腾退农村流转土地 129 亩。建立案件督促履行协调机制，执前督促履行完毕案件达 200 余件，占首执案件数近 10%。深化执行“一件事”改革，在全县推动开展“最盐执护”专项行动，协同各镇（街道）、村（社区）出清一批涉企、涉民生执行积案，完成年度出清任务，执行到位资金 230 余万元。

【优化法治营商环境】 2023 年，县法院以十二条举措构建“1+2+3”全链条优化营商环境模式，与县工商联共同推动“商事纠纷商会解”，86 件涉企纠纷得到前端化解，涉案标的金额 2500 余万元，帮助企业节省诉讼成本 20 余万元。全面开辟涉企纠纷立、审、执“绿色通道”，依法审结涉企案件 2588 件。对买卖合同纠纷案件快立快审快执，案件平均审理天数同比下降 14 天，执行天数同比下降 30 天。发挥破产审判“积极拯救”和“及时出清”功能，办结破产案件 29 件。通过合并重整方式，妥善审结嘉兴市某生命水科技有限公司及关联公司破产案件，化解不良资产 5500 余万元，为 128 名工人保住工作岗位，该案入选嘉兴法院优化营商环境十大典型案例。建立“预查废”机制，助力金融机构快速核销不良债务，帮助企业减少“坏账”的税费损失。开展“法商驿站”巡回助企系列活动 16 次，发布“法优营商 法助共富”十大典型案例。

【践行新时代“枫桥经验”】 2023 年，县法院完善矛盾纠纷多元预防调处化解机制，以诉源治理评价指数激发镇（街道）治理动力，深化镇（街道）社会治理中心发展模式，健全“136”矛盾纠纷分层过滤体系，获全市推广。建立完善联镇联村法官制度，协同诉调对接团队，“一对一”开展纠纷调解和文书制作指导，累计指导基层调解纠纷 8451 次。全年分流引调纠纷 4464 件，其中向 9 个镇（街道）引调 2986 件，化解 1632 件，诉前调解成功率 54.66%。立案庭（诉讼服务中心）获评全省指导人民调解工作先进集体。协同县司法局构建公证赋能金融解纷全链条、全覆盖服务机制，依托公证处特设共享法庭，持续深化类型化纠纷高效多元化解的海盐特色，公证处特设共享法庭获评全省第三批示范共享法庭，工作经验获《人民法院报》头版报道。

【司法为民举措】 2023 年，县法院依托“浙江全域数字法院”改革，提供导诉、立案、保全、送达、评估鉴定、调解等一站式服务，落实立案登记制，现场立案 691 件，网上立案 4018 件。综合运用“人民法院在线服务”等电子平台，在线开庭 699 次，送达文书 8.2 万份，同比增长 7.13%。县域内共建镇（街道）、村（社区）共享法庭 181 家，特设共享法庭 51 家；通过共享法庭指导立案、提供法律咨询等 1.43 万次，惠及 6 万余人次，满足人民群众“家门口”的司法需求，获《法治日报》头版报道。发挥国家司法救助托底保障作用，向 21 名困难当事人发放救助金 50 万元，为 39 名当事人减缓免诉讼费 4.65 万元。

【司法机制改革】 2023 年，县法院新获涉外民商事案件管辖权，新收涉外案件 5 件，审结 3 件。召开专业法官会议 41 次，审委会会议 10 次，推动 78 件疑难复杂案件妥善处置。运用跨域审判资源协同应用平台，发起评议 512 次、评论案件 1464 次。强化院庭长对“四类案件”的监督管理，累计纳入监管 206 件。落实审判权力清单和责任清单，对 679 件案件开展质量评查，对于办案存有瑕疵或问题的，依规严肃追责。

【完善审判管理机制】 2023年，县法院全面构建案件质效管控体系，创新特定案件审判执行会商研判、协同督促工作模式，强化立审执兼顾。判决案件自动履行率53.41%，位列全省第十。对各项质效指标进行动态监管、动态提醒和全程督促，潜在长期未结案占比仅为0.3%，位列全省第二，12个月以上未结案连续16个月保持零的纪录。开展打击虚假诉讼、扰乱诉讼秩序等专项行动，共查处27件33人次，罚款金额33.66万元。

【法院队伍建设】 2023年，县法院实施“红色根脉强基工程”，坚持抓党建带队建，推进“双建争先”示范创建活动，推动基层党组织强基提质、党员干部固本提能，县法院获评嘉兴市“双建争先”示范集体。深化党建业务融合互促，开展支部书记领衔破难、党建结对共建等活动，全链条优化营商环境项目获评全县示范书记项目。做优党建文化品牌，抓好党建阵地建设，机关服务品牌“天平使者”成功创建为市级示范性机关服务品牌。探索青年干警全周期、多层次培养模式，持续完善“双导师”机制，对17名青年干警进行“理论+实务、思想+业务”带教培养，选派4名优秀干警“上挂外派”，组织干警参与民商事等多领域培训790余人次。建立青年干警积分制，健全成长档案制度，激励青年干警争先创优、比学赶超。坚持“以实绩论英雄”的选人用人导向，新提拔中层干部9人，其中“90后”5人。构建全方位“大监督”工作机制，发挥部门廉政监察员功能作用，支持驻院纪检监察组履行职责，健全和完善法院内部监督体系。严格执行防止干预司法“三个规定”，组织干警参与廉政警示教育、旁听职务犯罪案件庭审680余人次。

【接受各界监督】 2023年，县法院主动接受人大监督，加强人大代表联络工作，开展“百名代表委员跟百案”活动，邀请人大代表参加会议、视察法院、旁听庭审、见证执行等88人次。接受县人大常委会关于共享法庭建设和运行工作的视察，根据反馈意见改进提升共享法庭建设实效。开展“一把手”领衔下沉基层单元全覆盖活动，走访9个镇（街道）人大代表、企业群众等103位，收集解答问题建议67个。接受政协民主监督，持续加强与各民主党派、工商联沟通联络，健全完善常态化沟通机制，适时向县政协通报工作。共享法庭入驻西塘桥街道“民生议事堂”，通过政协委员参与调解，拓展民主监督渠道。邀请政协委员参与新闻发布会、跟案监督等活动，推动接受监督常态化。

（马卓仪）

12月4日，县人民法院举行宪法宣誓活动　（县人民法院供）

司法行政

【概况】 2023年，全县调处各类矛盾纠纷8781件，调解成功率99.9%。全新改版“法治海盐”公益普法栏目，录播普法微剧5期；制作习近平法治思想宣传等专题10秒屏媒广告4则。基层法律顾问提供法治宣传600余人次，帮助疏导化解矛盾纠纷190余件。全县各部门累计办理免罚事项案件1.2万余件，减罚事项案件2.4万余件，帮助企业完成事后信用修复近400次。是年，全县司法行政系统获评省级、市级集体荣誉11次，获评国家级、省级、市级表彰8人次。

4月27日，“盐和”调解品牌建设和管理规范正式发布

（县司法局供）

【法治政府建设】2023年，海盐县召开依法治县委员会第五次会议，研究部署全年法治海盐建设工作要点，加快构建与县域治理现代化相衔接的法治体系。致力于县域法治化营商环境优化提升，出台《海盐县法治化营商环境改革行动方案》。持续迭代“执法有度”，推进全域数字法治监督应用建设和建成“公安大脑—安企共富”平台，入选市级突破性抓手。首创“盐而有信”执法监督品牌，推出执法先行指导机制，形成执法侧“事前先行指导、事中监管到位、事后延伸帮扶”的工作模式。全年各镇（街道）、各行政部门（单位）均未发生行政行为被纠错或败诉、行政规范性文件被法院纠错的情况，为全市唯一纠错、败诉“双零”地区。

【人民调解】2023年，海盐县发布全国首个县域调解品牌地方标准——《“盐和”调解品牌建设和管理规范》，推进“1+9+N”品牌集群建设。“盐和”品牌在司法部《人民调解》杂志刊登，获评全省第二批“金口碑”区域调解品牌；“秦义联盟”聚合解纷力量工作法获评全省新时代“枫桥式工作法”；沈荡镇“清纷”品牌多次在《浙江日报》等省级媒体刊发报道。全县调解队伍获得县级荣誉10人、市级荣誉1人、省级荣誉1人；调解组织获得县级荣誉10家、市级荣誉4家、省级荣誉3家、国家级荣誉1家。秦山街道许油车村调解员郁勤丰作为优秀调解员代表在全省调解工作会议上作典型交流发言。是年，海盐县获评全省人民调解工作先进县。

【设立海盐县社区矫正管理局】6月，海盐县社区矫正管理局（二级局，隶属县司法局）设立，各镇（街道）成立社区矫正委员会。是年，2名社区矫正公益大使受聘浙江省社区矫正公益大使，沈荡镇钱家祠堂被授予浙江省清廉矫正教育基地。省人民检察院跨市社区矫正交叉巡回第四检察组对县社区矫正工作巡回检察，并给予高度评价。亚运维稳安保期间，开展排摸、走访、筛查、教育、监管等工作，确保重点人群的安全稳定，完成重要时节维稳安保任务。

【法治宣传教育】2023年，海盐县健全完善“八五”普法规划工作格局，推进普法责任制落实。出台《2023年县级普法责任单位普法责任清单》，制定《海盐县国家机关“谁执法谁普法”履职报告评议活动实施办法》，凭借数字平台推行普法评议。全年开展线上督查52次，提出建议22条，处置率实现100%。注重“以案释法”量质并举，被司法部案例库录用5篇。培育“三人一户”队伍，建有国家级民主法治示范村2个、省级民主法治村（社区）56个、市级民主法治村（社区）46个；建有省级宗教法治宣传教育基地3个、其他各类法治文化阵地122个。

【公证工作】2023年，县公证处办理公证业务3577件，其中内地公证3016件、涉外公证544件、涉港澳台公证17件。为武原街道、西塘桥街道、沈荡镇农户拆迁安置房析产办理协议书公证1129件；开展重点工程建设招投标业务129件，公共租赁住房租赁、国有土地招拍挂等现场监督公证业务52件。依托“海纳”“海盐在线公证”微信小程序等在线赋强公证平台，办理线上公证业务1500余件，代办认证160余件。打造公证赋能金融解纷“全链条、全覆盖”服务机制，办理金融合同赋强公证498件，过滤潜在金融纠纷180余起，参与调解金融纠纷185件。

【法律服务】2023年，全县7家律所和3家基层法律服务所均提供村（社区）法律顾问公益法律服务工作，全县121个村（社区）实现法律顾问聘请全覆盖。组织律师力量参与县深化党群创业共富工程三年行动工作，为相关产业发展、创业园区、工业社区提供专业性、公益性法律法规的宣传和普及，全年开展接待法律咨询值班20余周次。联合县总工会开展“普法强基”送法律宣传进企业系列活动，为浙江恒洋热电有限公司、中达联合控股集团股份有限公司等23家大型企业举办法治讲座。全县有1名律师获评一级律师职称，多名律师获评浙江省优秀律师、全省司法行政系统成绩突出个人、嘉兴市优秀青年律师、优秀党员及党务工作者等。海威特律所支部获评嘉兴市律师行业先进党组织。开展“一所一品”“一支部一品牌”创建活动，创有“海耘共建”“与法同行1+1”“企业嘉”等多个律所党建品牌。

【法律援助】2023年，县法律援助中心全年受理法律援助案件868件，接待来电来访1155人次，群众满意率达100%。全年受理追索劳动报酬纠纷435件、涉农民工追索劳动报酬纠纷381件，帮助挽回损失215.74万元。是年，县法律援助中心被评为全省公共法律服务先进集体、中心工作人员被评为全省公共法律服务先进个人。

（卫文宇）

军　事

人民武装

【概况】 2023年，县人武部参与军分区红船民兵岗位练兵比武，完成保障省军区首长机关战场勘察和现地教学、浙北协作区民兵防化专业区域联训和清单式新大纲试训任务。县人武部常态开展消费扶贫，支持3个帮扶村建设，打造滨海中学国防教育示范学校。发动民兵投身文明创建、应急处突、抢险救灾等任务。协调安排1名随军家属进入县属国企，协调办理9名军人子女入学入托。

【全县党管武装工作会议】 4月25日，在海盐县大剧院召开全县党管武装工作会议，组织镇（街道）党（工）委书记党管武装工作述职汇报，总结部署年度武装工作。县领导出席会议。

【兵役征集】 2023年，县人武部按照《中华人民共和国兵役法》《征兵工作条例》和上级关于征兵工作有关指示精神，对照征兵“五率”考评要求，严把体检政考、走访调查、择优定兵、役前教育等环节，在春季、秋季征兵工作中，高质量完成市政府和军分区赋予海盐县义务兵与直招士官征集任务。征集的新兵及直招士官各类质量指标均达到或超过上级规定要求。

【新兵欢送】 9月17日，海盐县下半年新兵欢送大会暨“从戎之剑”赠剑仪式在县国防教育训练中心召开。县领导出席欢送会。

【民兵工作】 2023年，县人武部组织全县民兵开展岗位练兵比武活动，以基干民兵队伍各项指标达标、专业能力对口、预征装备落实为基础，持续优化民兵组织结构，融合抓建普通民兵、编精编实基干民兵。完成普通民兵、基干民兵编组任务，协调军地有关单位签订预征（支援）协议，

9月17日，海盐县2023年下半年新兵欢送大会暨“从戎之剑”赠剑仪式举行 （县人武部供）

完成通用装备预征预储，民兵工作综合考评列全市第三。

【全县民兵集合点验大会】 4月25日，2023年海盐县民兵集合点验大会暨全县基层规范化建设提质升级活动启动仪式在海盐县国防教育训练中心举行。县领导出席活动。

【“军事日”活动】 12月8日，县人武部组织县四套班子、各镇（街道）党（工）委书记、县级有关单位主要领导过“军事日”活动。县领导出席活动。

（周恒星）

国防教育

【概况】 2023年，海盐县以“踔厉奋发强国防 勇毅前行向复兴”为主题，组织国防教育系列活动50余场，教育引导广大干部群众强化国防观念和忧患意识，营造人人关心国防、支持国防、建设国防的浓厚氛围。

【国防教育专题活动】 6月25日，县委宣传部、县教育局、县文化广电旅游体育局、县退役军人事务局联合主办第八届国防杯“三毛拥军”主题漫画比赛，以“日出东方，兴我海疆，壮我国防”“拥军优属、拥政爱民”“清廉从军”“军民鱼水”“红色传承”等题材进行漫画创作，评选出一等奖10名、二等奖20名、三等奖30名，优秀作品在张乐平纪念馆展出。9月，组织开展“全民国防教育月”系列活动20余场，先后举办“以青春之名 筑国防之基”中学生国防教育、“未入军营 先铸军魂”入伍新兵国防教育等活动。10月26日，由县委宣传部、县教育局、县新华书店主办，“千里江山万里海”国防教育主题演讲比赛在天宁小学举行，来自全县各中小学35名学生代表参加比赛。11月，创作报送“百年潮涌 海盐印记《新四军海北支队》”“‘国之光荣’强化能源安全‘大国防’”“情系国防的赤诚老兵”等系列短视频3个，其中《新四军海北支队》入围全省“万里海疆”短视频大赛网络评选。11月13日，邀请上海交通大学国家战略研究院主任、高级研究员张文诗到海盐作国防教育专题讲座。12月8日，组织县四套班子领导、县人武部部长、县法院院长、县检察院检察长、嘉职院海盐学院党委书记、各镇（街道）党（工）委书记、人武部部长等人员赴秦山街道文溪坞开展“军事日”活动。

【国防动员与宣传】 2023年，海盐县结合各镇（街道）特色，组织开展“红色教育”宣传动员活动20余场。沈荡镇带领中小学生参观先烈朱聚生纪念馆，澉浦镇组织群众参观新四军纪念馆，通元镇召开退役士兵迎接大会。全县各镇（街道）利用农村电影放映，全天滚动播放红色电影、《老兵你好》系列节目等；开展网上国防（人防）知识有奖答题，以及形式多样的国防教育基层宣讲活动；利用公共场所电子屏，播放“踔厉奋发强国防 勇毅前行向复兴”主题宣传标语口号及公益广告。发布《海盐这些小伙，好样的！》《今天，海盐32人受到表彰！》等报道20余篇。在八一建军节，公布海盐籍军人官兵三等功获得者优秀事迹，公布荣获“四有”（有灵魂、有本事、有血性、有品德）优秀个人称号的现役军人名单。

（金　萍）

人防工作

【概况】 2023年，县人民防空办公室在县发改局挂牌，人民防空职能从县住建局划转至县发改局。人民防空工作坚持“平战结合、军民结合、寓军于民”的建设方针，重点开展通信警报建设、人防工程建设和重要目标人民防空防护建设等工作。

【警报建设与试鸣】 2023年，县人民防空办公室新增防空警报器5台，城镇建成区警报音响覆盖率达到80%。5月12日，组织开展防空防灾警报试鸣；结合警报试鸣，在县实验中学城东校区组织500余名在校师生，开展战时人口疏散掩蔽演练。

【重要目标防护建设】 2023年，海盐县核电类重要经济目标人民防空防护研究课题上升为国家发改委联合试点课题。9月19日，在北京顺利通过评审，形成《防护导则》《毗邻区配置报告》《人民防空研究报告》《秦山核电防护方案》4项研究成果，军事科学院应急行动研究室主任王富军、中央国家机关人防办主任李江华给予课题研究批示肯定，入选全省国防动员系统年度十大改革创新项目。中核核电运行管理有限公司、县水务集团、县天然气有限公司3家重要目标单位完成人民防空防护方案编制。

【人防工程建设】 2023年，海盐县推进人防工作融入未来社区建设。承办嘉兴市人防工程质量管理培训会，组织全县100余名人防工程从业人员参加培训。全省首家试用浙江省人防工程防护质量专项检查评估技术规程，开展人防工程防护质量检查评估与整治，推动人防工程高质量发展及工程质量管理标准化、规范化。是年，海盐县人防工程国有资产划转至县城投集团下属海盐县海诚新农村综合开发投资有限公司。全年试点存量人防工程确权登记完成数居全省前列。

（吴群超）

退役军人事务

【概况】 2023年，海盐县全面完成退役军人优待抚恤和移交安置工作，作为县（市、区）代表在全省优抚褒扬工作交流暨烈士评定疑难案例分析会上做交流发言。退役军人服务保障体系建设工作经验获市领导批示肯定。完成全县新一轮“省级双拥模范县”创建考评工作，得到省、市考评组一致好评。评选表彰一批“最美退役军人”，退役军人戚宏昶获评“最美浙江人·最美退役军人”。

【优抚安置】 2023年，县退役军人事务局组织慰问部分享受优抚补助对象，发放慰问金113万元；帮扶困难退役军人及军属数人，发放资金49.78万元；为部分优抚对象发放各类抚恤补助778.6万元，发放义务兵家庭优待金392.1万元，发放大学生入伍一次性奖励259.3万元。全年接收自主就业退役士兵数人，接收并安置军队转业干部、符合政府安排工作条件的退役士兵若干人。

【烈士褒扬】 2023年，海盐首座烈士纪念园一期主体工程验收审计通过。海盐县烈士纪念园项目位于武原街道沁园路，总投资2000万元，园区占地面积8000平方米，建筑面积1300平方米。8月，启动建设二期配套设施项目，建设内容包括纪念碑、英名墙、烈士事迹展陈、烈士墓区等纪念设施，以及停车场、绿化等配套设施。启动烈士事迹展陈大纲编撰工作。完成清明祭扫工作和“9·30”公祭日纪念活动。举办全县红色故事讲解员大赛。

【服务保障体系建设】 2023年，海盐县实现县、镇两级退役军人服务中心（站）全覆盖，武原街道枣园社区退役军人服务站创建为省级“新时代枫桥式”退役军人服务站。3月，承办全市镇（街道）创建省枫桥式退役军人服务站工作现场推进会。建立23个“盐邑兵锋”退役军人网格服务点。

【创业共富】 2023年，县退役军人事务局联合县内优秀企业，组织多场退役军人就业招聘会，帮助退役军人就业；在县城主要商业圈，推出崇军店铺、老兵摊位，助推退役军人创业共富；成立退役军人就业实践基地，启动退役军人市场主体“走访促共富”活动，持续推出低息创业“拥军贷”，解决启动资金难题，推进退役军人就业创业工作。申报营商环境优化提升“一号工程”微改革项目，入围县级“一号改革工程”首批“十佳创新案例”，获评2023年度县直属机关优秀书记项目。

【双拥创建】 2023年，海盐县召开双拥领导小组会议，推进全县新一轮省级双拥模范县创建。新建1个县级、3个镇级双拥主题公园；组织送文化、送技能、送法律等“六进”进军营活动9场；举办迎老兵送新兵仪式12场次，送立功喜报12人次，解决数名现役（退役）军人“微心愿”；开通全市首条跨区县双拥公交专线。做好驻海盐部队和到盐训练部队各项保障。

（陆雪良 任潇渊）

农业

综述

【优势产业】 2023年，积极发展稻虾、葡萄等优势产业，累计发展稻虾综合种养5.03万亩、阳光玫瑰葡萄1.25万亩。连续第五年举办稻田龙虾文化节，承办全省稻虾轮作模式现场观摩会、全省“一标一品一产业”融合发展现场推进会、2023浙江省精品葡萄评比暨产业高质量发展研讨会。加快北部特色产业示范带建设，实施海盐葡萄国家地理标志农产品保护工程。“海盐葡萄”“嘉兴黑猪（海盐）”入选浙江省第一批名优“土特产”百品榜，“沈荡酿造”获2022年度嘉兴市“市长质量奖”，为嘉兴市首个获奖农业龙头企业。深化农业“双强”行动，累计入库省级“双强”项目库11个。加强地方种质资源保护，地方特色瓜菜种质资源圃获嘉兴首家“嘉兴市农科院种质资源圃”授牌。加强农技示范推广，连续两年承接农业农村部水稻绿色高产高效整县制创建。实施农机智能化改造升级，累计升级无人驾驶系统90套、引进安装北斗智能信息终端116套，全县主要农作物综合机械化率达92%，居全省前列。

【样板乡村建设】 2023年，深化和美乡村建设。开展和美乡村示范建设，新增5个省级未来乡村、5个和美乡村特色精品村和19个和美乡村达标村，“丰山溢水·乡愁线”等3条精品线入选“浙江‘千万工程’二十年 和美乡村百花园”精品线路推荐。通元镇丰义村开出首家“乡村星巴克咖啡”，镇北村以非遗剪纸技艺入选“百村争鸣”十大系列文化艺术村。和美乡村示范片区比拼、农村人居环境综合排名全市第二。高标准建设“湖山之恋·乡聚海盐”南部未来乡村样板带，样板带先行区一期工程6大项目全面完工，建成全市首条沿矿坑悬崖公路——环大丰山矿坑公路。

【强村富民改革】 2023年，统筹推进强村富民集成改革和乡村营商环境优化提升，落实开展金融支农、二轮土地延包、土地流转准入和退出机制、村庄市场化经营、农业标准地改革等多项试点，颁出全省首本农村土地经营权“顺位抵押”他项权证，村级财务电子票据省级“先行先试”经验全市复制推广。打好“宅基地改革+乡村建设”组合拳，开展紫金山、丰义2个农房盘活利用试点，新增盘活利用闲置农房252宗、2.45万平方米，带动就业人数1275人，相关做法获《竞跑者》刊发。实施“小县大城”战略，在确保住有所居和依法自愿有偿前提下，探索宅基地有偿退出方式，向中心城区公寓房安置签约农户2581户，节约土地2361亩。深化“共富工坊”“共富体”创建，新增共富体项目3个，带动低收入农户104户；新增农业类共富工坊45家，2家入选全省首批百家电商直播式“共富工坊”典型案例。全年新增村集体飞地抱团项目2个、强村公司5家，所有村全部达到经常性收入180万元、经营性收入85万元以上，落实分红村数达到37个；低收入农户人均可支配收入达27167元，增幅10.1%。

（陈铁章）

【农村信息化建设】 2023年，开展年度数字农业工厂创建，申报4家，获评浙江省数字农业工厂2家。青莲食品获评“浙江智慧农业十大模式”，被省农业农村厅推荐上报农业农村部2023年度农业农村信息化示范基地。结合美丽乡村、未来乡村等建设重点村，在秦山街道北团村、通元镇丰义村和通元镇雪水港村创建“乡村数智生活馆”，提升乡村服务数字化水平。深化浙江农民信箱“每日一助”活动，全年已发布“每日一助”服务信息90次，发送手机短信175万条，主要涉及种植、养殖、土地流转及招聘、招租、收购等信息。

（陈琳慧）

【农村土地流转】 2023年，全县新增土地流转面积318公顷，累计1.49万公顷，流转率81%。发放土地流转经营权证8本，累计436本，涉及面积6468公顷。办理发放土地流转经营权他项权利证明书14本，累计425本；发放贷款1.12亿元，试点以来累计发放8.32亿元。（说明：发放的权证部分为到期续办，面积均为往年的面积）

（张　杰）

【村级集体经济】 2023年，全县105个村级集体经济组织实现总收入3.87亿元，比上年增长10.3%；经常性收入3.17亿元，比上年增长13.6%；经营性收入2.26亿元，比上年增长20.2%。90个参与考核村（除去15个社区）实现总收入3.4亿元，村均377.54万元，最高杨柳山社区681.40万元，最低城北村168.11万元；经常性收入2.7亿元，村均300.45万元，最高杨柳山社区680.67万元，最低育才村201.37万元；经营性收入1.83亿元，村均203.2万元，最高杨柳山社区604.17万元，最低三友村96.74万元。90个参与考核村全部达到经常性收入200万元以上、经营性收入85万元以上。是年，全县深化强村富民乡村集成改革，持续“飞地抱团”，新增秦山未来广场和于城蓝龙虾2个镇域抱团项目，全县有县、镇两级抱团项目23个，其中县级4个、镇级19个，全年实现分红8800万元。推行强村公司经营机制，全县新组建强村公司5家，累计11家，年度总营收6497万元，利润1411万元。探索组建共富体模式，实施共富体项目3个，总投资113.6万元，带动低收入农户104户。

（顾佳悦）

【农村集体“三资”管理】 2023年，全县105个村经济合作社全部上线“浙农经管”应用，实现实时报账，审批留痕，有据可查，全程监管。以村级财务票据为切入口，全省首创村级财务电子票据，运用、深化迭代“浙农经管”应用继续处于全省前列。开展农村集体经济组织“三资”管理指数测评，全县授星105个村（社区），授星率100%，其中五星村59个、四星村39个、三星村7个。

（陈　婷）

【村级公益事业建设】 2023年，县农业农村局做好村级公益事业建设一事一议财政奖补工作，全县列入省财政奖补项目（三批）22个，总额3406万元，其中省级财政奖补1117万元、地方财政奖补1008万元、村级集体投入1281万元。

（吴林峰）

【乡村治理】 2023年，“海盐县村级财务电子票据管理制度”被列入《浙江省清廉村居小微权力监管制度清单S1》，澉浦镇六里村被认定为嘉兴市清廉村居建设单元。武原街道华星村等43个村（社区）被认定为第二批县清廉村（社区），监测通过武原街道红益村等15个村（社区）清廉村居标准。全县121个村（社区）清廉村居指数测评平均得分93.45分，最高99.5分，最低76.4分。其中90分以上A类村（社区）110个，占比90.9%；80—90分B类村（社区）10个，占比8.3%；79分以下C类村（社区）1个，占比0.8%。

（张　杰）

农业产业化

【农业龙头企业】 2023年，新培育省级农业龙头企业1家（嘉兴市青莲养殖科技有限公司），新认定县级农业龙头企业4家（嘉兴福居农业开发有限公司、浙江诸老大供应链管理有限公司、浙江金渔生物科技有限公司、嘉兴市青莲养殖科技有限公司）。是年，海盐沈荡酿造有限公司获得2022年度嘉兴市市长质量奖，成为嘉兴市农业领域首次获此殊荣的农业企业。至年末，全县有农业龙头企业29家，其中国家级1家、省级4家、市级17家；有生产加工型企业26家、市场型企业1家、其他类型企业2家。县级以上农业龙头企业中，产值超1000万元的有20家，超5000万元的有11家；拥有500万元以上固定资产的企业25家。农业龙头企业与农户签订订单合同1.63万户次，面上带动农户6.96万户次，主要产品生产量35.23万吨，实现总产值52.24亿元，上缴税款1.34亿元，利润1.26亿元。

（张　婷）

【家庭农场】 2023年，全县新增工商登记的家庭农场有72家，累计1361家；新增省级示范性家庭农场5家、市级5家、县级9家，全县示范性家庭农场累计204家（省级40家、市级52家、县级112家），培育、提升家庭农场考核任务14家。至年末，全县家庭农场总注册资金8.23亿元，总经营面积19.70万亩，总收入6.04亿元，利润1.82亿元。

【农民专业合作社】 2023年，全县拥有工商登记农民专业合作社131家，其中粮食类13家、蔬菜类22家、水果类36家、牧业类13家、渔业类6家、农机服务类4家、其他服务类37家，累计社员1.21万户，有国家级示范性合作社1家（秦万芦荟专业合作社）、省级3家（秦万芦荟专业合作社、西塘桥果品专业合作社和惠众水果专业合作社）、市级6家。是年，农民专业合作社经营服务总收入1.55亿元，合作社盈余406.26万元。

（顾佳悦）

【“绿色优质农产品”认证】 2023年，全县有效期内无公害农产品9个，认证面积1798.8亩，绿色食品新增9个，有效期内共31个，认证面积6944.87亩，有机食品1个，规模80亩；有国家农产品地理标志1个，产品生产总规模20895亩，新增加地标使用授权主体14家。是年，海盐县《推动农产品“三品一标”融合发展点燃“地标共富”新引擎》入选全国农产品“三品一标”典型案例，全省“一标一品一产业”融合发展现场推进会在海盐召开。

表5　2023年海盐县获得认证的绿色优质农产品情况表

产品名称	所属单位	证书号（文件号）	规模（亩）	产量（吨）
海盐葡萄	海盐县武原葡桃香家庭农场	LB-18-23041104123A	31	54
海盐葡萄	嘉兴市丰山湾现代农业开发有限公司	LB-18-23041104238A	50	75
海盐葡萄	海盐县通元福鑫家庭农场	LB-18-23041103801A	32	50
黄沙坞柑橘	海盐县南北湖农业综合开发有限公司	LB-18-23031102956A	950	1200
海盐葡萄	海盐县通元钱林家庭农场	LB-18-23051105820A	65	40
瑞兴禾大米	海盐县百步才兴农场	LB-03-23041104812A	686.93	400
海盐葡萄	海盐县于城民圣农场	LB-18-23091114453A	30.2	45
海盐葡萄	海盐县于城镇紫青家庭农场	LB-18-23091114465A	30.9	40
华星大米	海盐华星农场	LB-03-23121120114A	1051.287	415
锦田兴大米	海盐县武原街道全良农场	LB-03-23121120539A	696.373	263.8

（赵思雨）

【农产品标准化生产绩效评价】 2023年，全县有3家农业经营主体申报浙江省农产品标准化生产绩效评价，海盐县武原佳乐农场、嘉兴融禾农业科技有限公司、海盐县西塘桥果品专业合作社被评为B级。年末，通过此项评价的农业经营主体累计7家，完成各类标准化项目建设84项，全县农业标准化实施率64%。

表 6　海盐县省农产品标准化生产绩效评价情况表

生产经营主体名称	获评等级	获评年份
浙江青莲食品股份有限公司	A	2021 年
海盐县叶盛禽业养殖场	C	2021 年
海盐县惠众农场	A	2022 年
海盐县六里鸿安精制茶厂	B	2022 年
海盐县武原佳佳乐农场	B	2023 年
嘉兴融禾农业科技有限公司	B	2023 年
海盐县西塘桥果品专业合作社	B	2023 年

（王胜梅）

【农产品品牌建设】 2023年，“海盐葡萄”“嘉兴黑猪（海盐）”被列为浙江省名优“土特产”百品榜名单，“海盐葡萄”入选2023年嘉兴市特色农产品“十大伴手礼”。是年，海盐县澉浦镇仙桃缘农场“欣鲜爱”和海盐县金斗笠农场“金斗笠”2个农产品品牌入选浙江省农业品牌目录。年末，全县有农产品注册商标2398件。

（张　婷）

【全国农技推广体系改革与建设补助项目完成】 2023年，海盐县第十五年成为全国基层农技推广体系改革与建设补助项目县（原称“全国农技推广示范县”）。根据实施方案，项目计划总投资136.83万元，中央补助资金70万元，围绕水果、粮油、蔬菜、畜牧、水产5个主导产业，筛选与推广主导品种20个、主推技术22项，遴选技术指导员182名，培育农业科技示范主体364个，建设高品质绿色科技示范基地4个，集中培训农技人员169名。项目实施以后，全县5个主导产业实现产值29.20亿元，占全县农业总产值的90.8%。

【农广校】 2023年，海盐县农广校完成2021届于城园艺技术（果树）班、武原作物生产技术班、2022届通元园艺技术（花卉）班和元通作物生产技术班的教学工作，开展期中、期末考试。是年，县农广校2021届于城园艺技术（果树）班和武原作物生产技术班共57名学员完成学业，获得浙江省教育厅验印的中专毕业文凭。年末，县农广校有在校生52人。

【农民培训】 2023年，全县培训农民6462人。其中：开设海盐县农村集体经济发展专项能力提升、海盐县“浙农优品”农创客电商促共富2个高素质农民培训班，共150人；农村实用人才培训班13个，培训439人；普及性培训（包含实用技术）5873人。农创客培育283人，农民大学生招生15人。

（崔成武）

种植业

【概况】 2023年，全县粮食作物播种面积23652.31公顷，平均每公顷产量6106.6千克，总产量144435.18吨；全县油菜种植面积605.4公顷，平均每公顷产量2246.45千克，总产量1360吨。是年，桑园面积基本与上年持平，维持在481.07亩。全县现有养蚕户1561户，同比减少493户、减幅24%；全年实发蚕种2621张，同比减少928张、减幅26.1%；总产量139.3吨，同比减少53.1吨、减幅27.6%。平均张产53.2千克，相比2022年54.2千克/张，减1千克/张，减幅1.8%；平均茧价4192元/百千克，同比增加274元/百千克，增幅7%；得益于茧价上涨，蚕茧张产值较2022年增加。平均张种收入2230元，同比增加106元/张，增长5%。全县春茧总产值610.9万元，同比减少147.1万元，下降19.4%。2023年，海盐县水果产业以稳面提质、优化结构为主要目的。重点培育“海盐葡萄”地标品牌，持续推动海盐县以葡萄为主的水果产业走绿色化、精品化、集约化、数字化、品牌化、融合化的高质量发展之路。中药材种植面积急剧萎缩。全县中药材种植面积 67.8 公顷，平均产量 55.18 吨，产值 736.1 万元，同比分别减少 62.2%、62.1%、66.3%。受新农村搬迁、工业发展和双非整治等影响，海盐县主栽品种杜瓜种植面积大幅缩减。杜瓜种植面积 951 亩，比 2022 年减少 772 亩，减幅 44.8%。其余铁皮石斛、黄精、玉竹等品种都是零星种植，尚未有地域代表性道地中药材规模生产。是年，完成长周期特色中药材黄精、玉竹 3 年的试验性种植，其间以绿色生态种植为宗旨，摸清生长规律，开展周期中的生产抽样调查，并探索合理的加工利用方法。

（孙会锋　顾锦华　陈　哲）

【春粮生产】 2023 年，全县春粮种植面积 10353.72 公顷，平均每公顷产量 4078.75 千克，总产量 42230.25 吨。小麦种植面积 9995.31 公顷，平均每公顷产量 4116.19 千克，总产量 41142.63 吨；大豆种植面积 234.18 公顷，平均每公顷产量 2837.1 千克，总产量 664.38 吨。

【油菜生产】 2023 年，全县油菜种植面积 605.40 公顷，比上年增加 289.10 公顷；平均每公顷产量 2246.45 千克，比上年增加 293.55 千克；总产量 1360.00 吨，比上年增加 98.50 吨。

【水稻生产】 2023 年，全县水稻种植面积 12114.76 公顷，比上年减少 665.24 公顷；平均每公顷产量 8131.31 千克，比上年增加 212.31 千克；总产量 98508.88 吨，比上年减少 2618.11 吨。其中：早稻种植面积 26 公顷，平均每公顷产量 5164.35 千克，总产量 134.30 吨；单季晚稻种植面积 12088.76 公顷，平均每公顷产量 8137.69 千克，总产量 98374.61 吨。

【稻虾综合种养】 2023 年，全县新增稻虾综合种养面积 647 公顷，累计 3353.33 公顷。每公顷小龙虾产量 1568 千克、晚粳谷产量 7518.30 千克。小龙虾、晚粳谷合计每公顷产值 721039 元，纯收入 41132 元。稻虾综合种养模式比稻麦种植模式每公顷增加产值 38258 元，增加纯收入 34042 元。是年，通过推广稻虾综合种养模式，稳定水稻种植面积与产量，增加种养户收益；通过化肥减量、免施农药，为市场提供优质虾和稻米产品。

【粮食惠农补贴】 2023 年，中央财政对种植粮食作物的农户实行农业支持保护补贴（耕地地力保护），全县 8262 户，补贴面积 14980 公顷，补贴标准为水稻种植面积 3.33 公顷及以上的主体每公顷补贴 1905.15 元，不足 3.33 公顷的主体每公顷补贴 1973.40 元，补贴金额 1605.15 万元。是年，规模粮油补贴对象为全年水稻、大小麦、油菜复种面积 3.33 公顷及以上的种粮大户、家庭农场等粮食生产适度规模经营主体，按每公顷大小麦 1800 元、水稻 2100 元、油菜 3300 元给予规模种粮补贴。全县有 3.33 公顷及以上主体 544 户，面积 26244.53 公顷，补贴金额 5180.11 万元。省财政给予种植订单水稻、小麦种子的制（繁）种基地农户，以每交售 50 千克种子奖励 30 元，小麦最高每公顷不超过 2250 元为标准进行奖励，县财政在省级基础上给予每 50 千克 10 元专项奖励，全县 26 户 492.67 公顷享受奖励，金额 237.12 万元。县财政对种植水稻主栽品种实行良种补贴，每千克补贴 1.4 元，补贴金额 100 万元。财政对种植旱粮 3.33 公顷及以上（包括间作套种）每公顷补助 2100 元，补贴农户 84 户次，补贴面积 903.2 公顷，补贴金额 189.67 万元。省财政实施规模粮油动态补贴，对稻麦油复种和旱粮种植（包括间作套种）3.33 公顷以上每公顷补助 300 元，补贴金额 814.43 万元。

（孙会锋）

【蚕桑新品种引进与推广】 2023 年，海盐县铭禾蚕桑专业合作社引进彩色茧家蚕品种和抗病毒家蚕品种“金秋 × 初日”118 张，“华康 3 号”105 张，同时落实试验户 3 户，开展新品种试养调查。晚秋蚕在良贤村实行彩色茧品种饲养全覆盖，全村饲养 23 张，辐射带动周边合作社社员饲养 38 张，合计 59 张。彩色茧品种易管理，产量高、收益好，平均张产 56 千克，同比高出普通种张 8.4%。由铭禾蚕桑专业合作社组织收购，平均收购价 2550 元 /50 千克，同比高出全县平均 2.7%。用彩色茧加工的丝绵达 390 元 /500 克，同比普通茧加工的高出 26.7%。

【桑园病虫情报监察与发布】 2023 年，县农业农村局经济作物技术推广站加强桑园病虫害预测预报，服务蚕桑生产。利用性诱剂做好固定病虫测报点日常监测，定期开展全县多点位病虫害调查，及时发布情报，有效控制害虫大发生。全年发布防治情报6期。

【政策性养蚕保险全覆盖】 2023年，全县参保养蚕户1697户（春蚕、晚秋蚕累计饲养户数），投保蚕种2147.5张，总保险金额147.5万元，应收保费42684万元，分别由保险公司和地方政府支付，投保率81.9%。全年共出险涉及养蚕户597户、蚕种706张，赔款金额40.6万元。分别比上年增加150%、140%、120%。

（顾锦华）

【“蔬菜种植”情况】 2023年，全县蔬菜栽培面积7741公顷（含菜用瓜），总产量27.58万吨，总产值6.68亿元。主栽品种有青菜及菜薹等叶菜类、甘蓝类、花椰菜类3812公顷，茄果菜瓜类1054公顷，水生蔬菜203公顷及大棚设施蔬菜787公顷。蔬菜规模基地和经营主体发展稳定，全县有蔬菜规模基地79个，面积627.8公顷，其中农民专业合作社10家、农业企业16家、家庭农场53家。

【蔬菜价格有升有降】 2023年，受多重因素影响，蔬菜价格波动较大。北部特色产业带青菜播种面积增加，且气候条件适宜生长，产量大幅增加，一季度受年初寒潮影响，价格上涨快，一季度青菜（菜心）产地平均收购价每千克4.8元，同比上涨84.6%。3月连续低温，4月整体温度偏低，增加苗龄，同时集中播种、移栽，生育期拉长，导致后期蔬菜大量上市，二季度结球甘蓝产地平均收购价每千克1.1元，同比下降9.2%。下半年无台风等恶劣天气影响，蔬菜生产基本平稳，10月以后青菜产地收购价每千克1.6元，同比上涨33.3%。

【“三新”技术试验示范与推广】 2023年，海盐县推进蔬菜产业供给侧结构性改革，引导生产主体开展“三新”（新品种、新技术、新模式）技术试验示范与推广。全年引进新品种52种，重点为“紫小可”“粉禧2号”等樱桃番茄，“翠宝”“提味”等西甜瓜新优品种。开展樱桃番茄新品种品比试验、不同播期比较试验，围垦区优质甘蓝新品种试验，菜用蚕豆新品种试验等，经比较，“提味”西瓜、“翠宝”薄皮甜瓜、“紫小可”樱桃番茄可小范围示范推广。

【特色蔬菜品种种质资源圃建设】 2023年，在秦山街道北团村海盐县秦核家庭农场开展海盐县地方特色瓜菜种质资源圃提升工程建设。依托嘉兴市农科院，开展“癞丝皮南瓜”和“青皮绿肉”“一口茄”等82个地方特色品种收集、保护、展示工作，“城西大头菜”等15个大头菜品种进行品比试验。7月，举办第二届海盐县地方特色瓜菜种质资源圃现场观摩会，资源圃被嘉兴市农科院授牌“嘉兴市农科院种质资源圃（海盐基地）”。

【项目实施】 2023年，实施省农业丰收计划项目“加工型蔬菜全产业链的构建与推广应用”，项目推广示范“青菜（菜薹）—菜用大豆”生态种植模式，筛选“苏妃”“黑帅”等2个青菜品种、“浙农6号”等1个鲜食加工兼用型菜用大豆品种。开展菜用大豆机械采摘展示和菜用大豆普通地膜和全生物降解膜对比试验，青菜（菜薹）“一播两收”长季节栽培、青菜/菜用大豆新型生态轮作模式及加工型菜用大豆机械采收技术示范，制定海盐县地方技术性规范《青菜—鲜食大豆轮作栽培技术规程》（DJG330424/T 70—2023）及模式图，项目获浙江省丰收奖二等奖。申报并实施浙江省蔬菜产业技术项目“樱桃番茄工厂化无土栽培模式示范”。

【“菜篮子”保障型蔬菜基地认定】 2023年，认定保障型蔬菜基地13家面积200.67公顷，并在“浙里菜篮子”系统上图入库，保障全县“菜篮子”产品稳产保供。

【服务主体】 2023年，海盐县以规模基地、示范户为重点，以蔬菜技术服务团队和指导员团队为载体，遴选出县、镇（街道）两级技术员22人，以产业导向为指引，对接服务农业主体，每人联系蔬菜主体2户，辐射带动农户460户。持续开展稳产业、联基地服务，每人联系2—3个产业基地，一对一跟踪服务上述主体，实地指导规模基地超500人次。针对气候变化，适时出台相关技术意见精准指导服务。撰写发布《蔬菜低温受冻后生产管理技术意见与建议》《春耕备耕蔬菜篇》《当前西甜瓜生产管理意见》《当前蔬菜生产技术意见》等技术指导意见。

【病虫害预测预报和防灾减灾】2023年，县农业农村局经作站完善秦山街道蔬菜病虫害观测点1个，重点监测斜纹夜蛾、甜菜夜蛾、小菜蛾、灰霉病、黑腐病等病虫害发生。发布瓜菜病虫害防治信息4期，指导面上防治工作。

【蔬菜质量监管】2023年，发放国家（农业农村部）发布的《禁限用农药名录》和《农产品质量安全宣传手册》等资料300余份。开展县级蔬菜安全生产监管，全年抽检生产主体41家次，抽检瓜菜样品107批次。开展豇豆质量安全监管工作，深入种植豇豆种植主体，开展技术指导，发放豇豆标准化栽培模式图、生产记录表300余份，发放黄板、蓝板等物理、生物防治材料1200份，抽样24个批次。

（俞刚翔）

【食用菌生产】2023年，海盐县食用菌生产进一步萎缩，全县食用菌总面积77亩、总产量405吨、总产值565万元，比2022年分别减少18.3%、16.9%、24%。种植户由19户减至15户。组织实施2023—2025年省级技术团队项目《大球盖菇工厂化生产技术示范》。

（张月芳）

【茶叶种植】2023年，全县茶叶种植面积126.67公顷，总产量23.81吨，产值1429万元。全年只做一季春茶，制茶类型为红茶和绿茶。30亩以上规模茶厂14家，红茶产量占比31.9%，绿茶产量占比68.1%；红茶产值占比25.7%，绿茶占74.3%。最早于3月11日开始采摘。

（徐　超）

【海盐葡萄振兴计划三年行动方案】2023年，围绕海盐葡萄产业全方位提升的重要目标，按照农产品地理标志、绿色食品、区域特色产业“一标一品一产业”融合发展的总体思路，以品种培优、品质提升、品牌打造和标准化生产“三品一标”建设为主线，促进海盐县葡萄产业的高质量可持续发展，提升海盐葡萄的知名度和美誉度。结合海盐县实际，制订海盐葡萄振兴计划三年行动方案。

【海盐葡萄品种储备】2023年，海盐葡萄良种园初步建成，主要分为3个模块：海盐葡萄规模发展以来的主栽品种，展示海盐葡萄发展历程；海盐葡萄当前主栽品种，展示海盐葡萄发展的现代化；引进国内外一些葡萄优新品种开展试验，为海盐葡萄持续发展储备品种。

【海盐葡萄万亩核心示范区】2023年，海盐县葡萄种植面积2.02万亩，主要集中在于城镇和望海街道，依托“海盐葡萄”地理标志保护工程、省团队项目、科技项目等，建设于城—望海“海盐葡萄”万亩核心示范区。以核心示范区为重点，集成、示范和推广新品种、新技术和新模式，带动全县中低档葡萄园向标准园转变。重点建设3个海盐葡萄示范基地，于城镇八字葡萄专业合作社——共富示范基地，于城镇胜利农场——电商示范基地，望海街道佳佳乐农场——双强示范基地，开展海盐葡萄标准化生产、宜机化改造及新媒体运营能力提升，提高海盐葡萄特色精品产业的现代化水平。

【共富培训】2023年，制定《绿色食品海盐葡萄生产基地建设规范》省级团体标准、“海盐葡萄阳光玫瑰葡萄‘518’模式图”。围绕水果品质提升、新品种展示、电商运营等内容，共举办培训班5期、现场会8期。通过培训学习、技术指导等方式，提升全县水果种植户的精品种植理念、生产管理技术、产品销售模式等。

【承办省级现场推进会】2023年，全省“一标一品一产业”融合发展现场推进会在海盐召开，浙江省精品葡萄评比暨产业高质量发展研讨会在海盐召开，海盐县八字葡萄专业合作社、海盐县惠众农场、海盐县佳佳乐农场生产的阳光玫瑰分获金奖。

【品牌经营】2023年，拍摄一部“海盐葡萄”宣传片，以海盐葡萄宣传为主线，融入海盐独具魅力的文化、旅游等城市风情，在突出产品特色的同时，展示海盐葡萄的人文、文化、地域等魅力。海盐葡萄广告登上CCTV-7和CCTV-17两个央视频道。分管领导拍摄海盐葡萄宣传推介视频。参加2023浙江名优土特产展示展销会暨首届长三角绿色优质农产品推广周活动，浙江电视台主持人为直播宣传。海盐葡萄

6月16日，海盐葡萄入选2023年嘉兴市特色农产品“十大伴手礼”
（张婷摄）

作为嘉兴特色农产品代表参加2023长三角乡村振兴大会，并在“我为农忙”直播推介活动上进行展示。与省市县各类媒体合作，通过央视广告、浙江电视台、《嘉兴日报》、“海盐发布”微信公众号等平台进行“海盐葡萄”品牌推广，提升“海盐葡萄”等水果的知名度和美誉度。海盐葡萄荣登浙江省名优土特产百品榜，获嘉兴市“十大伴手礼”称号。

【嘉兴市红美人柑橘擂台赛在海盐举办】 12月8日，2023嘉兴市“绿颖杯”“红美人”柑橘擂台赛在海盐县澉浦镇吾味农场举办，专家评委根据果实形状、果面、色泽、整齐度、化渣性、口感风味和可溶性固形物（甜度）等进行综合打分，最终决出金奖5名、银奖7名。海盐县澉浦镇吾味农场和于城镇得会家庭农场获得金奖，秦山丰味家庭农场、通元镇秀秀农场、百步口口鲜生态家庭农场获得银奖。

【黄沙坞柑橘】 2023年，黄沙坞柑橘总面积450亩。黄沙坞位于海盐县最南端，三面环山，南面临海，挡住寒流，形成得天独厚的冬暖夏凉小气候，黄沙坞内橘园成林，被誉为“浙北橘园”，人称“世外桃源”。黄沙坞柑橘果形扁圆，皮薄橙黄，富有光泽，外形美观，汁多味浓，甜中带酸，深受消费者欢迎。2002年，“黄沙坞”无公害柑橘基地得到农业部认证，当年注册“黄沙坞”品牌。2003年经农业部农产品质量安全中心认证，获评全国统一无公害农产品标志。2003年获浙江省农业博览会优质产品，2004年嘉兴市名牌产品。至2023年年底，澉浦镇政府和南北湖风景区在黄沙坞已连续举办27届南北湖柑橘采摘节。2023年，黄沙坞柑橘获得绿色食品认证。

【横港蜜梨】 2023年，横港蜜梨主要种植在海盐县原横港镇（后与百步镇合并为百步镇）而得名，种植历史悠久，规模种植由2000年开始，主要品种有翠冠、翠绿和黄花梨。横港蜜梨以个大皮薄、肉厚核小、松脆化渣、外观漂亮、口感好、成熟早而得到消费者喜爱，并取得良好的社会和经济效益。2001年注册“横港”牌蜜梨商标，2005年12月19日成立海盐县百步镇蜜梨合作社，为推进全镇梨业生产向优质无公害方向发展，推行标准化栽培，提高梨业管理水平，于2002年申请立项“海盐县百步镇横港蜜梨科技示范场”项目，并列入农业部国家科技项目计划，2006年被认定为国家级科技示范场，同年认定为嘉兴“名牌”产品。2001年11月获中国浙江国际农业博览会银奖，2002年12月获浙江农业博览会银奖，2003年11月获浙江农业博览会优质奖，2006年7月获浙江省优质早熟梨金奖，2007年12月获浙江农业博览会优质奖。

（陈 哲）

【浙江壹草堂生物科技有限公司】 2011年成立，原名浙江壹草堂农业科技有限公司，位于澉浦镇翁金公路2000号，占地2.67公顷，主要种植、加工和营销铁皮石斛。被认定为2022年浙江省中医药文化养生旅游示范基地，是海盐县唯一一家设施种植中药材企业。坚持走中药材数字化生产之路，生产中运用智慧农业物联云平台，配有数字化硬件装备，专业数字化人员3人进行操控，实现全程质量管理和生产全过程的质量安全追溯。

（顾锦华）

畜牧业

【概况】2023年，全县畜牧总产值76941万元，占农业总产值的22.3%。全县生猪出栏8.82万头，湖羊出栏3.6万只，家禽出栏1790.64万羽；肉类总产量35454.3吨，其中猪肉6158吨、羊肉711吨、禽肉28542吨，兔肉43.3吨。

全年免疫生猪口蹄疫15.98万头次，使用疫苗29.89万毫升；羊口蹄疫5.37万只次，使用疫苗5.46万毫升；高致病性禽流感3701.92万羽次，使用疫苗1122.35万毫升；羊小反刍兽疫4.67万头次，使用疫苗5.40万头份；猪瘟26.81万头次，使用疫苗50.43万头份；羊痘2.06万头次，使用疫苗3.02万头份。猪口蹄疫、猪瘟、高致病性猪蓝耳病、羊口蹄疫、高致病性禽流感、羊痘应免率均为100%。全年累计免疫犬类狂犬病12934只。

全年对143个畜禽场点（次）开展免疫抗体监测14962项次，其中猪O型口蹄疫、A型口蹄疫、猪瘟、高致病性猪蓝耳病分别监测930份、990份、930份、900份；家禽高致病性禽5316份，羊口蹄疫1090份，羊小反刍兽疫445份，鸡新城疫1682份，家畜布病2643份，马鼻疽15份。生猪口蹄疫、猪瘟、高致病性猪蓝耳病、高致病性禽流感H5亚型、H7亚型、新城疫、羊口蹄疫、羊小反刍兽疫、马鼻疽整体抗体合格率分别达到91.5%、98.4%、87.1%、100%、100%、100%、76.3%、94.8%和100%；非洲猪瘟病毒核酸检测生猪养殖场、生猪屠宰场、无害化处理厂等119个场次2780份样品，未发现疑似阳性样品。全年累计尿样违禁药物残留快速检测8209批次，检测结果均合格。

全年产地检疫生猪11.71万头、鸡1441.64万羽、鸭3.43万羽、羊894只；屠宰检疫生猪106.11万头、肉牛0.93万头、肉羊0.21万头、家禽14.55万羽；累计开具检疫证明6.34万张，加施大检疫标签111.82万枚、小检疫标签1094.58万枚、家禽检疫脚环14.55万枚、牛羊检疫卡扣3.04万枚；核查省外备案调入动物73.25万头（只），动物产品1505.13吨，其中生猪63.43万头，生猪产品1433.1吨。全年处理各类病死动物及产品2249.18吨，其中2家生猪定点屠宰场和1家菜牛屠宰场共无害化处理病害产品782.3吨。

2023年，全县有饲料生产企业7家（其中宠物饲料生产企业2家），是年，海盐申港饲料有限公司申请关停。从业人员278人，每小时加工能力155吨，产品以畜禽水产配合饲料、宠物饲料为主。全年生产各类饲料15.71万吨，其中猪饲料8.05万吨、家禽饲料4.97万吨、水产饲料1.90万吨、宠物饲料0.5万吨、其他动物饲料0.28万吨。全年实现工业总产值6.85亿元，销售收入6.81亿元。是年，4家配合饲料生产企业饲料产量均在1万吨以上，全县饲料总产量同比增长2.6%，产值增长4.1%。

（徐生良　虞伟祥）

【浙江省防控重大动物疫情应急演习】12月5日，海盐县成功举办2023年浙江省防控重大动物疫情应急演习。演习采取现场实操和视频演示相结合形式，依

表7　2023年海盐县畜牧生产情况表

项目	单位	2022年	2023年	同比增长（%）	项目	单位	2022年	2023年	同比增长（%）
生猪饲养	万头	13.74	15.72	14.41	年末兔存栏	万只	1.58	1.30	-17.72
年末生猪存栏	万头	7.06	6.90	-2.27	年末家禽存栏	万羽	408.00	428.45	5.01
其中母猪	万头	0.66	0.69	4.55	年内家禽出栏	万羽	1668.1	1790.64	7.35
年出栏肉猪	万头	6.68	8.82	32.04	肉类总产量	吨	31299.8	35454.3	13.27
年末羊存栏	万只	3.11	2.48	-20.26	其中猪肉	吨	4572	6158	34.69
年内羊出栏	万只	3.88	3.60	-7.22	羊肉	吨	643	711	-11.60

12月5日，2023年浙江省防控重大动物疫情应急演习在海盐县举行
（县农业农村局供）

托“浙江畜牧产业大脑”，发挥海盐县高致病性禽流感监测预警系统功能，实现全景式、全流程扁平化指挥，完整展示海盐县通元镇某养殖场发生高致病性禽流感疫情应急处置全过程。

中国动物疫病预防控制中心、全国畜牧总站、东部区分区防控指导组、东部区各省（市）、浙江省应急管理厅、省防治农业动植物疫病指挥部成员单位相关部门负责人，各市指挥部和畜牧兽医部门主要负责人在主会场参加观摩演习。各市及各县（市、区）指挥部成员单位负责人，重点畜牧业乡镇（街道）、防指办有关人员，规模家禽养殖场负责人等通过视频直播在分会场收看演习。

【杭州亚运会生猪产品生产】 2023年，海盐县浙江青莲食品股份有限公司是第19届亚运会和第4届亚残运会唯一的生猪产品供应商。在严格落实官方兽医派遣制度和非洲猪瘟自检制度“两项制度”基础上，实行无休驻点监管，每天加派2人对生猪进场查验、宰前检查、同步检疫、检疫出证、产品出场查验和台账登记等各个环节进行全过程现场监管，确保生猪产品质量安全事故零发生和食源性兴奋剂事件零发生两个“零发生”。共完成供亚生猪35批次，合计屠宰生猪4210头、生产冻猪肉33吨和猪肉制品65吨。

【规模畜禽养殖场粪污资源化利用】 3月，指导规模畜禽养殖场制订《2023年度畜禽养殖场（户）粪污资源化利用计划》，并报送至县生态环境分局；9月，联合县生态环境分局开展规模畜禽养殖污染综合治理专项提升行动，形成规模畜禽养殖场“一场一策”清单，提高畜禽粪污资源化利用的规范性、有序性。全年累计出动146人次，检查73场次，全县畜禽规模养殖场粪污资源化利用和无害化处理率常年保持100%。

（徐生良）

【畜禽屠宰】 2023年，全县共有2家生猪定点屠宰场和1家牛羊定点屠宰场。全年屠宰生猪106.11万头，同比上升16.5%。生猪来源：县内7.40万头，约占总量的7%；县外98.71万头，约占总量的93%，其中属省外调入63.65万头，约占总量的60%，主要来源地为江西、安徽、河南、湖南、湖北、江苏等省。生猪宰后县内供应量约5.93万头，同比下降18.8%。全县生猪定点屠宰率100%；生猪定点屠宰场瘦肉精宰前抽检比例5.3%，抽检结果均合格；非洲猪瘟检测比例100%，检测结果均合格；检出病害猪1920头、病害产品508858千克，全部做无害化处理。是年，建成牛羊定点屠宰场1家。全年屠宰牛9281头，同比增长约33%，牛主要来源地为辽宁、河北、青海、内蒙古、安徽、山西等省（自治区），宰后供应以嘉兴市为主。牛瘦肉精宰前检测比例100%，检测结果均合格；牛布鲁氏菌病宰前检测比例100%，检测结果均合格；检出病害牛1头、病害产品3479千克，全部作无害化处理。全年屠宰羊0.21万头，羊主要来源为嘉兴市（本地湖羊），宰后供应以嘉兴市为主。羊瘦肉精宰前检测比例100%，检测结果均合格；羊布鲁氏菌病宰前检测比例100%，检测结果均合格；检出病害羊14头，全部做无害化处理。

（王　超）

【浙江青莲生物科技有限公司】 浙江青莲生物科技有限公司于2023年7月设立，是青莲食品旗下专业化猪配合饲料生产企业，公司坐落于海盐县望海街道，占地面积35亩。公司拥有3条自动饲料生产线，时产配合饲料60吨，年产能达30万吨。是年，公司销售饲料12万吨，营业收入3.84亿元，利税总额611万元。年末，公司资产总值1.63亿元，职工38人。

（虞伟祥）

水产业

【概况】 2023年，全县水产养殖总面积1600公顷。其中：淡水池塘养殖面积1007公顷，同比增加25公顷；大水面生态养殖593公顷（2023年开始统计）。水产品总产量23532吨，同比增长14%。渔业经济总产出9.26亿元。其中：渔业产值6.87亿元，同比增长12.2%；水产种苗产值0.66亿元；涉渔工业产值1.59亿元；休闲渔业产值0.14亿元。

【水产主导品种】 2023年，全县罗氏沼虾、南美白对虾、中华鳖三大主导品种养殖总面积833公顷（同比增加35公顷），其中罗氏沼虾和南美白对虾507公顷、中华鳖外塘326公顷。其他养殖品种有澳洲淡水龙虾、青虾、黄颡鱼、乌鳢、日本锦鲤等。循环水养殖、虾苗繁育等工厂化设施养殖主体累计9家、面积2.72万平方米；新增稻虾综合种养面积647公顷，累计3353.33公顷。嘉兴福居蓝龙虾繁育基地、澳洲银鲈种苗繁育生产示范基地育苗项目有序建设中。

【绿色健康养殖】 2023年，全县组织抽检养殖投入品、水产苗种和水产品254批次，合格率100%。选定罗氏沼虾、中华鳖、克氏原螯虾流行病学调查监测点9个，跟踪并上报省水生动物病害测报系统。组织水产养殖规模在2公顷以下主体，配套开展尾水沉淀净化处理设施建设，累计283公顷。加强稻虾养殖尾水监管，开展养殖期水质监测分析；落实种养主体签订《严格规范稻虾种养生产管理承诺书》，累计224户。是年，海盐县被列入省级水产健康养殖和生态养殖示范区创建培育名单。

【稻虾全产业链建设】 2023年，全县创建省级稻渔综合种养示范基地1家，累计15家。继续推进蓝龙虾全产业链综合发展项目和2022—2024年省水产产业技术团队稻虾轮作示范项目，推动实施望海万亩稻虾种养示范区项目、海盐龙虾专业批发交易市场项目和海盐龙虾预制菜深加工项目。强化三结合（稻虾产业团队专家、高校技术顾问、乡土人才）专家服务团队，持续与江苏盱眙稻虾种养专家合作，全年培训稻虾技术实用人才40人。5月13—28日，举办海盐县第五届稻田龙虾文化节；5月26—28日晚间，推出龙虾美食音乐活动，活动累计吸引游客5.4万人次；活动结束时，“海盐县第五届稻田龙虾文化节”话题在抖音同城榜热度排第二，“3天吃掉15吨小龙虾”话题在新浪微博同城话题热度排第四。

【外来入侵物种防控】 2023年，全县持续防控外来入侵物种，继续专项治理福寿螺，实施定期通报制，全年出动2万余人次，清除河道1万余千米、农田4.1万余亩、池塘0.5万余亩、沟渠322千米，累计清除福寿螺30.4万只、卵73.8万块。参与申报全省福寿螺多元协同防控技术研究与示范项目。完成全国外来入侵水生动物普查海盐境内全部工作。

【渔业技术推广】 2023年，全县培训渔技指导员25名，发布罗氏沼虾、克氏原螯虾和中华鳖3个主导品种，主推稻虾综合种

5月26—28日，海盐县举办第五届稻田龙虾文化节　（杨佳喆摄）

养模式与技术、池塘养殖尾水综合治理技术、工厂化循环水养殖技术3项，实施省级农业“双强”项目2个，培育省级高品质绿色科技示范基地1个，继续推进2家“水产用药减量”省级示范基地相关试验工作。

（杨佳喆）

植保　土肥

【农作物重大病虫灾害综合防治】2023年，全县麦类白粉病和锈病属轻发生，个别品种白粉病属于中等发生；赤霉病属中偏重发生；黏虫和蚜虫属轻发生；草害属重发生。全县麦类病虫草害发生面积3.63万公顷次，防治面积4.97万公顷次。其中，病害发生面积1.21万公顷，防治面积1.82万公顷次，防治效果80%；虫害发生面积1.21万公顷，防治面积1.33万公顷，防治效果95%；草害发生面积1.21万公顷，防治面积1.82万公顷次，防治效果50.5%。全县小麦播种面积1.21万公顷，全县78%小麦面积使用药剂20%氟唑菌酰羟胺+25%丙环唑防治赤霉病，防治两次的效果为86.9%。不防治田块平均病穗率为37.7%，病指数为18.5；防治田块平均病穗率为13.3%，病指数为5.23，平均防效71.8%。所有种植品种锈病不发生，白粉病个别品种中等发生，主要跟气候和品种有关。推广小麦播种后开沟喷封杀除草剂除小麦杂草，效果好，密度高的小麦田可一次性封闭除草。全县采用一次性封闭除草技术栽培小麦0.81万公顷。小麦蚜虫属轻发生，在防治赤霉病时兼治。小麦黏虫稳定期虫量每公顷3.26万条，弃治。

全县水稻病虫害属中等偏轻发生，草害属重发生。病害中纹枯病和稻曲病属轻发生。虫害中六（4）代稻纵卷叶螟和六（4）代褐稻虱属中等偏重发生；三代二化螟属于中等发生，部分早栽杂交稻和早播单季稻二化螟属重发生。全县水稻病虫草害发生面积12.16万公顷次，防治面积15.6万公顷次。其中，虫害发生面积7.6万公顷次，防治面积9.22万公顷次，平均防效80%；病害发生面积3.04万公顷，防治面积3.04万公顷次，平均防效85%；草害发生面积1.52万公顷，防治面积3.34万公顷次，平均防效65%。

全县水稻纹枯病发生面积1.52万公顷，防治面积1.52万公顷。纹枯病属于轻发生，主要原因全县单季晚稻全生育期（5月21日至11月30日）平均气温较常年偏高，为历史同期第二高；降水量、降水日数均偏少，日照时数偏多，气候不利于纹枯病发生。水稻恶苗病属轻发生，水育秧和旱育秧时继续用干拌籽包衣防治水稻恶苗病，用飞播和飞防技术防治水稻杂草配套综合技术进行示范。稻曲病属轻发生，单季稻迟播偏施氮肥田块有重发生。全县稻纵卷叶螟发生面积3.04万公顷次，防治面积3.04万公顷次。从田间赶蛾情况看，五（3）代和六（4）代各出现一个高峰。灯下始见期7月12日。四（2）代无明显峰次，弃治；五（3）代出现3个峰次（7月21日410只，8月4日580只，8月18日915只），五（3）代迁入量中等，8月中下旬兼治稻虱和纹枯病防治一次；六（4）有2个峰次（9月3日613只，9月7日803只），9月中旬对偏迟和偏黑嫩田块防治一次；七（5）代无明显峰次，弃治。白背稻虱为轻发生；褐稻虱为中偏重发生，发生面积为1.52万公顷，防治面积为3.04万公顷。早稻、部分杂交稻由于越冬代、第一代和第二代没有控制好基数，螟虫危害较重，部分杂交稻有穿顶和倒伏，10月12日残留虫量调查平均每公顷虫量为565.65万头。全县没有发现稻瘟病。全年发布粮油病虫情报11期和补治通知1个（水稻褐稻虱），发放病虫情报3300份。海盐农业公众号推送9期。海盐新闻报道2期。《海盐县水稻病虫害绿色防控技术模式》入选全国2023年百套农作物病虫害绿色防控技术模式。

【农药试验】2023年，全县全年新农药试验15个（油菜1个、麦类3个、水稻11个），涉及试验处理107个，试验面积15.07公顷，筛选新农药组合氟唑菌酰羟胺+咪鲜胺防治油菜菌核病；示范推广小麦除草播后封杀除草技术；水稻除草封杀技术施药时间尽量往前移，使用剂量尽量减量。5月17日，全省油菜菌核病、小麦赤霉病和水稻恶苗病试验现场会在海盐举办。6月10日，全省农业重大技术协同推广计划项目启动会在海盐召开。10月11日，中国水稻研究所水稻病虫草绿色防控技术集成示范观摩会在海盐召开。

【植保社会化服务】 3月24日，召开全县统防统治服务组织培训班，有34个服务组织参会。全年全县有12家专业化服务组织完成小麦病虫统防统治面积0.31万公顷，水稻统防统治面积1.12万公顷。首次出台飞防服务组织补贴政策，全县油菜、大小麦和水稻主要农作物实施统防统治的每公顷补助45元。4家服务组织获评省级星级植保服务组织，8家获评市级规范性服务组织。创建省级整建制镇（街道）1个（西塘桥街道）。全县创建绿色防控示范方9个，涉及示范方面积0.07万公顷；获省级和市级示范方8个，全县水稻绿色防控辐射面积1.25万公顷，绿色防控覆盖率达82.1%。做好23个农药监测点使用情况调查。

【春季农田等统一灭鼠】 2023年春季，全县开展农田等统一灭鼠行动。农田灭鼠面积1.33万公顷，农户5.4万户。使用溴敌隆成品鼠药7.62吨，消灭老鼠25.4万只，挽回粮食损失76.2万千克，经济效益204.22万元。农田灭前鼠密度为5.2%，灭后鼠密度2.1%，农田灭鼠效果达59.6%；室内灭前鼠密度为5.3%，灭后鼠密度为0.1%，室内灭鼠效果达97.9%。

【智能测报站点工作】 2023年，武原华星点、秦山落塘点、通元浦漾点和沈荡聚金点4个智能测报点正常运行中。继续抓好数据采样和人工调查数据比对，进行数据分析和汇总。经过两年数据的比对和分析智能测报灯、白炽测报灯和智能性诱跟人工田间调查，二化螟正确率最高，其次为稻纵卷叶螟，对稻虱无论是白背稻虱还是褐稻虱正确率差异比较大，但有一点跟生产上吻合，褐稻虱扑灯时间越早，褐稻虱发生越重，2023年褐稻虱（最早5月17日）扑灯早于2022年（最早6月1日），2023年褐稻虱发生重于2022年，这跟稻虱代次累积发生现实相吻合。总之智能测报对大虫的准确率比小虫的准确率要高。因只有2年的测报数据比对，有一定的局限性，对于每种虫发生程度的预测还有待于多年数据的积累。

【农药储备保障】 2023年，根据《浙江省农业农村厅等7部门关于切实抓好2023年粮油生产保供工作的通知》和《嘉兴市农业农村局等6部门关于切实抓好2023年粮油生产保供工作的通知》文件要求，全县应急储备农药5.7吨，其中杀菌剂1.9吨、杀虫剂3.8吨。

【疫情阻截带建设】 2023年，全县落实14个监测点，其中4个为省级监测点，涉及水稻、梨、葡萄、柑橘等，监测面积446.67公顷。每个重点监测点采用GPS全球定位系统定位，建立档案，落实专人监测。全年完成葡萄根瘤蚜、柑橘木虱、柑橘溃疡病、梨枯梢病等11种疫情普查与监测，普查面积2.67万公顷次。

【红火蚁专项监测和防控】 2023年，红火蚁专项监测和普查采用政府买服务方式进行，委托金华市恒安生物技术有限公司，6月中旬至10月底对全县各镇（街道）新绿化种植面积452.73公顷逐一进行红火蚁诱集调查监测和普查。10月8—13日，首次在百步镇五丰村五丰园艺和百联村苏鲁园艺两个园艺场发现20处散蚁点，发生区面积大致在0.67公顷左右，均为绿化苗木基地，苗木大多从上海、萧山、金华、宁波等地引入，根据疫情发现现状，结合红火蚁发现区域为花卉基地，疫情防控本着谁管理谁负责和属地管辖原则，与县自然资源规划局和百步镇协商，立即开展防控措施，以最快最有效的措施，阻断红火蚁的传播扩散。

【加拿大一枝黄花防控】 2023年，全县普查面积2万公顷，全年发生面积185.69公顷次。春季发生面积97.46公顷，其中中度发生23.67公顷、轻度发生73.79公顷，春季防控77.69公顷；秋季发生面积88.23公顷，其中中度发生20.77公顷、轻度发生67.47公顷，秋季防控89.13公顷。春季重点抓好化学防控，秋季重点抓好复垦复种和人工清除。

【产地检疫】 2023年，全县水稻产地检疫面积466公顷，347.5万千克种子，涉及浙禾香2号、秀水519、秀水121、秀水14、嘉67等12个水稻品种；小麦产地检疫面积33.33公顷，12.5万千克种子。葡萄产地检疫面积0.2公顷，2万芽；山麦冬产地检疫面积0.2公顷，2万株；蔬菜种子产地检疫面积0.27公顷，30.4万株，涉及番茄、黄瓜、苦瓜、辣椒等11个品种。开具产地检疫合格证26张。

【调运检疫】 2023年，全县共调入种子179批次，其中省间调入45批次，包括水稻2批次，1.6万千克；葡萄1批次，3万株；蔬菜种子42批次，266.17千克。省内调入134批次，其中水稻15批次，13.057万千克；小麦1批次，1万千克；蔬菜种子114批次，1444.5千克；葡萄柚1批次，300株；草3批次，0.88公顷。全县共调出种子19批次，其中省间调出2批次，包括葡萄苗1批次，2万芽；水稻1批次，6.4万千克。省内调出17批次，均为水稻种子，220.51万千克。签发植物检疫证书19张。

【农业外来入侵物种补查】 2023年，对全县9个镇（街道）开展全面踏查，出动踏查人员约300人次，共踏查120个点位（入侵植物60个、入侵病虫害60个）。形成农业外来入侵植物踏查记录541542条，农作物外来入侵病虫害1129条。其中，发现农业外来入侵植物48种，发生频率最多的为空心莲子草，56次，其次是加拿大一枝黄花，49次。农作物外来入侵虫害23种，发生最多的草地贪夜蛾和烟粉虱，810次。

【化肥减量增效】 2023年，根据第二轮中央环保督察整改要求，全年海盐县取土测土任务数为604个，其中三普样点444个，变更调查88个，主体取样72个。根据出台的配方肥补贴政策，在海盐县主要粮油作物上大力推广使用配方肥。全年全县涉及一级经销商12家，备案配方肥品种50个。全县主要农作物推广配方肥1.05万吨，配方施肥面积2.5万公顷，配方肥覆盖率达93.5%。继续申报实施省补商品有机肥推广项目，每吨补助标准不超过产品单价的三分之一，省级财政下达资金75万元，全县推广商品有机肥1.60万吨，应用面积0.42万公顷。按照化肥减量要求，开展肥料利用率试验1个。

【耕地保护与质量提升】 2023年，全县保留耕地地力长期定位监测点4个（0.67万公顷设监测点1个）、耕地质量年度动态变更调查点88个。每年监测耕层土壤理化性状及变化趋势、土壤养分平衡状况、耕地基础地力与作物产量关系、肥料（化肥、有机肥、秸秆等）投入与作物产量关系，并按时上报年度耕地地力监测结果。开展自然资源资产负债表编制，为全县推进生态文明建设、有效保护和永续利用自然资源提供信息基础、监测预警和决策支持。

【耕地安全利用】 2023年，开展农业“两区”土壤污染防治监测，根据省农业农村厅下发的农业“两区”土壤污染防治监测点方案，海盐县共有监测点22个，其中常规监测点12个、综合监测点10个。

【土壤三普】 2023年，第三次全国土壤普查全面铺开，通过农民信箱、微信群、海盐发布等积极宣传，并在各村张贴宣传海报，提高广大农户对土壤三普工作的认识，理解支持土壤三普工作。全县完成采样的土壤表层样点共有444个，其中耕地369个、园地54个、林地13个、草地7个、其他1个。积极参加全省质控培训，发动镇（街道）相关人员参加质控考核，全县共有17人通过省级质控考核，基本保证每个镇（街道）有2人通过考核，有利于采样时的人员调配，使取样工作能够顺利进行。全年完成表层土壤采样444个，制样444个，样品检测262个，完成检测率为59.1%。

（朱小勤）

农业机械化

【概况】 2023年，全县农机总动力99281千瓦，同比增长6.5%，农机保有量13986台，同比增长5.1%，农机总动力和农机具总数呈稳步增长态势。拖拉机保有量418台（大中型农田作业拖拉机314台、小型农田作业拖拉机104台），联合收割机52台，农用无人驾驶航空器214台，高速乘坐式插秧机203台，谷物烘干机380台（批次烘干能力6840吨），农产品加工机械875台。2023年，收到农机购置补贴申请表338份，受益户数265户，补贴机具550台套，购机金额2903.9万元，补贴金额1046.1万元，创历史最高纪录，其中中央补贴资金、省级补贴资金、县级补贴（含追加）资金分别为581.8万元、110.1万元、354.2万元。引进3台新型农机设备列入2023年的首台套政策。全年农作物生产机耕面积44.61万亩，机播面积30.85万亩，机电灌溉面积30.44万亩，机械植保面积

38.92 万亩，机收面积 34.44 万亩，水稻机械插秧面积 5.35 万亩。全县主要农作物耕种收综合机械化水平为 92.1%。

【"一县三基地"示范创建】 2023 年，海盐县成功创建浙江省水产特色产业和综合性农业"机器换人"高质量发展先行县，同步成功创建"机器换人"示范基地 9 个，创建数量列全市第一，其中海盐融盛水产养殖有限公司、海盐澳丰农业科技有限公司、浙江弘海生态农业科技有限公司、海盐新四季农场、海盐金土地农场等 5 个主体成功创建省级全程机械化应用基地；浙江弘海生态农业科技有限公司成功创建 1 个农机创新试验基地；浙江金渔生物科技有限公司、浙江海元米业有限公司、嘉兴双丰家庭农场有限公司等 3 个主体成功创建省级农机服务中心。

【农业"双强"项目建设】 2023 年，出台《海盐县现代化农事服务中心建设规划布局方案》，规划到 2027 年，建设 9 个现代化农事服务中心，逐步提升现有 34 个农事服务站点功能，农事服务范围覆盖全县 9 个镇（街道）。完成对 2022 年度 4 个省级区域性农事服务中心项目完工验收，加快推进海盐县澉浦镇双丰农事服务中心项目建设，该项目于 12 月完工，进入审价审计阶段。海盐县西塘桥街道绿优农事服务中心成功申报入选 2024 年度现代化农事服务中心建设项目。

【农机培训和推广】 2023 年，开展各类安全生产、技术推广等培训，共计举行 7 场，参训人员 344 人次，有力保障农机作业安全，提升农机技术水平。开展 1 期拖拉机、联合收割机驾驶证操作人员培训，24 名机手全部取得双证。培训无人植保机操作机手 45 人，均取得操作证书。联合国网海盐县供电公司开展农用无人机安全培训，60 人参训。联合粮食收储公司举办烘干中心负责人培训班，40 人参训。举办全县水稻机插秧现场观摩会 1 次，65 人观摩学习。举办机收减损技术培训班 1 次，50 人参训。联合保险公司开展 1 次农机具保险的宣传培训，60 人参训。组织参加全省农业行业职业技能竞赛、全市农机收割减损大比武等活动，1 名机手获"浙江省农业技术能手"称号，1 名机手获全省农机使用一线"土专家"称号。《依托蔬菜初加工机械化助民共富》案例入选农业农村部发布的《2023 年果蔬初加工机械化典型案例》。

6月28日，海盐县开展农用无人机电力安全培训　（张铃涛摄）

【农机安全】 2023 年，未发生较大以上农机事故和农机死亡事故。严查农机事故隐患，在稻麦收获季，对全县所有 36 个烘干中心进行全覆盖安全生产检查，同步开展金属粮仓、卸粮坑等有限空间安全专项检查，张贴警示标志、作业规程 103 张，重点抓好外来跨区作业联合收割机安全巡查，检查对接 510 台次。对县域内所有的农用拖拉机、插秧机、烘干机、收割机开展一次免费实地检验，总检验率达 100%。严管农机牌证工作，全年驾驶证换证 112 人、补证 13 人、增驾 12 人、吊销 2 人，收割机注册 1 台、年检 38 台，拖拉机注册 34 台、年检 310 台、注销 1 台，配合公安交警出具查询证明 345 件。

（张铃涛）

农田水利

【概况】 2023 年，全县建设高标准农田面积 953.34 公顷，累计建成高标准农田 1.905 万公顷。

【高标准农田建设】 2023 年，全县实施高标准农田项目 7 个，建设高标准农田面积953.34公顷，其中新建高标准农田面积666.67公顷，改造提升高标准农田面积66.67公顷，改造提升高标准农田（绿色农田）面积220公顷，建设高效节水灌溉面积695.33公顷，概算总投资5940.62万元，其中省级以上财政补助资金3890万元，地方财政补助资金2050.62万元，其中“2023年海盐县通元镇高标准农田改造提升（绿色农田）项目”以“高质量推进绿色农田示范建设的经验与成效”为题成功入选中国农业综合开发总第246期作为浙江省绿色农田建设经验在全国推广。是年，完成2021年高标准农田建设项目市级竣工验收4个，面积866.67公顷，完成投资2379.82万元，其中“2021年海盐县通元镇高标准农田改造提升项目”获评2023年浙江省高标准农田建设最佳实践案例。完成2022年沈荡镇高标准农田项目县、市两级验收，面积66.67公顷，完成投资406.29万元。

（吴晨光）

政策性农业保险

【概况】 2023年，海盐县政策性农业保险中央、省定险种共涵盖16个保险品种，其中种植险12个，分别为水稻、水稻完全成本保额补充保险、大麦、小麦、油菜、大棚、大棚蔬菜、大棚西瓜、露地蔬菜、葡萄、林木综合、柑橘树；养殖险4种，分别为生猪、能繁母猪、鸡、鸭。政策性农业保险地方特色险种共涵盖4个保险品种，分别为家庭农场综合保险、养蚕保险、湖羊保险、稻田养殖小龙虾保险。

【政策性农业保险中央、省定险种】 2023年，政策性农业保险中央、省定险种保费2892.54万元，获得风险保障金额达3.6亿元，涉及农户1.43万户。各级财政保费补贴合计2604.98万元，其中中央补助829.75万元、省级补助930.26万元、县级补助844.97万元。全县主粮作物和生猪养殖政策性农业保险参保率达100%。小麦11733公顷，涉及农户948户，保费385.1万元；水稻参保面积15267公顷，涉及农户6269户，保费1120.9万元；水稻完全成本保额补充保险15267公顷，涉及农户6269户，保费336.02万元；生猪12.9万头，保费696.3万元；能繁母猪0.645万头，保费57.55万元；鸡33.1万只，保费30.2万元。全年赔付率为57.6%，共计赔款1666万元，其中小麦272.8万元、水稻797.2万元、生猪494.6万元等。

【政策性农业保险地方特色险种】 2023年，政策性农业保险地方特色险种保费173.92万元，获得风险保障金额达5188万元，涉及农户1763户。各级财政保费补贴合计99.11万元，其中省级补助11.3万元、县级补助87.81万元。蔬菜瓜果32.41公顷，保费12.45万元；湖羊4.71万头，保费56.48万元；养蚕2147.5张，保费4.27万元；稻虾养殖671.53公顷，保费100.73万元等。全年赔付率为134.5%，共计赔款234.02万元，其中蔬菜瓜果3.4万元、湖羊128.37万元、养蚕42.08万元、稻虾养殖60.17万元等。

（吴晨光）

农业气象

【单季晚稻生育期】 2023年，全县单季晚稻全生育期（5月21日至11月30日）平均气温较常年偏高，为历史同期第二高；降水量、降水日数均偏少，日照时数偏多。其中，有效积温2834.2℃；日照时数1302.5小时，比常年多236.5小时，排名历史同期第三多；雨量833.4毫米，比常年少42.7毫米；雨日79天，比常年偏少12.3天。

播种育秧期晴雨相间，全县6月17日入梅，7月11日出梅，梅雨期不典型，梅汛期全县面雨量281.4毫米，为常年平均的81%。受强对流云团影响，29日全县出现雷阵雨天气，其中百步有短时暴雨，最大雨量57.0毫米，同时还出现8级大风，但此时海盐晚稻播种已接近尾声，没有造成较大损失。出苗期以晴好天气为主，气温较常年偏高。6月19—25日降水集中，出现暴雨或大暴雨，部分低洼路段被淹，对作物移栽带来不利影响。7月17日海盐全域出现8级以上大风天气，5个镇（街道）出现10级以上大风，对晚稻分蘖拔节带来不利影响。7月上旬晴雨相间，气象条件对作物生长成熟有利，中旬强对流频繁，有阶段性高温，旬内降水缓解高温和干旱，不利于病害。下旬受台风“杜苏芮”影响，强降水对晚稻拔节期有一定影响。孕穗抽穗期晴多雨少，前期温高光足，有利于晚稻生长和各类农事活动开展。9月中上旬平均气温比常年偏高，降水量较常年明显偏少，总体气象条件光温湿适宜，有利于农作物正常生长。9月后期开始出现持续晴好天气，温高光足雨少，有利于水稻中后期褐稻虱发生，高温少雨有利于晚稻抽穗，水稻有效穗多、结实率高。灌浆成熟期晴多雨少、温高光足，气象条件利于晚稻形成大穗，且昼夜温差大，有利于提高结实率和千粒重。10月至11月上旬晴多雨少，昼夜温差较大，对晚稻成熟收晒十分有利，下旬天气连晴，光温适宜，有利于晚稻收晒和秋收冬种工作开展。总体来说，2023年晚稻全生育期气候条件属于正常偏好年景。

【油菜】 2023年油菜全生育期间（2021年10月至2022年5月）气候特点：平均气温略偏高，降水日数和降水量明显偏少，日照时数偏多。其中，平均气温13.1℃，比常年偏高0.8℃；日照时数1264.1小时，比常年多183.8小时；雨量522.6毫米，比常年少156.1毫米；雨日78天，比常年偏少33.2天。

播种初期灌溉条件较差地区土壤缺墒严重，灌溉条件较好地区影响不大，冬种进展顺利。11月中旬后期至下旬以阴雨天气为主，干旱得到缓解，有利于油菜幼苗生长。12月先雨后晴，冷空气活动较频繁，适度的低温过程利于油菜的抗寒锻炼，加之土壤墒情较适宜，越冬作物苗情较好。1月晴多雨少，气温起伏较大，受2次冷空气过程影响，造成部分油菜出现冻害，但影响有限，且气温偏低利于降低田间病虫越冬基数。2月1—23日海盐县多持续低温阴雨雪天气，土壤墒情偏湿，油菜长势偏差，部分播种密度高的田块出现病害。24日起，天气晴好，温高光足，土壤墒情一定程度上得到改善，利于油菜恢复生长和管理，3月中上旬晴多雨少，气温显著偏高，日照充足，有利于作物生长发育以及施肥、喷药等农事活动开展；中下旬降雨天气增多，阴雨寡照，土壤偏湿，有利于油菜菌核病发生，同时对油菜开花结荚生长略有影响。4—5月温高雨少，气象条件对油菜成熟较为有利。

【蚕桑】 由于大部分桑园粮桑混栽，大田种植结构和防治方式的改变，各生产期间都存在不同程度农药中毒现象，影响生产的正常开展。

2023年春桑生长期间（3—5月）雨量224.2毫米，比常年少101.8毫米；雨日34天，比常年少5.3天，气候条件总体较好，桑叶长势良好，供给充足，能满足春蚕用叶，保证春蚕饱食上蔟。

2023年春蚕饲养期间（4月下旬至5月）平均气温接近常年，雨量偏少，日照略偏多，无重大气象灾害，大蚕期室温偏低。平均张产55.4千克，与2022年基本持平。

6—9月为桑树旺盛生长期，6月平均气温较常年偏高，降水量较常年偏多，雨日与常年持平，日照时数明显偏多，19—25日降水集中，出现暴雨或大暴雨，其他时段多以晴好天气为主。7月上旬晴雨相间；中旬强对流频繁，有阶段性高温；下旬受台风“杜苏芮”影响出现强降水天气。8—9月总体光温适宜，但降水明显偏少，比常年少175毫米。桑园鳞翅目类、蓟马、红蜘蛛等桑园主力害虫等虽有发生，但仍在可控范围之内，通过及时防治未严重灾情发生，未影响蚕桑生产。

（胡安琪）

水利·海塘

水 利

【概况】 2023年，海盐县完成水利投资5.05亿元，水利管理业投资5.87亿元。全市农业水价综合改革暨农业灌溉工程更新升级培训会议在海盐县召开。海盐县水旱灾害防御机制研究等3个项目被列入省水利厅改革试点，获县委、县政府通报表扬。是年，海盐县获浙江省2021—2022年幸福河湖建设试点优秀单位、2022年度全省农业水价综合改革工作绩效评价优秀县称号，获评全市水利工作综合绩效考核优秀等次。

【水旱灾害防御】 2023年，县水利局修编年度水旱灾害防御应急方案，实施水利工程控运计划核准和重要水利工程度汛预案审查。全年开展两轮水旱灾害防御隐患检查，出动1656人次，排查防洪排涝工程、海塘险工险段、在建水利工程518处。开展水旱灾害防御综合演练，完成海塘等水利工程白蚁应急治理及普查。是年，海盐县汛期总体平稳，台风生成数偏少，影响海盐县台风2个，为第5号台风“杜苏芮”和第6号台风“卡努”。汛期全县降雨量777.3毫米（历年904.3毫米），海盐代表站欤城站汛期最高水位2.15米（6月24日，超保证水位0.19米），最低水位0.88米（5月2日）。6月17日入梅，7月11日出梅，梅汛期25天，梅雨量325.6毫米。全县没有因洪涝台旱灾害而发生水毁和人员伤亡事故。

【重大水利工程】 2023年，海盐县推进“千项万亿”水网安澜提升等重大水利项目建设。海盐县东段围涂标准海塘二期工程（海堤部分）整体完工，长山至杨柳山段海塘一标段获评2023年度省级水利文明标杆工地。长山河水系综合治理（百步镇片区）一期等8个项目完工。争取中央特别国债，2个重大水利项目获得国债资金2.9亿元。落实专项债1.11亿元，比2022年同期增加80%。

【扩大杭嘉湖南排工程通过专项验收】 2023年，县扩大杭嘉湖南排工程（嘉兴部分）海盐项目通过工程档案和政策处理专项验收。

【农业灌溉泵站更新升级】 2023年，海盐县农业灌溉更新升级泵站67座，其中省级民生实事项目农业灌溉更新升级泵站28座，受益灌溉面积1.42万亩。

【河湖长制】 2023年，海盐县推进河湖长制工作，开展水葫芦清理、“护航杭州亚运会”河湖水域岸线保护等专项行动，完成全县排水口标识牌设置和“一口一档”系统录入，118个护航亚运自查问题整改销号率100%。创建省级美丽河湖天仙湖水系、水美乡镇百步镇。创建百步亭港（沈荡市河）等市级美丽河湖2条、秀才桥港等城乡亲水节点5个、印家浜等县级美丽河湖7条。

5月31日，扩大杭嘉湖南排工程（嘉兴部分）海盐项目档案通过验收
（县水利局供）

县级河长履职平均积分排名列全市第三。

【水行政监管】 2023年，海盐县开展年度“双随机、一公开”监管工作，制定随机抽查事项清单，累计通过掌上执法开展检查32次，其中双随机抽查27次、即时检查5次，双随机抽查事项覆盖率100%、双随机检查占比率84.37%、跨部门联合双随机监管率58.33%。开展水利工程质量管理服务50余次，实施水利安全隐患大排查大整治行动，复核338个水利部、省水利厅河湖遥感疑似问题图斑并通过省水利厅稽查，30个问题全部销号。完成220千米河道划界复核。是年，收取水土保持补偿费241.95万元，水土保持监督检查在建项目102个。通元镇良贤村、长山河村河道治理清洁小流域建设项目被列入省级水土流失治理项目。

【水资源管理】 2023年，海盐县总用水量2.17亿立方米，万元GDP用水量34.3立方米，万元工业增加值用水量17.3立方米（可比价）。全县保留地表水取水户38家，许可取水总量8488.08万立方米，完成水资源费征收224次844.87万元。全年对16个水功能区监测断面、7个地下水监测点开展监测。全县保留农业取水许可证91本，取水许可总量1.75亿立方米，农田灌溉水有效利用系数提升至0.676。创建省级节水型企业4家、省级节水型单位4家，完成企业水平衡测试2家。千亩荡饮用水水源地水质达标率100%、安全保障达标评估连续4年获省级优秀。

【节水教育基地】 2023年，海盐县节水宣传教育基地正式对外开放，获评省第五批节水教育基地、市级科普教育基地，入选县教育局研学基地。全年共计参观40余场次、1200余人次。

【水行政许可】 2023年，县水利局受理行政许可141件（含承诺备案制59件）。生产建设项目水土保持方案审批77件、涉河涉堤建设项目审批（含占用水域）52件、取水许可16件。信息公开（办结公告、取水许可批前公告）145件。

【水文监测预警】 2023年，县水利局完善水文预警预报，整合原海盐县水雨情网站和中小河流巡测线网站，打造海盐县水雨情管理综合信息系统，将数据迁移至政务云，确保汛情信息及时发布、查询等。完成建设平原河网水文感知体系水位监测站6座、河道生态流量监测站1座。完成人工水尺校核、水尺清洗、雨量筒清洗及注水试验，维护运行电瓶电压测试、设备数据信号传输，监测水位、雨量、洪峰及高潮位，未发生迟报、错报、漏报。汛期应对灾害性天气发布重要水利工程调度令4次，水旱灾害应急响应（解除）6次，台汛期水情监测组实行24小时监测，发布洪水蓝色预警3次，洪水黄色预警1次，水情报告2期。

【城防工程建设与管理】 2023年，县水利局强化日常管理及安全监测，城防闸站继续实行24小时值班制度，确保能随时启动，城防累计运行187小时，排出涝水389万立方米。参与城防排涝与调水活水工作，改善城防包围圈水质，全年城防工程调水运行共计12次，调水约50万立方米。

【水文化建设】 2023年，县水利局围绕杭嘉湖南排工程及海盐县在“五水共治”推动生态文

4月19日，“绿水青山间 共同富裕路”海盐县水利主题美术作品展在县博物馆开展　（县水利局供）

明、促进乡村共富建设成果，联合县文联等单位在县博物馆举办“绿水青山间共同富裕路”海盐水利主题美术作品展，共展出作品66件。4个水利工程遗产（钱塘江古海堤嘉兴段、长山闸、六里转水闸、南北湖）被列入浙江省首批重要水利工程遗产资源名录，大曲排涝站和东段二期围堤被列入省水利工程开放共享试点工程名单。

（邱康伟）

南排工程

【长山河枢纽】 2023年，长山河枢纽运行40次，排水9.08亿立方米，运行1129.11小时。其中，大闸运行19次（9次排涝、10次冲淤），计94天164潮，历时1059.35小时，排水8.79亿立方米；泵站运行21次（3次排涝、18次冲淤），计26天30潮，历时69.77小时，排水0.29亿立方米。主汛期前，开展5轮隐患排查，发现9个风险隐患点。全年日常巡查113轮次，备用电源试运行17次。完成常年性维养项目61项，一次性维养项目4项。支付资金315.9万元。扩大杭嘉湖南排工程（嘉兴部分）南台头排水泵站、长山河排水泵站水利项目获2023年度浙江省建设工程“钱江杯”（优质工程）奖。

表8　2023年长山河枢纽运行情况表

名称	起讫日期	安全运行天数（天）	潮数（次）	放水时间（小时）	放水量（万立方米）
长山闸	1月19日	1	1	2.55	134.95
	2月13—14日	2	3	21.6	1427.08
	3月1日	1	1	4.27	248.85
	3月16日	1	1	6	319.68
	3月31日	1	1	4.67	267.14
	4月14日	1	1	6.28	339.29
	5月12日	1	1	5.38	327.51
	6月13日	1	1	3.9	296.24
	6月20日至7月11日	22	42	275	24890.58
	7月17日至8月4日	19	36	224.86	20196.82
	8月8—11日	4	6	36.25	2845.88
	8月28日	1	1	3.38	238.70

续表 8

名称	起讫日期	安全运行天数(天)	潮数(次)	放水时间(小时)	放水量(万立方米)
	8月29日至9月6日	9	16	104.72	9240.62
	9月14日至10月8日	25	48	344.09	25967.67
	10月27日	1	1	1.52	133.80
	11月10日	1	1	3.77	309.20
	11月29日	1	1	2.05	150.55
	12月7日	1	1	4.65	271.19
	12月21日	1	1	4.42	290.99
	合计	94	164	1059.35	87896.74
长山河泵站	1月13日	1	1	2	23.62
	2月8日	1	1	1.68	49.08
	2月21日	1	1	1.57	51.62
	3月8日	1	1	1.3	39.17
	3月22日	1	1	1.52	48.93
	4月4日	1	1	1.33	42.95
	4月18日	1	1	1.37	37.79
	5月6日	1	1	1.33	38.25
	5月9日	1	1	0.83	33.89
	6月6日	1	1	1.3	36.13
	6月16日	1	1	1.55	58.59
	6月24—26日	3	5	18.88	912.79
	7月23—25日	3	4	14.13	606.01
	7月29—30日	2	3	11.43	489.82
	8月29日	1	1	1.63	69.96
	9月12日	1	1	1.35	61.72
	10月10日	1	1	1.33	62.87
	10月26日	1	1	1.25	60.75
	11月14日	1	1	1.23	62.14
	11月28日	1	1	1.35	43.30
	12月12日	1	1	1.38	35.70
	合计	26	30	69.77	2865.08

（崔群华）

【南台头枢纽】2023年，南台头枢纽管理所共排放涝水8.19亿立方米。其中南台头闸累计运行81天151潮，历时948.63小时，排放涝水7.92亿立方米；南台头泵站累计运行28天32潮（含试运行），历时81.27小时，排放涝水0.27亿立方米。在杭州亚运会期间，连续运行25天。3月完成2023年度汛前检查暨安全生产检查；4月开展河湖遥感图斑核查；5月开展水利工程白蚁等害堤动物隐患应急整治及全面整治；6月开展河道高水位特别检查；10月联合长山河枢纽开展汛后交叉检查。全年闸站累计完成巡查524次，出动2163人次，发现并消除隐患20个，完成闸站设备运行抢修工作2次。是年是《嘉兴市南排工程维修养护工作集中管理办法》先行先试第一年，南台头枢纽承担南排工程物业化管理和工程观测两个项目牵头单位职责，负责项目前期资料收集、招投标、合同管理、议题汇报、组织实施、项目验收、资料归档等工作。完成两个南台头闸应急保障项目，改造10千伏双电源和增设液压启闭机应急控制系统。全年南排工程维修经费分解到南台头所633.58万元，累计完成支付611.45万元，支付率96.51%。全年风险隐患排查出动检查组80余个，发现一般问题隐患22个，全部完成闭环整改。全年巡查河道105次，出动558人次，发现并消除隐患40余个。完成7个涉河项目的初审及送审工作。完成下发全部63个图斑的复核销号。完成白蚁等害堤动物应急排查，发现并处置白蚁1处。

表9　2023年南台头枢纽运行情况表

名称	起讫日期	潮数（次）	天数（天）	历时（小时）	放水量(万立方米）
南台头闸	2月13—14日	3	2	21.53	1780.88
	6月20日至7月11日	42	22	269.75	26631.9
	7月17日至8月4日	36	19	217.38	19094.08
	8月8—11日	6	4	39.05	2635
	8月29日至9月6日	16	9	99.07	7987.36
	9月14日至10月8日	48	25	301.85	21120
合计		151	81	948.63	79249.22
南台头泵站	1月16日	1	1	1.83	34.25
	2月8日	1	1	1.58	27.25
	2月22日	1	1	1.58	28.9
	3月9日	1	1	1.63	27.28
	3月23日	1	1	1.33	22.18
	4月7日	1	1	1.55	25.61
	4月25日	1	1	1.28	19.08
	5月9日	1	1	1.55	28.07
	5月25日	1	1	1.63	32.05
	6月20日	1	1	1.3	24.6
	6月24—26日	5	3	20.45	870.38
	7月7日	1	1	1.68	27.25

续表 9

名称	起讫日期	潮数（次）	天数（天）	历时（小时）	放水量(万立方米)
南台头泵站	7 月 23—25 日	4	3	15.03	640.96
	7 月 29—30 日	3	2	13.88	602.87
	8 月 11 日	1	1	0.75	12.69
	8 月 23 日	1	1	1.62	30.79
	9 月 7 日	1	1	1.9	32.22
	9 月 26 日	1	1	1.63	35.34
	10 月 10 日	1	1	1.72	30.53
	10 月 25 日	1	1	1.43	25.95
	11 月 8 日	1	1	1.33	22.66
	11 月 27 日	1	1	2.45	28.53
	12 月 21 日	1	1	2.1	27.59
合计		32	28	81.27	2657.03

（蒋云兰）

围垦　海塘

【国家海塘】2023 年，浙江省钱塘江流域中心与 2023 年钱塘江维护项目中标单位嘉兴钱塘江海塘维护有限公司签订《2023 年抢险设备委托储备及抢险队伍使用协议书》。按照防汛物资管理标准化要求，指定专人做好海盐五团防汛仓库和盐平管理站办公楼防汛物资的日常管理工作。盐平管理站协助省钱塘江流域中心完成《2023 年钱塘江省管工程险情应急处置预案》，并通过省钱塘江流域中心组织的审查。组织开展汛前、汛中、汛后省管海塘大检查，梳理所辖盐平段省管海塘（围堤）及涉河涉堤在建工程存在的安全隐患与薄弱塘段，及时向钱塘江中心反馈检查中发现的安全隐患和管理上的薄弱环节，并严格按照海塘维护实施计划进行整改。加强防汛防台工作，提高应急响应水平，严格落实 24 小时值班制度，严格执行省管工程水旱灾害防御应急响应指令，成功防御第 6 号台风“卡努”和第 11 号台风“海葵”。两次台风期间，向钱塘江中心报送应急响应期信息报送表 11 期，安排防汛值班 28 人次，出动海塘巡查 13 批次 178 人次。辖区海盐、平湖及嘉兴港区等三地地方海塘在建工程检查 3 批次 9 人次，其间利用海塘监控设施开展连续视频巡查，收集海盐、平湖等两地气象局水雨情和风情数据。

盐平管理站开展盐平段省管海塘监测、日常巡查、维修养护等管理工作。其中，省管海塘海盐段全年投入海塘维护经费 293 万元。完成蓝田庙至南台头段后坡草皮更换、坡肩灯带亮化工程；秦山至蓝田庙段部分塘面条石更换及勾缝；黄家堰备石场杂草杂物清理、破损围墙栅栏维修、道路硬化、集装箱管理房保养及新增告示牌；观海园古海塘文化墙的墙面设计及实施等工作。2023 年，盐平段省管海塘日常养护及巡查、零星维修、监测观测等项目均按年初实施计划开展，全年项目支付率达 99.2%。依据《钱塘江省管海塘养护管理实施办法》《浙江省堤防工程维修养护管理规程（试行）》的要求，开展海塘日常养护管理及月度考核工作，2023 年度月考核平均分达 95.2 分。海塘管理物业化示范完善内部操作流程，更新部分海塘宣传牌，加入涌潮、塘石、人文等设计元素。开展辖区内一线海塘各类标识标牌查漏补缺，累计更新补充 37 块。

是年，项目实施单位按合同要求完成海塘变形观测 2 次、塘前滩地观测监测12次，为海塘维修养护提供基础支撑。优化海塘巡查工作，督促实施单位提升巡查人员素质和巡查装备，确保第一时间发现水事、工况、养护事件，对辖段内多个在建项目进行监管，对辖段内城市阳台、通苏嘉甬铁路杭州湾跨海大桥段等涉河涉堤建设项目进行监管检查，共计检查98人次，检查中未发现违反规定的行为。按计划对辖段河道每周开展2次巡查工作，全面掌握辖段河道水事情况，共计巡查288人次；联合属地水利、综合执法大检查4次，处置2起涉堤违法案件，发现未批先建钱塘江水域占用事件1起。

【地方海塘】 2023年，海盐县探索推进备塘处置工作，从现状标准、防线线形、占地面积、海塘修缮费用、融合发展等角度进行综合评估，编制确定《海盐县沿海防潮二道防线方案》，方案获市水利局批复同意、县政府印发。推动海塘安澜千亿工程，海盐县海塘安澜工程（秦山核电二期海塘）项目可研通过专家评审，形成海盐县海塘安澜工程（黄沙坞至长山闸段海塘）建设初步方案，海盐县东段围涂标准海塘二期工程（海堤部分）完工，海盐县海塘安澜工程（长山至杨柳山段海塘）一标段完成混凝土挡墙2.7千米，基本完成管理房、旱闸等，二标段开工建设，工程累计完成合同金额0.39亿元。对全县海塘实施标准化管理，加强海塘日常巡查、维护运行管理，继续开展地方一线海塘沉降观测。全年未发生险情及安全事故。

（邱康伟）

【黄沙坞围垦区管理】 2月，经过年度考核，与浙江海岸岩土工程技术有限公司续签《海盐县黄沙坞一线标准海塘2023年度养护运维一体化管理及围垦区应急抢险、维修工程》项目合同，期限5个月，对海塘进行日常养护、维修以及防汛防台应急抢险等。7月，项目重新招标，合同期6个月，中标单位为浙江海岸岩土工程技术有限公司。合同期间，结合安全生产月自查，对标准海塘巡查发现的安全隐患及时敦促施工单位整改完毕。8月，为加强海塘游玩人员安全管理，沿线增设安全警示牌46块、救生圈及安全绳10套，对破损的安全警示牌进行更换，对线路破损处进行修补工作。9月至12月底配合南北湖围垦区湿地项目施工建设工作，降低内河水位，水闸放水共计97次。

（王晓伟）

工　业

综　述

【工业投资】 2023年，海盐县制造业投资完成112.2亿元，同比增长18.7%；技术改造投资完成54.41亿元，同比增长11.7%。遴选一批重点项目纳入2023年省“重大制造业项目”库，强化服务指导，其中10亿元以上“重大制造业项目”完成投资31.58亿元。每月更新达产履约五色图项目状态与数据，根据项目履约进展动态调整颜色，挖掘在库项目投资潜力，全年累计挖潜投资60.16亿元，同比增长19.3%。

【产业集群】 2023年，全县贯彻实施省市先进制造业产业集群培育工程，提出“3+3”［高端紧固件、高端装备制造、智能集成家居三大优势产业和核电关联及核技术应用（同位素）、新型显示及电子信息、新能源新材料三大新兴产业］先进制造业集群高水平建设。全年六大产业链合计产值1243.2亿元，同比增长4%。以打造三大优势产业链为重点，实行“一业一案”，推动紧固件行业智能化、数字化、绿色化改造和品牌创建。是年，紧固件产业集群被列入省中小企业特色产业集群。推进三大新兴产业链高质量发展，形成县域经济新增长点。高质量培育核技术应用（同位素）产业，打造全国核特色产业示范基地。

【“腾笼换鸟”】 2023年，海盐县实施“一企一档、一企一策”分类整治，开展“腾笼换鸟”双月比拼。全年整治提升高耗低效企业174家，完成市下达任务128.9%；腾退低效用地2445.7亩，完成市下达任务106.3%，其中腾退单块50亩以上土地2116.1亩，占86.5%；腾出用能5.02万吨标煤，完成全年任务112%。获省新一轮制造业“腾

12月27日，海盐县新型印染产业园项目开工仪式在于城镇举行

（于城镇人民政府供）

笼换鸟凤凰涅槃”攻坚行动考核激励。全年新建成小微园区2个，获评三星级小微企业园1个，入园入区企业218家。协调祥恒地块腾退问题，指导新厂房验收工作，年末，祥恒老厂区地块完成腾退。推进印染产业集聚，12月末新型印染产业园实现开工。出台《海盐县推动工业园区有机更新促进工业转型升级若干意见（试行）》《关于促进海盐县小微企业园高质量发展的实施意见（试行）》，盘活工业用地。是年，累计兑付“腾笼换鸟”专项资金3988.42万元，兑付率达100%。全县规模以上工业亩均税收达39.3万元/亩，同比增长18%；全县规模以上工业亩均增加值180.4万元/亩，同比增长22.2%。

【“两化”改造】 2023年，海盐县落实省、市关于“两化”改造部署，实施数字经济创新提质“一号发展工程”。以“工业互联网+双碳”为方向加速制造业数字化、绿色化转型升级，赋能制造业经济高质量发展。出台“两化”改造政策，推进紧固件行业轻量级数字化改造，免费为企业开展数字化诊断，推进“云化”部署和行业工业互联网平台建设。是年，海盐县被列入全省首批省级中小企业数字化改造财政专项激励试点县（20个）之一，承办全省产业数字化“三个全覆盖”现场推进会。获评首批浙江省信息消费体验中心2个，获评省级工业互联网创建平台累计11个。打造四位一体（绿色产品、绿色工厂、绿色园区、绿色供应链）绿色制造体系，组织开展绿色化诊断，帮助企业挖掘绿色化改造潜力，支持争创“绿色标杆”。全年新增国家级绿色工厂1家、国家级绿色供应链企业1家、省级绿色工厂1家、市级绿色工厂14家。构建“数字化车间—智能工厂—未来工厂”智能制造发展体系，引导平台、项目、人才等要素向企业集聚。是年，友邦集成吊顶获评国家级设计中心，良信电器创建省级未来工厂，中达金属电子材料获评国内首批次新材料；获评省级企业技术中心2家、省级首台（套）装备2项、省内首批次新材料2项。

【培优育强】 2023年，海盐县制定全市首个支持中小企业“专精特新”高质量发展综合性政策，细分专业化、精细化、特色化、创新性发展四大模块，推出保障服务用地、支持管理提升、鼓励抱团发展等18项具体举措。建立市级—省级—国家级梯度培育库。县中小企业专精特新全链条培育体系被省市作为先进案例推广。全年新增省级创新型中小企业81家、省级专精特新中小企业107家、国家级专精特新“小巨人”企业5家。优化分层分类培训体系，举办总裁研修班、新生代企业家双传承培训班等培训，构建专精特新中小企业交流合作圈。是年，组织开展“专精特新”专场培训20场，累计培训企业经营管理人员2000余人次。开展“上市50”专项行动，新增上市企业3家，累计上市企业11家。

【企业服务】 2023年，海盐县实施“精准助企”全流程帮扶，开展“线上+线下”精准服务和问题闭环管理，问题答复办结率100%。通过“一对一”宣传和“管家式”服务，确保企业对政策能理解、善运用。探索数字化手段，实现政策兑现免申即享、预拨快享、容缺直享。全年拨付工业发展财政扶持专项资金1.4亿元，惠及企业（含协会）547家（次）。实施“产业协作”全方位共享机制，推动一批工业投资项目入驻屏山、景宁产业园，协助四川省屏山县、景宁畲族自治县拓展产业项目招商引资，共构产业链。是年，浙江冠宇电池有限公司投资年产10GWH聚合物锂离子电池建设项目在海盐—景宁山海协作“产业飞地”上落地建设。2023年度全县中小微企业公共服务体系建设获评省级优秀，创新构建中小企业全链条培育体系推动“专精特新”发展工作入选省级三个“一号工程”典型案例、省经信厅“小微你好”暖企助企惠企专项行动优秀服务案例和市级民营经济增值服务最佳实践案例。

（吴达青）

表10　2023年度海盐县产值亿元以上工业企业一览表

序号	企业名称	序号	企业名称
1	浙江协和首信钢业有限公司	30	安歌科技（集团）股份有限公司
2	浙江山鹰纸业有限公司	31	浙江世窗光学薄膜制造有限公司
3	核电秦山联营有限公司	32	嘉兴艾迪西暖通科技有限公司
4	秦山核电有限公司	33	浙江宇龙生物科技股份有限公司
5	秦山第三核电有限公司	34	浙江亚磊型钢冷拔有限公司
6	浙江泛洋特种装配设备有限公司	35	锦萧建筑科技有限公司
7	浙江三江思怡新材料有限公司	36	中天浦发（海盐）线材制造有限公司
8	安费诺永亿（海盐）通讯电子有限公司	37	浙江冠宇电池有限公司
9	浙江青莲食品股份有限公司	38	伟肯（中国）电气传动有限公司
10	国网浙江省电力有限公司海盐县供电公司	39	浙江交投海新矿业有限公司
11	浙江海利普电子科技有限公司	40	丹佛斯（嘉兴）板式换热器有限公司
12	浙商中拓集团（浙江）新材料科技有限公司	41	海盐中达金属电子材料有限公司
13	海盐秦山南方水泥有限公司	42	嘉兴海棠电子有限公司
14	民丰特种纸股份有限公司	43	安费诺嘉力讯（海盐）连接技术有限公司
15	浙江三江化工新材料有限公司	44	浙江合力新材料股份有限公司
16	良信电器（海盐）有限公司	45	恒锋工具股份有限公司
17	浙江伟博化工科技有限公司	46	浙江冠宇电源有限公司
18	浙江恒翔新材料有限公司	47	海盐星宇钢材股份有限公司
19	浙江友邦集成吊顶股份有限公司	48	浙江欣兴工具股份有限公司
20	上海隧道工程智造海盐有限公司	49	浙江华兴玻璃有限公司
21	浙江中达新材料股份有限公司	50	浙江中达货架科技有限公司
22	丹佛斯微通道换热器（嘉兴）有限公司	51	浙江富丽华铝业有限公司
23	丹佛斯动力系统（浙江）有限公司	52	浙江祥恒包装有限公司
24	法狮龙家居建材股份有限公司	53	宇星紧固件（嘉兴）股份有限公司
25	威莱克半导体材料（浙江）有限责任公司	54	浙江嘉丰纸制品有限公司
26	浙江华诚金属制品有限公司	55	浙江阿尔法化工科技有限公司
27	浙江金元亚麻有限公司	56	浙江好仕莱家居用品有限公司
28	嘉兴市利富通新材料科技有限公司	57	诺爱（浙江）空压机有限公司
29	浙江海利环保科技股份有限公司	58	海盐县天然气有限公司

续表 10

序号	企业名称	序号	企业名称
59	华业钢构核电装备有限公司	90	浙江新航不锈钢有限公司
60	嘉兴嘉聚新材料科技有限公司	91	浙江中航来宝精工科技有限公司
61	浙江金达亚麻有限公司	92	嘉兴市太太乐智能家居有限公司
62	嘉兴太平洋能源设备有限公司	93	浙江荣亿精密机械股份有限公司
63	浙江博莱特纸容器有限公司	94	海盐汇祥新型建材科技有限公司
64	浙江恒洋热电有限公司	95	嘉兴市博莱特纸业股份有限公司
65	桑德兰紧固件（浙江）有限公司	96	海盐华达油墨有限公司
66	海盐新奥燃气有限公司	97	爱康（浙江）通用设备有限公司
67	嘉兴奥力弗光伏科技有限公司	98	嘉兴市光泰照明有限公司
68	煜邦电力智能装备（嘉兴）有限公司	99	浙江准典印务科技有限公司
69	海盐得胜化工设备有限公司	100	嘉兴博隆铝装饰板有限公司
70	浙江晶鸿新能源股份有限公司	101	禾欣可乐丽超纤（海盐）有限公司
71	嘉兴海利再生塑业有限公司	102	浙江安盛汽车零部件有限公司
72	浙江日久新材料科技有限公司	103	浙江奥力弗绿能科技股份有限公司
73	浙江海岩电子电缆有限公司	104	浙江佳源铝业股份有限公司
74	嘉兴创奇环保材料有限公司	105	上海城建建设实业集团新型建筑材料嘉兴有限公司
75	浙江涵普电力科技有限公司	106	浙江桐朕石化设备有限公司
76	浙江天祥新材料股份有限公司	107	嘉兴征宇鑫欣建材有限公司
77	嘉兴兴欣环保科技股份有限公司	108	浙江新潜阳环保科技有限公司
78	海盐南方水泥有限公司	109	海盐兴原服饰有限公司
79	嘉兴奥展实业有限公司	110	三马紧固件（浙江）股份有限公司
80	秦山电缆集团有限公司	111	浙江恒祥新材料股份有限公司
83	海盐荣华经编有限公司	112	嘉兴坤博新能源装备制造有限公司
84	浙江嘉化新材料有限公司	113	海盐东海电器有限公司
85	西卡德高（浙江）新材料有限公司	114	浙江联翔智能家居股份有限公司
86	浙江通元饲料股份有限公司	115	嘉兴亚华线缆有限公司
87	海盐县天康肉类食品有限公司	116	浙江天开实业有限公司
88	浙江华帅特新材料科技有限公司	117	浙江物产山鹰热电有限公司
89	浙江君悦标准件有限公司	118	浙江建鑫型钢科技股份有限公司

续表 10

序号	企业名称	序号	企业名称
119	翊天汽车智能科技（浙江）有限公司	148	浙江龙吟光伏股份有限公司
120	海盐天恩经编有限公司	149	嘉兴广益建材股份有限公司
121	博盾科技（浙江）股份有限公司	150	浙江诸老大供应链管理有限公司
122	浙江海重重工有限公司	151	浙江连翔五金科技股份有限公司
123	浙江通圆经编股份有限公司	152	浙江慧星包装有限公司
124	海盐鼎盛机械有限公司	153	海盐海潮水泥制管股份有限公司
125	浙江佳乐科仪股份有限公司	154	瑟维斯泵阀制造（浙江）有限公司
126	洛斯石油（浙江）有限公司	155	浙江博凡动力装备股份有限公司
127	嘉兴多角电线电缆股份有限公司	156	麦斯创科技股份有限公司
128	嘉兴和昌电梯控制技术有限公司	157	浙江麦克斯科技股份有限公司
129	浙江海盐力源环保科技股份有限公司	158	浙江佳适逸宝板材有限公司
130	浙江康士达科技股份有限公司	159	海联锯业科技有限公司
131	浙江润虹环境科技有限公司	160	浙江青莲生物科技有限公司
132	科腾环保科技（嘉兴）股份有限公司	161	海盐县秦山混凝土股份有限公司
133	浙江拓肯科技有限公司	162	海盐县精细化工有限公司
134	浙江大道机器人股份有限公司	163	嘉兴七色狼科技发展股份有限公司
135	浙江海宏气体股份有限公司	164	浙江鼎欣钢管制造有限公司
136	浙江中达特材有限公司	165	海盐猛凌汽车配件有限公司
137	浙江岐达科技股份有限公司	166	海盐众信电子股份有限公司
138	嘉兴五丰生态环境科技股份有限公司	167	嘉兴圣环亚麻有限公司
139	浙江欣莱科包装科技股份有限公司	168	嘉兴亿豪新材料股份有限公司
140	浙江中晶新能源股份有限公司	169	浙江兆弟桩业有限公司
141	浙江班尼戈流体控制有限公司	170	浙江诚达材料有限公司
142	浙江创能新能源股份有限公司	171	浙江库柏特纳贝克绿色能源有限公司
143	海盐沈荡南方混凝土有限公司	172	嘉兴辉达新材料有限公司
144	七丰精工科技股份有限公司	173	海盐广发新能源有限公司
145	浙江圣环丝绸股份有限公司	174	浙江鼎盛汽车紧固件有限公司
146	海盐奇标经编有限公司	175	浙江林龙物流有限公司
147	嘉兴久达食品有限公司	176	浙江丰原型钢科技有限公司
177	浙江能兴电气科技有限公司	206	海盐县天仙河自来水经营有限公司

续表 10

序号	企业名称	序号	企业名称
178	海盐欧亚特汽配有限公司	207	海盐三马发展有限公司
179	海盐汇通智能家居股份有限公司	208	浙江爱尔达实业有限公司
180	浙江义腾特种钢管有限公司	209	浙江迈思特液压管件股份有限公司
181	海盐县于城丝绸印染股份有限公司	210	海盐申港饲料有限公司
182	浙江三维大通精锻股份有限公司	211	浙江网娃动漫文化有限公司
183	浙江泓智新材料有限公司	212	嘉兴市美克斯机械制造有限公司
184	浙江威迩钠科技有限公司	213	浙江上开汽车电器股份有限公司
185	爱拓环保能源（浙江）有限公司	214	嘉兴麦瑞经编股份有限公司
186	浙江金霞新材料科技有限公司	215	嘉兴智创科技股份有限公司
187	浙江巨润卫浴有限公司	216	浙江盛迪科技股份有限公司
188	浙江海派新材料股份有限公司	217	海盐博纳服饰股份有限公司
189	海盐金鼎钢管股份有限公司	218	海盐忠明机械有限公司
190	浙江新盛达金属科技发展股份有限公司	219	浙江正捷汽车零部件有限公司
191	博丽科技（嘉兴）股份有限公司	220	浙江海迅精密科技有限公司
192	海盐康源医疗器械有限公司	221	海盐县金利达饲料有限公司
193	阿尔法（嘉兴）五金有限公司	222	泰山石膏（嘉兴）有限公司
194	浙江繁荣电气股份有限公司	223	海盐迅捷包装有限公司
195	浙江欧舍家居新材股份有限公司	224	嘉兴泰格高新材料股份有限公司
196	浙江博特新材料有限公司	225	嘉兴征宇混凝土制品有限公司
197	嘉兴市旭芯微智能设备有限公司	226	浙江捷宇新材料科技股份有限公司
198	浙江禾运科技有限公司	227	嘉兴市嘉恒电器股份有限公司
199	嘉兴新维液压缸有限公司	228	嘉兴兄弟标准件有限公司
200	浙江帅锋精密机械制造有限公司	229	海盐伟佳电器科技有限公司
201	浙江耐思威智能制造有限公司	230	浙江一星实业股份有限公司
202	嘉兴丰建五金制品有限公司	231	大觉（浙江）新材料科技有限公司
203	嘉兴联亿五金科技股份有限公司	232	新德欣不锈钢（浙江）股份有限公司
204	嘉兴鸿显光电科技有限公司	233	浙江迈金环境科技股份有限公司
205	浙江哈特惠科技股份有限公司		

（吴达青）

高端紧固件产业

【概况】 2023年，海盐县高端紧固件产业有规模以上企业180家，其中亿元以上企业34家。产业总产值146.1亿元，同比下降3.4%，占全县规模以上企业总产值10.5%；营业收入147.66亿元，同比下降6.02%。年从业人员平均人数1.41万人；全年出口额53.79亿元，同比下降14.9%，出口量61.57万吨，同比下降2.1%。年末，县紧固件同业商会净增会员企业16家，累计204家。

【参加德国斯图加特紧固件展】 3月21—23日，海盐县24家紧固件企业前往德国，参加斯图加特紧固件展，该展是欧洲规模最大、最具影响力紧固件展览会。

【鼓励企业拓外贸】 4月21日，海盐县2023年外贸政策解读会在海盐宾馆三楼百合厅召开。是年，县政府加大对外贸企业扶持力度，鼓励企业“走出去”拓市场，增加企业境外参展摊位、加大人员费用补助力度，新增企业海外营销及跨境投资奖励条款。推进数字服务贸易，为企业提供保险、金融、知识产权、计算机信息等六大类服务。扩大出口信用保险覆盖面，推动政府联保平台全覆盖，实现出口额500万美元以下企业应保尽保。

【企业数字化改造】 5月29日，海盐县两化改造推进会暨紧固件行业第二批“N+X”轻量级数字化改造企业推广会召开。会议通报前期数字化改造工作基本情况，进行相关政策宣传；总承包商介绍第一批试点企业数字化改造情况；第一批试点企业（新盛达、圣龙五金）做案例分享；组织第二批“N+X”轻量级数字化改造意向企业对宇星紧固件、新盛达、圣龙五金、欧开科技四家第一批企业现场参观，第二批50家紧固件数字化改造意向企业参加会议。

【赴宁波市考察】 6月12日，县商会组织32家会员企业赴宁波市镇海区紧固件行业协会参观考察，受到镇海区经信局、九龙湖镇分管领导接待。活动先后参观宁波金环紧固件公司、慈溪赛嘉电子公司、海盐猛士科技3家紧固件企业，听取宁波镇海区紧固件行业协会规范化建设、数字化改造介绍。

【浙江荣亿精密机械股份有限公司】 浙江荣亿精密机械股份有限公司坐落于浙江海盐县望海街道，占地面积3.97公顷，成立于2002年3月，是一家研发、制造和销售精密紧固件、连接件、结构件等精密金属零部件的高新技术制造企业，产品应用于汽车、3C、医疗、通讯及电力设备等下游行业。公司被工信部评为国家级专精特新“小巨人”企业，高精密金属零部件研发部门被认定为省级企业研究院。公司通过ISO 9001质量管理体系认证、ISO 14001环境管理体系认证、IATF 16949汽车质量管理体系认证、IECQ 080000有害物质过程管理体系认证等多项管理体系认证。拥有88项专利，其中发明专利18项、实用新型专利67项、外观专利3项。2022年在北交所上市，募集资金用于年产3亿件精密零部件智能工厂及研发中心建设项目，已投入生产运营。项目用地1.74公顷，新建厂房2.7公顷，主要用于新能源汽车、医疗等高端精密零部件产品研发与生产。2023年，公司实现工业产值2.12亿元，同比增长4.3%；营业收入2.12亿元，同比增长4.3%。年末，公司资产总值4.3亿元，有员工602人，其中研发技术人员166人。

（王嘉玮）

高端装备制造

【概况】 2023年，海盐县高端装备制造业有国家级单项冠军企业2家，国家重点“小巨人”企业累计2家；新增国家级专精特新“小巨人”企业1家，累计5家；省级“隐形冠军”企业累计4家；新增省级专精特新中小企业18家，累计32家。是年，全县高端装备制造业有规模以上企业112家，同比减少4家，其中亿元以上企业39家，同比增加1家；实现工业总产值277.33亿元，同比增长0.6%。平均用工13667人。

【新材料认定】 2023年，海盐中达金属电子材料有限公司超高强度焊接材料被认定为国内首批次新材料，是海盐县首个国内首批次新材料；浙江中达新材料股份有限公司超级双相不锈钢无缝钢管、海盐中达金属电子材料有限公司不锈钢单层堆焊钢带被认定为省内首批次新材料。

【恒锋工具股份有限公司】 恒锋工具股份有限公司是一家专业从事现代高效刀具和量检具研发设计、生产制造高新技术型上市企业，主要产品精密刃量具、精密高效刀具及高精度测量仪器，能为用户提供花键切削加工与测量全套解决方案及各种一次成型精密拉削解决方案。公司多项产品广泛应用于航空发动机、大飞机、军工装备、电站核电装造、汽车核心零部件、机器人核心部件及大型工程机械等精密机械制造领域。组建省级企业研究院、省级企业技术中心和省级高新技术研发中心，创新团队被认定为浙江省重点企业技术创新团队，先后获得国家级单项冠军、国家级专精特新“小巨人”企业、国家科技进步奖二等奖、国家技术创新示范企业等荣誉，“燃气轮机透平轮盘枞树型轮槽加工用精密组合式拉刀”入选国家级首台（套）装备，有7个产品入选省级首台（套）装备。2023年，公司产值4.31亿元，同比增长1.58%。

【浙江欣兴工具股份有限公司】 浙江欣兴工具股份有限公司是一家专注于高效精密刀具的高新技术企业，公司为制造业提供高效精密刀具，提升切削生产力。配备国际领先研发、检测装备，具备大批量专业化生产各类精密刀具生产线，为集研发、生产、销售为一体的高性能刀具制造商。拥有自主知识产权专利百余项，主导起草《钢板钻》《内冷却可换刀片式铲钻》等行业标准，提升公司在行业中话语权，先后获得国家级单项冠军、浙江省首批“隐形冠军”企业等称号，“可换钻尖式钻头（S钻）”入选省级首台（套）装备。2023年，公司产值3.98亿元，同比下降1.62%。

【麦斯创科技股份有限公司】 麦斯创科技股份有限公司于2002年创办，曾用名“嘉兴吴氏工程股份有限公司”，位于浙江省海盐经济开发区百步新区，占地面积3.2万平方米，是一座现代化花园式工厂。公司专业从事各种填料、塔盘、塔内件设计、开发与制造，先后被评为县、市、省级科技型企业，国家级高新技术企业，国家级专精特新“小巨人”企业、市级技术研发中心、市级专利示范企业。获国家发明、实用、外观专利几十项。2017年成为中国石化和石化工程研究会石油化工行业填料及塔内件技术中心。2022年9月在新三板上市。2023年被认定为第五批国家级专精特新“小巨人”企业。是年，公司实现工业总产值1.6亿元，营业收入1.5亿元，上缴税金911万元。年末，公司资产总值1.6亿元，有员工120人。

（姜　斌）

新能源新材料

【概况】 2023年，海盐县实施产业链招商、聚焦产业链提质、开展产业园提升，形成以氢能、化工新材料、环保纤维、新型建材、特种钢材五大领域为主新能源新材料产业。海盐县扶持一批集研发、生产、销售于一体全产业链企业，推动上下游企业协同发展，发展壮大产业集群。引进美国AP氢能源、三江化工、联胜新材料、浙江山鹰等龙头企业。全年正式投资协议项目4个，总投资42亿元。重点发展制氢储氢用氢、氢能装备制造等产业，完善从氢制储运到氢能源产品制造完整产业链布局，谋划打造“中国氢谷”。上游项目产生尾氢、化工产品等在下游产业链中再利用，提升产品附加值，实现产业链与供应链双链融合。年末，全县新能源新材料有规模以上企业154家，实现工业总产值373.33亿元（占全县规模以上工业总产值26.8%），同比增长10.5%；利润总额9.19亿元，同比增长8.7%。

【浙江山鹰纸业有限公司】 浙江山鹰纸业有限公司位于浙江省嘉兴市海盐县经济开发区，是山鹰国际控股股份公司旗下重点造纸基地、全资子公司，注册资本29.87亿元，是国内同行中先进企业、浙江省规模较大造纸及纸制品生产厂家。公司不断引进欧美先进设备，应用国际领先造纸工艺技术，并自备有热电厂和废水处理厂，致力资源节约和环境友好型现代造纸基地。公司通过ISO 9001质量管理体系认证、ISO 14001环境管理体系认证、ISO 45001职业健康安全管理体系认证、FSC®森林管理体系认证、能源管理体系认证、碳管理体系认证、国家安全生产标准化二级企业、国

浙江山鹰纸业有限公司（县经信局供）

家级绿色工厂、国家高新技术企业认定。先后获得“中国造纸工业环境友好企业”“全国造纸行业节能减排立功竞赛优胜企业”“浙江省‘十一五’节能降耗先进集体”“嘉兴市十强民营企业”“嘉兴市科学技术进步奖”“嘉兴市劳动和谐五星企业”“嘉兴市国际投资合作十大优秀单位”“海盐县最大工业骨干企业和十佳纳税大户”“优秀企业经营者”“重点出口工业企业”“浙江省未来工厂试点企业”“嘉兴市博士创新站”“浙江省知识产权示范企业”等荣誉。2023年，公司产值79.09亿元，利润总额9190.96万元，完成税收27061.50万元；有员工1470人，其中研发人员300余人，有多名硕士、博士研究生以及具有高级职称的人才，每年研发经费超2亿元。

【浙江恒翔新材料有限公司】 浙江恒翔新材料有限公司是桐昆集团旗下一家研发与生产精细化工产品高新技术企业，成立于2019年11月，注册资本6.62亿元，位于嘉兴市海盐经济开发区（西塘桥街道）内，占地面积13.33公顷，具有年产15万吨表面活性剂和20万吨纺织专用助剂生产能力，产品涵盖涤纶高速纺丝油剂及各类非离子表面活性剂。涤纶POY油剂，为国内独家开发，可以完全取代进口。公司先后获国家高新技术企业、浙江省科技型中小企业、嘉兴市企业技术中心、海盐县百强工业企业、海盐县十大技术创新企业等荣誉称号。2023年，公司产值11.77亿元，利润21182.63万元，完成税收6127万元；有员工180人。

（蒋慧伦）

桐昆·浙江恒翔新材料有限公司（县经信局供）

新型显示及电子信息制造业

【概况】 2023年，海盐县新型显示及电子信息制造产业主要包括5G通信产业园、丹佛斯集团生产基地和长三角智慧新型显示城。产业以研发生产销售电线电缆、变频器、电子元器件等细分行业为主。是年，全县有新型显示及电子信息制造产业有规模以上企业75家，同比增加6家；年产值亿元以上企业21家（超10亿元以上企业3家），同比增加2家；工业总产值127.36亿元（占全县规模以上工业总产值9.2%），同比增长10.2%。产业链内有工信部单项冠军1家，国家级专精特新“小巨人”企业4家，省级隐形冠军企业1家，省级专精特新中小企业22家，省级创新型中小企业30家。

【5G 通讯产业园】 5G 通讯产业园位于县开发区，占地 93 公顷，2015 年开始建设。产业园引进安费诺永亿（海盐）通讯电子有限公司、安费诺嘉力讯（海盐）连接技术有限公司、良信电器（海盐）有限公司等 5G 产业龙头企业 23 家，形成 5G 通信产业集聚区。其中安费诺永亿年产值超 20 亿元、良信电器年产值超 15 亿元。新引进华劲半导体项目推进中。2023 年，县开发区入选省级首批示范型数字经济产业园。

【丹佛斯集团生产基地】 丹佛斯集团生产基地位于武原街道，占地 9.33 公顷，由丹佛斯微通道换热器（嘉兴）有限公司、丹佛斯（嘉兴）板式换热器有限公司、浙江海利普电子科技有限公司、伟肯（中国）电气传动有限公司组成，主要从事研发、生产变频器。2023 年，海利普获评国家级绿色工厂。

【长三角智慧新型显示城】 长三角智慧新型显示城位于望海街道工业新区，占地 300 公顷，总投资超百亿元。产业平台布局为核心区、拓展区、规划区，2019 年 9 月开工建设，主要生产光学滤光片、智能穿戴显示模组、车载显示等产品，以内销为主。至 2023 年，园区入驻翊天汽车智能科技（浙江）有限公司、浙江京浜光电科技有限公司、奕涵通信科技（浙江）有限公司等企业 26 家。

【浙江海利普电子科技有限公司】 浙江海利普电子科技有限公司（简称“海利普”）成立于 2001 年，2005 年成为丹佛斯（Danfoss）旗下全资子公司。海利普是丹佛斯亚太地区制造以及物流中心，生产基地在海盐工业园区，年生产变频器可达 180 万台。公司占地面积 4.93 公顷，是一家集研发、生产、销售于一体高新技术企业，也是国内较早拥有省级变频研发中心企业。是国内重要变频器生产厂家之一，其核心产品 HLP 系列变频器，广泛应用于空压机、包装、印刷、纺织、印染、石油、化工、建筑、建材、橡胶、塑料、造纸、食品、饮料、环保、水处理、机床等行业，先后被列入“国家重点新产品”“国家火炬计划项目”，被授予“浙江省名牌产品”称号。2023 年，公司产值 20.2 亿元；有职工 516 人，其中，大专以上 354 人，专业技术人员 131 人。主要产品低压变频器在细分行业内具有优良信誉，占有率居全国第四位。

【浙江冠宇电池有限公司】 浙江冠宇电池有限公司由珠海冠宇电池股份有限公司投资设立，是一家集聚合物锂离子电池研发、生产和销售于一体高新技术企业及科创板上市企业，是全球领先消费类聚合物软包锂离子电池供应商之一。公司立足消费类电池领域，保持笔记本电脑电池行业领先地位，提高手机电池市场占有率，扩展无人机电池、智能穿戴设备电池等。动力电池市场，从汽车启停电池、电动摩托电池等业务延伸至纯电动汽车电池及储能电池，扩大动力电池业务规模。公司秦山项目位于秦山工业园区内，进行高性能三元汽车动力电池以及储能电池生产。2023 年，公司工业总产值 54223.78 万元，营业收入 48590.74 万元，上缴税金 386.76 万元，资产总值 464879.06 万元，有员工 907 人。

（陈建业）

智能集成家居产业

【概况】 浙江百步经济开发区（百步镇）是集成吊顶产业发源基地，始于 2004 年，被誉为中国集成吊顶第一镇。海盐县智能集成家居产业集聚为国际电器品牌商做生产配套小型企业 1000 余家，有友邦、法狮龙、联翔 3 家上市企业，品牌 160 余个，国家专利 3000 余项，国内市场占有率近 50%。2023 年，海盐县智能集成家居产业链规模以上企业 96 家，产值 85.14 亿元。7 月，有 8 家企业组团参加中国建博会（广州）暨广州卫博会，面积达 1542 平方米分布在顶墙整装、智能家居相关展区。展会上，收获意向客户 580 家。是年，获批创建嘉兴市级智能集成家居产业创新服务综合体、浙江省“十大小微企业集聚发展优秀平台”。

【智能集成家居企业赴海外参展】 4 月，县商务局组织县内集成家居企业赴泰国参加曼谷建材展。参展企业 10 家，参展人数 20 人，摊位数 24 个，面积达 216 平方米，是海盐首次组织智能集成家居企业以抱团形式赴海外参展。在展会上，建材展参展团累计接待客商 450 余人，获有效信息 300 条，达成意向成交额600余万元。参展过程中，政府部门汇资源搭平台，组织企业拜访浙江泰国商会，参展企业与商会会员企业座谈交流，加强经贸信息互通。组织企业到泰国曼谷当地建材市场，调研当地建材、家居销售和市场经营情况。

【数字化诊断】 2023年，海盐县遴选组建13家服务商组成县级数字化服务商资源池，开展线下数字化诊断。7月，形成智能家居行业调研报告。海盐县智能集成家居产业数字化程度差异明显，法狮龙、友邦、联翔等龙头企业获评省级工业互联网平台、云上企业、新一代信息技术与互联网融合示范等多项数字化领域重点荣誉，但整体数字化水平较为薄弱，87家规模以上智能集成家居产业链内企业数字化水平低于全县平均水平。

【集群创新发展】 4月，浙江（海盐）集成家居知识产权联盟10名联盟成员出资并注册成立海盐智品知识产权有限公司，设立联盟专利池（纳入430件项专利）和联盟商标池（纳入1032件商标），实现大企业资源小企业共享。有10余件专利和商标实现有效转移转化。是月，县公安局与中国天花吊顶协会进行知识产权保护警务联络框架协议签约仪式，建立知识产权保护常态化协会合作机制。县公安局与县集成智能家居协会进行集成家居知识产权保护警企联络室揭牌，建立知识产权警务联络官制度。12月，发布《浙江海盐百步镇智能集成家居（吊顶）行业合规指引》，含公司开办、知识产权合规、生产经营合规等指引条款，促进智能集成家居行业健康发展。

（顾琳怡）

产业数字化

【概况】 2023年，海盐县在全市率先出台《海盐县推进制造业数字化绿色化转型若干政策意见》，统筹财政资金支持企业开展数字化改造。县政府与省智专委签订战略合作协议，选聘专家组建海盐县数字化改造指导组，对全县数字化改造工作进行跟踪服务。选拔县内数字化领域高层次人才重组县级CIO俱乐部，为全县企业提供数字化经验交流平台。是年，海盐县列入省级中小企业数字化改造财政专项激励试点县（市、区），举办全省产业数字化“三个全覆盖”系列（海盐）现场会，验收通过紧固件轻量级数字化软件改造项目60个。累计获评省级“未来工厂”试点企业3家（良信电器获评省级“未来工厂”企业）、省级智能工厂（数字化车间）5家、省级工业互联网创建平台11个、省级制造业“云上企业”4家。“数智青莲 未来工厂”应用获全省数字化改革突破奖。

【浙江新盛达金属科技发展股份有限公司数字化改造】 浙江新盛达金属科技发展股份有限公司专业生产和定制各种类碳钢和不锈钢高强度自钻钉等2000余个产品。2023年，在紧固件企业中率先开展数字化改造。以数据中台为中心，建设ERP、WMS、MES、APS、BI、CPS等系统功能模块和车间设备智能化改造，实现现场数据实时采集和多角色、多终端工作协同。改造贯穿企业业务、采购、仓管、生产以及客户管理、财务等各个环节。通过数字化改造，企业交货准确率提高15%，交货期由90天下降至45天，周转率提升34.5%，设备利用率提升37%。

【浙江青莲食品股份有限公司数字化改造】 2023年，浙江青莲

浙江青莲生物科技有限公司　　（县农业农村局供）

食品股份有限公司探索“农业+”商业模式，用互联网思维对产业进行改造、升级和拓展，形成涵盖生猪产业所有环节全产业链生产方式和体系，完成从源头到餐桌全面布局。“数智青莲”未来工厂以新一代信息技术为手段，重塑生猪全产业生产组织方式和管理服务模式，为传统畜牧产业数字化转型先行探路。该应用获评全省数字化改革突破“铜奖”，入选全省数字化改革最佳应用、全省数字经济系统最佳应用、全省经信系统最佳实践和全省数字经济系统地方特色应用目录，并在全省数字化改革大会上做汇报演示；相关介绍做法在省《数字化改革（领跑者）》刊物和“学习强国”学习平台等媒体刊登，并获得市“未来工厂”实践基地称号。

（陈建业）

企业选介

【浙江阿尔法化工科技有限公司】 浙江阿尔法化工科技有限公司（简称“阿尔法化工”）成立于2010年，是国内酸酐固化剂规模最大、品种最齐全的生产企业之一，专业研发、生产电力装备用高纯绿色酸酐固化剂系列产品。公司位于浙江省嘉兴市海盐县西塘桥街道，占地3.53公顷。阿尔法化工从事酸酐固化剂行业20余年，研发团队解决多项电力装备用高端高纯绿色酸酐固化剂“卡脖子”技术。公司创新开发4-甲基四氢苯酐自聚合工艺、甲基四氢苯酐真空脱挥工艺、基于TEBAC高温快速固化型固化剂技术，从工艺环节保证其高纯高性能，保证产品满足装备各类特殊环境使用要求，产品档次对标国际巨头。阿尔法化工拥有主导产品核心技术相关授权发明专利2项，实用新型专利9项和软件著作权4项，参与1项行标《甲基四氢苯酐》（2022-0372T-HG）和1项团标《2-氨基丙醇》（T/QGCML 369—2022）制定工作，助力行业技术水平提升，提升公司在酸酐固化剂行业地位，产能规模稳居国内前三，先后获得省级“专精特新”中小企业、国家级专精特新“小巨人”企业等称号。2023年，公司有员工165人，产值3.6亿元。

浙江阿尔法化工科技有限公司　　（县经信局供）

【浙江盛迪科技股份有限公司】 浙江盛迪科技股份有限公司（简称“盛迪科技”）成立于2007年，主要从事电能计量测试仪器仪表研发、设计、生产、销售，为智能电网计量器具用户、生产企业和检定机构提供标准与校验综合解决方案。公司位于浙江省嘉兴市海盐县望海街道，占地

浙江盛迪科技股份有限公司　　（县经信局供）

1.2 公顷。盛迪科技主要生产各种单、三相电能表检测设备、电能表自动化生产流水线、水表检定装置及其他各种智能仪器仪表、工业控制系统、计算机软件制造加工及货物、技术进出口等产品。在电测领域研发无功算法技术，采样信号非正弦波（有谐波含量）时可提高无功电能性能 0.5%，通过 HANN 窗双谱线插值方法在进行 FFT 谐波分析时减少栅栏效应和频谱泄漏，提高谐波分析稳定度和精确度。2020 年公司使用该技术在国内首创开发 HS-5300B 多功能标准表产品，应用于 R46 电能表校验装置，为宁波三星智能电气和威胜集团等国内一线厂家提供配套装置，调检具有谐波计量功能校验装置。盛迪科技坚持自主研发，取得发明专利 4 项，软件著作权 46 项，参与起草国标《高压电能计量设备检验装置》（GB/T 37968—2019），通过省级“专精特新”中小企业、省级隐形冠军企业认定。2023 年，公司有员工 141 人，产值 1.05 亿元。

【嘉兴市光泰照明有限公司】 嘉兴市光泰照明有限公司（简称“光泰照明”）成立于 2001 年，专业研发生产车辆照明产品和舞台照明产品，是国内技术领先汽车照明生产企业、全省最大汽车照明企业之一。位于浙江省嘉兴市海盐县沈荡镇，占地 6.73 公顷。光泰照明从事特殊照明灯具制造细分领域 20 余年，是国内唯一美国通用电气（GE）公司航空照明类产品配套厂商。主导产品飞机起落架小功率 LED 起落灯属于航空装备制造产业链“补短板”、工业“六基”领域中核心基础零部件，在航空照明技术领域实现核心技术首创，突破小功率、长寿命和高亮度飞机 LED 起落灯空白，替代通用公司与霍尼韦尔公司生产 36 伏 200 瓦大功率起落灯。国内 70%~80% 航空用起落架灯均由公司生产，在航空灯领域占有较大市场份额。光泰照明核心技术获授权发明专利 5 件，实用新型专利 25 件，主要分布在 LED 光源驱动、散热、光效等技术领域，属于高价值发明专利 1 件。公司注册商标“光泰”为省著名商标、省名牌、省知名商号，马德里盟约国家注册商标“GRANT”在行业中具有较高知名度。公司先后通过省级科技型中小企业与高新技术企业、省级“专精特新”中小企业、国家级专精特新“小巨人”企业认定。2023 年，公司有员工 631 人，产值 2.23 亿元。

（顾琳怡）

秦山核电

综　述

【安全质量】2023年，秦山核电未发生轻伤及以上安全事故和质量事件（事故），安全、质量、环保和保密等各项安全指标全面受控。总结核安全文化建设“六个突出”基本经验，荣获央企安全管理主题征文特等奖；推进一体化安全监督及核安全文化三年行动，提高安全风险识别和监督管理能力。上线i－安全、i－健康、i－环保、i－应急四大安全信息平台，辐射防护管理系统（iRP）推广至福清核电、海南核电。完成实保系统、消防设施优化；开展安全质量提升行动，完成19项年度任务；夯实防造假管理体系，落实全部675项年度管控措施；培育特色质量文化，发布2.0版质量文化手册；推进群众性质量活动，获得省部级以上奖项58项，“仪表二班巨浪QC小组”获评全国优秀质量管理小组；导入卓越绩效管理模式，实现质量奖“大满贯”。获评中核集团2023年度安全环保先进集体。

【生产管理】2023年，秦山核电完成杭州亚运会等重要社会活动保电工作；开展减非停专项，按期完成48项冷源可靠性提升行动，持续提升冷源可靠性；秦一厂1号机组、秦二厂3号机组、秦二厂4号机组共3台机组获评中国核电2023年度ASP金牌机组。成功投运方家山500千伏开关站智能巡检，实施水厂智慧运行改造，推进数字电厂建设；完成中国核电首个法系转中系技术规格书编制并获国家核安全局批准，形成方家山中系技术规格书范本，为后续切换和推广奠定坚实基础。完成安全、质量、生产执行、综合、大修五大维修管理体系建设；实施安全质量提升专项，安全隐患总数下降44%，有效控制现场维修工作风险，全年消缺率99.37%，预防性维修执行率99.91%。完成5次大修，实际工期较计划提前42.2天，标准年度大修工期全部进入20天内，秦二厂310大修创15.12天新纪录。获华东电网年度最佳调度安全管理奖、继电保护专业先进单位称号。

【重大项目建设】2023年，海盐县再造“新秦山”取得突破性进展，金七门核电项目年内顺利核准。秦山核电发布国内首个核能工业供热建设标准，核能民用供暖面积新增约7万平方米，获评新华网2023“双碳”杰出贡献案例；建成国内首个商用堆同位素研发平台；同位素生产亮相第六届进博会；核工业数据中心获国标A级认证；专业技能培训楼正式启用；辅助蒸汽联网隧道全线贯通；推进重件码头专项改造、重水精馏设施等项目土建施工。

【科技创新】2023年，秦山核电获发明专利授权44件，发布1项国家标准、5项行业标准，荣获中国标准创新贡献奖，获评国家知识产权优势企业。推进在研科研项目404项，完成60项科研项目验收，签订科技创新成果转化合同28项，《压水堆延寿材料老化管理大纲》首获EPRI（美国电力科学研究院）成果转化奖。牵头组织中核集团核电厂退役工程技术研究中心工作，主动开展退役准备先导问题研究；核电厂运行许可证延续和增容项目获评2023年全国电力行业唯一的核电标杆工程。推进设备备件国产化，完成1项国资委、5项中核集团重点项目节点目标。中国核电彭士禄创新示范区、浙江省博士后工作站落户秦山核电，同位素制备和应用技术中心被认定为浙江省级平台；新增省级高能级平台4个，获各类省部级科技奖15项。

【数字化建设】 2023年，秦山核电发布中国核电首家数字化顶层设计，建成覆盖运行、维修、大修等领域的20项“i”系列数字化产品。核电安全生产平台（ASP-1）在秦山核电秦一厂正式上线投用；核电数字化大修管理系统（iDaxiu）正式发布，获2023年浙江能源数据创新大赛一等奖；核电数字化大修系统（iDaxiu）、日常维修管理系统（iWeiXiu）成功在3家单位推广；国内核电行业首个数字化规程管理系统（iDom）成功上线。实现厂前区5G信号全覆盖，生产厂房覆盖率80%，实现5G专网与管理网、生产视频网、行政电话网等数据互通。

（蒋哲凡）

服务核电

【高层联席会议】 2023年，海盐县与秦山核电高层联席会议召开，双方就滨海快速路、两中心建设、清洁能源基地建设、同位素产业园建设、人才政策等进行深入磋商，达成一致意见，专班化推进、项目化实施。配合县委、县政府开展中国核电集约化改革中海盐相关利益争取工作，数创中心子公司、核电培训中心落地海盐，为海盐服务业发展注入新的活力。其中，数创中心子公司于2023年8月在海盐县注册。

【企地融合】 2023年，为进一步深化央地合作，推动核技术创新中心能级提升，海盐县人民政府与秦山核电签订《关于进一步推动企地融合发展，共同打造全国核技术应用产业示范基地战略合作协议》，双方合作设立合资公司，生产关键医用同位素并打造核技术创新与成果转化平台。海盐县与秦山核电携手并进，加快发展核技术应用（同位素）产业，打造全国核技术应用（同位素）产业示范基地。由秦山核电创建的浙江省唯一的同位素领域省级工程研究中心——“同位素制备和应用技术浙江省工程研究中心”被成功认定，海盐县实现省级工程研究中心“零”的突破，为同位素研发制备及产业化打牢平台基础。承办中国核电主办的“溯源新思想”理论研讨会中两个分论坛活动，聚焦“核能与产业高质量发展”“核能与美好生活”开展交流，提供发展建议。与全县干部教育相融合，联合秦山核电等在盐央企举办海盐县核电产业央地合作共富专题研讨班（第二期）。

【溯源新思想·中国式现代化下的核能高质量发展之路”理论研讨会召开】 6月28日，“溯源新思想·中国式现代化下的核能高质量发展之路”理论研讨会在海盐召开，会议总结中核集团、中国核电和秦山核电在推动核能安全发展、创新发展、践行“八八战略”下的核能发展成果和经验启示，并首次发布了以“忠诚践行国家使命、主动构建机会窗口、大力协同创新体系、始终确保绝对安全、深度打造融合样板、积极弘扬优良传统”为具体内涵，以“自主创新、融合发展”为鲜明特征的“秦山经验”。研讨会上还举行产业项目和《大国硬核》报告文学项目签约仪式，总计投资18亿元的5个涉核项目将落户秦山街道。此次研讨会由嘉兴市委宣传部、中国核电党委、海盐县委、秦山核电党委主办。

【公众沟通】 2023年，海盐县接待象山县、漳州核电、霞浦核电、福鼎核电、山东核电、荣成核电、田湾核电、苍南核电、防城港市、甘肃金塔县、四川夹江县、九院二所等地机关、企事业单位、公众170余批次、1000余人参观交流。协助发布沪盐中学生研学互访线路，形成“海盐寻秦”“上海寻根”核电研学品牌。依托村（社区）及社工服务机构平台，强化全社会核安全信心。全年推动核能科普走进社区、广场、车站、医院等近100个场所，完成千场电影下乡、核能科普进院线，实现核能科普海报、视频覆盖多个公交站牌和电影院线。会同秦山核电举办第十一届“魅力之光”杯全国中学生核电科普知识竞赛，海盐县超13万人参加，全国排名第一。联合上海核电办开展第三届“沪·盐魅力之光”核科普活动，首次发布沪盐中学生研学互访线路。中国核电城社科普及基地获评2022年度“优秀的浙江省社科普及基地”。

核技术应用产业

【平台打造】2023年，海盐县推动产业园平台建设，道路管线、标准厂房等建设稳步推进。争创省级核技术创新中心，由县政府统筹，依托秦山核电、苏州大学、清华大学等共创省级科创平台，与苏州大学签订核创新研究院战略合作协议。开展核医疗中心建设前期工作，与中国同辐签订合作框架协议，就顶层规划召开专家研讨会并形成专家建议书。加强与涉核央企合作，与核工业第八研究所签订科技创新合作协议，与中核同创完成产业孵化器共建方案，秦山电缆成功创建海盐县首家浙江省博士创新站。《嘉兴海盐县深化与央企及沪苏合作共建中国核电城特色产业创新平台》获评浙江省推进长三角一体化发展第二批最佳实践。

【宣传推介】2023年，海盐县举办2023年核技术应用产业国际大会，国家原子能机构副主任等政府领导、院士专家、企业代表参会。会上来自英国、法国等10余个国家的50余名国际专家作主题报告，海盐作为唯一的区域经济融合案例被列入中国首份核技术应用产业发展报告，央视、新华社等主流媒体竞相报道。全年累计发布宣传报道120次，其中在新华社等省级以上媒体宣传报道46次。推动县政府、秦山核电、中国核能行业协会签订《关于推动核技术应用产业发展战略合作协议》，核技术应用产业国际大会长期落户海盐。

【招商引资】2023年，海盐县紧盯重大龙头项目，重点就诺华核药、苏大加速器及核创新研究院、北京先通、天津恒瑞等重大项目开展对接服务。组织开展清华核医疗赛道项目海盐行活动，BNCT强流回旋加速器等11个清华校友项目进行现场路演，2个项目签订意向落地协议。扩大产业影响力，携企业参加第十五届核工展，海盐县同位素产业园首次在国家级展会上亮相，生态环境部副部长董保同、国家原子能机构副主任到展台指导。全年成功引进诺华核药、法伯新天、智丹科技等核技术应用（同位素）项目16个，总投资近60亿元，在谈项目10余个，产业规模初具雏形。

核电关联产业

【品牌提升】2023年，海盐县开展入核发展优质品牌评选活动，评选发布核级仪表管等10个优质品牌、深孔钻等12个培育品牌，科路核工程成为海盐县首家市级服务业领军型企业，国检检测获评嘉兴市“十佳创新企业”，万纳神核获评“嘉兴市重点行业‘亩产效益’领跑者”。推进核心产品研发，全年新增核领域产学研合作项目9个，欣兴工具“高精度高可靠性深孔钻”入选全省“‘15’战略领域硬核科技成果”项目。成功举办海盐县核电关联及核技术应用产业高质量发展大会，15个产业链科技创新项目、供需合作项目、投资项目成功签约。开展“强党建、优营商、促共富”核关联产业市场开拓系列活动，累计实现订单超10亿元。

【特色营商环境】2023年，海盐县出台核电关联及核技术应用（同位素）产业专项扶持政策，首次将核技术应用（同位素）产业列入支持范围，重点聚焦产业链中的关键环节，在科研创新、核药临床、技术改造等方面加大支持力度。发布海盐县核电关联及核技术应用产业“共聚核力共赋新能”行动方案，出台《海盐县核电关联及核技术应用产业优化营商环境十条工作举措》，成立制造业、服务业、核技术应用三个产业联盟专委会，强化精准服务。启动2022年度核电产业政策兑现工作，组织召开政策辅导会议，累计有33家企业成功申报政策奖励，兑现奖励资金2600余万元。是年，县核电产业发展服务局在2023年海盐县全面深化改革（营商环境优化提升“一号改革工程”）积分排行榜第二组中位列第一，相关经验做法获评浙江省营商环境优化提升第三批“最佳实践案例”、嘉兴市营商环境优化提升“一号改革工程”第三季度创新案例。

【联盟发展】 2023年，海盐县选举产生第三届联盟理事会，新成立联盟制造业、服务业、核技术应用产业3个专业委员会，提升联盟的服务水平。牵头开展产业培训活动，共开展培训活动2次，140余名企业员工接受核安全、核电办公等业务培训。组织颐核医疗等8家企业参加第十五届中国国际核电工业展览会，向国家核安全局局长董保同、国防科工局副局长刘敬汇报产业发展情况。帮助企业开拓核电市场，先后组织企业赴甘肃核产业园、同位素公司项目开展产业对接及商务洽谈活动，牵头组织县内企业与在盐核电央企分公司开展产业链供需合作，全年累计实现2.5亿元的订单。

（薛宇婷）

经济技术开发区

海盐经济开发区

【概况】 2023年，县开发区实现地区生产总值130.98亿元，同比增长10.5%；财政总收入完成21.04亿元，首次突破20亿元，同比增长7.65%，其中一般公共预算收入10.77亿元，同比增长16.22%。获评省治违控违示范乡镇（街道），入选全国省级开发区高质量发展百强榜单、省第四批减污降碳协同试点和市第二批服务业创新发展区、市级清廉建设示范单位。

规模以上工业企业　2023年，县开发区实现规模以上工业总产值517.8亿元，首次突破500亿元，同比增长8.2%；实现规模以上工业增加值90.13亿元，同比增长13.4%。全年实现产值超亿元企业63家，企业小升规25家，新增国家级专精特新“小巨人”企业2家，省级专精特新企业32家，数量均列全县第一。

城乡建设　2023年，县开发区创新实施刘家大院共富体项目，建成全县首批2个农业标准地改革试点之一，6个行政村（社区）集体经济经常性收入均达到230万元以上、5个单列经济合作社均达到90万元以上。是年，刘庄村入选第一批市级未来乡村建设对象名单，大宁村、八团村获评浙江省善治示范村。实施“蓝天、碧水、净土清废”行动，“美丽河湖”建设顺利通过县级验收，威尔森新材料等4家企业成功创建市级“无废工厂”。推进减污降碳工作，协办全省废气治理活性炭公共服务体系建设现场会。

理论学习　2023年，县开发区深挖习近平总书记2次到跨海大桥视察指导留下的宝贵财富，开展现场“沉浸式”研学16次，集中学习772次。组织8090青年干部依托“塘前新燕”宣讲载体，开展入村社、进车间宣讲20余次。依托“1+N”流动党员服务矩阵，打造“流动中的阵地”“指尖上的课堂”，推送主题教育专栏内容、有声课件300余份，线下开展交流活动50余次。

调查研究　2023年，县开发区运用“四下基层”经验，开展“大走访、大调研、大服务、大解题”，依托“民生一键办”“幸福圆桌会”等载体，下沉25个居民小区和70余家重点企业走访慰问180余次，收集涉及基层治理、基础设施、文化建设等方面问题200余个。

企业安心营商　2023年，县开发区建设“一站式”工业社区，整合18家涉企部门资源，推动132项涉企事项集成化办理；建立全县首个“盐和·法商驿站”，服务企业超70家；打造“金融管家”服务团队，贷款金额18.98亿元。推进园区安全生产，成立化工园区管理（应急指挥）中心，建设智安港工业社区，入选首批“浙江省较低风险等级”化工园区。

群众安居宜居　2023年，县开发区推进群众安居宜居，探索“红色党建+绿色产业”模式，累计帮助解决就业312人，促进

海盐县经济开发区管委会　　　　（县开发区供）

低收入群体和村集体增收 825.52 万元；开展新居民融入计划，实施“幸福赋能”提升行动，实现新老居民融合发展。

检视整改　2023 年，县开发区开展“一个支部，一件实事”活动，落实支部书记和责任单位现场认领机制，解决消防通道占道、小区毁绿种菜等问题 70 余个。创新“四化四解四到位”矛盾调解溯源治理模式，搭建覆盖全区的“十分钟调解圈”，成功化解社会矛盾纠纷 953 起。

【基础设施建设】2023 年，县开发区完善产业配套，开工建设道默定制厂房、高标准厂房二期、立体停车库项目；未来社区睦邻中心及人才公寓封顶并通过中间结构验收；竣工交付威莱克二期、安费诺三浦标准厂房等高标准厂房项目；加氢站、智安港工业社区等产业配套项目投入使用。完善社区配套，完成大树花苑、姚家花苑等老旧小区改造，幸福里一期、二期项目开工，海景雅苑、新城花苑二期 1133 套安置房完工交付。易购、北岸农贸市场完成改造提升，通过省、市民生实事项目验收，其中易购农贸市场获评省放心农贸市场。完善商业设施配套，区（街道）首个高品质商业综合体智汇湾·领悦商业中心成功开业，滨海美食城 1314 夜市改造升级。完善交通水利配套，建设、提升中乐路、东海大道等道路 7 条，长度 11.5 千米。推进西塘桥顶升、东段围涂标准海塘二期等交通水利项目建设。场前菜场综合整治持续推进，完成店面腾退 70 家，签约率 93.3%。是年，县开发区推进民生事业，打造星级居家养老照料中心，促进“居家养老 + 社区养老”融合发展；完善社区育儿配套，创建省级“向日葵亲子小屋”建设项目，助力打造“善育在盐”金名片；强化医疗服务普惠共享，新建桥北基层医疗卫生服务站，实施家庭医生签约对象减免挂号费项目。推进生态环境治理，实施蓝天、碧水、净土清废等行动，成功创建全市首批“无废园区”。推进“三改一拆”工作，通过有效拆改提升发展空间，获评省级治违控违示范乡镇（街道），相关工作经验获市领导批示。深化文明创建工作，海湾社区成功入围省级文明单位公示名单，海塘、大宁、东海入围市级文明村、文明单位公示名单。

【招商引资】2023 年，县开发区深化“1+5+X”的全员招商格局，

3月1日，海盐经济开发区（西塘桥街道）八团、海塘第一批农房提前拆迁新分户抽签现场　　（西塘桥街道办事处供）

紧盯区（街道）“3+1”主导产业，绘制产业鱼骨图，打好以商引商、产业链招商、基金招商、高标准厂房招商等“组合拳”，全力招引头部企业、壮大腰部企业。依托已落地的安费诺系，开展5G电子信息产业链延链招商。聚焦服务业招好商，加大汽车销售、电商等营收类项目招引力度。全年完成招大引强项目7个，其中超亿美元项目1个，德业新能源等20亿元以上内资备案项目2个，宏丰半导体、森织汽配等“专精特新”项目4个；签约产业项目16个，计划总投资79.81亿元；实际利用外资1.27亿美元。

3月16日，比利时道默工程材料项目开工　（县开发区供）

【项目推进】 2023年，县开发区坚持项目固链，全速推进重点项目建设。健全项目梯次推进机制，完成新摘牌项目5个，新开工亿元以上产业项目12个，竣工10个，投运10个，德业、福斯达、宇星、华劲等一批项目有序推进。全年完成固定资产投资97.58亿元，同比增长26.51%，完成全年目标任务的112%。其中，建安投资完成56.42亿元，同比增长65.7%，政府投资22.28亿元，同比增长120.75%。全年入选省“千项万亿”项目5个、省（市、县）长项目1个、省重点建设项目4个、省重大外资项目3个、省重大产业项目1个、县级红旗项目2个。抢抓政策机遇，新申报政府专项债2个，总投资20.86亿元，申请专项债资金16.5亿元，续发项目获得政府专项债资金4.6亿元。德业项目成功入选省重大产业实施类项目，街道全年新增建设用地计划指标773亩，占全县总量的1/3以上。

表11　2023年海盐县开发区列入省重大产业项目情况表

企业名称	项目名称	项目建设内容及规模	计划总投资	年底形象
海盐德业新能源科技有限公司	年产25.5亿千瓦时组串式、储能式逆变器生产线建设项目	项目新建厂房面积240765平方米，建成后形成年产25.5亿千瓦时组串式、储能式逆变器生产线的生产能力	201800万元	主体施工，部分单体已结顶

表12　2023年海盐县开发区被列入省重大外资项目情况表

企业名称	项目名称	项目建设内容及规模	计划总投资	年底形象
空气化工产品（浙江）有限公司	空气化工产品（浙江）有限公司海盐氢能源和工业气体综合项目一期工程	一期工程将建设三根氢气输送管道，分别为原料气管道、解析气管道及尾气管道，每根长度约为400米	86850万元	气氢试生产，液氢部分槽罐已完成安装，开始设备调试
浙江三江思怡新材料有限公司	50万吨/年高分子（超高分子）聚醚项目	项目主要采用双相乙氧基化装置专有技术，原辅材料为环氧乙烷，经吉林鼎升的双相乙氧基化装置专有技术，购置反应器、催化器等国产设备。新增建筑面积42376平方米	216424万元	已投产

续表 12

企业名称	项目名称	项目建设内容及规模	计划总投资	年底形象
中外运（海盐）国际物流有限公司	智慧物流中心项目	项目总建筑面积约 110500 平方米，拟建设双层坡道库。由丙一类仓库、丙二类仓库、办公楼、坡道平台及门卫等组成	76800 万元	主体施工，部分单体已结顶

【产业发展】 2023 年，县开发区规模以上工业按国标分行业有纺织业、纺织服装、服饰业、皮革、毛皮、羽毛及其制品和制鞋业、木材加工和木、竹、藤、棕、草制品业、造纸和纸制品业、印刷和记录媒介复制业、文教、工美、体育和娱乐用品制造业、石油、煤炭及其他燃料加工业、化学原料和化学制品制造业、橡胶和塑料制品业、非金属矿物制品业、黑色金属冶炼和压延加工业、金属制品业、通用设备制造业、专用设备制造业、汽车制造业、铁路、船舶、航空航天和其他运输设备制造业、电气机械和器材制造业、计算机、通信和其他电子设备制造业、废弃资源综合利用业、电力、热力生产和供应业、燃气生产和供应业等 22 个大类。其中造纸及纸制品、化学原料和化学制品制造业、金属制品业、通用设备制造业、计算机、通信和其他电子设备制造业、废弃资源综合利用业等为支柱产业。是年，按照县定的六大产业链分类：六大产业链实现工业总产值 5054928 万元，同比增长 8.1%，其中，高端紧固件 260635 万元，同比增长 –9.5%；高端装备制造 1620466 万元，同比增长 0.8%；智能集成家居 27485 万元，同比增长 –11.2%；核电关联及核技术应用 78036 万元，同比增长 –3.7%；新型显示及电子信息 538560 万元，同比增长 13.5%；新能源新材料 2529747 万元，同比增长 15.2%。

表 13　2023 年海盐县开发区规模以上工业企业按国标分行业产值情况表

行业名称	工业总产值	
	本年（万元）	同比增速（%）
总计	5178084	8.21
纺织业	42962	9.16
纺织服装、服饰业	15984	4
皮革、毛皮、羽毛及其制品和制鞋业	26671	23.06
木材加工和木、竹、藤、棕、草制品业	5917	–13.8
造纸和纸制品业	808868	26.43
印刷和记录媒介复制业	30936	80.2
文教、工美、体育和娱乐用品制造业	220089	4.88
石油、煤炭及其他燃料加工业	20121	–1.28
化学原料和化学制品制造业	938065	22.81
橡胶和塑料制品业	137675	5.29
非金属矿物制品业	227663	15.51
黑色金属冶炼和压延加工业	29847	–3.65
金属制品业	1544280	2.11

续表 13

行业名称	工业总产值	
	本年（万元）	同比增速（%）
通用设备制造业	410895	–9.71
专用设备制造业	16670	–32.21
汽车制造业	12957	6.58
铁路、船舶、航空航天和其他运输设备制造业	3571	–29.65
电气机械和器材制造业	313420	41.96
计算机、通信和其他电子设备制造业	368789	–15.31
废弃资源综合利用业	126526	–19.93
电力、热力生产和供应业	42629	97.99
燃气生产和供应业	31631	–11.76

（莫嘉栋）

百步经济开发区

【概况】 百步经济开发区为省级经济开发区，位于百步镇中心区域，规划总面积8.4平方千米，形成“一园三片”（集成家居产业园，印刷创意产业片、高端纺织产业片、装备制造产业片）空间结构。2023年，百步经济开发区工业企业“小升规”14家，实现规模以上工业总产值106.9亿元，同比增长4.1%，增速列全县第二；实现规模以上工业增加值22.2亿元，可比增速6.4%；建筑业总产值34.3亿元，增速18.4%。规模以上工业高新技术产业增加值14.7亿元，可比增速8.2%；规模以上工业数字经济核心产业制造业增加值4.7亿元，同比增长16.2%；工业战略性新兴产业增加值6.1亿元，可比增速61.9%，工业增加值单位能耗下降4.3%。是年，规模以上企业实现研发费用投入4.5亿元，同比增长25%；规模以上工业企业研发率95.8%，研发人员数量增长16.8%。全年高新技术企业备案8家，省科技型中小企业备案24家，国家科技型中小企业入库46家，市级企业研发中心认定4家。全年登记技术交易合同金额6.86亿元，实施产学研项目“揭榜挂帅”8项，重大科技成果推荐申报1项，招引

百步经济开发区一角　　（百步镇人民政府供）

科创项目14个，建成首个科技孵化平台。中达金属电子的超高强度焊接材料、不锈钢单层堆焊钢带分别上榜国内、省内首批次新材料。全年引进大学及以上人才577人，其中全日制硕士129人、博士7人。引进“星耀南湖”创新人才项目1个，申报国家级高端人才项目6个、省级高端人才项目3个，引进国家级引才计划第十七批入选人才蒂帕·雷迪·加德卡卢博士，入职中达集团。

【基础设施建设】 2023年，百步经济开发区建成500亩美丽田园，创成新升、超同、百联市级优秀未来乡村片区。推进碧水行动，实施水污染治理和水生态修复，整治河道4.2千米，优化桃北村南断港、横港村杨浜、屯桥港水系，小木桥港、百步亭港入选市级“美丽河湖”，创成市级“水美乡镇”。优化村庄布点规划方案，完善26个Y点“一点一策”方案，落实农民建房土地289.23亩。

【招商引资】 2023年，百步经济开发区（百步镇）实施“地瓜经济”提能升级“一号开放工程”，外资、央企、上市公司、“专精特新”等项目纷纷落户。全年引进注册落地项目18个，创历史新高，其中供地工业项目6个（10亿元以上项目2个、亿元以上项目4个），供地304亩；新设立外资企业3家，合同利用外资7263万美元，实际利用外资3507万美元，内资新增工业用地备案投资48.46亿元。4月26日，举办浙江百步经济开发区投资促进会；6月28日，举办上海·海盐新能源（锂电池）产业推介会。

表14 2023年海盐县项目招引情况表

项目名称	总投资	注册资本	注册时间	企业名称	投资方名称
年产1000万套新能源汽车导轨及轻量化部件建设项目	3.5亿元	3000万元	2023年3月7日	嘉兴强威科技有限公司	宁波威武企业集团
年产100万台（套）智能取暖器项目及智能控制器建设项目	1.21亿元	3000万元	2023年5月18日	嘉兴灵动智能科技有限公司	嘉兴智创科技股份有限公司
年产910万台智能厨房小家电、220万台智能家居小家电生产基地建设项目	10亿元	36900万元	2023年6月1日	利仁科技（嘉兴）有限公司	北京利仁科技股份有限公司
年产30万平方米高端定制整体家居扩建项目（二期）	1480万美元	1700万美元	2020年7月28日	安派森新材料科技（浙江）有限公司	加拿大CREATIVE集团公司
年产2000台智能全电伺服折弯机、200台（套）智能数控加工中心（钣金柔性生产线）、10万套制冷设备组及100套微风发电机组建设项目（一期）	4.92亿元	5000万元	2023年9月12日	浙江汉智自动化装备有限公司	河北汉智数控机械有限公司

【项目建设】 2023年，百步经济开发区（百步镇）采用清单化管理、节点化推进，三色预警的管理和推进模式，为项目提供全过程“保姆式”服务。全年新开工产业项目6个，即嘉兴智创科技股份有限公司、安派森新材料科技（浙江）有限公司二期、嘉兴强威科技有限公司、金达天晟（浙江）布艺有限公司、浙江得斯威供应链管理有限公司、浙江耐思威智能制造有限公司；在建产业项目7个，包含浙江冠宇电池有限公司项目等；竣工验收项目2个，即萨克森工业（嘉兴）有限公司、浙江海鸥有巢式整体卫浴有限公司。邻里中心、员工公寓、电力专线、蒸汽管道、临时供电线路等配套项目按期建设，为招引落户产业项目顺利建成投运提供坚强保障。

表 15　2023 年海盐县新开工重大项目情况表

企业名称	项目名称	用地面积（公顷）	项目总投资（亿元）	开工时间
浙江耐思威智能制造有限公司	耐思威年产 40 万套光伏及半导体设备用陶瓷制品、3.5 万套半导体设备用纯硅夹具、0.5 万套光伏及半导体设备用碳化硅制品生产建设项目	1.4	1.5	2023 年 2 月 28 日
浙江得斯威供应链管理有限公司	国际储运及供应链管理中心建设项目	3.78	3.4	2023 年 4 月 25 日
金达天晟（浙江）布艺有限公司	年产 1800 万米高档麻艺家居服饰面料建设项目	3.33	3.05	2023 年 5 月 31 日
安派森新材料科技（浙江）有限公司	年产 30 万平方米高端定制整体家居扩建项目（二期）	0.6	1.02	2023 年 8 月 8 日
嘉兴强威科技有限公司	年产 1000 万套新能源汽车导轨及轻量化部件建设项目	2.93	3.5	2023 年 8 月 31 日
嘉兴智创科技股份有限公司	年产 100 万台（套）智能取暖器及智能控制器建设项目	1.35	1.21	2023 年 10 月 13 日

表 16　2023 年海盐县重大工业项目投运情况表

企业名称	项目名称	用地面积（公顷）	项目总投资（亿元）	投运时间
浙江海鸥有巢式整体卫浴有限公司	年产 10 万套定制整装卫浴空间建设项目	9.84	10.2	2023 年 3 月
萨克森工业（嘉兴）有限公司	年产 55 万平方米金属建筑装饰装修材料建设项目	3.29	2.5	2023 年 4 月

【产业发展】 2023 年，百步经济开发区实现地区生产总值（GDP）45.06 亿元，同比增长 7.2%。其中：第一产业增加值 2.4 亿元，同比增长 5.9%；第二产业增加值 30.8 亿元，同比增长 6.8%；第三产业增加值 11.86 亿元，同比增长 8.6%。农村人均可支配收入 68222 元。全年新入选国家级专精特新“小巨人”企业 2 家、省级专精特新企业 8 家，指导帮扶专精特新企业 100 余家。引导企业实施机器换人、“走出去”战略；投入科技研发经费 4.46 亿元。评定省级智能工厂 1 家，整治高耗能企业 24 家，淘汰和节约用能折合标煤 4531.39 吨，完成率 151.1%。淘汰落后产能，腾退低效用地 23.47 公顷。百步经济开发区有本土上市企业 4 家（主板 2 家，新三板 2 家），亿元企业 20 家，规模以上企业 95 家，累计培育国家级专精特新“小巨人”企业 3 家，国家级单项冠军企业 1 家，省级“隐形冠军”全县 3 家、省级“专精特新”企业 15 家，市级“专精特新”培育企业 16 家，创新型中小型企业 18 家。

（周宇鑫）

商贸服务

综　述

【社会消费品零售】 2023年，全县实现社会消费品零售总额202.74亿元，比2022年增长10.6%。其中，批发业、零售业、餐饮业、住宿业零售额分别为88.1亿元、96.06亿元、16.91亿元和1.67亿元，分别比2022年增长3.7%、15%、28.9%和2.8%；城镇消费品零售额比2022年增长10.6%，乡村消费品零售额比上年增长10.6%。批零贸易业销售额529.26亿元，比2022年增长7.2%，其中限额以上370.92亿元，比2022年增长3.6%。住宿餐饮业营业额20.50亿元，比2022年增长18.9%，其中限额以上6.22亿元，比2022年增长18.3%。网络零售额60.63亿元，同比增长10.3%。

【人均可支配收支】 2023年，全县城镇居民人均可支配收入78591元，人均消费性支出52014元；农村居民人均可支配收入50647元，人均消费性支出37287元。

【部分大型商场、超市情况】 2023年，海盐新城吾悦商业管理有限公司营业面积54738平方米，职工955人。海盐大润发商业有限公司营业面积12560平方米，职工371人，全年销售额22469.2万元，同比下降8.5%。

（何文杰）

供销合作

【概况】 2023年，县供销总社与县农合联执委会合署办公。是年，荣获嘉兴市供销社系统2023年度综合业绩考核优秀单位、供销社基层组织赋能强基建设优秀单位。

【农合联改革】 2023年，县供销总社（县农合联执委会）召开县农合联第四届理事会（监事会）二次会议，完成理（监）事会成员调整增补，按时完成“党建入章程”工作。培育提升农事服务中心，新建农事服务中心1家。指导9个镇（街道）开展示范性乡镇农合联创建，先后有于城镇农合联综合党委、西塘桥街道农合联综合党委获评全市第二批基层农合联党建示范点，沈荡镇农合联获评全市基层农合联组织优秀单位。推进产业农合联规范化建设，海盐县蔬菜产业农合联获评第二批五星级产业农合联，县稻虾产业农合联被成功评定为三星级产业农合联。

【农业社会化服务】 2023年，县供销总社（县农合联执委会）组织化肥供应7236吨、农药259.6吨。开展农药废弃包装物回收处置工作，推进源头分类减量、资源化处理利用，全县68个回收网点累计回收入库农药废弃物1561万个，折重约193.5吨，回收处置193.5吨，归集中心中转仓库库存始终保持动态清零。推进县级化肥商业储备工作，出台

《海盐县县级化肥商业储备管理办法（试行）》，并组织开展化肥商业储备招投标工作。

【农产品流通服务】 2023年，县供销总社（县农合联执委会）完成小龙虾市场（农批市场自产自销区）项目建设并投入使用，累计登记入驻180余家农业主体或农户，市场交易量560吨。深化农产品区域公用品牌建设，增设“盐味农耕”区域公用品牌旗舰店，成立海盐县盐味农耕供销运营有限公司，围绕品牌宣传、电商直播、农创客孵化等领域开展业务，推进“盐味农耕”实体化运营。落实并完成“嘉兴大米”3000亩订单农业。引导农批市场内有条件的经营户对接本地农户，助力本地农产品销售，累计代销各类水果近1000吨，销售额近1000万元。支持农配公司拓展生鲜菜市门店，丰富居民“一刻钟便民生活圈”业态，该做法成功入选商务部《城市一刻钟便民生活圈典型案例集》。

【乡村旅游运营】 2023年，县供销总社（县农合联执委会）继续精耕乡旅运营，支持县乡旅公司创新发展乡村旅游促农增收新路径，相关做法被《浙江日报》头版报道。先后协助引进木心居、隐马山居度假村等新消费业态项目10余个，总投资近1.6亿元。成功打造“月湖市集”“丰收市集”“草坪市集”等专属IP，累计开展各类特色市集活动20余场，吸引超36万名市民游客参与，带动乡村文旅综合消费近700万元。先后参与或承办“我们的村晚”、中国农民丰收节、音乐节、美食节等活动，实现村民就业增收同时，满足精神文化需求。

【助力共同富裕】 2023年，县供销总社（县农合联执委会）与武原街道合作，在光明社区开办老年食堂，为社区“一老一困”等特殊群体及居民提供上门送餐、家宴制作服务，方便社区居民日常生活的同时，为周边居民提供就业岗位，增加就业收入。推动澉浦助农共富园区建设，通过为农民先行垫付土地、种子等前期成本，农民销售获利后再返还成本的方式，让农民“零投入”“拎包入住”当农场主，打通农民致富渠道。深化乡旅公司与农业主体等合作，通过开展研学科普、农事体验等活动，将县域农业主体旅游资源融入乡村旅游线路，带动农民多维度参与和共享“美丽乡村”发展成果，实现就业增收。深化山海协作、东西对口帮扶，与景宁供销社签订《农产品产销合作协议》，通过建立营销网络、互设飞柜、提供展销网点等方式，为“景宁600”优质农产品提供展示窗口和销售平台。累计助力销售农产品212万元。

【社有经济发展】 2023年，县供销总社（县农合联执委会）坚持完善社有资产监管和深化社有企业改革并重，促进社有经济高质量发展。是年，先后完成小龙虾交易市场、盐味农耕品牌电商直播交易平台建设，启动澉浦共富园区项目建设。县农批市场获评市级农业龙头企业、农配公司获评全省供销社消费帮扶明星企业，澉浦基层社获评全省供销社基层组织赋能强基示范样板，秦山基层社连续2年获评全省百强基层供销社。推进社有企业薪酬体制改革，优化社属企业个性化考核方案，相关做法在全省社有资产管理与社有企业改革发展现场会上作经验交流。强化社有资产运营监督，妥善解决龙信担保公司供销社股权转让，全年社有房产整体出租率保持在90%以上。

（王郭萍）

粮油流通

【概况】 2023年，海盐县落实耕地保护和粮食安全党政同责，全年粮价总体平稳，全县粮油应急保供体系健全，粮油市场供应平稳有序。是年，海盐县成功入选省级储备晚稻订单粮源基地。

【粮食收购】 2023年，海盐县储备粮订单收购数量为39450吨，较2022年增加2150吨。其中省级小麦订单2600吨、省级晚粳谷订单17000吨、县级晚粳谷订单18400吨、舟山市粮食物资局余缺调剂订单收购1450吨。符合中等（三等）质量标准的收购价格分别为：晚粳稻135元/50千克，与2022年持平，省级、县级储备订单内价外补贴（奖励）均为20元/50千克；小麦120元/50千克，比2022年降低10元，省级储备订单内省财政给予30元/50千克。国有粮食收储企业收购粮食39450吨，其中小麦2600吨、晚粳谷36850

吨，全年投放收购资金1.08亿元。因粮食收购市场较活跃，粮农订单外余粮均走市场化渠道销售。是年，海盐县根据《海盐县订单粮食预购定金发放办法》，全年向78户种粮大户发放储备粮订单预购定金409万元，解决种粮大户资金周转困难问题，提高粮农种粮积极性。

【储备粮油轮换】 2023年，全县轮换储备小麦2207吨、晚粳谷1.62万吨，成品大米750吨、成品油290吨，全年储备粮油轮换盈利55万元。轮换补库粮以当地订单收购为主，至年末，全县县级储备粮规模34971.43吨，比2022年新增2200吨，其中原粮33900吨、成品粮750吨（折原粮1071.43吨）。小包装食用油290吨，县级粮油储备规模与省政府下达规模相符。

【粮食执法】 2023年，海盐县根据国家和省、市要求，开展“严监管强执法重处罚行动年”活动，围绕库存粮食数量、质量情况、安全储粮情况、收购政策执行情况，开展2023年度政策性粮油库存检查、春秋两季安全生产大检查、小麦收购监督检查等。结合“双随机、一公开”工作，对从事粮食收购、销售、储存、加工的粮食经营者以及饲料、工业用粮企业开展执行国家粮食流通统计制度的检查。是年，海盐县作出嘉兴市第一件粮食行政处罚案件，全年共查处3起粮食行政处罚案件。

【粮食产业发展】 2023年，海盐县落实《海盐县促进粮食企业发展扶持政策》，发放2022年度应急保障体系奖励3.34万元，浙江海元米业有限公司购销奖励、品牌培育补贴23.2万元。2023年在对原政策修改完善的基础上，起草出台《海盐县打造粮食流通企业“主力军”确保全县粮食供应链安全的配套扶持政策》，11月14日正式发文实施，发展壮大全县粮食企业，推动产销合作，培育大米品牌，进一步完善优质稻米产业链。

【优质粮食工程】 2023年，海盐县推进“五优联动”，开展省级试点1.7万吨，比2022年增长0.2万吨，县级试点0.4万吨。引导加工企业和本地粮农在“平等、自愿、互利”的基础上签订产购合同，优选“秀水香1号”优质晚稻品种，实现以需定产、以销定购。全年共与23户农户签订“企业+农户”订单4100亩，订单亩数较上年增加37%，订单收购价1.6元/0.5千克。

【粮库数字化改革】 2023年，海盐县“浙江粮仓”数字化改革项目完成与省粮食和物资储备局系统的全面对接、互联互通，并通过省粮食和物资储备局验收，已全面上线应用，全县3个中心粮库（于城、沈荡、通六粮库）实现智能物流作业、智慧储粮监管和智慧安全监管等全覆盖。

【2022年度粮情调查】 2022年，全县粮油供需主要呈现“一稳两增”态势，即粮食产量保持稳定、粮食消费数量有所增加、粮食对外依存度有所增加，全年粮食种植面积23133.33公顷，比2021年增加473.33公顷，粮食总产量14.12万吨，与2021年持平。因人口增加，全年口粮消费小幅增加，口粮消费总量10.2万吨，比2021年增加0.3万吨。全年饲料用粮12.66万吨，比2021年增加2.01万吨。2022年全县粮食需求34.92万吨，粮食总消费23.25万吨，对外依存度为64.66%，与2021年相比增长15.93%。从口粮角度来看，全县晚粳谷产量在满足本地需求下仍有富余。主要缺粮仍为饲料用粮，2022年玉米、豆粕两项从县市外购进数量为9.24万吨。

（朱建新）

成品油供应

【概况】 2023年，海盐县有成品油经营管理公司1家、加油站点48座。其中，中石化所属加油站点25座，中石化所属高速公路加油站2座，中石油所属加油站3座，中海油所属加油站1座，浙石油所属加油站3座，民营加油站点14座。

【成品油价格】 2023年，国内成品油价格调整呈现“十涨十二跌三搁浅”格局，汽、柴油零售价最终均累计下降50元/吨。全县成品油零售总量16万吨（汽油11万吨、柴油5万吨）。

【安全生产隐患排查】 2023年，海盐县结合成品油市场领域“打非治违”百日攻坚行动，发现加油站点各类安全生产隐患问题31个，完成整改31个。强化联动协同，开展排查，坚决取缔黑加油站点和非法流动加油车，规范成品油领域市场秩序。查处非法储存汽柴油6起，其中4起5人移交派出所行政拘留5天。查获违法从事道路危险货物运输经营的装载柴油案件8起，累计罚款15万元，其中行刑衔接移交公安部门立案查处5起。

（王永明）

烟草专卖

【概况】2023年，县烟草专卖管理部门查获违法案件173起。查获违法卷烟5.79万条，同比增长27.73%；总案值1265.16万元，同比增长65.03%。“1·13”销售假烟案件，涉案金额452.14万元，采取刑事强制措施6人，获评二级国标网络案件。

【终端建设】2023年，县烟草专卖管理局重视数据采集质量对“智慧营销工程”基础性作用，加强经营指导，一类数采客户占比全市第一。累计建设加盟终端34家，现代终端538家，建成终端示范区和社区小中心13个，终端面貌形成以点带面、以面促全局的终端建设格局。

【市场监管】2023年，县烟草专卖局先后开展“百日攻坚”“风暴2023”等专项行动，查获违法违规大户案件43起，取缔违法违规大户5户，查获重点籍案件31起。跨部门执法协作，元旦、春节期间查获案件多起。常态化开展电子烟监管，对辖区电子烟零售主体全面检查，及时清理下架非法产品和销售信息，规范已获证市场主体生产经营行为。是年，获评2023年县“营商环境”提升先进集体，1名员工获评“民生保障”提升先进个人。

【队伍管理】2023年，县烟草专卖局完成“一编三定”与岗位调整。组织开展数字化改革与低代码专业培训，实现35周岁以下员工低代码初级证书全覆盖。参加省烟草专卖局低代码竞赛；在市烟草专卖局（公司）组织低代码竞赛中，获团队二等奖。《异常证智慧监管工具的研制》《终端交叉检查线路规划“数字化”工具的研发》成果课题分获省烟草专卖局发布一、三等奖，《提高异常零售户查证率》被推荐至国家烟草专卖局发布，获行业二等奖。

（程世儒）

商品交易市场

【概况】2023年，全县有各类正常营业商品交易市场27家（农贸市场21家、专业市场6家），另有被列入经营异常市场1家。全县农贸市场21家能较好满足人民群众生活需要，其中城区农贸市场8家、农村农贸市场13家。县城农贸市场分布合理，符合居民15分钟生活圈要求。全县有星级农贸市场21家，覆盖率100%。其中，三星级以上农贸市场20家，覆盖率95.2%；放心农贸市场18家，覆盖率85.7%；成功创建“五化”市场10家，占全县47.6%（四星级以上市场“五化”改造覆盖率100%，城区三星级以上市场“五化”改造覆盖率85.7%）。是年，海盐县商品市场成交总额57.91亿元，其中消费品市场成交总额51.91亿元（农贸市场成交总额22.72亿元、其他农副产品综合市场成交总额8.15亿元、装修装饰材料市场成交额21.04亿元）、生产资料市场（旧机动车市场）成交总额6亿元。从2023年度增长情况看，全县商品市场成交总额同比增长25.95%；消费品市场成交总额同比增长23.20%，其中，农贸市场成交总额同比下降4.8%，其他农副产品综合市场成交总额增长2.5%，装修装饰材料市场成交总额增长104.13%；生产资料市场（旧机动车市场）成交总额增长56.07%，其原因在于海盐泰隆二手车交易市场旧机动车市场2022年度经营异常无统计数据，而2023年度该市场第四季度开始计入统计，成交总额占全县旧机动车市场成交总额的32.2%。

【农贸市场改造提升】2023年，海盐县有3家农贸市场被列入省政府民生实事（创建放心农贸市场）项目；14家农贸市场被列入市民生实事（农贸市场改造）项目，其中就地改造类10家、迁建重建类1家、转型转产类3家。农贸市场有机更新持续推进，澉浦、新市2家市场成功创建“五化”市场，芳满等3家市场成功创建省“放心农贸市场”，北岸等5家市场成功创建“三星级文明规范市场”。全年根据县服务业扶持政策对市场领域相关市场及经营户兑现奖励225万余元。

【农贸市场规范经营】 2023年，海盐县加强商品市场数字化管理能力建设，各市场全面使用“浙江省商品市场综合管理平台”。所有市场安装智慧监控并接通省平台，监管部门定期开展网上巡查。通过平台开展山区县“共同富裕”结对工作，6家市场7个经营户结对经营山区猪肉商品。常态化开展文明诚信、安全平安、市场规范、垃圾分类、禁塑限塑等监管，规范商品市场日常管理。结合“亚运”安保，在商品市场领域开展消防（燃气）安全、食品安全、野生动物违法经营等专项行动。牵头开展“净重”专项，出动执法人员422人次，农贸市场及农批市场45家次，相关主体430家，立案15件、办结9件、罚没款1.95万元。开展文明诚信市场和文明诚信经营户评选，共有10家市场和197个经营户获评县级示范。

（蔡　忻）

旅　游

综　述

【文旅融合建设】 2023年，海盐县纳入省文旅“双百计划”重大项目2个，总投资315亿元，年内投资17.34亿元，完成率150.8%，列全市第二。新增双百储备项目2个，总投资17亿元。梳理上报“微改造、精提升”项目277个，项目总投资9.35亿元。全县文旅市场主体增速27.22%，列全市第二，全域旅游人次增速23.5%，列全市第七。全年接待游客415.7万人次，同比上升44.2%；旅游收入43.4亿元，同比上升11.5%。

【提升旅游品质】 2023年，海盐县加快开元森泊南北湖旅游度假项目、南北湖景区道路提升工程等配套建设，完成南北湖国家AAAAA级旅游景区创建提升规划省级评审，南北湖景区被列入国家AAAAA级旅游景区创建培育名单。景区村庄化和运营水平不断提升，通元镇长山河村获评浙江省AAA级景区村庄，丰义村在全市AAA级景区村庄运营测评中名列第一。开展产业政策奖励资金兑现，奖补资金259.81万元。开展乡村旅游主体班次培训，“饭店服务人员”项目制、饭店业服务技能培训。

【旅游宣传营销】 2023年，海盐县加快长三角一体化发展，参与环杭州湾旅游联盟等活动。组团参加在吴江、重庆、郑州等地文旅推介会9场，举办海盐（厦门）文化旅游推介会、海盐（苏州、镇江、无锡、上海）推介会专场5场。组织全县相关旅游企业参加第17届中国义乌文化和旅游商品博览会、上海旅游销售洽谈会、月河夜市海盐文旅市集等各类各级旅交会6场。与县传媒中心合作开发“海阔天空·盐途有你”海盐旅游攻略，突出融

2023年，海盐县举办南北湖（长三角）旅游推广活动
（县文化广电旅游体育局供）

创水乐园为长三角游客夏季嬉水的旅游目的地，鱼鳞海塘成为观“浪漫日出”的网红打卡地的宣传篇幅。与央视有关媒体合作，拍摄5秒的海盐文旅宣传视频一套，并在是年7月中央电视台2套《天下财经》播出。开展“迎亚运”杭州高铁东站灯箱广告宣传活动，滚动宣传海盐文化旅游资源3个月。

【旅游安全生产隐患排查】 2023年，海盐县开展旅游领域安全生产隐患大排查大整治，累计检查企业（场所）155家次，整改问题隐患114个，整改率100%，无重大问题隐患。

（章　敏）

旅游项目建设

【入选国家AAAAA级旅游景区培育名单】 11月，南北湖景区入选国家AAAAA级旅游景区培育名单。加快开元森泊南北湖旅游度假项目、南北湖景区道路提升工程等配套建设。

【重大项目推进】 2023年，海盐县纳入省文旅“双百计划”重大项目2个，总投资315亿元，年内完成投资17.34亿元，投资完成率150.78%；新增双百储备项目2个，总投资17亿元。纳入省文化和旅游投资平台的海盐文旅项目34个，完成投资43.76亿元，完成率147.49%。海盐千年古城复兴—核心城区文化旅游品质提升工程、海盐开元森泊南北湖旅游度假项目、钱江潮源生态湿地项目、海盐县康体活动中心建设中。

【“微改造·精提升”工程】 2023年，海盐县“微改造、精提升”项目总数达277个，总投资10.62亿元，年内计划投资8.78亿元，实际投资9.35亿元，完成率106.43%，形成一批环境精美、体验精致、设施精良、服务精心的项目，改造提升一批网红打卡地，“潮音阁修缮工程”等24个项目认定为“浙江省旅游业‘微改造、精提升’示范点”。

（吴凤莉）

旅游资源开发

【乡村旅游】 2023年，海盐县继续推进万村景区化工作，打造乡村旅游景观资源、完善乡村旅游服务设施、培育乡村旅游业态，推进乡村旅游蓬勃发展。完成2个A级景区村（于城镇构塍村、三联村）创建工作。由秦山街道丰山村、通元镇丰义村和雪水港村组成的“丰山溢水”成功入选省首批金AAA级景区村庄名单。提升景区村庄运营水平，丰义村在市AAA级景区村庄旅游发展监测评价中位列全市榜首；新评定市级农文旅融合示范点2个（“和翠通元”农文旅融合示范点和“古韵角里”农文旅融合示范点）。

【红色旅游】 2023年，海盐县挖掘新四军战斗历史、习近平总书记“三个示范”提出地、步鑫生改革精神等红色基因，发布湖光山色忆江南旅游经典线、美好记忆·丰山溢水美丽乡村精品线两条红色旅游精品线路，串联起秦山街道北团村和通元镇雪水港村等重要站点，展现红色记忆、历史传承、时代变迁。利用“旅游窗口”开放平台，讲好景区故事，推广先进经验，加快景区党建品牌建设，打造景区“南北红”党建品牌与党建标准化示范基地，优化红色旅游发展布局。

（吴凤莉）

【旅游线路】 2023年，湖光山色忆江南旅游经典线是海盐旅游的精华，线路行程为南北湖景区—绮园景区—杭州湾融创水世界—秦山核电科技馆—猪猪星球乐园，适合2—3日休闲组合游，住景区精品酒店或县城星级宾馆，享海盐品牌特色佳肴。其中，南北湖风景区是中国唯一融山、海、湖为一体的景区，绮园景区是海盐县城核心区块的文化商业街区，杭州湾融创水世界是长三角各地游客夏季嬉水的打卡目的地，秦山核电及科技馆是首批命名的国家工业旅游示范基地和科普教育基地，猪猪星球乐园是全球首个以猪文化为主题的世界名猪文博园。美好记忆·丰山溢水美丽乡村精品线位于海盐中南部，线路行程为丰义村—雪水港村—丰山村—北团村—永兴村，适合1—2日美丽乡村组合游，住乡村民宿或县城星级宾馆，品海盐传统美食八大碗。其中重点打造项目节点19个，线路总长21千米，寓意“1921红船起航”。整条线路集中反映海盐美丽乡村“生态、生产、生活”建设成果，展示海盐“点上有故事、线上有体验、面上有风景”乡村发展特色。

（庄晓洁）

【旅游接待设施】2023年，全县有国家AAA级及以上旅游景区（点）6个，其中国家AAAA级旅游景区2个；全县有星级宾馆、绿色饭店5家，其中星级饭店4家；等级民宿3家，其中金宿1家、银宿2家。经营国内旅游业务和入境旅游业务旅行社23家，其中，经营出境旅游业务2家，新设立旅行社1家，星级旅行社12家。

表17　2023年海盐县国家A级旅游景区（点）情况表

景区（点）	地址	门票价格	等级
南北湖风景区	澉浦镇南浦路685号	免费开放（景点除外）	AAAA
绮园景区	武原街道海滨东路44号	联票50元 绮园单点35元	AAAA
三毛乐园景区	武原街道百尺北路与枣园西路以北50米	0	AAA
海盐核电小镇景区	秦山街道长丰西路288号	0	AAA
猪猪星球	望海街道电庄社区	70元	AAA
海盐集成家居时尚小镇	百步镇百步大道8号	0	AAA

表18　2023年海盐县星级宾馆、绿色饭店情况表

单位名称	单位地址	客房数（间）	床位数（张）	备注
海盐杭州湾国际酒店有限公司	武原街道百尺北路168号	127	178	四星、绿色
海盐南北湖金牛山大酒店有限公司	澉浦镇南北湖景区	92	168	三星
海盐宾馆股份有限公司	武原街道海滨东路35号	268	435	三星、绿色
海盐国际大厦有限公司	武原街道新桥南路101号	91	131	三星、绿色
海盐海利开元大酒店有限公司	武原街道新桥北路349号	306	450	绿色、品质

表19　2023年海盐县旅行社情况表

单位名称	单位地址	星级
海盐春秋国际旅行社有限责任公司	武原街道长安北路279号	★★★★出境社
浙江远诚国际旅行社有限责任公司	武原街道秀水路150号	★★★出境社
海盐南北湖旅游有限公司	武原街道新桥南路100号（秦山大厦四楼）	★★★
海盐国贸旅行社有限公司	武原街道友谊路37号鸿翔财富广场A幢801室	★★★
海盐县辰信旅行社有限公司	武原街道新桥南路41号4楼	★★★★
海盐县金色假期旅行社有限公司	武原街道朝阳西路金源花苑商业城10号	★★★
海盐滨海新城旅行社有限公司	武原街道金涌花苑一区17幢二楼	★★★

续表 19

单位名称	单位地址	星级
海盐县东方旅游有限公司	武原街道 168 创业园 C 区 303 室	★★★
海盐县申港旅行社有限公司	武原街道长安南路 12 号（雅格酒店二楼）	★★★
海盐阳光假日旅行社有限公司	武原街道勤俭路颐高中心 805 室	★★★
海盐遨游天下旅行社有限公司	武原街道枣园中路 122 号 06 室	★★★
嘉兴光大旅游有限公司	武原街道古城路 16 号	
海盐科路旅游有限公司	武原街道恒隆广场 A 区 1 幢 1503 室	
海盐长山河旅行社有限公司	武原街道百尺北路 253 号	★★★
海盐美程旅行社有限公司	武原街道新桥南路 18—2 号	
海盐海欣旅游有限公司	通元镇兴元路 2 号（海伦花城商务酒店）201 号	
嘉兴侣途旅行社有限公司	武原街道北大街五幢 1—2	
海盐县绿野仙踪旅行社有限公司	武原街道 s101 省道旁金星游客中心南侧	
嘉兴一屋两人三餐四季旅行社有限公司	武原街道联翔路 883 号润家商贸广场 2 幢 410 室	
海盐县春禾旅行社有限公司	澉浦镇南浦路 685 号 301 室	
海盐丽行旅游有限公司	澉浦镇山海湖大道潮源店铺 307 号	
浙江云美假期国际旅行社有限公司	武原街道中茂花苑 17 幢 20 号 2 楼南半间	
嘉兴游哩国际旅行社	武原街道兴业路东、谢家路西银都大厦主楼 1410 室 05 和 1410 室 06	

说明：全年新设立旅行社 1 家，为嘉兴游哩国际旅行社。海盐长山河旅行社有限公司于 2023 年 3 月 13 日被评为三星级品质旅行社

（宋燕婷）

南北湖风景区

【概况】 2023 年，南北湖景区接待国内外游客 188.43 万人次，同比增长 95.7%。县旅投集团营业收入 2.4 亿元。是年，南北湖未来城 EOD 项目入围国家库，获融资授信 39.48 亿元。蓝湾项目入选国家海洋生态保护修复项目，获央补资金 3 亿元，南北湖水生态提升项目获央补资金 0.6 亿元。海塘等项目获特别国债支持 1.32 亿元。南北湖景区被列入国家 AAAAA 级旅游景区培育名单。诗画南北湖入选浙江省第

北里湖湿地公园　（澉浦镇人民政府供）

三批人文水脉类大花园耀眼明珠。北里湖旅游驿站、南北湖金九避难处、换乘中心旅游厕所分别获评第二批浙江省旅游驿站、第四批浙江省国际人文交流基地、省旅游厕所优秀案例。

【规划编制】 2023年，海盐县以“湖区＋垦区”两个板块为重点，进行系统谋划和顶层设计。《南北湖国家AAAAA级旅游景区提升规划》通过省文化和旅游厅评审。推进南北湖未来城核心区详细规划、产业规划编制和景区总体规划修编，为项目落地提供有力支撑。

【项目建设】 2023年，县旅投集团新建项目2个、续建项目7个，投资3.61亿元。推进南北湖风景区亮化建设（二期）、南北湖徐湾区块配套设施建设、安澜海塘（杨柳山至长山）等续建项目，坚持三区联动，开发黄沙坞围垦区，南北湖生态湿地一期工程完成80%，S207疏港公路被列入省级重点项目，科创中心设计方案完成初稿，建设提升景区道路10.5千米。

【旅游经营】 2023年，县旅投集团引进三产服务业企业9家，投资14.3亿元。推进酒店类项目招商，与悦榕庄、洲际、花间堂高星级酒店签订意向协议，开元森泊度假酒店主楼及水上乐园施工中。丰富景区游览体验，开展亲子植树、南北湖春秋季徒步大会、2023海盐南北湖（长三角）旅游推介会、22°有风市集、南北湖特色美食大享等活动15个，其中首次推出沉浸式山海湖实景演艺光影秀——澉川诗梦，展现南北湖湖塘夜色，点燃南北湖文旅夜游新消费。

【景区管理】 2023年，南北湖景区常态化开展爱鸟护鸟、巡山护林资源保护工作，18名护林员巡查40千米，清理枯枝落叶火灾隐患，清理鸟网140余张。为净化水质，清淤景区池塘及周边水域13个，投放鱼苗5吨。景区连续第八年达到Ⅱ类水水质标准。

（袁毅春）

3月11日，海盐县组织开展“植树添绿·拥抱春天”——南北湖亲子植树活动

（县文化广电旅游体育局供）

旅游宣传推广

【长三角一体化发展】 2023年，海盐县与景宁县文旅局签订双方文化旅游合作交流协议，建立“平台共建、信息共享、线路共建、市场互推、互利共赢”的合作机制。举办“优雅海盐、品质景宁”——2023年海盐·景宁文化走亲专场文艺演出。参与环杭州湾旅游联盟活动，促进杭州湾沿岸地区全域旅游发展。参加“聚力南上海共创向未来”2023上海奉贤海湾旅游区全域旅游推介会暨碧海金沙景区开园仪式，参加2023慈溪杨梅节开幕式暨横河杨梅主题公园开工仪式。

【完善服务业政策】 2023年，海盐县发布《海盐县促进服务业高质量发展若干政策意见》，扩大文化旅游产业政策扶持的覆盖面，加大扶持力度。开展产业政策奖励资金兑现工作，发放奖补资金259.81万元。参与制定职工疗休养政策，由县属国有海盐县春禾旅行社有限公司牵头实施。组织南北湖景区和绮园景区开展向浙江老年人免费开放一周（5月6—12日）工作。落实文旅深度融合工程、全省文化和旅游产业稳进提质赛马机制相关指标提升工作，牵头做好赛马机制相关数据的汇总统计报送工作。

【旅游市场宣传推广】 2023年，海盐县按照全市文旅一盘棋思路，采取“1+9”的抱团出征方式，组团参加在吴江、重庆等地文旅推介会，举办海盐（厦门）、海

11月10日，县文化广电旅游体育局举办“海阔天空 盐途有你”2023海盐文化旅游（无锡）推介会　（县文化广电旅游体育局供）

盐（镇江）、海盐（无锡）文化旅游推介会专场。组织全县相关旅游企业参加第17届中国义乌文化和旅游商品博览会、2023浙江（安徽）旅游交易会和第34、35届上海旅游销售洽谈会等活动。与南湖晚报社开展合作，开展2023嘉兴夏季文旅消费夜市海盐专场推广活动2场。组织“行一程山水 赴一场相见”2023海盐南北湖（长三角）旅游推介会活动。于杭州亚运会前后在浙江国际会议会展中心进行杭州户外电子大屏的海盐文化旅游视频宣传推广、在杭州高铁东站进行周期为三个月的灯箱广告旅游宣传。运行维护“海盐文旅”抖音号，做好产品挖掘与文案策划，持续发布引流新作品，借力新媒体平台精准营销。

【发展体育产业】 2023年，海盐县根据省体育局关于“环浙步道”建设工作部署和要求，完成海盐段48.66千米建设，通过省、市两级验收。申报南北湖景区投资管理有限公司嘉兴市体育产业发展资金项目1个(产业示范奖励类)。

【产业培育工程】 2023年，推进“诗画浙江·百县千碗”工程落地见效，海盐县开展“百县千碗·嘉肴百碗”美食体验（示范）店、旗舰店创建活动，4家餐饮企业被认定为嘉兴市第四批“百县千碗·嘉肴百碗”特色美食示范店，2家餐饮企业被认定为浙江省第五批“诗画浙江·百县千碗”美食体验店。

（庄晓洁）

旅游管理

【行业技能提升】 2023年，县文化广电旅游体育局组织第四期“饭店服务人员”项目制技能培训。培训由海盐国际大厦、海盐杭州湾国际酒店承办，培训学员55人，邀请专业老师开设礼仪、服务意识、酒店职业道德等课程，增设急救、消防安全培训课程，结合实操演练，提升饭店服务人员安全意识，提高应急处置能力。

【安全生产监管】 2023年，县文化广电旅游体育局组织开展旅游领域安全生产大排查大整治，累计检查企业（场所）155家次，整改问题隐患114个，整改率100%，无重大问题隐患。常态化推进安全生产大排查大整治行动，聚焦极端天气安全、水上运动项目安全、室内密闭场所安全，动态排查风险隐患，形成闭环整改，做到问题清零、隐患清零。探索旅游新业态安全监管，拓展服务方式，探索智慧化监管，

6月16日，“2023文化旅游行业系统消防应急培训和演练比武”在望海街道文体中心举行　（县文化广电旅游体育局供）

5月21日，县文化广电旅游体育局联合县文明办组织11家单位志愿者，在绮园广场开展“中国旅游日”文明旅游宣传活动

（县文化广电旅游体育局供）

将旅游景区内高危旅游项目纳入省旅游安全监管平台，形成高效便捷的新业态监管模式，压实企业安全管理主体责任，为旅游业发展注入新活力。是年，组织召开旅游市场安全管理工作会议，明确安全管理工作重点，与全县30余家旅游企业现场签订安全生产目标责任管理书。针对节假日旅游市场消费高峰的情况，开展文化和旅游市场安全工作检查，累计检查企业160家次，发现问题隐患46个。牵头组织县公安、市场监管、交通运输、消防等部门开展五一、国庆联合检查，涵盖景区最大游客承载量、旅游包车、旅游特种设备等方面的督查。以“安全生产月”、文明旅游宣传等活动为载体，广泛开展安全宣传教育。开展从业人员安全生产培训2次。联合公安、交通部门组织交通安全警示培训会2次，增强旅游从业人员安全意识。联合县红十字会，组织开展文化旅游行业系统安全生产应急培训和演练比武活动，80余名选手同场竞技、学习交流。制定全县旅游景区安全专项整治方案，针对国家A级旅游景区、文溪坞彩虹能量谷等旅游新业态开展整治，提高景区安全管理水平，保障游客安全。下发《关于印发海盐县公共文化场馆安全生产整改提升方案的通知》，指导文化场馆开展安全隐患排查整治，健全安全生产工作机制。

【市场环境优化】 2023年，县文化广电旅游体育局推进放心消费创建工作，营造文明诚信的旅游市场环境。11家企业参与放心消费示范单位评选，包括景区2家、酒店3家、民宿2家、旅行社2家、健身单位2家。5月21日，联合县文明办组织11家文旅企业志愿者，开展“中国旅游日”文明旅游宣传活动。推动“无废城市”创建工作，创建“无废景区”1家、“无废饭店”1家。畅通投诉渠道，迅速处理游客投诉，接到有效投诉13件，游客结案满意率100%。

（宋燕婷）

开放型经济

对外贸易

【概况】 2023年，全县自营进出口总值315.97亿元，其中自营出口总值277.72亿元、自营进口总值38.25亿元。是年，全县一般贸易出口270.09亿元，来料加工装配贸易出口0.81亿元，进料加工贸易3.21亿元，其他贸易出口3.61亿元；全县一般贸易进口34.69亿元，来料加工进口0.24亿元，进料加工进口0.68亿元，其他方式进口2.64亿元。

【外贸出口多元化】 2023年，海盐县专业外贸公司出口134.5亿元，自营进出口生产企业出口75亿元，外商投资企业出口68.2亿元。新发生出口业务企业167家，出口额63.1亿元。全县有出口实绩企业869家（含外商投资企业72家），其中出口总额超1000万元企业371家。全县出口总额超5000万元企业138家，出口额211.1亿元，占全县出口额的76%。是年，海盐县出口市场有186个国家和地区。其中，市场规模在1000万元至5000万元的42个，5000万元至1亿元的18个，1亿元至5亿元的31个，5亿元以上的16个。海盐县十大出口市场依次是美国、意大利、印度、俄罗斯、英国、波兰、日本、德国、韩国、越南。全县出口产品品种3726种。钢铁制品、电气设备及其零件、机械及其零件为海盐县三大主要出口产品，出口产品结构进一步优化。从出口产品来看，钢铁制品出口69.5亿元，电气设备及零件出口34.4亿元，机械设备及零件出口26.1亿元，集装箱等运输设备出口18.7亿元，家具类出口17.8亿元，塑料及其制品出口15.1亿元，非针织服装出口9.6亿元，植物纺织纤维（亚麻）出口7.5亿元，贱金属工具、器具出口6.4亿元，针织服装出口6亿元，车辆及其零附件出口4.7亿元，钢铁出口4.4亿元，其他纺织制成品3.5亿元，贱金属杂项制品3.4亿元，皮革制品3.4亿元。

表20　2023年海盐县自营出口5000万元以上企业情况表

序号	企业名称	出口额（万元）	比上年增减（%）
1	浙江泛洋特种装配设备有限公司	186953.14	-44.86
2	浙江金元亚麻有限公司	74075.05	19.44
3	嘉兴市锋捷贸易有限公司	64389.87	-1.91
4	嘉兴嘉澜供应链服务有限公司	57703.98	109.07

续表 20

序号	企业名称	出口额（万元）	比上年增减（%）
5	易尔拓工具（嘉兴）有限公司	49747.41	13.35
6	嘉兴海晟五金科技有限公司	46530.83	5.94
7	浙江海利普电子科技有限公司	42772.91	–26.84
8	嘉兴海棠电子有限公司	41980.39	7.11
9	中达国际贸易（海盐）有限公司	41593.52	68.81
10	诺爱（浙江）空压机有限公司	40242.45	–0.4
11	嘉兴旭伟格智能设备有限公司	34626.3	—
12	丹佛斯微通道换热器（嘉兴）有限公司	32680.93	46.91
13	嘉御（浙江）家居有限公司	30317.54	27.25
14	嘉兴拓肯进出口有限公司	29723.39	13.56
15	嘉兴太平洋能源设备有限公司	29290.93	–13.84
16	威莱克半导体材料（浙江）有限责任公司	28167.35	–40.73
17	嘉兴海发进出口有限公司	27944.36	–8.17
18	嘉兴市延锋进出口有限公司	25206.88	16.47
19	丹佛斯（嘉兴）板式换热器有限公司	24448.42	11.89
20	嘉兴智发国际贸易有限公司	23459.53	—
21	浙江中航来宝精工科技有限公司	21045.52	–35.87
22	浙江海岩电子电缆有限公司	20345.77	–21.61
23	浙江海利环保科技股份有限公司	18088.34	20.07
24	嘉兴艾迪西暖通科技有限公司	17929.59	77.79
25	海盐兴原服饰有限公司	17404.77	46.9
26	嘉兴海盐猎风进出口有限公司	17041.18	28.09
27	诚赢（浙江）食品科技有限公司	16142.85	—
28	宇星紧固件（嘉兴）股份有限公司	15132.08	–36.08
29	建珂（嘉兴）进出口有限公司	15067.52	—
30	浙江天开实业有限公司	15059.95	–3.38
31	浙江佳适逸宝国际贸易有限公司	14529.35	–8.46
32	浙江君悦标准件有限公司	14239.18	4.1
33	嘉兴尼希米通用紧固件有限公司	14029.37	45.35
34	嘉兴庆茂贸易有限公司	13519.86	—
35	三马紧固件（浙江）股份有限公司	13398.14	–23.61

续表 20

序号	企业名称	出口额（万元）	比上年增减（%）
36	嘉兴美珑鑫贸易有限公司	13210.82	—
37	嘉兴市光泰照明有限公司	13147.75	-6.25
38	浙江山鹰纸业有限公司	13035.07	33.69
39	嘉兴市双华进出口有限公司	12865.39	-5.32
40	嘉兴共赴贸易有限公司	12736.31	—
41	嘉兴钰固贸易有限公司	12596.18	—
42	浙江圣环丝绸股份有限公司	12591.15	13.63
43	嘉兴汇固贸易有限公司	12441.99	—
44	嘉兴泽顺贸易有限公司	12410.4	128.71
45	海盐三环进出口有限公司	12043.69	-5.09
46	丹佛斯动力系统（浙江）有限公司	12002.15	24.39
47	嘉兴沧海贸易有限公司	11957.65	—
48	嘉兴泳渔贸易有限公司	11955.58	—
49	嘉兴得星丰进出口有限公司	11924.84	—
50	嘉兴潮起贸易有限公司	11831.28	—
51	嘉兴市中达进出口有限公司	11827.67	-31.08
52	嘉兴慧力贸易有限公司	11808.38	—
53	嘉兴邦泰贸易有限公司	11787.23	—
54	嘉兴格高泽能贸易有限公司	11771.99	—
55	嘉兴灿烂贸易有限公司	11630.82	—
56	嘉兴宜莎贸易有限公司	11605.36	115.23
57	嘉兴派科奇外贸有限公司	11537.75	—
58	嘉兴卓丰贸易有限公司	11537.54	—
59	嘉兴欣驰凯进出口有限公司	11413.78	—
60	嘉兴禾煜笙进出口有限公司	11357.37	—
61	浙江阿尔法化工科技有限公司	11161.38	-39.25
62	海盐得胜化工设备有限公司	11081.22	3.09
63	浙江巨润卫浴有限公司	11080.46	-19.89
64	嘉兴凯泰贸易有限公司	11055.79	—
65	嘉兴信企维坤进出口有限公司	11036.36	—
66	嘉兴佰革达贸易有限公司	11027.15	—

续表 20

序号	企业名称	出口额（万元）	比上年增减（%）
67	嘉兴利泽兴进出口有限公司	10950.13	—
68	浙江泰维贸易有限公司	10722.92	—
69	柴逸（嘉兴）商贸有限公司	10690.85	—
70	嘉兴图鲲贸易有限公司	10678.01	—
71	嘉兴固硕贸易有限公司	10641.74	—
72	海盐优顺进出口有限公司	10567.58	—
73	嘉兴邦万贸易有限公司	10402.31	—
74	安费诺永亿（海盐）通讯电子有限公司	10248.53	−28.17
75	嘉兴虹吉贸易有限公司	10198.67	—
76	嘉兴明致之贸易有限公司	9984.01	—
77	嘉兴启邦胜进出口有限公司	9932.65	—
78	嘉兴并贺通进出口有限公司	9840.62	—
79	浙江宇龙生物科技股份有限公司	9708.49	−51.69
80	浙江新盛达金属科技发展股份有限公司	9700.68	−20.52
81	嘉兴泰魁贸易有限公司	9560.64	—
82	嘉兴光汇贸易有限公司	9512.31	—
83	海盐全影家具科技有限公司	9472.65	12.57
84	嘉兴锦珂雅进出口贸易有限公司	9444.7	—
85	浙江网娃动漫文化有限公司	9179.14	−5.62
86	浙江欣兴工具股份有限公司	9137.08	38.02
87	浙江嘉海物流有限公司	9120.7	—
88	海盐博友五金制造有限责任公司	9015.75	−41.35
89	嘉兴粤外代电子商务有限公司	9015.62	—
90	七丰精工科技股份有限公司	8997.72	−17.68
91	伟肯（中国）电气传动有限公司	8609.58	28
92	亦宸五金（浙江）股份有限公司	8561.06	−44.24
93	嘉兴联亿五金科技股份有限公司	8553.31	−22.07
94	嘉兴芸梦贸易有限公司	8540.19	67.07
95	嘉兴泰武贸易有限公司	8260.3	—
96	嘉兴致立进出口有限公司	8250.52	−52.85
97	嘉兴奥源国际贸易有限公司	8210.18	—

续表 20

序号	企业名称	出口额（万元）	比上年增减（%）
98	嘉兴安必盛进出口有限公司	8170.47	3.69
99	嘉兴航太精工科技有限公司	8109.22	−26.75
100	海盐康源医疗器械有限公司	8108.7	16.67
101	嘉兴海恩特标准件有限公司	8065.13	−16.32
102	嘉兴凯迅德进出口有限公司	8026.96	—
103	嘉兴凡博荣商贸有限公司	8014.39	—
104	浙江聚翔进出口有限公司	7909.39	10.74
105	浙江联亿贸易有限公司	7696.7	61.63
106	海联锯业科技有限公司	7662.31	−10.48
107	海盐理想电子科技股份有限公司	7614.22	9.01
108	浙江安盛汽车零部件有限公司	7571.98	−24.7
109	海盐海马五金有限公司	7529.05	−9.8
110	浙江俊荣五金工业有限公司	7403.35	−30.17
111	嘉兴海润健康科技股份有限公司	7345.42	−26.67
112	奔途（嘉兴）贸易进出口有限公司	7226.66	—
113	嘉兴维武贸易有限公司	7217.8	−38.78
114	嘉兴候峻星进出口有限公司	7160.99	—
115	嘉兴实达实业有限公司	6779.42	39.14
116	嘉兴丹娅之盛进出口有限公司	6766.62	—
117	嘉兴德业国际贸易有限公司	6677.61	—
118	浙江鼎欣钢管制造有限公司	6486.38	25.52
119	爱康（浙江）通用设备有限公司	6350.76	−41.41
120	嘉兴三兴贸易有限公司	6334.48	−12.18
121	嘉兴建盛五金科技股份有限公司	6176.42	−38.67
122	嘉兴兄弟标准件有限公司	6117.96	−12.71
123	嘉兴市金利达电子股份有限公司	6053.31	−39.4
124	嘉兴纽瑞格贸易有限公司	5907.9	—
125	嘉兴聚阳服装有限公司	5859.63	12.06
126	丰岚盛（嘉兴）贸易有限公司	5783.15	—
127	海盐安博外贸有限公司	5734.34	−32.25
128	浙江禾运科技有限公司	5632.16	32.02

续表 20

序号	企业名称	出口额（万元）	比上年增减（%）
129	浙江世窗光学薄膜制造有限公司	5624.79	8.49
130	海盐钟海电线电缆股份有限公司	5553.79	–13.93
131	海盐金门袜业有限公司	5486.95	0.92
132	嘉兴允德进出口有限公司	5311.16	–2.2
133	海盐博特进出口有限公司	5306.07	–6.2
134	嘉兴猎风户外用品有限公司	5266.79	–39.2
135	桑德兰紧固件（浙江）有限公司	5238	93.41
136	嘉兴锐风进出口有限公司	5185.2	10.82
137	嘉兴美可泰科技有限公司	5148.96	–45.63
138	嘉兴市费维进出口有限公司	5072.28	4681.07

表 21　2023 年海盐县主要出口市场情况表

序号	国别（地区）	出口额（万元）	比上年增减（%）
1	美国	543196.01	3.01
2	意大利	90088.9	–5.74
3	印度	87319.63	29.36
4	俄罗斯	81127.41	–7
5	英国	78701.58	38.88
6	波兰	77000.07	26.3
7	日本	76844.14	17.33
8	德国	75406.89	–6.29
9	韩国	74095.46	14.94
10	越南	73880.06	47.13
11	马来西亚	70137.85	126.75
12	澳大利亚	66203.89	6.59
13	墨西哥	56497.71	–0.81
14	尼日利亚	54676	90.95
15	加拿大	50940.33	–23.9
16	阿联酋	48890.05	111.13
17	西班牙	46671	15.47
18	沙特阿拉伯	45253.44	125.27
19	泰国	45176.78	107.76

续表 21

序号	国别（地区）	出口额（万元）	比上年增减（%）
20	印度尼西亚	41365.58	18.98
21	丹麦	40018.96	-21.8
22	新加坡	39925.89	37.12
23	巴西	39832.23	37.92
24	土耳其	39218.88	38.22
25	法国	38042.43	17.32
26	荷兰	38030.93	-1.5
27	菲律宾	36509.05	299.51
28	加纳	29608.29	120.54
29	柬埔寨	27223.12	49.62
30	比利时	24498.98	-23.98
31	孟加拉国	20849.78	131.6
32	坦桑尼亚	17073.64	3737.09
33	南非	16333.17	27.92
34	肯尼亚	15656.9	1059.29
35	秘鲁	13752.91	-20.29
36	伊拉克	13289	89.78
37	智利	13236.43	-26.78
38	巴基斯坦	12742.59	21.69
39	希腊	12336.49	78.81
40	塞内加尔	12215.72	1343.4
41	哥伦比亚	11887.4	-4.39
42	利比里亚	11374.36	90179.88
43	吉布提	11328.02	1778.67
44	卡塔尔	11164.39	1098.3
45	埃及	10471.02	107.18

表 22　2023 年海盐县主要出口商品情况表

商品名称	出口额（万元）	比上年增减（%）
一、化学工业及其相关工业的产品	36613.06	-21.8
其中，有机化学品	23368.31	-42.29
杂项化学产品	2531.87	169.72

续表 22

商品名称	出口额（万元）	比上年增减（%）
二、塑料及其制品；橡胶及其制品	157736.28	47.69
其中，塑料及其制品	151423.94	48.26
三、皮革、毛皮及其制品，旅行用品	34159.95	81.62
其中，皮革制品；旅行用品	33525.52	79.85
四、木及木制品，植物编结材料制品	5256.74	–27.28
五、木浆，回收纸，纸、纸板及其制品	33805.31	27.92
六、纺织原料及纺织制品	350165.93	52.44
其中，蚕丝	17785.52	23.81
棉花	2202.72	283
其他植物纺织纤维（亚麻）	75354.88	19.44
化学纤维长丝	15665.62	–13.74
化学纤维短纤	4246.43	54.06
地毯及纺织材料的其他铺地制品	5486.09	56.89
特种机织物，簇绒织物等	7155.49	45.11
浸渍、涂布、包覆或层压的织物，工业用纺织制品	9024.67	55.21
针织物及钩编织物	18136.7	24.52
针织服装及衣着附件	60114.81	148.54
非针织服装及衣着附件	96430.22	94.59
其他纺织制成品	34606.32	29.18
七、鞋、帽、伞、杖、鞭及其零件，人造花	32803.03	975.23
其中，鞋靴、护腿和类似品及其零件	28437.12	2067.22
帽类及其零件	1941.83	106.19
八、矿物材料制品；陶瓷产品；玻璃及其制品	42082.84	533.78
其中，陶瓷产品	25707.84	4690.32
玻璃及其制品	9452.51	104.6
九、贱金属及其制品	882957.82	–5.77
其中，钢铁	44206.26	134.86
钢铁制品	695478	–12.35
铜及其制品	10861.87	25.55
铝及其制品	24312.8	15.55
贱金属工具、器具	63865.49	4.43

续表 22

商品名称	出口额（万元）	比上年增减（%）
贱金属杂项制品	34124.2	19.02
十、机械、电气设备及其零件	605226.31	19.68
其中，机械设备及其零件	260797.15	27.94
电气设备及其零件	344429.16	14.1
十一、车辆、航空器、船舶及有关运输设备	243477.47	–29.95
其中，集装箱	187157.07	–44.8
车辆及其零附件	47163.39	722.94
十二、光学、计量、检验、医疗等仪器、钟表	26765.55	80.95
十三、杂项制品	210906.2	36.84
其中，家具；寝具、灯具	177934.69	30.35
玩具、游戏品、运动用品及其零件、附件	23375.19	91.25

【自营进口】 2023年，全县有进口实绩企业294家，进口产品品种833种，自营进口总值38.2亿元。从企业类型看，专业外贸公司进口2.8亿元、自营进出口生产企业进口6.3亿元、外商投资企业进口29.2亿元。从进口市场看，共有77个国家和地区。进口市场主要集中在法国、泰国、美国、德国、丹麦、日本、韩国、匈牙利，占全县进口额的79.9%。从主要进口商品看，电气设备及其零件14.3亿元，纺织原料及纺织制品9.3亿元，木浆废纸6.1亿元，贱金属及其制品3.1亿元，塑料及其制品1.5亿元，化学工业及其相关工业的产品1.5亿元，光学等仪器1.5亿元。

表23　2023年海盐县自营进口1000万元以上企业情况表

序号	企业名称	进口额（万元）	比上年增减（%）
1	浙江金元亚麻有限公司	86772.96	100.36
2	浙江山鹰供应链管理有限公司	48263.29	79.7
3	浙江海利普电子科技有限公司	39434.75	–24.78
4	丹佛斯微通道换热器（嘉兴）有限公司	30721.66	39.76
5	丹佛斯动力系统（浙江）有限公司	22602.54	0.17
6	威莱克半导体材料（浙江）有限责任公司	18465.45	–50.11
7	嘉兴旭伟格智能设备有限公司	17320.34	—
8	安费诺永亿（海盐）通讯电子有限公司	14377.19	–6.16
9	浙江山鹰纸业有限公司	13569.46	–63.56
10	嘉兴市利富通新材料科技有限公司	7828.91	–20.27
11	伟肯（中国）电气传动有限公司	7722.04	5.84
12	浙江伟博化工科技有限公司	6039.89	—

续表 23

序号	企业名称	进口额（万元）	比上年增减（%）
13	伍尔特（浙江）贸易有限公司	4906.18	10.65
14	浙江冲田电子有限公司	4496.97	–31.53
15	爱磐达（浙江）供应链管理服务有限公司	4210.67	–21.29
16	浙江慧星包装有限公司	4116.64	143.07
17	日精塑料机械（海盐）有限公司	3841.62	—
18	海盐丽明家居科技有限公司	3669.82	–50.65
19	嘉兴拓纬商贸有限公司	2861.28	–41.47
20	浙江世窗光学薄膜制造有限公司	2629.9	107.63
21	大觉（浙江）新材料科技有限公司	2470	119.37
22	浙江富晶新材料有限公司	2360.41	226.3
23	空气化工产品（浙江）有限公司	2165.58	–47.07
24	浙江宇龙生物科技股份有限公司	1906.3	–56.03
25	法马通核电服务有限公司	1843.53	56.71
26	嘉兴圣环亚麻有限公司	1733.42	–40.02
27	嘉兴绿安制衣有限公司	1649.38	–24.86
28	嘉兴艾迪西暖通科技有限公司	1626.42	–21.31
29	嘉兴普元新材料科技有限公司	1621.29	76.14
30	浙江融汇能源技术有限公司	1449.38	27.03
31	海盐全影家具科技有限公司	1159.59	434.98

表 24　2023 年海盐县主要进口商品情况表

商品名称	进口额（万元）	比上年增减（%）
一、活动物及动物产品	5.26	–74.53
二、植物产品	513.83	–0.36
三、矿产品	573.53	–71.49
四、化学工业及其相关工业的产品	14985.51	–22.19
其中，有机化学品	7955.18	–25.98
杂项化学产品	530.74	16
五、塑料及其制品；橡胶及其制品	14998.96	70.52
其中，塑料及其制品	14057.85	79.81
橡胶及其制品	941.1	–3.79

续表 24

商品名称	进口额（万元）	比上年增减（%）
六、皮革、毛皮及制品，箱包	1436.82	198.87
七、木及制品，植物编结材料制品	4343.16	-53.79
八、木浆，废纸，纸、纸板及制品	60783.67	6.93
其中，木浆等纤维状纤维素浆	56297.36	5.86
九、纺织原料及纺织制品	92820.45	76.04
其中，棉花	327.23	-48.82
其他植物纤维（亚麻）	88833.34	88.21
化学纤维长丝	873.92	-32.27
化学纤维短纤	1639.55	-14.95
十、贱金属及其制品	30534.38	-38.63
其中，钢铁	429.6	28.4
钢铁制品	18032.62	-51.2
铜及其制品	6110.01	-39.44
十一、机械、电气设备及其零件	143464.74	-5.04
其中，机械设备及其零件	64312.19	13.95
电气设备及其零件	79152.55	-16.37
十二、光学、计量、检验、医疗等仪器，钟表	14933.13	163.53
十三、杂项制品	2230.31	193.25

表 25　2023 年海盐县主要进口市场情况表

序号	国别（地区）	进口额（万元）	比上年增减（%）
1	法国	88205.04	49.85
2	泰国	46753.33	60.22
3	美国	41544.12	23.45
4	德国	24234.44	20.44
5	丹麦	23496.04	-12.99
6	日本	22032.3	-47.73
7	韩国	9345.13	-67.38
8	匈牙利	7632.1	-21.11
9	加拿大	7402.91	-18.13
10	马来西亚	6447.09	274.85

续表 25

序号	国别（地区）	进口额（万元）	比上年增减（%）
11	新西兰	6184.23	152.65
12	比利时	5952.36	128.41
13	英国	5552.77	211.58
14	意大利	5534.06	3.73
15	新加坡	4976.71	192.37
16	芬兰	3889.34	–64.24
17	墨西哥	3828.26	19.47
18	埃塞俄比亚	2949.73	158.4
19	斯洛伐克	2650.04	21.81
20	阿联酋	2542.79	–21.52
21	荷兰	2214.13	–50.27
22	埃及	2047.54	778.4
23	爱沙尼亚	1811.09	36.37
24	西班牙	1598.25	116.51
25	菲律宾	1439.69	–3.65
26	智利	1416.81	–66.5
27	印度	1124.4	–41.78
28	瑞士	1016.9	–19.08
29	奥地利	729.44	1122.77
30	土耳其	614.3	608.35
31	巴基斯坦	580.43	–34.89
32	澳大利亚	548.83	–50.02
33	波兰	534.8	2.58
34	印度尼西亚	505	–53.67

【参加国内外展览会】 2023年，海盐县组织280家次企业赴境外参展，其中特色产业紧固件、集成家居抱团参展3次；共帮助海盐企业争取广交会摊位141个；连续第4年举办国际紧固件线上展，共组织40家企业参展，达成意向成交额650万美元；创新打造法兰克福（海盐）展销中心，入选省“地瓜经济”提能升级“一号开放工程”试点。

【外贸奖补】 2023年，全县有876家外贸企业享受2022年度外经外贸财政扶持资金补助，金额2977.6万元。6家企业获2023年度中央外经贸发展专项资金（进口贴息与服务贸易创新发展事项），金额233.7906万元；4家企业获2023年度省商务促进财政专项资金（中东欧进口补助），金额20.21万元。

【加工贸易】 2023年，海盐县机械器具及零件加工贸易出口值1.7亿元、非针织服装加工贸易出口值0.89亿元、铜及其制品加工贸易出口值0.53亿元，占全县加工贸易出口值的78.1%。嘉兴艾迪西暖通科技有限公司加工贸易出口值1.75亿元、丹佛斯微通道换热器（嘉兴）有限公司加工贸易出口值0.5亿元、嘉兴绿安制衣有限公司加工贸易出口值0.45亿元、浙江宇龙生物科技股份有限公司加工贸易出口值0.36亿元、海盐南圣服饰股份有限公司加工贸易出口值0.2亿元，5家企业加工贸易出口值占全县加工贸易出口值的80.8%。加工贸易的主要出口市场及其出口值依次为美国1.5亿元、日本0.85亿元、波兰0.45亿元、马来西亚0.25亿元、俄罗斯0.22亿元，占全县加工贸易出口值的81.8%。

【出口信用保险】 2023年，海盐县加大对中小外贸企业出口信保支持力度，2022年度出口额500万美元以下的企业，由政府出资实行联保，企业可享受免费保险，受益企业460家。是年，全县自行参加出口信用保险企业144家，投保金额8.2亿美元，支付保费260.7万美元，发生23宗货款拖欠、拒收，可损金额495.06万美元，赔付8宗，获得赔付116.7万美元。政府联保项下报损案件8宗，报损金额24.9万美元，赔付6宗，赔付金额16.7万美元。

【国际贸易摩擦应对】 6月9日，墨西哥对华钢制螺杆启动反倾销调查，12月22日，墨西哥经济部发布公告，墨西哥对华钢制螺杆作出反倾销肯定性初裁，初步裁定对涉案产品征收8.02%~48.08%的临时反倾销税，全国共有5家企业分别获得8.02%、17%的较低税率，其中海盐万德弗精密五金有限公司、嘉兴龙宇机械有限公司、浙江君悦标准件有限公司3家海盐企业，成功应诉本次调查，获得17%的税率。

【出口名牌】 2023年，浙江省商务厅公布2023年度“浙江出口名牌”名单，海盐县嘉兴市光泰照明有限公司新增获评“浙江出口名牌”，浙江天开实业有限公司、浙江金元亚麻有限公司复核通过“浙江出口名牌”。

（梁　洁　李　洁）

利用外资和中国港澳台投资、引进内资

【利用外资和中国港澳台投资】 2023年，全县新批外商和中国港澳台商投资企业28家，增资项目16家，减资项目6家，合同利用外资和中国港澳台投资8.69亿美元，实际利用外资和中国港澳台投资3.53亿美元（部口径）。在全县合同利用外资和中国港澳台投资中，从投资国家（地区）看，来自中国香港的有74001万美元，占85.16%；来自英国的有5631万美元，占6.48%；来自澳大利亚的有4000万美元，占4.6%。从行业看，第二产业合同利用外资和中国港澳台投资15205万美元，占17.5%；第三产业合同利用外资和中国港澳台投资71703万美元，占82.51%。第二产业实际利用外资和中国港澳台投资5431万美元，占15.37%；第三产业实际利用外资和中国港澳台投资29895万美元，占84.63%。

表26　2023年海盐县新批外商和中国港澳台商投资企业及增减资企业情况表

单位：万美元

类别	序号	企业名称	批准日期	投资总额	注册资本	合同外资和中国港澳台投资	投资方国别（地区）	所在地
新批企业	1	嘉兴港华智慧能源有限公司	2023年1月31日	574.33	574.33	574.33	中国香港	百步
	2	马林戈茨（嘉兴）贸易有限公司	2023年1月31日	16.40	11.49	11.49	中国香港	开发区
	3	浙江博纳恒业新能源有限公司	2023年1月31日	500	500	400	中国香港	望海
	4	海盐新奥智城科技发展有限公司	2023年2月3日	1479.2	1479.2	1479.2	中国香港	开发区

续表 26

类别	序号	企业名称	批准日期	投资总额	注册资本	合同外资和中国港澳台投资	投资方国别（地区）	所在地
新批企业	5	海盐博熙诺科技有限公司	2023 年 2 月 2 日	1000	1000	1000	中国香港	沈荡
	6	海盐鸿拓企业管理有限公司	2023 年 3 月 5 日	35961.5	35961.5	35961.5	中国香港	县级
	7	浙江璟业实业发展有限公司	2023 年 3 月 11 日	750	750	600	中国香港	武原
	8	嘉兴复弘辐照科技有限公司	2023 年 4 月 29 日	3000	1000	1000	中国香港	秦山
	9	嘉兴耐拓贸易有限公司	2023 年 5 月 9 日	5000	5000	5000	英国	百步
	10	嘉兴市蓝谷生物科技有限公司	2023 年 5 月 9 日	1000	1000	1000	中国香港	武原
	11	安派森（浙江）国际贸易有限公司	2023 年 5 月 17 日	144.43	144.43	57.77	加拿大	百步
	12	嘉兴耀锦科技有限公司	2023 年 5 月 31 日	10000	3000	3000	中国香港	望海
	13	浙江龙基智能产业发展有限公司	2023 年 6 月 11 日	12000	3334	3000.6	中国香港	开发区
	14	嘉兴汇容金属有限公司	2023 年 6 月 11 日	988.41	988.41	988.41	中国香港	沈荡
	15	海盐睿辉贸易有限公司	2023 年 6 月 29 日	3500	3500	3500	中国香港	开发区
	16	浙江达鼎智能科技有限公司	2023 年 8 月 7 日	138.39	138.39	69.2	萨摩亚	开发区
	17	嘉兴迅特智能科技有限公司	2023 年 8 月 15 日	10000	3000	3000	中国香港	望海
	18	海盐禾典机械有限公司	2023 年 8 月 31 日	1250	500	500	中国香港	秦山
	19	海盐普拓新能源有限公司	2023 年 8 月 31 日	19.77	13.93	13.93	新加坡	开发区
	20	浙江哲研信息科技有限公司	2023 年 9 月 21 日	500	500	500	中国香港	武原
	21	海盐欧拓旅游用品有限公司	2023 年 9 月 28 日	1000	1000	1000	中国香港	于城
	22	浙江组和贸易有限公司	2023 年 9 月 29 日	1300	1300	1300	中国香港	开发区
	23	浙江爱沛技术有限公司	2023 年 11 月 17 日	10000	3060	3030	中国香港	望海
	24	浙江施菲尔电气有限公司	2023 年 11 月 22 日	2229.07	721.66	252.58	中国香港	望海
	25	嘉兴悠帆贸易有限公司	2023 年 11 月 26 日	2000	1000	1000	中国香港	开发区
	26	浙江海泰克洁净材料科技有限公司	2023 年 12 月 15 日	450.59	450.59	168.97	中国香港	望海
	27	嘉兴玖旺科技有限公司	2023 年 12 月 27 日	2112.14	2112.14	2112.14	中国香港	开发区

续表 26

类别	序号	企业名称	批准日期	投资总额	注册资本	合同外资和中国港澳台投资	投资方国别（地区）	所在地
新批企业	28	浙江时晟进出口有限公司	2023 年 12 月 13 日	140.81	140.81	14.08	中国香港	百步
	小计		—	107055.03	72180.86	70534.19	—	—
增资企业	1	嘉兴金化科技有限公司	2023 年 2 月 16 日	10000	2000	2000	中国香港	秦山
	2	乐盐供应链（嘉兴）有限公司	2023 年 2 月 15 日	0	970	970	新加坡	通元
	3	浙江起航文化交流有限公司	2023 年 2 月 16 日	10300	4000	4000	澳大利亚	开发区
	4	浙江锐垚生物工程有限公司	2023 年 2 月 21 日	11000	1000	1000	中国香港	武原
	5	嘉兴海锐科技有限公司	2023 年 3 月 28 日	10105.18	0	0	中国香港	百步
	6	日精塑料机械（海盐）有限公司	2023 年 3 月 28 日	3523.2	1761.6	1761.6	日本	澉浦
	7	龙庆机电塑料（嘉兴）有限公司	2023 年 4 月 5 日	48	50	50	美国	通元
	8	威莱克半导体材料（浙江）有限责任公司	2023 年 4 月 23 日	2407.03	962.81	962.81	美国	开发区
	9	浙江泛洋特种装配设备有限公司	2023 年 6 月 29 日	5000	5000	2000	中国香港	开发区
	10	嘉兴汇容金属有限公司	2023 年 7 月 6 日	1976.81	1976.81	1976.81	中国香港	沈荡
	11	马林戈茨（嘉兴）贸易有限公司	2023 年 9 月 6 日	0	27.85	27.85	中国香港	开发区
	12	浙江哲研信息科技有限公司	2023 年 10 月 10 日	10000	500	500	中国香港	武原
	13	浙江金元亚麻有限公司	2023 年 10 月 10 日	10000	1000	1000	中国香港	百步
	14	龙庆机电塑料（嘉兴）有限公司	2023 年 10 月 10 日	50	50	50	美国	通元
	15	嘉兴力山明朗生物医药科技有限公司	2023 年 11 月 24 日	0	202.01	202.01	中国香港	望海
	16	嘉兴耐拓贸易有限公司	2023 年 12 月 20 日	1000	1000	1000	英国	百步
	小计		–	75410.23	20501.09	17501.09	–	–
减资企业	1	萨捷船舶工程（浙江）有限公司	2023 年 2 月 28 日	–10600	0	0	塞舌尔	开发区
	2	浙江博友智能制造有限公司	2023 年 3 月 30 日	–1317.2	82.8	–369	英国	百步
	3	海盐汇友金属表面处理有限公司	2023 年 4 月 5 日	0	0	–57.25	中国香港	武原

续表 26

类别	序号	企业名称	批准日期	投资总额	注册资本	合同外资和中国港澳台投资	投资方国别（地区）	所在地
减资企业	4	嘉兴帼瑞实业有限公司	2023 年 5 月 13 日	–850	–659.27	–659.27	美国	秦山
	5	浙江网娃动漫文化有限公司	2023 年 7 月 27 日	0	0	–0.005	中国香港	武原
	6	嘉兴兄弟标准件有限公司	2023 年 10 月 22 日	–84.25	–42.13	–42.13	中国香港	武原
	小计		—	–12851.45	–618.6	–1127.65	—	—
合计			—	169613.81	92063.36	86907.62	—	—

表 27　2023 年海盐县利用外资和中国港澳台投资分国别和地区情况表

国别和地区	项目数（个）	合同外资和中国港澳台投资（万美元）	外商和中国港澳台商实际出资（万美元）
合计	28	86908	35326
中国香港	24	74001	30066
英国	1	5631	533
澳大利亚	0	4000	1665
日本	0	1762	582
美国	0	404	33
新加坡	1	984	1100
萨摩亚	1	69	5
加拿大	1	58	408
韩国	0	0	0
塞舌尔	0	0	50
德国	0	0	269
波兰	0	0	220
马绍尔群岛	0	0	377
丹麦	0	0	0
中国台湾	0	0	20

表 28　2023 年海盐县利用外资和中国港澳台投资分行业情况表

行业	项目数（个）	合同外资和中国港澳台投资（万美元）	外商和中国港澳台商实际出资（万美元）
合计	28	86908	35326

续表 28

行业	项目数（个）	合同外资和中国港澳台投资（万美元）	外商和中国港澳台商实际出资（万美元）
农、林、牧、渔业	0	0	0
制造业	7	14217	5281
电力、热力、燃气及水生产和供应业	3	988	101
建筑业	0	0	50
批发和零售业	7	11911	1379
交通运输、仓储和邮政业	0	0	1994
信息传输、软件和信息技术服务业	3	6113	382
金融业	0	0	139
房地产业	0	0	775
租赁和商务服务业	0	970	1289
科学研究和技术服务业	8	48709	22272
文化、体育和娱乐业	0	4000	1665

（沈芸晗）

【引进内资】 2023 年，全县引进亿元以上备案内资工业项目 51 个，总投资 285.08 亿元，其中 10 亿元（含）至 50 亿元备案内资项目 9 个。完成内资新增工业用地备案投资额 155.05 亿元，同比增长 50.7%。

表 29 2023 年海盐县总投资 1 亿元以上备案内资项目情况表

序号	单位名称	备案日期	投资项目名称	总投资（万元）	项目地
1	博崴（浙江）智能科技有限公司	2023 年 1 月 29 日	年产 7 万套光伏、高铁、新能源汽车领域集成式成套控制及逆变设备研发生产建设项目	11700	于城
2	浙江耐思威智能制造有限公司	2023 年 1 月 5 日	耐思威年产 40 万套光伏及半导体设备用陶瓷制品、3.5 万套半导体设备用纯硅夹具、0.5 万套光伏及半导体设备用碳化硅制品生产建设项目	15000	百步
3	嘉兴坤博新能源装备制造有限公司	2023 年 1 月 4 日	光伏单晶生长炉炉体生产及研发中心建设项目	15008.89	秦山
4	金达天晟（浙江）布艺有限公司	2023 年 1 月 3 日	年产 1800 万米高档麻艺家居服饰面料建设项目	30500	百步
5	宇星紧固件（嘉兴）股份有限公司	2023 年 1 月 2 日	年产 35000 吨 8.8 级及以上高强度紧固件投资项目	35000	开发区
6	海盐德业新能源科技有限公司	2023 年 1 月 2 日	年产 25.5GW 组串式、储能式逆变器生产线建设项目	201800	开发区
7	海盐汇科能源有限公司	2023 年 1 月 11 日	中核海盐近海光伏项目	265000	秦山

续表 29

序号	单位名称	备案日期	投资项目名称	总投资（万元）	项目地
8	浙江欣兴工具股份有限公司	2023 年 2 月 14 日	精密数控刀具夹具数字化工厂建设项目（年产 660 万件精密数控刀具数字化工厂及配套研发中心项目）	56000	澉浦
9	中国原子能科学研究院秦山分部	2023 年 2 月 21 日	放射性物体测量仪器生产能力扩建	150000	县级
10	秦山第三核电有限公司	2023 年 2 月 17 日	秦山第三核电有限公司秦山三期（重水堆）重水精馏生产项目	60387.01	秦山
11	秦山第三核电有限公司	2023 年 2 月 13 日	秦山三期（重水堆）重水精馏生产项目	60387.01	秦山
12	浙江民丰高新材料有限公司	2023 年 2 月 9 日	年产 4.79 万吨特种纸（一期）项目	141707.77	沈荡
13	嘉兴强威科技有限公司	2023 年 3 月 31 日	年产 1000 万套新能源汽车导轨及轻量化部件建设项目	35000	百步
14	浙江诸老大供应链管理有限公司	2023 年 3 月 30 日	年产 20000 吨粽子年产 10000 吨调理包建设项目	36000	望海
15	迈精科技（浙江）有限公司	2023 年 3 月 29 日	年产 1100 台高效冷水（热泵）机组设备建设项目	13000	沈荡
16	浙江景融核科技有限公司	2023 年 3 月 29 日	高端核技术装备制造基地项目	20650	秦山
17	浙江冠宇电池有限公司	2023 年 3 月 24 日	年产 0.4GWh 聚合物锂离子电池建设项目	35000	百步
18	海盐欧望园区管理有限公司	2023 年 3 月 29 日	海盐新能源设备生产基地建设项目	150010.3	望海
19	海盐德创电子有限公司	2023 年 3 月 14 日	年产 1200 套智能检测系统研发生产建设项目	10000	于城
20	浙江奥力弗绿能科技股份有限公司	2023 年 3 月 28 日	年产 1GWTOPCON 光伏组件建设项目	15000	通元
21	民丰特种纸股份有限公司	2023 年 3 月 28 日	新 8 号机和新 20 号机升级技改项目	68414	沈荡
22	海盐滨海工业建设有限公司	2023 年 4 月 26 日	海盐经济开发区高标准厂房项目（二期）	16835	开发区
23	嘉兴恒瑞动力有限公司	2023 年 4 月 12 日	年产 500 件航空发动机与燃气轮机盘轴零部件（一期）建设项目	10000	望海
24	恒锋工具股份有限公司	2023 年 5 月 18 日	年产 150 万件精密刃量具高端化、智能化、绿色化先进制造建设项目	46683	武原
25	浙江冠宇电池有限公司	2023 年 5 月 12 日	年产 6GWh 动力电池建设项目	210000	百步
26	中核二三装备制造有限公司	2023 年 5 月 8 日	年产 23 万点管道、28 万点光伏支架、支承件及 10 万块钢制、铝合金跳板建设项目	12015	秦山

续表 29

序号	单位名称	备案日期	投资项目名称	总投资（万元）	项目地
27	海盐滨海工业建设有限公司	2023 年 5 月 23 日	海盐县经济开发区工业园区提升项目（六期）	102000	开发区
28	浙江三杭电梯科技有限公司	2023 年 6 月 30 日	年产 2000 台电梯及 15 万吨电梯配件建设项目	60000	开发区
29	浙江郑林机械股份有限公司	2023 年 6 月 30 日	年产 3 万台伺服电机及组件建设项目	22000	通元
30	嘉兴福斯达气体设备有限公司	2023 年 6 月 30 日	年产 10 套大型模块化深冷化工装备绿色智能制造建设项目	50320	开发区
31	利仁科技（嘉兴）有限公司	2023 年 6 月 30 日	年产 910 万台智能厨房小家电、220 万台智能家居小家电生产基地建设项目	100000	百步
32	民丰特种纸股份有限公司	2023 年 6 月 30 日	民丰特种纸股份有限公司年产 7 万吨特种涂布纸项目	81349	沈荡
33	嘉兴传化智慧海港有限公司	2023 年 6 月 30 日	嘉兴港海盐港区传化智慧港项目	200352	开发区
34	浙江新潜阳环保科技有限公司	2023 年 6 月 30 日	浙江新潜阳环保科技有限公司年产 43000 吨环保型新材料项目	13180.88	开发区
35	浙江威博新材料科技有限公司	2023 年 6 月 5 日	年产 5000 万平方米 POE 光伏胶膜建设项目	15000	开发区
36	嘉兴智创科技股份有限公司	2023 年 7 月 5 日	年产 100 万台（套）智能取暖器及智能控制器建设项目	12100	百步
37	浙商中拓集团（浙江）新材料科技有限公司	2023 年 8 月 11 日	年产 52000 吨新能源汽车零部件精线建设项目	42000	澉浦
38	华劲新能源动力（浙江）有限公司	2023 年 8 月 29 日	年产 1920 万套新能源电池结构件建设项目	20000	开发区
39	浙江特力再生资源股份有限公司	2023 年 8 月 18 日	年资源化无害化处理及综合回收利用 16.8 万吨含金属废料技改提升项目	37600	开发区
40	嘉兴迅特智能科技有限公司	2023 年 8 月 31 日	年产 200 万智能穿戴和 1000 万台智能终端设备建设项目	20000	望海
41	嘉兴兴欣环保科技股份有限公司	2023 年 9 月 12 日	年表面处理 5 万吨金属配件、年产 6 万吨精拉丝及 6000 吨 8.8 级以上高强度螺丝、螺栓异地搬迁技改项目	12600	望海
42	浙江中航来宝精工科技有限公司	2023 年 9 月 27 日	年产 2 万吨高强度紧固件技改项目	13000	开发区
43	利仁科技（嘉兴）有限公司	2023 年 10 月 18 日	年产 220 万台智能家居小家电生产基地建设项目	45000	县级
44	利仁科技（嘉兴）有限公司	2023 年 10 月 17 日	年产 910 万台智能厨房小家电生产基地建设项目	55000	县级

续表 29

序号	单位名称	备案日期	投资项目名称	总投资（万元）	项目地
45	海盐县武原新农村建设投资有限公司	2023 年 8 月 17 日	武原街道绿色产业园区小微企业园二期工程建设项目	27000	武原
46	浙江特力再生资源股份有限公司	2023 年 10 月 31 日	年资源化无害化处理及综合回收利用 10 万吨含金属废料改造提升项目	34600	开发区
47	嘉兴多角电线电缆股份有限公司	2023 年 10 月 20 日	年产 10 万千米海底电缆建设项目	10038	武原
48	煜邦智源科技（嘉兴）有限公司	2023 年 10 月 1 日	年产 2Gwh 储能系统设备数字化建设项目	15000	武原
49	浙江宏丰半导体新材料有限公司	2023 年 11 月 29 日	年产 1.6 亿条引线框架生产项目	65025	开发区
50	海盐秦山核电产业共享开发有限公司	2023 年 11 月 20	秦山同创产业园标准厂房一期建设项目	10948	秦山
51	海盐盐于水环境治理有限公司	—	海盐县新型印染产业园基础配套建设项目	65609.16	于城
合计		—	—	2850820	—

（沈芸晗）

招商引资

【概况】 2023 年，全县新设外商和中国港澳台商投资企业 28 家，合同利用外资和中国港澳台投资 8.69 亿美元，同比增长 18.6%。实际利用外资和中国港澳台投资 3.53 亿美元，同比增长 5.1%，完成市定年度任务的 107%，完成率列全市第一，增速列全市第二，规模总量列全市第四。高技术产业实际利用外资占比 42.1%；引进亿元以上备案内资工业项目 51 个，完成内资新增工业用地备案投资额 155.05 亿元，同比增长 50.7%，完成市定年度任务的 155.1%。引进超亿美元项目、总投资 10 亿元以上备案内资项目、世界 500 强企业投资项目等招大引强项目 41 个。是年，德业新能源、冠宇电池、欧达光电、德斯威物流等项目稳步推进，丹佛斯第二园区、诺华核药、宏丰半导体、利仁科技等项目相继落户，项目招引项目质量和规模创历史新高。

【诺华中国放射性药品投资项目签约】 12 月 1 日，诺华中国放射性药品投资项目在浙江省人民大会堂正式签约，标志着国内首个核药领域外资项目正式落户海盐县。该项目主要生产销售治疗前列腺癌的镥 -177 核药。一期用地 18.87 亩，总投资超 1 亿美元。此次落户的高端核药项目位于海盐核技术应用（同位素）产业园，海盐县联合秦山核电企地共建，推进“一城三区六园”规划建设，招引关联项目、全速推进配套建设、全心服务落地企业，致力打造具有国际影响力的核技术应用（同位素）特色产业外资集聚地。至年末，同位素产业园引进包括国内外龙头企业中国同辐在内的同位素产业项目 16 个，总投资额超 55 亿元。园区“同位同为”建设模式被列入浙江省“地瓜经济”提能升级“一号开放工程”首批创新试点。

【招商方式多样化】 2023 年，海盐县坚持招商引资“一把手工程”，实施“周三招商日”制度，每周三为全县固定招商日，“一把手”带头外出招商，县委、县政府主要领导、分管领导和各镇（街道）主要领导无特殊情况每周三外出招商或开展联络，实地考察研判项目、争取要素资源，助推重点项目落地。是年，全县获取首报信息 1331 条，同比增长 10.4%。采用“每月一例会、每周双通报、每日晒进展”等方法，形成良好招商氛围。设置“一把手”外出招商天数、邀请县主要领导外出招商项目数、在谈重大项目数、签约数和转化率五大指标，检验各主体招商引资效果。健全完善招商项目评价体系，持续实施项目“画像”制度，结合招大引强、双招双引和“标准地”要求，探索建立覆盖产业导向、质量导向、贡献导向等多维度的项目评价体系。聘请核技术应用（同位素）和氢能产业专家顾问，为重点项目出具分析研判报告。实施争议项目再研究再分析制度，提高项目招引准确率。实施“股权＋基金＋项目”招商模式，发挥产业基金招商作用，服务重大政府产业平台，撬动更多社会资本参与产业投资，引导更多大好高项目落户海盐县。成立海盐招商引智服务有限公司，形成“1+1+X”招商新格局（1个市场化招商公司、1个招商专班、X个主体平台），推进全县招商引资工作提质增效。

【建立招商新体系】 2023年，海盐县建立“平台招商＋驻外招商＋基金招商＋产业链招商＋市场化招商”立体式招商新体系，立足本地产业资源优势，举办氢能产业、核技术应用（同位素）产业发展专题论坛，进一步筛选重点产业、重点领域细分赛道，明确招商路径。优化内部管理、资源共享、条块协同，促进主体平台良性竞争、合作共赢。落实项目首报首谈、项目自画像、工业项目联审、考核评价、保障激励等工作，打通产业信息、招商力量和平台落地渠道，提升招大引强质效。全年举办县级集中签约活动3场次，通过“场内＋场外”形式签约项目80个，总投资439亿元。建立县级层面集中签约项目红黄绿“三色”管理机制，每月开展跟踪督查，一项目一档案，实行分类管理，重点会商，加快推进签约项目落地，项目推进率85%，绿色项目落地率65%。统筹运用各类招商资源，坚持体制内外结合、专职兼职并举，不断提高招商工作的专业化、实效性。树立“管产业也要管招商”理念，县发改局、县经信局、县自然资源规划局、县生态环境分局等县级相关部门靠前服务，积极参与项目考察洽谈，结合工作职责和条线优势围绕主导产业开展项目招引和落地服务工作。

（陆迎希）

金　融

综　述

【本外币存款】2023年年末，全县银行业金融机构本外币各项存款余额1154.45亿元，比年初增加139.23亿元。其中：住户存款本外币余额688.91亿元，比年初增加119.04亿元；非金融企业存款本外币余额323.84亿元，比年初增加39.81亿元；广义政府存款余额127.56亿元，比年初下降21亿元；非银行业金融机构存款余额11.81亿元，比年初减少0.14亿元；境外存款余额2.33亿元，比年初增加1.52亿元。从存款对象看，住户存款、非金融企业存款增长较快。从存款期限结构看，非金融企业存款期限变动分化较明显。

【本外币贷款】2023年年末，全县银行业金融机构本外币各项贷款余额1319.32亿元，比年初增加133.08亿元。工业企业贷款余额590.87亿元，比年初增加56.54亿元，其中小微企业贷款376.21亿元，比年初增加40.06亿元，占工业企业贷款额的63.67%。

【外汇存贷款】2023年年末，全县外汇存款余额3.3亿美元，比年初增加0.03亿美元；外汇贷款余额0.40亿美元，比年初增加0.05亿美元。

（沈文星）

银行业

【概况】2023年，全县银行业金融机构人民币各项存款余额1131.07亿元，比年初增加138.6亿元；人民币各项贷款余额1316.51亿元，比年初增加132.71亿元。

【人行海盐支行】2023年，人行海盐支行指导辖内首笔融资授信银企对接业务被《农村金融时报》《读嘉》等媒体刊登报道。年内，人行海盐支行落实稳健货币政策，开展金融支持经济“稳大盘”系列行动，引导金融资源向制造业中长期贷款倾斜。至9月末，全县制造业中长期贷款余额118.25亿元，同比增长34.08%，高于各项贷款增速23个百分点。推动综合融资成本稳中有降，至9月末，全县贷款加权平均利率4.3%，较年初下降49个基点。提升小微企业金融服务质效，至9月末，全县普惠小微贷款余额507.56亿元，同比增长21.17%，高于各项贷款增速10个百分点。坚持“房住不炒”定位，落实首套住房商业性个人住房贷款利率政策动态调整长效机制。开展打击电信网络诈骗“春雷行动”，与公安等部门联动查冻响应机制，紧急止付账户125个，金额1207.95万元，快速冻结账户320个，金额20648.94万元。对新增9家调查统计企业开展集中培训，对4家外汇收支重点企业开展现场核查、对5家B类企业进行监测评估、对2家银行国际收支统计申报开展现场核查。优化涉外基础性金融服务，对重点商户进行受理改造10家，对ATM机具进行外卡受理改造205台。提升外汇服务和管理，76名外汇联络员为企业送政策、送服务，累计走访766家次；开展外汇便利化政策与汇率避险宣讲，惠及涉外企业16家；强化亚运外汇服务保障，走访指导银行网点和4家外汇兑换点；推动跨境金融服务平台银企融资对接应用场景试点工作，指导海盐农商银行成功办理辖内首笔融资授信银企对接业务。新增布点2台个人信用报告自助查询机。是年，支行荣获2023年度中国人民银行嘉兴市分行支行综合业绩考评“A”等行称号。

（沈文星）

【工行海盐支行】2023年，工行海盐支行本外币各项存款时点余额169.92亿元，本外币各项贷款时点余额223.2亿元。拨备前利润5.56亿元，同比增长1.8%；贷款不良率0.1%，其中贷款不良率连续八年为零。支持实体经济，年末本外币各项贷款新增31.03亿元，同比多增加22.55亿元。服务重点领域、重点项目建设，全年授信金额140.85亿元，同比增幅201.5%。项目累计提款39.8亿元，其中新批项目提款32.73亿元。政府项目贷款投放34.72亿元，同比增幅305.61%。全年制造业、科创企业贷款分别新增10.78亿元、5.89亿元。监管口径普惠贷款余额39.74亿元，新增10.27亿元，增速34.9%。全年累计为528家企业减费让利4838万元，贷款利率较同期下降0.4%。是年，工行海盐支行获评工行嘉兴分行2023年“新三年规划”评价先进单位、高质量发展贡献奖先进单位；被嘉兴市公安局、国家金融监督管理总局嘉兴监管分局授予嘉兴市第八轮安全评估工作成效突出集体称号。

（张震毅）

【农行海盐支行】2023年，农行海盐支行有网点11个。本外币各项存款168.47亿元，各项贷款212.57亿元。支持海盐实体经济，年内批复重大项目11个，授信金额51.48亿元，投放项目6个，金额21.09亿元。为国家“十四五”规划重点工程杭浦高速公司海盐联络线（一期）项目，牵头银团贷款42.31亿元。普惠金融余额较年初增加8.84亿元，增幅31%。普惠贷款平均利率3.32%，普惠贷款量升价降。年末，惠农e贷规模14.7亿元，增量3.69亿元。创建金融自治村85家，行政村“惠农通”全覆盖。全年新增机构账户359户，其中在农行开户有96户（全县村级账户105户），覆盖率达91.43%，获省农行县域机构客户拓展优胜奖。全年新增对公人民币结算账户1524户、外币结算客户56户，新增海关1000万美元以上客户2户，新落户资本金账户6户。全年新增个人贵宾客户1636户，新增签约私行客户15户。

（王　望）

【中行海盐支行】2023年，中行海盐支行本外币存款余额591165万元，本外币贷款余额（含贸易融资）935752万元。营业收入1.8亿元，拨备前利润1.5亿元。支持地方基础设施建设，上报批复多个县域重大项目。其中，欧望产业园项目7.3亿元，首笔投放8500万元；批复两高联络线项目10亿元；批复高铁新城项目8亿元；批复丹弗斯产业园10亿元。支持制造企业发展，为浙江荣亿精密机械股份有限公司上报并批复授信7000万元，为浙江联翔智能家居股份有限公司上报并批复授信7000万元，批复山鹰纸业（宿州）有限公司项目内部联贷1亿元，为华业钢构核电装备有限公司上报授信1亿元。助力小微企业发展，普惠金融（两增两控口径）贷款余额112494万元，较年初新增27101万元。重点走访“专精特新”中小微企业、科创培育企业等200余家，为66家科创企业贷款34.28亿元，为20余家“专精特新”企业提供授信5.6亿元。是年，在金融消费者权益保护工作评估中获等级A级，获评银行外汇业务合规与审慎经营评估“A类银行”荣誉。

（潘雪明）

【建行海盐支行】2023年，建行海盐支行下辖营业网点7个。一般性存款本外币余额93.49亿元，日均核心存款余额90.44亿元。各项贷款余额118.52亿元。其中，对公贷款余额61.01亿元，比年初新增2.43亿元；个人贷款余额57.51亿元，比年初新增0.9亿元。资产质量不良率0.5%。大中型授信客户累计42户，其中科技型大中型客户授信新增9户，授信金额3.48亿元。挖掘客户绿色资源，绿色信贷较年初新增15.37亿元，增速238.6%。普惠贷款余额16.14亿元，较年初新增3.99亿元，累计授信客户数3104户，比年初新增1762户。

（苏韵汀）

【农发行海盐支行】 2023年，农发行海盐支行有营业网点1个，全年发放各类贷款23.96亿元。年末，各项贷款余额60.41亿元，比年初净增6.28亿元。支持储备粮油轮换、补库、增储工作，全年发放各类粮油贷款1.62亿元，其中发放预购定金贷款409万元，占全市系统总额41.5%。获批全国首笔“山海湖系统性生态治理”EOD项目贷款24亿元，首笔投放1亿元。支持全国首个核能供热项目建成投用，累计投放贷款2.15亿元。获批全省系统首笔能源类光伏项目贷款5.9亿元，累计投放2.1亿元。全年发放改善农村人居环境、水利设施、生态环保、城乡一体化等项目贷款11.6亿元。累计发放扶贫贷款6000万元，用于支持生猪保供及重要物资采购。是年，支行获评全市金融系统2023年度“两基工作示范行”。

（郑芳琳）

【浙商银行海盐支行】 2023年，浙商银行海盐支行有营业网点1个。本外币各项存款余额44.52亿元（储蓄存款余额27.44亿元），较年初新增5.63亿元；个人金融资产余额65.02亿元；本外币各项贷款余额33.15亿元，较年初新增3.09亿元，不良率0.06%。是年，获评2023年度银行业金融机构综合评价“A”等，获总行“2023年度最佳团队”称号、嘉兴分行2023年度综合绩效考核第一名。

（钱 惠）

【泰隆银行海盐支行】 2023年，泰隆银行海盐支行有营业网点3个。本外币各项存款余额12.91亿元，本外币各项贷款余额14.17亿元。是年，坚持支持小微企业及实体经济发展，服务“两民”定位，推进社区建档、客户建档和整村授信努力实现“人人可贷”。开展“沃土计划”，服务乡村振兴，持续升级农村社区化经营模式，设立“乡村振兴·共同富裕示范村”并聘任“乡村振兴发展顾问”。打造“嘉有泰隆联盟”“暖暖好时光”“嘉有泰隆好生活”品牌活动，执行“三三制”，努力实现“一一制”，探索开展“一次都不用跑”，打造有特色、有竞争力的普惠金融服务。是年，获嘉兴市第八轮安全评估工作成效突出集体、年度银行业金融机构综合评价“A”等行等称号。

（姚妍丽）

【绍兴银行海盐支行】 2023年，绍兴银行海盐支行有营业网点2个。各项存款余额17.99亿元，其中，公司时点存款8.73亿元、个人时点存款余额9.26亿元；各项贷款余额16.48亿元，其中，公司贷款余额10.65亿元、个人贷款余额5.83亿元。是年，绍兴银行海盐支行被绍兴银行总行评为示范五星营业网点。

（姜 涛）

【平安银行海盐支行】 2023年，平安银行海盐支行有营业网点1个。年末，各项存款余额2.88亿元，各项贷款余额4.71亿元。个人经营性贷款余额4.23亿元，其中，个人短期经营性贷款余额0.15亿元、个人中长期经营性贷款余额4.08亿元。全年走访百余家企业，参与政府招投标1010万元。是年，获2023年度银行业金融机构综合评定“B”等行称号。

（汤晓洁）

【宁波银行海盐支行】 2023年，宁波银行海盐支行有营业网点1个，职工41人。年末，本外币各项存款余额25.37亿元，较上年同期增长13.44亿元，增幅112.7%。各项贷款余额43.97亿元，较上年增长13.50亿元，增幅44.3%。其中，普惠贷款余额42887万元，惠及企业366户。是年，取得海盐县财政国库集中支付代理银行资格，获银行业金融机构综合评价“A”等行称号、海盐县金融支持经济发展考评三等奖。

（王素丽）

【稠州银行海盐支行】 2023年，稠州银行海盐支行有营业网点1个。本外币各项存款余额1.01亿元，其中储蓄存款余额0.94亿元；各项贷款余额1亿元；营业收入112万元。全年授信小微企业（个人）187户。全年开展存款保险知识普及、反诈拒赌宣传活动、金融知识进校园等活动40余场，发放各类宣传资料共计1.5万余份。

（陆劭宇）

11月25日，交通银行海盐支行参加交通银行嘉兴分行举办的第五届职工趣味运动会 （交通银行海盐支行供）

【邮储银行海盐支行】 2023年，邮储银行海盐支行有营业网点3个、储蓄代理网点13个。年末，本外币各项存款余额56.93亿元、本外币各项贷款余额52.94亿元。年内普惠型小微企业贷款结余6.06亿元，本年净增1.6亿元。小微易贷净增1.38亿元，完成率173%。全年新增“专精特新”企业8家，新发放科创型企业贷款2.07亿元，累计投放科创型企业贷款5.33亿元，列全市首位。6月21日，获批停车场项目贷款，是月29日，首笔项目贷款1.85亿元。7月，获批杭浦高速两高联络线5亿元。9月，获批嘉兴南北湖未来城EOD项目5亿元。强化与浙江省青莲食品股份有限公司的合作，实现青莲猪肉TOB电商微信小程序的开发维护。年末，“青莲”小程序开始试运行。

（沈笑琴）

【嘉兴银行海盐支行】 2023年，嘉兴银行海盐支行有二级网点2个，社区支行4个。支行日均存款74.5亿元，较年初增加15.9亿元，增幅27%。零售AUM达61.6亿元，较年初增加7.1亿元，增长13%。各项贷款余额71.25亿元，较年初增加6.57亿元，增长10.2%。存款市场占有率6.4%，贷款市场占有率5.6%。嘉富贷信用余额较年初新增2.24亿元。养老金代发净增811户，同比增长49.8%。消费贷年日均新增1778万元，同比增长203%。

（宋　丹）

【交通银行海盐支行】 2023年，交通银行海盐支行有营业网点1个，自助银行1个。至年末，本外币各项存款余额15.24亿元，其中对公存款余额9.56亿元、储蓄存款余额5.68亿元。本外币各项贷款余额32.36亿元，其中工业企业贷款10.63亿元、基础设施类贷款11.53亿元、个人住房贷款6.13亿元。不良贷款余额50.48万元，不良率为0.02%。全年新增对公实质性贷款2.01亿元，增幅10.3%。其中战略性新兴产业贷款余额6.50亿元，增幅23.8%。对公涉农贷款余额19.07亿元，增幅22.6%。制造业贷款余额8.64亿元，增幅9.6%。民营贷款余额13.56亿元，增幅10.8%。绿色信贷余额4.96亿元。普惠贷款余额3.95亿元，增幅39.3%。全年个人按揭贷款放款66笔，金额1亿元；惠民贷提用1267笔，金额0.38亿元。全年普惠贷款发放634笔，金额5.46亿元，平均利率3.37%。为89家企业降低融资成本约178万元。为35户小微企业提供无还本续贷、展期服务，金额约7900万元。

（何琴娣）

【中信银行海盐支行】 2023年，中信银行海盐支行有营业网点1个，自助银行2处。年末，本外币各项存款余额26.5亿元，其中个人存款余额13.43亿元、对公存款余额13.07亿元。本外币各项贷款余额31亿元，其中对公贷款余额14.33亿元，较年初增加3.21亿元。全年发放民营企业贷款、制造业贷款、战略性新兴产业贷款等约2.5亿元。对专精特新和进出口企业推出科创e贷、投贷联动、出口积分卡等信用贷款模式，累计发放贷款1.2亿元。发放首笔1+N固贷1100万元，首笔共富贷5000万元，杭州分行首笔“国业积分卡授信”+“充电宝”500万元。与政府平台对接，累计发放平台公司贷款3.1亿元，投资主要平台公司债券2.6亿元。是年，荣获2023年海盐县银行金融机构综合评价“B+”等。

（陶璐琰）

【海盐农商银行】2023年，海盐农商银行资产总额405.73亿元，年末辖属营业网点32个（营业部1个、支行12个、分理处19个）。全年各项存款余额334.56亿元，各项贷款余额270.71亿元，普惠领域贷款余额129.04亿元，小微企业贷款余额209.1亿元，不良贷款率0.9%，营业收入16.64亿元，营业支出12.82亿元，利息支出7.52亿元，缴纳税金1.08亿元，实现净利润3.11亿元，成本收入比34.2%，公益捐赠81.64万元。全年支持共富工坊24个，金额1668.81万元；发放“共富贷”4008户，金额2.96亿元。成功发放全县首笔农村土地承包经营权“顺位抵押”贷款。举办海盐县第五届“稻田龙虾文化节”，信贷支持百亩以上稻虾种养殖户12户，带动农业产值3000万元。全年发放拥军贷239户，金额1823.96万元；发放“新市民贷”2858户，金额6600万元。全年发放助学贷款360户，金额437.38万元。成立全县首个科创金融事业部，科创金融贷款余额51.86亿元，信贷支持全县科技型企业468家，其中省级以上专精特新企业服务覆盖率45.2%。与县财政局等合作推出“科担贷”，服务科创企业融资；联合县市场监管局等创新推出“知产贷”，加大知识产权保护、运用力度；联合县税务局推出“科创绿税贷”。年末国际结算量同比增加4520.99万美元，增幅28.1%。是年，海盐农商银行获2022年海盐县银行机构金融基础业务考评劳动竞赛一等奖、2023年嘉兴市制造业中长期贷款“增量提质”促推“智造创新强市”建设劳动和技能竞赛优胜集体称号。

（杨晨希）

8月18日，海盐农商银行与县人民政府、省担保集团签订战略合作协议

（海盐农商银行供）

【民生银行海盐支行】2023年，民生银行海盐支行有营业网点1个。本外币各项存款余额2.37亿元，本外币各项贷款余额1.85亿元。全年授信小微企业（个人）110户，走访小微企业800余户，在各镇（街道）社区（村）开展宣传活动40余场，发放各类宣传资料13000余份。

（潘杰达）

【海盐湖商村镇银行】2023年，海盐湖商村镇银行有营业网点8个。年末，各项存款余额7.27亿元，比年初增加1.7亿元。各项贷款余额6.30亿元，比年初新增0.86亿元。贷款户数1753户，贷款户均35.96万元。

（郑欣荟）

【浦发银行海盐支行】2023年，浦发银行海盐支行本外币各项存款余额3.32亿元；各项贷款余额14.92亿元，其中公司普惠贷款2500万元。

（金 峰）

【台州银行嘉兴海盐支行】2023年，台州银行嘉兴海盐支行有营业网点1个，员工15人。年末，本外币各项存款余额1.3亿元，其中个人储蓄存款0.5亿元、企业存款0.8亿元。本外币各项贷款余额2.4亿元，其中普惠小微企业贷款274户1.99亿元。全年新增普惠小微企业首贷户8户，发放首贷户1113万元。是年，台州银行嘉兴海盐支行获2023年海盐县银行金融机构综合评价“B”等行称号。

（陆紫薇）

【华夏银行海盐支行】2023年，华夏银行海盐支行有营业网点1个、自助银行1个。年末，本外币各项存款余额15.9亿元，其中储蓄存款余额2.59亿元；本外币各项贷款余额14.74亿元，普惠小微企业贷款净增4500万元，无不良贷款。全年开展“金融消费者权益保护”“防范非法集资宣传月”等线上线下教育宣传活动数36次，发放各类宣传资料2600余份。

（沈解伟）

【民泰银行海盐支行】 2023年，民泰银行海盐支行各项存款余额2.87亿元，较年初增加1.28亿元，增幅81%；存款月日均2.82亿元，较年初增长1.49亿元，增幅112%；贷款余额2.66亿元，较年初增加0.21亿元，增幅8.7%；普惠小微企业贷款余额2.36亿元，较年初增加0.23亿元，增幅11%；工业企业贷款余额7280万元，较年初增加1817万元，增幅33%。年末，普惠小微企业贷款户数237户，较年初增加44户。涉农贷款余额14222万元，较年初增加456万元；合作伙伴村居数量14.5个。是年，民泰银行海盐支行获2023年度银行业金融机构综合评价“B”等行称号。

（金诗怡）

保险　证券

【人保产险海盐支公司】 2023年，人保财险海盐支公司保费收入3.54亿元，同比下降2.3%。市场份额50.8%，同比下降2.8%。赔款支出1.99亿元，赔付率66.7%，同比上升7.61%。全年车险保费收入21193万元，同比下降2.39%，增量占比127.7%，市场份额49.93%。全年创收利润2925万元。

（胡剑雄）

【人寿保险海盐支公司】 2023年，人寿保险海盐支公司实现集团和股份保费总收入4.93亿元，其中寿险新单保费收入1.02亿元、长期险续期保费收入3.26亿元、短期险保费收入4189万元。全年受理理赔案件8814件，各类赔款支出3878.54万元。

（朱艳丽）

【中信证券】 12月，中信证券海盐海丰中路证券营业部新址搬迁。经营沪深两市A股、B股、科创板、基金、三板、开放式基金、融资融券、沪港通、深港通等一系列业务，营业部还有特色的金融理财服务产品，包括保险、权益类、类固定、现金类和收益凭证等，特别是公募基金、私募基金和保险业务。至年末，营业部存量客户数68949户，A股成交量547.05亿元，基金成交量30.82亿元，合计1089.88亿元（包括国债、回购）。股票市值和股东账户可用资金55.56亿元。

（汪　晟）

【财通证券】 2023年，财通证券股份有限公司海盐秦山路证券营业部经营沪深两市A股、B股、基金、三板、全国股份转让、融资融券、沪港通、深港通、期权、期货中间介绍等业务。至年末，营业部全年A股累计总交易量424.22亿元，客户交易结算资金余额1.76亿元，指定与托管证券市值47.49亿元。

（袁灵洁）

经济管理

综合管理

【概况】 2023年，海盐县实现地区生产总值668.31亿元，按可比价格计算，同比增长6%（剔除核电，县内实现地区生产总值584.11亿元，同比增长7.3%）；一般公共预算收入65.54亿元，同比增长5.1%；固定资产投资345.1亿元，同比增长10.6%；社会消费品零售总额202.7亿元，同比增长10.6%；出口总额277.7亿元，同比增长14.1%；实际利用外资3.53亿美元；城镇居民人均可支配收入78591元，同比增长5.8%；农村居民人均可支配收入50647元，同比增长7.4%。

【年度计划编制】 2月，《关于海盐县2023年国民经济和社会发展计划执行情况、2024年国民经济和社会发展计划（草案）的报告》在县第十六届人民代表大会第三次会议上被批准实施。全县上下高质量推进创新深化改革攻坚开放提升，高效落实三个“一号工程”和“十项重大工程”，以“狠抓落实年”为主线，全面开展“三大比拼”、实施“三大攻坚”、强化“三大提升”，全县经济运行整体稳中有进、回升向好。

【综合规划管理】 2023年，根据国家和省委、省政府、市委、市政府、县委、县政府做好“十四五”规划实施中期评估工作部署，以及《海盐县“十四五”规划中期评估工作方案》要求，对《海盐县国民经济和社会发展第十四个五年规划和二〇三五年远景目标纲要》的实施情况进行中期评估，根据纲要确定的目标任务要求，评价实施进展情况，分析存在问题及原因，并提出相应的对策建议。

【政府投资项目管理】 2023年，县发改局在紧盯专项债项目、省重大产业项目、中央预算内投资项目上下功夫，不断发挥项目对全县经济平稳增长的助推作用。推动专项债助力全县重点项目建设，全年共有16个项目累计发行专项债59.97亿元，专项债发行额度列全市第二名。组织完成5个重大产业项目申报和推进，其中2个项目被纳入浙江省2023年度新增省重大产业项目实施类公示名单，获得471亩土地奖励指标。把握政策资金扶持方向，争取上级投资补助资金0.7亿元。强化投资项目管理，增列政府投资项目14个，总投资4.14亿元；增列经营性项目6个，总投资19.86亿元。

【基础设施建设】 2023年，海盐县重大投资建设项目57个，总投资387.21亿元，年度计划投资63.87亿元，全年完成投资82.98亿元，完成率129.9%。其中，50个续建项目总投资246.31亿元，年度计划投资50.55亿元，实际完成投资67.67亿元，完成率133.9%；7个新开工项目总投资140.9亿元，年度计划投资13.32亿元，实际完成投资15.31

亿元，完成率114.9%。全年有19个重大项目完工，如三毛小学（东校区）新建工程、六一幼儿园（南园）新建工程、出海路南侧棚改安置房工程（水畔锦城）、联翔路（河南路—海丰西路）工程、众安桥及新桥路（河南路—环城南路）改造整治工程等。

（邵久灵）

物价管理

【民生商品价格监测】 2023年，海盐县关注粮油、蔬菜等重要民生商品的市场价格走势，对国网代购电价、集中供热以及肉、蛋、蔬菜、粮、油、水果等40余种商品进行监测、记录与分析。向嘉兴市价格监测中心报送监测报表27期。

【价格认定工作】 2023年，海盐县共办理价格认定案件117件，按照相关规定不予受理案件51件，认定金额127.67万元人民币，办结率100%，无复核案件。

【政府定价】 2023年，海盐县调整非居民用天然气销售价格。对之前未明确的2022年4月1日至10月31日海盐县非居民天然气最高销售价格确定为4.69元/立方米。将2022年11月1日至2023年3月31日期间的非居民用天然气最高销售价格下调为4.619元/立方米。自2023年4月1日起，启动天然气上下游价格联动机制，公式简化为终端销售价格=气源综合价格+输配气价格。根据南北湖景区试行机动车停放服务收费标准执行情况，正式核定南北湖景区机动车停放服务收费标准。调整全县公办幼儿园保育教育收费标准。开展管道燃气预埋费和改造费成本监审。

【旅游市场价格监管】 2023年，根据国家发改委《关于做好五一期间旅游市场价格有关工作的函》精神，对实行政府定价景区的门票及配套交通服务价格进行全面排查，提醒督促经营单位严格执行价格政策，不得借机涨价或变相涨价。国庆节前，组织开展全县政府定价景区门票减免优惠政策落实情况集中排查。指导景区对门票减免优惠政策执行情况、政策公示情况开展自查自纠，并对辖区内政府定价景区逐一开展现场核查。对现场核查中发现的问题，督促景区于9月末前完成整改。

【发改系统行政审批中介服务违规收费专项整治】 2023年，根据省发改委《关于开展全省发展改革系统行政审批中介服务违规收费专项整治工作的通知》要求，针对县发改局在行政审批过程中，需申请人或县发改局委托中介机构开展的作为行政审批受理条件的有偿服务，对服务事项是否存在违规收费情况开展全面、深入地排查，未发现违规收费情况。

表30　2023年海盐县主要农副产品和农业生产资料零售价格情况表

品名	规格或产地	单位	价格（2023年12月）
晚粳米	地产	元/500克	2.5
色拉油	一级桶装	元/5升	62
鲜猪肉	精瘦肉	元/500克	16
鸡	白条鸡、开膛、上等	元/500克	14
鸡蛋	新鲜完整	元/500克	6
石油液化气	14.5千克+0.5千克（不含送气费）	元/罐	140
尿素	含氮46% 国产	元/500克	3
过磷酸钙	含氮12% 国产	元/500克	0.8
三元复合肥	含P.N.K各15% 国产	元/500克	3.8

续表 30

品名	规格或产地	单位	价格（2023 年 12 月）
高压聚乙烯棚膜	折径 1 米厚 0.1mm ± 0.02	元 / 500 克	13
杀灭菊酯		元 / 500 克	57

表 31　2023 年海盐县居民常用收费标准情况表

项目	收费项目	收费标准	备注
居民用电	居民生活用电	第一档：年用电≤ 2760 千瓦时：0.538 元 / 千瓦时	注：第一档电量峰、谷电价仍按每千瓦时 0.568 元、0.288 元执行，第二、三档电量峰、谷电价在第一档电价基础上均同步加价 0.05 元、0.03 元
		第二档：年用电 2761—4800 千瓦时：0.588 元 / 千瓦时	
		第三档：年用电≥ 4801 千瓦时：0.838 元 / 千瓦时	
		合表居民用户电价：0.558 元 / 千瓦时	—
农业用电	农业排灌、脱粒用电	0.477 元 / 千瓦时	—
	农业生产用电	0.628 元 / 千瓦时	—
数字有线电视	有线数字电视入网费	300 元 / 户	—
	基本收视维护费	20 元 / 户 / 月	—
城乡居民污水处理费	污水处理费	0.90 元 / 吨	—
出租车	起步价（2 千米）	7 元 / 次	—
	超 2 千米里程价	2.2 元 / 千米	—
	空驶费	超 4 千米部分加 50%	—
	等候费（免费等候 5 分钟）		—
	1 元 /2.5 分钟		—
	燃油附加费	1 元 / 次	—
	夜间补贴	21：00—5：00 补贴 20%	—

表 32　2023 年海盐县居民生活用管输天然气阶梯价格情况表

气量	价格（元 / 立方米）
一、分档气量	
1. 第一级（每户每年 300 立方米及以下的用气量）	3.15
2. 第二级（每户每年 300 至 480 立方米的用气量）	3.78（按第一档气价 1.2 倍）

续表 32

气量	价格（元 / 立方米）
3. 第三级（每户每年 480 立方米以上的用气量）	4.725（按第一档气价 1.5 倍）
二、学校、社会福利场所、宗教场所、城乡社区居委会、公益性服务场所等执行居民气价的非居民用户	3.465（按第一档气价 1.1 倍）

表 33　2023 年海盐县自来水价格情况表

用水类别		供水价格（元 / 立方米）（居民阶梯水量按年计）
居民生活用水	1. “一户一表”用户	
	（1）第一级水量 17 立方米及以下	2
	（2）第二级水 18—30 立方米	3
	（3）第三级水量 30 立方米以上	6
	2. 居民合表用户	2.1
	3. 执行居民水价的非居民用户	2.3
4. 非居民生活用水		3.45
5. 特殊行业用水		5.8

说明：1. 阶梯水量。居民阶梯水量按年计，第一级水量每户每年 204 立方米及以下，第二级水量每户每年 204—360（含）立方米，第三级水量每户每年 360 立方米以上。居民用户原则上以住宅为单位，一个房产证明对应的住宅为一户，对常住或户籍人口 4 人以上的家庭每增加 1 人，相应增加月用水量 4 立方米。居民合表用户需向供水企业提出申请同意后，方可执行合表用户水价。

2. 阶梯水价。居民阶梯水价以第一级为基准价格，未实行“一户一表”的合表居民用户和执行居民生活用水价格的非居民用户，按高于第一级价格水平确定。

3. 分类水价范围。分类水价范围按国家和省有关规定执行

（董　威）

服务业管理

【概况】 2023 年，海盐县实施《海盐县服务业产业提升三年行动计划》，实现服务业增加值 263.33 亿元，可比增长 7.0%，增速列全市 9 个主体第三位。浙江科路核工程服务有限公司先后获评市服务业领军企业、省服务业行业领跑企业。《弘扬“秦山经验”奋力推动新时代核能事业高质量发展》获《光明日报》报道。海盐案例（海盐兴农供销农产品配送有限公司）入选由商务部流通业发展司印发的《城市一刻钟便民生活圈典型案例集》。《聚焦“四链融合”打造全国领先的核特色服务业创新示范高地——海盐县秦山核电科技服务创新发展区》入选全省现代服务业创新发展区典型案例。《数字赋能农产品供应链实现产业深度融合——青莲食品大数据技术保障农产品优质安全供应》入选省级服务业高质量发展典型案例。国家级骨干冷链物流基地拓展合作范围，至年末，基地引进中粮、大希地、久久丫、三全水饺、青莲、诸老大、本味鲜物、鲜沐等冷链上下游品牌企业，冷藏冷冻货物年周转量达 72 万吨。县开发区临港数贸创新发展区成功创建市级创新发展区，全年实现营收 89.18 亿元。秦山核电科技服务业省级创新发展区全年实现营收 75.2 亿元。

【项目推进】 2023年，海盐县入选2023年省服务业重大项目计划8个，包括开元森泊度假乐园、中外运智慧物流园、浙江得斯威供应链项目等一批重大项目。入选嘉兴市“百项千亿”工程项目16个，年度计划总投资13.09亿元，全年累计投资295223元，完成年度目标任务的225%。是年，全县共完成服务业投资219.61亿元，同比增长11.58%；不含房地产完成投资120.73亿元，同比增长20.88%。

【服务企业】 2023年，海盐县制订县《服务业高质量发展扩容提质工程方案》，出台《海盐县促进服务业高质量发展若干政策意见》。根据《关于进一步加快服务业高质量发展的若干意见》《海盐县企业股改上市若干政策的补充意见》《关于进一步加快文化、旅游、体育服务业发展若干意见》等政策文件，全年兑现三产发展资金超6500万元，惠及主体超800家次。同时，增强服务企业意识，走访、座谈服务业企业200家次以上，为企业解决实际问题30个以上。

【招商引资】 2023年，海盐县引进总投资5000万以上项目28个（生产性服务业项目11个）；新备案亿元以上服务业项目19个。实施服务业项目联审制度，全年召开服务业项目联审2次，过会重大服务业项目5个，主要包括武原中昊大厦、开发区西场路商业项目、新能源电动车商业园项目等，实施的项目总投资约7.3亿元。

【楼宇经济】 2023年，海盐县纳入嘉兴市考核楼宇共28幢，总商务办公面积41.6万平方米，累计入驻面积30.91万平方米，入驻企业数1589家，入驻率74.3%，税收总额6.67亿元，其中千万税收楼宇14幢。争创星级商务楼宇和“双强”楼宇，根据最新公布，海盐168·创业小镇、核园大厦（原玖盈大厦）成功创建嘉兴市三星级商务楼宇。

【签约表彰】 1月29日，海盐县在2023年三级干部大会上对十佳服务业企业、优秀服务业小微企业进行表彰。6月30日，召开2023年海盐县服务业大会，对海盐县2022年度“服务业领军企业”“服务业创新型企业”“服务业品牌企业”“服务业工匠明星”“服务之星”等一批企业和个人进行表彰。全年共签约项目26个，总投资45.75亿元，涉及高端餐饮、度假酒店、网络服务、现代物流、现代商贸等领域。

（张冬燕　沈秋叶）

审计监督

【概况】 2023年，县审计局完成年度计划安排的审计项目17个。通过审计，发现问题金额5.21亿元。是年，实施的《海盐县财政局具体组织的2021年度县本级财政预算执行和决算（草案）情况审计项目》获全市优秀审计项目二等奖，《秦山街道新市镇公寓房四期工程预算执行情况审计项目》获全市优秀审计项目三等奖；《以审促改 先立后破 海盐县优化政策支持推动新质产业快发展》审计整改案例获评省级典型案例，为全年全市唯一。

【财政审计】 2023年，县审计局坚持“核心+专题”模式开展县本级预算执行和决算草案编制情况审计，实施疫情专项资金管理使用、产业基金管理使用情况、政府购买服务情况等7个审计专题。受县人大委托，完成对县

10月9日，嘉兴人大财经监督与审计监督贯通协调现场推进会在海盐县召开（县审计局供）

应急局、县综合执法局2021—2022年度预算执行审计；与经济责任审计项目同步实施海盐经济开发区（西塘桥街道）、于城镇的财政决算审计。通过审计，推动出台《海盐县促进服务业高质量发展若干政策意见》《海盐县疫情防控资产处置方案》等政策文件。

【政策执行审计】 2023年，县审计局组织实施共同富裕涉农政策和资金专项审计调查，对全县9个镇（街道）开展全覆盖审计，审计过程中反映的“重大项目推进缓慢”等7个相关问题被省审计厅综合报告引用；实施残疾儿童社会救助、政策性老年人意外伤害保险实施情况等专题审计，推动县残联、县教育局、县财政局联合印发《海盐县残疾人学生就学补助实施细则》；实施工业经济发展专项资金管理使用情况专项审计调查，推动县经信局等部门出台《进一步完善工业发展财政专项扶持资金工作机制》等相关制度4项。实施扩大内需促进消费战略举措推进落实情况专项审计调查，揭示在消费券发放中存在套取资金等问题。

【经济责任审计】 2023年，县审计局组织实施县交通运输局、县综合执法局、海盐经济开发区（西塘桥街道）、于城镇4个经济责任审计项目。年初召开经济责任审计工作联席会议，对2023年经济责任审计工作进行研究部署。组织并指导全县各镇（街道）、部门和国有（集团）公司等73家单位完成2022年度领导干部经济责任内审工作，各内审单位对下属148家单位进行延伸审计，查处各类问题302项、违规金额9000余万元，并组织县纪委、县委组织部、县财政局、县人力社保局等经济责任审计工作联席会议成员单位对县发改局等5个单位开展经济责任内审抽查工作。

【投资审计】 2023年，县审计局完成海盐县两创中心建设运行情况专项审计调查，推动县政府办公室印发《海盐县推动工业园区有机更新促进工业转型升级若干意见（试行）》《关于促进海盐县小微企业园高质量发展的实施意见（试行）》等政策文件；实施房地产配建项目管理使用情况专项审计调查，反映配套公共服务用房资产管理不到位、使用率低等问题，推动各镇（街道）出台《社区公共服务用房使用管理办法》。开展海盐县康体活动中心（全民健身中心）2023年建设管理情况和杭浦高速公路南北湖互通改建工程2023年建设管理情况跟踪审计，及时揭示项目建设管理过程中的问题。

【内部审计】 2023年，县审计局通过组织镇（街道）和国有企业座谈会、走访民营企业等方式调研内部审计工作开展情况，宣传贯彻《浙江省内部审计工作规定》，邀请内部审计人员参与国家审计项目，通过以审代训提高内审人员业务水平。全年组织海盐县各单位内审人员参加上级内审协会组织的业务培训8期。浙江海盐农村商业银行股份有限公司实施的“新型贷款产品成效及风险审计调查”项目等4个内审项目获嘉兴市2023年度优秀内部审计项目，另有4篇内审调研文章获2023年度“内部审计职业精神和专业能力研究”市级优秀内部审计论文，3个内部审计案例获评2023年度“内部审计整改与成果运用”市级优秀内部审计案例。

（钱一鸣）

统计管理

【概况】 2023年，县统计局获得全市统计工作综合考核评比结果特等奖，规模以下工业统计、统计名录库、综合核算统计、贸易统计、低收入农户统计监测工作列全市前三名，企业调查工作列全市调查系统统计专业业务工作前三名，全市住户调查技能大比武二等奖、统计系统业务技能竞赛三等奖。获评2023年度海盐县“狠抓落实年”十项重大工程、“有效投入”比拼先进集体及省级优秀档案室、全县文明单位等。

【统计服务】 2023年，县统计局强化经济发展指标数据监测，开展GDP相关指标月度分析、经济形势季度分析，全年撰写经济运行分析150篇，其中统计专报19期，获县领导批示23篇次。围绕高质量发展、共同富裕等重点指标开展前瞻性分析，借助部门季度GDP联席会议、月度投资联审等制度，为主管部门精准施策及时提供有效信息。结合时事热点，利用民调在线平台开展企业用工、居民消费、民营企业发展等方面的调研，撰写领导关注、公众关心的调研信息。优化统计产品，调整月度经济动态、小卡片等统计资料中的指标内容，编发《月度统计局主要指标信息》，专业月（季）度返数后第一时间做好个性化短平快服务产品。深化统计领域信息公开，及时发布统计数据、工作动态等信息，做好数据解读和依申请公开，满足公众对统计调查信息的个性化合理需求，打造阳光统计。

【统计法治】 2023年，县统计局组织人员学习《中华人民共和国宪法》《中华人民共和国统计法》等法律法规，学习《关于深化统计管理体制改革提高统计数据真实性的意见》《统计违纪违法责任人处分处理建议办法》《防范和惩治统计造假、弄虚作假督察工作规定》《关于更加有效发挥统计监督职能作用的意见》等依法统计纲领性文件，全面了解掌握依法统计新形势、新要求。紧抓“关键少数”，提请县委常委会、县政府常务会议组织学习习近平总书记关于统计工作最新重要批示精神及统计法律法规共4次。推动各镇（街道）、有关部门利用周一夜学开展《中华人民共和国统计法》及统计法律法规学习。面向县领导、有关部门及镇（街道）主要负责人发放《统计违纪违法典型案例汇编》。参与《中华人民共和国统计法》颁布40周年“12·8”统计法普法系列活动，全年联动镇（街道）普法30余次。开展防治统计造假专项治理行动，落实专项行动自查自纠、数据核查、统计执法、统计巡查等各项工作。探索建立“县域统计数据质量监管体系”，研究出台《海盐县统计数据质量核查制度（试行）》《海盐县统计数据质量控制与闭环管理办法（试行）》。落实统计数据质量管控，提升县、镇（街道）两级数据质量管控能力，各专业间协同配合，探索统计专业核查数据与执法检查数据贯通，形成各环节数据质量闭环。严格统计监管，扩大监督“覆盖面”，全年开展数据质量核查647家（次），根据省一体化监督平台提示信息，对一、二级预警企业（项目）实施数据质量限时核查，对红、黄码企业（项目）实施闭环监管。推进“互联网+监管”工作及跨部门“双随机”联合执法，落实各镇（街道）统计执法全覆盖、主要专业统计执法全覆盖，共开展执法检查67家，查处6家。联合县纪委对1个部门、2个镇（街道）进行统计巡察。

【基层基础】 2023年，海盐县落实“统计法”进党校，在浙江工商大学举办全县统计干部创新管理与素质能力提升专题研修班，强化部门、镇（街道）分管领导、统计办主任及统计骨干政治思想根基，提升综合素质能力。组织专业培训53期，2300余人次，培训对象覆盖村（社区）、企业等调查对象的统计人员及镇（街道）辅调员、部门统计人员、“两新”人员等。分管领导带头，深入基层、企业开展调研走访、业务指导和问题帮扶，同时指导星级机构创建，成功创建五星级统计机构1个、四星级统计机构2个。建立“学—考—赛”培养体系，结合样本轮换后的新情况，对调查员及新增样本企业开展一对一重点业务辅导，在培训基础上举办调查员业务培训随堂测试和全县统计系统业务技能竞赛，提升镇（街道）专业人员业务技能。

【第五次全国经济普查】 2023年，海盐县组建县、镇两级第五次经济普查领导小组及办公室，选聘普查指导员、普查员493人，组织开展5轮培训与测试，举办普查业务技能大赛。全年完成122个普查区的边界确认、划分普查小区341个，标绘建筑物7598个。完成单位清查，清查法人及产业活动单位16384家、个体经营户32039家，分别较第四次经济普查增加37.6%和51.6%。报送五经普专报7期、分析1篇，获得县主要领导批示12次。

【统计改革】 2023年，海盐县探索核算方法制度改革，完善镇（街道）GDP核算办法。推进农业统计现代化改革，落实联网直报，实现台账上云，账表一致，利用无人机高分遥感技术对全县农业生产进行监测。深化“一体化统计监督平台”运用，强化风险预警，对红、黄码企业实施闭环监管。全面使用省“大综合一体化”执法监管数字应用及掌上执法应用，掌上执法检查率达100%。

（沈凤霞）

国有资产管理

【国有企业管理】 2023年，海盐县印发《海盐县国有企业采购管理实施办法》，实施采购分类限额管理，对采购过程、重点环节进行监督。梳理海盐县国有企业日常重大事项内容，起草《海盐县国有企业重大事项管理规定》，规范国有企业日常重大事项审批、备案和报告程序。为加强县国资办与国有企业的交流联动，规范国有企业管理与考核，县国资办外派财务总监至各集团公司，对国有企业的财务状况和经营成果进行预警和监管，并开展业务指导。

【南北湖未来城 EOD 项目入选国家项目库】 2023 年，海盐县在全市率先探索生态环境导向的城市开发模式（EOD），着力配合南北湖未来城 EOD 项目。项目投资总额 49.48 亿元，涉及生态治理类项目 3 个、产业开发类项目 2 个，成功纳入国家生态环境导向的开发模式试点项目库。

【基金投资】 2023 年，海盐县新增财政或国有企业基金出资 4.2 亿元，超过近 7 年合计出资总额。协助完成县科技创新基金组建，出资参与省市高端装备母基金、省市科创母基金、嘉兴市共富基金。支持本土上市企业坤博战略投资，组建派电项目专项基金，协助完成总规模 1 亿元的县科技创新基金组建，并完成首期实缴出资 3000 万元。

【国有企业改革】 2023 年，海盐县实施县内检测资源有效整合，指导做好滨海检测公司审计、评估工作，完成龙信融资担保公司股权整体划转至新城国有控股集团。完成老年公寓改制转企及物产中大金石养老合资运营养老公司组建工作，协助完成招商公司、传媒集团组建。

【纾困助发展】 2023 年，海盐县落实符合条件的养老托育服务业承租国有房屋租金减免工作。全县涉及减免托育企业 1 户，完成减免租金 5.24 万元。

【国资数智化改革】 2023 年，海盐县开启使用“海盐数智国资”项目。依托国有资产管理数字化转型，构建国有公司发展目标、工作支撑、政策制度和考核评价四个体系，实现治理机制、管控模式、业务流程和运行评价转换。

（陈　璐）

市场监督管理

【放射性药品基层监管】 2023 年，海盐县成立全国首个基层放射性药品监管分局，并获批设立“医药创新和审评柔性服务站”，为同位素企业提供“专业化、全流程、一站式”服务。

【质量与标准】 2023 年，县市场监管局指导秦山核电获第九届省政府质量奖，并荣获全国质量奖，入围第五届中国质量奖提名奖公示。省政府质量奖累计获奖企业数占据全市“半壁江山”；3 家企业分别获得嘉兴市市长质量奖、提名奖及创新奖，获奖企业数列全市第一。海盐县成为全市实现国家、省、市三级质量奖大满贯唯一的县。国家基本公共服务标准化试点工作以 99 分高分通过验收，为共同富裕示范区建设提供可复制、可推广的“海盐经验”。指导秦山核电荣获中国标准创新贡献奖三等奖，实现全市零的突破。新增主导制定国家标准 3 项，认定发布“浙江制造”标准 7 项。每百万人口牵头制定先进标准数达到 251.76 项，列全市第一。

【营商环境】 2023 年，海盐县实施营商环境优化提升“一号改革工程”，出台《持续优化营商环境助力市场经营主体高质量发展举措二十条》，《海盐县创新“商家共治联盟”模式激发市场主体内生动力》案例入围市、县一季度创新案例，《海盐探索推进全国首个基层放射性药品柔性服务与监管集成模式 助推同位素产业高质量发展》项目入选市“微改革”项目。获评 2023 年嘉兴市打造“浙里最美”营商环境最优市成绩突出集体。搭建“零创空间”创业帮扶平台，有 215 家主体入驻。办结全市首件市场监管领域平湖、海盐、嘉兴港区三地“跨域通办”事项。

【消费者权益保护】 2023 年，县市场监管局受理消费者投诉举报 4132 件。其中，受理投诉 2682 件（职业投诉 541 件），占受理总量的 64.91%，涉及争议金额 178.64 万元，为消费者挽回经济损失 79.32 万元；受理群众举报 1450 件（职业举报 405 件），占受理总量的 35.09%；立案查处 54 件，涉及罚没金额 0.26 万元。投诉信息公示 556 条，不公示 40 条。全年受理消费者投诉举报量与 2022 年同期（2504 件）

相比增长65.02%。通过“三服务”、线上线下督查整改、消费体验、宣传发动创新等方式持续推进“放心消费在浙江”建设工作。开展放心消费培育创建和动态管理，全年累计培育放心消费单位1788家，无理由退货承诺单位503家，放心工厂273家，放心示范商圈（街区）4个，放心美丽乡村3个，建设村级消费维权站（点）50个。

【民生实事】 2023年，海盐县以五全体系，高效推进省食品安全示范县创建，实现全县养老机构“阳光厨房”建设全覆盖，建成926家网络餐饮“阳光厨房”、9条“阳光餐饮”街区。驻点保障青莲亚运会供应，实现近百吨食材食品安全事故和食源性兴奋剂事件“两个零发生”。完成省、市、县民生实事项目，建成2023年全市首家社区药事服务站；创建五化市场2家、放心农贸市场3家、14家农贸市场完成幸福里改造。以“小切口、大治理”，开展漠视侵害群众利益问题燃油加油机专项治理工作，打击加油机作弊行为，在全县漠视侵害群众利益问题专项治理路演竞赛中获一等奖。

【执法办案】 2023年，县市场监管局办结各类案件916件，罚没款484.18万元，大要案90件，移送公安10件。全市唯一获省市场监管局集体三等功奖励；1起案件入选市场监管国家总局电子数据取证典型案例，2起案件分别入选省局执法典型案例蓝皮书、“铁拳”“亮剑”典型案例。

（蔡　忻）

知识产权管理

【概况】 2023年，海盐县新增注册商标1613件，新增发明专利授权621件，全县企业知识产权质押融资金额达47.54亿元。海盐县核电小镇品牌指导服务站和海盐县紧固件行业品牌指导服务站成功创建。全县有海联锯业科技有限公司等3家企业被认定为第二批浙江省知识产权示范企业。浙江联翔智能家居股份有限公司等3家企业获浙江省知识产权奖，中核核电运行管理有限公司和浙江博凡动力装备股份有限公司被认定为2023年度国家知识产权优势企业。

【县知识产权局挂牌】 2月8日，海盐县知识产权局正式挂牌，分管副县长和县市场监管局局长共同为海盐县知识产权局揭牌，标志着海盐县知识产权工作迈入高质量发展新征程。全县持续深化知识产权领域改革创新，围绕知识产权全链条集成改革，实施系列精准帮扶行动，以专利导航、执法护航、金融助航，全面提升知识产权创造质量、保护效果、运用效益，推动海盐县知识产权工作再上新台阶。

【“海盐葡萄”和“海盐大米”地理标志证明商标】 2023年，海盐县以发展农产品地理标志为重点，培育、保护和发展一批海盐县特色农产品品牌，有效提升本土品牌知名度和美誉度，实现“培育一个商标、壮大一个产业、致富一方百姓”目标，年内“海盐葡萄”和“海盐大米”地理标志证明商标被国家知识产权局成功受理。

【“4·26”世界知识产权日宣传活动】 4月20—26日，海盐县在国家知识产权宣传周期间，以“加强知识产权法治保障，有力支持全面创新”为主题，举办形式多样、丰富多彩的宣传活动。

【知识产权保险】 2023年，为化解知识产权在创造投入、转化运营、保护维权等环节存在成本高、风险大等痛点难点，县市场监管局与中国人保、平安保险、太平洋保险等公司，实施专利申请费用补偿险、专利被侵权损失险和地理标志被侵权损失险等多险种，并联系需求企业，促成保险项目顺利落地。全年完成知识产权保险合同签订118件，累计保额110.7万元。

【首届浙江省知识产权奖评选】 2023年，海盐县鼓励符合条件的企业参与省首届知识产权奖评选并加强指导。全县有3家企业4个知识产权项目获浙江省第一届省知识产权奖。浙江联翔智能家居股份有限公司报送的“鱼跃龙门花型”获得版权（艺术作品类）二等奖，恒锋工具股份有限公司报送的“一种带等切削角的轮槽精拉刀单元及轮槽精拉刀”和中核核电运行管理有限公司报送的“一种核电厂稳压器电加热元件自动填丝焊接工艺”获得专利（发明专利类）三等奖，中核核电运行管理有限公司报送的“N1-ERP人财物一体化经营管理系统”获得版权（计算机软件类）三等奖。

【知识产权质押融资】 2023年，海盐县推进知识产权“一件事”改革成果，提升商标质押融资办理手续效能。全年各类企业共办理专利质押登记42.16亿元、商标质押登记5.38亿元。

【品牌指导服务站】 2023年，依托海盐县紧固件同业商会建立海盐县紧固件行业品牌指导服务站，为全县紧固件企业主体提供品牌注册、运用、保护等“一站式”服务，推进全县紧固件区域特色行业和企业品牌发展。

【县知识产权保护中心建设】 12月，县知识产权保护中心入驻百步经济开发区，开展各项建设工作。公安、法院和检察院等部门在保护中心加入共享法庭等元素，为企业维权提供多角度、全方位的保障。

【知识产权保护行动】 2023年，海盐县加大知识产权行政执法监管力度，开展专业市场、电商、冬奥亚运知识产权保护专项行动。市场监管、公安、金融、烟草等部门协同合作，开展知识产权类专项整治行动，实现执法闭环。全年办理知识产权案件12件，罚没款合计62.87万元。

【专利许可】 2023年，海盐县为开放使用扩大专利技术共享范围，降低专利技术交易成本，主动为有需求的企业建立联系渠道，推进专利许可备案工作。全年共指导企业完成专利许可备案117件，惠及企业18家。

【入围《长三角G60科创走廊重点商标保护名录》】 2023年，根据《关于印发第二批〈长三角G60科创走廊重点商标保护名录〉的通知》文件，海盐县1件商标被列入保护名录，为浙江青莲食品股份有限公司注册第29类“膳博士”商标。

【浙江省知识产权示范企业认定】 2023年，海联锯业科技有限公司、宇星紧固件（嘉兴）股份有限公司和浙江华帅特新材料科技有限公司3家企业获评第二批浙江省知识产权示范企业。

【行政调解和行政裁决】 2023年，县市场监管局共作出外观设计专利纠纷行政调解2件、外观设计专利纠纷行政裁决4件，通过行政调解和行政裁决提高知识产权保护效率，降低企业维权成本。

（蔡　忻）

财　政

【概况】 2023年，全县实现财政总收入114.37亿元，一般公共预算收入65.54亿元，一般公共预算支出78.16亿元。全县新增财力用于民生支出比重继续保持三分之二以上。财政预算执行情况良好，收支平衡。

表34　2023年海盐县一般公共预算收入执行情况表

收入项目	2023年执行数（万元）	2022年执行数（万元）	为上年同期（%）
财政总收入	1143672	1069108	107.0
一、一般公共预算收入合计	655397	623726	105.1
（一）税收收入	550812	501720	109.8
1. 增值税（50%）	278334	202718	137.3
2. 企业所得税（40%）	115966	141734	81.8
3. 个人所得税（40%）	23770	19940	119.2
4. 资源税	1813	264	—
5. 城市维护建设税	31063	28726	108.1
6. 房产税	36521	34880	104.7

续表 34

收入项目	2023 年执行数（万元）	2022 年执行数（万元）	为上年同期（%）
7. 印花税	11562	7650	151.1
8. 城镇土地使用税	12524	13663	91.7
9. 土地增值税	3772	10075	37.4
10. 车船税	4215	4080	103.3
11. 耕地占用税	4926	4762	103.4
12. 契税	26111	33078	78.9
13. 环境保护税	235	148	158.8
14. 其他税收收入	—	2	—
（二）非税收入	104585	122006	85.7
1. 专项收入	33480	30600	109.4
其中，教育费附加收入	16666	15431	108.0
地方教育附加收入	11111	10283	108.1
残疾人就业保障金收入	5239	4728	110.8
教育资金收入	—	—	—
农田水利建设资金收入	—	—	—
森林植被恢复费	464	158	293.7
水利建设专项收入	—	—	—
其他专项收入	—	—	—
2. 行政事业性收费收入	5541	6561	84.5
3. 罚没收入	10875	20972	51.9
4. 国有资本经营收入	−8586	−8586	100.0
其中，国有企业计划亏损补贴	−8586	−8586	100.0
5. 国有资源（资产）有偿使用收入	60746	70505	86.2
6. 其他收入	153	—	—
二、上划中央收入	488275	445382	109.6
1. 增值税（50%）	278334	202718	137.3
2. 消费税	337	153	220.3
3. 企业所得税（60%）	173949	212601	81.8
4. 个人所得税（60%）	35655	29910	119.2

（叶依沁）

表 35　2023 年海盐县一般公共预算支出执行情况表

支出项目	2023 年执行数（万元）	2022 年执行数（万元）	为上年同期（%）
一般公共预算支出合计	781601	875482	89.3
一、一般公共服务支出	76123	77274	98.5
二、国防支出	891	998	89.3
三、公共安全支出	46835	50940	91.9
四、教育支出	181727	175377	103.6
五、科学技术支出	52325	44298	118.1
六、文化旅游体育与传媒支出	14092	15513	90.8
七、社会保障和就业支出	64188	67642	94.9
八、卫生健康支出	66529	92449	72.0
九、节能环保支出	10772	16528	65.2
十、城乡社区支出	100361	121194	82.8
十一、农林水支出	72602	86585	83.9
十二、交通运输支出	45800	42681	107.3
十三、资源勘探工业信息等支出	10582	23598	44.8
十四、商业服务业等支出	2308	5341	43.2
十五、金融支出	59	261	22.6
十六、援助其他地区支出	1119	1119	100.0
十七、自然资源海洋气象等支出	9285	23254	39.9
十八、住房保障支出	3648	6700	54.4
十九、粮油物资储备支出	33	1597	2.1
二十、灾害防治及应急管理支出	2943	3316	88.8
二十一、其他支出	39	0	—
二十二、债务付息支出	19296	18719	103.1
二十三、债务发行费用支出	44	98	44.9

（叶依沁）

【财政收入】 2023 年，海盐县财政收入保持平稳增长。一般公共预算收入占财政总收入 57.3%，占 GDP9.8%。收入结构保持较优，税收收入占一般公共预算收入的 84%。

【政策资金保障】 2023 年，县财政局推动传统产业提质升级及新兴产业壮大，保障工业、科技、人才和服务业专项资金 4.2 亿元。落实结构性减税降费优惠政策，落地中央直达资金 9.46 亿元。推动浙江省“8+4”经济政策体系直达快享，兑现支持资金 40.42 亿元。推进科创孵化体系和创业创新平台建设，全年科学技术支出 5.23 亿元，增长 18.1%。推动政府性融资担保扩面增量，与浙江省融资担保公司开展合作，年末全县政府性融资担保余额32.45亿元。

【支持重要建设】2023年，县财政局向省财政厅争取地方政府债券60.97亿元，地方政府再融资债券11.8亿元，保障县域重点项目建设。加快构建现代综合交通体系，保障交通建设资金42.13亿元。支持城市功能完善，安排海盐县康体活动中心建设、保障房品质提升等资金21.27亿元。推进生态文明建设和绿色低碳发展，保障生态建设资金1.67亿元。支持乡村全面振兴，优化整合涉农资金，推动农业现代化建设，兑现农业扶持资金2.12亿元，保障农业基础设施建设2.52亿元。

【民生支出】2023年，全县民生支出61.31亿元，占一般公共预算支出78.4%。其中，教育支出18.17亿元、社会保障和就业支出6.42亿元、卫生健康支出6.65亿元、节能环保支出1.08亿元、城乡社区支出10.04亿元、农林水支出7.26亿元、文化旅游体育与传媒支出1.41亿元、住房保障支出0.36亿元。

【财政管理】2023年，县财政局深化零基预算改革，推进预算管理一体化。实施财政重点绩效评价项目6个，健全镇（街道）财政运行绩效评价体系。深化财政数字化改革，完成省农业农村厅及省财政厅的“先行先试”村级财务电子票据改革试点任务，实现财政电子票据村级全覆盖。深化家庭型财税政策研究，海盐县被纳入省财政厅“小切口”共同富裕改革试点范围，落地高等教育生源地国家助学贷款政策试点，全年发放贷款437万元，惠及家庭359户。

【财政监督】2023年，县财政局开展省财政厅“财政监督年”活动，构建财会、审计、纪检等多部门协同监督机制。开展地方财经纪律专项整治及历年结余结转资金、工业发展资金、涉企补助资金等专项监督检查。严格财政支出管理，健全厉行节约长效机制，一般性支出压减幅度达17.3%。

【防范化解风险】2023年，县财政局出台新一轮镇（街道）财政管理体制，强化镇（街道）财政资金督导督查，确保基层财政安全运行。防范社保基金风险，健全社保风险准备金管理和监督机制，安排各类社保基金财政补助5.50亿元，确保社保待遇按时足额发放。防范资金存放安全风险，开展公款竞争性存放网上招标，年内完成公款竞争性存放10.34亿元。

（陆梦婷）

税　务

【概况】2023年年末，县税务局各项收入204.12亿元（未扣除出口退税23.47亿元），同比增长6.4%。其中：税收收入109.39亿元，同比增长8.6%；社保费收入43.59亿元,同比增长5.3%；非税收入及其他收入48.89亿元，同比增长3.1%。形成财政总收入（不含省级及社保非税收入）114.39亿元，同比下降2.7%；形成一般公共预算收入67.89亿元，同比增长8.9%。是年，县税务局获县级部门工作目标责任制考核一等奖，“税费服务和征管协同共治”共同富裕项目试点入选省高质量发展建设共同富裕示范区第三批试点。开发区税务分局武原税务所被命名为浙江省税务系统新时代“枫桥式”税务所。

【市场减负工作】2023年，县税务局落实各类政策性减免税收38.94亿元，办理直接出口退（免）税23.47亿元，办理增值

3月1日，县税务局召开全县税务工作会议　（县税务局供）

税留抵退税 7.4 亿元，优惠总量为同期税收的 63.8%。是年，对制造业生产经营趋势、外贸企业出口状况、房地产等三产服务业面临的风险进行专项分析，提出风险管控建议。

【助力共同富裕】 2023 年，县税务局“税费服务和征管协同共治”共同富裕项目试点成功入选省高质量发展建设共同富裕示范区第三批试点，是全县唯一一家试点单位。县税务局扛起试点项目推进主体责任，打造一批有代表性的智能化应用场景，并在探索中形成一批生动的实践案例。相关工作获市税务局党委书记、县委书记、县长批示肯定，税收宣传作品获《中国税务报》、人民网、新华网报道点赞。实践案例《“税费协同共治”护航“专精特新”企业全生命周期发展》在省税务局“税收支持高质量发展建设共同富裕示范区最佳实践现场评选”活动中获二等奖。《税收协同共治促共富建设》项目在 2023 年全国税务系统青年创新“智税”大赛中获精诚共治类创新案例银奖。

【提升征管质效】 2023 年，县税务局加强第三方数据应用，全年风险任务应对有问题率、入库税款总额、户均税款排名均居全市第一。推进数字化改革，在全省率先试运行残保金申报缴费“无感智享”模式，残保金申报时间缩短 30%，全县 1.8 万户残保金申报单位享受优惠 5200 余万元。持续推进智税中心建设，陆续上线“办问协同”、智能咨询、征纳互动服务和“数字员工”服务。

【优化营商环境】 2023 年，县税务局开展“便民办税春风行动”，推出 3 条创新和优化措施，形成 6 大类 55 条便民服务措施。在镇（街道）和经济服务中心设置 9 个服务驿站，推出“1+9+N”驿站体系，实现纳税人缴费人进“一家门”办“多家事”。多部门联合，共同制订《深化党群创业共富工程联合行动方案》，每季为镇（街道）工业社区、行业协会、创业园等联系服务站开展定向驻点集中服务，常态化开展免费税收咨询和反诈宣传。深化银税互动，全省首发“科创绿税贷”，支持科创型、环保型小微企业的融资需求。先行试点“亲农在线”项目，宣传推广免税农产品发票代开功能，帮助农户实现“足不出户”开具发票。成立以“盐和共富”为品牌的“枫桥式”税费争议处理中心，与多部门合作保障纳税人缴费人合法权益。

（金　婷）

交　通

综　述

【交通建设投资】 2023年，海盐县政府投资交通建设项目21个，其中新建9个、续建13个。投资23.66亿元，其中新建10.05亿元、续建13.61亿元。全年投资入库28.02亿元（含铁路），投资完成率142.95%，同比增长100.13%。

【“四好农村路”建设】 2023年，海盐县建制村通双车道比例达98.7%。打造未来乡村农道，涉及丰义村、丰山村、新联村，挖掘与传承沿线村落文化与历史，融合农旅资源，发展文化产业，打造海盐未来乡村样板带道路综合展示窗口，于11月完工。全长4.26千米。其中：新建1.66千米，宽度7米，沥青路面；改造2.6千米，主要道路拓宽至7米、白改黑及配套亮化设施。

【公共交通建设】 2023年，全县开通城市公交线路9条，总里程118千米；开通城乡公交线路49条，总里程1214.2千米；全县公交站点1128个，其中候车亭711个。新建、改建公交车停靠站164个，运营公共自行车站点142个，自行车3585辆。调整优化公交线路6条，开通K177海盐至省荣军医院“双拥专线”，打造K3路敬老爱老服务专线；强化优惠乘车措施，推广退役军人“老兵码”、医务人员“公交畅行卡”、社保卡同城待遇敬老通；推进公共自行车、互联网租赁电动自行车融合发展；推动农村客运行业数字化改革，完成城乡公交一体化数智监管应用系统建设。

【绿色水运建设】 2023年，全县有内河码头45座、泊位90个。推进港口码头“蝶变跃升”，强化内河码头环境治理，安装码头岸电34家。推进“一船一站一机制”项目建设，使用专业污水收集船1艘，在于城锚泊服务区油污水接收站预处理各艘船舶生活污水，产生的废油委托专业危废处置单位作无害化处理，并建立联合监管和闭环管理制度。

【平安交通建设】 2023年，县交通运输局整治验收销号道路交通事故多发点段市级2处、县级3处、市级运输企业1家；整修X109湖盐线、X509九场线13.2千米，改造提升沿线附属设施；调整S202、S206、S207、S303公路省道网20.74千米，调整标志标牌198块；整治危旧桥梁1座；整治老旧重载营运货车107辆、危险品罐车116辆；调整优化公交线路6条；检验商船320余艘，脱检船舶50余艘；拆解勘验老旧运输船舶8艘；检查内河渔船10艘；整治或补图海上渔船24艘，报废拆解1艘。深化“平安工地”建设，工程项目安全监督覆盖率、监督交底覆盖率均为100%。浙北集装箱通道拆除桥梁2座，重建改建8座。

【法治交通建设】 2023年，县交通运输局办理审批服务事项78774件，当场办结比例100%。

其中，办理行政许可 1224 件，办结非事故处罚案件 789 件，收缴罚没款 154.8 万元。推进省、市营商环境优化提升“一号改革工程”，梳理“八统一 5.0”清单，优化政务服务办理流程。聚焦政务服务增值化改革，压缩管线涉路、涉航许可审核程序和时间，实现网上办理、当天办结。完成执法队基层分队交通运输规范化建设，提升站所功能布局、执法装备配备、管理制度完善、执法视觉形象。推进大综合一体化执法改革，会同公安、消防、商务、市场监管等部门在汽车维修、“三超”车辆、危化品运输、驾校等场景开展“综合查一次”工作及双随机联合检查，双随机占比 81.81%，掌上执法率 100%，应用信用规则率 100%。全年无行政复议或行政诉讼败诉。

（张逸莹）

公 路

【概况】 2023 年，全县公路总里程 1001.37 千米，其中，国家高速 40.4 千米，普通国道 30.73 千米，省道 29.86 千米，县道 312.95 千米，乡道 225.94 千米，专用公路 11.62 千米，村道 349.87 千米。全县等级公路总里程 1001.37 千米。其中，高速公路 40.4 千米、一级公路 96.13 千米、二级公路 197.6 千米、三级公路 315.3 千米、四级公路 351.94 千米。全县等级公路密度 171.2 千米 / 百平方千米，晴雨通车率 100%。

全县拥有客车 364 辆，核定载客 16150 人。其中：城市公交车辆 101 辆，核定载客 6111 人；县内城乡公交车辆 89 辆，核定载客 4423 人；城际公交车辆 47 辆，核定载客 3028 人；客运班线车辆 11 辆，核定载客 383 人；旅游包车 52 辆，核定载客 1885 人；出租汽车 64 辆，核定载客 320 人。营业性载货汽车 3207 辆，载重 49024 吨，其中挂车 1061 辆，载重 34666 吨。全年营业性运输完成客运量 30 万人次，客运周转量 3484 万人千米；完成货运量 1401 万吨，货运周转量 171525 万吨千米。

全县有各类道路运输经营户 839 户，其中客运经营户 4 户、货运经营户 835 户（包括运输服务企业 43 家）。机动车维修户 206 户（一类维修企业 6 家、二类维修企业 21 家、三类维修经营户 167 家、摩托车维修户 12 家）。机动车驾驶员培训机构 7 家，有汽车教练员 281 人、教练车 248 辆，摩托车教练员 30 人、教练车 40 辆；全年汽车驾驶员培训合格 7785 人，摩托车驾驶员培训合格 1489 人。

【民生实事项目实施】 2023 年，省民生实事项目金平北路（武袁公路—长南路）提升工程 1.17 千米，投资 699 万元，4 月末更新至 100%。省民生项目农村公路养护工程 36 条 53.8 千米，投资 6203 万元。其中，长度 21.9 千米为续建项目，13 条 22.21 千米为新开工项目，新开工项目涉及县公路与运输管理服务中心、于城镇、通元镇，4 月开工，8 月完成。市民生实事项目农村公路新改建和养护工程 50.5 千米，其中新改建 4 条 3.06 千米，为续建项目；养护工程 40 条 47.57 千米，其中 27 条 25.36 千米为续建项目、13 条 22.21 千米为新开工项目（同省民生项目），4 月开工，8 月完成。市民生项目普通国省道起伏不平整害点段整治项目 2.5 千米，即 G525K36+739—K41+739 段 右幅，7 月完工。

【公路养护】 2023 年，525 国道海盐段 K36+739—K41+739 右幅，投资 1495 万元，实施路面修复养护及桥头跳车处治 2.91 千米，提升改造护栏 7.76 千米，完善沿线安全、排水、标志标线等设施，5 月 23 日开工，12 月 14 日竣工验收。G525 平杭线莳安桥（左）桥梁整修，投资 164.41 万元，8 月 23 日开工，12 月 14 日竣工验收。主干线每天一次、县乡道每周至少开展一次巡查，完成三类、四类桥梁检查及每日检查 X604 申庄港桥并做好病害对比书面登记。按月通报考核养护生产情况 12 次。排查公路路面，及时做好辖区内路面破损裂缝坑洞等病害修补工作，做好台账资料记录、整理及归档工作。

【县管公路改造提升】 2023 年，县管公路改造提升主要包括公路路面改造、安全设施更新提升等。投资 4260.9195 万元，实施 X109 湖盐线海盐海宁方向、X509 九场线、X604 南王线共计 15.7 千米路面及沿线附属设施改造；X104 嘉盐线、X109 湖盐线、X119 嘉南线、X331 翁金线等安全设施更新提升；调查评估 4 条干线公路安全设施并建立信息库；X611 武袁线大北山路口改造及沿线灯控路口完善非机动车辅灯；525国道增设机动车、非机动车指示标志F杆。4月30日开工，8月23日竣工验收。

【公路环境安全管理】 2023年，县交通运输局根据《海盐县公路路域环境专项整治行动实施方案》要求，开展全县公路路域环境专项整治。出动作业人员8046人次，机械设备24台(套)，治理点位1010处，整治桥下空间15座次，清理垃圾255.9吨。完成乡村道路和桥梁的外业检测，8月完成评审。开展禁令标志整治行动，改善车辆行驶环境，提高公路通行能力。接收110应急联动48次，完成应急处置48次，出动人员164人次。防汛防台期间，检查桥梁152座、边沟136千米，处理临水落差段2处，处理积水路段20余处，处理翁金线倒伏树木断枝5处、行道树倾斜妨碍通行30处。使用融雪剂150公斤，解决百尺路下穿及西埝桥非机动车道桥面结冰。

【两路两侧“三化一平”整治】 2023年，县交通运输局制定《海盐县深入推进“两路两侧‘三化一平’”专项整治行动方案》，对公路及途经服务区、互通枢纽、桥下空间可视范围内开展新一轮地毯式排查，出动作业人员7732人次，投入机械设备907台次，处置问题点位55个，以交办单形式发给属地乡镇落实解决。

【运输行业安全管理】 2023年，县交通运输局召开道路运输行业安全生产工作会议暨安全生产月教育培训，54家运输企业参会。与全县61家运输企业签订《安全责任书》，与49家货代企业签订《海盐县货运实名制工作责任书》，日常检查，专项抽查，加强行业领域安全生产监管工作。每月深入危货运输企业、“两客”运输企业及客运站场，推进“两客一危”企业动态安全评价。全年安全生产宣传进企业50余家；开展应急演练5次，提高从业人员事故防范和应急处置能力；完成常压液体危货罐车专项治理；淘汰老旧营运货车35辆；新增更新出租车（含网约车）319辆，新能源比例99.69%。开展出租车迎亚运服务提升专项行动，补助出租客运车68辆21.42万元。

【重要时段运输保障】 2023年，县交通运输局开展春运运输组织保障和疫情防控乙类乙管工作，开展企业走访检查，落实企业主体责任。1月7日至2月15日，累计发送旅客34.05万人。强化亚运安保期间“两客一危”车辆通行监管，按要求开展白名单申报审批。每日核对管控区域电子围栏车辆状况，及时处置异常线索，配合公安部门开展亚运期间危化品车辆通行管控。

【普通省道网命名编号调整】 2023年，县交通运输局对S202、S206、S207、S303四条省道实施普通省道网命名编号调整工程，主要内容为里程桩号传递（里程碑、百米桩更新埋设）、交通标志调整、数据更新（公路数据库、电子地图和公众出行信息服务系统）及安全设施增设等，投资352万元，于11月14日开工。

【优化公交线网布局】 2023年，县交通运输局清明期间开行海盐客运中心至永安陵园清明直达专线。5月18日，开通首条双拥专线K177路，缩短市民去省荣军医院就医候车等车时间。9月22日，调整Y8路公交线路，方便去市民文化艺术中心、天仙湖公园等地游玩。2月，执行嘉兴户籍退役军人乘坐城市、城乡公交免费政策。3月，实行医务人员“公交畅行卡”免费乘车，海盐县医务人员凭卡可免费乘坐市域公共交通两年。4月，鸿远公交推行“老兵码”免费乘车功能。持有“老兵码”退役军人可免费乘坐海盐城市、城乡、城际公交车（除高铁直达专线外）。

【绿色出行推广】 2023年，海盐县以“绿色出行 美好生活”为主题，开展绿色出行宣传、无车日（9月22日）免费乘公交、公共自行车绿色骑行、“礼让斑马线，争做文明服务公交”等系列活动，动员社会公众参与绿色出行行动，共同营造低碳交通、绿色出行的公交出行文化。

【驾培行业管理】 2023年，海盐县开展机动车驾驶员培训行业专项整治行动，全面排查教练员资格条件，提升教练员队伍素质。完成驾培行业计时厂商到期更换工作，启用嘉兴市数字驾培服务平台。完善基础设施，阳光驾校新增备案培训场地1块，面积1万平方米。

（严滕伊）

铁　路

【概况】2023年，海盐县大力推进通苏嘉甬高铁、沪平盐城际铁路2条铁路建设。

【通苏嘉甬高铁】2023年，新建的南通至宁波高速铁路（通苏嘉甬高铁）是国家高速铁路网“八纵八横”之一，其中海盐段全长42.7千米（陆路24千米、海上18.7千米），总投资217.2亿元（占嘉兴段总投资54.7%），自嘉兴南站引出，进入海盐县境内，途经百步、通元、沈荡、于城、武原五个镇（街道），在海盐县城南侧设海盐站，出站后跨杭州湾进入宁波。设计时速350千米，预计2027年建成。是年3月，大桥进入海上主体工程施工。12月，大桥中航道桥首根钻孔桩开钻。项目陆路段工可、初设获批，施工图通过国铁集团审查，用地组件上报国务院。海盐段农房拆迁签约率100%，腾房、拆房率100%，土地承包权人签约率99.8%。

【沪平盐城际铁路】2023年，金山至平湖市域铁路是既有金山铁路的延伸线，包括金山卫至独山港段（上海段）和独山港至海盐段（浙江段）。新建线路约52.12千米，海盐段12.4千米，该铁路自金山卫站引出，向西经金山区东平路、金山大道进入浙江，先后途经平湖市、嘉兴港区，终至海盐县。浙江段项目工可、初设获批，施工图4月28日通过国铁集团审查；8月3日，沪平盐城际铁路项目用地土地征收获自然资源部批复。海盐段农房拆迁签约率100%，腾房、拆房率100%，土地承包权人签约率100%。

（万　磊）

水　路

【概况】2023年，全县有定级航道37条，总长239.22千米，其中三级航道35.56千米、四级航道11.88千米、五级航道67.53千米、六级航道36.01千米、七级航道69.66千米、八级航道9.53千米、九级航道0.52千米、取消定级航道8.53千米；跨省1条，跨县5条，县内31条。全县有水上运输企业6家，其中内河运输企业1家、海运企业5家；有在册运输船舶428艘，49.73万载重吨，比2022年减少16艘，减少21.07万载重吨。其中：内河运输船舶417艘，19.37万载重吨；沿海运输船舶11艘，9.29万载重吨。全年完成水路货运1938.82万吨，同比下降4.29%；货物周转量61.83亿吨千米，同比下降43.8%。其中：内河水路货运量1330.32万吨，货物周转量16.55亿吨千米，同比增长13.48%、9.83%；沿海水路货运量608.5吨，货物周转量47.5亿吨千米，同比下降28.71%、50.01%。内河港口货物吞吐量2545.82万吨，同比增长24.6%；外海港口货物吞吐量1538.56万吨，同比下降2.04%；海河联运中转量273.92万吨，同比下降3.38%。

【水上交通安全管理】2023年，县港航管理服务中心重点围绕危化码头（水上加油站）、经营性码头、水运企业、水运在建工程及水运养护工程等领域，开展安全隐患排查。建立码头管理监管网格，强化安全隐患排查，落实企业安全主体责任。开展航运企业安全检查，多轮次全覆盖严查企业经营资质和船舶营运条件。落实“三防”（防汛、防旱、防台）工作方案，加强航道日常巡查。

【船舶污染防治】2023年，海盐县持续推进“一船一站一机制”项目建设，使用专业油污水收集船1艘，在于城锚泊服务区油污水接收站预处理各艘船舶油污水、生活污水，产生的废油委托专业危废处置单位作无害化处理，并建立联合监管和闭环管理制度。是年，收集船舶生活污水7333艘次1401.12吨、生活垃圾10359艘次31.35吨、船舶油污水1180艘次152.15吨，转运处置残油废油75.99吨。

【航道养护工程】6月30日，海盐官堂线航道提升改造二期工程、黄湾线（长山河至中分桥）养护工程一期开工，至12月末，投资3750万元，养护里程8.2千米。

【浙北集装箱通道建设】2023年，海盐黄桥左幅完工并通车；吕家桥桥面改装完成；杨家簖桥完成进度92%；海盐大桥、北阳桥、西塘桥、高桥、升界桥完工并通车。至12月末，完成投资额48021万元。

（徐　贝　范宋明）

港口码头

【概况】 2023年，全县有内河码头45座、泊位90个，完成货物吞吐量2545.82万吨，同比增长24.6%，其中进港1877.58万吨、出港668.24万吨。有沿海码头生产性泊位10个，完成货物吞吐量1538.56万吨，其中进港1348.01万吨、出港190.55万吨。

【内河港口码头】 2023年，海盐有内河码头45个，其中企业自用34个、水上加油站5个、公用码头6个。分布在各个镇（街道），通元镇最多，有11个，望海街道8个，沈荡镇7个，百步镇6个，秦山街道5个，于城镇5个，武原街道2个，西塘桥街道1个。500吨级及以上泊位35个，占泊位总数38.9%。对应吨级的码头17个，占码头总数37.8%。杭平申线航道有码头15个，占总数33.3%，其中500吨级及以上码头17个，占此吨级码头总数48.6%；大横线航道6个，官堂线6个，嘉于线5个，潭桥线5个，长山河3个，黄湾线2个，六平申支线、石泉线、元通线各1个。内河码头装卸货种以矿建材料为主，有码头24个，占码头总数53.3%，吞吐量1924.59万吨，占总吞吐量75.6%。其次是钢材，有码头8个，占比17.8%。

【海盐港区码头】 2023年，海盐港区规划港口岸线18千米，自东向西依次为海盐通用与多用途作业区（C区）、秦山通用与预留发展区（E区）和澉浦临港产业与预留发展区（G区），主要为嘉兴市生产及临港产业运输发展服务，适当拓宽临港物流、大宗商品储运等功能，发展临港产业。有港口企业6家，泊位10个。其中：万吨级以上泊位6个，为嘉兴港杭州湾港务开发有限公司（C1–C2）、嘉兴港海盐嘉实码头有限公司（C3–C4）、浙江协和港务有限公司（C5–C6）。C1–C4四个万吨级多用途泊位是国家一类开放口岸；千吨级泊位4个，为浙江钱塘港口物流有限公司（E18–E19）、浙江林龙港口有限公司（G1），另有自备码头秦山核电重件码头（E区）。

（徐　贝　许云飞）

杭州湾跨海大桥

【运营情况】 2023年，杭州湾跨海大桥通行车辆2146.79万辆，日均5.88万辆，同比上升50.4%。海天一洲景区接待游客27.31万人次。大桥范围内未发生较大及以上安全责任事故，“两区一洲”未发生等级火灾事故和群体性事件，桥区海域未发生船舶触碰大桥造成结构毁损事件，安全形势持续平稳。全桥设施设备齐全完好，主要结构技术状况评定等级二类，各结构部件得分较上年度均有提升，路面使用性能指数PQI均值95.81，无不合格路段，全省高速公路桥隧养护抽检巡查名列第一。大桥被命名为浙江省法治宣传教育基地，大桥智慧化提升改造项目入选“2023年度高速公路信息化杰出工程”。大桥南、北岸服务区通过省五星级服务区复评，南岸服务区获评2023年全国暖心服务“司机之家”，北岸服务区获评全国AAAAA级“司机之家”。海天一洲通过AAAA级景区复评，获评“浙江有礼四个一百”有礼窗口。大桥责任范围内未发生违法违纪案件，实现廉政零违纪。

【安全监管】 2023年，杭州湾跨海大桥管理局修订《杭州湾跨海大桥安全生产考核奖惩办法》，签订安全生产责任书，召开专题会议部署安全工作，开展“安全隐患排查治理”“安全生产月”等活动，抓好亚运会、重大节假日和恶劣天气安全保畅工作；全年开展各类安全检查94次，发现并整改隐患59起。修订《杭州湾跨海大桥运营监管制度汇编》《杭州湾跨海大桥突发事件应急预案》《杭州湾跨海大桥法律法规汇编》，开展技能培训和应急演练，提升大桥应急处置能力。启动大流量一级响应48次、二级响应82次，累计实施782.53小时，比2022年增加669.05小时。修订《共创共建“平安大桥”专项活动实施方案》，深化联勤机制。全年大桥各项联勤指标优良，桥面事故和现场清障到达时间合格率为99.9%，监控中心电子巡逻事件发现率98.3%，未发生人为原因引起2千米以上堵车事件。整治交通秩序行动92次，查处违法行为18607起，处理交通事故1874起。开展桥区海域巡航检查292次，里程 9887 海里，查纠各类违章 56 起。全年消防接处警 306 起，治安接处警 224 起。开展超限运输治理和专项整治行动，处罚超限车辆 224 辆。

【全国首个跨海桥梁观测站】 9 月，杭州湾跨海大桥公路路基路面长期性能科学观测网试点建设通过评审验收。该观测站为“全国交通基础设施长期性能观测网第一批试点”，也是首批 19 个试点中唯一的桥面性能观测点，是全国首个跨海桥梁路面长期性能观测站。观测点具备环境信息、荷载信息、交通信息、路面响应信息等 7 类信息 30 项指标采集能力，自动实时观测路面各项技术状况指标变化情况，提升跨海桥梁桥面铺装运营水平。

【日通行量再创新高】 5 月 1 日，杭州湾跨海大桥日通行量达到 125698 辆，再创日最高通行量。是年“五一”假期，高速公路实行小客车免费通行政策，大桥车流量大幅增长，通行各类车辆 59.76 万辆，日均 11.95 万辆。

【护航亚运】 2023 年，杭州亚运会期间，大桥管理局组织护航亚运专项行动，落实亚运会安保要求，运行安全生产工作体系；完成“三化一平”专项行动，营造“畅通、安全、舒适、优美”通行环境；开展亚运宣传氛围布置，在大桥主线、两岸服务区和海天一洲设置亚运电子宣传大屏、吉祥物打卡点、灯箱、道旗等。从亚运会开幕到亚残运会闭幕，大桥安全通行各类车辆 248.28 万辆。

【智慧化服务建设】 2023 年，大桥服务区建成“1 个智慧平台 + 5 个功能模块”应用体系，实现人流、车流等数据自动采集和监测，实时根据数据调整措施完善服务。海天一洲景区完成导视系统优化、游览路线调整、官网改版和多平台线上售票对接工作，从服务、环境和设施三个维度着力提升品质，满足游客出行新需求新体验。

【党建联建】 2023 年，大桥管理局继续深化“6·8”主题党日品牌，与 15 家大桥养管经营单位建立党建联建机制。举办第一次联建活动——“大桥有我 青春建功”演讲比赛，来自大桥各单位的 14 名选手围绕“学用新思想 建功新时代”主题演讲。慈溪籍词作者洪恩甫、演唱者黄铃等代表主创们把歌曲《世纪彩虹》版权送给大桥党建联建活动。

【循迹溯源研学路线】 2023 年，大桥管理局全面系统梳理习近平总书记六次考察大桥足迹脉络，挖掘、讲好大桥对浙江贯彻落实“八八战略”，接轨上海、参与长三角合作交流的重要意义，打造“循迹溯源、重温嘱托、感恩奋进”主题教育现场学习路线，为省、市各单位开展“追寻领袖足迹、感悟真理伟力”提供重要教学资源，入选浙江省学习贯彻习近平新时代中国特色社会主义思想现场教学示范点、宁波十三家“足迹点位”、市委组织部经典路线手册。全年接待主题教育现场学习 136 批次 4335 人次。

（冯微红）

交通管理

【概况】 2023 年，全县道路交通事故死亡 20 人，同比下降 4.8%；受伤 102 人，同比下降 8.1%；死亡逃逸事故侦破率 100%。是年，县交警大队持续推进“珍爱生命，铁拳护航”交通安全大会战，获得大会战考核全市第一名、平安建设交通安全工作全市第三名成绩。

【交通安全监管】 2023 年，县交警大队发挥交通安全大会战平台作用，动态挂牌西塘桥街道，助力省级挂牌武原街道顺利“摘牌”，推进生产经营性亡人事故深度调查 2 起，发放事故通报 20 期、整改交办单 36 份。对在盐运行货车实行电子化“户籍”管理，对异地隐患车辆进行“线上”布控监管、“线下”精准查缉。专人管理“警企共治”平台，预警数据及时处置率 100%。统筹推进“护航亚运”道路交通安全整治行动，深化数字警务室“智”治建设，紧盯重点时段开展全域网格化巡查，强化违法查处，加强秩序治理。开展非标电动自行车淘汰“清零”行动，联合县市场监管局加大对销售店、维修店非法改装、解码提速的查处力度。启动超限超载驻站执法和流动检查联合勤务，对超限超载 30% 以上车辆落实“一超多罚”。全年查处各类道路交通违法 19.26 万余起，其中酒驾 1011 起（醉驾 270 起）、电动车违法 3.63 万余起、超限超载 4989 起。破获“飙车”案 1 起、刑拘 2 人，危化品驾驶案 5 起、刑拘 5 人，办理深度打击电动自行车违法改装销售源头案件 10 起。

【交通设施改善】 2023 年，县交警大队整治市级挂牌安全隐患路段（九场线）1 条，市、县挂牌安全隐患点位 4 处。制定亡人事故隐患治理“一路一策”，跟踪治理险要点段 40 处，有机更新城市道路 10 条。推进农村路口标准化建设，改造提升路口 54 个、道路 20 条及桥梁 20 座，建设“星光”工程 73 处。动态更新 8 条施工路段管理清单，常态落实人员、装备、设施标准化安全管理。

【智慧交通监管】 2023 年，全县新增交通信号协调疏导系统 22 套、电子警察系统 27 处。是年，县交警大队建成智慧交管平台，建立信号配时中心，提升城市道路绿波通行能力 12 条，为重大行动提供通勤保障 70 余次。针对车流量不均衡、单一方向流量偏大等特殊路口，分别采用“单独放行”“搭配”“二次放行”等多样控制模式，最大限度发挥路口的通行潜力。建设绿波路段 26 条，其中单点控制重点路口 11 个、干道协调控制路口 268 个，协调控制路口达 98.5%，平峰行程车速平均提升 13.2%，行程时间平均下降 23.6%，停车次数平均下降 64.2%。

【“智能云办”服务】 2023 年，县交警大队创新打造“智能云办”服务场景，推出驾驶证换证体检“增值服务”，实现掌上换证“零次跑”。该项目入围全省“公安改革创新”引导项目和嘉兴市营商环境“微改革”第二批创新案例，在市公安局举办的“嘉警·蓝盾”第二次产品发布会上作介绍，受到《人民公安报》《平安时报》和各级部门关注。

2023年，县交警大队常态化开展货车检查，严查超限超载

（张伟煜摄）

【文明交通宣传】 2023 年，县交警大队发挥“社区民警 + 属地交警 + 村社基层干部”专职宣讲团职能作用，以 121 个村（社区）为单位，通过“亲情帮扶”“包干到户”“一对一辅导”等形式，形成“适老”宣教模式。全年 60 岁以上老年人死亡人数同比下降 20.83%。设计不同年龄学生教学方案，开展“模拟交通”移动课堂进校园、交通安全亲子游园会进社区、警营开放日等活动，加深学生对交通安全的认知。

2023年，县交警大队组织开展“交通安全宣传——指出安全”宣传活动

（张伟煜摄）

开展工程运输企业“要上路先听课”警示教育，督促企业关注行车隐患问题。组织运输驾驶员走进“望”你平安交通安全教育警示馆，开展“科普 + 培训 +VR 体验”全流程、沉浸式宣教，约谈有路口右转未礼让“黑记录”驾驶员。针对外卖骑手闯红灯违法行为形成通报 12 期，敦促平台将交通违法纳入诚信考核，形成内部惩戒机制。依托微信、微博平台，及时报道交通整治工作动态，曝光交通违法行为，其中开展“五大曝光行动”12 期，制作《2023 年交通事故警示录》1 部。开展“五进”（进农村、进社区、进企业、进学校、进家庭）宣传 629 场次，其中“美丽乡村行”巡回宣讲 158 场，受教育群众 15 万余人次。

（金春琴）

邮政·通信

邮　政

【概况】 2023年，海盐邮政培育党建品牌、强化行业安全生产监管、维护从业人员权益、扶持企业发展，推动快递市场和邮政普遍服务健康有序、安全畅通、绿色环保、稳步发展。组织3家法人企业开展能级工资集体协商，实现将员工工龄、技能等级与薪酬挂钩，薪酬待遇与获得荣誉激励配套。优化共配模式，实现圆通、韵达、极兔三个品牌统仓共配的运营模式。保障行业安全，全年安全无事故。海盐邮政管理局获评全省新就业形态劳动者温暖行动试点单位、市行业质量提升先进单位等，“盐途邮你E路同行”获评县级机关党建品牌。

【快递服务】 2023年，海盐县本地注册快递企业4家［海盐中通速递有限公司、海盐申通快递服务有限公司、浙江雷霆供应链管理有限公司（圆通）、海盐峰达快递有限公司（韵达）］，市级品牌1家［浙江云声物流科技有限公司嘉兴分公司（嘉兴菜鸟乡村分公司）］；分支机构37家；末端网点100家。有邮政快递品牌13个［EMS、顺丰、京东、中通（兔喜）、申通、圆通、韵达、极兔、德邦、跨越、DHL、菜鸟速递、菜鸟乡村］，从业人员840人。全年完成快递业务量3318.7万件，同比增长16.6%；业务收入3.99亿元，同比增长13.3%。其中：同城业务量262.68万件，占全部快递业务量的9.15%，同比增长28.55%；异地业务量3054.91万件，占90.81%，同比增长16.56%；国际及港澳台业务量1.11万件，占0.04%，同比下降85.29%。

【邮政业务】 2023年，全县有城乡邮政营业网点16个、揽投部7个、警医邮网点13个、村邮站96个。全年邮政业务收入10675万元，同比增长8.21%。其中，代理金融6086万元、寄递业务2778万元、分销751万元、函件262万元、报刊344万元、集邮176万元、电子商务及其他278万元。利润1285万元，为年度计划的118.24%。全年订销报刊683.8万份，同比增长1.1%。邮票发行量6.3万枚（册），同比下降52.9%。邮政业增加值0.08亿元。

【行业监管】 2023年，海盐邮政管理局按照“党政同责、一岗双责、齐抓共管、失职追责”要求，压实四方责任。召开季度安全例会，与13家寄递品牌签订安全生产责任书。对标对表、自查自纠，建立企业重大事故隐患排查机制，实行闭环管理。检查寄递网点312家，发现问题278个，均整改完毕。紧扣杭州亚（残）运会、大运会、乌镇峰会等重大活动安保要求，狠抓寄递安全“三项制度”（实名寄递、开箱验视和过机安检）落实，加强特殊区域、重要部位邮件快件安全检查。联合公安、国安、交通、市场监管、商务等部门，针对寄递企业落实“三项制度”、行业消防安全管理、车辆（快递三轮车）道路交通安全、快递企业超地域范围、

2023年，海盐县开展“10+X”系统（行业）平安创建推进会暨2023年度海盐县邮政快递业安全应急演练（海盐邮政管理局供）

超业务范围经营等开展联合执法，出动执法人员118人次，立案处罚11起。开展应急演练4次，提高处置突发事件能力。加强扫黄打非工作日常监督及指导，邮政海盐分公司城北路邮政所获评市“扫黄打非”示范标兵，顺丰百步营业部获评市“扫黄打非”示范点。是年，每十万件申诉率0.5以下，多次名列全市第一。

（夏　露）

通　信

【电信海盐分公司】 2023年，电信海盐分公司有员工104人，下属支局8个，营业网点27个，用户总数29.59万户，主营收入1.66亿元，同比增长12.2%。全年移动用户净增1.03万户，累计12.49万户；宽带净增0.38万户，累计8.38万户；5G终端净增1.81万户。

优化营商环境　2023年，电信海盐分公司推进“一对一”服务模式，为企业智慧工厂建设和产业数字化提升提供技术支撑。助力海盐基层治理体系迭代升级、数字政府综合应用建设，在信访条线推进“民呼我为”数字化改革，推进阳光信访、责任信访、法治信访。升级乡村数字建设，启动数字化转型应用，数字乡村云平台通过“视频+AI+智能云播”，为乡村提供可积木式选择的场景、应用、工具等，形成“千村千面、一村一品”的数字乡村新格局。

网络信号覆盖　2023年，电信海盐分公司加强5G信号覆盖，强化4G和5G网络覆盖，5G基站达到373个、4G基站614个、5G室分信源554个；深化一张网建设，实现与联通全域4G/5G共建共享，电信共享给联通1373个小区，联通共享给电信532个小区。提升千兆网络能力，10G XPON达到4255端口，县域范围全覆盖。

通信保障　2023年，电信海盐分公司执行重要会议期间通信值班制度，完成“我们的村晚”、杭州亚运会通信保障工作。制定惠民政策，延续残疾人、退役军人等特殊群体优惠政策。

（徐晓婷）

【移动海盐分公司】 2023年，移动海盐分公司有营业网点9个，员工95人。手机用户超39万户，家庭宽带用户超12.8万户，服务政府企事业单位超2000家，参与党政机关企事业信息化项目41个。

网络信号覆盖　2023年，移动海盐分公司推进5G—2.6G频段网络和700M频段网络建设，建成5G基站700余个，实现县域5G网络全覆盖。部署10-GPON网络资源，在千兆光网全域覆盖基础上，推进小区楼栋、小微楼宇、沿街商铺覆盖到户，全年升级千兆小区151个，提升全县千兆宽带接入能力。驻地网覆盖达到23万户，服务家庭宽带用户超12.8万户，千兆宽带用户超3.5万户。构建“三横三纵”县域泛在算力网络，开工建设东海大道边缘云数据中心机房，扩容本地边缘算力资源，夯实算力要素基础，满足企业上云需求。

数字化建设　2023年，移动海盐分公司深化数字赋能，参与两化（绿色化、数字化）改造推荐会，引入两化服务商10家，参与企业数字化诊断169家，提供数字化改造服务。发挥5G网络和边缘计算优势，成立海盐“5G全连接工厂+两化改造”特战队，聚焦关键领域输出5G+数采、5G+AGV、5G+MES等74项解决方案，实现企业生产制造应用场景全要素打通，解决传统企业转型痛点，为海盐中达金属电子材料有限公司、海联锯业科技有限公司、嘉兴迈思特管件制造有限公司等15家“专精特新”企业提供数字化诊断和信息化服务。发挥5G+AICDE优势，打造基于5G专网的热电行业集中管控底座平台，服务企业200余家；建设恒洋热电5G智慧工厂，基于5G高频数采实现120千米管网精细化与智能化管理，助力企业降低年煤成本204.4万元。承建海盐县智安街道二期项目，完成城市视频监控补盲覆盖，助力公安部门提升治安管理水平。赋能6个未来社区打造全域平台建设，支撑北荡社区和澉川社区通过引领型未来社区验收，助力智慧城市建设。推进数智乡村振兴计划落细落实，发挥网络技术、大数据等优势，加快实施数智化工程、数智乡村建设，助力提升农业农村现代化水平。关注乡村教育数智化，打造“非遗融入现代国民教育体系”数字化改革项目，助力乡村学校融入非遗教育；融入乡村医疗数智化，实现线上预约挂号、远程问诊、慢病监管等功能服务；承建通元雪水港村、丰义村等未来乡村平台建设和场景建设，打造未来乡村九大场景。

业务工作　2023年，移动海盐分公司聚焦适老化服务，开展银龄科普活动100余场，服务3000余人次。优化营业厅业务办理环境，改造3家营业厅无障碍通道；开展“银色守护”服务，推出“长者优先办业务、轻松接人工、安心用流量、享上门服务”等6项老年客户专属服务。强化通信普惠，落实提速降费，服务千兆宽带用户超3.5万户，移动宽带用户户均速率447Mbps，同比增幅超22%。助力政务信息宣传，配合政府开展反诈提醒、平安建设调研、防汛抗台提醒等，累计发送短信近10万条。依托国家反诈大数据平台，整合公安、银行等数据，创新“红黄绿”反诈码便捷风险预判工具，累计查询8.49万余次，红码拒卡1000余张，加快问题号卡“动态清零”；警企协同联动，依托公安“96110”反诈劝阻平台实现大数据分析预警，阻断疑似诈骗行为，劝阻易骗用户；研究GOIP设备等新型诈骗方式，协助公安办案9例。

（姚若宇）

【联通海盐分公司】 2023年，联通海盐分公司有员工50人，营业厅4家，其中武原城区2家、西塘桥街道1家、百步镇1家。全年业务收入6030万元。

网络信号覆盖　2023年，联通海盐分公司持续打造双“千兆”网络，提升改造武原街道和西塘桥街道千兆网络，建设和改造小区65个，覆盖用户近3.5万户；开发应用900M低频网，与电信海盐分公司合作，深化移动网“共建共享”工作，新增4G基站94个，累计632个；新增5G基站59个，累计457个。

数字化建设　2023年，联通海盐分公司围绕集团公司“1+9+3”战略规划和浙江联通“1572”战略，全面落实网络精品、服务提升、提质增效、科技创新四大工程。提升光缆物理网覆盖规模，年内新建主干光缆35千米，持续推进OTN智能城域网和PEOTN建设，新增传输节点56端，提升5G及大颗粒数据业务输送能力，为全县数字化转型奠定传送基础。聚焦政府、企业数字化需求，在创新标品和专线上有所突破，包括公网数字对讲、云服务器、叉车、沃电梯等创新业务；助力镇（街道）及行业信息化项目，包括公安防溺水试点项目、智安街道、澉浦充电桩、未来社区软件等项目实施。

（陆丽娟）

城乡建设

综 述

【城乡面貌提升】 2023年，海盐县开展“城市更新行动、产业强基行动、除险保安行动、城乡融合行动、‘五敢’建设行动”，入围城市更新省级试点城市，沈荡镇入围省级试点片区和市首批风貌特色镇创建名单，绮园区块获评省级历史文化街区。6个项目被列入省级城乡风貌区创建名单，其中2个县域风貌区创成样板区，澉浦—通元“湖光山色”县域风貌区获评“新时代富春山居图”样板区。13个未来社区被列入省级创建名单，5个完成省级验收，3个获评省级“引领型”未来社区。澉浦镇六里村列入中国传统村落名录。

【“住有宜居”工作】 2023年，海盐县推进“住有宜居”工作，新建筹集保租房3138套，提前完成省下达“十四五”目标任务；发放公租房租赁补贴811.65万元，城镇住房保障受益覆盖率31.09%，保持全市第一；完成众安花苑老旧小区改造；既有住宅加装电梯30台、联审12台，核电新村整幢连片加装电梯入选省优秀案例；创建市级红色物业项目9个。探索智能化建造、装配化装修试点，百步镇邻里中心Mic项目为全国首单装配式整体剪力墙结构；南北湖开元森泊度假乐园获省建筑业新技术应用示范工程项目、省“智慧工地”示范项目；锦萧建筑科技装配式预制构件绿色生产基地申报“国家级建筑工业化生产基地”。

（郑海霞）

【入选全国深化农村集体经营性建设用地入市试点】 2023年，海盐县入选全国深化农村集体经营性建设用地入市试点地区。12月13日，通元镇丰义村1宗试点地块入市，标志海盐探索农村集体经营性建设用地入市试点工作取得实质性进展。

【农民住房保障】 2023年，海盐县多元化满足农民住房保障需求，优化城乡发展格局，完成农民建房审批1133户、“小县大城”农房征搬迁2401户，同比增长113.3%和120.05%。沈荡镇新丰村等4村、西塘桥街道东海社区和新港社区、望海街道新兴社区和百步镇桃北村千亩方永久基本农田集中连片整治项目入选第一批“百千万”永久基本农田连片整治省级优秀项目名单。望海街道兴隆村、沈荡镇庄星村获评省“一村万树”示范村。

【阳光征收】 2023年，海盐县推行“阳光征收”，征地项目33个批次，征收面积242.21公顷。

【农村回迁安置慢问题专项治理】 2023年，海盐县开展农村回迁安置慢问题专项治理，推进农村回迁安置，3年以下完成235户，3—5年完成121户。

（朱晓莹）

国土空间规划

【概况】 2023年，海盐县国土空间总体规划经市自然资源规划局审查、市国土空间规划委员会审议，经市政府上报省政府。开展《海盐县蓝绿空间专项规划》工作，打造人与自然和谐共处的“蓝绿交织”“城海共生”新格局；推进《海盐县低散乱污整治专项规划》工作，为高质量发展腾出空间；推进城镇开发边界内控制性详细规划按需编制，引导近期重点项目建设，完成高铁新城片区《海盐0573-HY-WY-20（新光单元）、WY-21（秀远单元）、WY-22（河滨单元）、WY-23（秀水单元）、WY-24（站前单元）、WY-25（高铁南单元）控制性详细规划》编制与报批工作，保障高铁新城等一批重大项目建设。

【规划设计研究】 2023年，海盐县持续推进高铁新城城市设计深化和核心区优化工作，形成高铁新城核心区CBD优化成果；高铁海盐站建设方案初步设计经国铁集团鉴定中心组织专家评审通过。完成沪平盐城际海盐东站枢纽概念性初步设计方案，推进沪平盐城际开发区站和海盐东站建设方案外立面优化对接工作。完成古城复兴国际征集方案深化和专家评审工作。聚焦“2+2+X”接沪连杭融嘉通甬的现代综合交通体系，重点谋划县城“一核四翼”空间布局，开展《海盐高铁站及周边市政配套设施方案研究》《海盐县高铁新城片区道路竖向规划研究》工作。优化全县村庄规划（扩容版）和4个镇（街道）涉及8个村的实用性村庄规划编制、报批工作，保障农民建房需求。

【城乡规划管理】 2023年，海盐县完成全县地块规划评估分析5块，项目选址论证分析6个，控制性详细规划局部调整26个。出具建设项目用地预审与选址意见书66件、“零地技改”规划意见书47个、规划条件53个、规划条件变更4个。组织项目方案评审会8次、完成项目报批稿审查26个。100%建设工程规划许可实行告知承诺，项目抽查率为非工业项目37.5%，规划审批提质增速。总结现行控规编制、审批、实施、调整情况，形成现行控规的“一张图”基础数据初步成果，提升规划空间治理能力。建立常态化体检评估和动态调整完善机制，完成《2022年度海盐城乡规划编制实施情况评估》，上报县人大审议。强化县国土空间规划委员会统筹作用，推进规划编制和工程规划选址、设计方案审议，召开县空间规划委员会专题会议7次，审议议题105个。落实“规划一点通”建设，搭建共建、共治、共享平台，完善社会参与机制。

（曾浦成）

公用事业

【供水】 2023年，全县有水厂2座（海盐县天仙河制水有限公司、海盐县三地自来水有限公司），安全供水5173.75万吨。全年营业总收入4.38亿元，经贸业务2.75亿元。实施工程项目9个，完成二次供水设施、城乡供水管网改造等工程。城乡供水水质合格率100%，城市公共供水漏损率6.93%。千亩荡水源地水质持续稳定，千岛湖原水足额取用，县域自来水水质得到提升。

基础设施建设　2023年，县水务集团投资8.78亿元，推进三地水厂、工业污水生产线改扩建项目，海盐城乡污水处理有限公司率先实现清洁排放。全年新建改造供水管网452千米，新建污水管网153千米，改造智能水表3800只，供水基础设施优化提升。创新建设智慧水源地管理平台，采取藻类治理、微纳米曝气等措施，实施膜处理净水项目，提升千亩荡水源地水质，全年巡检500余次。

水务运行与服务　2023年，县水务集团以《海盐智慧水务总体方案》为引领，推进大数据平台二期建设，智慧水务服务群众30.7万余次。深化“水管家”党建品牌建设，赋予“水宝”卡通形象，走村入户服务基层80余次。上线企业服务一指通、智能“水管家”等场景应用，走访调研企业100余家，累计帮办业务30余件。“水管家”服务案例登上《人民日报》客户端。办理信访件302件（含12345政务服务热线），回复及时率、满意率均为100%。清淤检测农村污水管网460千米，蓄水试验362次，抢维修4600余次。立足物资贸易、管网清淤、桶装水销售三大业务板块，开拓工程承接、吸污排污、气囊封堵等新型市场业务。拓展桶装水销售市场，“千源悠活”品牌深入学校、机关、企业、百姓身边。

污水收集与监管　2023 年，全县污水收集输送 5241.28 万吨。12 月，工业污水生产线通水运行，县域污水处理能力达 20 万吨 / 日，打开污水“分质处理”新局面。完成农村污水零直排工程，纳管住户 8562 户，城镇生活污水收集率、处理率分别上升至 80.96% 和 97.74%。全年城乡污水处理厂 COD 减排 5435 吨、氨氮减排 877.6 吨，进水平均 BOD 浓度 83.7 毫克 / 升，进出水水质稳定达标。成立管网公司，实施全县供排水运维一体化管理，累计运维巡检 4300 余人次，年度供水、污水城市体检得分分别为 88.8 分和 81.1 分。农村生活污水治理工作考核获全省优秀。

（朱　杰）

【供电】 2023 年，海盐县除大桥新区外，全社会用电量 35.76 亿千瓦时，同比增长 3.33%；供电量 33.15 亿千瓦时，同比增长 1.64%；售电量 32.35 亿千瓦时，同比增长 1.96%；线损率 2.4%，同比下降 0.3 个百分点；全年最高负荷达到 67.7 万千瓦，同比增长 1.87%；营业收入 20.52 亿元，同比减少 1.77%；电费回收率为 100%。城乡供电可靠率均为 99.99%。至年末，全县营业户数 25.65 万户，同比增长 5.29%。

海盐县供电公司管辖地域拥有 220 千伏变电所 4 座，主变 9 台，容量 180 万千伏安，其中 220 千伏海塘变与滨海合用计算容量减半，实际可用容量为 153 万千伏安；110 千伏变电所 15 座，主变 30 台，容量 147.15 万千伏安；35 千伏变电所 3 座，主变 6 台，容量 10.4 万千伏安。110 千伏线路 28 条，总长 186.42 千米；35 千伏线路 7 条，总长 62.40 千米；20 千伏线路 21 条，总长 156.27 千米；10 千伏线路 268 条，总长 2234.17 千米。10 千伏配变 6458 台，容量 384.67 万千伏安，其中公用 3748 台，容量 179.21 万千伏安；20 千伏配变 430 台，容量 36.59 千伏安，其中公用 220 台，容量 9.30 万千伏安。至 12 月 31 日，县供电公司安全生产日累计 7268 天。全年未发生重大安全事故，未发生信息安全事件以及环保投诉、纠纷及处理事件。

电网建设　2023 年，县供电公司完成固定资产投资 8686 万元，其中配网基建项目投资 7550 万元。配网项目 30 项，其中续建 11 项、新建 19 项；竣工投产 25 项，其中续建 11 项、新建 14 项。投产 10 千伏、20 千伏中压线路 152.95 千米；投产配变台区 29 个，投产变电容量 1.22 万千伏安；投产低压线路 22.11 千米。开工 10 千伏、20 千伏中压线路 210.39 千米；开工配变台区 29 个，变电容量 1.22 万千伏安；开工低压线路 22.11 千米。至年末，全县有并网分布式光伏项目 3520 个，并网容量 320.29 兆瓦。全年光伏发电量 3.09 亿千瓦时，上网电量 0.92 亿千瓦时。

配电网规划　2023 年，县供电公司编制《海盐县电动汽车充电网络“十四五”布局规划（修编）》，通过县发改局评审并发布；编制《海盐沈荡分区配电网发展规划》《海盐武原分区配电网发展规划》。完成海盐电网 2024 年 39 项配网项目储备筹划和可研编制、评审、入库工作，新增配网储备项目总投资 1.22 亿元。

电网运行　2023 年，县供电公司未发生因运行方式不当引起的电网事故，设备保持安全稳定运行。线路执行工作票 1286 张，操作票 2240 张，抢修作业票 330 张，两票（工作票、操作票）合格率 100%。出动线路设备巡视人员 10267 人次，线路设备红外测温 3521 次 9922 个接点；进行线路交跨测量 7860 个点；发现处理存在缺陷异常线路设备 121 处。持续拓展不停电作业范围，开展配网带电作业 1394 次，累计多供电量 680.13 万千瓦时。全年测量杆塔接地电阻 206 基，整治接地电阻不合格 10 处，安装避雷器 164 支，更换绝缘子 135 支，修剪树木 122 处，拆除鸟窝 120 个，新设置防外力破坏“四合一”警示牌 162 块。全年处理配电线路通道（树、竹）323 条 4754 处次，配电线路设备接地被盗和改造 18 处，配电线路雷击、外力破坏故障 25 起，其中配电线路断线断杆故障 12 起。

电力服务　2023 年，县供电公司推进供电服务“一件事一次办”，实现“销户＋退费”一次办。实践“最多跑一次”改革，构建“网上办、掌上办、就近办、上门办、帮你办”服务模式，以收资“四免”为原则，建立政电信息共享机制，实行“一证通办、一证受理办、刷脸办电”服务。压减办电环节，普通高压客户压减为“申请受理、供电方案答复、竣工检验、装表接电”4个环节（有条件的压减为3个环节）；低压小微企业办电环节压减为“申请受理、装表接电”2个环节。提供“申请—并网—代备案”居民分布式电源一站式服务，完成居民光伏并网3209户。为居民充电桩提供“一站式”报装服务，完成报装服务11142个。提高低压接入容量标准，用电设备容量在160千瓦及以下客户采取低压方式接入电网。推行低压“零投资”模式，应用“精算效能手”小程序和“惠乡助村e起富”电子地图，为不同顾客提供数字化、个性化服务。

（金银凤）

【供气】 2023年，全县有管道燃气企业3家（海盐天泰燃气有限公司、海盐新奥燃气有限公司、海盐天然气有限公司），完成百禾苑、百禾花苑、镇南小区等管网建设20个，新建燃气管网43.89千米。全县高、中、低压天然气管道累计1171.8千米。年内新增天然气居民用户12277户，累计105140余户（点火用户），县城区范围小区（含老旧小区）天然气基本覆盖到位。持续推进农房集聚区、安置点、老小区“瓶改管”工作，累计通气108个，涉及约3.8万户。全县有瓶装液化气实名登记用户7.2万户，电子标签钢瓶数16.23万个，信息化监管率100%。是年，全县继续实行瓶装燃气统一配送工作，成立海盐中燃天泰能源公司，全县送气人员集中管理。县住建局牵头县城市运行安全委员会开展安全生产月、“大排查大整治”、“燃气专项整治”等行动，开展日常检查180余次，出动检查人员770余人次；开展专项检查18次，入户安检5.2万余户；开展各类应急演练22次。

（冯　煜）

【供热】 2023年，海盐核能供热示范工程（二阶段）公建供热项目建设完成，过秦山大道定向钻施工完成，同时建设换热箱7座，为秦山街道核电科技馆、中核工程公司、秦元科技、中核检修、中核武汉、晨晓科技等公建用户实现核能供热。全年新建供热管网11.8千米，供热居民住户4千余户，供热面积约72万平方米。是年7月，海盐县发布中国首个核能供热管网建设与管理地方标准《核能供热管网建设与管理标准》。在碳达峰碳中和创新创造大会上，“秦山核电核能供热”获评2023年度“双碳”杰出贡献案例。

（段浩洁）

城市管理

【市政行业监管】 2023年，海盐县城镇综合管线管理服务中心成立。新建联翔路、枣园支路、庆丰路、海西路等道路4.5千米，道路路网密度不低于8.5千米/平方千米，提升改造谢家路、曲秀路、长寿路、长潭路、庆丰路，督促人行道及道路排查和修补工作。对市政养护企业开展道路（桥梁）日常巡查记录检查和养护绩效考核，推进城市桥梁定期检测，完善一桥一档资料。枣园路（万昌桥—525国道）养护获得“浙江省市政金杯养护示范项目”。加大城市雨水管网建设改造和养护力度，新建雨水管网4.77千米，提标改造2.1千米，清淤雨水管网235千米，整治道路积水点1处。推进海绵城市建设，建成海绵城市1.2平方千米。完成市政公用领域（供水与污水、防涝、燃气、道路交通、园林绿化）专项体检，形成五年项目储备库。开展城市安全生产隐患、防汛防台风险隐患、城市桥梁运行风险、城镇道路施工区域市政临时工程排查整治、“打非治违”百日攻坚等专项行动。

（段浩洁）

【“大综合一体化”改革】 2023年，县综合执法局继续推进“大综合一体化”行政执法改革，推动“两化融合”（“大综合一体化”和基层治理现代化）走深走实，实现镇街层面多中心合一。加快培训基地建设，创新“点单式”教学培训课程及VR执法培训场景（获评全省典型案例），提升执法人员素质能力。成功承办全市“大综合一体化”行政执法1+7队伍技能大比武及全市改革现场会，全面展示海盐改革风采。承接市、县、镇三级指挥体系建设市级试点，揭榜挂帅全省“规范行政裁量权基准”项目。“执法有度”数字化项目继续入围全省数字法治系统“一本账S3”，被列入嘉兴市法治化营商环境改革行动方案突破性项目抓手清单。年度改革效能评价全市第一、全省第三，保持全省第一方阵。改革工作经验3次在全省现场会、2次在全市现场会做交流。VR执法培训场景、“两化融合”做法获省综合执法办领导批示肯定，形成海盐特色名片。

【城市综合执法】 2023年，县综合执法局根据法律法规调整27个领域1715个处罚事项裁量规则，对20余类执法文书格式及执法案卷制作标准进行再明确。强化“综合查一次”联合执法机制，全县行政执法联合检查任务占比达61.5%，减少企业干扰1411家次。打击渣土非法倾倒、项目投标等重大违法行为，办理相关案件337宗。会同相关部门开展安全生产、工地扬尘、水行政、燃气安全、秸秆禁烧、教育“双减”等领域联合执法，案件办理覆盖领域27个，覆盖面列全市第一，其中获评省市典型案件5件、全省先进个人2人。完成“一免一减”事项38项，办理不予行政罚款案件1100余起（赋权乡镇事项涉及800余起）。开展上门信用修复指导126家次，完成修复86家，相关经验获省领导批示肯定。推进长三角跨省执法协作，与上海闵行签订合作协议。强化执法人才培育，充实法律专家库，全局通过法考人员12人，公职律师8人。

【市容环境管理】 2023年，县综合执法局进一步理顺城市管理体制机制，持续推进省级示范单元创建工作，先后创成省级“高品质示范街区”——梦湖融创街区、省级“街容示范街”——城北路和海丰路、省级“户外广告和招牌设施设置样板区”——三毛乐园街区。持续扩面智慧街区建设，新增城北路、长安路人行道违停电子抓拍，发送违停提醒短信14万余条。数字城管信息采集事（部）件37653件，问题解决率100%。强化养犬管理，开展“一站式”免疫办证服务41次，收容流浪犬4221只，查处涉犬违法行为250起，涉犬纠纷同比下降10.85%。推动、保障“风车集市”等夜市、外摆经济。完成《海盐县城区停车场（库）及城市道路停车位评估方案》编制，新增（修复）停车泊位2669个，推动24个机关单位开放错时共享车位1175个，新建“盐驿·温暖嘉”驿站4座。

2023年，县综合执法局开展市容秩序管理工作（县综合执法局供）

【“三改一拆”工作】 2023年，县综合执法局牵头推进“三改一拆”工作，全年完成拆违74.17万平方米、“三改”149.98万平方米，违法建筑安全治理指数连续9期全市第一。全省“无违建”创先争优考核获第三名，蝉联浙江省无违建创先争优工作示范县，并获土地指标奖励。百步星创湾拆改项目获“拆改示范典型项目提名奖”，县开发区（西塘桥街道）获评治违控违示范乡镇（街道），相关经验获省、市领导批示肯定和县委、县政府通报表扬。

【建筑垃圾治理】 2023年，县综合执法局牵头推进建筑垃圾综合治理工作，使用建筑垃圾电子转移联单6万余条。推进示范点位创建和渣土消纳场建设，建设示范点位130个，新增分散式消纳点1个。选址并推动隐马山渣土集中消纳场建设，提升建筑垃圾治理闭环管理水平，连续三年获评全市建筑垃圾治理优秀单位。

（朱晓丹）

【城乡风貌建设】 2023年，海盐县开展城乡风貌整治提升行动，通元—秦山“共富示范”、澉浦—通元“湖光山色”县域风貌区建成省级城乡风貌样板区，

2023年，县综合行政执法局开展建筑渣土联合执法行动

（县综合行政执法局供）

其中“湖光山色”获评“新时代富春山居图县域样板区”；“书里文城·醉美沈荡”传统风貌区入选省级城乡风貌区创建名单；建设“小米粒”“南北湖北里湖”“醉美沈荡·文艺共富”共富风貌驿站3个、“丰山溢水·共富示范”“湖光山色”“醉美沈荡·文艺共富”共富风貌游线3条，其中“丰山溢水·共富示范”入选“亚运·嘉游”共富风貌游线。

【未来社区建设】 2023年，海盐县通过未来社区省级验收列入公布名单5个，其中望海街道北荡社区、武原街道光明社区、澉浦镇澉川社区为引领型未来社区，于城镇枫桥社区、通元镇禾溪社区为普惠型未来社区；海兴社区、新光社区、清湖社区3个第七批未来社区完成实施方案省级备案。完成全域未来社区数字化统建平台建设，全面贯通省级、市级未来社区；完成补短板项目建设17个。北荡社区等12个社区的养老、托育场景入选省级“一老一小”服务场景名单。

（范莹莹）

城市开发

【概况】 2023年，县城投集团实施政府投资项目61项，其中征收项目6项、征地项目4项、土地收储项目10项、安置房工程2项、水利项目1项、社会事业类项目9项、市政道路和园林绿化项目19项、有机更新项目10项。投资331239.02万元，其中拆迁投资136409万元、征地和收储投资37500万元、安置房投资16626万元、水利项目投资10076万元、社会事业项目投资87805万元、市政道路投资25927万元、绿化投资11787万元、有机更新项目投资5109.02万元。是年，完成土地招商1宗（商服用地）。

【土地征收】 2023年，实施征地项目4个，征地77.84公顷，安置865人，投资9300万元。分别为：通苏嘉甬铁路项目征地28.01公顷、迎宾大道项目征地29.32公顷、两高联络线项目征地14.95公顷、二号安置区块项目征地5.56公顷。

【企业收储】 2023年，收储企业土地项目10个，面积9.98公顷，投资2.82亿元。分别为：海盐县捷达运输有限公司、海盐县医药公司、海盐铁皮青蛙母婴科技有限公司、海盐森红制衣有限公司、海盐第一印刷有限公司、海盐顺灵纺织有限公司、海盐县钱江工具有限公司、海盐寅生再生物资回收有限公司、嘉兴亿凡科技有限公司、嘉兴市中威印染股份有限公司所属地块。

【安置房工程】 2023年，县城投集团实施安置房建设工程2项（水畔锦城二期和联翔路东侧、布港路南侧安置房），住宅总数1003套，总建筑面积18.3万平方米。全年投资16626万元。

水畔锦城小区，东临富亭路，南临环城南路，西至西姚新村，北至出海路，用地5.16公顷，总建筑面积14.4万平方米，建设安置房824套，总投资58539.61万元。一期工程于2019年11月30日开工，2022年3月662套安置房竣工并交付使用；二期工程于2021年6月开工，2023年7月162套安置房建成并交付使用，是年投资11626万元。

联翔路东、布港路南侧安置房，东临武通港、南临白布港、西至联翔路、北至布港路。用地5.57公顷，总建筑面积16.3万平方米，建设安置房841套，总投资74206万元。2023年12月开工建设，是年投资5000万元。

【水利项目】2023年，县城投集团实施水利工程1项，为扩大杭嘉湖南排后续工程。整治河道74.8千米，新建防护岸59.4千米，新（扩）建调蓄湖3处，新增水面面积16.95公顷，新建排涝泵站2座，加固闸站4座，新建及加固节制闸4座，闸站信息化改造28座，新（改）建桥梁5座，总投资169529万元。2020年12月开工，2023年景观绿化标段完工（50.35公顷），水利I标段收尾，投资10076万元。

【社会事业类工程】2023年，县城投集团实施社会事业类工程9项。

表36　2023年社会事业类建设项目基本情况

项目名称	建设内容及规模	总投资（万元）	开工完工时间	完成投资额（万元）
京浦花苑北地块商业项目	东至城东路，南至京浦花苑小区，西至盐平塘东路，北至盐北路，用地34.5亩，总建筑面积6.5万平方米	39193.62	2020年12月1日开工，2023年5月完工	8751
北大街文化旅游街区改造提升工程	东至盐平塘，南至城北路，西至城北小区，北至庆丰路，用地94亩，总建筑面积5.8万平方米	55273.72	2020年9月20日开工，2023年4月完工	6136
海盐县文化体育健身中心（文化艺术中心）	东至中兴路，南至出海河，西至楞港路，北至城北路，用地162亩，总建筑面积约4.8万平方米	40800.37	2020年10月20日开工，2023年6月完工并投入使用	5985
城市经济产业配套服务工程	东临君原路，南临丰潭路，西北临君原支路，用地43.3亩，总建筑面积8.75万平方米	44550.6	2022年3月7日开工，2023年科研地块完工，公寓地块室内装修施工，室外附属施工	18000
海诚文化广场	东北至河南东路，南至盐湖东路，西至文汇景苑，用地30亩，总建筑面积4.23万平方米	29996.97	2022年10月26开工，2023年主体结构施工	10000
康体活动中心	东至新桥路，南至枣园路，西至长宁路，北至庆丰路，用地101亩，总建筑面积8.9万平方米	87882	2022年8月开工，2023年主体混凝土结构完成，篮球馆钢结构屋面施工完成，网排球馆钢屋面施工	31000
古城复兴—杨家弄区块配套设施项目（原电力仪表厂）项目	位于文昌西路南侧、绮园路西侧（原电力仪表厂区块），用地8.16亩，总建筑面积0.75万平方米	8035.94	2023年8月开工，2023年主体结构加固完成，墙体砌筑，幕墙施工	7200
古城复兴—杨家弄区块改造建设（原人力社保局）	东至绮园路，北至文昌路，总建筑面积0.35万平方米	3601	2023年12月开工建设	300
潮音阁修缮工程	位于海滨路与翁金线交叉口西侧，用地256.8平方米，建筑面积733.5平方米	433	2023年1月开工，2023年4月完工	433

【市政道路工程】2023年，县城投集团改善中心城区道路结构，推进高铁新城建设。建成道路8条，里程5.93千米；在建道路5条；有机更新道路9条，里程3.4千米；在建有机更新1条。全年投资27949.6万元。

表 37　2023 年市政道路建成道路项目基本情况

项目名称	建设内容及规模	总投资（万元）	开工完工时间	完成投资额（万元）
建丰路（滨海大道—海福路）工程	全长约 763 米，宽 24 米	（估算）6027 万元（概算）4793.41 万元	2020 年 12 月开工，2023 年道路完工	938.41
明珠路（东海大道—乐园大道）工程	全长约 882 米，宽 24 米	5783	2020 年 12 月开工，2023 年道路完工	1817
联翔路（河南路—海丰西路）工程	全长约 1355 米，宽 31 米	20684	2021 年 8 月开工，2023 年道路完工	7191
潘家浜路（滨海大道—海福路）工程	全长约 772 米，宽 24 米	（估算）4980 万元（概算）4372 万元	2021 年 6 月开工，2023 年道路完工	1409
枣园支路（二线海塘—观海路）工程	全长约 1129 米，宽 16—24 米	（估算）4996 万元（概算）4308 万元	2021 年 6 月 30 日开工，2023 年道路完工	3376
众安桥及新桥路（河南路—环城南路）工程	全长 440 米，红线宽 36 米，新建桥梁 1 座	10563.14	2022 年 7 月开工，2023 年桥梁完工	8128.14
海西路（楞港路—联翔路）工程	全长约 375.5 米，宽 20 米	1976.55	2022 年 12 月开工，2023 年道路完工	125.05
六一幼儿园北支路工程	全长约 360 米，宽 8 米	542.65	2023 年 6 月开工，2023 年一期建成 210 米	300

表 38　2023 年市政道路在建道路项目基本情况

项目名称	建设内容及规模	总投资（万元）	开工完工时间	完成投资额（万元）
河南东路（环城南路—新桥南路）工程	全长约 550 米，宽 12 米	1478.27	2020 年 12 月开工，是年雨污水管道施工（暂停）	
建丰路（滨海大道—城东路）工程	全长约 520 米，宽 30 米	2916.42	2023 年 8 月开工，是年雨污水管道、路基施工	1430
古城复兴—护城河修复工程一—文昌路（新桥路—文昌桥）工程	全长约 240 米，宽 16 米	1000	2023 年 10 月开工，是年桥梁下部结构、管线、路基施工	100
古城复兴—护城河修复工程二—北城河桥工程	全长约 43 米，宽 14 米	987.06	2023 年 12 月开工建设	300
武通路（富新路—秦联路）工程	全长约 219 米，宽 16 米	1677.39	2023 年 9 月开工，是年桥梁下部结构、管道、路基施工	812

【园林绿化工程】 2023 年，县城投集团实施园林绿化工程 6 项、绿化配套工程 17 项，绿化面积 980.5 亩（含配套工程），投资 11787 万元。

表 39　2023 年园林绿化项目建设基本情况

项目名称	建设内容及规模	总投资（万元）	开工完工时间	完成投资额（万元）
盐平塘东侧景观亮化提升工程	东至盐平塘东路，南接东海桥，西侧紧邻盐平塘，北接海兴路，总长 2.5 千米，提升面积约 35.2 亩。建设内容为盐平塘东侧景观带（海兴路—东海桥）提升改造，包括绿道、景观节点、苗木提升及景观亮化、健身设施、游乐设备等配套工程	2594.6	2022 年 12 月开工，2023 年完成庆丰路至东海桥段东侧景观亮化提升	541.6
杭州湾日出观景项目	位于武原街道海堤周边区域，包含 6 个子项，建设内容如下：1. 城市阳台项目：建设一座日出观景城市阳台，总长约 1000 米。2. 城市驿站项目：城北路驿站建设，包含厕所功能、便民服务及周边景观配套等。3. 便民服务设施项目：项目范围内的城市家具、城市展陈、指示系统、便民设施、移动餐车、停车场等。4. 一线海塘两侧提升工程：一线海塘（枣园支路—观海路）两侧 2.4 万平方米范围内停车场及景观绿化。5. 翁金线周边提升工程：包括绿道提升、观景平台、景观绿化等，实施面积 3.6 万平方米。6. 观海园及周边配套设施提升项目：公园覆土抬高场地，零星布置一层覆土建筑，在秦山路入口设地下停车场，提升改造面积 36 亩	11195.47	2023 年 1 月开工，2023 年日出观景阳台、便民服务设施、观海园周边配套设施提升完工；城市驿站主体完成；一线海塘两侧提升工程，是年景观节点基础施工；翁金线周边提升工程，是年道路板块维修，土方回填	10164.39
枣园路南侧城市有机更新项目	北临枣园路，东至长宁路，西接长安路，南至长潭路，占地面积 56 亩；建设内容包括场地整理、土方回填及造型、停车场、园路，汀步及苗木种植等	398	2023 年 2 月开工，2023 年完工	398
海盐城区口袋公园改造提升工程	包括盈都、海韵广场、康馨居公园、文昌公园、城北公园、海韵公园、明珠村广场、海棠公园、秦山广场、南门广场等改造提升，面积约 36 亩，建设内容包括绿化空间梳理、公共基础设施增设，景观节点及照明改造提升等	632.55	2023 年 10 月开工，2023 年主体完成	518
海盐城区街角绿地提升工程	包括宜家花城转角、枣园大厦转角、长潭路延伸段，面积约 2 亩，内容包括场地平整，苗木梳理，亮化提升及增加基础设施等	65	2023 年 7 月开工，年内完工	65
古城复兴—护城河修复工程二北城河桥环境整治工程	东临盐平塘，北至城北东路，南临护城河，西至谢家路，新建停车场及 17 亩环境整治提升，主要包括园路工程、景观工程、排水工程、绿化工程、亮化工程等	382.94	2023 年土地平整，管道施工，园路施工，亮化施工	100

表 40　2023 年绿化配套项目建设基本情况

项目名称	建设内容及规模	总投资（万元）	完工时间	完成投资额（万元）
城东路（东海大道—纵一路）工程	2.42 亩	48.75	2023 年	48.75
富新路（曲秀路—中兴路）工程	4.06 亩	19.16	2023 年	19.16
联翔路（河南路—海丰西路）工程	9 亩	127.66	2023 年	127.66
2021 年长安路有机更新一标工程	6.57 亩	68.21	2023 年	68.21
2021 年长安路有机更新二标工程	19.14 亩	167.86	2023 年	167.86
城北西路（城西路—曲秀路）工程	2.2 亩	24.93	2023 年	24.93

续表 40

项目名称	建设内容及规模	总投资（万元）	完工时间	完成投资额（万元）
2021 年城北路有机更新工程	3.86 亩	133.39	2023 年	133.39
庆丰路（谢家路—滨海大道）绿化工程	12.47 亩	126.83	2023 年	126.83
2021 年海丰路有机更新工程—市政工程（莫桑公园及绿化工程）	18.63 亩	420.1581	2023 年	420.1581
北大街西侧配套道路工程	1.4 亩	8.4	2023 年	8.4
谢家路（庆丰路—枣园路）工程	7 亩	54.62	2023 年	54.62
庆丰路（滨海大道—枣园支路）工程	0.1 亩	10.91	2023 年	10.91
枣园支路（二线海塘—观海路）二期	0.3 亩	26.35	2023 年	26.35
曲秀路（城北西路—市场路）改造工程	2.96 亩	29.38	2023 年	29.38
海西路（楞港路—联翔路）工程	1.2 亩	21.27	2023 年	21.27
众安桥及新桥路（河南路—环城南路）工程	4.4 亩	73.98	2023 年	73.98
长寿路（新桥路—长安路）工程	0.3 亩	1.3	2023 年	1.3

【有机更新项目】 2023 年，县城投集团实施有机更新项目 10 项，投资 5109.02 万元。

表 41　2023 年有机更新项目建设基本情况

<table>
<tr><th>项目名称</th><th>建设内容及规模</th><th>总投资（万元）</th><th>开工完工时间</th><th>完成投资额（万元）</th></tr>
<tr><td>长潭路（长安路—新桥路）路面提升工程</td><td rowspan="2">长潭路，长约 510 米；长宁路，长约 440 米，面积约 7500 平方米</td><td rowspan="2">90</td><td rowspan="2">2023 年 1 月开工，年内道路完工</td><td rowspan="2">90</td></tr>
<tr><td>长宁路（城北路—枣园路）路面提升工程</td></tr>
<tr><td>北大街西侧配套道路工程</td><td>全长约 217 米，宽 16 米</td><td>491.43</td><td>2022 年 12 月开工，2023 年道路完工</td><td>411.43</td></tr>
<tr><td>庆丰路（滨海大道—枣园支路）工程</td><td>全长约 413 米，宽 22 米</td><td>2594.6</td><td>2022 年 12 月开工，2023 年道路完工</td><td>140</td></tr>
<tr><td>谢家路（庆丰路—枣园路）工程</td><td>全长约 412 米，宽 16 米</td><td>2033.76</td><td>2023 年 4 月开工，年内道路完工</td><td>2033.76</td></tr>
<tr><td>曲秀路（城北西路—市场路）工程</td><td>全长约 234 米，宽 16 米</td><td>838.38</td><td>2023 年 5 月开工，年内道路完工</td><td>838.38</td></tr>
<tr><td>长寿路（新桥路—长安路）工程</td><td>全长约 490 米，宽 12.5—13 米</td><td>297.77</td><td>2023 年 9 月开工，年内道路完工</td><td>297.77</td></tr>
<tr><td>长潭路（长安路—长平路）工程</td><td>全长约 300 米，宽 13 米</td><td>289.31</td><td>2023 年 9 月开工，年内道路完工</td><td>289.31</td></tr>
<tr><td>庆丰路（新桥路—谢家路）工程</td><td>全长约 340 米，宽 16 米</td><td>408.37</td><td>2023 年 9 月开工，年内道路完工</td><td>408.37</td></tr>
<tr><td>河滨路（中兴路—秦山路）有机更新工程</td><td>全长约 2700 米，宽 13—16 米</td><td>1196.66</td><td>2023 年 11 月开工，年内完成绿化迁移、桥梁基础修复、破损板块修复、路灯管线施工</td><td>600</td></tr>
</table>

（吴娟萍）

园林绿化

【概况】2023年，海盐县建成区绿地面积1044.14公顷，城市绿化覆盖面积1058.14公顷，公园绿地面积312.58公顷。建成区绿化覆盖率42.97%，绿地率38.02%，人均公园绿地面积18.68平方米，公园绿地服务半径覆盖率94%。省民生实事项目天仙湖公园、大曲港滨水游园、陌桑公园新建、改建完成，天仙湖公园被纳入省民生实事嘉兴市精品创建点位。海兴路（中兴路—长安路）创建省级绿化美化示范路；鸿宸逸庭和西江月、核电南苑分别获评省、市级园林式居住区；海滨公园获评市第四届最美公园；观海园获评市第二批无废城市公园；武原街道盐平塘东侧绿道、秦山街道黄家山绿道获评市最美生态绿道，武原街道团结港绿道（华丰路—枣园路）获评首批嘉兴市林荫生态绿道；项目获评县园林绿化工程安全文明施工标准化工地10个、项目获评县优秀园林建设工程8个、项目获评市优秀园林工程奖2个，项目获评市“南湖杯”园林优质工程1个。是年5月，完成国家园林城市省级复查工作。

【公共绿地管护】2023年，武原街道负责县城公园绿地管养，养护绿地360万平方米，更换草花53.6万株，管养行道树23920株、水生植物4360平方米。海盐县滨海园林建设公司负责城区绿化养护（政府采购项目），海盐县海诚物业管理有限公司负责梦湖公园。

【公园建设】2023年，县城区建设提升天仙湖公园、大曲港滨水游园、陌桑公园、盐平塘西侧滨水游园、长安公园（暂名）等10个公园，完成一批街头绿地微更新、微改造，累计公园绿地面积84.2公顷。天仙湖公园是一个大型城市无界综合公园，面积约59.33公顷，水域面积20.76公顷，投资1.35亿元，2021年12月开工，2023年8月完工。公园以十里碧道、百亩湖心、千载艺韵、万象城西为主题，“一环镶一心，五园嵌八景”，融入县文化艺术中心、新时代文明实践中心和青少年活动中心。

【绿道建设】2023年，海盐县推进万里骑行绿道网建设。至年末，提升改造盐平塘东侧绿道、百步大道绿道、黄家山绿道10.12千米；新建南北湖山地绿道二期、金城二路（武袁公路—秦山大道）绿道、团结港（望海幼儿园—团结港桥）等绿道6条60.09千米。累计录入浙江省绿道一张图的海盐绿道总长270千米，其中省级绿道1号线海盐县境内单侧长68.71千米。

（杨宇华）

2023年，海盐县开展垃圾分类宣传活动　（县综合行政执法局供）

房地产业

【概况】2023年，全县房地产投资98.88亿元，同比上升2%。全年销售商品房52.95万平方米，同比下降3.8%，其中销售商品住房3604套39.88万平方米，同比上升9.7%和14%。二手房成交36.07万平方米，同比上升17.5%；成交金额27.92亿元，同比上升16.3%，其中二手住宅成交3367套34.35万平方米，同比上升24.2%、25.7%；成交金额26.95亿元，同比上升22.4%。

表 42　2023 年海盐县楼市开盘情况表

项目名称	开发企业名称	预售总面积（平方米）	发证日期
玖望金邸 4 幢、6 幢、8 幢	海盐县鸿景文化旅游发展有限公司	31407.40	2023 年 3 月 2 日
春风云庐 3—5 幢、10 幢、16 幢	海盐新大春风置业有限公司	19724.12	2023 年 6 月 6 日
江南美墅 2 幢、6 幢、9—11 幢、地下室	海盐县秦山房地产开发有限责任公司	36575.48	2023 年 6 月 9 日
云上府 3 幢、14—20 幢、23 幢、26 幢、28 幢、29 幢、31 幢、32 幢、地下室	海盐盛泰房地产开发有限公司	46320.93	2023 年 6 月 12 日
海盛金座	海盐亿阳置业有限公司	3588.12	2023 年 7 月 21 日
秦山未来生活广场	浙江嘉海商业发展有限公司	21052.81	2023 年 10 月 7 日
玖望金邸 5 幢、9 幢	海盐县鸿景文化旅游发展有限公司	24495.26	2023 年 12 月 13 日
滨河左岸地下室（20—031 号地块）	海盐穗华置业有限公司	8753.55	2023 年 12 月 29 日

【房地产市场管理】 至 2023 年年末，全县在建在售房地产项目 23 个，在建未售、未开工房地产项目 12 个，交付项目 19 个（商业项目 5 个、住宅项目 14 个）。全县资质有效期内房地产开发企业 91 家，全年核发 7 个房地产项目“商品房预售证”8 份，核定预售建筑面积 19.19 万平方米，其中商品住宅 881 套 12.18 万平方米。全县有房地产经纪机构备案企业 56 家。其中：从事新建商品房经纪机构 2 家，注册上岗人员 10 人；从事二手房经纪机构 54 家，注册上岗人员 177 人。是年，海盐县开展房地产领域整治行动，自查自纠项目 33 个，发现问题隐患 8 个，均已整改；检查销售楼盘 18 个，责令整改问题 5 处；警示约谈外销楼盘 3 个；移交综合执法调处未批先售违法行为 1 起。开展领域风险隐患整治，预售前图纸审查项目 3 个；继续执行项目销售前或交付前风险评估制度。制定“一楼一策”保交楼处置方案，将项目开发贷资金纳入监管，保障项目施工进程所需。加强房地产企业帮扶，化解领域矛盾纠纷。受理处置各类信访 1179 件，同比上升 103%。

（戚丁霞）

【物业管理】 2023 年，全县有注册物业服务企业 60 家（含县内企业 16 家），从业人员 3632 人，服务项目 187 个（住宅 173 个、商办 14 个），服务面积 1952 万平方米。成立业主大会和业主委员会 101 个，参与业主委员会工作成员 560 人。全年收缴物业维修金 9405.52 万元，使用 510.43 万元；历年累计归集维修金 9.25 亿元，使用 0.345 亿元。全年归集物业保修金 8703.98 万元，使用 368.5 万元；历年累计归集保修金 6.1 亿元，退还保修金本金 4755.11 万元，使用 1124.1 万元。培育“红色物业”项目省级 4 个（海盐核电新村、上城春天里、保利一品花园、庆盛名邸）、市级 9 个、县级 22 个。新增既有住宅加装电梯完成联审 12 台，核电新村 30 幢“难题用心解，暖心助力加装电梯”入选浙江建设“我们的加梯故事”优秀案例，历年累计加装电梯 30 台。使用嘉兴市智慧社区（物业）平台助力行业管理，在线投票组建（换届）业主委员会 6 个，其中碧桂园成为全市首个 100% 在线电子投票组建业主委员会的小区。专业物业覆盖率达 92%，比 2022 年提高 5.3%。社区、业主委员会、物业联席会议制度实现 100% 覆盖。完成光明社区试点发展“大物业”管理模式，“强社惠民”工作实质实效。全年兑现 2022 年度物业扶持资金 34.1 万元、考核奖励资金 78 万元以及疫情防控补助资金 408.95 万元。处理县长电话、行风热线等各类信访投诉 681 件，指导和办理前期物业服务招投标备案 10 件，前期物业服务合同备案 24 件，业主大会和业委会备案 8 件，物业用房预审 18 件，物业用房审核

28 件，物业承接查验公证 13 件。
（覃红梅）

建筑业

【概况】 2023 年，全县有施工总承包企业 69 家，其中一级资质企业 5 家、二级资质企业 45 家。是年，全县建筑业总产值 81 亿元，同比增长 9%；其中省内产值 77.2 亿元，同比增长 8.5%。全县在建项目 403 个，合同造价 336 亿元，建筑面积 1260.59 万平方米（不含市政道路、管网、桥梁等工程），工业厂房、政府投资、房产三种类型分别占比 36.23%、49.38%、14.39%。 全年新开工项目 147 个，竣工 143 个。全年获得“钱江杯”优质工程奖 2 项［实验中学海兴校区新建工程、楞港路（河南西路—枣园西路）工程］，“南湖杯”优质工程奖 5 项，“秦山杯”优质工程奖 34 项，县级标化优良和合格工地 99 项。创县级及以上优质工程数量占竣工项目比例达到 28.7%。表彰 10 家“十佳成长型企业”、4 家“走出去发展”、20 家“无欠薪”、22 家“安全生产企业”，完成 2022 年度建筑企业奖励扶持资金 555.44 万元。

【质量安全监管】 2023 年，海盐县执行《海盐县房屋建筑和市政基础设施工程桩基质量管理规定（试行）》《关于切实加强建设工程混凝土质量管理工作的通知》等文件，针对楼板厚度、混凝土强度、钢筋保护层厚度等实体质量加强监督性检测，强化桩基设计、施工全过程管理，检测桩长和焊接质量，提升关键材料监督检测覆盖率。制定《海盐县建筑施工临时用电配电室设置标准》《建筑施工安全简明手册》《进一步加强建筑起重机械安全管理的意见》，持续推进起重机械“一体化”、承插型盘扣式脚手架等工程质量安全标准化建设。发布《预防高处坠落专项检查通报》《建筑施工领域质量安全专项整治提升行动实施方案》。组织“安全生产月”教育培训会，发放安全警示电子短片和安全宣传手册 1.5 万份；组织开展基坑坍塌、消防等应急演练活动。对工地发现的一般问题，约谈提醒给予限期整改，对整改效果不理想或是后续复发频发的，提级处理，严肃执法，通过“海盐发布”社会曝光。全年累计检查企业 1278 个、项目 1074 个次，发现问题隐患 5468 个，其中重大问题隐患 387 个，发出整改通知 1038 份，挂牌督办 5 个项目，发出预警函 14 份。移送执法案件 168 起，正式立案 91 起，处罚 111.37 万元。

【文明施工建设】 2023 年，海盐县持续打造“七彩工地”品牌，召开现场会表彰“七彩工地”21 个；指导服务工地 160 个，引导项目按照“七彩工地”标准落实责任和措施。联合相关部门开展文明施工专项检查，巩固扬尘防治、文明创建成果。

【建筑市场监管】 2023 年，海盐县研究“评定分离”中标项目监管办法、房建及市政工程招标代理机构定档评价办法，报县政府决策。加强招标工作指导，制定勘察设计、招标投标、市场行为等专项整治方案，加大巡查抽查等监督检查力度，实施雷霆行动并开展县、市（区）交叉检查。全年建筑市场检查项目 27 个，移送违法发包行为 1 件；招投标检查项目 39 个，检查招标代理 8 家，存在问题 39 个。开展建筑业企业“双随机”检查 5 家，下发整改通知书 4 份。每月通报项目关键岗位人员考勤情况，累计通报 438 人。组建海盐县建筑工程纠纷人民调解委员会，配合县人社部门加大欠薪研判与调处，实行月度自检、部门属地联检，及时预警、提前介入。

【绿色建筑和建筑工业化】 2023 年，海盐县实施装配式建筑 101.4 万平方米，公共建筑节能改造 2.01 万平方米，居住建筑节能改造 4.28 万平方米，可再生能源建筑应用 51.61 万平方米；实施星级绿色建筑示范工程 21 个，其中一星级 13 个、二星级 8 个；太阳能光伏一体化项目装机容量 8.2 兆瓦。康体中心、开元森泊、百步 MIC 被列为嘉兴市智能建造示范项目，锦萧科技被列为市级智能建造生产基地。是年，海盐县被嘉兴市列为首批装配化装修试点县。

【消防验收】 2023 年，海盐县率先实行消防验收前置服务模式，前期指导服务项目 148 个，降低后期整改成本，缩短消防验收周期，提高消防验收“一次性”合格率。至 12 月末，受理建设工程消防验收备案项目 148 个，其中验收 28 个、抽检 27 个、未抽检 93 个，完成归档 148 个。核查消防大队移送函 4 件、涉及企业 16 家；办理消防行政处罚 4 起。

（陶　琛　虞惠勤）

【白蚁防治】 2023 年，海盐县新建白蚁防治预防项目 15 个、面积 186.57 万平方米；新技术应用全覆盖，安装监测装置 4400 个；发放新建房屋白蚁预防证明书 133 份；回访复查项目 172 个、面积 1236 万平方米，回访复查监测装置 33419 个；旧房灭治 44 户、面积 10258 平方米。开展白蚁防治宣传 4 次，发放宣传资料 300 余份。联合省白蚁防治中心，开展白蚁防治药物对比实验和周边区域白蚁危害调查，撰写《海盐县行道树白蚁危害防控策略与技术研究》调查报告。

（沈　佳）

住房保障

【概况】 2023 年，全县城镇常住人口住房保障受益覆盖率 31.09%，列全市第一。全年享受租赁补贴家庭 2046 户，发放补贴 811.65 万元。建设筹集保障性租赁住房 3138 套（间），完成率 111%，至年末，累计建设筹集 8450 套(间)，提前 2 年完成省“十四五”目标任务。国有土地上房屋征收的安置小区建成交付，完成房屋征收产权调换安置 636 户。

【危旧房管理】 2023 年，海盐县无新增城镇危房，城镇危房动态清零。全年完成农村危房解危 3 户，均为困难家庭住房救助。棚改安置房累计建设项目 33 个 15111 套，2019 年末前开工的棚改安置房竣工率 100%。

【老旧小区改造】 2023 年，海盐县投资 788.96 万元，改造众安花苑老旧小区 1 个，涉及住宅楼 6 幢、建筑面积 2.3 万平方米，惠及居民 145 户。改造内容为停车位增设、道路车位画线、绿化提升修剪、立面提升、雨污管道提升与更换、智安设施提升、充电桩增设、健身设施完善、照明路灯更新、LED 宣传屏增设、小区围墙拆除、人行闸机、远程对讲系统和通信改造等。

（朱阳阳）

【住房公积金管理】 1 月，海盐县落实《嘉兴市住房公积金个人住房贷款展期操作细则（暂行）》，允许贷款职工申请住房公积金个人住房贷款展期。4 月，落实《嘉兴市二手房“带押过户”住房公积金贷款业务操作规范（暂行）》，允许在本市区域内购买住房贷款未结清的存量商品房的缴存职工申请住房公积金贷款业务。落实《职工提取住房公积金支付购房首付款操作细则（试行）》，允许缴存职工购买新建商品房提取住房公积金支付首付款。6 月，落实住房公积金支持“浙有善育”政策，加大住房公积金对二孩及以上家庭解决住房问题的支持力度。9 月，落实《嘉兴市住房公积金行政执法操作规范（试行）》，完善住房公积金领域行政执法程序。是年，海盐县归集住房公积金 18.13 亿元，同比增长 6.21%；提取住房公积金 13.67 亿元，同比增长 13.16%；发放住房公积金个人贷款 1708 笔 7.67 亿元，同比增长 5.94%；收回住房公积金个人贷款本金 4.72 亿元，同比增长 18%。全年公积金业务收入 1.41 亿元，支出 0.72 亿元，实现增值收益 0.68 亿元，年末个贷运用率为 86.88%。全县住房公积金制度净增 4907 人。年末，全县住房公积金缴存单位 4912 家，缴存职工 78551 人。

（何陈杰）

垃圾分类

【概况】 2023 年，海盐县出台《2023 年海盐县城乡生活垃圾分类工作要点》《2023 年度生活垃圾分类宣传培训工作方案》《海盐县生活垃圾分类工作目标责任制及常态化督查评估考核办法（2023 版）》，推进生活垃圾分类工作。全县生活垃圾分类处理率达 87.64%，垃圾分类覆盖率、无害化处置率、资源化利用率继续保持“三个 100%”。获评全市 2023 年度生活垃圾分类工作优秀县、全省生活垃圾分类工作考核评估优秀单位。

【垃圾分类基础建设】 2023 年，海盐县加大投入力度，更新设备，易腐垃圾和其他垃圾运力分别提升 375 千克和 18 吨。完成 187 个小区和 88 个村（社区）“定时定点投放 + 智能可追溯系统”全覆盖。完善回收利用体系，实现全县 9 个分拣中心全面投运。

【优化垃圾收运体系】 2023年，海盐县聚焦运行监管，推动“公交车”式收运模式落地，开通其他垃圾、易腐垃圾收运线路8条，涉及站点575个，通过“三毛智运”小程序实时掌握收运车辆运行及到站情况，提升垃圾分类收运智慧化、精细化、便捷化管理水平，收运车辆占用公共道路时间减少50%。创新“一码通”，实现生活垃圾收运的实时调度、全链监管和智能分析。执行新建小区、新建商贸综合体生活垃圾分类设施建设“三同步”，把牢垃圾分类前道关口。推广“机器换人”，21个定时定点投放站增设“机器换人”等智能化功能，实时监控桶站满溢清洁情况，用“技防”代替“人防”。

【垃圾分类宣传引导】 2023年，海盐县聚焦宣传引导，聘请专家、从业人员等30人组建“盐慧分”垃圾分类讲师团，为群众提供生活垃圾分类政策、分类方法、分类知识宣讲服务。推动在册讲师响应“垃圾分类进校园知识宣讲‘第一课’”活动，进校入班开展校园宣讲。发挥“报、网、端、微、屏”五类媒介作用，开展分类知识、典型人物、先进做法等正面宣传报道200余篇次；通过“垃圾分类曝光台”栏目，曝光负面案例24期。打造城市生活垃圾分类科普教育基地10个，累计参观人数逾4.5万人。推出“分类达人”“最美劝导员”等典型人物18人，汇聚榜样力量，助力推动全员垃圾分类。推出《垃圾去哪了》微电影，回应群众关于垃圾末端处置问题的关切。落实400余名专职劝导员按照“一人一房”原则，全程参与桶边督导，帮助居民习惯养成，提高分类质量。

【垃圾分类监管执法】 2023年，海盐县聚焦多元共治，开展分类联合检查、交叉检查，发现和整改问题点位600余处。组建“盐慧分”垃圾分类志愿服务队，开展垃圾分类主题活动621场次。不定期开展人大、政协垃圾分类调研、民主协商工作，开展县人大民主评议1次、县政协调研活动2次，依托社区协商驿站研究解决社区垃圾房选址、投放设备更新等垃圾分类突出问题5个。严格执法查处，将生活垃圾分类纳入“综合查一次”范围，通过“日常巡查+专项检查”，严查相关违法行为，累计办理相关执法案件426起。推动收费签约，非居民其他垃圾和易腐垃圾收费合同签约率分别达到100%和91.73%。开展光盘光瓶净场“三大行动”、塑料污染治理、商品过度包装治理等行动，专项培训10余次，覆盖人员2400余人，督查检查200余次。

（朱晓丹）

镇村建设

【美丽城镇建设】 2023年，海盐县出台《海盐县现代化美丽城镇建设行动方案》《海盐县现代化美丽城镇建设五年行动计划（2023—2027年）》，打造新时代的现代化美丽城镇。全县美丽城镇项目计划投资16.48亿元，实际投资17.32亿元。沈荡镇以“书里文城·醉美沈荡”为主题，梳理创建项目12个，计划投资2.37亿元。是年，美丽城镇建设完成省级验收，风貌特色镇方案荣获全市风貌特色镇规划设计大赛第一名。

（范莹莹）

【和美乡村建设】 2023年，海盐县推进“县城承载能力提升和千万工程”，和美乡村建设覆盖率达28%。创建省级新时代和美乡村示范乡镇1个（通元镇），省级和美乡村特色精品村5个（望海街道兴隆村、沈荡镇横泾村、于城镇吕冢村、澉浦镇永新村、通元镇长山河村）、省级和美乡村达标村19个（武原街道华星村、西塘桥街道刘庄村、秦山街道新联村等）。市级未来乡村（片区）10个（于城镇于城东部片区、通元镇通元中片区、沈荡镇庄星村等）。通元镇镇北村入选2023年浙江省“百村争鸣”十大系列文化艺术村。建设“闲宿雅居·和翠通元”和美示范片区，总面积31平方千米，一期工程29个项目基本完成，获得嘉兴市“千万工程”现场推进赛优胜奖。提升乡村品质，丰山村、六里村等乡村咖啡馆成为乡村旅游打卡新地标。首家“乡村星巴克咖啡”在丰义村开业，为美丽乡村“出圈”加速。完成第三批省级未来乡村创建，其中六里村获评优秀，丰义村获评良好。完成“湖山之恋·乡聚海盐”南部未来乡村样板带规划设计，首期项目基本完工，在全市农民丰收节上发布。推进农村人居环境整治，全年召开县级现场调度会8次，开展暗访检查22轮，印发《工作简报》22期。

（肖　瑾）

【美丽农村建设】 2023年，澉浦镇六里村入选中国传统村落名录；秦山街道北团村、澉浦镇保山村被列入省级美丽宜居示范村创建名单；武原街道金星村，秦山街道北团村，百步镇超同村，澉浦镇保山村，通元镇丰义村、雪水港村、长山河村被列入第二批市级历史文化传统村落名录。

（史瑶函）

【农村生活污水治理】 2023年，全县所有农村生活污水处理设施实现标准化运维，91个行政村（居）的34个污水治理终端设施、35713户纳入第三方运维管理。以《海盐县农村生活污水治理近期建设规划》为引领，推进农村生活污水治理建设改造项目，全年新增纳厂户数3461户，创建零直排村1个和绿色处理设施3个，全县行政村覆盖率96.7%，获评省年度考核优秀县。

（吴佳辉）

生态建设

综　述

【推进生态建设】 2023年，海盐县坚持“绿水青山就是金山银山”理念，推进美丽海盐建设，完成第二轮第一批省委生态环境保护例行督察，“七张问题清单”问题管控力指数全市第一，持续巩固全国生态文明建设示范县成果。推进县域“无废城市”建设，创建为省首批四星级“无废城市”，生态满意度全市第一。

【提升环境质量】 2023年，全县空气质量综合指数3.28，连续八年保持全市前列，O_3浓度为148微克/立方米，居全市第一，空气质量优良率90.9%，全市第二，两项指标改善幅度均居全省第六、全市第一。县控以上断面Ⅲ类水及以上比例连续4年保持100%，千亩荡饮用水水源地水质达到Ⅱ类水体，达标率连续六年保持100%，南北湖成为全市唯一连续9年达到Ⅱ类标准的水体。污染地块安全利用率、废物综合利用率和废物处置率均为100%。

【深化绿色发展】 2023年，海盐县推进降碳减污协同增效，入选全省第三批“减污降碳、协同创新”县域试点，县开发区入选“全省第四批减污降碳协同创新”园区试点，百步镇和10个村（社区）入选全省第三批低（零）碳试点创建单位。推进国家级“整县光伏”建设，新增光伏发电装机容量10.74万千瓦。统筹山海湖资源开展全域生态保护修复，占地33.33公顷的南北湖湿地公园开工建设，南北湖未来城EOD项目被纳入中央生态环保金融支持项目库，蓝湾项目入选国家海洋生态保护修复项目。推进生物多样性保护，开展“绿盾”专项督查执法1200余次，建成全市首个生物多样性体验馆。

【坚守安全底线】 2023年，海盐县强化风险排查化解，开展“大排查、大整治、大曝光”专项行动4轮，累计通报整改问题1588个。开展“绿剑”“双打”等执法行动，行政处罚43件，罚款211.5万元。牵头开发“浙里辐安”应急安全数字模块并实现省域覆盖使用，举办护航亚运“浙里辐安—嘉兴海盐2023”辐射事故应急演习，提高辐射应急监管水平。

（翁路楠）

生态环境治理

【治水】 2023年，县生态环境分局印发《海盐县2023年水环境质量提升综合实施方案》，明确重点区域水环境治理推进措施。持续巩固“污水零直排”建设成果，“查测溯治”1010条断头河浜。加强入河排污口监督管理，排查河湖岸线1493千米，排查出入河排污口14961个。开展水生态保护与修复，培育天仙湖生态美丽河湖典型案例，推进通元清洁生态小流域水生态修复样板工程，建设河湖生态缓冲修复带12.24千米，建成碧水绕镇5.1千米、碧水绕村36.7千米。强化饮用水水源地应急能力建设，提高水质监测预警能力，增强藻类增殖预防控制。推进海洋污染防治，以陆海污染协同治理为抓手，开展入海河流治理和入海排污口整治行动，缩减整治秦山核电厂6个入海排污口。推动打造“美丽海湾”，承办第七届全国净滩公益活动，入选第一批美丽海湾培育单元名单。实施近岸海域垃圾常态化防治，海盐县海漂垃圾治理入选省级整改示范案例。实行《嘉兴市美丽海湾保护与建设行动方案》，配合完成海洋审计以及问题整改。

【治气】 2023年，县生态环境分局狠抓工业废气治理，构建“地方政府主导、市场化方式运作、服务中小微企业”的废气治理活性炭公共服务体系，完成96家企业低效VOCs治理设施升级改造、184家企业活性炭治理设施规范化改造，并全部纳入体系管理。强化移动源污染防治，检查柴油货车327辆，查获不合格车辆5辆。实施非道机械入户检查抽测，环保编码登记上牌286台，抽测非道柴油机械656台，查获超标排放机械5台。淘汰老旧叉车420台，更新新能源叉车19台。聚焦城乡面源污染管控，常态化开展施工工地、道路扬尘管控巡查及走航监测，及时闭环整改。落实亚运环境空气质量保障，重点做好政企协商强化减排措施传达、每日措施落实情况现场核查、污染高值点位周边区域污染源排查溯源和整改工作。

8月7日，全省废气治理活性炭公共服务体系建设现场会在海盐县召开
（县生态环境分局供）

【治废】 2023年，海盐县推进危险废物重点产生单位视频监控安装和浙固码应用，完成危险废物产生单位33家联网和浙固码推广应用，实现应用率100%。落实危险废物动态清零，未发生跨省市倾倒工业固体废物。率先完成首轮653家涉化学物质企业筛查（149家涉化学物质企业完成国家系统填报）。全面推进县域“无废城市”建设，创建市级“无废城市细胞”73个，入选嘉兴市“精品无废细胞”5个，省百优细胞1个，获评全省首批四星级“无废城市”，“无废城市”公众满意度全省排名第五、全市第一。开展土壤污染重点监管单位周边土壤和地下水环境监测，推进2个疑似污染地块详细调查工作，完成8个地块用途变更为敏感用地地块（重点建设用地）的土壤污染状况调查和32家重点排污单位土壤、地下水的自行监测和有毒有害物质排放情况报告编制，建设用地安全利用率保持100%。强化重点区域地下水环境保护，完成海盐经济开发区新材料及化工园区地下水污染状

4月，海盐县获评全省2022年度“无废城市”
（县生态环境分局供）

况详查和海盐县阁老山垃圾填埋场地下水环境状况调查评估，严控地下水污染防治重点区域环境风险。

（翁路楠）

土地资源管理

【耕地保护】 2023年，海盐县着力推进生态修复与耕地保护工作，完成垦造耕地1568亩，完成市下达任务的116.2%；建设用地复垦1669亩，完成市下达任务的104.3%。通元镇联新村等3村、望海街道青莲寺村等5村全域土地综合整治与生态修复工程通过验收。省“十项重大工程”星级评比中土地综合整治工程第二、第三季度连续获得五星好评，5个土地综合整治项目投资55.96亿元，永久基本农田集中连片整治面积18288.53亩，高标准农田建设面积12724.4亩，垦造耕地面积467.95亩，建设用地复垦面积1196.93亩，低效建设用地整治盘活面积605.05亩。是年，结合小县大城战略，新上报秦山、百步、澉浦、通元等4个镇（街道）土地综合整治项目和沈荡等3个镇（街道）跨乡（镇）土地综合整治项目。高标准推进“百千万”永久基本农田集中连片整治，完成“沈荡镇新丰村等4村万亩方永久基本农田集中连片整治项目”和“望海街道新兴社区千亩方永久基本农田集中连片整治项目”等18个“千亩方”项目，整治后形成集中连片耕地3.27万余亩。全面贯通“耕地智保”场景应用平台，通过“人防+技防”手段，推动违法占用耕地“零新增”。应用“天眼”高清铁塔监控，核查问题161个。结合“田长责任账”实行定点巡查打卡上报，设置打卡点位380个，巡查9615次，确保耕地违法“早发现、早制止、早处置”。根据《浙江省耕地与其他农用地“进出平衡”实施意见》，坚持“以进定出”和“进优出劣”原则，编制耕地“进出平衡”总体方案，恢复耕地功能验收1120亩。根据《浙江省自然资源厅关于开展“三区三线”永久基本农田划定不实问题调查核实工作的通知》，划定全县永农储备区10015亩，其中永农整改192亩，永农划出5486亩；补划永农7522亩。与农业农村部门联合做好设施农业用地备案工作，审批备案设施农业用地120宗，面积319.91亩。其中，新增设施农业用地备案52宗，面积199.59亩；扩建5宗，面积23.82亩；续期备案63宗，面积96.5亩。退出设施农业用地2宗，面积4.54亩。规范设施农业用地使用，防止违规改变土地用途和“大棚房”问题反弹。

（许　婷）

【土地执法与信访】 2023年，海盐县按照自然资源部卫片执法工作要求，研判图斑合法性，促进土地卫片执法工作常态化、规范化和制度化。至年末，完成遥感影像监测图斑430个，总面积5798亩，耕地面积2261亩，永农面积89亩。核查后，分割图斑614个。其中：合法图斑300个，面积4178亩，耕地面积1868亩，永农面积5亩；其他图斑314个，面积1620亩，耕地面积393亩，永农面积84亩；违法图斑0个。每月完成违法行为填报和综合统计分析报表工作，完成自然资源执法综合监管平台数据填报审核工作，完成整改上报的问题图斑10个，实现“月月清”。根据国家自然资源督察上海局《国家自然资源督察意见书》，整改督察问题63个；国家自然资源督察上海局反馈问题17个，整改销号15个，整改率和销号率均位于全市前列。通过“世界野生动植物日”、“6·25”全国土地日等，进社区、下村庄宣传自然资源保护知识以及相关法律常识，发放宣传册1600余份，悬挂横幅10条，展板36块，电子显示屏11处，推送相关信息128条，专题讲课16次。依法做好信息公开工作，收到申请信息35件，其中完成答复省、市、县协办10件。履行行政机关行政复议和答复职责，办理行政复议2件。完善信访机制，全年签收办理信访事项134件，其中来电57件、来信10件、网上事项63件、来访4批涉及6人；涉规划类44件、不动产35件、征迁补偿安置类4件，按期办结率100%，事项回访率100%。全年审查行政合同34份。

（李　燕）

【土地集约利用】 2023年，海盐县新增土地指标4098亩，其中挂钩奖励1842亩、重大外资项目奖励138亩、农村村民住宅建设553亩、跨省增减挂钩节余50亩、重大基础设施项目1515亩。推进城乡低效用地再开发工作，更新低效用地数据库，再开发低效用地1091亩；优先供应存量土地，盘活存量土地1445亩；开展消化批而未供土地专项行动，全年消化1631.7亩。

（俞焱恺）

【行政审批】2023年，海盐县核发规划类行政许可327件，其中建设用地规划许可68件、临时建设用地规划许可25件、建设工程规划许可172件、乡村建设规划许可5件、建设项目用地预审及选址意见审批48件、规划条件变更4件、临时改变房屋用途5件。核发林业类行政许可193件，其中森林植物检疫证112件、林木采伐许可证71件、森林植物产地检验证7件、临时占用林地决定书2件、陆生野生动物经营利用核准1件。

（林小卫）

【国有土地使用权出让】2023年，海盐县围绕土地要素保障目标任务，对接属地镇（街道）及项目业主单位，加快土地供应，做到应供尽供，推进经济稳进提质。土地供应90宗3295.84亩（含出让土地47宗2225.58亩19.01亿元），其中工业仓储32宗1588.33亩、商服6宗91.07亩、商住4宗257.7亩、保障房2宗26.04亩、交通水利29宗710.74亩、公共管理与公共服务用地等其他17宗621.96亩。

（林小卫）

【不动产统一登记】2023年，海盐县关注企业和群众“急、难、盼”问题，开设“办不成事反映窗口”，解决问题7件，做到群众反馈问题“零暂存”。提升“互联网+不动产登记”创新服务，开展“不动产+公证”“不动产+司法拍卖”“住房金融服务中心”等不动产延伸应用；推行不动产登记“不见面”办理模式，指导群众通过“浙里办”完成线上申请，实现“零次跑”“居家办”。全年不动产登记73750件，各类查询64735件。解决不动产登记历史遗留“办证难”问题项目5个1624户；推进“二手房带押过户”“二手房转移及抵押登记联办业务”。是年，全县推进农村土地承包经营权登记工作，颁发海盐县第一本土地承包经营权不动产权证书。

（黄　琳）

【土地档案】2023年，海盐县完成各类档案归档17828卷/件。其中，不动产登记管理类14779卷，开发利用类1167卷，特种载体类21件，林业管理类52卷，地质、矿产自然资源管理类74卷，综合类档案699件（永久373件、30年203件、10年123件），国土空间规划管理类1036卷。全年接待档案查阅2960人次，利用档案4300册。

（徐光亚）

【经营性用地】2023年，全县拍卖出让经营性用地10宗，供应面积23.25公顷，收取土地出让金11.76亿元。其中，拍卖出让商品住房用地4宗，面积17.18公顷，收取土地出让金9.78亿元，平均成交地价每平方米5691元。（数据不包括工业用地）

表43　2023年海盐县经营性土地使用权拍卖出让情况表

项目名称	所在镇（街道）	签订时间	金额（万元）	土地用途	出让年限	供应面积（公顷）	成交价（万元/公顷）
古城复兴—杨家弄区块配套设施项目	武原街道	2023年2月15日	2500	旅馆用地	40	0.5444	4592
浙江璟业实业发展有限公司（中昊大厦）	武原街道	2023年6月21日	3790	商务金融用地	40	1.2632	3000
浙江百步经济开发区工业园区邻里中心及配套工程	百步经济开发区（百步镇）	2023年5月31日	15297.975	城镇住宅—租赁型商品住房	70	2.9139	5250
于城镇邻里中心建设项目	于城镇	2023年2月22日	1583.088	零售商业用地	40	0.8944	1770

续表 43

项目名称	所在镇（街道）	签订时间	金额（万元）	土地用途	出让年限	供应面积（公顷）	成交价（万元/公顷）
于城镇三联社区公寓房二期	于城镇	2023年10月11日	10669	城镇住宅—用于安置的商品住房用地	70	2.1338	5000
新能源电动车商业园建设项目	于城镇	2023年12月12日	1924.8471	批发市场用地	40	1.1437	1683
朱家门商业街建设工程	澉浦镇	2023年4月24日	1174.2	零售商业用地	40	0.3914	3000
浙江显云置业开发有限公司	县开发区（西塘桥街道）	2023年5月15日	8803.2	零售商业用地	40	1.834	4800
海城未来社区2、3号地块定向安置小区项目	县开发区（西塘桥街道）	2023年12月13日	38391.795	城镇住宅—用于安置的商品住房用地	70	6.5627	5850
联翔路东侧、布港路南侧安置房项目	县开发区（西塘桥街道）	2023年12月19日	33416.4	城镇住宅—用于安置的商品住房用地	70	5.5694	6000

（俞焱恺）

其他自然资源管理

【林业资源管理】 2023年，海盐县发布第1号总林长令，召开县级总林长会议，研究部署全县林长制工作。建立健全县、镇、村三级林长制体系，镇（街道）林长办设置率100%，配备三级林长217人、警长86人，三级林长巡林553次，巡护山林4.1万亩。全县森林覆盖率4.81%，林木蓄积量187967立方米，增加5.79%。湿地面积2223.83公顷，湿地保护率70%，林草湿资源消耗量处于全省较低位。全年开展外来苗木、木材检疫检查86次；开展互花米草防治2257亩。是年，建立野生动物保护联席会议制度，实施野生动物保护“清风行动”，全年救助野生动物60余只，野生动植物抢救保护任务完成率100%。陆生野生动物疫源疫病监测日报率95%以上，其中10月发现有美国红火蚁入侵，立即联合县农业农村局开展除治工作。实施打击张网捕鸟违法行为专项行动，开展两省一市联合巡查和执法检查6次，出动人员76人次，检查农贸市场9家、餐饮经营户53户。2月，全市首个生物多样性体验馆建成开放。

（徐小源）

【海洋资源管理】 2023年，海盐县完成海塘安澜工程（长山至杨柳山段海塘）项目用海报批，用海面积5.52公顷，用海年限40年。完成嘉兴港海盐码头内侧30兆瓦光伏项目海域出让，该项目使用海盐码头栈桥合围形成的海域空间用于太阳能发电，出让面积27.74公顷，出让年限26年。完成杭州湾跨海铁路大桥建设配套临时码头施工项目用海审批，用海面积0.99公顷，用海期限5年。完成杭州湾跨海铁路大桥嘉兴段海上配套建设项目用海审批，用海面积35.98公顷，用海年限5年。嘉兴市（海盐县）海洋生态保护修复项目（又称蓝湾项目）方案通过财政部和自然资源部审核，成为嘉兴市第一个国家级蓝湾项目。该项目计划修复面积891公顷，其中滨海湿地修复面积630公顷。总投资5.1亿元，其中中央财政资金3亿元。按时收缴海域使用金，全年12家主体共交纳海域使用金4630.51万元。

（谢军叶）

【矿产资源管理】 2023年，六里山矿地综合利用项目有序开展，矿石产量552.35万吨，日均产量1.51万吨。六里山矿地综合利用项目属于凹陷式开采，边开采、边修复，浙江交投海新矿业有限公司按照绿色矿山建设标准，实施各项措施，至年末，数字化绿色矿山软硬件设施基本就位。通过开展“四边三化”等专项行动，海盐废弃矿山大部分完成工程性修复和自然修复。“十四五”期间，省下达澉浦保丰矿区和秦山石料二厂治理任务，年内澉浦保丰矿区矿坑回填完成修复，新增旱地 152.838 亩。秦山石料二厂项目完成设计，处于招投标阶段。

（徐小源）

生态环境监测

【地表水质量】 2023 年，海盐县跨行政区域断面水质考核优秀，出境断面水质达标，与 2022 年相比，三个考核指标中高锰酸盐指数及总磷出境断面年平均值（扣除入境影响后）下降幅度分别为 7.5% 和 12.7%，氨氮上升 4.3%。全县 13 个地表水常规监测断面水质类别已连续四年全部符合Ⅲ类及以上水质，地表水水质总体评价连续五年保持优秀，千亩荡饮用水水源地水质达到Ⅱ类，水质达标率连续六年保持 100%。

【空气质量】 2023 年，海盐县城市空气质量综合指数为 3.28。全年监测天数 363 天，优良天数 330 天，优良率 90.9%，其中符合一级（优）标准 114 天，符合二级（良）标准 216 天。污染天数 33 天，其中三级（轻度污染）28 天、四级（中度污染）3 天、五级（重度污染）2 天，无严重污染天气出现。全年降水 71 天，酸雨 18 天，酸雨率 25.4%，较 2022 年下降 9.2%。全年降水 pH 值为 4.5~6.9，平均值为 5.6，较 2022 年上升 0.2，酸雨程度降低，近年来首次实现非酸雨区。

【声环境质量】 2023 年，海盐县城市建成区设置区域声环境监测点位 102 个，昼间和夜间平均等效声级分别为 53.4、44.2 分贝，声强度为二级水平，评价较好。设置城区道路交通噪声监测点位 25 个，昼间和夜间平均等效声级分别为 64.8、53.9 分贝，声强度为一级水平，评价为好。城区设有 1 类至 4 类四个功能区监测点位 8 个，全年监测 64 点次，昼间、夜间达标率均为 96.9%，功能区声环境状况总体良好。

表 44　2023 年海盐县城市环境空气质量监测结果统计表（扣除沙尘影响）

项目	$PM_{2.5}$（微克/立方米）	PM_{10}（微克/立方米）	NO_2（微克/立方米）	SO_2（微克/立方米）	CO（毫克/立方米）	O_3 最大 8 小时滑动平均（微克/立方米）	AQI
日均最小值	2	7	5	2	0.3	25	22
日均最大值	176	240	136	17	1.2	216	249
年平均浓度值	28	46	24	6	0.6	102	—
年平均浓度值质量级别及超标倍数	二级	二级	一级	一级	—	—	—
特定百分位数浓度值	61	104	64	10	0.8	148	—
特定百分位数浓度值质量级别及超标倍数	二级	二级	一级	一级	一级	二级	—
IAQI 0—50 天数	270	231	316	362	365	192	114
IAQI 0—50 占比	77.6%	66.8%	87%	100%	100%	53%	31.4%
IAQI 50—100 天数	65	112	45	0	0	152	216
IAQI 50—100 占比	18.7%	32.4%	12.4%	0.0%	0.0%	42.0%	59.5%
IAQI>100 天数	13	3	2	0	0	18	33
IAQI>100 占比	3.7%	0.9%	0.6%	0%	0%	5%	9.1%

续表 44

项目	$PM_{2.5}$（微克/立方米）	PM_{10}（微克/立方米）	NO_2（微克/立方米）	SO_2（微克/立方米）	CO（毫克/立方米）	O_3最大8小时滑动平均(微克/立方米)	AQI
有效监测天数	348	346	363	362	365	362	363
日达标率	96.3%	99.1%	99.5%	100%	100%	95.0%	90.9%

表 45 2023 年盐嘉塘、盐平塘和长山河水质比较一览表

浓度单位：毫克/升

项目	海盐塘（盐嘉塘）		盐平塘		长山河	
	平均值	单项评价	平均值	单项评价	平均值	单项评价
溶解氧	6.0	Ⅱ类	7.2	Ⅱ类	6.0	Ⅱ类
高锰酸盐指数	3.7	Ⅱ类	3.6	Ⅱ类	3.7	Ⅱ类
化学需氧量	14.7	Ⅰ类	12.4	Ⅰ类	15.0	Ⅰ类
五日生化需氧量	2.9	Ⅰ类	1.8	Ⅰ类	3.0	Ⅰ类
氨氮	0.25	Ⅱ类	0.41	Ⅱ类	0.27	Ⅱ类
总磷	0.121	Ⅲ类	0.175	Ⅲ类	0.122	Ⅲ类
河流评价	Ⅲ类水质，良好		Ⅲ类水质，良好		Ⅲ类水质，良好	

表 46 2023 年长山河、海盐塘（盐嘉塘）、盐平塘监测断面水质比较表

单位：毫克/升

河流名称	监测断面	监测项目						水质类别
		溶解氧	高锰酸盐指数	化学需氧量	五日生化需氧量	氨氮	总磷	
长山河	长山闸一号桥	6.7	3.4	14.1	2.2	0.13	0.118	Ⅲ类
	长山河大桥	5.5	3.9	14.8	2.8	0.36	0.128	Ⅲ类
	水北大桥	5.8	3.8	16.2	3.4	0.31	0.119	Ⅲ类
海盐塘（盐嘉塘）	尤角村	5.7	3.5	12.2	2.1	0.22	0.131	Ⅲ类
	沈荡大桥	5.6	3.8	15.8	3.4	0.32	0.117	Ⅲ类
	三环洞	5.8	3.8	16.3	3.4	0.31	0.120	Ⅲ类
	南台头闸一号桥	6.6	3.5	14.6	2.1	0.16	0.114	Ⅲ类
盐平塘	东塘桥	7.2	3.6	12.4	1.8	0.41	0.175	Ⅲ类

说明：1. 溶解氧指标数值大的质量好；
2. 数值为年平均值；
3. 评价以单因子评价

（翁路楠）

生态环境监管

【环境执法监管】 2023年，海盐县落实“双随机、一公开”监管任务，抽查企业1413家次，检查完成率100%，整改问题570个，问题发现率40.3%；开展跨部门联合检查15次，与其他部门联合检查69家次。开展“绿剑2023”专项执法，出动人员3208人次，整改问题220个，立案81件，拟罚款94.5万元。检查管控企业1175家次，开展零点夜间执法行动30次，整改问题26个。采用线上、线下相结合检查方式，打击第三方环保服务机构弄虚作假乱象，立案查处案件11起，处罚款26.99万元，移交公安1起，刑事拘留1人，其中杭州兴洋环保科技有限公司案例被纳入浙江生态环境典型案例。推进环保e企管推广应用，专题研究环保e企管各大场景应用和工作任务目标。组织各镇（街道）现场培训，发放1000余份e企管操作手册。全县1832家赋码企业全部领码，排污许可证重点管理与重点环境风险源企业完成自查体检，环境医生提供咨询215次，通过环保e企管自行智能查办案件16起。

【环境安全管控】 2023年，海盐县指导105家风险源企业完成环境应急预案备案，梳理指导61家企业完成环境应急预案滚动更新和应急演练，组织完成2023年行政区域暨化工园区突发环境事件应急演练。高频落实隐患排查，每两月对县域61家重点风险源企业开展全覆盖隐患排查。推进周边跨界联动，与平湖、南湖生态环境部门签订联动协议，首次开展海盐、南湖、平湖三地边界生态环境联动执法，建立三地联动监管机制。联合县公安局、县卫生健康局等部门开展辐射安全隐患排查，检查辐照企业、宠物诊疗、移动探伤等核技术利用单位40家次，发现问题8个，均限期整改。妥善处置突发生产安全事故次生环境事件3起，有效控制事故废水、消防废水，应急救援能力提升。结合日常执法检查及各类执法专项行动查处环保设施领域违法行为，重点检查企业未及时修订突发环境事件应急预案、未批先建、未验先投等违法行为32起。

【环境问题化解】 2023年，海盐县成立县级暗访检查组，开展生态环境问题“大排查、大整治、大曝光”专项行动。4—12月行动期间，各镇（街道）自查上报采纳问题2049个，县督查组督查交办问题589个，均完成整改。全面落实生态环境24小时值班制度和领导带班制度，加强信访事项化解，以“12369”网络举报、“12345”县长电话、“110”24小时值班电话、来信来访等多种形式，公开受理群众环境投诉，解决环境纠纷。把问题解决在萌芽状态，对于问题隐患，第一时间甄别并作出回应。

（翁路楠）

生态环境宣传

【概况】 2023年，海盐县以“巩固国家生态文明建设示范县创建成果、提高公众生态满意度”为目标，开展生态环境宣传工作。是年，海盐生态满意度列全省第13位，全市排名第一。

【环境宣传渠道拓宽】 2023年，县生态环境分局加强与县传媒中心、嘉兴日报、今日环境、中国环境报等主流媒体对接，构建立体式多媒体环境宣传教育矩阵。

8月15日，县生态环境分局联合浙江省生态经济促进会、浙江省生态文明研究院等共同举办“绿水青山就是金山银山”全国首个生态日主题活动

（县生态环境分局供）

累计发布稿件300余篇。其中：《中国环境报》9篇，同比增长125%；《今日环境》10篇，同比增长66.7%。制作“创新建设活性炭公共服务体系 有效提升VOCs治理成效”“打造绿色发展示范样板，擦亮杭州湾面海第一城金色名片”等特色宣传视频5部，展示海盐生态文明建设成果。8月15日，联合浙江省生态经济促进会、浙江省生态文明研究院等共同举办“绿水青山就是金山银山”首个全国生态日活动；连续第9年召开《海盐县环境状况白皮书》新闻发布会，通过数据对比、图表分析、成果展示等形式，展现海盐生态环境保护工作历程和成绩，满足社会公众生态环境知情权，相关活动信息在“潮新闻”客户端阅读量超过11万人次。

【信息工作质效提升】 2023年，县生态环境分局加强政务信息报送工作，坚持突出重点，深入挖掘素材，提升政务信息报送质量，发挥政务信息主渠道作用。“南北湖未来城EOD项目入选国家项目库”“海盐县创新实践EOD模式打造绿色共富嘉兴样板”“海盐县创新建设活性炭再生服务体系助力空气质量显著提升”3篇信息获市领导批示肯定。围绕“公开增合力、公开树形象”工作思路，加强政务信息公开工作，完善政务信息公开机制，以一图读懂形式在回应关切栏目发布《海盐县“无废城市”建设，你了解多少？》，增进公众对“无废城市”建设的理解和支持；公开饮用水水源地水质报告、重大建设项目情况、重点排污单位名录等生态环境信息。加强生态环境宣传员、信息员队伍建设，完善工作制度，规范操作流程。

【全民共建共享】 2023年，县生态环境分局开展线下宣教活动35次。率先建立生态文明志愿服务基地，举办“六五”世界环境日、“8·15”全国生态日、第七届全国净滩公益活动、环保公益跑、“3·22”世界水日、国际生物多样性日等主题宣传活动。开展生态满意度宣传，举办传化送戏下乡2场，公众探访活动4期，并联系中国环境App、中国蓝新闻、浙江生态环境微信公众号等媒体进行活动宣传，参与3500余人次。推进环保设施面向社会公众开放，参加2023年浙江省环保设施开放优秀讲解员评比活动，嘉兴联合污水处理公司钱心悦讲解《污水是如何变清澈的？》荣获三等奖。发动学生参加第七届浙江省中小学生自然笔记大赛，9名学生分别获得一、二等奖和优胜奖，县生态环境分局获评最佳组织奖。郭秋敏、宓忠霞、王尤亮、林坚强等摄影爱好者分获2023年“美丽嘉兴，我是行动者”摄影比赛7个奖项。

（翁路楠）

教　育

综　述

【学校情况】2023年，全县有独立幼儿园50所、小学20所、初中13所、普通高中3所、中职学校2所、特殊教育学校1所、成人高校1所。有专任教师4518人，其中小学1631人、初中982人、普通高中499人、中职学校366人、幼儿园1001人、特殊教育学校17人、成人高校22人。

【教育投入】2023年，海盐县教育经费投入22.83亿元，其中国家财政性教育经费投入21.02亿元（公共财政教育经费中教育事业费16.57亿元、教育费附加1亿元、其他教育经费0.05亿元、政府性基金预算安排教育经费3.4亿元）。全年教育经费总支出22.57亿元，其中工资福利支出12.79亿元、商品服务支出3.92亿元、对个人及家庭补助支出0.92亿元、资本性支出4.94亿元。落实扶贫帮困助学政策，全年免除中职学生学费7351人次1102.65万元；免除义务教育学生杂费80529人次877.56万元；免除义务教育住宿费学生2100人次63万元；免费提供国家课程教科书和地方课程教材，惠及学生80529人次，金额3249.9万元；免费为学生提供午餐2875人次，资助金224.54万元。普通高中国家助学和困难生补助273人次68.2万元，职业高中国家补助284人次27.54万元，学前教育困难生补助843人次206.94万元。是年，继续实行小班化、民办学校、初中免住宿费和接纳新居民子女等专项补助。

表47　2023年海盐县各级各类学校情况表

学校类别	学校数（所）	班级数（个）	毕业生数（人）	招生数（人）	在校学生数（人）	毕业班学生数（人）	教职工数（人）	
							合计	其中，专任教师
一、普通中学	16	416	5369	6076	17738	5557	1556	1481
1. 高中	3	130	1750	1825	5395	1728	542	499
2. 初中	13	286	3619	4251	12343	3829	1014	982
二、职业中学	2	114	1481	1210	3682	1211	376	366
三、小学	20	687	4186	5258	28936	4655	1676	1631

续表 47

学校类别	学校数（所）	班级数（个）	毕业生数（人）	招生数（人）	在校学生数（人）	毕业班学生数（人）	教职工数（人）	
							合计	其中，专任教师
四、幼儿园	50	456	5248	3650	12215	4430	1921	1001
五、特殊教育学校	1	12	9	11	46	7	17	17
六、成人高校	1	89	1044	970	2539	597	22	22

（赵永炳　郭建丽）

教育管理

【“双减”工作】 2023年，海盐县“双减”工作专班组织召开校外培训机构执法监管工作推进会。县领导带领专班人员学习《校外培训行政处罚暂行办法》。是年，县教育局出台《海盐县教育局等九部门关于加强校外培训监管行政执法工作的实施方案》，制定《海盐县中小学生校外培训清朗环境三年行动方案（2023—2025年）》，非学科类校外培训机构数据稽核、全流程监管、中小学生校外培训清朗行动和日常监管等各项工作有序推进。不断做优校内托管服务，升级“课后优服”平台，打造课后服务“超市集群”样态，获评全国首届“地方教育改革创新成果”一等奖，经验做法在全国教育局长论坛、“双减”圆桌会上做交流，在《教育家》杂志发表，《中国教育报》头版头条刊发。

【教育督导工作】 2023年，县教育局发挥专兼职督学的作用，开展“双减”“教学五认真”“师德师风”等专项督导，通过常规督、专项督、交叉督等多种方式，履行督学工作职责。制定“一园一策”整改方案，先后10余次召开创建工作推进会议，7次对幼儿园开展实地督查指导，落实闭环管理，成功通过国家学前教育普及普惠县省级督导评估。对标对表持续推进浙江省现代化学校创建工作，2023年三毛幼儿园和实验中学通过省级评估认定。

（李瑞华）

【教育合作与交流】 5月，县教育局邀请华东师范大学基教所专家到滨海中学开展“效能课堂 课例研磨”主题研讨活动；联合华东师范大学基教所、复旦大学高等教育研究所主办“课程与教学的现代化推进暨K—12学业质量改进联盟”第六届会议之校长论坛。全年新增长三角结对学校5所，邀请江浙沪专家名师来盐讲座培训40余次，受训人员3600余人次，集中组织的外出培训班38个，学校自主组织开展活动近60次，参与培训教师4100余人次。深化教育对口工作，选派4名教师赴新疆沙雅县、1名教师赴西藏那曲市、5名教师赴四川省屏山县支教，接收丽水市景宁畲族自治县4批次36名教师、四川省屏山县3名骨干教师到海盐跟岗学习和挂职锻炼，送教至屏山和景宁6批次。加强合作交流，新增4对亚运姐妹学校；7月9—14日，武原中学教育集团一行4人赴香港慕光英文书院进行交流访问，双方围绕学校教育理念、管理方式、教育教学举措、校园文化建设、学生个性培养等进行交流。

（张加林）

【校园安全管理】 2023年，县教育局联合司法、消防等部门，调整聘任新一轮中小学法治副校长43人，消防法治副校长16人，建立健全“自查整改、互查整改、督查整改”的三查三改制度，常态化开展网格督查，依托校园安全智能管理平台，实现隐患排查整改闭环管理。全年开展网格督查8次，发现并督促完成问题整改160余次。全县89所学校、99个校区的4127路监控与校园安全智能管理平台实现全覆盖联网，紧急事件手机端一键操作，学校一键式紧急报警、视频监控系统达标率达到100%。推行“网格化管理、清单化推进、系统化提升、积分制奖惩”的校园安全长效管理机制，完善校安等级考评和校安指数测评。开展校园周边安全综合整治，新增三毛小学公交车站，试行启用三毛小学、实验中学海兴校区学校智慧校园接送系统。开展校园安全管理干部培训、校安办主任培训、校警保安培训，落实全员安全培训，提升安全管理能力和素养。建立健全应急演练和专题性演练、桌上推演等校园应急演练工作机制，全年各中小学、幼儿园开展全员综合应急疏散、消防逃生演练等200余场次，参与师生7万余人次；开展校园反恐、传染病防控处置、防台防汛、防疫应急处置等专题演练、桌上推演380余场次。是年，县教育局获评县平安护航亚（残）运会嘉奖集体。

（陈雪峰）

【校外培训机构监管】 2023年，县教育局实行“专班”牵头、主管部门负主责、职能部门协同、镇（街道）属地跟进的管理模式，落实县域内校外培训机构日常监管。在全市率先完成全县176家校外培训机构的数据稽查和纳管工作。落实培训机构主管部门分类归口管理，开展校外培训机构分类准入前置审批工作，全年审批办结校外培训机构科技类2家、文化艺术类5家；督促指导校外培训机构信息公示工作。推进校外培训清朗环境工作，联合县文化广电旅游体育局、县科技局、县综合执法局等部门及镇（街道）开展日常巡查检查以及消防安全、隐形变异、预收费等专项检查，出动检查635人次，检查机构826家次，确保全县校外培训安全、有序。

（李瑞华）

【退教工作】 2023年，海盐县退离休教师协会有退离休教师1639人，其中离休干部教师4人、90~99岁51人、80~89岁434人。县退协总会下设11个分会（局直属、盐高、武小、郊区、开发区、沈荡、百步、秦山、澉浦、于城、通元），成立民乐、太极、声乐、舞蹈、门球、萨克斯等26个兴趣小组和运动队。年内有2人获得嘉兴市老年大学“八八战略”征文一等奖，获评嘉兴市青少年党史学习教育优秀五老宣讲员1人，获评嘉兴市银龄云支部最美书记1人，获评嘉兴市关心下一代最美五老1人，获评国家体育总局社会体育指导中心优秀教练1人，直属分会退教支部被评为浙江省“三强六好”示范支部和最美党支部。

（李彩勤）

基础教育

【幼儿教育】 2023年末，海盐县有独立设置幼儿园50所（教育部门办23所、社会力量办27所），班级456个，在园幼儿12215人，儿童学前三年入园率98.24%。县教育局抓好学前教育顶层设计，实施幼儿园年度提质升等计划，推进学前教育“普及普惠”县创建。发挥幼儿园共同体指导与考核作用，六大共同体以“科学落实保教”为主题，对全县27所民办幼儿园开展地毯式指导与检查，提升民办幼儿园保教质量。组建4个省一级创建共同体工作组，以升等指导为抓手，助力争创省一级幼儿园。是年，石泉幼儿园、秦山中心幼儿园、六一幼儿园、沈荡实验幼儿园通过省一级幼儿园评估，启航幼儿园通过省二级幼儿园评估。与卫健部门协同联合，开展幼儿园托育部登记备案与管理工作。全年有26所幼儿园在“浙有善育”上备案托育部，备案托位1320个，其中公办幼儿园5所220个、普惠性民办幼儿园17所780个、非普惠性幼儿园4所320个。有10所幼儿园招收托班幼儿，有托班15个、幼儿246人，入托率为18%。其中，公办幼儿园2所，班级2个，幼儿34人。

【民办教育】 2023年，海盐县有民办学校（北原学校）1所，民办幼儿园27所。民办幼儿园中，有营利性幼儿园1所、非营利性幼儿园26所，有23所为普惠性幼儿园。义务教育段，畅通民办学校与公办学校之间教师交流渠道，建立公办学校教师到民办学校轮岗交流制度，实行资源共享，推进公办学校与民办学校均衡协调发展，提高北原学校的教育教学管理水平。民办幼儿园从2023年下半年起，收费采用网上缴纳方式，由教育行政部门备案的银行进行受理。加大民办幼儿园帮扶力度，健全民办幼儿园奖补、年审、考核“三位一体”管理制度。5月，制定出台《民办幼儿园奖补资金管理办法（修订版）》，9月起实施。

【特殊教育】 2023年，海盐县有特殊教育学校（育才学校）1所，班级12个，在校学生46人。各镇（街道）中小学随班就读残疾儿童少年84人，义务教育段送教上门残疾儿童少年8人，全县残疾儿童少年入学率

100%。全年安置240名残疾儿童就学，适龄残疾儿童学前教育安置率100%、义务教育入学安置率100%、高中教育入学安置率90%以上。推动"普教特教"共融，做好秦山中心幼儿园、百步中心幼儿园市融合教育示范学校创建，开展新一轮"示范及合格资源教室"评估工作。育才学校通过浙江省第四批特殊教育标准化学校评估认定。

【义务教育】2023年，海盐县有小学20所（含1所民办学校北原学校），班级687个，平均每班学额42.12人，在校生28936人，同比增加1434人。有初中13所，规模均在6班以上，其中17班及以上有9所；班级286个，同比增加4个，平均每班学额43.16人,在校生12343人。是年，有初中毕业生3619人，九年义务教育完成率为100%，初升高比例99.36%。其中，升入普通高中1867人，升入中等职业技术教育各类学校1729人。

海盐县围绕高质量发展总目标，巩固提高学校"双减"工作水平，深化基础教育综合改革，加快构建高质量基础教育体系，推进全县义务教育"优质均衡"、素质教育"五育并举"向更高更深层次发展。落实国家课程方案和课程标准，开齐开足开好规定课程，规范征订使用教材和教辅资料。落实义务教育免试就近入学要求，完善公民同招、民转公学校派位招生办法，优化入学报名招生系统。出台《海盐县2023年义务教育阶段学校招生入学工作实施方案》,优化《海盐县人才子女入学实施细则》。是年，开展北原学校563人次购买学位工作，安置2844名随迁子女在公办学校就读，随迁子女在家长常住地入学率和在公办学校就读率实现两个100%。落实减负提质工作要求，切实加强作业、睡眠、手机、读物、体质管理。优化"优学在盐"服务平台，全县中小学课后服务学校覆盖率100%，义务教育学校参加课后服务学生超过4万人，其中小学参与率99.62%、初中参与率93.99%。协同各镇（街道）、卫健、科技、文旅、社会团体，实现托管服务从"托得住"到"管得好"转变。是年暑假，全县有9258名学生、幼儿参加暑期托管服务。遵循"资源共享、优势互补、合作共进、提升质量"原则，义务教育阶段城区学校与农村学校结对组建办学共同体，形成学校自主发展、自我提高办学新机制。在武原中学与澉浦中学融合型教共体（教育集团）办学试点基础上进一步扩面，组建四个教育集团、九大共建型教共体，海盐县被认定为浙江省全域教共体（集团化）办学试点县。

【高中教育】2023年，海盐县有普通高中3所，班级130个，平均每班学额41.5人，在校学生5395人，应届高中毕业生升入普通高校2762人。按照"分类办学、错位发展"原则，推进普通高中多样化特色化发展。组建"特色示范高中+优质品牌初中"的初高中教育联盟，强化初高中衔接教育。探索拔尖创新人才早期发现和选拔培养路径，深化初高中教育衔接和人才一体化培养。是年，全县普通高考特殊类型招生控制线上线人数367人，位居全市第二，纯文化类第一段分数线上线人数1299人，上线比例为78%，位居全市第一，C9高校、西湖大学等知名高校录取48人，双一流高校录取138人。

【和谐德育构建】2023年，县教育局用"赛训一体、以赛促建"方式推动班主任专业化发展，6名班主任获得嘉兴市班主任基本功大赛一等奖4个、二等奖2个，其中2人代表嘉兴市参加浙江省中小学班主任基本功大赛，分别获得省二等奖、三等奖。推荐9名优秀班主任和4名优秀少先队辅导员参加市级评选，其中获评市十佳班主任1人，获评市优秀班主任8人，获评市优秀少先队辅导员4人。开展"扣好人生第一粒扣子""传承红色基因""千里江山万里海""强国复兴有我""红船向未来 奋进新时代"等主题教育，厚植学生爱党爱国爱社会主义情怀，铸牢永远听党话跟党走的坚定信念。深化法治教育进校园、进课堂,组织县"禁毒杯"绘画大赛作品征集和评选活动，承办市"开学第一课"暨"三禁三防三自"教育活动。依托"海盐·课后优服"平台推出家庭教育直播课。推进数字家长学校建设覆盖面和资源建设。组织参加第三期县级青春健康教育师资认证暨竞赛活动，6人被聘任为青春健康教育师资。在嘉兴市第五批家庭教育指导教师培训及遴选中，有10名教师通过家庭教育指导师认定；在第二届嘉兴市中小学（幼儿园）家庭教育优质课评比活动中，万禄幼儿园

1名老师获幼儿组一等奖，城西小学1名老师获小学组二等奖；万禄幼儿园被认定为浙江省家庭教育创新实践基地。加强辅导中心咨询师力量，增加咨询时间，每周六、周日为未成年人及家长开展电话、网络咨询及面询，全年接听学生和家长热线电话280余人次，提供心理面询服务160余人次，答复心理邮箱咨询106人次，举办心理辅导讲座100余场。百可实验幼儿园、陌桑幼儿园、望海实验幼儿园、北原学校创建为县级绿色学校。沈荡中学创建为省健康促进学校金牌学校，实验中学教育集团、六里小学创建为银牌学校。落实省级民生工程——青少年脊柱健康筛查工作，普及脊柱健康知识，全年为27511名在校学生开展脊柱健康筛查。组织全县中小学生劳动教育系列活动，开展海盐县劳动教育专场展示评比，县级劳动教育实践基地评比，市级劳动教育示范学校、劳动教育优秀教师推荐。开辟研学实践教育基地，海盐县节水教育基地、长山河时代印记馆、“盐田织彩”非遗工作坊、海盐造梦体验式牧场、阿诺达能量谷基地被认定为县级研学基地，百合美农场获评市级研学实践基地。是年，全县有国家级研学实践教育基地1个、市级研学实践教育基地7个、县级研学实践教育基地9个。

【体艺活动】 2023年，县教育局优化《海盐县学校体育竞赛积分统计办法》，组织举办县中小学田径运动会、篮球赛、啦啦操比赛，承办嘉兴市跳绳比赛；组织参加嘉兴市足球、篮球、击剑、摔跤等青少年比赛。《海盐构建“一统两通三融合”以体育人新模式》一文被省教育厅《今日择报》第79期录用。机关幼儿园获2023年浙江省第十三届健身舞操表演大赛健身舞操比赛一等奖；向阳小学教育集团桥牌队在亚太青年桥牌锦标赛选拔赛中获得总成绩第二名，在全国桥牌青少年团体赛中获U20组公开赛季军；实验小学教育集团秦山小学获2023年全国跳绳联赛体育道德风尚奖；向阳小学教育集团海沙校区被评为省足球特色学校。在2023年浙江省“诵读中国”经典诵读大赛中，选送的29个作品获省一等奖2个、省二等奖4个、省三等奖12个，其中向阳小学教育集团、石泉小学选送的教师诗词讲解获省一等奖。举办海盐县首届青少年春晚和海盐县首届“海燕杯”青少年“十佳歌手”“十佳乐手”比赛。开展第十九届校园文化艺术节系列活动，评选出艺术表演节目79个，美术、书法作品227个，优秀指导老师99人；优秀组织奖4个。选送25个艺术作品参加浙江省中小学生艺术节评选，音乐类节目获省一等奖1个、省三等奖2个；美术作品类获省一等奖2件、二等奖4件、三等奖9件，其中向阳小学教育集团的戏剧、元济高级中学和三毛小学的艺术作品获省一等奖。在嘉兴市首届“石榴杯”艺术节艺术表演类比赛中，元济高级中学的合唱和实验中学的舞蹈获一等奖，选送的10个艺术作品获一等奖3个、二等奖7个。

【科普活动】 2023年，县教育局举办以“科技创新”为重点的各项科技竞赛和科普活动，推进科教融合。联合县科协，举办科学魔法秀、科技嘉年华、科普大篷车进学校、中国科学院老科学家进校园科普讲座等活动50余场。是年，推荐青少年科技创新大赛优秀作品参加省级大赛，4件作品获奖。组织开展沪盐“魅力之光”杯科普知识竞赛活动，全县近万名中学生参加。

（范雪峰）

6月，元济高级中学9名学生在全国中学生生物学联赛中获得奖项，创历史最佳，获奖人数和质量均列嘉兴市第一　　（县教育局供）

表48　2023年海盐县学生省级及以上学科竞赛获奖情况表

序号	学校名称	学生姓名	学科	级别	奖级	活动名称
1	商贸学校	何俊杰、马心怡、孙振桓、袁登英	国际贸易	国家级	一等奖	第九届 OCALE 全国跨境电商创新创业能力大赛（秋季赛）
2	元济高级中学	盛宝宝	信息技术	国家级	一等奖	全国青少年信息学奥林匹克联赛
3	元济高级中学	陈书阳	高中生物	国家级	一等奖	全国生物学联赛
4	元济高级中学	张伊恬	高中语文	国家级	一等奖	第二十届“叶圣陶”杯全国作文大赛
5	元济高级中学	王李劼怡	高中语文	国家级	一等奖	第二十届“叶圣陶”杯全国作文大赛
6	元济高级中学	王之秀	高中语文	国家级	一等奖	第九届全国中学生科普科幻作文大赛
7	元济高级中学	王之秀	信息技术	国家级	一等奖	全国中学生科普科幻大赛
8	元济高级中学	沈双阳	高中语文	国家级	一等奖	叶圣陶杯全国中学生比赛
9	元济高级中学	王李劼怡	高中语文	国家级	一等奖	叶圣陶杯全国中学生现场总决赛
10	元济高级中学	张伊恬	高中语文	国家级	一等奖	叶圣陶杯全国中学生现场总决赛
11	元济高级中学	梁紫涵	高中语文	国家级	二等奖	叶圣陶杯全国中学生比赛
12	元济高级中学	韩欣蓉	高中语文	国家级	金牌作品	语文报杯全国中学生作文大赛
13	元济高级中学	康钰俐	高中语文	国家级	金牌作品	语文报杯全国中学生作文大赛
14	元济高级中学	田奕宁	高中语文	国家级	金牌作品	语文报杯全国中学生作文大赛
15	元济高级中学	龚叶轩	高中语文	国家级	金牌作品	语文报杯全国中学生作文大赛
16	元济高级中学	姚可薇	高中语文	国家级	金牌作品	语文报杯全国中学生作文大赛
17	海盐高级中学	彭欣源	高中语文	国家级	金牌作品	第二十五届“语文报杯”中学生主题征文
18	海盐高级中学	黄思源	高中语文	国家级	金牌作品	第二十五届“语文报杯”中学生主题征文
19	海盐第二高级中学	杨芊芊	高中语文	国家级	金牌作品	第二十五届“语文报杯”中学生主题征文
20	武原中学教育集团	钱晨宇	初中语文	国家级	全国奖	全国“新时代好少年 传承经典 筑梦未来”主题读书活动
21	通元中学	颜　康	初中语文	国家级	金牌作品	第二十五届“语文报杯”中学生主题征文
22	实验小学教育集团	柳清扬	小学语文	国家级	金奖	全国中小学“同步作文”征文活动
23	商贸学校	叶倩、陆静雯、王营澜、吴佳逸	国际贸易	国家级	二等奖	第九届 OCALE 全国跨境电商创新创业能力大赛（秋季赛）
24	商贸学校	苏琪薇、田莹、张利威、宇思荣	国际贸易	国家级	二等奖	第九届 OCALE 全国跨境电商创新创业能力大赛（秋季赛）
25	元济高级中学	杨智茗	高中生物	国家级	二等奖	全国生物学联赛
26	元济高级中学	贾博文	高中生物	国家级	二等奖	全国生物学联赛

续表 48

序号	学校名称	学生姓名	学科	级别	奖级	活动名称
27	元济高级中学	梁振洲	高中生物	国家级	二等奖	全国生物学联赛
28	元济高级中学	邹照缘	高中生物	国家级	二等奖	全国生物学联赛
29	元济高级中学	王之秀	高中语文	国家级	二等奖	第二十届“叶圣陶”杯全国作文大赛
30	元济高级中学	王之秀	高中语文	国家级	二等奖	叶圣陶杯全国中学生现场总决赛
31	元济高级中学	徐亦捷	信息技术	国家级	二等奖	NOIP2023
32	元济高级中学	郑宇睿	高中数学	国家级	二等奖	全国中学生数学奥林匹克（预赛）
33	元济高级中学	盛宝宝	高中数学	国家级	二等奖	全国中学生数学奥林匹克（预赛）
34	元济高级中学	檀一覃	高中数学	国家级	二等奖	全国中学生数学奥林匹克（预赛）
35	元济高级中学	夏叶泓	高中生物	国家级	三等奖	全国生物学联赛
36	元济高级中学	胡　军	高中生物	国家级	三等奖	全国生物学联赛
37	元济高级中学	魏徐然	高中生物	国家级	三等奖	全国生物学联赛
38	元济高级中学	朱科霖	高中生物	国家级	三等奖	全国生物学联赛
39	元济高级中学	赵亚萍	高中语文	国家级	三等奖	第九届全国中学生科普科幻作文大赛
40	元济高级中学	糜　可	高中化学	国家级	三等奖	第 37 届全国化学奥赛（初赛）
41	元济高级中学	尹乐竹	高中化学	国家级	三等奖	第 37 届全国化学奥赛（初赛）
42	元济高级中学	贾博文	高中化学	国家级	三等奖	第 37 届全国化学奥赛（初赛）
43	元济高级中学	郑宇睿	高中化学	国家级	三等奖	第 37 届全国化学奥赛（初赛）
44	元济高级中学	陈昱帆	高中化学	国家级	三等奖	第 37 届全国化学奥赛（初赛）
45	元济高级中学	王嘉诚	高中物理	国家级	三等奖	第 40 届全国中学生物理竞赛
46	元济高级中学	沈达彦	高中物理	国家级	三等奖	第 40 届全国中学生物理竞赛
47	元济高级中学	竹汶涛	高中物理	国家级	三等奖	第 40 届全国中学生物理竞赛
48	元济高级中学	沈迪扬	高中物理	国家级	三等奖	第 40 届全国中学生物理竞赛
49	元济高级中学	师嘉译	高中物理	国家级	三等奖	第 40 届全国中学生物理竞赛
50	元济高级中学	杨智茗	高中物理	国家级	三等奖	第 40 届全国中学生物理竞赛
51	元济高级中学	盛宝宝	高中物理	国家级	三等奖	第 40 届全国中学生物理竞赛
52	元济高级中学	徐亦捷	高中物理	国家级	三等奖	第 40 届全国中学生物理竞赛
53	元济高级中学	徐　想	高中物理	国家级	三等奖	第 40 届全国中学生物理竞赛
54	海盐第二高级中学	金宇轩	高中英语	国家级	三等奖	全国中学生英语能力测评
55	理工学校	裘哲、王依杰、孙羚芸	信息技术	省级	一等奖	第九届全国青年科普创新实验暨作品大赛（浙江赛区）复赛
56	理工学校	王其凌	餐饮	省级	一等奖	第九届全国饭店职业技能竞赛浙江赛区选拔赛“中餐热菜”项目

续表 48

序号	学校名称	学生姓名	学科	级别	奖级	活动名称
57	理工学校	周亦涵	高中语文	省级	一等奖	浙江省第七届“梦想杯”中职学生征文大赛
58	理工学校	董伟帆	机械	省级	一等奖	“2023 年全国智能制造虚拟仿真大赛”浙江省选拔赛
59	商贸学校	李思佳、胡一佳、龙金微、夏添	高中语文	省级	一等奖	浙江省第八届“梦想杯”中职学生征文大赛
60	元济高级中学	陈书阳	高中生物	省级	一等奖	浙江省高中生物学竞赛
61	元济高级中学	姚珂尔	高中生物	省级	一等奖	浙江省高中生物学竞赛
62	元济高级中学	梁振洲	高中生物	省级	一等奖	浙江省高中生物学竞赛
63	元济高级中学	赵启阳	高中体育	省级	一等奖（铜牌）	第十八届浙江省青少年无线电测向锦标赛 144MHz
64	元济高级中学	殳楷博	高中体育	省级	一等奖	第十八届浙江省青少年无线电测向锦标赛 144MHz
65	元济高级中学	王之秀	高中体育	省级	一等奖	第十八届浙江省青少年无线电测向锦标赛 144MHz
66	元济高级中学	陈　锐	高中体育	省级	一等奖	第十八届浙江省青少年无线电测向锦标赛 3.5MHz
67	元济高级中学	段博文	高中体育	省级	一等奖	第十八届浙江省青少年无线电测向锦标赛 3.5MHz
68	元济高级中学	王李劼怡	高中体育	省级	一等奖（铜牌）	第十八届浙江省青少年无线电测向锦标赛 3.5MHz
69	元济高级中学	卢晟杰	高中物理	省级	一等奖	第 40 届全国中学生物理竞赛
70	元济高级中学	吴嘉宇	高中物理	省级	一等奖	第 40 届全国中学生物理竞赛
71	元济高级中学	郑宇睿	高中物理	省级	一等奖	第 40 届全国中学生物理竞赛
72	元济高级中学	杨文昊	高中物理	省级	一等奖	第 40 届全国中学生物理竞赛
73	海盐第二高级中学	顾宇浩	高中英语	省级	一等奖	全国中学生英语能力测评
74	海盐第二高级中学	李鹏宇	高中英语	省级	一等奖	全国中学生英语能力测评
75	海盐第二高级中学	姚怡霞	高中英语	省级	一等奖	全国中学生英语能力测评
76	海盐第二高级中学	陆聪慧	高中英语	省级	一等奖	全国中学生英语能力测评
77	海盐第二高级中学	杨李岳	高中英语	省级	一等奖	全国中学生英语能力测评
78	海盐第二高级中学	李　俊	高中英语	省级	一等奖	全国中学生英语能力测评
79	武原中学教育集团澉浦中学	陈文靖	信息技术	省级	一等奖	浙江省虚拟机器人竞赛
80	武原中学教育集团澉浦中学	陈文靖	信息技术	省级	一等奖	第 18 届浙江省青少年电脑机器人竞赛

续表 48

序号	学校名称	学生姓名	学科	级别	奖级	活动名称
81	元通小学	孔 驰	小学信息技术	省级	一等奖	第 18 届省青少年电脑机器人竞赛
82	元济高级中学	孙启睿	信息技术	省级	二等奖	csp–j2023
83	元济高级中学	赵启阳	高中体育	省级	二等奖	第十八届浙江省青少年无线电测向锦标赛 3.5MHz
84	元济高级中学	贾博文	高中物理	省级	二等奖	第 40 届全国中学生物理竞赛
85	元济高级中学	马赵子祎	高中物理	省级	二等奖	第 40 届全国中学生物理竞赛
86	元济高级中学	吴嘉原	高中物理	省级	二等奖	第 40 届全国中学生物理竞赛
87	元济高级中学	贾博文	高中生物	省级	二等奖	浙江省高中生物学竞赛
88	元济高级中学	杨智茗	高中生物	省级	二等奖	浙江省高中生物学竞赛
89	元济高级中学	虞 欣	高中生物	省级	二等奖	浙江省高中生物学竞赛
90	元济高级中学	张天羽	高中生物	省级	二等奖	浙江省高中生物学竞赛
91	元济高级中学	郑宇睿	高中生物	省级	二等奖	浙江省高中生物学竞赛
92	元济高级中学	胡 军	高中生物	省级	二等奖	浙江省高中生物学竞赛
93	海盐高级中学	范孙铭	高中物理	省级	二等奖	浙江省高中物理竞赛
94	海盐高级中学	杨 强	高中物理	省级	二等奖	浙江省高中物理竞赛
95	元济高级中学	郑宇睿	高中化学	省级	三等奖	第 37 届化学奥赛浙江省预赛
96	元济高级中学	张天羽	高中化学	省级	三等奖	第 37 届化学奥赛浙江省预赛
97	元济高级中学	杨智茗	高中化学	省级	三等奖	第 37 届化学奥赛浙江省预赛
98	元济高级中学	尹乐竹	高中物理	省级	三等奖	第 40 届全国中学生物理竞赛
99	元济高级中学	任笑萱	高中物理	省级	三等奖	第 40 届全国中学生物理竞赛
100	元济高级中学	贺 晨	高中物理	省级	三等奖	第 40 届全国中学生物理竞赛
101	元济高级中学	刘一诺	高中生物	省级	三等奖	浙江省高中生物学竞赛
102	元济高级中学	黄以恒	高中生物	省级	三等奖	浙江省高中生物学竞赛
103	元济高级中学	魏徐然	高中生物	省级	三等奖	浙江省高中生物学竞赛
104	元济高级中学	王嘉诚	高中生物	省级	三等奖	浙江省高中生物学竞赛
105	元济高级中学	吴嘉原	高中生物	省级	三等奖	浙江省高中生物学竞赛
106	海盐高级中学	周凯伦	高中物理	省级	三等奖	浙江省高中物理竞赛
107	海盐高级中学	宋子易	高中物理	省级	三等奖	浙江省高中物理竞赛
108	海盐高级中学	王 彤	高中物理	省级	三等奖	浙江省高中物理竞赛

（吴国军　姜玉萍）

中等职业教育

【概况】 2023 年，全县有职业学校 2 所，即理工学校、商贸学校，分别是省一级、省二级中等职业学校。理工学校被评为“嘉兴市劳动教育示范学校”，学生会荣获“嘉兴市十佳学生会”称号；商贸学校案例获评教育部“乡村振兴　你我同行”典型案例短视频优秀案例。年内，县内中职招生 1580 人，毕业生 1544 人，在校学生 4554 人（含技工学籍学生）；参加浙江省高职单独考试招生 889 人，上线 878 人，上线率 98.76%，其中本科上线 53 人。

【学生职业技能竞赛】 2023 年，中职学生获全国职业院校技能大赛（中职组）现代模具制造技术大赛二等奖 1 项；浙江省中等职业学校职业能力大赛（学生技术技能类）一等奖 1 项、二等奖 1 项、三等奖 6 项；浙江省第八届“梦想杯”中职学生征文大赛一等奖 2 项、二等奖 5 项、三等奖 2 项；入选浙江省中等职业学校职业能力大赛“文明风采”遴选活动优秀作品 3 个；嘉兴市第十八届中等职业学校技能节上获金牌 16 枚、银牌 26 枚、铜牌 40 枚。

【教师教学技能竞赛】 2023 年，全县 2 名中职教师在教育部中等职业学校教师教学设计与展示交流活动中获评“全国典型案例展示者”。中职教师获浙江省中等职业学校职业能力大赛教师教学能力比赛三等奖 3 项；浙江省中等职业学校文化课、专业课教师信息化教学设计和说课大赛一等奖 2 项、三等奖 1 项；浙江省中等职业学校“多彩课堂”遴选一等奖 1 项。

【产教融合】 2023 年，海盐县推进全县产教融合发展，开展第三批 3 家教育型企业复评工作，商贸学校《多元递进：中职电商产业学院育人路径实践》获批立项 2023 年度省产学合作协同育人项目。校企共同创建的佳乐工控研学中心被县委组织部授予“共富基地”称号；县商贸学校联合上市企业——浙江友邦集成吊顶股份有限公司，成立海盐首家“智能集成家居产业学院”；举办海盐县理工（技工）学校“盐汁言味”餐旅产教联盟成立仪式暨万好食品预制菜研发中心揭牌与餐旅专家委员会聘任仪式。入选 2023 年浙江省中等职业教育改革典型案例优秀典型案例 1 个，分别在《光明日报》《中国教育报》刊登成果 2 个。

（周胜妹）

8月，海盐县理工学校在第九届全国青年科普创新实验暨作品大赛全国总决赛中获全国总决赛二等奖和最佳展示奖　（县教育局供）

成人教育

【概况】 2023 年，海盐县开展社区教育 12 万人次，职业教育培训 15651 人次，老年教育培训 33963 人次；成人高中“双证制”培训毕业 912 人。

【社区教育项目评选】 2023 年，海盐县成人教育 7 门课程入选 2023 年度嘉兴市社区教育特色课程立项名单；8 个项目分别获评 2023 年度嘉兴市“终身学习品牌项目”“百姓学习之星”“学习型社区”“市民终身学习体验基地”“学习型家庭”;《秦家“核”谐公益课堂》入选 2023 年浙江省社区教育品牌项目推介名单。

【老有所学项目评选】 2023 年，在浙江省老有所学相关项目评选中，优质社会力量办学单位 3 家，优质康养学基地 2 个，“浙里美”老年学习达人 1 人；7 名教师被列入全省老年教育优质师资库名单，其中2名教师被列入全省老年教育“领雁”教师培养对象。2名成校校长获省级“扎根基层　建功立业”成校校长推介。

（孙　昕）

【浙江广播电视大学海盐学院】2023年，浙江广播电视大学海盐学院以“建设全国一流基层开大、办人民满意的成人教育”为目标，探索学历教育、社区教育、老年教育和社会培训“四轮驱动”发展模式，打造非学历教育品牌，推进海盐成人教育优质均衡发展。是年，学院有各类学历教育班级93个，在校生3302人，其中开放教育2889人、网络教育382人、成人单考单招16人、城市中专15人。老年开放教育班18个，学生862人。社会培训开班36个，其中32学时达11510人次。是年，学院被省教育厅评为“省社区教育示范基地”，以第一名的成绩连续第七年在全省开大体系办学评价中荣获A等，被评为全省开大系统招生工作优胜集体、全市开大2023年办学综合先进县（市）学院，获评海盐县教育系统发展性评价优胜单位、AAAA级平安校园。学院1个项目入选教育部社区教育“能者为师”实践创新项目第三批推介名单，3个助老项目获评教育部“智慧助老”优质教育培训项目，3门课程入选教育部“智慧助老”优质课程资源推介名单，3个项目入选全省体系助力“两个先行”典型案例。学院有2个课题获中国成人教育协会立项，2门课程获省开大“一流课程建设项目”立项，2个项目获省开大“课堂教学改革项目”立项。学院有13名教师在教育部、省教育厅、国家开放大学、省开放大学和市电大主办的各类比赛中获奖，有9名学生在浙江开放大学各类比赛中获奖，师生获奖等第和人次都创新高。

（周胜妹）

教师队伍

【概况】2023年，全县有中小学（幼儿园）教职工5568人，其中专任教师4518人，包括小学1631人、初中982人、高中499人、职业中学366人、幼儿园1001人、特殊教育学校17人、成人高校教师22人。全县有在职特级教师6人、省名师培养人选2人、市名师18人、市名校长4人、市名校长培养人选8人、市级学科教学带头人41人、县名师126人、县名校长培养人选2人、县级学科教学带头人191人、县德育名师86人、县教育教学能手262人。全县在职公办教师中，高级职称1201人、中级职称2125人。

【专任教师学历与专业技术职务】2023年，全县有小学专任教师1631人，均为大专毕业及以上，学历合格率100%，其中高级教师226人、一级教师1037人。全县有初中专任教师994人（含北原学校12人），学历合格率100%，其中大学本科毕业及以上981人、专科毕业13人。初中专任教师中，高级教师347人、一级教师480人。全县有高中专任教师499人，其中本科毕业及以上499人，学历合格率100%。高中专任教师中，高级教师273人、一级教师179人。全县有职业中学专任教师366人，其中本科毕业及以上365人，学历合格率99.73%。专任教师中，副高级职称128人、中级职称152人。全县有幼儿园专任教师1001人，学历合格率100%，其中专科毕业及以上989人、高中毕业12人。全县有成人高校专任教师22人，学历合格率100%，其中副高级职称12人、中级职称9人、初级职称1人。

（王　静）

9月，海盐县举办第三十九个教师节庆祝大会　（县教育局供）

【首届海盐县师德楷模评选】 2023年，海盐县根据《海盐县教育局关于开展“五敢争先·向我看齐”师德师风主题教育活动的通知》要求，开展2023年海盐县首届师德楷模评选工作，190名教师申报，评选10名师德楷模、10名师德楷模提名人选。其中，教书育人楷模及提名奖7人，教学科研楷模及提名奖5人，教育管理楷模及提名奖4人，服务奉献楷模及提名奖4人。

（王　斌）

教育科研

【概况】 2023年，县教育研究中心汇编《脚踏实地·行稳致远·进而有为》《妙微科研：研磨·洞察·创生》等资料。举办“一题一课一报告”“科研共富下乡”“基地工作中期研讨交流”“阶段性成果推广”“课题研究与管理调研”“科研骨干教师培训”“省市级课题中期（成果）研讨”等活动，满足更多教师专业发展需求。规范教育科研运作机制，狠抓课题立项申报、开题论证、中期研讨、结题评审、成果评比等全过程管理与指导。举办市级微型课题论证会4场、专家讲座3场、“主导性”课题专题研讨会2场；开展“妙微科研”品牌等具有县域特色的各类活动，展示科研成果；开展海盐县首轮教育科研能手和海盐县第十四届优秀教育科研成果评比；编辑《海盐教育》5期。海盐高级中学和海盐县实验小学教育集团获评浙江省教科研先进集体；3所学校获评嘉兴市教科研先进集体，5人获评嘉兴市教科研先进个人，2人获评嘉兴市科研型校长；海盐县教育学会获评嘉兴市先进集体、海盐县科协系统成绩突出集体。

【科研协作交流】 2023年，县教育研究中心协同桐乡、海宁、平湖、嘉善等地开展科研协作交流，谋划省、市科研成果县域参评活动，邀请省、市级专家线下指导，分学段开展课题申报面辅活动6场次。全年课题立项588项。其中，省重点规划课题1项、规划课题4项、体艺卫专项课题1项、教研课题4项、其他课题15项，市规划课题35项、微型课题30项、其他专项课题44项，县级课题454项。全县课题立项经费98万元，成果经费15.87万元。课题成果获奖326项。其中：浙江省规划课题优秀成果二等奖、三等奖各1项，浙江省教研课题优秀成果二等奖、三等奖各1项，其他成果10项；嘉兴市第十三届教科研成果一等奖12项、二等奖19项、三等奖17项；海盐县第十四届教科研成果一等奖27项、二等奖73项、三等奖154项；市县社科研究重点立项课题6项。海盐县教育学会论文评出一等奖134篇、二等奖228篇、三等奖313篇；课题研究的衍生之论文评出一等奖161篇、二等奖271篇、三等奖329篇。

表49　2023年海盐县教师省级及以上教育科研成果获奖情况表

序号	成果名称	单位	承担人	获奖级别
1	深度融合：高中语文“四维三式”读写共构的模式研究	海盐第二高级中学	赵劲草	浙江省教研课题优秀成果二等奖
2	全域悦读：小学整本书导读“阅读赋能”路径研究	向阳小学教育集团	姜凌佳	浙江省教研课题优秀成果三等奖
3	全境·个性·协同：初中体育“固本行动”实施样态研究	武原中学教育集团	钟战华	浙江省规划课题优秀成果二等奖
4	诸法归心：指向创意实践素养发展的融创学习新样态	海盐高级中学	朱晓飞	浙江省规划课题优秀成果三等奖
5	基于微课型错题集的高中数学错题管理研究	海盐高级中学	杨　晶	第一届浙江省教育信息化研究优秀成果一等奖

续表 49

序号	成果名称	单位	承担人	获奖级别
6	基于数据驱动的智慧课堂“精准教学四部曲”的实践研究	实验中学教育集团	张银燕	第一届浙江省教育信息化研究优秀成果二等奖
7	中职立体几何信息化“四阶渐模”教学策略研究	理工学校	蒋飞华	第一届浙江省教育信息化研究优秀成果二等奖
8	基于 STEAM 的虚拟机器人创客教育项目设计与开发研究	武原中学教育集团澉浦中学	贺剑夫	第一届浙江省教育信息化研究优秀成果二等奖
9	“一带一上多跟随”：2.0 视域下教研组特色研修新范式	海盐县城西小学	周　丽	第一届浙江省教育信息化研究优秀成果三等奖
10	“双微”技术在小学数学教学中的应用	实验小学教育集团	郭建平	第一届浙江省教育信息化研究优秀成果三等奖
11	人工智能时代背景下学校创新实验室的建设与应用研究	实验中学教育集团	沈利娟	第一届浙江省教育信息化研究优秀成果三等奖
12	结构化培训：学校信息技术应用能力提升工程 2.0 培训项目的探索与实践	武原中学教育集团	吴　嫣	第一届浙江省教育信息化研究优秀成果三等奖
13	“印象海盐”：基于中职生视角的乡土绘画活态传承研究	理工学校	范　喆	浙江省职业教育与成人教育优秀教科研成果二等奖
14	三式进阶：中职生数学运算素养涵育策略研究	商贸学校	王美燕	浙江省职业教育与成人教育优秀教科研成果三等奖

表 50　2023 年海盐县教师省级及以上教学评比获奖情况表

序号	学校名称	教师姓名	学科	级别	活动名称	奖级	颁奖单位
1	商贸学校	沈　迪	中职计算机	国家级	中等职业学校教师教学设计与展示交流活动《走马灯模块制作》	一等奖	教育部职业教育发展中心
2	商贸学校	俞婷婷	财会	国家级	中等职业学校教师教学设计与展示交流活动《增值税专用发票的填 · 管 · 析》	一等奖	教育部职业教育发展中心
3	元济高级中学	陈许悦	高中地理	国家级	精品课程《洋流》	精品课	教育部
4	元济高级中学	翁　洲	高中语文	国家级	精品课程《怜悯是人的天性》	精品课	教育部
5	海盐高级中学	汪　琼	高中历史	国家级	“基础教育精品课”遴选活动《近代西方的法律和教化》	精品课	教育部基础教育司
6	行知中学	万腾虹	初中科学	国家级	教育部 2023 年度“一师一优课，一课一名师”活动优课	一等奖	教育部基础教育课程改革研究中心
7	百步中学	范　兢	语文	国家级	第二届语参杯名师示范课暨名师工作室优秀语文教师课堂展示交流活动赛课《诗歌不远》	一等奖	陕西师范大学基础教育学院

续表 50

序号	学校名称	教师姓名	学科	级别	活动名称	奖级	颁奖单位
8	向阳小学教育集团	罗　诚	数学	国家级	全国小学数学“生问课堂”教学观摩与研讨活动《围篱笆》	入围	小学数学“生问课堂”全国教研联盟
9	万禄幼儿园	洪立杭	幼教	国家级	2023 年度第二十三届“当代杯”全国幼儿教师职业技能大赛教案组获奖《探秘玉米》	一等奖	当代学前教育网、中国人民大学书报资料中心、当代全国幼儿教师职业技能大赛组委会
10	万禄幼儿园	陈　佳	幼教	国家级	2023 年度第二十三届“当代杯”全国幼儿教师职业技能大赛教案组获奖《我会等待》	二等奖	当代学前教育网、中国人民大学书报资料中心、当代全国幼儿教师职业技能大赛组委会
11	万禄幼儿园	张丹丽	幼教	国家级	2023 年度第二十三届“当代杯”全国幼儿教师职业技能大赛教案组获奖《游戏场的打工人》	三等奖	当代学前教育网、中国人民大学书报资料中心、当代全国幼儿教师职业技能大赛组委会
12	石泉幼儿园	顾佳琪	幼教全科	国家级	全国幼儿教师职业技能大赛教案组《当我生气时》	二等奖	当代学前教育网 &《幼儿教育导读》杂志社 & 当代杯全国幼儿教师职业技能大赛组委会
13	理工学校	蔡小英	汽修	省级	浙江省中小学优秀自制教具《正弦交流电波形配套教具》	二等奖	浙江省教育技术中心
14	理工学校	胡　明	烹饪	省级	第九届全国饭店职业技能竞赛浙江赛区选拔赛“西餐热菜”项目	金牌	全国饭店业职业技能竞赛组织委员会
15	理工学校	陆佳勋	烹饪	省级	第九届全国饭店职业技能竞赛浙江赛区选拔赛“中餐热菜”项目	银牌	全国饭店业职业技能竞赛组织委员会
16	理工学校	徐浩平	烹饪	省级	第九届全国饭店职业技能竞赛浙江赛区选拔赛“中餐热菜”项目	金牌	全国饭店业职业技能竞赛组织委员会
17	理工学校	徐宋玲 王炜豪 张叶里	旅游	省级	浙江省教师自制教具比赛《中餐摆台多功能量具》	三等奖	浙江省教育技术中心
18	理工学校	张佳伟 李永厚 肖伟峰	电子电工	省级	浙江省中小学优秀自制教具展评活动《磁吸式便捷万用表》	三等奖	浙江省教育技术中心
19	理工学校	朱泷杰	机械	省级	2023 年浙江省中等职业学校职业能力大赛（现代加工技术）项目	三等奖	浙江省中等职业学校职业能力大赛组委会
20	商贸学校	黄渊峰	中职体育	省级	2023 年全省中等职业学校文化课、专业课教师信息化教学设计和说课《比赛蛙泳腿部技术教学》	三等奖	浙江省教育厅职成教教研室
21	商贸学校	沈　迪	中职计算机	省级	2023 年全省中等职业学校文化课、专业课教师信息化教学设计和说课比赛《走马灯效果制作——CSS 样式应用》	一等奖	浙江省教育厅职成教教研室

续表 50

序号	学校名称	教师姓名	学科	级别	活动名称	奖级	颁奖单位
22	商贸学校	沈勤卫 马 骏 吴静涵 周灵婷	中职计算机	省级	2023 年浙江省中等职业学校职业能力大赛教师教学能力比赛	三等奖	浙江省中等职业学校职业能力大赛组委会办公室
23	商贸学校	吴红琴 黄杨玉 李翠妍	思政	省级	2023 年浙江省中等职业学校职业能力大赛教师教学能力比赛	三等奖	浙江省中等职业学校职业能力大赛组委会办公室
24	商贸学校	赵东海 姚小燕 杨道豫 沈 迪	中职计算机	省级	2023 年浙江省中等职业学校“多彩课堂”（专业课类）遴选活动《迭代 · 转化 · 赋能：基于资源、过程、素养融合创生的育人模式——Web 前端项目化教学》	一等奖	浙江省教育厅职成教教研室
25	商贸学校	钱建君 俞婷婷 朱嘉敏 顾敏杰	财会	省级	2023 年浙江省中等职业学校职业能力大赛教师教学能力比赛	三等奖	浙江省中等职业学校职业能力大赛组委会办公室
26	元济高级中学	陈许悦	高中地理	省级	精品课程《洋流》	精品课	浙江省教育厅
27	元济高级中学	翁 洲	高中语文	省级	精品课程《怜悯是人的天性》	精品课	浙江省教育厅
28	海盐高级中学	蔡 颖	高中物理	省级	浙江省“基础教育精品课”遴选《第十一章 电路及其应用——1. 电源与电流》	精品课	浙江省教育厅办公室
29	海盐高级中学	陈 洁	高中物理	省级	浙江省精品课例《波的形成》《单摆》	精品课	浙江省教育技术中心、浙江省教育厅教研室、浙江省教育科学研究院
30	海盐高级中学	董勤芬	高中化学	省级	浙江省“基础教育精品课”遴选第七章 有机化合物——实验活动《乙醇、乙酸的主要性质》	精品课	浙江省教育厅办公室
31	海盐高级中学	金洁莉	高中政治	省级	浙江省“基础教育精品课”遴选《第二单元 世界多元化——第五课 中国的外交——构建人类命运共同体》	精品课	浙江省教育厅办公室
32	海盐高级中学	汪 琼	高中历史	省级	浙江省“基础教育精品课”遴选《第三单元 法律与教化——第9 课 近代西方的法律与教化》	精品课	浙江省教育厅办公室
33	海盐高级中学	杨 晶	高中数学	省级	浙江省精品课例《双曲线的几何性质、双曲线及其标准方程》等	精品课	浙江省教育技术中心、浙江省教育厅教研室、浙江省教育科学研究院
34	海盐高级中学	杨 晶 胡日武 王永成	高中数学	省级	浙江省精品课例《解析几何重难点解析》	精品课	浙江省教育技术中心、浙江省教育厅教研室、浙江省教育科学研究院

续表 50

序号	学校名称	教师姓名	学科	级别	活动名称	奖级	颁奖单位
35	海盐高级中学	张　俊	高中数学	省级	浙江省精品课例《解析几何一题拓展》	精品课	浙江省教育技术中心、浙江省教育厅教研室、浙江省教育科学研究院
36	武原中学教育集团	宋佼蓉	初中英语	省级	2023 年度全省精品数字教育资源开发活动	入选省教材配套资源	浙江省教育科学研究院
37	博才中学	范春雷	初中体育	省级	浙江省“基础教育精品课”遴选《运动技能篇　第五章　中华传统体育类运动》	精品课	浙江省教育厅办公室
38	向阳小学教育集团	王燕芬	小学数学	省级	浙江省“基础教育精品课”评选	入围	浙江省教育技术中心
39	向阳小学教育集团	张　祺	小学语文	省级	浙江省“基础教育精品课”评选《海上日出》	省精品课	浙江省教育厅
40	向阳小学教育集团	祝伟明	小学体育	省级	浙江省“基础教育精品课”评选《小篮球：双手胸前传接球》	省精品课	浙江省教育厅
41	向阳小学教育集团	杜晓杰	美术	省级	浙江省“基础教育精品课”评选《动漫宝宝》	省精品课	浙江省教育厅
42	向阳小学教育集团	许欢欣	小学体育	省级	精品微课《舞蹈》	入围	浙江省教育厅
43	向阳小学教育集团	李涵颖	小学语文	省级	诗词诵写讲比赛《黄鹤楼送孟浩然之广陵》	一等奖	浙江省教育厅
44	实验小学教育集团官堂小学	袁梦怡	特殊教育	省级	浙江省随班就读资源教师基本功大赛	三等奖	浙江省特殊教育教师基本功大赛组委会
45	滨海小学	陈　琳	小学道德与法治	省级	2023 年度教材配套资源《环保小搭档》	省级精品数字教育资源	浙江省教育技术中心 浙江省教育厅教研室
46	滨海小学	沈梦慧	小学数学	省级	2023 年度教材配套资源《长方形和正方形之解决问题》	省级精品数字教育资源	之江汇教育广场
47	横港小学	黄怡馨	小学美术	省级	浙江省教育中心 Z 直播省级公开课《亚运正当时》	公开课	浙江省教育技术中心
48	通元小学	方　舒	小学美术	省级	浙江省教育中心 Z 直播省级公开课《亚运正当时》	展示课	浙江省教育技术中心
49	通元小学	费龙霞	小学美术	省级	浙江省教育中心 Z 直播省级公开课《亚运正当时》	展示课	浙江省教育技术中心
50	育才学校	周　烨	特殊教育	省级	2023 浙江省特殊教育关键问题解决专题研训活动综合实践活动《中秋节里话团圆》	观摩课	浙江省教育厅教研室

续表 50

序号	学校名称	教师姓名	学科	级别	活动名称	奖级	颁奖单位
51	秦山中心幼儿园	陈连连	幼教全科	省级	浙江省教育厅百人千场专家名师送教下乡社会《害怕时,说出来》	省级	浙江省中小学教师培训中心
52	秦山中心幼儿园	陈连连	幼教全科	省级	平湖市幼儿园课程改革推进会暨幼儿心理健康研讨活动社会《害怕时，手拉手》	省级	浙江省社会心理学会儿童发展与教育专业委员会
53	三毛幼儿园	陈　芝	幼教全科	省级	省级课程《处理同伴关系》	入围	浙江省教育厅教研室

（吴国军　姜玉萍）

教育保障

【概况】 2023 年，海盐县教育系统政府投资建设项目 7 项，其中续建项目 5 项、新建项目 2 项；完成历年竣工项目财务验收 10 项。教育系统装备采购初算经费为 2000 万元，后期加上省补、职教专项经费、乡政补助经费等，全年共投入教育装备经费 3808.2 万元，实际采购金额 3754.4 万元，共计采购项目 763 个，所有项目全部采购、验收、支付完成。经费主要用于教育系统信息化建设、学校（含新建学校）设施设备购置、民生实事项目建设、学校扩班、省一级幼儿园创建、省现代化学校创建、中高考考点设备更新、职成教专项建设等方面。根据省、市、县制定的相关文件要求，通过召开会议统一部署、采购建议书与县财政共审批、年底开展台账资料互查等形式，强化采购的过程监管。

【学校基建推进】 2023 年，海盐县实施项目 7 个，投资 46040 万元。其中：续建项目 5 个，即职教中心（竞技体育场馆）新建工程、三毛小学东校区新建工程、六一幼儿园南园新建工程、百步小学扩建工程、机关幼儿园（长潭园区）扩建工程；新建项目 2 个，即 2023 年度学校维修项目（投资 800 万元）、海盐高级中学校舍专项修缮工程（投资 1000 万元）。7 个项目中 5 个项目竣工并投入使用、其余 2 个项目施工建设中。其中：职教中心（竞技体育场馆）新建工程项目装饰装修完成 96.5%，机电安装完成 96.5%，室外总体完成 86%；百步小学扩建工程主体建筑外墙真石漆完成 90%，铝合金窗安装完成 90%；室内走廊地砖完成 70%，墙砖完成 75%，桥架、给水排水完成 100%。列入竣工验收工作计划的项目有 10 个，为通元小学风雨操场新建及老校区修缮工程、2020 年学校维修项目、2019 年创建均衡优质发展县校容校貌等提升项目二、2019 年创建均衡优质发展县校容校貌等提升项目七、中学教室环境提升工程、2021 年度学校维修项目（一）、2021 年度学校维修项目（三）、向阳小学北校区配套工程、三毛幼儿园改扩建工程（一期）、实验小学教育集团城南校区新建工程，竣工完成率 100%。是年，省建设厅表彰实验中学海兴校区新建工程为浙江省建设工程钱江杯（优质工程）；市建设局表彰实验小学城南校区新建工程、实验中学海兴校区新建工程为嘉兴市房屋建筑南湖杯（优质工程），授予职教中心（竞技体育场馆）新建工程 2023 年度嘉兴市“红色工地”示范项目称号；县建筑业管理中心授予职教中心（竞技体育场馆）新建工程 2023 年度“七彩工地”称号。

【教育信息化工作】 2023 年，海盐县 2 名教师的中小学课例专项（虚拟实验）入选全国师生信息素养提升实践活动（第二十七届教师活动）。在 2023 年度全省精品数字教育资源开发活动中，海盐县入选优秀组织区域，57 名教师的教材配套资源入选，5 门同步课程、1 门名师金课、2 门名校金课和实验小学教育集团的云上名校等在线教学服务资源入选，实验小学教育集团的素质教育拓展课程和实践课程、通元小学的乡村特色数字课程、向阳小学的实践教育课程、天宁小学的校园影视节目等 5 个专题教育资源入选。在之江汇教育广场 2023

年空间建设与应用活动中，实验中学教育集团和滨海小学2所学校入选空间应用优秀学校，有8名教师的优秀教学空间入选，列全市第一。2个案例入选2023年浙江省中小学智慧教育平台典型应用案例，向阳小学教育集团和武原中学教育集团入选2023年浙江省首批中小学智慧校园优秀案例。武原中学教育集团、澉浦中学、向阳小学教育集团、实验小学教育集团、天宁小学、实验小学教育集团官堂小学六所学校成为国家中小学智慧教育平台嘉兴市首批应用模式试点学校。在各类论文、课题、创新大赛和自制教具等比赛中，有100余人次获省部奖，有190余人次获市、县奖。是年，县教育局获评浙江省中小学教师信息技术应用能力提升工程2.0工作先进单位。

【图书馆建设】 2023年，全县教育图书经费投入233.9万元，图书馆信息化设备投入32.2万元，年内新增图书91635册，生均图书借阅16.5册。县教育局通过县域学校读书管理系统，实时对学校图书的借阅、流通、馆藏等数据进行监测。全县搭建阅读共同体2个，开展校际图书交流活动。开展第一届海盐县中小学生“传递书香 共读经典”援疆爱心图书捐赠活动，为新疆小朋友捐赠图书14262册。组织参加2023年全省师生阅读推广活动，有9篇征文、案例获得省一、二、三等奖，1篇书香校园案例报送参加全国第三届书香校园阅读教育教学成果交流，有2名学生书房被评为浙江好书房。组织参加2023年嘉兴市中小学图书馆工作论文评选活动，有3篇论文分获市一、二、三等奖。

【实验室建设】 2023年，县教育局继续重视学校危化品规范管理，加强对实验室负责人和管理员培训工作，完善化学实验室管理规章制度，学校危废物处理签约率达100%。5月9日，组织全县初中实验中考工作，全县有3593名考生报名参加，实际参加考查学生3564人，13个考点，15个考场，156场次考查，3547名学生考查成绩达到满分，满分率为99.5%，成绩优秀。12月21日，在滨海中学召开“央馆虚拟实验”规模化应用试点校工作总结交流暨虚拟实验教学现场研讨会。是年，海盐县和5所学校（武原中学教育集团、实验中学教育集团、滨海中学、向阳小学教育集团和实验小学教育集团）成为第二批“央馆虚拟实验”规模化应用试点区（校）。

（郁惠明）

学校选介

【教育研究中心】 县教育研究中心为公益一类副科级事业单位，海盐县文明单位。2014年11月，县教师进修学校与县教育局教研室合署办公。2015年7月，组建海盐县教育研究与教师培训中心（挂海盐县教育科学研究所牌子）。2019年9月，更名为海盐县教育研究中心，内设综合科、中学教育研究科、小学教育研究科、教师培训科（挂学前教育研究科牌子）4个职能科室。2023年，有研训员33人，其中特级教师2人、正高级教师3人、副高级教师29人、硕士研究生4人。

县教育研究中心一直秉承“砺志养德、研训立身、智慧引领、文明和谐”的宗旨，发扬“精心管理、潜心研究、用心指导、诚心服务”的工作作风，开展教师培训、教学研究、教育科研及教育质量监控与评估。在服务区域教育高质量发展的背景下，教育研究中心聚焦教研体系、教育质量、教师发展三项重点，创新教研机制和方式，开展课程、教学、评价、教师发展研究。各类工作成效显著，形成“四阶七层”教师培育序列，打造“妙徽科研”研训品牌，教学质量稳居嘉兴市前列。先后获得嘉兴市先进教研集体、嘉兴市师干训先进集体、海盐县科协系统成绩突出集体、浙江省中小学教师信息技术应用能力提升工程2.0工作先进单位等荣誉，在浙江省中小学教师专业发展绩效考核、海盐县发展性评价等各类考核中均为优秀。

（费燕萍）

【秦山成校】 海盐县秦山成人文化技术学校（简称“秦山成校”）始建于1985年，是一所由海盐县教育局批准成立的公办省级现代化成校。2001年通过“省级示范性成校”达标验收，2009年被评为“浙江省基层示范党校”，2018年获评“浙江省现代化成校”，2020年获评首批“浙江省现代化学校”。之后又获评“浙江省自学考试先进集体”“浙江省中小企业职工培训示范基地”、第一批“嘉兴市乡村振兴培训示范点”等。

秦山成校位于浙江省嘉兴市海盐县秦山街道长丰西路288号（原政府大院内），建筑面积1200余平方米，拥有多媒体培训室、计算机培训室、专业面点制作培训室、茶艺室等，配有会议室、档案室、活动室等。1994年，秦山成校与省委党校联合，开设党校政工大专班，是海盐县第一所开展成人高等教育函授的学校。1998年，开展全日制中等职业教育。从2003年春季起，学校专注于外语教育，日语、韩语专业在省内外享有良好声誉。从2006年起，学校开展“农民大学生培养计划”，开设“休闲农业”“工商企业管理”等专业的大专班，对符合条件的农民学员给予学费上的减免。从2009年起，为提高居民文化水平和就业能力，对未取得高中学历的城乡居民免费开展高中学历教育。学校坚持走多渠道、多形式、多层次的办学之路，以“社区学院+中心校”为辐射引领，以品牌、队伍和数字化驱动，着力提升成人教育工作服务力。依托县—街道—村（社区）三级网络，整合各类教育资源，围绕县教育局和秦山街道中心工作，重点开展成人“双证制”高中教育、成人大专/本科学历教育，果蔬栽培、葡萄栽培等农业实用技术培训，乡村旅游、园艺栽培等农村实用人才培训，中式面点师、中式烹调师、育婴师、消防安全员等职业技能提升类培训，老年太极拳、智能手机应用等老年开放教育服务。2023年，学校有在编专职教师4人，其中高级职称2人、中级职称2人。另有多位外聘教师和社区教育志愿者，办学设施、设备齐全，能满足成人学历教育和各类社会培训的需要。

（祝 立）

【核电南苑幼儿园】 海盐县核电南苑幼儿园创办于2021年8月，是县教育局主管的公办幼儿园，占地5850平方米，总建筑面积2854.93平方米，室外游戏场地面积3888.13平方米，绿化面积2296.82平方米。全园供暖并安装新风系统，有可供幼儿自主实践与探秘的沙水嬉戏、小山坡、草坪，以及多个可供户外运动、种植观察、游戏互动的平台。2023年，该幼儿园有幼儿活动室午睡室8套、专用项目室3个。有小中大班共8个班级，210名幼儿，34名教职工。其中，有浙派名师1人，嘉兴市学科带头人1人，嘉兴市教坛新秀1人，海盐县学科带头人1人，海盐县教学能手1人，海盐县十佳班主任1人。先后获评“嘉兴市第二批无废学校”“海盐县巾帼文明岗”“海盐县绿色学校”“2022年度海盐县生活垃圾分类工作考核第二批示范学校”“2022年海盐县合格资源教室”“海盐县语言文字规范化学校”等。幼儿园围绕“和你一起生长”的办园理念，以培养有“‘中国心，世界眼’的儿童”为目标，依托小“HE”苗课程，突出助力幼儿可持续发展内容预设和生成，建立养育生态课程机制，关注园内外资源整合，培育“健康生活、仁爱有礼、好奇探究、表现创想”的未来儿童。

（汪依琴）

科学技术

综　述

【科技创新成效】2023年，海盐县以“创新深化”为战略核心，全面实施“315”科技创新体系建设工程，创新指数212.8，居全省第11位。多项指标位居全省前列，企业研发机构设置率全省第三位，技术创新指数全省第五位，每千家企业中高新技术企业数全省第六位，科技成果交易指数全省第七位，高新技术产业增加值占比全省第十位。推进全域孵化体系建设，新认定市级科技企业孵化器2家。是年，县科技局获评全省县级防震减灾先进单位。

【标杆企业培育】2023年，海盐县新增国家高新技术企业87家、省级科技型中小企业162家，完成率分别列全市第三名、第二名；国家科技型中小企业437家。实施“两清零一提升”行动，支持企业建强研发机构，新认定市级研发中心28家，新认定省级企业研究院（研发中心）17家，完成市级重点实验室（B类）创建期满验收；海利普入选全省首批20家外资研发中心。

【科技成果转化】2023年，海盐县支持企业、研发机构承担国家、省、市重点研发项目，加快关键领域技术突破，推动成果转化。欣兴工具一项成果入选2023年浙江省重大科技成果；青莲食品、秦山核电等4个项目获省科技进步奖，创历史新高；县级重点科技攻关项目立项7项、县农业和社发领域重点科研项目立项8项。

【产业平台建设】2023年，海盐高新技术产业园区获省政府认定为省级高新区，年度评价从38位提升至14位，实现跨越式提升。园区研发费用占营业收入比重达到4.6%，列全市第一。《海盐县立足核电特色园区　推动科技产业快速发展》获科技部成果司司长批示肯定。

【涉核领域创新】2023年，海盐县与苏州大学签订海盐核创新研究院框架协议，助力海盐核技术应用（同位素）产业高质量发展。“央地联动加速攻关同位素核心技术”入选全省首批创新深化典型案例，《关于加快创建省级核技术创新中心的建议》获市领导肯定。南北湖医学人工智能研究院加速打造国家级医学影像中心，授权发明专利1项，发布数据库标准1项，完成2023年海盐县民生实事项目（辅助医疗设备入社区医院），惠及全县5万余人。复旦科技园发展研究院（海盐）科创中心累计引进项目13个。成功举办各类科创人才项目路演活动12场，招引落地科创项目103个。

【人才引育】2023年，海盐县创新出台服务外籍人才来盐十条措施，新引进外国高端人才（A类）6人、外国专业人才（B类）8人。累计持证外国高端人才（A类）13人、外国专业人才（B类）

32 人。开展领军型创新创业团队引育、海外工程师计划等重大人才行动，获评省海外工程师 1 人，落地国家引才计划 3 人。

【科创金融改革】2023 年，海盐县响应嘉兴科创金融改革试验区建设，打好信贷—担保—基金组合拳，设立总额为 2000 万元的科技贷款风险补偿基金；打造 7500 万元的科技型企业“政保共担贷”风险池；组建总额为 1 亿元的科创基金，并完成首批 2 家科创人才企业的股权投资。出台海盐县科创金融改革“十大举措”，获人民网、新华网等国家级媒体转载。出台新一轮科技政策，规模以上工业企业创新指数评价及服务机制获市级试点，在省委办、市委办信息刊物录用，获市领导批示。

（徐冰洁）

科技创新

【科技企业认定】2023 年，海盐县新认定享受国家所得税优惠高新技术企业 87 家、省级科技型中小企业 162 家。至年末，全县有高新技术企业 465 家、省级科技型中小企业 943 家。

表 51　2023 年海盐县新认定国家高新技术企业、省级科技型中小企业一览表

序号	企业名称	类别	序号	企业名称	类别
1	嘉兴求精机械有限公司	国家高新技术企业	23	浙江加文汽车零部件有限公司	国家高新技术企业
2	海盐凌飞电器有限公司		24	泰德阳光（浙江）建筑科技集团有限公司	
3	嘉兴华诚模具科技股份有限公司		25	浙江岑锐精密机械有限公司	
4	嘉兴智达高远科技有限公司		26	浙江宇盛汽配科技有限公司	
5	嘉兴市外卖哥餐具科技有限公司		27	浙江巨创机器人有限公司	
6	嘉兴金弗康医学检验实验室有限公司		28	浙江佳垒实业有限公司	
7	嘉兴鸿安有害生物防制有限公司		29	嘉兴市一鼎机电科技有限公司	
8	浙江秦核环境建设有限公司		30	利劲精密模具（浙江）有限公司	
9	浙江准典印务科技有限公司		31	威莱克半导体材料（浙江）有限责任公司	
10	浙江巨润卫浴有限公司		32	浙江哈特惠科技股份有限公司	
11	浙江乘屹电子科技有限公司		33	浙江捷诺威汽车轻量化科技有限公司	
12	浙江威尔森新材料有限公司		34	嘉兴盛银智能科技股份有限公司	
13	浙江冠码包装有限公司		35	唯高宠物食品（嘉兴）有限公司	
14	嘉兴乐威欧文科技有限公司		36	越达光电科技（浙江）有限公司	
15	嘉兴市峰腾汽配股份有限公司		37	浙江众冠机械设备有限公司	
16	嘉兴乐威电子科技有限公司		38	海盐康磊汽车零部件有限公司	
17	浙江互益科技股份有限公司		39	海盐三环丝织股份有限公司	
18	浙江华熠印刷科技股份有限公司		40	浙江诚铭制冷设备有限公司	
19	浙江釜菱电气有限公司		41	嘉兴来得汽车电器有限公司	
20	浙江佐川科技有限公司		42	嘉兴鼎祥汽车零部件股份有限公司	
21	浙江猛士科技股份有限公司		43	嘉兴恒瑞动力有限公司	
22	鸿密智能科技（浙江）有限公司		44	嘉兴圣环亚麻有限公司	

续表 51

序号	企业名称	类别	序号	企业名称	类别
45	纽尚宠物食品（浙江）有限公司		77	嘉兴市中锐五金制品股份有限公司	
46	嘉兴固达金属科技股份有限公司		78	海盐金竺科技有限公司	
47	耐呗斯（嘉兴）安全防护用品有限公司		79	浙江麦欣智能科技有限公司	
48	浙江微通智能科技有限公司		80	鸿旺（浙江）新材料科技有限公司	
49	嘉兴三喜新材料有限公司		81	新泓嘉（浙江）生物科技有限公司	
50	海盐巨龙标准件有限公司		82	欧开科技（嘉兴）有限公司	国家高新技术企业
51	海盐上嘉五金有限公司		83	海盐县盛安电器有限公司	
52	海盐森植生物科技有限公司		84	嘉兴辉达新材料有限公司	
53	嘉兴坤博新能源装备制造有限公司		85	浙江岑锐金属科技有限公司	
54	海盐县富宏紧固件有限公司		86	嘉兴市申豪塑胶有限公司	
55	嘉兴乐创紧固件科技有限公司		87	骋润（嘉兴）新材料科技有限公司	
56	嘉兴艾可森紧固件有限公司		88	海盐邦尔医院有限公司	
57	海盐鼎申标准件股份有限公司		89	海盐县秦山混凝土股份有限公司	
58	嘉兴市芦荟源生物科技有限公司		90	海盐县中紧展览服务有限公司	
59	嘉兴一达管件制造有限公司		91	嘉兴鼎晟工程管理有限公司	
60	海盐乎邦机械有限公司	国家高新技术企业	92	嘉兴宏盛电子科技有限公司	
61	嘉兴市光炬五金科技有限公司		93	嘉兴鸿安有害生物防制有限公司	
62	嘉兴市志华科技股份有限公司		94	嘉兴迈凯斯智能包装设备有限公司	
63	安派森新材料科技（浙江）有限公司		95	嘉兴智达高远科技有限公司	
64	嘉兴优成五金股份有限公司		96	瑞弗电力科技（浙江）有限公司	
65	嘉兴市凯欣印刷股份有限公司		97	天链应急科技（嘉兴）有限公司	浙江省科技型中小企业
66	海盐金诚光电科技股份有限公司		98	图库真空技术（嘉兴）有限公司	
67	海盐县鑫达印刷有限公司		99	浙江达海智能科技有限公司	
68	嘉兴市爱玛电器有限公司		100	浙江海建建设股份有限公司	
69	海盐磐石塑业有限公司		101	浙江恒汇新能源科技有限公司	
70	浙江鼎能新材料有限公司		102	浙江嘉兴柏象信息科技有限公司	
71	富地润滑科技股份有限公司		103	浙江秋杰智创环境科技有限公司	
72	海盐县三禾包装股份有限公司		104	浙江众农联供应链管理有限公司	
73	浙江拓肯科技有限公司		105	爱驰威汽车零部件（海盐）有限公司	
74	捷沃特汽车零部件（浙江）有限公司		106	柏斯顿（嘉兴）智能制造有限公司	
75	嘉兴希晶机械设备股份有限公司		107	海盐华申汽配科技股份有限公司	
76	浙江云广印业股份有限公司		108	海盐伟拓五金制品有限公司	

续表 51

序号	企业名称	类别	序号	企业名称	类别
109	海盐县超杰五金制造有限公司	浙江省科技型中小企业	141	海盐晋溢金属表面处理有限公司	浙江省科技型中小企业
110	海盐新奥燃气有限公司		142	海盐康磊汽车零部件有限公司	
111	嘉兴瀚伦电子科技有限公司		143	海盐全普电测科技有限公司	
112	嘉兴和利继电器有限公司		144	嘉兴博羽金属股份有限公司	
113	嘉兴乐威电子科技有限公司		145	嘉兴佳贸精密科技股份有限公司	
114	嘉兴联江建设有限公司		146	嘉兴开元五金制品有限公司	
115	嘉兴美佳莱五金科技有限公司		147	嘉兴丽旺五金有限公司	
116	嘉兴市安亿居塑业有限公司		148	嘉兴瑞联普电子科技有限公司	
117	嘉兴市峰腾汽配股份有限公司		149	嘉兴市因达罗生物科技有限公司	
118	嘉兴市洪源环境科技有限公司		150	嘉兴拓玛仕机电设备有限公司	
119	嘉兴太平洋能源设备有限公司		151	唯高宠物食品（嘉兴）有限公司	
120	嘉兴元达机械有限公司		152	新德欣不锈钢（浙江）股份有限公司	
121	琦洲（浙江）成套设备科技有限公司		153	越达光电科技（浙江）有限公司	
122	生和精密机械（浙江）有限公司		154	浙江法拉第新能源科技有限公司	
123	浙江爱伊文具有限公司		155	浙江固为材料科技有限公司	
124	浙江岑锐精密机械有限公司		156	浙江京浜光电科技有限公司	
125	浙江大觉青塑科技有限公司		157	浙江科茂纺织有限公司	
126	浙江海宏气体股份有限公司		158	浙江锐维精密科技有限公司	
127	浙江禾众电梯有限公司		159	浙江三泰精密五金有限公司	
128	浙江吉欣电缆有限公司		160	浙江意心集成家居有限公司	
129	浙江杰彦自动化科技有限公司		161	浙江诸老大供应链管理有限公司	
130	浙江科威半导体材料有限公司		162	国牙模具（浙江）有限公司	
131	浙江曼联新材料科技有限公司		163	海盐恒业标准件股份有限公司	
132	浙江明体新材料科技有限公司		164	海盐立原科技股份有限公司	
133	浙江琦洲智能电气股份有限公司		165	海盐时雨金属科技有限公司	
134	浙江荣阳实业有限公司		166	海盐永立科技有限公司	
135	浙江瑞溪电子科技有限公司		167	嘉兴上力五金科技有限公司	
136	浙江新潜阳环保科技有限公司		168	嘉兴市和辉电力科技有限公司	
137	浙江宇盛汽配科技有限公司		169	浙江海盐艾利特核电工程服务有限公司	
138	臻毅工业科技（嘉兴）有限公司		170	浙江汉虹精密材料有限公司	
139	海盐辉达五金有限公司		171	浙江汇核核电技术有限公司	
140	海盐金达标准件机械有限公司		172	浙江吉耀型钢科技有限公司	

续表 51

序号	企业名称	类别
173	浙江秦鼎科技建设有限公司	
174	浙江晟鑫五金制造有限公司	浙江省科技型中小企业
175	浙江欣莱科航空科技有限公司	
176	浙江易杰特紧固件制造有限公司	
177	海盐博赢异型体锻件有限公司	
178	海盐恒泰机械有限公司	
179	海盐三艾照明有限公司	
180	嘉兴博隆五金制造科技有限公司	
181	嘉兴今美装饰材料有限公司	
182	嘉兴金拇指科技有限公司	
183	嘉兴市光炬五金科技有限公司	
184	嘉兴市佳鸿包装科技有限公司	
185	嘉兴市喜菲娅电子科技有限公司	
186	海盐美时纺织有限公司	
187	海盐磐石塑业有限公司	
188	海盐县豪鑫印刷有限公司	
189	海盐县金鑫五塑印业有限公司	
190	海盐县晶元玻璃制品有限公司	
191	嘉兴博雅服装辅料有限公司	
192	嘉兴德乐厨卫电器有限公司	
193	嘉兴牯牛服饰包装制品有限公司	
194	嘉兴汇金印刷有限公司	
195	嘉兴家家乐五金科技有限公司	
196	嘉兴凯开电器有限公司	
197	嘉兴品优宠物科技股份有限公司	
198	嘉兴沈氏门窗有限公司	
199	嘉兴市艾米电器有限公司	
200	嘉兴市亿盛电器有限公司	
201	嘉兴市益友针织有限公司	
202	嘉兴星和家居有限公司	
203	嘉兴益创照明科技有限公司	
204	空中跳动（嘉兴）科技有限公司	
205	萨克森工业（嘉兴）有限公司	
206	浙江博特新材料有限公司	浙江省科技型中小企业
207	浙江嘉恩新材料科技有限公司	
208	浙江桃北科技有限公司	
209	海盐恒鑫机箱有限公司	
210	海盐天恩经编有限公司	
211	海盐沃特环保科技有限公司	
212	海盐于城诚鑫标准件有限公司	
213	嘉兴璧丽雅装饰材料有限公司	
214	嘉兴辰锐电器科技有限公司	
215	嘉兴福居农业开发有限公司	
216	嘉兴卡斯维诺科技有限公司	
217	嘉兴库里智能科技有限公司	
218	嘉兴慕雅纺织科技有限公司	
219	嘉兴市卡本复合材料制品有限公司	
220	嘉兴通林集智自动化科技有限公司	
221	捷沃特汽车零部件（浙江）有限公司	
222	海盐鼎达包装有限公司	
223	海盐宏合标准件有限公司	
224	海盐金竺科技有限公司	
225	嘉兴华屹照明器材有限公司	
226	嘉兴巨森金属制品有限公司	
227	嘉兴荣易精密钢管有限公司	
228	嘉兴市玖诺包装科技有限公司	
229	浙江大道机器人股份有限公司	
230	浙江海迅精密科技有限公司	
231	浙江麦欣智能科技有限公司	
232	浙江美丝达新材料科技有限公司	
233	浙江森逸食品科技有限公司	
234	浙江星达能源科技有限公司	
235	浙江御铜府装饰制品有限公司	
236	冠亦（嘉兴）食品有限公司	

续表 51

序号	企业名称	类别	序号	企业名称	类别
237	海盐东通家居有限公司	浙江省科技型中小企业	244	嘉兴允盛科技股份有限公司	浙江省科技型中小企业
238	海盐加美五金科技有限公司		245	浙江中钇电线电缆股份有限公司	
239	海盐诺桑实业有限公司		246	嘉兴嘉聚新材料科技有限公司	
240	海盐英杰紧固件有限公司		247	浙江岑锐金属科技有限公司	
241	鸿旺（浙江）新材料科技有限公司		248	嘉兴互邦电器有限公司	
242	嘉兴斌翔食品科技有限公司		249	海盐娜美服饰有限公司	
243	嘉兴新赞模具机械有限公司				

（吴运惇　陆凤麟）

【科研机构】2023年，浙江坤博精工科技股份有限公司“浙江省坤博精工精密机械部件成型技术企业研究院”、中核核电运行管理有限公司“浙江省中核运行核电运维技术企业研究院”等5家企业研究院被认定为省级企业研究院；浙江雨林电子科技有限公司“浙江省雨林科技智能家居控制系统高新技术企业研究开发中心”、嘉兴达鼎自动化科技有限公司“浙江省达鼎自动化设备高新技术研究开发中心”等12家企业被认定为省级高新技术企业研发中心；28家企业被嘉兴市科技局认定为市级研发中心。至年末，全县累计有市级研发中心249家、省级研发中心83家、省级企业研究院29家、省级重点农业企业研究院1家。省级外资研发中心1家。

表52　2023年度海盐县新认定市级以上研发中心情况表

序号	机构名称	依托单位	级别
1	浙江省坤博精工精密机械部件成型技术企业研究院	浙江坤博精工科技股份有限公司	省级
2	浙江省猛凌汽车零部件企业研究院	海盐猛凌汽车配件有限公司	省级
3	浙江省世窗光学薄膜企业研究院	浙江世窗光学薄膜制造有限公司	省级
4	浙江省宇龙生物科技企业研究院	浙江宇龙生物科技股份有限公司	省级
5	浙江省中核运行核电运维技术企业研究院	中核核电运行管理有限公司	省级
6	浙江省城建装配式混凝土建筑材料高新技术企业研究开发中心	上海城建建设实业集团新型建筑材料嘉兴有限公司	省级
7	浙江省达鼎自动化设备高新技术研究开发中心	嘉兴达鼎自动化科技有限公司	省级
8	浙江省大觉生物降解新材料高新技术企业研究开发中心	大觉（浙江）新材料科技有限公司	省级
9	浙江省上海隧道装配式构件高新技术企业研究开发中心	上海隧道工程智造海盐有限公司	省级
10	浙江省洪扬高强度汽车紧固件高新技术企业研究开发中心	浙江洪扬汽车零部件有限公司	省级
11	浙江省泓智新材料生态板桩高新技术企业研究开发中心	浙江泓智新材料有限公司	省级
12	浙江省连翔五金装配式综合支架系统高新技术企业研究开发中心	浙江连翔五金科技股份有限公司	省级
13	浙江省秦山高性能通信电缆高新技术企业研发中心	秦山电缆集团有限公司	省级

续表 52

序号	机构名称	依托单位	级别
14	浙江省恒洋热电联产技术高新技术企业研究开发中心	浙江恒洋热电有限公司	省级
15	浙江省义腾特种钢管高新技术企业研究开发中心	浙江义腾特种钢管有限公司	省级
16	浙江省常绿高端紧固件高新技术企业研究开发中心	常绿（浙江）智能制造股份有限公司	省级
17	浙江省雨林科技智能家居控制系统高新技术企业研究开发中心	浙江雨林电子科技有限公司	省级
18	瑟维斯智能电控高性能船用阀门高新技术研究开发中心	瑟维斯泵阀制造（浙江）有限公司	市级
19	岑锐金属科技高新技术研究开发中心	浙江岑锐金属科技有限公司	市级
20	帝浩科技智能输送设备高新技术研究开发中心	浙江帝浩科技股份有限公司	市级
21	浙江恒翔新材料企业高新技术研究开发中心	浙江恒翔新材料有限公司	市级
22	城建装配式混凝土建设高新技术研究开发中心	上海城建建设实业集团新型建筑材料嘉兴有限公司	市级
23	协和首信高性能精品薄钢高新技术研究开发中心	浙江协和首信钢业有限公司	市级
24	博丽铝合金幕墙单板高新技术研究开发中心	博丽科技（嘉兴）股份有限公司	市级
25	琦洲先进变电设备高新技术研究开发中心	琦洲电气股份有限公司	市级
26	达鼎自动化设备高新技术研究开发中心	嘉兴达鼎自动化科技有限公司	市级
27	浙江富鑫高强度紧固件高新技术研究开发中心	浙江富鑫五金科技股份有限公司	市级
28	乐威 3C 电子元件高新技术研究开发中心	嘉兴乐威电子科技有限公司	市级
29	盛安汽车精密冲压件高新技术研究开发中心	浙江盛安精工技术有限公司	市级
30	圣环丝绸特级绢丝高新技术研究开发中心	浙江圣环丝绸股份有限公司	市级
31	捷诺威汽车轻量化材料高新技术研究开发中心	浙江捷诺威汽车轻量化科技有限公司	市级
32	艾格木塑复合新材料高新技术研究开发中心	浙江艾格新材料科技有限公司	市级
33	海盐天奇紧固件高新技术研究开发中心	海盐天奇标准件股份有限公司	市级
34	联亿高强度紧固件高新技术研究开发中心	嘉兴联亿五金科技股份有限公司	市级
35	海盐县机械高性能紧固件高新技术研究开发中心	海盐县机械有限公司	市级
36	富宏高强度螺母高新技术研究开发中心	海盐县富宏紧固件有限公司	市级
37	坤博新能源晶体生长装备高新技术研究开发中心	嘉兴坤博新能源装备制造有限公司	市级
38	龙吟高效智能光伏组件高新技术研究开发中心	浙江龙吟光伏股份有限公司	市级
39	宝仕龙集成家居高新技术研究开发中心	浙江宝仕龙集成家居股份有限公司	市级
40	华港数字化印刷高新技术研究开发中心	海盐华港印刷股份有限公司	市级
41	和美集成装配式铝装饰板高新技术研究开发中心	浙江和美集成新材料科技有限公司	市级
42	富地特种润滑材料高新技术研究开发中心	富地润滑科技股份有限公司	市级
43	三禾新型重型纸箱高新技术研究开发中心	海盐县三禾包装股份有限公司	市级

续表 52

序号	机构名称	依托单位	级别
44	正耀环保超薄铜箔制造技术高新技术研究开发中心	浙江正耀环保科技有限公司	市级
45	锐固高端汽车紧固件高新技术研究开发中心	嘉兴锐固五金科技股份有限公司	市级
46	浙江省第一批省级外资研发中心	浙江海利普电子科技有限公司	省级

（吴运惇　陆凤麟　李嘉渊）

【各级科技计划项目】 2023 年，全县列入省级“尖兵”“领雁”研发攻关计划项目 1 项，列入省级新产品试制计划项目 812 项。是年，海盐中达金属电子材料有限公司等 7 家企业实施的 7 个项目列为海盐县重点科技攻关项目，共安排资金 160.4 万元。

表 53　2023 年海盐县省级“尖兵”“领雁”研发攻关计划项目情况表

计划类别	项目名称	承担单位
“尖兵领雁 +X”研发攻关计划	畜禽绿色低碳高效养殖关键技术研究与应用	嘉兴市青莲养殖科技有限公司

表 54　2023 年海盐县重点科技攻关项目情况表

序号	项目名称	承担单位
1	高品质核电用特种不锈钢焊材国产化应用	海盐中达金属电子材料有限公司
2	新能源汽车花键量具的研发	海盐卡思机械制造有限公司
3	通风散热智能感温高柔韧性电缆产业化	秦山电缆集团有限公司
4	三相光伏并网逆变器关键技术研究与产业化	浙江佳乐科仪股份有限公司
5	ITO 电膜产业化	浙江日久新材料科技有限公司
6	光伏用复合螺丝智能高效产业化	浙江新盛达金属科技发展股份有限公司
7	电动注塑机用移动锁模板产业化	浙江坤博精工科技股份有限公司

（吴运惇　陆凤麟）

【争取省级以上科技经费】 2023 年，全县 5 个科技项目共争取到省级以上科技经费 361.62 万元。2000—2023 年，海盐县累计为 242 个项目争取到国家和省科技经费 14734.37 万元。

表 55　2023 年海盐县获得省级以上科技资金支持项目情况表

单位：万元

序号	项目名称	承担单位	经费	项目类别
1	团队科技特派员项目	海盐县科技局	10.00	省团队科技特派员
2	废弃聚酯高效循环利用关键技术及功能性长丝产业化示范	浙江海利环保科技股份有限公司	146.00	领雁计划—竞争性分配项目
3	青莲黑猪新品种培育及繁育体系构建项目	浙江青莲食品股份有限公司	84.01	国家重点研发计划

续表 55

序号	项目名称	承担单位	经费	项目类别
4	浙江省地方猪（金华猪、嘉兴黑猪）配套系选育与产业化	浙江青莲食品股份有限公司	84.00	省重大科技专项
5	2023 年度浙江省海外工程师评价结果及奖补	海盐县	37.61	

（吴运惇　李嘉渊）

科创平台

【海盐高新技术产业园区】 2023 年，海盐高新技术产业园区成功认定为省级高新区，在年度评价位次中实现跨越式提升，争先进位表现突出，被省委科技强省建设领导小组评为“2023 年度浙江省高新技术产业园区建设成绩突出集体”。是年，园区实现营业收入 589 亿元，三年科技企业数和营收实现双倍增。引进丹麦丹佛斯、汉虹精密、融汇能源、智丹科技等项目，签约瑞士诺华等一批项目，集聚丹麦丹佛斯动力系统、恒锋工具等行业龙头企业，初步形成以丹佛斯、煜邦电力、涵普电力等为代表的核关联装备制造配套产业链。发挥全国唯一的重水堆组大规模稳定生产同位素独特优势，规划建设世界级同位素产业示范基地，布局核电城产业大楼、中核集团数据中心等优质基础设施配套工程，推进核素医药中心、医学影像中心等项目建设，形成众多科研院所集聚的核技术研发与创新生态体系。是年，园区有高新技术企业 308 家、省级科技型中小企业 523 家、国家级专精特新“小巨人”企业 15 家、省级隐形冠军企业 6 家、省级“专精特新”中小企业 79 家、省级研发中心 53 家、省级企业研究院 21 家，拥有博士工作站 3 家、院士专家工作站 3 家、国家级大师工作室 2 个。累计引进全职院士 2 人、国家级顶尖人才 5 人、国家级高端人才 6 人、省级高端人才 14 人。

（吴运惇）

【浙江清华长三角研究院海盐创新中心】 12 月 28 日，海盐县人民政府与浙江清华长三角军民协同创新研究院（嘉兴）（军融院）签订《终止合作协议》，并在当日与浙江清华长三角研究院签订《海盐县人民政府与浙江清华长三角研究院共同推进院地合作（“深根计划”）补充协议》，明确双方开展为期两年的合作。根据合作协议，浙江清华长三角研究院在 2023 年 12 月 29 日发文设立浙江清华长三角研究院海盐创新中心，全盘负责履行《海盐县人民政府与浙江清华长三角研究院共同推进院地合作（“深根计划”）补充协议》。

（李嘉渊）

【海盐县南北湖医学人工智能研究院】 5 月，南北湖研究院引进孵化企业 2 家。6 月，南北湖研究院在海盐县举办未来医疗“核”应用路演。7 月，南北湖研究院发布的《数据库超声卵巢数据标准》获批《国家卫生健康委医学图像数据库超声乳腺数据标准》报告书。8 月，完成 2023 海盐民生实事工程。9 月，南北湖研究院在海盐举办“‘海’纳百川·‘盐’途有你”硕博人才进海盐暨智聚山海·助力共富——核电关联及核技术应用专家团海盐行活动。10 月，南北湖研究院在海盐举办嘉兴市院企银企双向对接会海盐县南北湖医学人工智能研究院专场；南北湖研究院成功推荐 1 家公司与秦山街道签订投资协议。11 月，建成国家级医学影像数据存储中心。12 月，南北湖研究院完成申请国家发明专利 6 项，授权 1 项。至 12 月，南北湖研究院有员工 22 人，包含（柔性）博士 4 人，高端人才 1 人。

（李嘉渊）

【上海复旦科技园发展研究院（海盐）科创中心】 2023 年，上海复旦科技园发展研究院（海盐）科创中心围绕数字经济、高端装备、新材料和新能源、生物医药等领域引进科创项目 20 个，包括上海基地 9 个、海盐基地 11 个，其中博士团队 8 个，入选嘉兴星耀南湖领军人才项目 4 个。园区搭建县外才智内输渠道，在上海打造人才飞地，开展筑巢引才工作，建立“上海孵化—

上海复旦科技园发展研究院（海盐）创新中心　　（县科技局供）

海盐生产”的研产通道，在第七届红船杯嘉兴全球创业创新大赛中，成功招引总决赛一等奖项目2个，即李洪星博士的“基于安卓系统的新一代电子海图一体化AIS/VDES终端研发及产业化”项目和伍柱东的“新一代电源管理芯片的研发及产业化”项目；由园区辅导的邓亮博士的“基于功能适配的骨关节重建技术的个性化植入物设计及应用”项目荣获初赛三等奖。2023年认定国家科技型中小企业5家、浙江省科技型中小企业1家。海盐复创科技园成功列入市级科技企业孵化器认定名单。在知识产权申请方面，园区完成专利申请10项，其中发明专利3项。

（卢海军）

【技术转移工作站】 2023年，海盐县“1+X”技术转移工作站走访服务企业83家次，开展科技合作活动13次，涵盖机械制造技术、节能环保、紧固件等多个领域，解决技术问题22余项，签订合同5项。通过技术转移工作站牵线，院校与海盐县企业共建创新载体4家，分别是杭电—繁荣智能电气研发中心、中达集团—嘉兴学院数字化转型中心、浙江工业大学机械工程学院—七丰精工科技股份有限公司共建研究生实践基地、浙江工业大学—浙江理美科技联合研发中心；联合海盐县企业申报各级各类项目，其中杭州电子科技大学联合海盐县恒锋工具股份有限公司申报并获评2022年浙江省科技进步奖二等奖1项，嘉兴学院联合海盐县嘉兴瀚伦电子科技有限公司共同申报中国产学研合作创新成果奖1项；介绍杭州电子科技大学博士1人（张俐楠）入站浙江理美科技有限公司省级博士后工作站，开展课题研究。

（李嘉渊）

【海盐科技创业园】 海盐科技创业园孵化器成立于2003年8月，由海盐县科技创业服务中心举办，由华翰科技（嘉兴）有限公司运营管理。孵化器位于武原街道盐北路211号海盐科技创业园内，总面积18635平方米，孵化楼配备会议室、接待室、报告厅等公共服务设施。孵化器主要围绕高端装备及制造、工业智能、数字经济等产业，提供创业场所、共享设施、技术服务、咨询服务、投资融资、创业辅导、资源对接等服务，降低创业成本，提高创业成活率，促进企业成长，以创业带动就业，激发全社会创新创业活力。2023年，孵化器新引进8家企业，毕业16家企业，5家企业通过省级科技型中小企业认定。是年，海盐县科技服务中心在孵企业共申请知识产权37件，年内申请知识产权授权21件，其中授权发明专利4件。在孵企业营业收入7665.61万元，税收合计157.24万元。至年末，在孵企业36家，就业人员324人，有高新技术企业1家、科技型中小企业6家。

【海盐168·创业园】 海盐168·创业园孵化器成立于2021年7月，由嘉兴引领汇电商园管理有限公司运营和管理。孵化器位于武原街道枣园东路36号4幢、枣园东路34号2幢，总面积8065.75平方米，配套大会议室1间、洽谈室2间和路演区1个。主要围绕信息技术服务、数字经济、人工智能、科技成果转化服务企业，依托互联网党建和党群服务中心，设立企业“一站式”代办系统，提供人才交流、孵化服务及项目投融资服务，为入驻企业代办工商、税务、金融、保险、通信等各类综合业务，帮助企业解读和申报高新企业、软件企业、示范企业等，争取政府创业补贴、专项资金。引进会计师事务所，为企业提供财

海盐168·创业园　　（县科技局供）

务规划、代理记账等专业服务。引进律师事务所提供法律援助，不定期开展法律知识讲座，为企业经营发展提供法律保障。引进专利事务所帮助企业申请专利、著作权和商标，建立知识产权发展战略，协调各类知识产权纠纷。园区与高职院校合作，帮助企业开展产学研合作，建立大学生培训、实习基地，举办企业专场招聘会，为企业培训优秀人才，组织企业家、专家、行业资深人士等举办公开课，提升园区企业员工的知识与技能，并与园区人力资源公司共建专业的人才服务平台，为园区企业提供高级人才猎头、人才引进等服务。2023年，孵化器引进12家企业，毕业1家企业，在孵企业营业收入3178万元。在孵企业26家，就业人员47人。

【海盐杭州湾新经济产业创业园】海盐杭州湾新经济产业创业园孵化器成立于2016年3月，由海盐杭州湾港务投资开发有限公司运营管理，位于海盐经济开发区新经济产业园，总面积25506平方米，是综合高科技孵化器。该孵化器设有会议室4个，免费提供给园区企业使用，其中一号会议室为大型报告厅，可用于企业举行产品发布会等大型活动，其他三个会议室为小型洽谈室，可用于企业商务洽谈等活动，四个会议室均配备有无线话筒、投影屏幕等设施。2019年引进一家中央食堂为园区企业职工就餐提供便利。园区针对入驻企业的行业领域特色，专门建设智能装备企业展示厅，用于展示入驻企业的高科技产品；专门为科技创业者提供研究开发场地、种子资金支持、政策扶持和相关服务；为电子信息、汽车零部件、新材料、环保、节能等高新技术领域的创业者提供良好的创业环境，促进科技成果的迅速转化，扶持高新技术企业发展，培育优秀企业家。2023年，园区在孵企业24家（年内新引进1家企业），就业人员634人，在孵企业营业收入9604万元，有国家高新技术企业2家、国家科技型中小企业2家；累计毕业企业6家。

科技成果

【科技人才项目】2023年，全县申报各级各类人才项目，申报并入选省级海外工程师3人，入选数量创历史新高，推荐申报省领军型创新创业团队2个，组织"星耀南湖"领军人才计划申报，筛选推荐创新人才1人、创新团队1个。

（李嘉渊）

【科技特派员制度】2023年，海盐县调整选派新一批县级科技特派员15人，包括浙江大学、浙江农林大学、省农科院等大院名校专家，并实现派驻镇（街道）全覆盖，特派员专长涉及水果、养殖、蔬菜、林业等诸多领域。全年各级科技特派员开展技能培训、育种宣讲、实地指导等相关活动20余次，参与人员累计1600余人，引进蔬菜新品种25个，培育植物新品种10余种，并在蔬菜瓜果新品种选育、稻虾综合种养技术、畜禽优质饲料配方以及病虫害生物物理防治技术等方面成效突出，从注重片面经济效益转向经济效益、社会效益和生态效益共赢。工业类科技特派员协助征集企业技术需求23项，揭榜技术需求11项，推动新签订产学研合同4项。加快海盐通元科技特派员驿站建设，入驻科技特派员及专家19人，涵盖水稻育种、蔬果选育种植、稻虾综合种养等多个领域，全方位开展农业科技服务工作，助力农业科技创新和乡村振兴建设。

（吴运惇）

表 56 2022 年度海盐县浙江省科学技术进步奖获奖项目情况表

序号	项目名称	奖励等级	主要完成单位	主要完成人
1	重水堆钴同位素生产设施的研制开发	三等奖	中核核电运行管理有限公司	蒋军建、吴伟、谢峥、施维真、吴明亮、朱磊、曾春
2	基于声电法的高压电力设备缺陷检测关键技术及产业化应用	三等奖	国网浙江省电力有限公司海盐县供电公司、河海大学、浙江大学，杭州巨骐信息科技股份有限公司、常州市常超电子研究所有限公司	汪泽州、陈刚、王玉兴、张金波、周晶、车江嵘、倪晓璐
3	传统风味食品减盐提质关键技术及产品创新	三等奖	杭州市农业科学研究院、江南大学、浙江青莲食品股份有限公司、浙江科技学院、杭州宇航梦园农业科技有限公司	邹礼根、张憨、刘军波、吴元锋、姜慧燕、柳爱春、付晓陆
4	高性能刀具自主设计制造关键技术及应用	二等奖	杭州电子科技大学、恒锋工具股份有限公司、浙江大学	倪敬、陈子彦、何勤松、朱泽飞、徐伏根、蒙臻、杨益波、王宝涛、郁爱佳

（李嘉渊）

【技术市场】 2023 年，海盐科技大市场对接走访企业 122 家次，采集上传至中国浙江网上技术市场的企业技术需求 42 条，举办技术难题对接活动 23 场，完成浙江省科学技术成果登记 34 项，经认定登记的技术合同交易项目合同金额 493107.32 万元。组织企业在嘉兴市“揭榜挂帅”应用平台发布企业关键技术攻关类需求 55 项，涉及金额 2890 万元；完成科技成果竞拍 3 项，涉及金额 81 万元。通过技术转移工作站的牵线，促成海盐县企业与院校达成产学研合作项目 3 个，金额 65 万元。

（李嘉渊）

【科技进步奖】 2023 年，省人民政府公布 2022 年度浙江省科学技术奖励项目，海盐县获奖项目 4 个：浙江省科学技术进步奖三等奖 2 项（主要完成）、二等奖 1 项（参与完成）、三等奖 1 项（参与完成）。

（李嘉渊）

【科技金融】 2023 年，海盐县加强科技金融信贷产品宣传，扩大科技型中小企业金融服务受益面，缓解科技型中小企业融资难问题，促进全县科技型中小企业快速健康发展。优化完善科技金融支持企业清单，科技企业清单超千家，海盐农村商业银行、中国农业银行海盐支行、嘉兴银行海盐支行、邮政储蓄银行海盐县支行、绍兴银行嘉兴海盐支行等 5 家科技金融合作机构累计发放科技贷款 1.6 亿元，惠及企业 80 余家。

（吴运惇）

防震减灾

【地震台站现代化管理】 2023 年，县科技局与铁塔公司签订地震台站运维协议，定期开展台站基础设施巡检，加强台站通信、供电等保障，发现地震监测设施、观测环境被破坏等情况，及时报案处置。

【震情保障工作】 2023 年，县科技局参加全省地震趋势会商工作，开展杭州亚运会、中高考等重大活动和重要时段的地震安全保障工作，完善地震信息通报制度，落实人工爆破作业事前报告制度。

【防震减灾宣传】 2023 年，在全国防灾减灾日、国际减灾日等重点时段，开展形式多样、寓教于乐的防震减灾科普宣传活动。组织向阳小学收看“地震科普携手同行”主题活动首场活动。

【地震灾害风险普查验收会】 7 月 18 日，嘉兴市科技局在杭州市组织召开海盐县灾害风险普查及成果智能应用系统（地震灾害风险普查）验收会，与会专家听取项目承担单位杭州师范大学的汇报，审阅项目成果及相关资料，经质询与讨论，同意通过验收。本次风险普查，完成海盐县 1∶25 万地震构造图编制、地震工程地质条件钻孔数据库建设、地震危险性分析与编图、地震灾害风险评估与区划等工作内容，形成28张图件、5个数据库和4份专题报告。

【建设工程抗震设防检查】2023年，根据浙江省地震局统一部署，对海盐县2022年11月至2023年10月期间新建、改建、扩建工程落实区域地震安全性评价抗震设防要求情况进行检查；对2023年1—10月，依据《浙江省防震减灾条例》及相关行业标准或规范规定应当进行地震安全性评价的建设工程进行检查。

【地震执法检查】2023年，县科技局与综合执法部门沟通完成防震减灾综合执法事项划转等工作，开展地震台站观测环境保护执法检查活动。配合县应急局完善应急指挥中心系统建设；与公安局建立全市爆破事项通报机制，对爆破机构开展执法检查。

（胡徐艳）

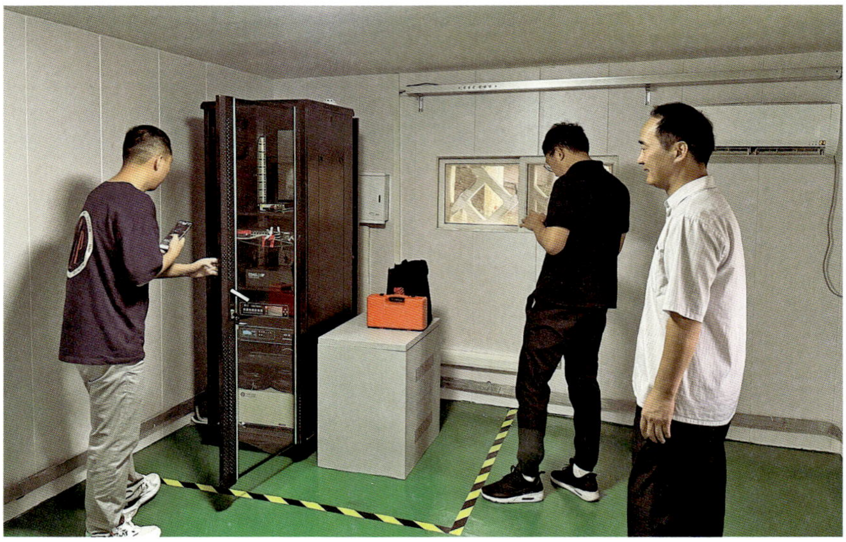

2023年，海盐县组织人员开展地震执法检查工作　（县科技局供）

文化·体育

综　述

【文化海盐建设】 2023年，全县有博物馆（纪念馆）2个、乡村博物馆6个。县级文化馆总馆1个、镇级分馆9个、企业分馆25个，镇（街道）文化站9个。公共图书馆体系有县级总馆1个、镇级分馆9个、智慧书房18个、礼堂书屋55个，纸质图书藏量121.4万册，比2022年增长6.1%，电子图书藏量1002千册，比2022年增长0.1%。全县不可移动文物252处，其中县级及以上文物保护单位55处、县级文物保护点81处。“15分钟品质文化生活圈”建设、“浙里文化圈”推广获省文旅厅“赛马”激励，公共文化服务现代化发展指数（CMDI）列全省第九名，其中均衡指数列全省第一名。

【公共服务能力提升】 截至9月，全县完成省级民生实事项目6项31个、县级民生实事项目1项3个。是年，指导推荐沈荡镇创建文化强镇、武原街道海兴社区创建文化强村。武原街道金星村、沈荡镇永庆村获评省级美育村。开展海盐县第八批文化系统创新项目研究，申报项目13个，均已结题。13名传承人入选第五批嘉兴市非遗代表性项目代表性传承人名录。嘉兴灶头画省级代表性传承人赵生波、通元剪纸县级代表性传承人施杏凤获评首届浙江省级乡村工匠名师。全年招募文艺志愿者870余人，建立志愿者团队40支。

【文体赛事活动】 2023年，海盐县开展送越剧、杂技、馆办文艺、大篷车等6场大型巡演共54场次。发布文化菜单20张，涵盖演出、培训、展览、沙龙等多项内容供全县文化圈选单，活动近300场次。承办李子侯书画院落地启用暨主题书画作品展、“蜀师回家”特展暨学术研讨会、“海盐历代藏书楼”篆刻展等南北湖文化旅游节活动。举办全国业余围棋赛、“南北湖马拉松”、“2023第十二届浙江自行车联赛（海盐站）山地车湿地挑战赛”、2023长三角沈荡古镇户外运动多项赛、2023环浙步道登顶11峰暨浙江省登山健身步道挑战赛（海盐站）、海盐县第十二届运动会等近100项比赛活动，参与超1.9万人次。推进一人一艺（技）公益培训活动，开设舞蹈、声乐、瑜伽、游泳、健身操等项目，培训超3.6万人次。

【区域文化交流】 2023年，海盐县组织人员赴景宁、莲都、宁海、临海等地开展文化走亲活动12场次。发起组建长三角滚灯联盟并举办三地滚灯展示活动；深化与上海市图书馆、上海文史馆等机构的战略合作。张乐平纪念馆承接“以美为媒”中国原创绘本作品精品巡展首展，海盐大剧院引进“致敬黄家驹BEYOND演唱会”、开心麻花话剧《乌龙山伯爵》、科学剧《神奇的物理》、加拿大原版音乐剧《你是演奏家》等作品。

【文物安全监管】 2023年，全县出动安全检查1490人次，对252处不可移动文物实行全覆盖，整改隐患42个。全年无文物安全责任事故及违法案件发生。加强文物维修审批等监管，完成文物修缮审批3项。

【“敕海观塘”项目】 2023年，海盐县依据《浙江省人民政府关于在文物保护单位保护范围内实施北干塘湾名苑未来社区景观工程等3个项目的批复》要求，实施全国重点文物保护单位钱塘江海塘海盐敕海庙段和海宁段保护范围内的海盐县敕海观塘项目，实现保护基础上的合理开发利用。

【非遗传承保护】 2023年，沈荡黄酒酿制技艺入选第六批省级非遗代表性项目名录，“沈荡酿造”非遗工坊入选第一批省级非遗工坊名单。开展“浙江省戏曲之乡”申报工作，推荐“五梅花”参加第五届“一带一路”民族传统舞蹈展演。选送海盐滚灯、嘉兴灶头画、稻草编、蛋雕、竹刻、剪纸、烙画等70余件展品参加第十五届浙江·中国非物质文化遗产博览会，其中蛋雕作品《百寿图》获银奖，烙画作品《山河尽览》获铜奖。

【“双减”工作】 2023年，全县排摸艺术类培训机构底数128家，在全国校外培训监管平台录入55家。系统纳管率100%，支付渠道开通率100%，完成准入审核艺术培训机构22家。

【执法监管】 2023年，海盐县探索柔性执法，对10起涉嫌轻微违法行为经依法承诺整改的，给予不予行政处罚处理。加强知识产权保护，向公安移交侵犯著作权案件2起，侵犯著作权案件线索1个，2起侵犯著作权案被列入国家五部门联合挂牌督办案件。

（章　敏）

公共文化

【张元济图书馆】 2023年，张元济图书馆总分馆接待读者150余万人次，外借册次93万余册，新增图书7.3万余册，办理新证7000余张，嘉兴人才卡导入10万余张。总馆举办各类讲座、沙龙138场，展览25场，巡展101场，开展公益性培训55场，送讲座下乡31场，开展其他线上、线下宣传服务活动500余次。汽车图书馆开展送书下乡进企活动92次，送去图书24470册。每月发布读者阅读排行榜、图书借阅排行榜、经典图书推荐榜三大阅读榜单。

全民阅读节　2023年，第28个世界读书日暨图书馆服务宣传周期间，张元济图书馆总分馆举办各类阅读推广活动40余场。“涵芬沙龙创办10年特展”成为宣传服务周主题展。浙江省公共图书馆全民阅读节，9人次获得省以上奖项，“涵芬阅读推广团队”获评省“十佳”阅读推广团队，“在风景里阅读”获省优秀阅读推广案例。

“涵芬”品牌　2023年，海盐县开展涵芬沙龙18个系列89场，举办涵芬讲坛6场、人文海盐讲坛8场、其他讲座3场，开展涵芬培训3期，举办涵芬展览25场。大型活动有2022年读者表彰会暨涵芬朗诵团新春朗诵会、世界读书日系列活动、社科普及周大型社科市集活动、全国助残日主题系列活动、“六五”环境日大型系列活动、“浙里 悦读”夏令营等。涵芬朗诵团有成人团员102人，少儿团员99人，参与各类综合性文艺演出16次。

4月22日，县公共图书馆全民阅读月暨“图书馆之夜”启动仪式举行
（张元济图书馆供）

数字资源服务 2023年，张元济图书馆总分馆电子阅览室接待上网读者4484人次，读者上网累计时间20211小时。数字资源访问量50余万人次，下载量13万余篇（册、次）。与县电影公司合作播放公益性电影47场。数字图书馆应用推广培训点单服务20场。微信公众号推送数字资源500余篇，推送“张图在线”阅读公开课32期，“涵芬云悦读”24期，“涵芬微朗诵”18期。

特藏文献服务 2023年，海盐县征集地方文献208种326册；为编史修志和各类专业人员提供咨询服务207次。出刊《张元济研究》内刊2期，出版《海盐张氏涉园丛刻全编》《〈张元济研究〉选编》，编辑第六届张元济学术思想研讨会论文集。

长三角联动 2023年，张元济图书馆总分馆参与“笔尖上的童心”儿童文学创作大赛和“诵读经典 点亮童心”——2023陈伯吹国际儿童文学奖经典作品诵读等长三角联动的阅读推广活动；参与2023年“天籁浙江”主题朗诵大会、“共沐书香 阅见经典”第十九届未成年人读书节青少年经典阅读创作大赛、“妙笔童心 绘梦世界”儿童原创绘本设计大赛等全省联动的阅读推广活动。开展省社科联“浙里 悦读”涵芬读书会系列活动。

特殊群体服务 2023年，张元济图书馆总分馆健心客厅开展心理服务50场、心理健康沙龙4期，推送悦心书单12期。“乐享E学堂”老年智能手机培训20次，培训600余人次。在老年公寓成立“涵芬·怡乐”读书会，设立图书流通站，送活动4场。“悦读汇”少儿阅读品牌提质扩面，全县小学均参与合作；首次举办机器人编程培训及比赛，培训40课时。与县残联联合开展“助阅读 促共富”服务残疾人行动，首批开通残疾人市民卡161张，送书上门40余次，累计借阅690册，项目入选嘉兴市创新课题。

（詹志浩）

【博物馆（纪念馆）】 2023年，海盐县推广首家乡村博物馆通元镇敦本堂文化博物馆建设经验，继续承办省民生实事工程乡村博物馆建设任务，先后创建海盐县秦山街道盐文化馆、国遗滚灯馆、望海街道知青故事馆、稻米文化展示馆、沈荡镇朱聚生陈列馆5家乡村博物馆。是年，海盐县博物馆、张乐平纪念馆举办临时展览28个，活动169场次，接待131177人次。

朱远琴声专题馆建成开放 5月，位于县博物馆一楼的朱远琴声专题古琴馆正式对外开放，以两把朱致远制仲尼式古琴为展示核心，结合多媒体技术让传世古琴焕发新生，打造博物馆参观新亮点。5月30日，“朱远琴声馆开放暨古琴雅集活动”举行，特邀演奏嘉宾与现场观众进行古琴演奏与观展互动。

馆藏文物管理与活化利用 2023年，海盐县博物馆开展馆藏古籍数字化工作，全年完成40册馆藏古籍数字化采集工作；选取馆藏44件金属文物组织修复，并通过申报文物修复项目向上争取专项资金支持。推动馆藏文物活化利用，玉背象牙梳、九方宋代铜军印获浙江省首届全省“百大镇馆之宝”称号，精选玉背象牙梳、黑皮陶器盖、龙形玉饰、涂朱陶豆、野猪獠牙冠饰、骨哨参展上海博物馆“何以中国”文物考古大展系列“崧泽·良渚文明考古特展”；精选元代“赤城朱远制”古琴、南宋“嘉兴府澉浦驻扎殿前司水军第四将印”、元龙泉窑青瓷三足炉参展浙江省博物馆之江新馆展陈。

文化交流展览活动 2023年，海盐县博物馆馆内办展13

5月30日，朱远琴声古琴专题馆开馆 （陆丹凤摄）

个，原创“美意延年　画满乾坤——馆藏木版年画展”继续赴松阳县、桐庐县巡展，“流动博物馆”将“碳达峰碳中和——浙江的担当与行动”“宏兔大展——兔年生肖贺岁展”送进22所学校，将“践行‘八八战略’海盐这二十年图片展”进武原街道11个社区巡展；张乐平纪念馆馆内办展15个，“弄堂里的三毛”主题展在上海交流办展2次，精选部分漫画作品参展上海朵云书院“一方印记”三毛漫画精品展、多彩贵州文化艺术节“你好！小朋友——中国经典动漫艺术展”“以美为媒”中国原创绘本作品精品巡展；在上海、浙江等地举办三毛文化讲座4场次。

中国原创绘本作品精品巡展　4月15日，由中国传媒大学主办、中国传媒大学动画与数字艺术学院承办的国家艺术基金传播交流推广项目“以美为媒：中国原创绘本精品巡展”在海盐县张乐平纪念馆开幕，首展至4月30日后赴山东、天津、四川、北京等地展出。巡展获得主流媒体关注与报道，扩大三毛形象和家乡海盐的海外知名度。

“三毛”文艺嘉年华　11月10日，在张乐平先生诞辰113周年之际，三毛故里——海盐县西塘桥街道举办2023“三毛”文艺嘉年华启动仪式暨第七届“三毛杯”中国漫画展览开展仪式，“张乐平艺术中心”在三毛小学揭牌。嘉年华活动持续至次年6月，包括首届“三毛杯”文创设计大赛、“三毛”共富梦现场创作大赛等系列活动。

（徐　雲　顾玲雯）

4月15日，“以美为媒：中国原创绘本精品巡展”在海盐县张乐平纪念馆开幕
（顾玲雯摄）

【海盐县文化馆】2023年，县文化馆主办、承办、协办各类演出、比赛108场；举办公益艺术培训班109期，培训人员16734人次；举办讲座21期。县文化馆荣获省级奖项2个、市级奖项5个；个人荣获省级奖项12项、市级奖项17项；理论文学作品入刊省、市级刊物5篇，视觉作品入展省级展览4个，音乐作品入演市级2个，舞蹈作品入演省级1个。

理论调研　2023年，县文化馆出刊《海盐文艺》4期、《群文通讯》2期。主办2023年海盐县文化馆总分馆体系理论征文比赛、2023年海盐县文化馆企业分馆新故事作品征文大赛，其中，26篇论文在国家级、省市级征文比赛中获奖，5篇论文及文学作品发表于市级以上刊物。

文化艺术活动　2023年，县文化馆结合“欢乐四季、优雅海盐”系列品牌文化活动，开展全民艺术普及活动，举办、承办、

11月10日，2023“三毛”文艺嘉年华启动仪式举行
（县文化广电旅游体育局供）

12月，县文化馆在排练厅开展民间舞公益培训　（吴慧摄）

协办、参演、比赛等演出108场，包括送文艺下基层巡演、文化走亲活动、广场文艺演出等。是年，群舞《海之韵》参加浙江省文化和旅游厅主办的"文艺赋美"冬季主题展演获优秀作品展。

视觉艺术　2023年，县文化馆主办企业分馆第三届摄影作品比赛以及巡展和优秀作品展；主办县文化馆总分馆视觉作品比赛、文化礼堂巡展和优秀作品展；举办"奋进新征程　建功新时代"——嘉兴美术馆藏美术精品展、"同心同行　共筑亚运"——嘉杭湖绍民进书画作品联展、"品读老海盐，共富迎亚运"——海盐老景记忆绘画展、"心象江南"李子侯书画院开馆仪式暨捐赠书画作品展。书法作品行草书《古诗一首》参加浙江省第五届群星书法小品展并入展；隶书《陈讷诗》参加"鹤溪诗路"——浙江省书法研究会首届会员作品展暨浙江省群文书法精品展并入展；行书《李正民诗海月亭》参加浙江群星书法作品展并入展。

（步亚军）

【农村文化礼堂】2023年，海盐县高标准建设文化礼堂，创新社会化运营新模式，助力实现农村精神富有。全县有星级文化礼堂48家，其中五星级文化礼堂13家、四星级文化礼堂14家。在沈荡镇永庆村文化礼堂承办全省农村文化礼堂"我们的村晚"，吸引省内外10万余人共度元宵佳节，带动消费超500万元。通元镇雪水港村文化礼堂和澉浦镇南北湖村文化礼堂创成省五星级农村文化礼堂；永庆村文化礼堂作为全市唯一获评2023年全省特色文化礼堂。

提升礼堂品质　2023年，海盐县推进农村文化礼堂品质提升行动，设定特色文化礼堂、星级文化礼堂、数字化提升文化礼堂多类补助项目。注重文化礼堂"一村一品""一堂一色"特色打造，挖掘地域特色文化元素，形成雪水港村红色、南北湖村活力等一批特色主题IP式文化礼堂。考察老校舍、老粮仓等具有历史文化印记建筑，改造为农村文化礼堂阵地的拓展延伸。结合美丽乡村建设，突出文旅融合，将丰义村大礼堂等改造为当地乡村特色文化地标和旅游打卡网红地。

创新管理机制　2023年，海盐县实施"文化特派员"制度，根据"因村派人、因人定村，试点先行、持续推广"原则，从全县各个层面选任理论宣讲、文化艺术、群众体育等方面的专业人才派至22个村（社区）。通过文化特派员的引导汇聚，焕新唤醒乡村沉睡的文化和生态资源，进行创造性转化和创新性发展；以项目为载体，提升乡村集体经济，为乡村留下可持续运营业态，涌现出科学理论宣讲、文化传承挖掘、网红基地打造、桌上冰壶运动、竹编产品开发等系列项目。

丰富礼堂资源　2023年，海盐县建设集资源共享、点单分发于一体的县文化礼堂总堂（县新时代文明实践中心）"中央厨房"配送系统，通过整合全县文艺演出、电影下乡、科普讲座等资源，确定每月点单菜单。探索社会化运行机制，建强"中央厨房"数字化平台运营实施团队，确保平台运行顺畅、服务优良。持续深化共同体联盟内容输出，在原有的县老年教育联盟和县文化礼堂服务联盟基础上成立"礼堂享老"共同体联盟，在政策指导、标准规范、工作交流、平台支撑、联合办学等各个方面，做好全方位交流合作，推进文化礼堂管理运行从"独唱"到"合唱"的转变。

（叶昭辰）

【公共文化服务】2023年，海盐县建成智慧书房18家、礼堂书屋55家、企业分馆25家、文化驿站10家。县文化艺术中心正式开放，新建文化馆13902平方米，服务能级跨越式提升；县非遗馆完成主体建设进入装修阶段；通元镇新文体活动中心开工建设。全年品质文化生活圈服务指数平均得分居全省前列，海盐县文化广电旅游体育局获省文旅厅“2022年‘15分钟品质文化生活圈’建设成效好、‘浙里文化圈’推广力度大地区‘赛马’”激励，系全市唯一。在浙江省公共文化服务现代化发展指数（CMDI）白皮书中，海盐县以76.8121分成绩排名第九，其中均衡发展模块专项排名位列全省第一。

文化艺术活动　2023年，海盐县通过智慧文化云平台开展礼堂点单配送服务，发布文化菜单20余张，涵盖演出、培训、展览、沙龙等多项内容，县、镇两级点单700余场，点单落地率100%。结合“欢乐四季、优雅海盐”系列品牌，开展全民艺术普及活动，举办、承办、协办、参演、参赛等活动108场，包括“欢乐四季·花开漫野”——2023海盐县文化馆送越剧进文化礼堂巡演等6个主题下基层巡演；嘉兴市文化馆总分馆“八馆联动”、莲都、景宁、宁海、临海等12场市域外文化走亲及德清、临平2场文化接亲；三团三社精品文艺展评、中老年广场文艺会演、广场舞排舞大赛、企业分馆文艺会演、“两员”才艺大赛等31场大型广场文艺演出。主办县文化馆企业分馆第三届摄影作品比赛、企业分馆巡展和优秀作品展；县文化馆总分馆视觉作品比赛、文化礼堂巡展和优秀作品展；“奋进新征程·建功新时代”——嘉兴美术馆馆藏美术精品展、“品读海盐·喜迎亚运”——海盐老景记忆绘画展、“同心同行·共筑亚运”——嘉杭湖绍民进书画作品联展、李子侯书画院落地启用暨主题书画作品展、“海盐历代藏书楼”暨管凌个人篆刻展五大展览。组织参加省市级视觉赛事，参加嘉兴市“石榴奖”青少年现场书法大赛、浙江省第二届群星青少年书画大赛绘画类嘉兴分赛、“小家见大家”嘉兴市视觉家庭才艺大赛等。承办浙江省奋进新时代 礼堂展风采——“我们的村晚”、长三角滚灯联盟暨2023海盐县滚灯文化节、嘉兴市八馆联动海盐站活动、嘉兴市“社区之声”K歌大赛、嘉兴市第七届原创音乐展演等省市级活动8场。原创排舞《入梦也》获嘉兴市广场舞（排舞）大赛银奖、歌曲《消愁》获嘉兴市第二十一届社区之声百姓K歌大赛金奖、歌曲《乌兰巴托的夜》获嘉兴市第二十一届社区之声百姓K歌大赛金奖、原创歌曲《追光》《筑塘汉子》获嘉兴市第七届市民原创音乐展演奖。

文化阵地建设　2023年，海盐县新文化艺术中心开放，县非遗馆完成主体建设进入装修阶段。结合“涵芬”讲坛、“涵芬”展览、“涵芬”沙龙等文化服务品牌，拓展图书馆功能，提升图书馆效益。县文化馆提供培训、演出、展览等免费开放项目，举办公益艺术培训班109期、讲座21个，惠及群众约1.6万人次。推进镇文化站提档升级，通元镇新文体活动中心开工建设。新建9家礼堂书屋，提升整合文化礼堂资源；抓好农村文化礼堂标准化管理工作。

（孙艺莲）

【县文化艺术中心启用】 6月30日，海盐县首个集文化、教育、休闲为一体的大型艺术中心——海盐县文化艺术中心正式启用。县文化艺术中心位于天仙湖公园内，东临中兴路、南临出海河、

8月21日，海盐县在绮园文化广场开展“三团三社”文艺团队精品文艺节目展评活动（姜国峰摄）

西临楞港路、北接城北路，用地面积10.79万平方米，建设用地面积3.24万平方米，总建筑面积约4.8万平方米，总投资4.08亿元。县文化艺术中心由东西两个区块组成，通过底层架空玻璃采光顶相连，西侧区块为县新时代文明实践中心及青少年宫，东侧区块为县文化馆以及李子侯书画院。县新时代文明实践中心分为文明花开新实践、“学习强国”学习平台、志愿服务新力量、见贤思齐新风尚、科技科普新体验、以文化人新模式六大板块。青少年宫建筑面积约9000平方米，以“海阔凭鱼跃、天高任鸟飞”为设计理念，特色功能教室30余间。县文化馆使用面积约为2万平方米，主要功能室有457座（个）小剧场、多功能厅、培训教室、专业录音室、数字化体验馆、排练活动室、办公场地等。李子侯书画院面积3400平方米，设画家作品永久陈列厅1个、公共展厅2个，配套若干库房、报告厅、行政办公区、专业创作室、文献阅览室等多项功能区域。

（县档案馆）

社会科学

【概况】 2023年，县社科联贯彻落实《浙江省哲学社会科学工作促进条例》要求，履行“桥梁纽带、组织协调、咨询服务、宣传普及”工作职能，全县哲学社会科学事业呈现出蓬勃发展的良好态势。承办2023年嘉兴市全民阅读推广活动暨“悦读四季·书香海盐”全民阅读活动，发布“余华文学地图·武原篇”。是年，县社科联获评省社科联优秀单位，获评全国社科工作先进个人1人。

【社科调研】 2023年，县社科联设置选题组织开展研究评审，确定77项县级入围课题。年末，评出县级规划立项课题15项、结题74项；市级课题入围24项，获市立项、重点课题2项。开展“‘八八战略’与‘三个示范’”专项研究，立项“以‘八八战略’为指引，海盐践行‘三个示范’的实践与思考”等15个研究课题。开展县优秀社科成果评选，研究成果《关于企业分馆建设的工作实践与创新——以海盐县文化馆总分馆企业分馆建设为例》获嘉兴市第二十八届哲学社会科学优秀成果论文类三等奖。与县委党校合作的课题成果《打造中医药“最后一公里”服务网的建议》在《浙江社科要报》上刊登，获省领导批示。

【地方文史研究】 2023年，县社科联鼓励社科专家潜心研究县域历史文化，编撰《海盐神歌书》等社科丛书，《盐邑志林》入围全国古籍出版社百佳图书二等奖。实施乡村记忆工程，推出“走村读史·聆听乡村故事”“宋韵澉水·天下海盐”专栏，累计发布《澉浦城墙》等10期。

【社科普及】 2023年，县社科联持续深耕“人文走读”、“涵芬”系列社科普及品牌，举办“涵芬讲坛”15场、“人文海盐”主题讲座26场，“盐邑人文”走读宋韵系列项目入选浙江省社科联2022年度浙江省社科普及创新项目。建强社科普及阵地，出台《海盐县社科之家建设标准》，新建社科之家5家、社科普及基地9家，涵芬启智社科之家获评省级社科之家，2个社科普及基地入选省优秀传统文化普及基地联盟。开展社科普及周、社科集市、海盐县社科普及基地讲解员大赛等活动。

【“嘉兴宋韵文化：传承与创新”研讨会召开】 11月20日，“嘉兴宋韵文化：传承与创新”研讨会在海盐澉浦召开。来自宋韵文化研究传承中心、浙江大学、浙大城市学院、上海师范大学、中国计量大学、嘉兴学院等多所高校和科研机构的60余位专家学者参加会议。专家提交论文20篇，形成论文汇编。研讨会围绕嘉兴历史沿革与发展、嘉兴宋韵文化的资源转化等展开交流分享。会上还进行了嘉兴宋韵文化传承研究工作专家聘任仪式。

【“郑晓与百可园——千年古城的文化印记”研讨会召开】 8月9日，“郑晓与百可园——千年古城的文化印记”研讨会召开。研讨会邀请中国明史学会、中国社会科学院古代史所、中国地方志指导小组办公室相关专家学者参加。参会专家走访调研了“父子名卿”牌坊、澉浦古城、观海园和百可园等地。与会专家围绕如何研究、挖掘郑晓名人文化，助力海盐千年古城文化复兴分别进行课题阐述。

（魏洁萍）

文化遗产保护

3月17日，“海盐海塘·潮文化景观”申报中国世界文化遗产预备名单专家论证会召开　　（黄彩霞摄）

【文物保护】2023年，县文物部门贯彻“保护第一、加强管理、挖掘价值、有效利用、让文物活起来”的新时代文物工作方针，抓项目严督查重落实。10月12日，海盐县文物工作会议召开。会议强调以“文博强县”建设为目标打造海盐文物“金名片”，推动文物事业高质量发展。

海盐海塘申遗工作　2023年，海盐县编制《海盐海塘·潮文化景观申报世界文化遗产预备名单申报文本》与《海盐海塘·潮文化景观保护管理规划》。召开“海盐海塘·潮文化景观”申报中国世界文化遗产预备名单专家论证会，国际古迹遗址理事会副主席姜波和中国文化遗产研究院、浙江省古建筑设计研究院、中国古迹遗址保护协会、浙江大学文化遗产研究院的4名专家受邀参加并实地考察，省、市文物局和钱塘江流域中心相关领导出席会议。

土地储备考古前置工作　2023年，根据《浙江省土地储备考古前置管理规定》做好土地储备考古前置工作的指导、调查、监督与协调工作，推进全县重大项目土地储备划拨进程。组织全县考古前置工作业务培训，启用浙江省土地储备考古前置管理系统，联合县自然资源规划局开展建设项目是否符合“无须开展考古前置工作情形”的核定工作。

文物平安工程建设　2023年，海盐县省级文物保护单位安防工程［含云岫庵、千佛阁（含镇海塔）、中钱村钱家祠堂、漂母墩遗址安防工程与建设县级文物安全监管中心］和省保单位云岫庵消防工程先后完成并通过验收。完成全国重点文物保护单位绮园、钱塘江海塘海盐敕海庙段和海宁段（海盐敕海庙段），省保单位王坟遗址、龙潭港遗址、仙坛庙遗址和海盐县博物馆6处安防工程方案设计，报经省文物局审批同意。

文物安全检查　2023年，县文化广电旅游体育局联合县纪委开展文物安全专项督查回头看，通报安全隐患5处；联合公安、住建、消防等部门开展全县文物安全专项督查，实地抽查27处，通报安全隐患18处。开展文物建筑消防安全专项检查，重点排查10处民居类文物

9月20—21日，海盐县开展文物安全联合专项督查，督查组实地检查高岗廊遗址　　（徐克建摄）

建筑，新发现安全隐患5处并督促整治，完成消防安全标准化建设1家。

文物修缮保护 2023年，海盐县推进文物建筑修缮计划，做好修缮项目方案审批和全过程监管，县级文保单位酱园弄20号民居、沈荡旧农会旧址和县级文保点秦山山顶碉堡修缮工程先后施工，完成平安桥、重建玉安桥、秦山山顶碉堡3项修缮项目验收工作，保障文物和施工安全。

文物活化利用 2023年，海盐县推进全国重点文物保护单位钱塘江海塘海盐敕海庙段活化利用，做好古海塘“两线”范围内杭州湾日出观景——城市阳台项目和观海园及周边配套提升项目的方案审批和全过程监管，12月通过验收并投入使用，海塘古韵与设施新景相得益彰。

不可移动文物数字化保护 2023年，海盐县启动不可移动文物数字化调查，采集50处不可移动文物实景三维数据，利用地理信息技术，展示文物地理空间分布。完成46处县级文保单位保护范围及建设控制地带的CAD电子地图绘制工作。

（朱育慧）

【非物质文化遗产保护】 2023年，沈荡黄酒酿制技艺入选第六批省级非遗代表性项目名录，该项目为海盐县第一个传统技艺类省级非遗代表性项目。开展第八批非遗代表性项目评审，公布第八批县级非遗代表性项目10项。13名传承人入选第五批嘉兴市非遗代表性传承人名录。配合中国民俗学会、中国科学技术大学举办《海盐秦始皇传说研究》书稿论证会和田野调查。开展“浙江省民间文化艺术之乡”创新发展调研评估工作，上报骚子演唱、塘工号子、海盐滚灯、灶头画艺术调研评估报告。开展第四、第五批省非遗旅游景区复核，上报民俗文化村青莲寺村、丰山村和非遗主题镇通元镇政府复核材料。开展省级非物质文化遗产教育基地评估，上报天宁小学“海盐滚灯”传承教学基地评估材料。

非遗保护活动 2023年，海盐县举办长三角滚灯联盟暨海盐县滚灯文化节活动。联合上海奉贤、江苏太仓、杭州临平，启动长三角滚灯联盟并签署合作协议，举办滚灯保护发展工作座谈会、滚灯专场演出、海盐滚灯招式大赛、海盐滚灯制作大赛系列活动。结合“服务传承人月”“文化和自然遗产日”和传统时令节气，举办民俗文化节、主题绘画大赛、精品节目展评等各类非遗展演展示活动。组织参加浙江省农村文化礼堂“我们的村晚”晚会主场活动；举办“少年非遗说”海盐传说故事讲述大赛；举办“童心绘非遗”海盐县中小学生非遗主题绘画大赛，开展端午民俗文化节非遗展示活动；举办迎亚运“非遗有我”2023年海盐县非遗讲解员评选活动；举办非遗传承人和传统工艺专题培训、香牌制作培训；举办海盐滚灯节目编排培训和传统舞蹈招式培训；全年开展“文艺赋美·非遗传承”2023年海盐腔进村（社区）巡回演出10场。举办戏曲进校园海盐腔专场活动和通元剪纸·月照泉星——石泉小学“田园纸艺”非遗传承展。在商贸学校开展“踏春风·品民俗·游校园”非遗展示活动。组织传承人进校园举办海盐腔、蚌精灯舞、嘉兴灶头画、竹器具编制技艺等非遗课程教学和传承活动。

非遗精品节目展演 2023年，海盐县非遗中心选送非遗精品节目及作品多次参加省、市级展演展示活动：海盐滚灯和塘工号子

2月5日，海盐非遗精彩亮相浙江省2023年“我们的村晚”活动

（顾冬韵摄）

亮相“我们的村晚”晚会主场活动；海盐滚灯亮相2023年“文化和自然遗产日”浙江省主场城市（临海）系列活动启动仪式、杭州第19届亚运会火炬传递嘉兴站起跑仪式和2023方岩庙会非遗精品节目展演；海盐腔登上由嘉兴市委宣传部主办的“好戏聚知音”非遗戏曲音乐节舞台；舞蹈《嬉戏·灯》亮相“心游嘉兴　盐途有你”2023嘉兴·海盐文化旅游（厦门）推介会。

非遗工作亮点和荣誉　2023年，沈荡黄酒酿制技艺入选第六批省级非遗代表性项目名录，“沈荡酿造”非遗工坊入选第一批省级非遗工坊名单；“五梅花”亮相第五届“一带一路”民族传统舞蹈展演；组织参加2023浙江非遗年俗短视频大赛，《醉美元宵　万象更新》《滨海古县　年味海盐》分别获三等奖和优秀奖，海盐县文化广电旅游体育局荣获优秀组织奖；蛋雕作品《百寿图》、烙画作品《山河尽览》分别获第十五届浙江·中国非物质文化遗产博览会银奖、铜奖；代表性传承人赵生波、施杏凤获评首届浙江省级乡村工匠名师。30余条信息被“浙江省文化和旅游厅网”“浙江省非物质文化遗产网”“嘉兴非遗”“潮新闻”“读嘉”等网站和平台录用和推送。《中国日报》专题报道嘉兴灶头画省级代表性传承人赵生波；《中国文化报》刊登《“非遗＋旅游”为海盐发展注入新活力》；海盐滚灯、丰山脱力药制作技艺、沈荡酱油酿造技艺、修缸补甏技艺等多个非遗项目在央视播出。

（顾冬韵）

文化产业

【概况】2023年，海盐县创新体制机制，整合资源要素，推进文化产业加快发展、融合发展、集聚发展和转型发展，以文化赋能提升县域经济发展软实力。全县市级文化产业园区3家（绮园文化区、南北湖影视文化产业园、百步玖鸿印刷两创中心），规模以上文化企业56家，其中制造业企业36家、服务业企业11家、批零住餐业企业9家。全年总产出122.02亿元，增长20.8%。

【文博会参展】2023年，海盐县组织县内文化企业参加深圳文博会、长三角文博会、嘉兴文博会等各类展会活动，加强对外交流合作，提升文化企业综合实力和市场竞争力。6月21—23日，参加嘉兴市文博会，海盐馆以“日出东海，千年海盐”为主题，整体采用暖色调氛围，将第一眼印象定格在“日出”上，通过一系列海盐特色文创产品展示，谱写好海盐“日出＋”文章。设立三大板块，分别为LED大屏展示区、直播带货区和现场互动区。LED大屏展示区集中展示海盐特色文创产品和唯美浪漫的日出美景；直播带货区由各参展企业轮番上阵，推介销售各自产品；现场互动区通过景泰蓝掐丝珐琅画、金缮修复等体验活动，增强互动性，为观展者再现非遗文化之美。参与文博会展览的企业有沈荡酿造等7家，海盐馆荣获嘉兴市文博会优秀展示馆奖。6月7—11日，嘉兴盐田织彩文化创意有限公司参展深圳文博会，其丝绸之路系列文创产品惊艳亮相。11月16—19日，浙江联翔智能家居股份有限公司参加长三角文博会，自主完成布展设计，荣获长三角文博会优秀展示奖。

【文创产品开发】2023年上半年，全县各类文创产品开发50余件，涵盖家居、茶礼、日历、摆件、香薰等多个类别。产品开发设计范围逐步扩大，挖掘融合鱼鳞石塘、绮园、南北湖等地域自然人文特色，实现文化创意的创新表达，同步文化资源的活化转化。下半年，全县各文创企业相继开发“三毛”系列、朱家门系列、彩逸丝绸、沈荡酿造礼盒等各具特色的文创产品，其中盐田织彩文创入选国家外事“国礼”，为海盐文创产业发展打开新的思路和方向，展现海盐文创产业精细化水平。

【文化产业政策】8月，海盐县发布《海盐县促进服务业高质量发展若干政策意见》，文化产业相关政策被纳入该文件。文化产业政策涵盖文化产业园区建设奖励、企业参展补助及奖励、鼓励文化原创内容生产、规模（限额）以上文化服务业企业营收增长奖励四大块，新政策奖励幅度更大，奖励范围（新兴业态）更广，申报程序更便捷。对参展奖励、影视产业（网络剧）上线播映等，进行分类分层周全设计，做出更契合发展的调整和完善。新增影视剧获奖奖励，将网络剧、竖屏短剧纳入奖补范围，对取材本地并提升城市宣传的影视剧叠加奖励，最高奖补可达230万元；推动优质影视企业招商落地，促进县域文化服务业发展。

【文化产业协会】1月17日，海盐县文化产业协会第一届第三次理事会召开。会议听取海盐文化产业协会2022年工作报告、2023年工作计划以及财务审计报告，通过协会法定代表人变更等事宜。县委宣传部作为协会业务主管部门，列席会议并提出希望。希望协会助力好文化产业高质量发展，整合市场、企业、政府等各方资源，发挥好协会桥梁纽带作用；加强行业协会自身建设，推进行业自律和诚信建设；培养一批安全有保障力、技术有竞争力、品牌有影响力的文化骨干企业，推动全县文化产业蝶变跃升。

（吴益君）

新闻媒体

【概况】2023年，海盐县传媒中心坚持“融媒体 看海盐”目标追求，围绕打造“站位高、融合深、传播强、产业兴、队伍优”的新型主流媒体，深耕海盐、品读海盐、传播海盐、影响海盐，各项工作取得新成效。获长三角广播电视媒体融合先导单位（提名）、全省广播电视新闻协作县级电视三等奖、全省“八五”普法获中期成绩突出集体等省级荣誉6项，获省级部门主要领导批示肯定3件，新闻作品获省级以上奖项13件，市级以上奖项20件，其中市级一等奖3件、省广播电视节目奖1件、省县市新闻奖2件。

【融媒体】2023年，海盐县传媒中心融媒指数稳定在全省第15名，融媒指数实现跨越提升。特别是“爱海盐”客户端，通过改版迭代、模块开发、活动引流、专班运作等措施，从2022年12月的全省第78名，提升至2023年的全省第14名、平均日活7000以上、月爆款1000条以上。

12月26日，海盐县传媒集团揭牌成立。是年，海盐县传媒中心媒体运营、政务合作、商务合作、会务会展、视频制作等产业得到巩固，智慧信息产业实现营收2400余万元，承建信息化项目40余个，助推智慧城市建设。媒体运营产业实现营收2500余万元，承办执行各类活动50余场，其中省级活动5场、市级活动6场。开拓轻资产运营产业，长效化运营北荡、光明两个省级未来社区，运营县新时代文明实践中心。

【广播电视】2023年，海盐县传媒中心有2个广播频道（海盐城市调频广播和海盐新农村有线广播），设置以中央、省市台、本土新闻和一系列对农栏目、联办专题等节目，联办专题每周1期，每期10分钟，对农栏目每周2期，每期15分钟。转播中国之声《新闻和报纸摘要》《新闻联播》，浙江之声《浙广早新闻》等节目；自办《金色土地》《卫生与健康》《安全在线》《残疾人之友》等一批具有鲜明本地特色的新闻、专题和直播节目；自办文艺类节目《长篇评书》《小说连播》等。

海盐县传媒中心电视新闻栏目，主要开设有《海盐新闻》《新闻聚焦》《今日海盐》《七彩田野》《法治海盐》《菁菁校园》等7个电视栏目，专题栏目每周1期，《海盐新闻》每天1期，为全县百姓提供政策指导、民生实事要闻。在电视主题报道方面，围绕全县“狠抓落实年”主题主线，有效投入、腾笼换鸟、消费提振、交通建设、民生保障、党建统领等9个方面，策划推出《“牢记嘱托·八八战略”海盐实践》《四敢争先·狠抓落实》《创新·专精特新“海盐军团”》《接棒》等53个主题报道。

【嘉兴日报·海盐新闻】报纸《嘉兴日报·海盐新闻》由嘉兴日报社、中共海盐县委联办，2023年共刊发243期，每周5期，每期4个版面。全年围绕各重大节点，开设专栏58个。聚焦县两会，推出《两会期待》《聚焦两会》《融媒会客厅》《贯彻两会精神》等会前、会中、会后策划报道。聚焦经济社会发展，全年推出《解码海盐“智造”》《耕耘在春天里》《共富海盐经验》《我为项目解难题》《传承弘扬步鑫生改革精神》等系列报道。紧扣党的二十大精神开局之年、“八八战略”实施20周年等重要节点，学习贯彻习近平新时代中国特色社会主义思想主题教育等，推出《学习贯彻习近平新时代中国特色社会主义思想主题教育》《学思想强党性重实践建新功》等主题报道。

【宣传报道】2023年，海盐县传媒中心加强策划、高效执行，围绕重大活动、重要节点、重大会议，持续攻坚品牌栏目。

推出深度述评栏目《潮音阁》，全年发稿30篇；注重视觉呈现，深耕“盐视频”品牌，全年“海盐发布”微信公众号爆款作品量（浏览量1万人次以上）968篇，“爱海盐”客户端爆款作品量（浏览量1000人次以上）5603篇，“原汁盐味”抖音号粉丝83.3万人，数量列全市县级融媒体第一；开设专栏“一品盐邑”，整合盐究室、走村读史、名人名家、盐小蛙等品牌栏目，突出深度，注重共情，讲好故事；办好舆论监督类栏目《新闻聚焦》，全年发布26期，聚焦问题难点，以舆论监督推动解决问题、化解矛盾，助力海盐高质量发展。

县传媒中心做强以“海盐发布”微信公众号、“爱海盐”客户端、“原汁盐味”抖音号为重点的新媒体传播矩阵，围绕“短视频看海盐”目标，稳步推进主平台主账号建设，实行清单化、项目化，培育了“盐评”“盐小蛙”“林c”等抖音垂类账号；推出短视频《海盐名家》《盐途记忆》《文明海盐网友说》和日出MV《这世界那么多人》《如愿》等，3部作品晋级“诗画江南 活力浙江”短视频大赛展播；与中国蓝新闻、Z视介合作，打造《海盐浪漫风车路》系列视频和“余华访谈”等直播活动。

2023年，县传媒中心把外宣攻坚作为年度“一号工程”，全平台市级以上用稿4631条，较2022年增长10.3%。其中：央媒87条，增长55.4%；省媒969条，增长45.7%。央视《新闻联播》报道海盐县千万工程、提振消费、大干交通的经验做法。全省唯一争取到央视直播端午民俗文化活动，央视有关栏目还对海盐县浪漫日出、特色文化进行深度报道。实施跨海铁路大桥“第一桩”等重大专项外宣行动，携手《人民日报》等10余家主流媒体，持续兴起外宣热潮。注重暖新闻、正能量线索挖掘推广，《凌晨3点的海盐，一幕温暖让人感动》等凡人善举爆款新闻故事，传播量超15亿人次。

（林艺伦）

表57 2023年度省级以上新闻媒体关于海盐县部分报道篇目情况表

标题	时间	媒体名称	作者
1. 报刊			
守了8年的秘密公开了 海盐“抠门”老人捐款4万元	2月2日	浙江日报	郭律显 吾凯杰
烹一道冒“锅气”的文化大餐	2月6日	浙江日报	李亦董
世界最长跨海高铁大桥来了	3月11日	浙江日报	李亦董
海盐用上交通神器 新型防撞警示桩提醒夜车司机注意安全	3月14日	浙江日报	姚雨婷
海盐动态调整重点支持展会目录 一调整，企业省下10万元	3月22日	浙江日报	朱敏露
“一企一案”造厂房 “一对一”服务外企	3月23日	浙江日报	王海滨 潘成豪 董仕渊
海盐65个重大项目集中签约开工	4月19日	浙江日报	董仕渊
这个海盐人为乐山孩子送去了900份“六一儿童餐”	6月2日	浙江日报	柴丽婷
从洽谈到开工不到200天 是什么让“小巨人”奔向海盐	6月2日	浙江日报	董仕渊
昔日矿山变景点，海盐丰义村——比城里住得舒心	6月13日	浙江日报	邵 祺
嘉兴9个水文站超警戒水位 杭嘉湖南排工程开足马力排涝	6月25日	浙江日报	张北辰
百余专家学者齐聚海盐 共话核能高质量发展之路	6月29日	浙江日报	王雨红 徐张赢
海盐 光伏声屏障发电降噪兼具	7月13日	浙江日报	徐张赢 沈雨菲

续表 57

标题	时间	媒体名称	作者
海盐于城：田间结满“致富果” 葡萄产业有点甜	7月27日	浙江日报	朱 洁
“共享”实验室，提高企业创新能力	12月20日	浙江日报	刘建东
母亲救子心切双双落水，男子伸出援手救回	9月6日	人民日报	顾海飞 吾凯杰
浙江：“村晚”上演压轴年味，文化礼堂展露新貌	2月6日	农民日报客户端	董一波
小龙虾抢先上市，记者来田里开捕啦	3月28日	人民日报客户端	李亦董
2. 广播、电视			
扎实调研 创新消费场景释放消费潜力	5月6日	CCTV-1 新闻联播	王海滨
“千万工程”实施二十年 描绘村美人和共富新画卷	5月14日	CCTV-1 新闻联播	邵 祺 张北辰
杭州湾跨海铁路桥主体控制性工程开工	12月25日	CCTV-1 新闻联播	王中鹏 刘建东 张北辰
主持人大赛“琳”听山海情	12月17日	CCTV-1	吾凯杰 王中鹏
浙江海盐：两岁女童走失 警民接力护送回家	11月14日	CCTV-2 正点财经	刘建东 沈雨菲
沿海看中国（25） 日出东海 千年海盐	6月9日	CCTV-4 远方的家	海盐县传媒中心
稳外资 增信心 外资高管纷至沓来 持续加码在华投资	6月15日	CCTV-13 朝闻天下	姚雨婷 徐 伟 邵 祺 张北辰
秦山核电站累计安全发电 8000 亿度	12月9日	CCTV-13 朝闻天下	海盐县传媒中心
国家中医药综合改革示范区调研行 浙江：数智化应用 实现多方共赢	10月13日	CCTV-13 新闻直播间	潘成豪 刘建东
杭州第19届亚运会 蚕匾作画 农民画家巧绘亚运	9月8日	CCTV-17《三农长短说》	沈雨菲 刘建东
全国首份《中国核技术应用产业发展报告》发布	5月24日	中国之声全国新闻联播	王泽华 潘成豪 邵 祺 刘建东
海盐：世界最大跨度无砟轨道三塔斜拉桥今天开工	12月25日	中国之声全国新闻联播	王中鹏 刘建东 张北辰
2023年核技术应用产业国际大会今天在浙江省嘉兴市海盐县举办	5月24日	中国之声新闻进行时	王泽华 潘成豪 邵 祺 刘建东
海盐：多光谱无人机设备为小麦“量身定制”所需营养	3月11日+12日	浙江之声浙江新闻联播+浙广早新闻	朱小芳 刘建东 张北辰
海盐：杭州亚运会电竞场馆幕墙“海盐造”	4月30日+5月1日	浙江之声浙江新闻联播+浙广早新闻	王中鹏
海盐：举办国家级非遗项目滚灯招式大赛和制作大赛	6月10日+11日	浙江之声浙江新闻联播+浙广早新闻	郭律显 褚依意
海盐：浙江科路核工程：打造新时代核电人才集聚高地	7月4日+5日	浙江之声浙江新闻联播+浙广早新闻	姚雨婷 徐 伟
海盐：34户商家爱心捐赠，联合设立“爱心冰柜”送清凉	7月13日+14日	浙江之声浙江新闻联播+浙广早新闻	王海滨

续表 57

标题	时间	媒体名称	作者
海盐县沈荡镇永庆村：跟着余华小说来打卡，激活乡村夜经济	7月16日+17日	浙江之声浙江新闻联播+浙广早新闻	赵雅芝　张北辰
海盐：以劳动实践教育开启“开学第一课”	9月1日+2日	浙江之声浙江新闻联播+浙广早新闻	沈雨菲　王中鹏　王海滨
海盐：“五一”小长假最后一天，杭州湾跨海大桥迎来返程高峰	5月3日	浙江之声浙江新闻联播	姚雨婷　陆　军
我们的亚运：2023长三角古镇户外运动多项赛在嘉兴海盐开赛	6月4日	浙江之声浙江新闻联播	朱小芳　陆　军
海盐：杭州湾融创水世界累计接待游客20万	8月23日	浙江之声浙江新闻联播	王海滨　刘建东　朱微敏　张北辰
“网红村”打造记	2月22日	浙江之声早安浙江	朱小芳　沈国明
海盐：吃饭补贴，“刷脸”进入，武原街道“供销社老年食堂”惠民心	8月16日	浙江之声早安浙江	王海滨　刘建东
海盐：共富工坊助力村民收获“稳稳的幸福”	4月28日	浙江之声美丽乡村	王海滨　徐　伟
海盐：全省首家小龙虾交易市场“换装”亮相	5月18日	浙江之声美丽乡村	朱小芳　陆　军
海盐：500亩盐碱地种出“金豆子”	7月14日	浙江之声美丽乡村	朱微敏　张北辰
海盐：采用覆膜机插秧技术，破解稻虾田除草难问题	7月19日	浙江之声美丽乡村	朱小芳　李　靠
海盐：家门口的“文化礼堂·老年学堂”，绘就最美夕阳红	9月27日	浙江之声美丽乡村	朱微敏　李　靠
海盐：亩产3000斤，巨型水稻迎丰收	10月25日	浙江之声美丽乡村	郭律显　张北辰　林　濛
海盐：四个永久基本农田集中连片整治项目获评省级优秀	12月27日	浙江之声美丽乡村	俞书铭　陆　军
海盐：全国爱耳日：每月每人3600元补助，助力听障儿童康复	3月4日	浙江之声爱在浙江	沈雨菲　刘建东
海盐：圆梦助残服务队：坚守初心8年，托起残障人士的“幸福梦”	3月11日	浙江之声爱在浙江	朱敏露　范　阳
大展宏“兔”迎新春　入乡随俗　在“浙”体验中国年	1月24日	浙江卫视浙江新闻联播	姚雨婷　刘建东
诗画江南　活力浙江　海盐南北湖风景区　实景演艺光影秀	11月24日	浙江卫视浙江新闻联播	邵　祺　李亦董
全省防控重大动物疫情应急演习在海盐举行	12月5日	浙江卫视浙江新闻联播	朱小芳　刘建东　陆　军
30余载　跨越2000多公里　海盐警方圆了她的寻亲梦	4月3日	浙江卫视正午播报	刘建东　褚依意
2023年浙江省斯诺克巡回赛首站海盐开赛	8月22日	浙江卫视正午播报	赵雅芝　陆　军
杭州亚运欢迎您　以“刀”为笔　父子微雕出“吉祥三宝”	9月15日	浙江卫视正午播报	邵　祺
小车侧翻　1分钟冲出40多名抬车勇士	9月15日	浙江卫视正午播报	姚雨婷　陆　军　刘建东
省青少年（儿童）乒乓球积分排名赛（总决赛）在海盐挥拍	12月4日	浙江卫视正午播报	俞书铭　李　靠

续表 57

标题	时间	媒体名称	作者
浙江成立数字乡村发展联盟　发布智慧农业十大模式	6 月 28 日	浙江卫视新闻深一度	姚雨婷　陆　军
特别策划·毕业歌　一首歌曲　送给敬爱的老师	7 月 4 日	浙江卫视新闻深一度	朱微敏　沈国明
亚运来了　探亲不忘训练　海盐姑娘徐惠琴全力备战亚运	7 月 5 日	浙江卫视新闻深一度	沈雨菲　王中鹏
跟着“余华文学地图”　到乡村来一场“文化之旅”	7 月 12 日	浙江卫视新闻深一度	赵雅芝　张北辰
深服务　“黑科技”加持　筑牢暑期水域“安全网”	7 月 12 日	浙江卫视新闻深一度	王海滨　刘建东
深服务·反诈　警方加大打击力度　5 名电诈犯罪嫌疑人从缅甸押解回国	8 月 29 日	浙江卫视新闻深一度	刘建东　张北辰
海盐：“残疾人之家”辅助性就业中心达 12 家	3 月 5 日	浙江卫视爱心浙江	沈雨菲　徐　伟
建设数字乡村引领区：未来农场离我们还有多远	3 月 1 日	浙江卫视今日评说	潘成豪
海盐：千年鱼鳞塘与日出霞光遥相呼应　在马拉松沿途美景中迎接新年	1 月 1 日	钱江频道范大姐帮忙	潘成豪　赵雅芝 陆　军
温暖都市　海盐一环卫工人捡到万元现金　拾金不昧如数归还失主	2 月 14 日	钱江频道范大姐帮忙	王海滨　冯明飞
备战今年首个抱团境外展　海盐鼓励企业“出海”抢订单	3 月 2 日	钱江频道范大姐帮忙	潘成豪　王海滨
第一次陪妻子旅行　海盐民警“顺路”抓了 3 个嫌疑人	3 月 6 日	钱江频道范大姐帮忙	刘建东　姚雨婷
自主国产化生产癌症靶向治疗用核药项目生产	3 月 16 日	钱江频道范大姐帮忙	潘成豪　刘建东
海盐 90 后创业者林晓：“花园”里创出“美”梦	4 月 12 日	钱江频道范大姐帮忙	沈雨菲　张北辰
别样读书方式　有声图书馆上线	4 月 24 日	钱江频道范大姐帮忙	王海滨　邵　祺
海盐一五岁小女孩“火眼金睛”　识别路边罂粟立大功	5 月 11 日	钱江频道范大姐帮忙	沈雨菲　陆　军 刘建东
温暖都市　热心村民自掏腰包　11 盏路灯照亮村道	5 月 20 日	钱江频道范大姐帮忙	王中鹏　陆　军
儿童高铁出行需携带身份证　近日海盐儿童办身份证业务量剧增	7 月 12 日	钱江频道范大姐帮忙	刘建东
热心大哥开摩托怒追逃逸车 2 公里　顺便还帮民警破了个案	9 月 13 日	钱江频道范大姐帮忙	刘建东　沈雨菲
海盐一产品入选国内首批新材料　改变高端焊材领域 100% 进口现状	9 月 22 日	钱江频道范大姐帮忙	王中鹏　林　濛
海盐进入核能供暖季　浙江有了首家实现核能供暖的养老机构	11 月 21 日	钱江频道范大姐帮忙	潘成豪　朱微敏 王海滨
无人机为海上建设者送餐　项目方还有一系列配套“保温”措施	12 月 20 日	钱江频道范大姐帮忙	王中鹏　王海滨 俞书铭　陆　军
春之向往　今年首个上海千人旅行团到访海盐绮园	2 月 27 日	新闻频道新闻大直播	王海滨　潘成豪
提质促收　30 条举措 + 七大提升行动　海盐打造营商环境最优县	4 月 7 日	新闻频道新闻大直播	朱敏露　范　阳

续表 57

标题	时间	媒体名称	作者
咖啡下乡记　一村一品一咖啡　喝出别样乡村味	5 月 2 日	新闻频道新闻大直播	沈雨菲　王海滨
加油，考生！护航高考　多地开展严查噪声扰民违法行为	6 月 3 日	新闻频道新闻大直播	王海滨　潘成豪
家门口的健身圈　海盐启用首个群众性全民健身中心	6 月 18 日	新闻频道新闻大直播	姚雨婷　范　阳
连续 23 年　嘉兴海盐“三对三”篮球赛准时开赛	7 月 22 日	新闻频道新闻大直播	赵雅芝　徐　伟　王海滨
第七届全国净滩公益活动浙江海盐站在嘉兴海盐举行	10 月 25 日	新闻频道新闻大直播	沈雨菲　沈国明
嘉兴海盐：全民阅读推广活动启动	4 月 24 日	新闻频道浙江地市头条	王海滨　柴丽婷
海盐：率先启动义务教育阶段学生“正脊行动”	5 月 17 日	新闻频道浙江地市头条	柴丽婷　张北辰
海盐：小微企业园上线“智慧大脑”　高效实现“一网通办”	5 月 19 日	新闻频道浙江地市头条	王海滨　姚雨婷
海盐：首个家门口青少年宫启用　丰富孩子暑假生活	7 月 4 日	新闻频道浙江地市头条	王海滨　褚依意
海盐：设立“办不成事”反映窗口　确保“办不成的事”能办成	7 月 18 日	新闻频道浙江地市头条	褚依意　王中鹏
义博会上的“品字标”　开创集成吊顶行业　海盐这家企业将亮相义博会	10 月 20 日	经济生活频道经视新闻	朱微敏　刘建东
涉案 2000 余万元！海盐破获一起特大盗版剧本杀作品侵权案	4 月 19 日	新闻频道浙江警视	刘建东　徐　伟
海盐：大数据平台精准监督　将“廉动力”转化为“生产力”	6 月 23 日	之江纪录频道浙江党建	朱敏露　徐　伟
海盐：探索“工伤保险快办好办”　提升服务水平	11 月 17 日	之江纪录频道浙江党建	朱微敏　李　靠
嘉兴海盐：2023 第十二届浙江自行车联赛在南北湖火热开赛	11 月 14 日	新闻频道体育最前线	沈雨菲　刘建东　王海滨　张北辰
嘉兴：浙江省第五届门球精英挑战赛在海盐举办	12 月 24 日	新闻频道体育最前线	俞书铭　张北辰
3. 网络			
浙江海盐：15 条暖心举措支持企业稳岗留工促生产	1 月 11 日	新华网客户端	潘成豪　董仕渊
年后订单回暖　助企稳工稳产　嘉兴海盐赴川滇“逆向招工”	1 月 13 日	新华网客户端	朱微敏　董仕渊
连续 6 年送年货，浙江海盐这个村给全体村民发“红包”	1 月 17 日	新华网客户端	郭律显　刘建东　董仕渊
浙江海盐大步迈向高铁时代	2 月 21 日	新华网客户端	王中鹏　董仕渊
浙江海盐日出　《如愿》MV 发布	1 月 24 日	新华网客户端、浙江新闻客户端、美丽浙江	吾凯杰
助燃城市“烟火气”　浙江海盐试行商业外摆提振消费	3 月 27 日	新华网客户端	王海滨　董仕渊
浙江海盐成立“蓝盾联盟”　推进版权保护工作	4 月 25 日	新华网客户端	姚雨婷　董仕渊
浙江海盐持续 40 年打响这张“金名片”	6 月 14 日	新华网客户端	朱敏露　王中鹏　徐张赢　张北辰

续表 57

标题	时间	媒体名称	作者
总投资 18 亿元　五项重点项目落地浙江海盐	6 月 30 日	新华网客户端	吕　铭　徐张嬴 张北辰
浙江海盐烙画传承人：葫芦上面画亚运	9 月 24 日	新华网客户端	沈雨菲　徐　伟
科技赋能　膳博士完成杭州亚运会猪肉供应保障	10 月 10 日	新华网客户端	海盐县传媒中心
浙江海盐："浪漫日出"小提琴演奏音乐 MV——《这世界那么多人》正式发布	5 月 1 日	新华网客户端	吾凯杰　董仕渊
中国首个核药领域外资项目落户浙江海盐	12 月 1 日	中国新闻网	海盐县传媒中心
海盐县召开营商环境优化提升"一号改革工程"新闻发布会	4 月 7 日	人民日报客户端	范冰洁　董仕渊 潘成豪
浙江海盐包子铺夫妇"走红"网络	11 月 13 日	中国新闻网	沈雨菲　刘建东
浙江嘉兴海盐：秋水盈盈白鹭飞	10 月 13 日	"学习强国"总平台	李亦董
耄耋老人"表白"民辅警　背后的原因暖心	12 月 18 日	"学习强国"总平台	刘建东
嘉兴海盐：完成 71 座农业灌溉泵站改造	1 月 4 日	"学习强国"浙江学习平台	范　阳
嘉兴海盐：海盐企业"组团"亮相浙江省农博会	1 月 15 日	"学习强国"浙江学习平台	朱小芳
嘉兴海盐：改造高层住宅二次供水设施　打通安全供水"最后一米"	1 月 20 日	"学习强国"浙江学习平台	柴丽婷
嘉兴海盐：连续四年获评全国农业农村信息化先进县	1 月 28 日	"学习强国"浙江学习平台	朱小芳
好拍家·快拍丨嘉兴海盐：蓝龙虾走上百姓饭桌	1 月 30 日	"学习强国"浙江学习平台	刘　行　陆荖妮
嘉兴海盐：沈荡黄酒制作技艺入选省非遗项目名录	2 月 15 日	"学习强国"浙江学习平台	赵雅芝
嘉兴海盐：400 米水袖飞桥成型　天仙湖公园显"芳容"	2 月 22 日	"学习强国"浙江学习平台	王海滨　张北辰
农民丰收丨海盐 2000 余亩春茶开始开摘	3 月 20 日	"学习强国"浙江学习平台	顾海飞
红色记忆丨海盐的新四军纪念碑	4 月 19 日	"学习强国"浙江学习平台	树　彤
嘉兴海盐首个"盐和·法商驿站"揭牌	4 月 20 日	"学习强国"浙江学习平台	姚雨婷
嘉兴海盐：年人均增收 3.6 万元！海盐这"活"好！	4 月 21 日	"学习强国"浙江学习平台	王海滨
嘉兴海盐：5000 斤生态鱼苗投放！千亩荡饮用水水源地迎来"护水队员"	4 月 24 日	"学习强国"浙江学习平台	柴丽婷
海盐向阳小学：小学生用可爱定格动画提醒大家谨防电信诈骗	4 月 27 日	"学习强国"浙江学习平台	吾凯杰
牛！海盐连续十五次登上这个国际展会	5 月 6 日	"学习强国"浙江学习平台	郭律显
嘉兴海盐：超 7 万人可免费健康体检了	5 月 8 日	"学习强国"浙江学习平台	柴丽婷
嘉兴海盐：省级荣誉，海盐 29 个村（社区）上榜！	5 月 22 日	"学习强国"浙江学习平台	朱小芳
陆小红：新乡贤赋能乡村振兴"二重奏"唱响共富之歌	5 月 31 日	"学习强国"浙江学习平台	贺夏萍
嘉兴海盐：长三角滚灯联盟在海盐成立	6 月 1 日	"学习强国"浙江学习平台	刘建东

续表 57

标题	时间	媒体名称	作者
好拍家·快拍丨海盐雪水港村亮相央视　向世界问好	8 月 15 日	“学习强国”浙江学习平台	海盐县传媒中心
全国瞩目！这些火炬手来自嘉兴海盐	9 月 11 日	“学习强国”浙江学习平台	吾凯杰
嘉兴海盐姑娘徐梦迪闪耀杭州亚运会闭幕式	10 月 10 日	“学习强国”浙江学习平台	郭律显
你好，新同学！海盐第一所高校开学报到	10 月 17 日	“学习强国”浙江学习平台	树　彤
好拍家·开心拍丨又到黄酒冬酿时　千人共品长街宴	11 月 18 日	“学习强国”浙江学习平台	李亦董　张正龙
嘉兴海盐：打造数字技能人才“成长摇篮”　培育数字“工匠”	11 月 19 日	“学习强国”浙江学习平台	朱微敏　冯明飞
嘉兴海盐：改造提升农村公路　铺就百姓“幸福路”	12 月 29 日	“学习强国”浙江学习平台	王中鹏　陆　军
2000 粒退烧药 2000 只口罩！海盐这家爱心企业免费送	1 月 3 日	浙江新闻客户端	王海滨
省时又省力！“有轨电车”开进海盐果蔬大棚	1 月 4 日	浙江新闻客户端	王海滨　吾凯杰
优秀！海盐再添一家省级创业孵化示范基地	1 月 31 日	浙江新闻客户端	朱微敏
阔别三年！海盐重启“出境游”　这些地方火了	2 月 15 日	浙江新闻客户端	刘建东　朱微敏
全国知名“网红”书店签约落户海盐北大街！	2 月 22 日	潮新闻客户端	王海滨
厉害！海盐这家企业入选全省首批“科技小巨人”	2 月 23 日	潮新闻客户端	刘建东
海盐澉浦镇六里村入选中国传统村落名录	3 月 22 日	潮新闻客户端	王海滨
医学 3D 打印、武器级弹药……海盐这个地方很“硬核”	3 月 27 日	潮新闻客户端	柴丽婷
村均 50 万元！海盐首批“强村公司”喜分红	4 月 6 日	潮新闻客户端	朱小芳　郭律显
面向这类人群！海盐这个农贸市场 81 个摊位免费	4 月 10 日	潮新闻客户端	王海滨
海盐“镇馆之宝”闪耀全省！	4 月 14 日	潮新闻客户端	赵雅芝
嘉兴首家红旗书屋在海盐启用	4 月 20 日	潮新闻客户端	郭律显　李　靠
未来工厂奠基！　百年“老字号”把整个供应链搬到海盐	4 月 24 日	潮新闻客户端	潘成豪
总投资 5000 万美元！世界 500 强企业项目在海盐开工	4 月 27 日	潮新闻客户端	王中鹏　张北辰
4 米 61！海盐百步姑娘徐惠琴瑞士夺冠	5 月 30 日	潮新闻客户端	赵雅芝　顾海飞
日产 35 万只！海盐这家中华老字号“火”了	6 月 8 日	潮新闻客户端	王海滨
36 个重点活动缤纷来袭！海盐“春泥计划”启动	7 月 21 日	潮新闻客户端	朱敏露
“海盐乡村最美风景是校园！”20 年，看蝶变！	7 月 23 日	潮新闻客户端	朱小芳
技能创新！海盐学子在这场全国大赛中斩获多个奖项	7 月 24 日	潮新闻客户端	朱敏露
总投资 10 亿元！海盐在北京签下百亿产值项目	7 月 28 日	潮新闻客户端	王海滨
从小伙到大叔！这位海盐人为亚运项目坚持了 35 年	8 月 1 日	潮新闻客户端	王海滨
“刷脸”进入！海盐这处“老年食堂”开张	8 月 1 日	潮新闻客户端	王海滨
骄傲！海盐小伙助力我国首颗超低轨道试验卫星顺利入轨	8 月 6 日	潮新闻客户端	朱小芳

续表 57

标题	时间	媒体名称	作者
造梦夏天！海盐这里推出首条暑期亲子游线路	8 月 6 日	潮新闻客户端	王海滨
“硬核”作品！海盐学子拿下全国大奖	8 月 16 日	潮新闻客户端	沈雨菲　陆晓婷
海盐大学生成为亚残运会采火使者	10 月 13 日	潮新闻客户端	海盐县传媒中心
沿海滩涂“种绿电”！嘉兴首座“海上电站”在海盐开建	10 月 16 日	潮新闻客户端	潘成豪　王海滨
总投资 2 亿元！海盐一高端核技术装备制造基地项目开工	10 月 18 日	潮新闻客户端	郭律显　李　靠 王中鹏　林　濛
海盐首座商用加氢站落成！	11 月 8 日	潮新闻客户端	柴丽婷　潘成豪
海盐元素亮相长三角文博会	11 月 17 日	潮新闻客户端	王海滨
拿到“国字号”招牌！海盐首个中国传统村落魅力何在?	11 月 22 日	潮新闻客户端	王海滨
喜讯！海盐这家企业在北交所首发上市	11 月 23 日	潮新闻客户端	朱小芳
捧回浙江省城乡风貌领域最高荣誉　海盐做对了什么?	12 月 28 日	潮新闻客户端	朱微敏
1 万余户家庭通上天然气　海盐燃气安全提升工程“点燃”乡村幸福生活	1 月 18 日	中国蓝新闻客户端	王海滨
海盐县“开发区公权力大数据监督应用”荣获全省纪检监察系统公权力大数据监督应用 2022 年度最佳场景	1 月 20 日	中国蓝新闻客户端	陆晓婷
海盐“三个小哥”“秦义联盟”连获省级“金”字招牌	1 月 28 日	中国蓝新闻客户端	王海滨
海盐加快构建接沪连杭融嘉现代综合交通体系	1 月 30 日	中国蓝新闻客户端	王中鹏
海盐六里老粮仓改建文化艺术中心，取名“普地梦都”！	3 月 15 日	中国蓝新闻客户端	朱微敏
大突破！“海盐产”癌症靶向治疗用核药有望打破国外垄断!	3 月 16 日	中国蓝新闻客户端	潘成豪　刘建东
春日研学　亲近自然　千人研学团队走进海盐南北湖	4 月 4 日	中国蓝新闻客户端	姚雨婷
非洲最大同类工厂，海盐造!	4 月 17 日	中国蓝新闻客户端	朱小芳
浙江唯一！海盐在这个全国论坛上作交流发言!	4 月 21 日	中国蓝新闻客户端	姚雨婷
八首诗藏八景　海盐这个乡村太有意境了!	5 月 15 日	中国蓝新闻客户端	郭律显
海盐一地获评“全省大花园耀眼明珠”	6 月 6 日	中国蓝新闻客户端	朱微敏
青莲食品生猪全产业链数字化生产模式入选全省智慧农业十大模式	6 月 29 日	中国蓝新闻客户端	姚雨婷
数字化实现“防暑降温”！海盐种植户“云上”管理农业大棚	7 月 7 日	中国蓝新闻客户端	姚雨婷
坐着运 20 上大学！海盐学子被录取为空军飞行学员!	7 月 13 日	中国蓝新闻客户端	朱小芳
热热热！海盐降温“神器”出动!	7 月 13 日	中国蓝新闻客户端	王海滨
国家级荣誉，海盐 1 人上榜!	7 月 21 日	中国蓝新闻客户端	朱敏露
“海盐乡村最美风景是校园！”20 年，看蝶变!	7 月 24 日	中国蓝新闻客户端	朱小芳　潘成豪

续表 57

标题	时间	媒体名称	作者
从小伙到大叔→这项亚运正式项目　这位海盐人坚持了 35 年！	7 月 28 日	中国蓝新闻客户端	王海滨
厉害！国家级，海盐 5 家企业上榜！	8 月 17 日	中国蓝新闻客户端	刘建东
海盐两“百亿项目”入选省重大产业项目	8 月 22 日	中国蓝新闻客户端	潘成豪
连续五年！海盐全省优秀！	8 月 29 日	中国蓝新闻客户端	柴丽婷
半年超 200 万人！这个夏天，海盐很精彩！	9 月 6 日	中国蓝新闻客户端	王海滨
海盐滚灯亮相杭州第 19 届亚运会火炬传递嘉兴站！	9 月 11 日	中国蓝新闻客户端	沈雨菲　刘建东
来自海盐的亚运“小青荷”，好样的！	9 月 21 日	中国蓝新闻客户端	朱小芳　吾凯杰
海盐发出首张“互联网＋核查”食品经营许可证	10 月 13 日	中国蓝新闻客户端	赵雅芝
励志！这位海盐人将担任亚残运会火炬手	10 月 16 日	中国蓝新闻客户端	沈雨菲　陆　军
海盐高质量打造全国最大医用同位素示范基地	12 月 1 日	中国蓝新闻客户端	潘成豪　柴丽婷
从美丽到“未来”跃迁！海盐两个省级未来乡村完工	12 月 4 日	中国蓝新闻客户端	王海滨
“黑科技”！这副“眼镜”颠覆海盐人就医方式	12 月 5 日	中国蓝新闻客户端	朱小芳
喜报！海盐一批企业获评国家级、省级荣誉	12 月 8 日	中国蓝新闻客户端	赵雅芝
海盐：“爱心”接力解果农难题　五天销售 2.3 万斤	12 月 25 日	中国蓝新闻客户端	朱小芳　沈雨菲
6 小时内免费停车？浙江一小区试点“亲情车位”	2 月 28 日	美丽浙江	吾凯杰　刘　行 王海滨
余华说：我从来没离开过海盐	11 月 1 日	美丽浙江	吾凯杰　树　彤

（海盐县传媒中心）

学校体育和竞技体育

【学校体育】 2023 年，海盐县举办青少年啦啦操、乒乓球、篮球、羽毛球、足球、游泳 6 个比赛项目。指导省、市高水平学校体育后备人才训练基地（海盐滨海中学）、市级体育特色项目学校（海盐县武原中学、海盐县实验小学教育集团、海盐县向阳小学、海盐县天宁小学、三毛小学）开展体育训练工作。按照《海盐县少体校业余训练点管理考核办法》，对全县 17 所业余训练点学校进行监督管理和年度考核。实施中小学生体质健康标准，50450 名学生参加体质健康标准测试。全县小学生达标率 99.64%，其中优秀率 55.82%、良好率 30.10%、及格率 13.72%；初中学生达标率 98.86%，其中优秀率 28.65%、良好率 39.34%、及格率 30.86%；高中学生达标率 96.30%，其中优秀率 10.56%、良好率 41.08%、及格率 44.65%。

（徐卫锋）

【竞技体育】 2023 年，海盐籍运动员褚静蓉获得全国赛艇锦标赛女子轻量级 2000 米双人双桨冠军，蒋子强获得浙江省青少年 BMX 小轮车锦标赛男子甲组平地 30 米计时赛个人冠军，游胜权和田皓宇分别获得浙江省青少年公路自行车锦标赛男子甲组 30 千米个人计时赛和男子甲组 80 千米大组个人赛冠军，田皓宇、蒋子强、孙中豪获得浙江省青少年公路自行车锦标赛男子甲组 80 千米大组赛（团体）冠军。沈誉婷获得 2023 年浙江省青少年击剑锦标赛女子甲组重剑个人冠军。陈琦获得浙江省青少年皮划艇锦标赛女子甲组 1000 米双人皮艇冠军。是年，海盐县运动员组队参加嘉兴市第十届运动会田径、篮球、足球、乒乓球、网球、羽毛球、击剑、柔道、跆拳道、体操、游泳、皮划艇、赛艇、武术等项目，参加比赛 580 人。获团体总分第一名 3 个，团体总分共计 1805 分，金牌总数 59.5 枚，总奖牌数 161.5 枚。全年向市少体校输送运动员 1 人。

表 58　2023 年海盐县承办省级及以上各类比赛情况表

序号	赛事名称	赛事级别	举办地	举办日期	举办天数（天）	主办单位	承办单位	参赛人数（人）
1	2023 第五届海盐 · 南北湖马拉松	省级	海盐	11 月 26 日	1	浙江省马拉松及路跑协会、海盐县人民政府	海盐县文化和广电旅游体育局、海盐县澉浦镇人民政府、海盐县南北湖旅游投资集团有限公司	2000
2	2023 长三角沈荡古镇户外运动多项赛	省级	海盐	6 月 4 日	1	浙江省体育旅游产业促进会、浙江省休闲养生协会、浙江省登山协会	海盐县文化和广电旅游体育局、海盐县沈荡镇人民政府	199
3	2023 环浙步道登顶 11 峰暨浙江省登山健身步道挑战赛（海盐站）	省级	海盐	12 月 3 日	1	浙江省登山协会	海盐县文化和广电旅游体育局、海盐县南北湖旅游投资集团有限公司	144
4	第十二届浙江自行车联赛（海盐站）山地车湿地挑战赛	省级	海盐	11 月 12 日	1	浙江省体育局、海盐县人民政府	浙江省体育竞赛中心、海盐县文化和广电旅游体育局、澉浦镇人民政府、海盐县南北湖旅游投资集团有限公司	149
5	2023 首届“巢氏杯”浙江省业余围棋棋王争霸赛	省级	海盐	8 月 25—28 日	4	浙江省围棋协会	嘉兴市围棋协会、海盐县棋类协会	32
6	2023 浙江省斯诺克巡回赛海盐分站赛	省级	海盐	8 月 18—20 日	4	浙江省台球运动协会	海盐县体育总会	100
7	首届“秦山核电杯”全国围棋业余公开赛	国家级	海盐	2 月 28 日至 3 月 4 日	5	中国围棋协会、海盐县人民政府	海盐县文化和广电旅游体育局、海盐县棋类协会	300

表 59　2023 年海盐县参加省、市级体育比赛获奖情况表

单位：枚

项目	金牌	银牌	铜牌	项目	金牌	银牌	铜牌
2023 年全国赛艇锦标赛	1			嘉兴市第十届运动会五人制篮球（丙组）比赛	4.5		
2023 年浙江省青少年 BMX 小轮车锦标赛	1		3	嘉兴市第十届运动会排球（甲组）比赛	2		

续表 59

项目	金牌	银牌	铜牌	项目	金牌	银牌	铜牌
2023 年浙江省青少年公路自行车锦标赛	3			嘉兴市第十届运动会足球（甲组）比赛	4		
2023 年浙江省青少年山地自行车锦标赛			1	嘉兴市第十届运动会足球（乙组）比赛	2		
2023 年浙江省青少年击剑锦标赛	1	2	1	嘉兴市第十届运动会足球（丙组）比赛	0.5		
2023 年浙江省青少年皮划艇锦标赛	1			嘉兴市第十届运动会乒乓球比赛			5
嘉兴市第十届运动会田径比赛	4	12	8	嘉兴市第十届运动会举重比赛	4	3	10
嘉兴市第十届运动会游泳比赛		1	1	嘉兴市第十届运动会跆拳道比赛	1	1	4
嘉兴市第十届运动会皮划艇比赛			2	嘉兴市第十届运动会柔道比赛	7	7	5
嘉兴市第十届运动会赛艇比赛		2	12	嘉兴市第十届运动会摔跤比赛	11	8	4
嘉兴市第十届运动会体操比赛	5	4	3	嘉兴市第十届运动会武术套路比赛			1
嘉兴市第十届运动会五人制篮球（甲组）比赛	3.5			嘉兴市第十届运动会击剑比赛	7	4	5
嘉兴市第十届运动会五人制篮球（乙组）比赛	4			总计	66.5	44	62

群众体育

【概况】 2023 年，县文化广电旅游体育局贯彻《中华人民共和国体育法》《全民健身条例》《全民健身计划（2021—2025 年）》《浙江省全民健身实施计划（2021—2025 年）》《嘉兴市全民健身高质量发展实施计划（2021—2025 年）》《海盐县全民健身实施计划（2021—2025 年）》《嘉兴市全民健身服务保障条例》。主办、承办各类各级群体赛事活动，举办国家体育锻炼标准达标测试比赛、健康浙江国民体质监测、体育“一人一技”公益大培训等活动。

【群众体育赛事】 2023 年，海盐县承办首届“秦山核电杯”全国业余围棋公开赛、长三角沈荡古镇户外运动多项赛、浙江省北片区社会体育指导员交流展示活动、“佳惠杯”第五届海盐南北湖马拉松、第十二届浙江自行车联赛（海盐站）山地车湿地挑战赛、环浙步道登顶 11 峰暨浙江省登山健身步道挑战赛（海盐站）、浙江省斯诺克巡回赛海盐分站赛、首届“巢氏杯”浙江省业余围棋棋王争霸赛、第四届“巢氏杯”嘉兴

7月17日，海盐县组织青少年参加嘉兴市第十届运动会击剑比赛
（县文化广电旅游体育局供）

4月30日，海盐县举办国家体育锻炼标准测试达标赛（协会组）
（县文化广电旅游体育局供）

业余围棋棋王争霸赛、嘉兴市青少年击剑锦标赛。主办浙江省文化礼堂运动会海盐县武原街道文化大礼堂趣味运动会。社会组织承办2023年海盐县国家体育锻炼标准测试赛、海盐县第十二届运动会等赛事。全年举办各类比赛活动100余项，参与1.9万余人次。

【国民体质监测】2023年，海盐县完成健康浙江国民体质监测工作，监测3~69周岁常住海盐县公民1888人，其中幼儿组476人、成年甲组692人、成年乙组602人、老年组118人，合格率95.5%，优秀率12.8%。

【国家体育锻炼标准达标测试】2023年，海盐县举办国家体育锻炼标准达标测试赛，设协会组和企业组，测试400余人，全部达标。

【基层体育设施建设】2023年，海盐县完成省级基层体育设施项目18个。其中，镇（街道）级全民健身中心1个（望海街道全民健身中心），村级全民健身广场3个（秦山街道许油车村村级全民健身广场、望海街道电庄社区村级全民健身广场、望海街道新街社区村级全民健身广场），社区多功能运动场5个（通元镇雪水港村社区多功能运动场、澉浦镇六里村社区多功能运动场、望海街道青莲寺村社区多功能运动场、百步镇百联村社区多功能运动场、秦山街道丰山村社区多功能运动场），新增百姓健身房9个（西塘桥街道滨海社区百姓健身房、沈荡镇五圣村百姓健身房、沈荡镇横泾村百姓健身房、秦山街道北团村百姓健身房、于城镇八字村百姓健身房、百步镇横港村百姓健身房、澉浦镇永新村百姓健身房、望海街道青莲寺村百姓健身房、通元镇雪水港村百姓健身房）。

【老年人体育】2023年，海盐县组织举办老年人兜球、门球、气排球、象棋、柔力球、乒乓球、桌上冰壶球、健身操、健身气功、场地高尔夫球十个交流展示项目以及重阳节特色项目展示、“11·11”健步走等活动，1465人参加。参加市飞镖、嗒球、健身秧歌等项目教练员裁判员培训；参加嘉兴市农村老年体育系列活动4个项目（兜球、门球、桌上冰壶球、佳木斯快乐健步舞步操）获得4个优胜奖；参加市老年体育交流展示活动乒乓球、门球、气排球等13个项目，取

7月27日，海盐县建设完成的2023年省级民生实事工程——望海街道新街社区全民健身广场
（县文化广电旅游体育局供）

得13个优胜奖；代表嘉兴市参加浙江省老年体协主办的桥牌、持杖健步走、桌上冰壶、哑铃操橡皮筋操4个项目，都获得优胜奖。

【残疾人体育】 2023年，县文化广电旅游体育局组织残疾人运动员参加浙江省第十一届残疾人运动会，海盐县残疾人运动员在赛艇、单桨、篮球、陆上测功仪等项目中获得佳绩。冯雪斌斩获赛艇双人单桨2千米、双人单桨1千米、陆上测功仪1千米三项项目冠军；沈凯获得赛艇双人单桨2千米、双人单桨1千米第三名。胡金哲、沈凯、赵大保、姚晨涛参与聋人篮球（男子）项目竞争，姚晨涛获得金牌，胡金哲、沈凯、赵大保获得银牌。在聋人足球（男子）比赛中，孙金、朱斌与队友组成男子聋人足球队，获得聋人足球（男子）项目银牌。嘉兴市首个残疾人羽毛球基地在海盐县总工会羽毛球馆设立，举办2023年残疾人羽毛球比赛、海盐县智力残疾人及亲友协会冬季趣味运动会、残疾人乒乓球比赛暨趣味运动会等赛事，推动残疾人体育事业发展。

【体育公益性大培训】 2023年，海盐县推进“一人一技”全民健身万人公益大培训活动，将点单式培训送至各村（社区），包含“你选我送”健身服务大配送、国民体育锻炼标准测试、党员志愿服务等，开展瑜伽、游泳、健身操、防溺水等项目培训约2万人次。“体医融合”业务交叉培训2期，参加培训480余人。线上线下科学健身大讲堂8次，“浙里健身”累计激活社会体育指导员1408人。

【体育社团】 2023年年末，县体育总会下辖县级行业体育协会、单项运动协会21个，会员2.9万人。其中完成民政法人登记社团21个，全县有体育类民办非企业单位11个。

【体育设施】 2023年，县文化广电旅游体育局按照各镇（街道）室外健身路径更新数量、县财政资金额度，分配9个镇（街道）。全年完成新建、更新健身路径28条，投入经费73.2万元，其中县财政补助45.90万元。

（徐卫锋）

文体市场管理

【概况】 2023年年末，全县文旅市场经营单位510家，其中游艺场所3家、歌舞娱乐场所18家、演出场所3家、文艺表演团体3家、网吧10家、广播电视15家、电影放映7家、出版物零售51家、印刷企业360家、高危场所9家、演出经纪机构4家、艺术品4家、旅行社23家。

【岗位练兵技能竞赛】 2023年，县文化广电旅游体育局制定岗位练兵计划，提高执法人员业务素质与执法能力。在嘉兴市2023年文化市场行政执法岗位技能竞赛中，获团体全能第三名和案卷纠错团体第二名，2名队员获得多项个人奖。1名队员代表嘉兴参加全省技能比武团体赛获得团体三等奖。

【包容审慎执法】 2023年，县文化广电旅游体育局贯彻《中华人民共和国行政处罚法》有关规定，制定文化旅游领域轻微违法行为依法可以不予行政处罚机制。是年，对1家出版物、4家旅行社、3家艺术品、4家娱乐场所涉嫌轻微违法行为给予不予行政处罚处理。

【剧本娱乐场所监管】 2023年年初，县文化广电旅游体育局联合公安、市场监管、住建、消防等部门召开剧本娱乐经营场所联席会议，明确各部门监管职责，部署具体工作方案。3月，召开全县剧本娱乐经营场所管理工作会议，开展消防安全知识培训，签订安全生产目标责任书。6月，组织4家市场主体参加文旅行业消防应急演练。下半年，对密室逃脱开展规范化建设指导并完成验收。是年，办理首起剧本杀作品侵权案，入选国家版权局督办案件。

【出版物市场及版权保护监管】 2023年，县文化广电旅游体育局通过日常巡查、双随机抽查等形式加强出版物市场与印刷企业监管、网络有害信息监测、校园周边环境整治等，确保意识形态安全和文化内容安全。办结未经批准擅自从事出版物发行业务案2起；含有禁止内容的印刷品案1起；版权案件2起均移交公安部门侦查。与县检察院、县委宣传部、县公安局联合制定《关于加强版权综合保护的实施意见》，从专业优势、综合履职、联动服

2月21日，县文化广电旅游体育局工作人员检查游艺娱乐场所

（陈明辉摄）

务三个维度，打造知识产权全方位立体化保护新格局，优化法治营商环境。

【文旅市场安全生产】 3月，海盐县召开文化市场和旅游市场管理工作会议，与参会的70余家网吧、娱乐场所、旅行社签订安全生产责任书，邀请相关专家授课指导安全生产及消防工作知识，解决消防安全管理隐患及技术难题。完成“农家乐监管一件事”，制作执法监管“一件事”VR场景。

（蔡建凤）

【整治非法卫星电视接收设施】 2023年，县文化广电旅游体育局修订完善应急预案，增强广播电视播出系统应急处置能力。会同县传媒中心、华数公司推进农村应急广播建设任务。与县平安办联合制订非法卫星电视设施整治工作方案，连续3年将整治工作纳入平安考核。召开非法卫星电视接收设施整治工作会议，借助海盐电视台《新闻聚焦》开展普法宣传，全年排摸发现卫星锅166个，拆除164个。

（宋燕婷）

卫生·健康

综 述

【医学教育科研】2023年，全县公立、私立医院及各学校医务室等27家单位专业技术人员参加继续医学教育学习2860人，参加率92.6%。全年举办各类继续教育项目21项，其中主办国家级继续教育项目1项、省级继续教育项目5项、市级继续教育项目15项，受益11561人次。因晋级进行继续医学教育学分验审396人。继续做好规范化培训相关事项，全县医疗机构有规培人员141人，县内规培生25人，县人民医院基地新招5人。

（吴利锋）

【人口均衡发展】2023年，县、镇（街道）两级人口与计划生育领导小组更名为人口均衡发展领导小组，明确小组及办公室、部门工作职责。研究人口发展、生育促进激励县域措施，制定出台《海盐县3岁以下婴幼儿照护服务机构奖补标准（试行）》，围绕降低家庭养育成本，推进三孩政策实施和落地见效。组织开展“5·15”国际家庭日、“7·11”世界人口日主题宣传，申报生育友好先进单位创建。开展公共场所母婴设施提质增优工作，标准化配置率100%，其中五星级母婴室2家、四星级5家。

（傅拥军）

2023年，海盐县人民医院创建为三级乙等综合性医院。图为7月19日召开的评审反馈会 （县卫生健康局供）

表60 2023年海盐县主要医疗机构情况表

机构名称	职工总数（人）	其中			实有床位（张）	总诊疗（人次）	出院（人次）
		执业医师（人）	执业助理医师（人）	注册护士（人）			
县人民医院	1476	479	10	720	682	894722	43170
县中医院	760	246	46	364	312	386970	8454
县妇幼保健院	311	119	2	125	72	236513	3272
县口腔医院	67	24	2	22	0	54548	0
县康宁医院	37	16	2	17	100	34545	545
县康复护理院	159	39	3	87	303	13026	1779
武原街道社区卫生服务中心	233	98	29	55	48	741952	1275
西塘桥街道社区卫生服务中心	141	54	14	40	57	414511	2563
望海街道社区卫生服务中心	67	27	17	24	20	165554	680
秦山街道社区卫生服务中心	95	26	14	30	20	296635	742
沈荡镇卫生院	142	49	6	52	45	386991	1866
百步镇卫生院	118	35	17	33	40	329221	962
于城镇卫生院	77	36	6	25	14	237271	667
澉浦镇卫生院	76	27	10	21	20	221766	533
通元镇卫生院	161	52	24	50	58	508227	2434
海盐邦尔医院	307	54	18	148	300	51883	3192
海盐富兴骨科医院	100	17	3	48	120	25535	1461
海盐颐康老年病医院	58	14	3	33	90	2176	660
其他医疗卫生机构	611	192	18	141	50	173775	0
合计	4996	1604	244	2035	2351	5175821	74255

（钱雪婷）

医政药政管理

【医药卫生体制改革】 2023年，县卫生健康局每月开展合理用药监测与处方点评，加强医院合理用药事后监管。全年开展全县门诊处方点评抽取数量11837份，抽取覆盖率53.8%。重点监控药品统一处方点评药师小组点评覆盖率100%。推进高水平县级医院建设，县人民医院创建为三级乙等医院。协同医保部门，推进复合多元医保支付方式改革，推进居民医保门诊慢性病待遇新保障政策实施，落实慢性病长处方服务，根据患者病情治疗需要，提供慢性病长处方服务最长不超过12周。继续强化二级医院病案管理，持续推进疾病诊断相关组（DRGs）绩效评价，县人民医院、县中医院、县妇保院 CMI（病历组合指数）值达到健康海盐考核标准。

【公立医院综合评价】 2023 年，县卫生健康局向各医疗机构下发控费目标和县级公立医院综合改革任务清单，定期开展医疗费用增长、医疗费用结构监测分析，强化医疗费用不合理增长控制措施。是年，全县公立医疗机构医疗总费用 12.32 亿元，同比上升 12.2%。县级公立医院门诊、住院均次费用分别 221.49 元、8035.75 元，同比增长分别为 5%、-0.5%。县级公立医院医疗服务收入占比 39.4%，同比增长 0.2%，较全省县级平均高 2.9%；药占比 21.4%；检验检查占比 27.7%；百元耗材占比 22.2%。公立医院运行能力略有提升，百元医疗收入医疗支出（不含药品）107.42 元，同比下降 5.01 元，较全省县级平均低 4.14 元。

【医共体建设】 2023 年，县人民医院与浙大二院合作科室 24 个。县人民医院心内科入选临床重点专科市级项目库；县人民医院普通外科、呼吸内科、内分泌科和县中医院肿瘤科、县妇保院产科入选临床重点专科县级项目库；县人民医院急诊医学科、心血管内科和县中医院内分泌代谢科入选首批嘉兴市市县共建学科。组织开展急救能力提升年等医学人才模块化培训，9 家基层医疗卫生机构胸痛单元通过现场验收，实现县域胸痛救治单元规范化建设全覆盖。统一医共体集团用药目录，分院病区实行连续住院服务，牵头医院就近分流门诊常见病、多发病就诊患者。实现转门诊优先预约挂号以及住院和大型检查提前预约。是年，基层就诊率 68.8%，县域内就诊率 90.8%。继续推进多个县域优质医疗资源共享中心建设，共享中心为基临检中心收到标本 347520 份，心电会诊中心统计样本 16958 人次，病理中心收到标本 4704 个，放射诊断中心统计样本 28477 人次。

【“长三角一体化”医疗合作】 2023 年，海盐县推进县级公立医院与沪杭等知名三甲医院的合作。是年，县人民医院新增合作项目浙大二院张茂教授名医工作站、陈高教授名医工作站，并加入“上海九院骨科专科联盟”；加强共建示范区医疗合作，举办第三届嘉善—海盐两地泌尿外科发展合作论坛、第二届嘉善—海盐两地康复科发展合作论坛。县中医院与复旦大学附属中山医院呼吸科顾宇彤主任医师建立合作关系，新增江苏南通良春中医院朱婉华主任中医师坐诊。县妇幼保健院新增与上海九院王琛教授医疗美容合作项目。全年邀请沪杭专家到海盐门诊 9729 人次，手术 790 人次，会诊 1137 人次。

【社会办医疗机构】 2023 年，县卫生健康局落实许可改革，改善投资环境，破除社会办医审批壁垒，对社会资本举办口腔、眼科、整形美容等专科医疗机构以及不涉及大型医用设备配置管理的独立实验室、诊所等小型医疗机构，解除规划、距离、数量等设置，诊所全面推行备案制。至年末，全县注册民营医疗机构 49 家（厂矿、学校除外），其中年度新注册 8 家（门诊部 3 家、护理院 1 家、诊所 4 家）。

【医政服务】 2023 年，海盐县办结医护人员执业许可 1117 件，医师多机构备案 125 件，医疗机构执业许可 167 件，医疗广告审查 47 件，医疗美容主诊医师专业审核 1 件，

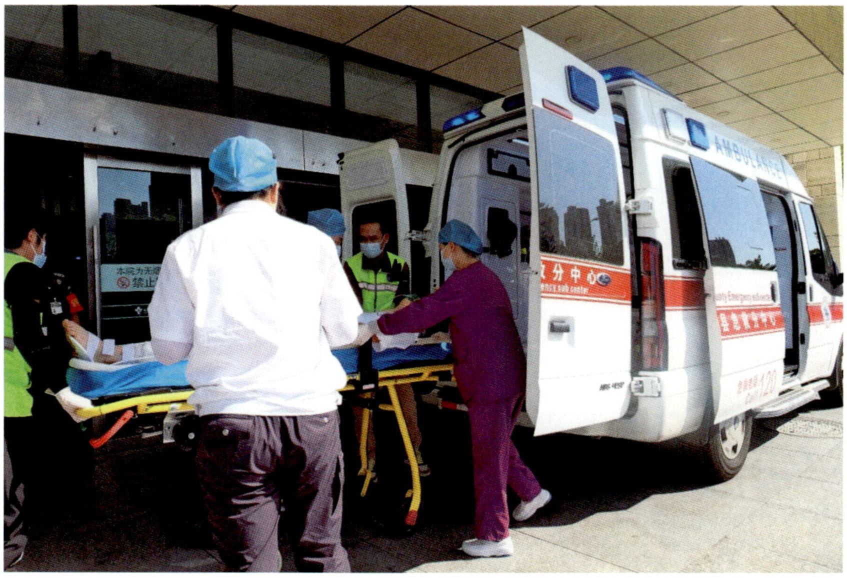

2023年，海盐县急救服务能力综合排名连续两年位居全省第一

（县卫生健康局供）

母婴保健专项技术服务许可 12 件，医疗机构使用麻醉药品、第一类精神药品许可 19 件，诊所备案 30 件，中医诊所备案 2 件。全县在册医疗机构 161 家，其中综合性医院 2 家、中医（综合）医院 1 家、妇幼保健院 1 家、其他专科医院 3 家、护理院 3 家、养老机构备案医疗机构 1 家、各类门诊部 16 家、诊所 26 家、医务室（卫生所）11 家（百步银康养护院医务室为养老机构备案医务室）。

【医疗质量管理】 2023 年，县卫生健康局出台《海盐县医疗质量“强基提质培优”行动方案（2023—2025 年）》，推进三年医疗质量内涵提升行动。每半年组织开展全面医疗质量检查工作 1 次，涉及质控条线 20 余个。配合全市医疗质控专项检查，推进临床路径和疾病诊断相关分组（DRGs）作为医疗质量控制与管理工具的作用。至年末，县人民医院疑难病例 CMI 为 0.9764，RW 值 ≥ 2 病种人次本院占比 6.9%、二级以上手术例数本院占比 77.1%；县中医院 CMI 为 0.8215，RW 值 ≥ 2 病种人次本院占比 3.4%，二级以上手术例数本院占比为 76.5%；县妇保院 CMI 为 0.6543，RW 值 ≥ 2 病种人次本院占比 0.3%、二级以上手术本院占比 66.5%。

（伍学民）

【药械带量集采】 2023 年，全县集采 17 批药品 385 种、9 批耗材 35 类，年节约费用 6000 万元；带量中选产品按时结算率为 99.9%，非带量产品按时结算率为 99.9%。

【国谈药品“双通道”建设】 2023 年，海盐县制作“双通道”管理示范药店铜牌并举行授牌仪式，推动国谈药品“双通道”落地。县人民医院等 3 家定点医药机构配备国谈药品 294 个，比 2022 年增加 64 个，价格平均降幅超 60%，配备率达到并超过省定标准（医院 20%、药店 30%）。

【口腔种植医疗服务提质降费专项治理】 4 月 1 日，海盐县启动口腔种植医疗服务提质降费专项行动，全县种植牙数量同比增加 122.8%；收取费用 899 万元，同比减少 47.5%。专项治理成果《从“齿”开始让群众更有“医”靠》获县漠视侵害群众利益问题专项治理十佳案例并获路演一等奖。

（蓝晓娟　许　凯）

基层卫生

【基层卫生健康综合试验区】 2023 年，海盐县健全政策、服务和评估三大体系，创新基层卫生高质量发展，实现县域医疗卫生服务优质均衡、普惠共享。成立县卫生健康委员会，出台专项支持政策文件 17 个。落实政府投入保障责任，加强部门共建共治，深化人事薪酬制度改革，提升慢病医防融合服务能力，强化基层卫生人才队伍建设，优化县域急救体系建设、增强基层医疗服务能力，丰富“一老一小”服务内涵，完善绩效考核评估体系。

【补偿机制改革】 2023 年，县财政局出台《关于支持国家基层卫生综合服务试验区建设促进基层卫生健康事业高质量发展的通知》，单位标准化工作当量财政付费标准为每个当量 12 元。全县推进基层医疗卫生机构服务按当量法购买补偿的全面应用，完成按月实时抓取当量、年末考核和次年清算的工作要求，并按省要求上传数据。

【家庭医生签约服务】 2023 年，全县组建全专融合型家庭医生团队 114 个，由团队向个人签约转变，武原街道社区卫生服务中心实行县级名医个人签约服务模式。是年，全县家庭医生签约率 50.2%。其中，十类重点人群签约覆盖率 94.6%，高血压人群签约覆盖率 97.3%，2 型糖尿病人群签约覆盖率 96.3%。推进功能社区签约服务新模式，完成学校 20 家，企业 6 家，养老院（敬老院）全覆盖。新增巡诊服务点 50 个，累计服务 3.2 万人次。

【基本公共卫生服务】 2023 年，海盐县基本公共卫生服务项目种类和数量总体不变，基本公共卫生服务人均补助标准提高至 102 元（80 元用于原 12 类基本公共卫生服务项目，较 2022 年再增加 5 元），新增经费重点用于强化对老年人、儿童基本公共卫生服务。至年末，65 岁及以上老年人城乡社区规范健康管理服务人数 55310 人，管理服务率 66.6%；高血压患者管理人数 58473 人，高血压患者基层规范管理服务率 71.5%，管理人群血压控制率 80.3%；糖尿病患者管理人数 17695 人，2 型糖尿病患者基层规范管理服务

11月17日，海盐县人民医院西塘桥分院创成社区医院

（县卫生健康局供）

率70.8%，管理人群血糖控制率68.9%；肺结核患者健康管理率98.55%；严重精神障碍患者管理率94.6%；老年人中医药健康管理率80.4%，0~36个月儿童中医药健康管理率82.8%。传染病疫情及时报告率、突发公共卫生事件及时报告率、卫生监督协管信息报告率等各项任务指标均达到或超过国家、省基本公共卫生服务规范标准要求。推进电子健康档案向居民个人开放，全县居民规范化电子健康档案覆盖率66.6%，电子健康档案开放率89.1%。

【基层卫生网底建设】 2023年，海盐县持续推进县人民医院建设，医疗次中心沈荡镇卫生院完成结项。基层医疗卫生机构达到国家“优质服务基层行”基本标准9家、推荐标准7家（新增2家），社区医院2家（新增1家）。由政府举办实行紧密型一体化管理村卫生室（社区卫生服务站）82家，机构标准化率100%。完成省级民生实事项目4个，完成率200%。至年末，累计完成社区卫生服务站（村卫生室）智慧化改建20家。

【医防融合健康管理】 2023年，海盐县医疗机构以高血压、糖尿病为抓手，优化诊前、诊中和诊后“全流程”闭环管理，推进向血脂异常、卒中等其他慢性病延伸。依托县级民生实事项目（65岁卒中高危筛查项目），累计筛查60638人，完成率121.3%；参保城乡居民同质同标体检完成99674人，完成率142.4%。慢性病“路径核销”“诊间随访率”等纳入年度考核中，推广慢病长处方，优化医共体内慢病用药目录，提供慢病药事服务等便民举措。

（魏国华）

人口家庭与生育服务

【概况】 2023年，全县有育龄妇女72319人，已婚育龄妇女51573人，出生人口1652人，人口自然增长率-4.66‰，总和生育率0.71%。出生人口信息完整率和准确率95%以上。至年末，全县建成母婴室39家，其中五星级2家，应配备母婴设施公共场所配备率100%。

【生育信息统计】 2023年，海盐县持续做好一孩、二孩、三孩及以上等信息采集工作。各镇（街道）每月、每季在浙江省人口发展和生育健康服务综合管理平台做好基础信息及生育信息采集。落实建立公安、卫健出生人口信息比对校核机制，出生人口信息完整率和准确率100%。

【孕前优生管理】 2023年，海盐县持续实施婚孕前优生保健服务孕期产前筛查项目、增补叶酸及农村孕产妇分娩补助项目，国家免费孕前优生健康检查项目完成率114.4%。是年，全县婚前医学检查2907人，孕前优生检查2281人，新增叶酸服用人数1106人。强化非政府组织支持，促进社区参与，制订《海盐县消除艾滋病、梅毒和乙肝母婴传播工作方案》。

【孕产妇健康管理】 2023年，全县孕产妇零死亡，婴儿死亡率1.16‰，5岁以下儿童死亡率2.70‰（监测本地+流动），围产儿死亡率4.14‰。全县户籍活产数1609人，业务活产数1668人。孕产妇住院分娩率100%，产前筛查率98.9%，剖宫产率46.2%；高危孕产妇管理率100%；高危儿管理率100%。孕产妇免费建册 1154 人，早孕建册率 98.3%，孕产妇系统管理率 96.8%。

【新生儿疾病筛查】 2023 年，海盐县新生儿代谢性疾病筛查 1670 人，筛查率 100%。筛出可疑病例 55 例，确诊 4 例；新生儿先天性心脏病筛查 1601 人，确诊 12 例；新生儿听力筛查数 1670 人，听力异常 6 例，异常率 3.59‰；耳聋基因筛查 641 例，发现阳性病例 26 例，异常率 4.06%。

【妇幼保健】 2023 年，海盐县规范开展高危孕产妇、高危儿和儿童营养性疾病筛查、登记、追踪随访工作。筛选本地户籍及流动高危孕产妇 2478 人，其中黄色 1609 人、橙色 797 人、红色 35 人、紫色 37 人，严格按照管理细则执行。参与产后抑郁量表测评 2128 人，评分 9—13 分 72 人，大于 13 分 18 人，其中转诊 32 人。3 岁以下儿童免费建册 2045 人，系统管理率 97.5%；0~6 岁儿童保健管理率 99.7%。实施 0~3 岁儿童发育监测与发育筛查项目，筛查 6134 人，筛查率 91.9%。开展 0~6 岁儿童眼保健和视力检查工作，儿童眼保健和视力检查 17513 人，覆盖率 99.7%；6 岁儿童视力检查 3397 人，视力不良检出 350 人，检出率 10.3%。

【城乡妇女两癌检查】 2023 年，全县完成宫颈癌筛查 27210 人，其中 HPV 检测阳性人数 2318 人，报告中低级别病变 410 人，高级别病变 47 人，微小浸润癌 2 人，浸润癌 1 人，随访治疗 45 人；乳腺癌筛查 27171 人，发现导管原位癌 8 人，浸润性导管癌 18 人，其他恶性肿瘤 4 人，随访治疗 30 人。

【“出生一件事”】 2023 年，全县医疗机构内活产数 1668 人，签发出生医学证明 1714 份，其中首次签发 1685 份，年内出生签发 1579 份，换发 31 份，补发 116 份，年内出生签发率 96.5%，废证 7 份，废证率 0.5%。“出生一件事”掌上办理 1672 人，掌办率 98.3%。

10月28日，海盐县妇幼保健院母婴照护中心揭牌 （县卫生健康局供）

【3岁以下婴幼儿照护服务】 2023 年，海盐县推进以家庭照护、社区统筹、社会兴办、单位自建、幼儿园办托班模式为主，村社照护驿站为补充“5+X”托育服务供给。制定《海盐县 3 岁以下婴幼儿照护服务机构奖补标准（试行）》《海盐县普惠性托育服务机构认定办法（试行）》，公布首批海盐县普惠性托育服务机构名单，完成上半年考核、奖补。新增社会办托育机构 3 家，提供普惠托位 140 个。建成县托育综合服务中心和武原街道、西塘桥街道“医防护”儿童健康管理中心，提升婴幼儿照护服务指导能力。开展 0~3 岁婴幼儿照护服务工作问卷调查、2~3 岁婴幼儿养育入户访视、托育机构健康指导员服务，初步形成托育服务。千人托位 4.35 个，普惠性托位数占比 95%。

【省市民生实事工程项目】 2023 年，省政府民生实事工程下达任务数新增托育机构 1 家、普惠性托位 105 个，实际完成新增托育机构 3 家、普惠性托位 200 个。市政府民生实事工程下达任务数新增托育机构 7 家、托位 210 个，临时托育服务点 12 家、新增托位 60 个。实际新增托育机构 7 家、托位 260 个，婴幼儿照护驿站 17 家、托位 102 个。

（傅拥军）

【青春健康教育】 2023 年，海盐县创建县理工学校、望海街道北荡社区市级青春健康教育基地2个；举办第三期青春健康教育师资认证；扩聘县级师资9人。年末，有省级师资1人、省级主持人1人、市级师资6人、县级师资36人。青春健康教育进校园、进社区活动，送课100场，受益8900余人。开展成长之道青春健康教育“迎接青春期”“人际交往”等25场，服务3600余人。举办家长讲座2次，受益家庭400余户；开展“沟通之道”家长培训3期，受益近200人；赠送青春健康知识口袋书（中学版、小学版）8000余份。引入社工组织服务青春健康教育，在各青春健康基地开展常态化教学与服务。在“健康海盐”公众号平台播放青春健康教育短视频，播出6期。

【“向日葵亲子小屋”建设】 2023年，海盐县建成“向日葵亲子小屋”105个，全县村（社区）覆盖率86%，望海、于城、沈荡3个镇（街道）的村（社区）全覆盖。亲子小屋同时作为婴幼儿照护服务驿站15个。武原街道文星社区“向日葵亲子小屋”被市计生协会命名为嘉兴市婴幼儿服务“特色小屋”。西塘桥街道清湖社区“向日葵亲子小屋”作为省级项目点正式启用。利用“向日葵亲子小屋”开展亲子活动700场。武原街道成立“武社益家”公益商家联盟，“社区＋社会组织＋社工＋社区志愿者＋社区公益慈善”五社联动；各类公益商家资源、备案成立社会组织30余家。

【生育系列保险】 2023年，县政府出资投入保费50.1万元，其中独生子女平安保险保险费26.24万元。各镇（街道）加大自筹资金保险项目宣传力度，安康保险累计参保2.8万人，保费436.46万元，全年已赔55人，已赔金额164.42万元，赔付率75.5%；优生优育险收取10.86万元，理赔10.7万元，赔付率97.6%。

（沈云峰）

6月15日，海盐县首家“向日葵亲子小屋”省级项目点揭牌

（县卫生健康局供）

疾病预防控制

【疫情管理】 2023年，全县通过网络直报系统报告全县甲乙丙类传染病16种、26007例，报告发病率为5685.68/10万，无甲类传染病报告。报告新型冠状病毒感染、病毒性肝炎、肺结核、梅毒、淋病、猩红热、艾滋病、百日咳、狂犬病、登革热、痢疾等乙类传染病11种、8733例，报告发病率为1909.22/10万。各传染病诊疗机构报卡24637张，网络正常运行率、传染病报告卡及时报告率、县疾控中心及时审核率和有效证件号填写完整率均为100%，无重卡，综合率为100%。

【卫生应急】 2023年，海盐县开展登革热、流感、诺如病毒感染等重点传染病监测和预警，健全疾病监测体系建设，开展卫生应急演练与队伍培训。现场调查处置学校流感样疫情50起、病毒性胃肠炎疫情8起、水痘疫情3起、新冠变异株疫情1起、狂犬病疫情1起。

【肠道传染病防控】 2023年，海盐县强化外环境监测，规范医疗机构肠道门诊运行，加强腹泻患者监测。肠道传染病监测1578份，其中外环境水样84份、海水产品30份，在3份腹泻病例样本、1份水样中检出非毒力株霍乱弧菌（非O1/O139群），其余均为阴性。

【手足口病防控】 2023年，全

5月31日，海盐县疾病预防控制局挂牌成立　　（县卫生健康局供）

县采集手足口病病例咽拭子120份，其中EV71和CA16双阳性1份、CA16阳性10份、CA6阳性65份、CA10阳性3份，其他肠道病毒阳性8份、阴性33份。

【艾滋病防治】2023年，全县新报告艾滋病病毒感染者11例，艾滋病患者8例，均为性接触传播。全年存活艾滋病病毒感染者及患者231例，享受国家免费抗病毒治疗患者222例，抗病毒治疗覆盖率96.1%。

【结核病防治】2023年，全县报告活动性肺结核病人117例，活动性肺结核报告发病率为25.80/10万。开展高中及寄宿制初中新生结核感染筛查4813人，EC阳性35人，发现活动性肺结核学生患者1人。

【H7N9禽流感防控】2023年，海盐县采集人感染H7N9禽流感职业暴露人群血样5份和个体养殖户及散养户外环境样本55份，检测结果均为阴性。

【登革热防控】2023年，海盐县4—11月每月开展媒介滋生地监测工作2次，每次调查人家200户，监测结果显示：4—11月BI值分别为5.5、11.25、29.25、24.75、23.75、22.75、19、6。

【食品安全风险监测】2023年，全县食品污染及食品中有害因素监测完成采样541份，监测数量1.18件/千人。食源性疾病监测累计报告腹泻初诊病例6864例，报告食源性感染性腹泻病例367例。县人民医院常规监测点医院累计采集样本299份，开展沙门氏菌、副溶血性弧菌和志贺氏菌等病原体的检测，检出阳性菌株27株，其中沙门氏菌23株、副溶血性弧菌4株。全年未收到食源性聚集性事件处置报告。

【消毒质量监测】2023年，海盐县对托幼机构10家和养老机构2家开展消毒质量监测，托幼机构采样219份，合格204份，合格率93.2%；养老机构采样30份，合格27份，合格率90%。对全县11家医疗机构实施消毒质量监测，监测样品149份，不合格11份，总体合格率为92.6%。

【病媒生物监测】2023年，海盐县鼠密度监测捕获率0.66%，以褐家鼠和小家鼠为主；蟑螂密度0.05只（张），以德国小蠊和黑胸大蠊为主；苍蝇捕获率3.78只/笼；蚊密度40.73只/灯·夜，以淡色库蚊和三带喙库蚊为优势种群。

【生活饮用水水质监测】2023年，全县对2个水厂、53个水质监测点进行枯水期和丰水期水质监测2次，生活饮用水水质总体合格率100%。

【地方病防治】2023年年末，全县连续34年未查到钉螺，无布病、丝虫病报告。新增晚期血吸虫病人内科救助人员4例。年初登记在册需管理慢性病人150人，存活132人。对315份家庭食用盐样本（210名8~10岁学生家庭食用盐210份、孕妇家庭食用盐105份）开展盐碘全定量测定，采集学校食堂用盐5份。全县碘盐覆盖率95.9%，合格碘盐食用率90.79%，儿童尿碘中位数215.3微克/升，孕妇尿碘中位数150.9微克/升。抽查学生甲状腺，发现肿大2人，肿大率1%。年内登记麻风病例22例，判愈病例22例。住家生活20人中有2级畸残人员6人，驻村康复2人。完成可疑症状转诊48例，没有新发麻风病人。

【疟疾防控】2023年，海盐县“四热”病人血检任务下达各监测单位，完成监测304人，其中镜检 253 人 / 次、RDT 快检 172 人 / 次。全县无疟疾病例报告。

【慢性非传染性疾病防控及监测】 2023 年，海盐县加强慢性病综合防治，参加国家慢性病综合防控示范区创建省级遴选，省级示范区动态评估全省优秀。医疗机构 35 岁以上患者首诊测压率 100%，窝沟封闭 21 所小学全部覆盖。依托三级慢性病管理网络，实施慢性病社区管理，全县管理高血压患者 58473 例，高血压规范管理率、血压控制率分别为 71.5%、80.3%；管理糖尿病患者 17695 例，糖尿病规范管理率、血糖控制率分别为 70.8%、68.9%；管理高血压高危人群 13487 例，健康管理率 3.5%，规范管理率 61.6%；管理糖尿病高危人群 12013 例，健康管理率 3.7%，规范管理率 61.1%；推进慢阻肺患者、血脂异常人群健康管理试点工作。重点人群结直肠癌筛查 25216 人，筛查阳性率 18.5%，筛查率 57.8%；完成肠镜检查 2751 人，肠镜依从率 58.4%，检出结直肠癌 67 例，癌前病变 260 例，其他良性病变 1820 例。老年人跌倒流行病学调查及跌倒风险评估方法评价项目跟踪随访调查 200 人，跌倒发生 28 人次，跌倒发生率 14.2%。重点人群慢性阻塞性肺疾病筛查项目完成问卷初筛 7330 人，肺功能检查 1017 人，肺功能检查结果 A 级合格率 80.6%，肺功能检查结果 C 级以上合格率 100%，筛查高危人数 792 人，疑似人数 152 人，转诊复核 112 人，转诊复核率 73.68%，确诊慢阻肺患者 84 人，确诊慢阻肺患者吸入药物治疗率 75.86%，确诊慢阻肺患者规范管理率 83.33%。是年，户籍居民报告脑卒中 2016 例，报告发病率 525.38/10 万；报告冠心病 332 例，报告发病率 86.52/10 万；报告糖尿病 2635 例，报告发病率 686.69/10 万；报告恶性肿瘤 2303 例，报告发病率 600.17/10 万。

【死因监测】 2023 年，全县户籍居民报告死亡 3227 人，死亡率为 840.87/10 万。其中：男性死亡 1735 例，死亡率为 926.50/10 万；女性死亡 1492 例，死亡率为 759.44/10 万。根本死因前 5 位是：恶性肿瘤、脑血管病、心脏病、呼吸系统疾病、损伤和中毒等外部原因。

【免疫规划】 2023 年，全县规范开展疫苗接种管理、预防接种宣传、告知等工作，免疫规划疫苗（含替代苗）接种 73441 剂次，按照国家免疫规划常规免疫（出生队列）接种率季度报表统计，除 1 岁组 A 群流脑多糖疫苗第 2 剂接种率 93.9% 外，其余剂次疫苗接种率 97% 以上。未发生与预防接种有关的死亡、严重残疾或群体性预防接种事件，无接种差错事故发生。继续实施 60 岁以上老人免费接种流感疫苗民生项目，全年接种免费流感疫苗 66278 剂次（70 周岁以上 32874 人），接种率 58.30%。

【卫生检验】 2023 年，全县开展疫情处置和突发公共卫生事件监测工作，为传染病疫情、食源性疾病事件处置和政府相关部门监管提供实验室技术依据。全年完成样品检测 54568 份，检测项次数 100940 项次。

【狂犬病防治】 2023 年，全县犬伤门诊诊治各类动物咬伤病例 7883 人次，所有暴露者均规范开展消毒、疫苗接种。全年报告狂犬病病例 1 人，一犬伤多人事件 3 起。

【健康教育】 2023 年，海盐县组织举办健康知识讲座 1288 场，听课 91498 人次，发放资料 77513 份。通过现场活动和新媒体相结合的方式组织开展卫生宣传日主题活动。推进重点场所健康教育，创建健康促进金牌学校 1 所、健康促进银牌学校 2 所。与县教育局联合开展以“合理膳食，健康体重”为主题第十三届健康促进学校月活动，组织健康讲座 44 场。全年播放科普视频 91948 次，受益 231921 人次；编印《健康之友》画报 7 期 14 版。全县居民健康素养水平和吸烟率分别为 42.2%、18.9%。

【全民健康生活方式行动】 2023 年，海盐县以“健康体重”为主要切入点，普及“健康体重”核心知识，开展“健康体重”干预活动。创建健康单位 32 家，健康家庭 5272 家，无烟家庭 138 户、无烟单位 18 家。推进指导员队伍建设，开展健康生活方式指导员“五进”活动，普及健康生活方式活动 1 次。

【职业健康】 2023 年，海盐县开展职业卫生日常监督管理、《中华人民共和国职业病防治法》宣传、职业卫生分类监督、关键因

5月25日，海盐县百步镇成为全市首个“无结核社区”创建示范点

（县卫生健康局供）

素画像、风险化解等工作。申报开展“海盐县‘帮扶守法 护航健康’职业健康保护行动”项目，纳入县优化提升法治化营商环境的重点项目和党建助力营商环境“书记项目”。建立镇（街道）职业卫生专管员制度，各镇（街道）确定专职职业卫生监管员14人、兼职协管网络员58人。全年参与政府新、改、扩建项目联审9次，联审项目34项，对其中28家建设单位提出落实建设项目职业卫生“三同时”联审意见。年内，有785家企业组织劳动者进行职业健康体检30411人；全年新增职业性噪声聋患者4例。是年，全县作出行政处罚37起（一般程序16起、罚款98.6万元，简易程序2起，办理轻微违法行为不予行政处罚案件19起）。

【职业病防治】 2023年，全县具有资质职业病体检报告单位7家，重点职业病监测覆盖率100%。辖区内用人单位疑似职业病报告15例，诊断职业病报告4例。职业病体检机构报告职业病体检28608人次。继续开展全县有记录历史尘肺病病例随访和回顾性调查，随访登记病例74例，存活68例，死亡4例，失联2例，随访率97.3%。开展工作场所危害因素监测，完成企业监测40家，采集各类样本371份。完成金属结构制造、汽车零部件及配件制造等行业重点企业风险评估6家。完成第二产业职业健康素养调查240份。对全县非医疗机构放射危害因素开展监测24家，完成监测调查单位23家，注销放射资质1家。

（楼银伟）

中医药

【概况】 2023年，海盐县巩固浙江省中医药综合改革先行区建设成果，出台《海盐县创建“省中医药综合改革先行区”实施方案（2023—2025年）》，促进县域中医药服务优质、均衡、公平、可及，有效助力中医药服务优质均衡供给，推动海盐高质量发展建设共同富裕示范区的中医药服务品牌。《打造中医药“最后一公里”服务网的建议》被《浙江社科要报》刊登，获副省长批示。

【数智国医】 2023年，海盐县迭代升级“数智国医”，推进非

11月3日，海盐“数智国医”应用在第一届全国数字健康创新应用大赛——医学人工智能主题赛决赛中获“数智中医”赛道特等奖

（县卫生健康局供）

药物治疗可实现智能辅助操作。在“浙里办”“浙里健康”互联网医院专区以及“数字社会”医疗服务领域专区设置服务端，为患者提供在线复诊预约挂号、在线中医专家问诊、在线中医智能处方开具及医保移动刷脸无感支付、中医处方智能审核、药品统一快递配送到家等“闭环式”诊疗“一体化”服务。“智慧共享中药房”提供近600味中药饮片供全县中医师同步开方使用，患者就医成本下降，饮片均贴费用由33.87元下降到26.54元。全年共享中药房累计调配中药处方234827张，比2022年增长14.56%，累计代煎中药77283份，累计配送中药87777份。《打造“数智国医”，造福基层百姓》入选2023年嘉兴市卫生健康“十大有影响力事件”，在首届全国数字健康创新应用大赛——医学人工智能主题赛决赛中，海盐“数智国医”应用获“数智中医”赛道特等奖。

【中医药服务规范】 2023年，全县共享中药房针对病人反馈问题开展持续质量改进，提升煎药质量。10月，“浙江中药服务在线”应用正式在海盐上线。是年，对非中医类医师开展中医药适宜技术培训考核，分2期6批次，考核合格95人。在嘉兴市职工职业技能竞赛中医药知识及针灸推拿竞赛中，获团体三等奖2个、个人三等奖1人、个人优胜奖2人。

【中医药健康管理】 2023年，海盐县加大对慢性病、亚健康疾病、康复等方面开发和研究，鼓励医疗机构开设冬病夏治、系列膏方、中风后遗症康复治疗等专科，采用中西医结合治疗，全县中医药服务满意率98.1%、中医药知识知晓率95.8%以上。做好中医药参与疾病救治、预防工作，累计发放各类预防汤剂1万余份，中医药健康处方3000余张。是年，基层医疗机构中药饮片处方比6.1%，中医处方比40.1%，中医诊疗人次比45.3%；65周岁以上老人中医药健康管理服务率81.7%，0~36个月儿童中医药健康管理服务率82.7%。

【中医药人才培养】 2023年，海盐县招收中医类别定向培养生11人。全县有中医博士生1人，硕士研究生19人，选送进修培养中医药人才49人，转岗培训中医类别全科医生40人，师承人员考取中医执业助理医师资格1人；有省级基层名中医3人，市级名中医3人，市级基层名中医4人，市级中青年名中医1人，市级中医新苗2人，新招引两年期“西学中”培养对象5人。县中医院聘请国家级、省级、市级名中医定期到院坐诊，和国医大师朱良春传承人朱婉华教授诊疗经验智能传承签约成功。

（吴利锋）

健康海盐建设

【概况】 2023年，海盐县制定印发《2023年健康海盐建设工作要点》《2023年健康嘉兴考核指标细则（县级）》《关于高水平推进健康海盐行动的组织实施方案2023—2025年》等文件，强化考核指标、健评工作、行动推进和示范样板培育等工作。县领导召集召开工作推进会、指标分析会3次，县健康办召开工作会议6次，统筹推进健康海盐建设和26项行动的组织实施。海盐县连续5年获得健康浙江考核优秀等次，获得健康嘉兴建设考核优秀等次。

【组织机构】 2023年，海盐县调整健康海盐建设成员部门（单位）分管领导和联络员，完善部门主要领导部署、分管领导把关，责任科室全面负责，县健康办统筹推进的联动机制。制定印发《2023年度海盐县健康海盐建设目标责任制考核办法及考核细则》，把健康海盐建设专项工作纳入县对部门、镇（街道）年度考核工作。

【健康海盐宣传】 2023年，海盐县成立健康海盐行动宣讲团，在省级以上媒体发布健康海盐建设相关报道36篇；组织开展“体卫融合”交叉培训等专题宣传活动。主流媒体常态化滚动播放健康类公益广告；开设电视健康类专栏《健康面对面》10期、广播专题《健康与生活》43期、《中医广播门诊》35期、报纸专版《一起健康吧》18期；《嘉兴日报·海盐新闻》设立“健康海盐”专栏、读嘉客户端动态报道；利用宣传窗（栏）、公交车身、公共自行车站点、室外电子屏幕、微信公众号等，推进健康海盐建设宣传。

【健康活动】 3月，海盐县举办全县第三届健康家庭大奖赛；6月，开展第二届健康浙江行动嘉兴市“健康达人”评选县级人选推荐工作，获评第二届健康嘉兴行动“健康达人”3人；7月，举办“体医融合”业务交叉培训；8月，举办“全民健身日”主题宣传活动。

【健康海盐行动】 2023年，海盐县制定健康海盐行动年度工作计划，印发《健康海盐专项行动新三年实施方案汇编》；健康海盐行动宣讲团完成行动宣讲22次、开展行动播报70次，各专项行动组织开展主题活动30次。开展健康浙江行动样板案例征集，征集样板案例17件，上报市级5件，其中《以“数智国医”为抓手　打造百姓家门口的中医药服务圈》获评2023年度健康浙江行动省级样板。

【健康影响评价】 2023年，海盐县开展《关于擦亮“优学在盐”品牌推进教育全面高质量发展的实施意见》《海盐县促进残疾人就业行动方案（2023—2025年）（征求意见稿）》和海盐县社会福利中心改扩建项目健康影响评价工作，完成评价报告。邀请市级专家开展健康政策、健康影响评价工作宣讲。

（吴许峰）

爱国卫生

【概况】 2023年，县爱卫会印发《2023年海盐县爱国卫生工作要点》，开展农村改水改厕年度调查统计。全县农村改水受益率、农村卫生厕所普及率、无害化厕所普及率均为100%。

【卫生乡(镇)、村创建】 2023年，国家卫生县通过省级复审暗访。沈荡镇、百步镇、于城镇、澉浦镇、通元镇通过国家卫生乡（镇）市级量化分级评估；通元镇代表海盐县通过国家卫生镇省级暗访。完成76个健康村及5个健康镇自评工作。县爱卫办印发《关于开展2023年度卫生先进评选、健康支持性环境及健康企业创建活动的通知》。全县27个省级卫生村通过省级复审确认，秦山街道北团村获评浙江省卫生村样板。创建健康企业16家，金牌健康促进学校1所，银牌健康促进学校2所，健康单位1家，健康家庭5272户。新建健康公园6个、健康步道8条、健康小屋9个。

【健康教育与促进】 2023年，海盐县开展健康教育与促进活动，农村文化礼堂开展“四进”活动（健康讲座、健康活动、健康指导/服务、中医药服务）活动1102场次，受益78807人次；邀请省、市专家开展县级健康大讲堂活动3场。是年，全县居民健康素养水平42.2%。

【病媒生物防制】 2023年，海盐县组织开展春秋季除四害工作。县城区公共环境和“五小”（小餐饮店、小浴室、小网吧、小歌舞厅、小旅馆）行业、农贸市场等重点场所病媒生物防制工作，继续采取市场化运作方式承包消杀服务。委托县疾控中心开展市场化除“四害”（苍蝇、蚊子、老鼠、蟑螂）效果第三方评估，组织县卫生监督所开展病媒生物防制专项监督检查，利用街道、社区除“四害”工作网络开展日常巡查，县城四害密度控制在国家规定标准范围内。望海街道被市爱卫会授予鼠类、蚊虫、蝇类、蟑螂密度控制水平A级街道称号。全县申报创建省级除四害样板村1个、创建市级除四害样板村6个、市级除四害20个、市级灭蚊示范小区4个。完善病媒生物防制村组自治工作机制，以村为单位组建消杀队伍，配备专用药械，定期开展消杀活动。

【控烟活动】 5月31日，海盐县开展世界无烟日活动，县爱卫办印发《关于开展第36个世界无烟日活动的通知》，并联合县卫生监督所开展公共场所控烟工作专项检查。是年，全县命名表彰无烟单位18家、控烟积极分子16人、无烟家庭138户。

【爱国卫生月活动】 4月，县爱卫会下发《关于开展第35个爱国卫生月活动的通知》，以“宜居靓家园　健康新生活”为主题，利用短信平台、标语、宣传栏、发放宣传资料等形式进行宣传。全县发放、张贴宣传材料1.3万份，开展城乡环境卫生集中整治活动2018次，集中开展病媒生物防制9次。

（李　懿）

卫生监督

【概况】 2023年，全县有公共场所、学校、医疗机构、餐饮具集中消毒服务单位等卫生执法监管对象2584家，其中公共场所经营单位1172家（持卫生许可证 824 家）、医疗机构 165 家、中小学校 38 家、集中式供水单位 7 家、涉水产品生产企业 3 家、病媒生物预防控制单位 10 家、餐饮具集中消毒服务单位 2 家、消毒产品生产企业 4 家、用人单位 1173 家、职业卫生技术服务机构 1 家、放射卫生技术服务机构 1 家、职业病诊断机构 1 家、职业健康检查机构 7 家。是年，全县办结各类行政处罚案件 255 起，其中简易程序 45 起、一般程序 152 起（大案要案 27 起）、初次轻微违法不予处罚案件 58 起，罚没款 169.2 万元。

【监管领域抽查】 2023 年，海盐县开展全县医疗机构、公共场所、学校等卫生健康监管领域随机抽查工作，国家和省双随机抽查任务 305 家，其中发现问题单位 153 家，发现问题率 50.2%，立案查处 115 家，查处率 37.7%。随机检查实行全过程记录执法，检查与处罚结果信息在浙江政务服务网公示。

【行政审批制度改革】 2023 年，海盐县开展“照片全域通应用共享平台”工作，完成“国家行政许可事项库”事项认领、基本信息完善、办事指南发布等工作。卫生健康窗口实现所有许可事项全程网办，医疗机构执业许可证、医师执业证、护士执业证、医疗广告证明、可感染人类的高致病性病原微生物菌毒种或样本准运证书、麻醉药品、第一类精神药品购用电子印鉴卡等实现电子化证照，所有事项实现“零跑”。是年，办结行政权力事项 19 类，卫生行政许可（备案）事项 2129 件，许可及备案信息在海盐门户网站每周公布。

【传染病防治监督执法】 2023 年，海盐县开展抗（抑）菌制剂突出问题专项整治，对 77 家医疗机构医疗废物处置数据等信息接入省级医疗废物智慧监管平台，医疗废物集中处置率 100%。

【医疗市场监督管理】 2023 年，海盐县联合八部门开展“医疗乱象专项整治行动”，全面整治非法医疗美容窝点，组织对 2021 年以来涉及医美投诉举报和重点线索与营业的医疗美容机构进行检查，发现无资质机构或者人员实施医疗美容活动 9 起、医疗活动违反医疗管理有关规定 6 起，罚没金额 68 万余元。开展医疗机构依法执业隐患排查专项行动，隐患排查医疗机构 18 家，发现违法违规问题 292 起。

【餐饮具集中消毒监管】 2023 年，全县有餐饮具集中消毒服务单位 2 家。每季度开展集中消毒餐饮具监督抽检，全年抽检 80 件，合格率 100%。

【数字卫监】 2023 年，海盐县运用“省数智卫监精密智控系统”“海盐县卫生健康执法数字化监管平台”“住宿场所透明保洁智慧监管系统”等平台，对本区域进行卫生监督非现场执法、精准执法。是年，运用在线监控系统，风险线索数查处案件 13 起。组织开展“医疗机构院内感染重点环节风险智控”省级试点项目建设，全县 3 家二级以上医疗机构完成省平台接入。深化“住宿卫生在线”项目，辖区内卫生信誉度等级 A 级宾馆酒店和政府定点接待宾馆酒店与民宿等 11 家单位接入省“住宿场所透明保洁智能监管系统”，新增洁具保洁智能监控项目。推广“畅心泳”游泳场所三色分级智能监管系统，辖区游泳场所安装游泳池水质在线监测设备 10 家，安装智能新水补充流量计 9 家。

【学校卫生监督】 2023 年，海盐县联合各镇（街道）卫生监督协管员开展校园卫生安全健康行动，对国家随机抽检任务中教室采光系数、黑板照明等指标不符合卫生要求 8 所（小学 5 所、中学 3 所）学校给予警告行政处罚，责令限期整改。是年，对全县 38 所中小学校开展传染病、常见病防控及生活饮用水卫生监督检查，学校在开学前后开展一次卫生安全隐患自查，自查结果录入省学校卫生管理与监察信息系统。

【爱国卫生监督】 2023 年年末，县辖区内有病媒生物预防控制服务单位 10 家，均已备案。现场监督检查病媒生物预防控制服务单位 1 家，检查合格。

【生活饮用水卫生监督】 2023 年，海盐县继续实施社区生活饮用水水质卫生检测示范项目，对 9 个社区 45 个检测点开展臭和味、肉眼可见物、游离余氯、pH 值和混浊度等项目检测，检测结果在社区公示栏公示；继续推行饮用水供水单位卫生监督量化分级管理，县内有集中式供水单位 7 家，应量化分级 5 家（A 级 2 家、B 级 3 家）。是年，监测生活饮用水水样 88 份，合格率 100%；水源水监测 8 份，水质均达到Ⅲ类地表水环境质量标准。

【公共场所卫生监督】 2023 年，海盐县查处公共场所卫生行政违法案件 140 起。其中：一般程序 108 起、简易程序 32 起，罚没款 6 万余元；对新许可的公共场所经营单位 133 家、免办证公共场所 67 家开展监督检查。在节假日期间，对 85 家重点公共场所开展专项检查与卫生保障工作 85 次。全年公共场所随机抽查监管工作任务 106 家（监测任务 51 家），完成 93 家、完结 13 家；完成监测任务 45 家，不合格 6 家，合格率 86.6%。公共场所跨部门随机抽取 48 家，合格 36 家、立案查处 12 家。

【医疗机构疾控监督员制度试点工作】 8 月中旬，海盐县开始医疗机构疾控监督员制度国家级试点筹备工作；9 月，确定专职监督员、指导团队及专家组名单，确定试点工作实施方案，并召开启动会并开展专职监督员培训；10 月 7 日，专职监督员完成医疗机构进驻（二级以上医疗机构 3 家、专科医院 3 家、民营医院 3 家，基层医疗机构 9 家）；自 10 月 16 日起，监督员启用“数智卫监”系统开展巡查。至 12 月末，专职监督员发现传染病防控和依法执业等各类问题线索 538 条，向医疗机构发出检查意见书 54 份，问题主要集中在消毒隔离、依法执业和医疗废物管理等方面；派驻专职监督员与医疗机构内部兼职监督员密切配合，落实整改 512 条，其中大部分问题当场或 3 天内完成整改。

（楼银伟）

医疗机构

【概况】 2023 年，海盐县有各级各类医疗卫生机构 161 家。其中，县级医院 6 家、镇（街道）卫生院（社区卫生服务中心）9 家，民营综合医院、专科医院 4 家，社区卫生服务站、门诊部（所）、护理站等 135 家，卫生单位 7 家。有医疗、卫生健康工作人员 4996 人（正高职称 149 人、副高职称 324 人、中级职称 877 人，不包括民营医疗机构）。专业技术人员中，有卫生技术人员 4576 人，其中执业医师 1604 人、执业助理医师 244 人、注册护士 2035 人、药剂人员 231 人、技师（士）280 人及其他卫技人员 161 人、卫生监督员 21 人。全县有乡村医生 23 人，其中执业（助理）医生 2 人。全县每千人拥有医生 3.94 人，每千人拥有护士 4.34 人，每万人拥有全科医生 7.96 人。全县有开放床位 2351 张，每千人拥有开放床位 5.02 张。

（钱雪婷）

【海盐县人民医院】 2023 年年末，县人民医院有卫技人员 1029 人，其中高级职称 211 人、中级职称 318 人。拥有嘉兴市学科带头人 3 人、后备学科带头人 20 人、青年优秀人才 8 人、县级名医 10 人、县级学科带头人 40 人、杏林新秀 35 人。核定床位 600 张。门急诊诊疗 894722 人次，出院 43170 人次，健康体检 38178 人次，手术量 10716 台例，沪杭专家门诊量 5410 人次，完成政府指令性医疗保障任务 336 人次，“浙里护理”平台开展居家护理 592 例，线上咨询 106 次。2 月，县人民医院被评为嘉兴市“无废细胞”。3 月，医院正式通过浙江省第四周期综合医院等级评审，升为三级乙等综合医院。4 月，通过国家医疗健康信息互联互通标准化成熟度等级四级甲等。8 月，医院通过“中国创伤

12月26日，国家疾病预防控制局医疗机构监督员制度试点工作调研评估汇报会在海盐县召开 （县卫生健康局供）

海盐县人民医院全景 （县卫生健康局供）

救治联盟”验收，被授予国家级“创伤中心”称号。11月，医院电子病历系统分级评价4级通过省级终验。成立临床试验管理组织，持续推进“国家药物临床试验机构（GCP）备案管理”工作。引进手足显微外科专家1人，开展断指再植、皮瓣修复、神经血管吻合、显微镜下美容缝合、压疮VSD引流等技术。

（邵海晴）

【海盐县中医院】 2023年年末，县中医院有卫技人员377人，其中高级职称82人、中级职称148人。拥有浙江省基层名中医2人，浙江省医坛新秀1人，嘉兴市名中医1人，嘉兴市基层名中医2人，嘉兴市中青年临床名中医1人，嘉兴市中医新苗1人，嘉兴市第五、六批新世纪专业技术带头后备人才3人，嘉兴市“351人才”优秀中青年人才3人，县级名（中）医3人。有国家级农村中医（民族医）特色专科1个，建设省级中医药重点（基层优势类）学科2个，市级中医药重点（基层优势类）学科2个，市县共建重点学科1个，县级医学重点（建设）学科10个。是年，门急诊病人352605人次，出院病人8454人次。与上海中山医院呼吸科顾宇彤专家建立合作共建；内分泌专科与浙江大学邵逸夫医院内分泌科、嘉兴一院内分泌科建立合作单位，完成手术124台。4月，国医大师朱良春传承人朱婉华教授诊疗经验智能传承暨痛风专科项目启动。与嘉兴第一人民医院成立专科联盟，协助指导三大中心建设，开展介入导管技术。10月30日，心内科开展首例冠状动脉造影术，全年完成各类介入检查及手术治疗30台。是年，健康养生茶饮扩增至9款；开发冬病夏治辅以“开路灸”，研制普通人群防感茶饮、易感群体防感饮、儿童防感茶饮及流感预防足浴包；开设中医养生课堂，推广八段锦公益培训，开展义诊中医药适宜技术公益服务；开展拔罐、刺络艾灸、浮针等中医治疗，提供“中药茶饮”和“中药盐袋、温暖输液”服务。

（顾林燕）

海盐县中医院 （县卫生健康局供）

【海盐县妇幼保健院】 2023年年末，县妇幼保健院门诊22.79万人次，出院3272人次；病区手术总数1689次，分娩总数1268人，分娩占辖区助产机构比率76.3%。年末，卫生专业技术人员占比89.9%，其中主任医师、副主任医（药、护、技）师43人，高层次人才占卫技人员19.4%。新设医疗美容中心、母婴照护中心、预防接种门诊、两癌筛查“检后门诊”等新科室新门诊及新技术新项目16项。抢救危重孕产妇及宫外孕11例，

海盐县妇幼保健院全景　（县卫生健康局供）

抢救成功率100%。儿童康复科通过省民生实事工程“康复救助孤独症儿童”项目验收。挂牌成立县托育综合服务中心，开展0~3岁婴幼儿照护活动，承担县内托育机构的指导与技能培训等职责。开办市内首家医院承办普惠性托育园，开放托位20个。全年全县妇幼卫生重点指标控制良好，孕产妇零死亡。产妇数1584人，活产数1607人，孕产妇系统管理率96.8%，孕产妇住院分娩率100%，高危孕产妇管理率100%，5岁以下儿童死亡率3.7‰。落实“两癌筛查”政策，完成宫颈检查27210人，发现宫颈癌3人；乳腺癌筛查27171人，发现乳腺癌30人。完成全县婚前医学检查3210人，婚前医学检查率99.4%；孕前优生检查2281人次；全县产前筛查人数2424人，产前筛查率96.6%。开展新生儿代谢性疾病筛查1670人，确诊异常4例；听力筛查1670人，听力异常6例；先天性心脏病筛查率95.9%，确诊12例。

（陆春欣）

社会生活

民政工作

【概况】2023年，海盐县创建为全国首批未成年人保护示范县、获评老年电视大学省级办学先进单位。公办养老机构改革、殡葬管理一件事、婚俗改革等项目被列入省民政领域改革试点“一本账”。

【养老服务】2023年，海盐县完成公办养老机构改革，原老年公寓开启国有企业运营养老机构新模式。新增示范型社区老年食堂1家；实施居家养老服务提升行动，新增家庭养老床位210张，为29个村（社区）居家养老服务中心配备无感服务智能终端，为400户特定老年对象家庭安装智能服务设施，为1000户老年家庭开展上门服务；在中大朗颐（海盐）养老服务中心与西塘桥街道九九颐家养老中心设置认知障碍养老服务专区，新增认知障碍床位80张；新增持证护理员183人；全年支出920.52万元，惠及165466人次；完成养老机构食堂阳光厨房改造全覆盖；县天福园老年电大教学点获评第三批全国老年远程教育优秀学习收视点。

【社会工作】2023年，全县持证社工2718人，其中高级1人、中级47人、初级2670人。全年开展本土社会工作实务人才督导培养8人；实施2023年公益创投项目和政府购买项目，资助金额72.64万元；开展社工知识培训8场，直播观看7993人次。

【基层政权建设】2023年年末，全县有城乡社区121个（城市社区44个、农村社区77个），实现居民会客厅全覆盖。打造市级基层减负增效点1个、镇（街道）基层减负监测点9个。打造镇（街道）村级议事协商试点9个、村级协商议事活力指数评价体系试点村7个。打造“五社联动”示范村（社区）13个，其中西塘桥街道东海社区、秦山街道北团村被列为市级试点。开展全县社区社会组织骨干暨村民代表骨干培训、镇（街道）村民代表骨干培训，组织观摩全县第三届“两约”故事擂台赛。完成年度睦邻客厅星级评定，评选出星级睦邻客厅68个。开展社区社会工作领军人才与社区新秀培养，新增省级社区工作领军人才1人、市级社区工作拔尖人才1人、市级社区工作领军人才4人。

【社会组织】2023年，全县登记注册社会组织453家（社会团体160家、民办非企业单位279家、基金会14家），备案型社区社会组织2052家，培育社会组织党支部22家，党员97名，功能型党组织144家，4级及以上社会组织24家。《以“一社一码”为牵引 推动社会组织高质量发展》得到省民政厅领导批示肯定；制定《海盐县清廉社会组织建设评价指标》，党建入章率95%，社区发展基金会实现全覆盖。

【殡葬改革】2023年，海盐县修订出台《海盐县惠民殡葬实施办法》，实现惠民殡葬扩面增项，惠民标准从3000元提高至4400元。指导秦山街道、于城镇、通元镇等地安息堂建设，创建全省公益性节地生态安葬示范点。

【地名管理】 2023年，通元镇法喜寺、百步镇仙坛庙遗址入围嘉兴市第五批地名文化遗产保护名录。启动全省第一本乡（镇）地名志《海盐县澉浦地名志》编纂工作。

【婚姻登记管理】 2023年，海盐县持续打造“一镇一品”户外颁证基地，成立综合性婚姻家庭服务指导中心。海盐县婚姻登记经验做法在全省民政工作会议上作交流发言，获评省级“金牌颁证员”1人。

（王张群）

社会救助

【概况】 2023年，全县有红十字团体会员18个，成人会员9714人，志愿者2454人。新增博爱家园4个，推进“群众身边的红十字会”建设，推动红十字工作融入村（社区）治理。海盐县创建为全国首批未成年人保护示范县。

【最低生活保障】 2023年，全县有低保1347户1873人（支出型低保47户149人），发放低保金1818.44万元（含支出型低保救助105.92万元）；特困人员109人，发放保障金304.4万元；低保边缘户290户797人（支出型低边7户16人）。全年发放虚拟岗2886人次43.29万元，发放临时救助27户66人次11.48万元，发放春节一次性生活补贴2833人78.5万元，发放困难群众基本生活价格补贴2930人19.05万元。修订出台《海盐县社会救助“一事一议”实施办法》，牵头完成“弱有众扶”优享工程。县级社会救助服务联合体通过省民政厅验收，县、镇（街道）、村（社区）三级社会救助服务联合体实现全覆盖。完成低保家庭“暖巢行动”提升帮扶31户。

【未成年人保护】 2023年，全县困境儿童394人，发放基本生活费413.53万元，补发286.44万元。出台《海盐县未成年人保护多部门协同发现工作机制（试行）》《困境儿童保障监督检查长效机制》，健全月排查、季督查、完善业务培训。全年新增县级示范型儿童之家19家；澉浦镇未成年人保护工作站建设案例获评2023年浙江省未成年人保护工作站建设百佳案例；新增市级优秀儿童督导员1人、市级优秀儿童主任2人。

【公益慈善】 2023年，全县各级慈善组织募集慈善资金1877.29万元，发放救助款1825.58万元，惠及受助群众13702人（户）次。是年，秦山街道落塘社区、沈荡镇永庆村、百步镇横港村被命名为第四批省级示范慈善工作站。

（王张群）

【紧急救援、应急救护、人道救助】 2023年，海盐县新增AED设备11台，新增红十字应急救护培训基地7个，完成镇（街道）应急救护培训基地全覆盖。通过应急救护考官培训7人，新增省一级应急救护师1人。全年完成救护员、心肺复苏（CPR+AED）发证培训5753人次，普及培训38610人次。开展“5·8”人道公益日和腾讯“99公益日”线上筹资活动，筹集捐赠款物价值203万余元。实施红十字“博爱送万家”、医疗系统特别关爱基金、医保暖心无忧基金、“小桔灯”助学、爱心助残济困等人道公益项目。

【造血干细胞捐献、器官（遗体）捐献、无偿献血】 2023年，海盐县普及“三献”基本知识，开展无偿献血宣传动员，全县临床用血100%来源于无偿献血。新增器官（含眼组织）捐献登记志愿者116人，遗体捐献登记志愿者6人，实现器官捐献2例，眼组织捐献1例。开展造血干细胞集中采样活动，新增造血干细胞捐献志愿者入库64人。

（陈以龙）

社会保障

【概况】 2023年，全县职工基本医疗保险（生育保险）参保人数40.55万人。其中，职工基本医疗保险参保人数25.81万人，城乡居民基本医疗保险参保14.74万人。长期护理保险参保40.55万人，户籍人口参保率99.6%。县医保局被列为医保基金行政监管执法全省试点、口腔种植医疗服务标准化监管全市试点。县医保中心、雪水港村医保服务窗口获全市“幸福医保”先锋岗。

【医疗保障水平】 2023年，海盐县制定营商·温度医保十二项举措，三个“微改革”项目入选《海盐县优化提升营商环境“一本账”》。“七优享”工程政策范围内住院报销比例职工医保为85.9%、居民医保为70.6%，困难人员医疗费用综合保障率为91.2%，异地就医开通率100%。全县医疗救助基金支出1139.07万元，资助参加基本医保人员2300人，实施门诊和住院救助6.8万人次。长期护理保险基金支出3820.93万元，累计享受待遇人数3146人。全年“浙里惠民保”投保率67%。

【医保公共服务】 2023年，海盐县健全完善三级经办体系，推进“网办掌办”，网办件11.5万余件次。实现省内医保关系转移接续“免审即转”，实现跨省门诊慢特病直接结算基层全覆盖。落实新冠病毒感染乙类乙管政策，总金额398万元。开展异地就医直接结算集中宣传月活动，推进异地就医结算服务，全县医疗机构全部开通异地结算服务。承办并完成省级民生实事，好评率99.7%。

【医保基金监管】 2023年，海盐县开展“医保基金安全规范年”行动，查处违法违规医药机构26家、处理个人9人，办理行政处罚案件6件，追回医保基金403.67万元、行政罚款24.24万元。开展“安全规范使用医保基金 守好人民‘看病钱’”医保基金监管宣传月活动，组织县域医共体启用“云智管”平台并开展自查自纠。全年行政处罚违规民营口腔诊所1家，为口腔种植提质降费专项治理全市首例。

（蓝晓娟　许　凯）

4月13日，海盐县举行医保基金监管宣传月暨云智管签约仪式

（梁博睿摄）

【生活保障】 2023年年末，海盐县企业职工养老保险参保25.09万人、城乡居民养老保险参保7万人、工伤保险参保28.86万人。按时足额发放养老保险待遇，每月企业职工养老待遇发放8.5万人、城乡居保养老待遇5.4万人。完成2023年度退休人员、工伤津贴享受人员增资，惠及退休人员8.8万人、工伤人员106人。征地业务经办系统正式上线，实现系统经办。推进征地人员参保工作，完成6个被征地项目313名被征地农民参保、67名被征地人员的企保缴费补助核发。设“工伤一件事”专区，劳动能力鉴定2220件，劳动能力鉴定质量评价指数0.68%，工伤认定申请、劳动能力鉴定申请掌办网办申请率92%；“优化工伤医疗费用申报流程”创新做法，被省民政厅采用并推广。开展社保基金警示教育月活动，形成警示教育常态化；组织社保基金专项整治及提升年行动问题整改落实“回头看”。

（徐天璐）

居民生活

【城镇居民收入】 2023年，全县城镇住户居民家庭人均可支配收入78591元，比2022年增长5.8%。全县城镇居民人均工资性收入45546元，比2022年同期增长5.9%，占人均可支配收入的58%，拉动城镇居民人均可支配收入增长3.4%；城镇居民人均经营净收入13939元，占城镇居民人均可支配收入17.7%，比2022年增加611元，同比增长4.6%。城镇居民人均财产净收入为4757元，占城镇居民人均可支配收入6.1%，比2022年增加275元，同比增长6.1%。全县城镇居民人均转移净收入为14349元，占城镇居民人均可支配收入18.3%，比2022年增加868元，同比增长6.4%。

【城镇居民支出】2023年，全县城镇居民家庭人均消费支出52014元，比2022年增长9.1%。人均食品烟酒类支出13069元，同比增长12.1%，恩格尔系数25.1；人均衣着类支出3513元，同比增长6.4%；人均居住类支出8299元，同比增长7.8%；人均生活用品及服务类支出3383元，同比增长4.9%；人均交通通信类支出10641元，同比增长8.3%；人均教育文化娱乐类支出7302元，同比增长12.4%；人均医疗保健类支出4382元，同比增长6.4%；人均其他用品和服务类支出1425元，同比增长5.3%。

【农村居民收入】2023年，全县农村居民人均可支配收入50647元，同比增长7.4%。全县农村居民人均工资性收入34441元，占农村居民人均可支配收入的比重为68.0%，比2022年增加2354元，同比增长7.3%；农村居民人均家庭经营净收入为9315元，占农村居民人均可支配收入的比重为18.4%，比2022年增加608元，同比增长7.0%；农村居民人均财产性净收入1986元，占农村居民人均可支配收入的比重为3.9%，比2022年增加131元，同比增长7.1%；农村居民人均转移净收入为4905元，占农村居民人均可支配收入的比重为9.7%，比2022年增加399元，同比增长8.9%。

【农村居民支出】2023年，全县农村居民人均消费支出37287元，比2022年增长12.8%。人均食品烟酒类支出10020元，同比增长17.3%，恩格尔系数26.9；人均衣着类支出1654元，同比增长8.5%；人均居住类支出8927元，同比增长8.9%；人均生活用品及服务类支出2486元，同比增长8.8%；人均交通通信类支出7531元，同比增长13.7%；人均教育文化娱乐类支出2986元，同比增长15.2%；人均医疗保健类支出2811元，同比增长12.6%；人均其他用品和服务类支出872元，同比增长9.5%。

表61　2023年度海盐县居民每百户耐用消费品拥有情况表

名称	单位	城镇			农村		
		2023年	2022年	增速（%）	2023年	2022年	增速（%）
1. 家用汽车	辆	104	89	16.80	117	84	39.50
2. 摩托车	辆	17	15	13.30	35	22	58.10
3. 助力车	台	130	136	-4.20	170	196	-13.10
4. 洗衣机	台	103	104	-0.90	119	106	11.80
5. 电冰箱（柜）	台	108	105	2.80	112	108	3.80
6. 微波炉	台	84	81	3.30	85	91	-6.30
7. 彩色电视机	台	203	234	-13.40	241	260	-7.30
8. 烤箱	台	9	3	224.70	8	4	105.10
9. 空调	台	312	298	4.80	331	321	3.00
10. 热水器	台	104	109	-4.00	133	109	21.70
11. 洗碗机	台	8	2	300.00	1	3	-65.00
12. 排油烟机	台	96	96	0.90	96	94	2.60

续表 61

名称	单位	城镇			农村		
		2023 年	2022 年	增速（%）	2023 年	2022 年	增速（%）
13. 固定电话	线	6	8	–26.70	2	13	–84.40
14. 移动电话	部	283	311	–9.00	337	362	–6.90
15. 计算机	台	77	73	5.90	89	81	9.30
16. 照相机	台	17	14	23.60	11	14	–18.90
17. 乐器（500 元以上）	架	13	4	197.10	2	4	–44.00
18. 健身器材	台	13	9	42.90	14	10	40.00
19. 空气净化器（含新风系统）	台	18	15	20.00	17	9	98.30
20. 地面清洁电器	台	45	26	73.70	35	20	75.00

（周冬梅）

老龄事务

【概况】2023 年，海盐县组织开展“敬老月”活动，举办老年书画展 1 场，展出作品 60 幅。联合县文化广电旅游体育局举办“欢乐四季·优雅海盐”——2023 年海盐县老年广场文艺汇演活动。推进老年友好城市创建工作，申报创建“老年友好城市”，武原街道光明社区获评“全国示范性老年友好型社区”。

10月，海盐县举办2023年老年书画展　（县卫生健康局供）

【老年医学学科建设和人才培训】2023 年，海盐县组织人员参加全国老年医学人才培训、全国医养结合人才能力提升线上培训。开展安宁疗护工作，县中医院建立安宁疗护病区，开设床位 10 张；组织人员参加全省安宁疗护线上培训、全市安宁疗护从业人员培训。深化医疗卫生机构与养老服务机构签约合作，规范医养签约服务行为。

【医养结合】2023 年，海盐县开展医养结合机构服务质量提升行动，对全县 3 家两证齐全的医养结合机构进行核查督查。对医养结合机构安全生产和消防工作检查，查处并落实整改问题隐患 7 处。

（罗敏飞）

表62　2023年海盐县百岁老人情况表

序号	姓名	性别	出生日期	镇（街道）	村（社区）
1	陈珍瑛	女	1920年7月27日	武原街道	百可社区
2	王珍勤	女	1922年11月10日	武原街道	蒋家桥社区
3	马介芳	女	1922年3月20日	武原街道	朝阳社区
4	姜其宝	女	1921年11月9日	武原街道	天宁寺社区
5	高扣女	女	1923年3月24日	武原街道	天宁寺社区
6	王文英	女	1923年8月9日	武原街道	城北村
7	胡宝宝	女	1921年9月5日	武原街道	明珠村
8	李美珍	女	1922年2月11日	武原街道	金星村
9	潘杏妹	女	1923年3月29日	武原街道	齐景社区
10	祝雪囡	女	1922年11月28日	开发区（西塘桥街道）	新城社区
11	胡玲囡	女	1923年9月24日	望海街道	电庄社区
12	罗仁和	女	1922年2月3日	秦山街道	庆丰社区
13	黄花囡	女	1923年5月8日	秦山街道	落塘社区
14	姚毛姑	女	1923年9月10日	秦山街道	杨柳山社区
15	郁雪珍	女	1922年11月13日	秦山街道	新联村
16	许季良	男	1920年11月20日	沈荡镇	沈荡镇社区居委会
17	朱永浩	男	1923年12月31日	沈荡镇	沈荡镇社区居委会
18	金福囡	女	1923年10月7日	沈荡镇	万胜村
19	应早姑	女	1923年12月26日	沈荡镇	万胜村
20	陈景华	女	1923年6月17日	百步镇	胜利村
21	朱宗汉	男	1922年5月10日	澉浦镇	澉浦居民会
22	邹柳宝	女	1922年8月27日	澉浦镇	镇中村
23	郁月英	女	1923年10月16日	澉浦镇	镇中村
24	赵五宝	女	1922年8月6日	澉浦镇	澉浦村委会
25	陈爱花	女	1921年3月18日	澉浦镇	澉东村
26	顾张囡	女	1922年1月14日	澉浦镇	六里集镇
27	陈方囡	女	1921年4月23日	澉浦镇	永新村
28	周有珍	女	1922年11月20日	澉浦镇	六忠村
29	徐五囡	女	1921年11月21日	通元镇	滕泾村
30	王翠珍	女	1923年1月13日	通元镇	良贤村
31	张秀英	女	1920年4月2日	通元镇	镇北村

（王张群）

流动人口管理服务

【基层基础管理】 2023年年末，全县登记在册流动人口20.01万人。运作“民警+协管员+网格员+治安积极分子”机制，掌握来盐流动人口信息，确保流动人口登记到位。是年，全县排查流动人口134.2万人次，新登记32.55万人次，流动人口登记率98.7%、准确率97.6%。落实管理主体责任，集中配备安全设备，常态化开展出租房信息登记、安全教育和隐患排查，严肃治理群租现象、打击违法犯罪。全年排查隐患2300余处，签订主体责任告知书2.4万余份，居住出租房屋登记率100%，网约房登记率100%。

【积分服务项目】 2023年，海盐县制定《2023年度流动人口子女积分制入学加分操作细则》，拓宽流动人口子女入学积分加分渠道，全年受理入学申请2465人。联合海盐农商银行，出台《关于印发海盐县新市民贷款业务管理办法（试行）的通知》政策，向流动人口累计发放贷款883万元。

【新型居住证制度】 2023年，海盐县继续推进电子居住证申领工作，开通居住证申领绿色通道，为流动人口提供公共服务和便利。是年，全县流动人口首次申领电子居住证5658张，注销22418张，有效居住证44609张。

【流动人口党建工作】 2023年，县流管中心联合通元镇人民政府、通元派出所和浙江诚创科技发展有限公司，在通元镇成立流动人口党员工作室，整合志愿服务资源，组建“做得到位——便民服务队”“走得全面——安巡逻队”“清得彻底——矛盾调解队”“应得及时——应急救援队”特色队伍4支，累计志愿服务5000余小时，参与人员1000余次。西塘桥街道以海湾社区“同心π”新居民党建品牌为基础，打造“桥雁归队·情暖一家”流动党员服务品牌，为流动党员管理教育、安居乐业、争当先锋提供组织保障。至年末，全县有流动人口党员1324人，其中担任三小组长、楼道长、微网格长等优秀流动人口党员7人。

12月10日，县流管中心举办海盐县流动人口乒乓球比赛
（县流管中心供）

【流动人口公共服务】 2023年，县流管中心联合县商务局、县教育局、县住建局等部门出台和制定《海盐县关于开展2023年规（限）上企业外来员工在盐过春节送消费券活动方案》《2023年海盐县随迁子女招生入学公告》《关于开展2023年度稳定外来务工人员申请公共租赁住房租赁补贴保障的通知》等文件政策，保障流动人口合法权益，整体惠及流动人口4万余人。在流动人口群体中组织举办征文比赛、职工乒乓球比赛、歌舞才艺大赛、送戏进驿站等各类文体活动。

（王肖维）

关心下一代工作

【概况】 2023年，县关工委完善“五老结对育新苗”品牌，健全“三九三五”机制（三项原则、九个结对模式、三类结对内容、五项结对机制），督促指导各镇（街道）持续完善工作机制。带领县优秀“五老”典型参观学习，走访结对“五老”和结对孩子家庭，全年结对401对。助企智囊团与秦山核电离退休管理处党支部签订“五同五共”联建协议。在向阳小学成立“银晖暖心驿站”，定期开展咨询活动。承办市、县、镇（街道）、村四级联动“追随足迹悟思想·九九重阳话发展”“五老”学习贯彻习近平新时代中国特色社会主义思想主题教育，举办全县关心下一代工作骨干培训班。是年，县关工委在实验小学教育集团设立“校园小记者站”；“五老家风育新苗”特色做法，在“读嘉”新闻客户端整版报道；撰写《海盐县“五老结对育新苗”让关心下一代儿童友好事业更加甜蜜》获县领导批示；县关工委蝉联《中国火炬》杂志宣传工作先进称号。

【实践活动】 6月21日，海盐县启动第二十一届让党旗、团旗、队旗飘扬在社区（村）“我实践·我体验”（奋进篇）万名学生假日进社区（村）实践活动。推进“红船向未来　奋进新时代”青少年主题教育，开展“读史明史”教育实践活动等活动9项。

【关爱活动】 2023年，海盐县组织各级关工委在重阳节、春节等传统节日走访慰问“五老”工作室示范点和优秀五老代表。以“五老”结对携手爱心企业共同帮扶模式，助推困境儿童健康快乐成长，开展“新春”和“六一”送福护苗关爱系列活动。是年，“关爱有嘉·福彩助力”公益活动资助贫困家庭大学生8人，受助资金6.4万元。

【教育基地】 2023年，海盐县新增市级关心下一代教育基地3个。至年末，全县有省级教育基地2个，市级教育基地15个，各级关心下一代教育基地接待各界青少年参加研学、活动上万人次。建立健全应急（安全）宣传教育体验馆10家。

【宣讲宣传】 2023年，县关工委“五老”宣讲团向基层提供宣讲课题139个，充实国家级心理咨询师、企业政策咨询专家为县关工委宣讲团成员，全年宣讲252场，受众人数6.2万人次，其中线上宣讲场次6场，受众3.6万人次。录制“八八战略”宣讲精品课程视频送报市级2个。“五老”宣讲团被“读嘉”新闻客户端报道，获评市青少年党史学习教育“优秀五老宣讲员”5人。全年采编各类信息252条，其中国家级录用151条、省级录用94条、市级录用15条。

（徐建芬）

民族宗教事务

【概况】 2023年，全县有少数民族50个，人口16270人，较2022年增加1479人。其中，常住人口少数民族37个、人口2046人，较2022年增加134人，人数较多的有土家族（427人）、满族（315人）、苗族（246人）。少数民族新居民14224人，较2022年增加1345人，涉及少数民族47个，人数较多的有苗族（3536人）、彝族（2501人）、土家族（2316人）。是年，全县经批准开放佛教场所11处，已登记编号民间信仰活动场所56处；基督教堂4处，纳入属地管理基督教私设聚会点1处，教堂以堂带点7处。

表63　2023年海盐县少数民族情况表

民族	常住（人）	暂住（人）	总数（人）	民族	常住（人）	暂住（人）	总数（人）
苗族	246	3536	3782	土家族	427	2316	2743
彝族	102	2501	2603	回族	162	838	1000
侗族	67	520	587	壮族	164	848	1012
布依族	78	811	889	满族	315	455	770
畲族	51	95	146	仡佬族	28	218	246
瑶族	36	148	184	蒙古族	125	292	417
白族	60	234	294	哈尼族	22	312	334
傣族	10	140	150	仫佬族	5	19	24

续表 63

民族	常住（人）	暂住（人）	总数（人）	民族	常住（人）	暂住（人）	总数（人）
佤族	2	66	68	朝鲜族	36	38	74
傈僳族	2	84	86	羌族	9	42	51
布朗族	0	24	24	黎族	13	80	93
拉祜族	2	51	53	藏族	4	86	90
维吾尔族	10	66	76	水族	10	77	87
保安族	0	5	5	撒拉族	0	7	7
景颇族	2	51	53	纳西族	4	7	11
土族	1	15	16	达斡尔族	19	4	23
东乡族	1	34	35	毛南族	2	20	22
德昂族	1	5	6	锡伯族	8	4	12
哈萨克族	1	3	4	裕固族	2	0	2
阿昌族	0	7	7	鄂伦春族	1	0	1
鄂温克族	4	0	4	独龙族	0	1	1
高山族	0	1	1	门巴族	0	1	1
怒族	0	1	1	基诺族	0	1	1
普米族	0	1	1	穿青人	0	151	151
俄罗斯族	0	1	1	亻革家人	0	4	4
塔塔尔族	0	1	1	其他	14	1	15
柯尔克孜族	0	1	1	合计	2046	14224	16270

表 64　2023 年海盐县少数民族人口分布情况表

镇（街道）	常住（人）	暂住（人）	总数（人）
武原街道	1226	2373	3599
开发区（西塘桥街道）	153	3977	4130
望海街道	121	1296	1417
秦山街道	63	779	842
沈荡镇	90	941	1031
百步经济开发区（百步镇）	127	2448	2575
于城镇	75	849	924
澉浦镇（南北湖风景区）	47	535	582
通元镇	144	1026	1170
总计	2046	14224	16270

【民族团结进步宣传】 2023年，海盐县开展“铸牢中华民族共同体意识宣传月”活动，“之江同心·石榴红”宣讲团开展进机关、进学校、进村（社区）等“七进”活动。承办嘉兴市民族团结进步促进会成立大会、嘉兴市“铸牢中华民族共同体意识宣传月”启动仪式暨浙江省“学习贯彻习近平新时代中国特色社会主义思想·铸牢中华民族共同体意识”专题巡回宣讲活动。结合春节、端午、中秋等中华传统节日，开展各民族联谊活动40余场，覆盖各族同胞1000余人。

【民族团结进步创建】 2023年，海盐县持续推进“盐途石榴红”品牌打造，提升“石榴红”家园、共富基地、工作室、宣讲团和志愿服务队的能级。建成“之江同心·石榴红”家园4个、“共富基地”3个、工作室2个、宣讲团2个、志愿服务队4个，全年培育省级阵地3处（武原街道海兴社区、秦山街道同心之家获评省级民族团结进步重点培育单位，中国核电科技馆获评省级民族团结进步教育基地）。在沈荡镇、百步经济开发区（百步镇）打造铸牢中华民族共同体意识公园2个。

【推进宗教中国化】 2023年，海盐县培育“盐邑问道”工作品牌，引导宗教界在重要节庆、重大活动期间举行升国旗仪式。推动天宁禅寺等3所寺庙创建“文化大讲堂”，每月开设国学和传统文化课程。推进张元济流动图书馆进宗教活动场所，在天宁禅寺、永宁禅寺建立图书室。

【第八届汉传佛教讲经交流会】 4月21日，海盐县第八届汉传佛教讲经交流会举行。全县各开放场所法师、信教群众100余人参加交流会。金粟寺承办浙江省佛教巡讲团第一期巡讲（嘉兴站）活动。对标宗教中国化示范场所“151”指标体系，指导各场所做好示范场所创建工作，金粟寺、天宁禅寺分别入选省级“宗教中国化场所”，天宁禅寺获评“2023年省级宗教普法示范点”。

【宗教事务管理】 2023年，海盐县对标宗教事务治理现代化先行工作标准，持续推进宗教领域“除险保安”专项行动，开展宗教领域安全隐患大排查大整治行动、宗教（民间信仰）活动场所燃气安全专项整治行动，推进平安系统创建和消防安全标准化管理“百优争创”活动。全年以部门“交叉巡查”、县镇“联动巡查”等模式对各场所开展排查，巡查场所800余处次，实现4轮全覆盖巡查。云岫庵获评2023年省消防安全标准化管理“百优争创”活动优秀单位，法喜禅寺获评2022—2023年度省级“平安宗教活动场所”。

（孔子豪）

应急管理

安全生产监管

【概况】 2023年，全县发生各类生产安全事故（不含火灾）5起、死亡4人。其中，工矿商贸死亡事故2起、死亡2人，道路运输死亡事故3起、死亡2人。

【重点时段安全生产督查】 2023年，省督查组到海盐督导检查13轮，累计完成督导检查问题隐患整治248条，其中重大事故隐患22条；市督导组到海盐督查30轮，累计完成督导检查问题隐患整治844条，其中重大事故隐患21条。重大隐患县级挂牌整治33家。县住建局、县应急局、县市场监管局单位人员组成3个督查组，检查企业（场所）106家，整治问题隐患403条。

【重点领域安全隐患整治】 2023年，海盐县开展危化品领域突出危化品企业装置设备带“病”运行安全专项整治、液化烃储罐区安全专项整治以及涉液氯企业安全专项整治等重点整治行动，累计整治问题隐患1164条，责令停产停业12家次，立案处罚10起，因安全生产违法行为行政拘留3人。工矿领域聚焦“全覆盖、全闭环、铁措施、铁手腕”要求，整治问题隐患13686条，其中重大隐患439条，责令停产停业320家，立案查处101起，行政拘留22人；部署开展工贸6项专项执法检查，明察暗访45次，检查企业136家，整治问题隐患120条，立案处罚12次，其中“一案双罚”5件。开展重大事故隐患专项排查整治2023行动，抽查检查企业5796家，帮扶指导重点企业26家次，累计检查发现重大事故隐患57个，其中危化、工矿累计发现46个，曝光、约谈、联合惩戒企业78家，行政处罚600次，责令停产整顿75家，罚款金额共417.784万元，“一案双罚”24次。开展危化品装卸与储存专项整治，累计整治问题隐患2142个，立案处罚6起，其中“一案双罚”2起，关停小化工厂1家。开展岁末年初安全生产大排查大整治，深化加油站、非法违法“小化工”等专项整治，排查特殊作业、检维修、开停车等高风险作业隐患，突出小微园区、粉尘涉爆、紧固件等高风险领域，累计排查整改各类隐患547个，累计排查整改涉爆粉尘企业隐患数326个，危化品使用企业隐患数537个，涉有限空间企业隐患数182个，违法行为查处数5个。全年新增安全生产标准化创建申报108家，摘牌8家，取消免审换证资格22家。现有标准化二级6家、三级619家。12月，化工园区获评较低安全风险等级。

（黄飘莹）

防汛防台抗旱

【概况】 2023年，海盐县更新县、镇、村三级指挥领导机构，落实基层责任人1947人，持续开展多轮防汛风险隐患大排查，累计检查防汛点位 7839 处次，整治各类重点隐患 89 个。建立灾害风险隐患报送长效管理机制，借力基层一线人员，发挥“吹哨人”作用开展排查、预警和先期处置，年内处置险情 300 余处。防御梅汛多轮强降雨和“杜苏芮”“卡努”“海葵”台风，实现安全度汛总目标。

【组织责任落实】 2023 年，海盐县多次召开县委常委会会议、县政府常务会议，传达学习习近平总书记关于防汛救灾工作批示精神、《浙江省防汛防台抗旱条例》和最新防汛防台文件要求，县委书记、县长、常务副县长多次就防汛减灾工作作出专门批示，要求各级各部门抓好贯彻落实。针对组织人事变动、职责分工调整等情况，海盐县推进基层防汛组织机构转隶，更新完善基层防汛防台责任人数据库，其中明确落实县、镇、村级责任人 1310 人，网格责任人 637 人。严落实“县领导包镇（街道）、镇（街道）领导包村（社区）、村干部包户到人”防汛防台责任制，按分级管理权限，通过门户网站、“爱海盐”App 等渠道向社会公布防汛行政责任人和包保责任人名单。

【隐患排查整改】 2023 年，县防指办根据省、市防指关于汛前检查、防汛防台大排查大整治等通知要求，紧盯“谁来查、查什么、怎么查、如何改”，制定专项行动实施方案，集中开展风险隐患大排查大整治，杜绝带病度汛，累计检查防汛点位 7839 处次，整治各类重点隐患 89 个，接受国家防总、省、市等检查组多轮明察暗访督查。对防汛防台“八张风险清单”涉及的 640 处管控对象，实行“风险一本账”清单化管理，做到真查真治“全覆盖”，排查整治覆盖率 100%。对新发现的问题隐患全部建档，按清单分类逐条入库，并立查即改，跟踪闭环。

【应急预案体系完善】 2023 年，海盐县修订镇、村防汛防台应急预案和村级防汛防台形势图 121 幅。累计排摸出老旧房、一二线海塘、建筑工地、农业大棚户等受影响需转移安置人员 10956 人。制定出台《防汛防台包保责任人工作职责》《防台“1+9”风险管控工作方案》、“八张风险清单”研判管控工作机制等。统筹协调各级各部门高效运行防汛防台“1833”联合指挥体系，在重大气象灾害预警叫应机制建立的基础上，深化制定高等级预警叫应操作细则，做到县叫应到村（社区）主要责任人，并限时反馈受灾情况和行动措施。

【应急力量储备】 2023 年，海盐县健全更新镇（街道）综合、部门专业、民兵、社会等应急队伍 41 支 2130 人，村（社区）应急小分队 121 支 3702 人。结合全县物资储备标准和 2022 年汛期损耗情况，投入 56 万元组织开展 2023 年度基层防汛抢险、避灾救灾物资采购并入库，全县各镇（街道）、村（社区）“三大件”“四小件”物资装备全部配备到位，县、镇、村三级共储备防汛救灾物资 745 种 25.72 万件。围绕灾害风险隐患报送、应急装备操作、平台应用等业务，组织开展培训 21 次、演练 130 场，建成规范化避灾安置场所 119 个。

【数字化场景建设】 2023 年，海盐县依托全国第一次自然灾害综合普查成果，构建“防灾减灾救灾”数据库和应急资源“一张图”，细化“八张风险清单”“防汛防台一本通”事项形成最小颗粒度任务，融入“应急山海湖—浙里盐防”，打造具有辨识度的数智防汛并获得国家级灾害普查成果应用试点。通过该系统，线上发布提示单 1 份、指令单 3 份，启动应急响应 2 次，为成功防御梅汛期强降雨和“杜苏芮”“卡努”台风提供数字化保障。

【基层体系建设管理】 2023 年，海盐县防指办重新修订出台《海盐县基层防汛防台体系标准化建设标准》。同时，对镇、村两级不定期开展专项抽查检查，通过查漏补缺，持续迭代完善基层防汛防台体系标准化建设，促进长效管理机制的落实落地。镇、村两级对照“六张网”建设标准，更新和规范责任人员、应急预案、队伍组建、值班值守、隐患巡查、物资管理等记录和数字化实战应用。9 月，全县组织开展年度自查自评，并通过市检查组实地验收。

【防汛防台实战应对】 2023 年，面对梅汛多轮强降雨和“杜苏芮”“卡努”“海葵”台风影响，县委、县政府领导多次部署和批示，应急期间分9组赴联系镇（街道）督促指导防汛防台措施，县防指办发布防汛防台应急响应3次，县防指办加强与气象、水利、应急等部门的会商研判，共发布防御提示单17份、交办单1份、形势分析报告5份，各类预警和宣传信息5万余条次。各级各有关部门围绕“八张风险清单”开展全方位排查整治，共计投入4464人次，排查整治125处。全县20片圩区工程根据降雨预报和调度方案，开展预排预泄和运行排涝。全县28条渔船、24条海上施工作业船只全部在港避风或去往宁波、舟山等地锚地避风，人员上岸。落实规范化和临时避灾安置场所132处，做好避灾安置点（含大型临时避灾安置场所）保障要求。

（姚恺丰）

【“2·1”防汛险情处置】 2月1日，望海街道双桥村灾害风险隐患报送员在汛前检查中，发现通航主干道北圩区有防洪墙坍塌，出现渗漏点，立即通过灾害风险隐患信息报送系统上报情况。县应急局、望海街道、信息员均获应急管理部通报表扬。

（何晨昕）

森林防灭火

【概况】 2023年，海盐县组织开展野外火源治理专项行动，结合清明、夏季高温、国庆、秋冬季等重要时段特点，组织县应急管理、民政、自然资源规划等部门开展森林防灭火工作专项检查。委托第三方专业机构编制并对外发布森林火险预警旬报，形成海盐县及有山林镇（街道）森林火险等级预警和响应措施。

【业务能力提升】 2023年，海盐县组织有关部门、镇（街道）及村（社区）、森林防灭火队伍有关负责人参加森林草原灭火业务大讲堂等培训活动5期，不断提升森林防灭火业务能力。组织县内3支森林扑火队伍在澉浦镇南山村邵湾组北木山森林火灾扑救区域协同拉练；在澉浦镇建立嘉兴市森林消防物资储备库并开展森林灭火救援演练；完成澉浦镇森林防火规范化工作创建；开展亚（残）运会期间森林防灭火形势研判和工作部署，做好秋冬季森林防灭火工作并通过省森防指督查；建立县级森防救援队，购置森林消防泵、灭火弹、个人防护服等物资装备，充实森林防灭火装备物资。

（罗　峰）

【“11·7”森林火情处置】 11月7日9时51分，通元镇灾害风险隐患信息报送员通过基层治理四平台天眼系统开展常态化风险隐患巡查时，发现丰义村丰山山脚处有疑似村民焚烧秸秆，立即汇报。通元镇政府按照应急处置预案，派出附近巡查的网格员赴现场确认处置。10时11分，明火被扑灭，过火面积约30平方米。因风险隐患发现处置及时，未造成人员伤亡和财产损失。县应急局、通元镇及信息员均获应急管理部通报表扬。

（何晨昕）

核电场外应急管理

【概况】 2023年，县应急局协同秦山核电进一步细化秦山核电基地规划限制区的设置，对规划限制区人口、教育机构、医疗与福利机构、工业及易燃易爆危险品开展底数摸排，编制形成秦山核电基地规划限制区划分细化与管理方案。购置应急指挥车1辆，完成“握手盐核”核应急数字化指挥调度系统的立项和招投标。

【业务学习交流】 2023年，县应急局加强与省核应急办、秦山核电公司的沟通交流，就核应急平台建设、“一厂一案”编制等业务协同配合，打通上下、政企之间的双向渠道，组织人员赴山东济南参加“使命–2023”山东荣成石岛湾核电厂址国和一号示范工程首次装料前场内外核事故应急联合演习，学习同行先进经验做法。

【应急保障服务】 2023年，海盐县继续与秦山核电签署2023—2024年度海上应急支持服务项目外委合同，开展海上应急环境监测的支持服务，根据秦山核电应急环境监测工作需要，提供海上应急环境监测用舰船和驾驶人员，并协同核电部门开展核事故应急海上巡测演练。

（姚恺丰）

地震和地质灾害救援

【概况】 海盐县地处杭嘉湖平原，东临杭州湾，抗震设防烈度6度，属非地震多发易发区。由于特殊的地理位置和环境条件，海盐县高度重视地震和地质灾害防治工作,始终坚持“人民至上、生命至上”理念，积极统筹，落实责任，不断完善防治工作，加强应急救援能力，有效预防和减少灾害发生。2023年，全县未发生地震和地质灾害。

【体制机制健全】 2023年，县政府办公室印发《关于调整县政府议事协调机构组成人员的通知》，对县抗震救灾指挥部、县突发地质灾害应急指挥部成员更新，明确以县长、常务副县长为指挥长，县级各职能部门为成员单位的组织体系。县应急局与县地震局、县自然资源规划局就防震减灾、地质灾害防治等工作签署备忘录，明确责任分工，顺畅部门联动，共建长效合作机制。修订印发《海盐县地震应急预案》《海盐县突发地质灾害应急预案》并报县政府批复执行。县普查办协调地震部门于7月全面完成地震灾害风险普查并通过省级验收，完成海盐县1∶25万地震构造图编制、地震工程地质条件钻孔数据库建设、地震危险性分析与编图、地震灾害风险评估与区划等工作内容，形成28张图件、5个数据库和4份专题报告。

【群防体系构筑】 2023年，县地震局落实人员定期检修监测设备线路，保证地震台的正常运行和监测数据报送。基于海盐地质结构现状和工作实际，依托基层防汛责任人，建立县、镇、村、网格四级监测巡防网络，借助网格员、灾害信息员、水利巡查员、气象信息员，汛前，对山体易滑坡和地质灾害隐患点进行巡查排查，加强监控。入汛后，加强值班值守并对隐患点加密巡查，做好预警发布和人员避险管控，全年汛期形势总体平稳，未发生地质灾害造成的灾险情和人员转移。

【建强应急力量】 2023年，以县追光救援队、县新众救援队为班底，组建成立嘉兴市地震与地质灾害应急救援队破拆分队、道路清运和电力抢修分队，配备无齿锯、液压工作站、钢筋切割器、起重机吊车、重型清障车、高空作业车等30余套大型机械装备和20余辆抢险车辆。加强抢险救援队员的技能培训和训练，多人具备地震救援技术中初级、红十字救护和N8、A2、B及以上驾驶证等专业操作资格，县追光救援队于8月通过建筑物坍塌搜救省一级测评，为全省首支。

【避险设施规范建设】 2023年，全县建有避灾安置场所119处并实现规范化建设全覆盖，其中县级1处、镇级11处、村级107处，配备应急生活包、防潮垫、睡袋等防灾救灾物资。做好避灾场所日常管理工作，与周边快餐小吃店、商超签订快餐、方便食品代储协议，对房屋开展质量安全鉴定，对安置人员进出和物资出入库逐一登记在册，定期检查避灾安置场所状况，规章制度做到张挂、入册告示，确保灾害发生时安置人员有住处、有饭吃、有干净水喝，提供良好的服务保障。

【加强宣传教育】 2023年，海盐县利用“4·15”防汛防台日、“5·12”防灾减灾日、“10·13”国际减灾日等主题日，通过网络、应急广播、手机短信、宣教体验馆、电子大屏、集中讲座、宣传册等途径，深入村（社区）、学校、企事业单位、医院、公共场所、家庭，有计划、有针对性地对重点区域、单位和人群开展精准、高频次宣传和应急实战演练，向广大群众普及安全逃生、应急救护等避灾救灾知识，提高自我防御意识和自救能力。

（姚恺丰）

应急救援

【应急预案体系建设】 2023年，县应急局持续推进预案修编，统筹全县应急预案体系建设，强化跟踪督导，查漏补缺，进一步深化部门预案修订和更新备案。开展应急预案演练。按照“演练常态化”要求，组织开展形式多样的防汛防台、道路危化品救援、森林防灭火等重点领域应急救援演练，全年开展县级演练4次。6月，举办县级防汛防台应急演练暨技能竞赛、海盐县边坡坍塌事故应急演练、海盐县有限空间应急演练和海盐县危险化学品道路事故应急救援演练。根据市应急局统一部署，开展澉浦镇森林防灭火主题的演练，并组织做好演练评估总结。指导和督促部门、镇（街道）与企业开展不同类型灾害事故的综合演练和专项演练。

【应急救援规范化建设】 2023年，海盐县根据应急救援规范化建设的要求，年内组建县级综合救援队，并持续推进镇（街道）综合救援队伍的建设，全县9个镇（街道）均成立综合救援队。推进专业应急救援队伍建设，统筹防汛抢险、森林火灾扑救、生产安全事故救援等专业应急力量建设，组织开展专业实操培训和技能比武拉练，提升应急救援能力。对全县22支专业领域应急救援队伍重新进行梳理。对在年初建立的县级森林消防应急救援队，加强队伍工作指导、督促和管理。引导规范社会应急救援力量，以每月出勤月报、每季度例会等方式构建完善政府部门与社会应急力量互动交流平台，继续以政府购买服务的方式探索完善日常管理、应急调用、激励约束等工作机制，组织社会应急力量积极投入抢险救援行动，参加各级社会应急力量技能竞赛和演练活动。

【应急救援协调联动】 2023年，县应急局落实联席会议、联络员会议、重大灾害会商等联动措施，建立跨行业、跨部门联动机制，建立灾害风险会商研判，推动应急资源共享，协同应对较大及以上事故灾害。经过努力，和上海市浦东新区高东镇签订应急救援联动协议。

【应急救援工作基础】 2023年，县应急局按照国债项目目录重点加强防汛、森防、避灾等应急救援物资储备建设，健全应急物资储备调用机制。推进航空救援备降点管理，在原有备降点的基础上新增南北湖东大门备降点，完成配套设施的改造完善。加强与备降点场地管理单位及上级主管部门的对接联系，研究制订落实日常管理机制和启用管制方案，形成长效管护机制。更新应急管理专家库，组织社会中介机构、院校做好专业人员推荐申报、资格审核和评定，公布海盐县以综合、危化等安全生产为领域的第二批应急管理专家库成员名单，为应急救援过程、事故调查提供技术分析和指导。

（罗　峰）

消防救援

【概况】 2023年，全县消防救援接处警933起，出动力量12040人次、出动车辆2160车次；抢救疏散被困人员144人，抢救财产价值约6900万元。其中，火警315起、火灾66起，未发生亡人火灾事故，火警数、火灾数分别同比下降4.83%、16.45%。成功处置“2·10”海盐县三江思怡化工装置爆炸事故、“4·23”海盐县沈荡镇嘉兴富得利厨卫科技有限公司火灾事故、“12·7”庆丰化工有限公司火灾事故等灭火和抢险救援任务。

【消防安全治理】 2023年，县委、县政府召开各类会议专题研究消防工作31次，县主要领导作出消防批示指示183次，县领导带队督导检查40余次。推进消防安全大排查大整治和重大风险隐患专项整治行动，聚焦四大消防重点领域、8类行业重点，建立“三张清单”，落实闭环整治。聚焦“两房一店”等领域，开展消防领域“厂中厂”整治行动，挂牌督办重大火灾隐患单位27家，公开曝光案例210余起。消防救援大队消防安全指数排名全省第一；消防目标责任制考核和平安考核均列全市第一。

【开展党建联建活动】 2023年，县消防救援大队与省外先进单位开展“长三角火焰蓝党建联盟”联建活动2期。深入北团村、雪水港村等地，开展“实干奋进新征程，争先攀高当标兵”“不忘初心，坚定信念跟党走”五四文化沙龙等活动。结合亚运消防安保、防台抗洪等重大任务，实施集中宣誓、战前动员、安保经验分享交流会等举措，做好亚运消防安保任务。至年末，1人被评为市级青年岗位能手，2人吸收为入党积极分子，3人被评为县公安局“三等治安奖章”，1人获评海盐县“最美退役军人”称号。

【基层消防队伍建设】 2023年，县消防救援大队出台《海盐县关于进一步加强基层消防组织和专职消防队伍建设的实施意见》，以县消安委名义任命10名消防所副所长、6名专职队副队长，征召防火专员45名。组建专业编队6支，配备专业车辆2台、舟艇1艘、装备120件。出台《海盐经济开发区新材料及化工园区应急救援处置能力建设工作方

9月1日，县消防救援大队举办杭州亚运会消防安保决战决胜誓师大会（县消防救援大队供）

案》，组建化工灭火救援队，明确编制人员和保障经费。同时，争取人员编制和装备经费，组建海盐县森林消防综合应急救援队伍并投入执勤。与全县15个部门签订消防应急联动共享机制协议，纳入全勤指挥“一体化”响应序列，全年联动处置33次。联合县交警大队在全市首推“e路护航”App，日常到场时间减少45%，高峰期到场时间减少达60%以上。在西塘桥、澉浦等镇（街道）部署无人机巢建设，加强随警一键调度。

【消防宣传与服务】2023年，县消防救援大队制定出台《海盐县镇（街道）规范消防监督执法行为“五个必须、五个杜绝”规定》《消防监督执法回访制度》等制度，规范和明确消防所监督执法行为。制定出台《提升消防服务质效，助力经济稳进提质十项举措》，上门为企业服务指导85次，优化容缺受理机制，强化窗口工作人员业务技能，全年受理项目132个，企业和群众办事满意度均达100%。推出“三毛说消防”特色消防宣传品牌，举办漫画作品巡回展。打造海盐县首批消防主题公交车等消防宣传阵地，聘请16名消防救援人员担任100所学校消防安全副校长，全民消防知晓率调查位列全市第一。承办全省消防通道堵塞治理“一件事”改革试点，连续三年将“智慧消防”作为全县民生实事项目，在空巢老人和特殊人群居住场所安装无线智能火灾感烟报警器2969个，在152个高层建筑业主单位加装消防管网水压智慧监测装置，实现24小时在线监测预警。

【消防救援装备保障】2023年，海盐县完成消防救援大队新营房选址筹备工作。推动西塘桥消防站按特勤站标准建设提档升级工作，明确车辆装备采购6年规划，落实无人机巢建设。制定出台《海盐县城市消防规划专篇》，明确“十四五”建设和年度消防站等基础设施建设任务，完成澉浦、秦山专职队建设和百步站改建。采购升级全景扫描仪、移动式工作图形站、专业勘验工具、全景照明灯等火灾调查和监督检查装备，加大科技装备投入力度，提升火灾现场勘验和监督检查能力。总结“一短三快”现场会经验，联系车辆厂家对辖区三个消防站开展车辆改造，同时进一步完善森林灭火装备，提升扑救初期森林火灾的能力。

（潘静怡）

镇·街道

武原街道

【概况】 武原街道位于海盐县东部，系海盐县人民政府所在地，濒临杭州湾，南连秦山街道，西南与通元镇相接，西与于城镇相邻，西北接壤沈荡镇，北毗邻望海街道、西塘桥街道。2023年，武原街道总面积65.87平方千米，耕地面积1868.9公顷。辖村民委员会8个，居民委员会17个，总人口13.54万人。全年实现生产总值182.92亿元，财政总收入17.8亿元，城乡居民人均可支配收入和经济增长基本同步，城乡居民收入倍差持续缩小。

农业 2023年，武原街道农作物总播种面积3173.4公顷，同比增长3.3%。其中：粮食播种面积2278.5公顷；油菜种植面积57.7公顷；蔬菜种植（含菜用瓜）面积640.6公顷，总产量2.06万吨。全年水果总产量0.41万吨；羊出栏664只，存栏1351只；家禽出栏1.4万羽，存栏0.8万羽。

工业 2023年，武原街道实现规模以上企业工业总产值123.35亿元，实现数字经济核心制造业增加值12.81亿元，制造业投资5.02亿元，高新技术产业投资4.26亿元。全年签约项目23个，合同利用外资3500万美元，实际利用外资1816万美元。其中，招引3000万美元以上制造业外资项目2个、投资10亿元高端制造业内资项目1个，引育总投资2000万元以上服务业项目14个，其中5000万元以上9个。是年，168创业小镇创建为市级科技孵化器，“星耀南湖”领军人才项目入选2项，新增青年博士9人。全年获评国家级“绿色工厂”1家，新增省级隐形冠军企业、省级科技“小巨人”企业、省级专精特新中小企业等13家。整治高耗低效企业16家，腾退低效用地251亩；完成企业收储10宗，收回土地150亩。

服务业 2023年，武原街道开展各类促消费活动8场，发放消费券1463万元。以商引商培育新纳统规模以上企业18家，培育省、市级服务业领军型企业各1家。实现规模以上其他营利性服务业营业收入34.48亿元；限额以上批发业企业、零售业企业、住宿餐饮企业营业额分别实现65.27亿元、15.50亿元、3.17亿元。

【基层党建荣誉】 2023年，武原街道党群服务中心、文星社区党群服务中心创建为市级五星级党群服务中心；南门社区获评省“红色根脉”示范村（社区）；“天宁评谈”获第三届省志愿服务项目大赛优秀奖；天宁寺社区“天宁评谈”在“南湖·初心讲坛”直播间开讲，并形成中国干部网络学院经验讲稿；武原机关离退休党组织获评浙江省首批离退休干部“三强六好”示范党支部。

【城乡建设】 2023年，武原街道推进通苏嘉甬铁路、迎宾大道和两高联络线等县重大交通项目征迁工作，完成农房拆迁签约、征地红线内腾房和土地征收协议签约。天池景苑小区、水畔锦城二期安置房建成并交付906套。实施中心城区有机更新道路10条，改造提升口袋公园20个，众安花苑区块老旧小区完成改造升级，新加装电梯7台。北大街历史文化街区、县文化艺术中心（天仙湖公园）、杭州湾日出观景城市阳台等标志性项目建成投用。新建停车场8个，新增停车泊位1669个。新建翁金线、盐平塘等绿道17千米，新增绿地面积934亩，天仙湖公园、大曲港绿道、陌桑公园三个省民生项目建成开放，盐平塘绿道获评“嘉兴市最美生态绿道”，团结港绿道获评“嘉兴市林荫生态绿道”，海滨公园获评“嘉兴市最美公园”，南门社区入选首批浙江省现代社区，光明社区创建为省级引领型未来社区。优化农文旅融合发展模式，金星村完成省级未来乡村创建，获评第二批文艺赋美·浙江省美育村；华星农场主许玉君获评省级乡村工匠名师。成立全县首家“强社”公司，2家村级抱团公司年经营收入超1400万元。是年，开展城市顽疾专项整治行动85次，创建省级高品质示范街区1个、街容示范街1条。开展市政园林设施大排查大整治行动，整改隐患919处，检修和养护桥梁36座。完成众安花苑“污水零直排”和光明景苑“碧水绕村”工程，疏通重点区域管网56.1千米。启用武原街道垃圾分拣中心，提升生活垃圾资源化、减量化和无害化处理水平，观海园获第二批嘉兴市“无废细胞”称号。拆除、整治违章建筑6.16万平方米，“三改”完成46.13万平方米。

【社会事业】 2023年，武原街道开展困难群众“共富十助”专项行动，发放各类救助金、补助金2469万元。组建助残志愿服务队66支，成立“华意残疾人之家”，打造助残“共富工坊”3个，助力残疾人就业14人。启用街道零工市场，帮扶就业困难人群2700余人。全年完成社区居家养老服务中心建设9个，光明社区创建为全国示范性老年友好型社区；打造文星社区和蒋家桥社区市首批优质老年学堂。推进村社“向日葵亲子小屋”建设20个，村社服务覆盖率80%；推动文星社区建成全县首个市级婴幼儿照护服务特色“小屋”。成立社区发展基金，组建“武社益家”公益商家联盟，推进县级支持公益创投项目12个。武原社工站服务案例入选2023年浙江省优秀乡镇（街道）社会组织服务平台案例选编。

【文化建设】 2023年，武原街道打造168创业园企业文化分馆、富亭村“15分钟品质文化生活圈”、光明智慧书房及文化驿站，李子侯书画院、丰明画院开馆首展；推出“海兴艺有声”“三毛漫时光”等特色课堂4个，申报文化精品工程6个。举办金星景区享趣生活节，承办市级“舟行千年·商旅生辉”端午民俗文化活动；完成潮音阁修缮工程，推进非遗馆项目建设，绮园历史文化街区获评省级历史文化街区。

【基层治理】 2023年，武原街道推进行政执法改革，创建省级“枫桥式”综合行政执法中队。全年办理行政处罚案件1277起，其中一般程序案件536起；处置“非警务警情”2643起。接待来访群众4.57万人，办结各类便民事项4.94万件，其中“最多跑一次”事项4.64万件。化解信访积案7件，实现市级以上信访积案动态清零；初信初访办结394件。全年调处矛盾纠纷1020件，调解成功率99%；化解处理

2023年，武原街道“敉海观塘”城市阳台启用仪式举行

（武原街道供）

劳资纠纷515起。建立完善“大安全、大应急”治理体系，整改隐患1.8万余个，责令企业停产停业整顿40家，立案查处61起。完成省四星级食安办创建验收，创建省级“阳光餐饮”街区1个。

【储能系统建设项目签约】 7月20日，年产10亿千瓦时储能系统建设项目签约。项目由北京煜邦电力技术股份有限公司投资，落户武原街道金星工业园，总用地约57亩。项目总投资10亿元，分三期实施，其中一期项目投资约4亿元，租赁园区工业厂房1.6万平方米，一期达产后产值超20亿元。

【“敕海观塘”城市阳台启用】 12月31日，观日出新地标“敕海观塘”城市阳台启用。“敕海观塘”城市阳台位于县城东片区，在滨海大道与海滨路口，紧邻杭州湾，横跨白洋河。面积约6500平方米，有观赏平台3层，最高层13.1米，可同时容纳6000人观赏日出。

表65 2023年武原街道各村（社区）、合作社基本情况表

村（社区）名	村（社区）党组织书记、村（居）委会主任	村（社区）集体经常性收入（万元）	村（社区）集体经营性收入（万元）
首荡村	许惠云	274.35	133.71
大刘村	张叶平	357.55	156.23
金星村	许晓文	406.96	164.03
华星村	陆俊飞	337.89	188.09
城南社区	姜忠明	528.04	417.32
富亭村	富建峰	240.87	269.26
城北村	周　峰	202.30	161.73
城西村	朱红忠	423.64	283.65
红益村	张建军	366.79	165.37
秀水社区	蒋林娟	—	—
河滨社区	刘　超	—	—
秀远社区	张海卫	—	—
新光社区	张利宏	—	—
光明社区	陆俊飞	—	—
南门社区	潘　蕾	—	—
蒋家桥社区	徐跃忠	—	—
百可社区	沈宏峰	—	—
文昌社区	顾　伟	—	—
天宁寺社区	王频波	—	—
齐景社区	刘江斌	—	—
枣园社区	顾雪忠	—	—
宜家社区	蒋晓卫	—	—

续表 65

村（社区）名	村（社区）党组织书记、村（居）委会主任	村（社区）集体经常性收入（万元）	村（社区）集体经营性收入（万元）
海沙社区	王　芳	—	—
海兴社区	蒋群贤	—	—
文星社区	张骏莉	—	—
南环合作社	吴永祥	508.23	491.46
建新合作社	张海卫	182.93	146.20
东门合作社	沈宇刚	446.68	432.29
明珠合作社	庞晓峰	759.95	729.51
盐北合作社	周刘飞	283.51	247.46
小曲合作社	蒋晓卫	513.32	494.19
君原合作社	王勤力	397.36	376.51
黄家埝合作社	吴跃忠	51.24	34.92

（高欣页）

西塘桥街道

【概况】 西塘桥街道位于海盐县东北部，东临乍浦港区，南濒杭州湾，并与武原街道相连，西接望海街道，北靠平湖市。2023年，西塘桥街道总面积57.64平方千米，耕地面积1731公顷。辖村民委员会4个、居民委员会9个，总人口3.97万人。全年实现生产总值130.98亿元，财政总收入10.77亿元。

农业　2023年，西塘桥街道实现农业总产值30997万元，其中农业产值10791万元、牧业产值15725万元、渔业产值1681万元、林业产值370万元、农林牧渔服务业产值2430万元。是年，全街道播种总面积51035亩。其中：粮食种植面积43639亩，总产量20239吨；棉花种植面积15亩，总产量1.3吨；蔬菜种植面积5592亩，总产量15241吨；瓜类种植面积226亩，总产量724吨；水果种植面积802亩，总产量1506吨。年末，生猪存栏61597头，出栏24214头；家禽存栏52801羽，出栏28810羽。有家庭农场85家，各级示范性家庭农场14家，农业生产性社会化服务中心3家。完成省级示范性家庭农场申报1家、省级示范性合作社申报1家、市级示范性家庭农场申报3家、县级示范性家庭农场申报3家；新增省级示范性家庭农场1家、“高品质绿色科技展示基地”1家。

工业　2023年，西塘桥街道有规模以上工业企业170家，

海盐县谷丰家庭农场　　（西塘桥街道供）

实现工业总产值517.81亿元，其中新产品产值316.49亿元；实现工业销售产值505.2亿元；实现规模以上企业工业增加值90.13亿元。街道实现营业收入478.81亿元；实现工业利税总额31.5亿元，其中利润总额20.45亿元。综合能耗1108449吨标准煤（等价），同比增长16.6%，万元工业增加值能耗同比增长2.8%。

服务业　2023年，西塘桥街道有规模以上服务业企业20家，实现增加值113857万元，实现营业收入263051万元，实现利税总额15390万元。限额以上批发企业20家，实现销售额902005.1万元；限额以上零售企业6家，实现销售额16524万元；限额以上住宿餐饮企业9家，实现营业额11166.1万元。

【社会事业】 2023年，西塘桥街道新建桥北基层医疗卫生服务站，为周边居民提供诊疗服务10832人次；实施家庭医生签约对象减免挂号费项目，资助签约患者13.7万人次。倡导绿色低碳出行，实行辖区三级公交车免费乘坐。

【基层治理】 2023年，西塘桥街道在全县率先试点启动“民声一键办”矛盾分流处置，实现民生事项办结率100%。创新“五社联动”治理模式，西塘桥街道社会工作站创建为浙江省五星级乡镇（街道）社会工作站。实施“标准化+工业社区”提升行动，智汇湾工业社区发布全市首个《工业社区网格化服务管理规范》，工业园区社区化案例获评省级基层创新典型案例。

4月1日，海盐德业新能源科技有限公司建设项目开工仪式举行
（西塘桥街道供）

【生态环境整治】 2023年，西塘桥街道完成活性炭治理设施规范化改造24家，“美丽河湖”建设通过县级验收，创建市级“无废工厂”企业4家，入选浙江省第四批减污降碳协同试点，并协办全省废气治理活性炭公共服务体系建设现场会。

【重大项目建设】 4月18日，海盐德业新能源科技有限公司年产25.5亿千瓦时组串式、储能式逆变器建设项目开工仪式举行。该项目投资方宁波德业科技股份有限公司，是国内逆变器行业龙头企业，也是一家集研发、设计、生产、销售、服务为一体的高新技术企业和A股上市企业。该项目占地188亩，总投资20.18亿元，其中固定资产投资17.7亿元，达产后年总产值超100亿元，亩均税收超100万元。

【“三毛杯”中国漫画展】 11月

11月10日，2023“三毛”文艺嘉年华启动仪式暨第七届“三毛杯”中国漫画展览开展仪式在西塘桥街道举行　（西塘桥街道供）

10日，2023“三毛”文艺嘉年华启动仪式暨第七届“三毛杯”中国漫画展览开展仪式在西塘桥街道举行。此次展出作品31幅，入选作品以连环漫画为主，题材丰富，既有东方神话作品，又有以地域风情、民间故事为背景的作品，还有现实主义作品。“三毛”文艺嘉年华是2023年海盐南北湖文化旅游节重要活动之一，主题为“让‘三毛’回归故里”，活动包括首届“三毛杯”文创设计大赛、“三毛”共富梦现场创作大赛、“探索三毛漫画世界”文化沙龙、“三毛之父”归乡主题讲座、“三毛”主题文化游园会、“三毛”话共富征文大赛等。是日，“张乐平艺术中心”在三毛小学揭牌，《我们的故事》张乐平经典儿童漫画展览在张乐平纪念馆开展。

表66　2023年西塘桥街道各村（社区）基本情况表

村（社区）名	村（社区）党组织书记、村（居）委会主任	村（社区）集体经常性收入（万元）	村（社区）集体经营性收入（万元）
永宁社区	张斌炎	280.95	192.91
西塘社区	周闻超	290.69	220.23
大宁村	汤良峰	331.28	239.27
刘庄村	刘　燕	270.74	177.65
海塘村	徐　海	263.84	171.00
八团村	徐仕平	289.73	214.82
东海社区	吴勤峰	—	—
新港社区	徐勤兵	—	—
海湾社区	黄月伟	—	—
滨海社区	蒋国勤	—	—
海城社区	郑国强	—	—
清湖社区	邵春强	—	—
海景社区	朱丽霞	—	—
王庄经济合作社	—	234.26	182.56
新海经济合作社	—	245.40	237.55
新城经济合作社	—	187.76	162.64
曙光经济合作社	—	212.51	154.65
东港经济合作社	—	87.85	85.05

（莫嘉栋　唐逸炯）

望海街道

【概况】 望海街道位于海盐县东北部，东连西塘桥街道，南接武原街道，西与沈荡镇、于城镇相邻，北与嘉兴市南湖区和平湖市接壤，是海盐融嘉接沪连杭北大门。2023年，望海街道总面积54.55平方千米。辖村民委员会4个、居民委员会6个，总人口2.63万人。全年实现生产总值45.88亿元，财政总收入3.57亿元。

农业　2023年，望海街道粮食播种面积2854公顷，总产量1.84万吨；油菜籽播种面积46.3公顷，总产量107.39吨；蔬菜播种面积1345.6公顷，总产量3.66万吨。全年生猪存栏7433头，出栏1.34万头；羊存栏2063只，出栏1201只。土地流转面积1630.34公顷，全年农村集体经济总收入3893.62万元，其中实现经营性收入2024.79万元。是年，街道推进稻虾产业发展，新增稻虾种养面积92.26公顷，有稻虾规模户38家，总面积415.66公顷，望海万亩稻虾示范区核心区基本形成。海盐县武原佳佳乐农场获评市级示范性家庭农场、首批省级共富家庭农场典型，海盐建黎家庭农场获评市级示范性家庭农场。望海街道获评浙江省粮食生产功能区“非粮化整治先进集体”；青莲寺村获评省级未来乡村；永福社区创建为省级农产品电商村；兴隆村获评省“一村万树”示范村；新兴社区水稻病虫害绿色防控（农药定额制）示范区认定为省级农作物病虫害绿色防控（农药定额制）示范区。

工业　2023年，望海街道有工业企业683家，其中规模以上企业128家、亿元以上企业34家。规模以上工业总产值实现136.52亿元，规模以上工业增加值23.2亿元，数字经济产业产值32.37亿元，实现外贸自营出口40.58亿元。全年固定资产投资33.11亿元，其中工业投资14.13亿元。完成高新技术产业投资9.07亿元，申报高新技术企业16家、科技型中小企业23家，获评省“专精特新”中小企业13家。完成高耗低效企业整治24家，腾退低效用地23.4公顷。

【招商引资】2023年，望海街道签约引进产业项目10个，总投资约70亿元。其中，超亿美元外资项目2个，产出超百亿元项目2个，总投资50亿元以上项目1个，总投资10亿元以上备案内资项目1个，引进国家级专精特新“小巨人”项目3个。新注册成立外资公司5家，完成合同利用外资9800万美元，实际利用外资2809万美元。亿元以上备案内资工业项目5个，新增内资工业项目备案投资额19.86亿元。丹佛斯第二园区项目成功招引获省、市领导批示肯定，“招大引强”双月比拼工作有力，获县委县政府通报表扬，街道在全市招商引资培训辅导会上做专题经验分享。全年引进省级高端人才2人、博士6人、硕士29人。

【城乡建设】2023年，望海街道累计开竣工项目76个，其中竣工项目35个、新开工项目41个，完成标准化路口改造6个，累计新增投资额12.73亿元。紧抓抱团标准厂房、欧达光电、丹佛斯第二园区、嘉盐线拓宽改造等项目，完成嘉盐线两侧、猪猪星球路口、主要入城口等重要节点品质提升项目。建成并启用大庙桥公交枢纽站，将嘉兴311路公交线路从凤桥镇延伸至街道。生活垃圾分类示范创建及生活垃圾定时定点投放小区实现全覆盖，居民垃圾分类正确率达95%以上，城乡生活垃圾资源化利用率达100%、城乡生活垃圾无害化处理率达100%，江南春晓、莲荷苑、枫荷苑等小区创建为省级垃圾分类示范小区，同创大厦创建为垃圾分类示范商务楼宇。

【社会事业】2023年，望海街道完善社会保障和救助体系，基本医疗保险参保率99.7%，60周岁以上人员100%享受社保待遇；民政、残联、慈善、退役军人、计生、卫健等各条线发放各类救助、补助资金869.31万元。实施基本养老服务提升行动，完成新街社区、双桥村、南洋村、兴隆村居家养老服务照料中心智慧化功能提档；完成居民会客厅改造提升9家。新建托育驿站3

9月28日，“望”这五年——望海街道设立五周年表彰大会暨庆祝新中国成立74周年文艺晚会举办（望海街道供）

家；新建“向日葵亲子小屋”10家，实现全覆盖。是年，望海街道创建为病媒生物密度生物控制水平A级街道、浙江省四星级食安办，北荡社区卫生服务站投入运行，南洋村创建为市级除四害村，新街社区“俊园”小区创建为市级灭蚊示范小区，恒丰路商业街创建为县级食品安全“阳光街区”，新兴社区和新街社区4家家宴中心创建县级A级阳光厨房。全街道创建市级青春健康教育基地1个、健康公园1处、健康小屋1处、健康企业2家、健康家庭644户、无烟家庭10户。

6月17日，望海全民健身中心揭牌 （望海街道供）

【文体活动】 2023年，望海街道举办首届“稻田龙虾夜市”、端午福文化节、荷花池里寻“永福”“盐廉”文化诗歌朗诵会，承办2023年度嘉兴市“村BA”篮球超级联赛海盐选拔赛、海盐县第十二届运动会三人制篮球赛（镇街道组）、2023年浙江省青少年（儿童）乒乓球积分排名赛（总决赛）、浙江省第五届门球精英挑战赛、海盐县镇街道老年人乒乓球交流赛等活动。

【生态环境整治】 2023年，望海街道整体水环境状况良好，各村（社区）年度水质均保持在Ⅳ类水以上。全年街道空气质量较好，颗粒物PM2.5平均浓度为28.6微克/立方米、PM10平均浓度为59.8微克/立方米、O_3（臭氧）平均浓度为180微克/立方米。工业固废利用处置率达到99%以上；一般工业固体废物综合利用率99%；危险废物处置率100%。是年，街道持续开展生态环境问题整治，检查、整改问题1285个，全年未发生重大污染事故、重大生态破坏事件以及因环境问题引发的群体性事件。开展蓝天保卫战、断头河浜整治、秸秆禁烧、“无废城市”建设、机动车维修行业污染防治规范化提升等工作；河长制巡河常态化，污水零直排区长效运维，4个市级地表水环境监测断面（待葑庙桥、东风桥、油车桥、泥桥）均保持在Ⅳ类水以上，其中待葑庙桥和油车桥断面年度水质为Ⅲ类水；县控高桥断面年度水质为Ⅲ类水。

【望海全民健身中心投入使用】 6月17日，望海全民健身中心启用。全民健身中心占地面积40余亩，是海盐首个旧改类综合运动中心，由3幢旧厂房改建而成，建筑面积12000余平方米，总投资1500余万元。健身中心建设采用“政府主导+社会投入”相结合模式，吸引社会资本参与，县足球协会、县武术协会、县门球协会等社会团体和组织进驻。是年，全民健身中心承接浙江省青少年（儿童）乒乓球积分排名赛总决赛、浙江省第五届门球精英挑战赛、嘉兴市武术初段考级等省市赛事和活动。

表67 2023年望海街道各村（社区）、合作社基本情况表

村（社区）名	村（社区）党组织书记、村（居）委会主任	村（社区）集体经常性收入（万元）	村（社区）集体经营性收入（万元）
凤凰社区	杨李忠	344.07	188.74
电庄社区	沈雪晶	337.28	273.72
青莲寺村	王陆军	264.98	150.97

续表 67

村（社区）名	村（社区）党组织书记、村（居）委会主任	村（社区）集体经常性收入（万元）	村（社区）集体经营性收入（万元）
兴隆村	陈珠根	270.16	145.13
新兴社区	陆祥英	367.00	176.00
永福社区	—	213.81	166.18
双桥村	洪培军	211.89	112.28
南洋村	朱伟华	272.11	196.20
北荡社区	高志平	—	—
新街社区	顾云涛	—	—
联丰股份经济合作社	金　涛	231.07	231.07
盐东股份经济合作社	姜云佳	317.54	361.88

（秦凯丽）

秦山街道

【概况】 秦山街道位于海盐县东南部，境内有秦山核电站，东、南濒临杭州湾，西南与澉浦镇相连，西傍通元镇，北接武原街道。2023年，秦山街道总面积58.67平方千米，耕地面积2253.21公顷。辖村民委员会5个、居民委员会7个，总人口2.7万人。全年实现生产总值41.52亿元，财政总收入2.7亿元。

农业　2023年，秦山街道粮食播种面积1591公顷，总产量1.4万吨，其中小麦播种面积1311.2公顷，总产量0.66万吨；油菜籽播种面积42.6公顷，总产量109.3吨；蔬菜播种面积833.47公顷，总产量34748.1吨；茶树种植面积15.22公顷，茶叶总产量7.15吨。全年羊出栏2300只，存栏1600只；家禽出栏190万羽，存栏58万羽。全年完成土地流转86公顷，其中新增土地流转55.79公顷，土地流转率90.96%。是年，开展省级绿色防控示范区建设1000亩，技术辐射面积1.4万亩，推广应用水稻绿色防控集成技术，病虫害损失率控制在5%以下，化学农药使用率降低10%以上。所有村集体年经常性收入200万元以上、经营性收入150万元以上。重点开展秦万芦荟、丰山茶、森植花卉等农产品特色地理标志培育指导工作。

工业　2023年，秦山街道有规模以上工业企业74家（年内新增规模以上工业企业3家），年产值69.65亿元。其中，战略性新兴产业产值5.66亿元，同比增长19.5%；数字经济核心产业制造业产值6.34亿元，同比增长18.6%。腾退低效用地223.9亩，累计收储土地169.61亩，高耗低效企业整治提升21家，入园入区20家。新增浙江省“专精特新”企业13家、创新型中小企业7家，获评国家级专精特新“小巨人”企业4家，被认证为创新型中小企业32家。新增辅导、报会企业1家，新增对接资本市场股改完成企业1家。新认定高新技术企业11家、省科技型中小企业15家，国家科技型中小企业入库65家；新增市级研发中心6家、企业研究院（研发中心）5家。

服务业　2023年，秦山街道实现服务业营业收入68亿元，同比增长4.6%，增加值增速达7.6%；新增限额以上服务业企业8家。全年进出口总额20.6亿元，同比增长8%。

【城乡建设】 2023年，秦山街道长丰未来社区创建通过市级验收。全年完成道路维修12条、总里程7.9千米，加固翻修危桥4座，城乡危旧房解危动态清零。新建农村污水管网16.9千米，新增纳管609户，农水运维5536户。完成省政府民生实事工程灌溉泵站更新2座；新区消防站、秦和佳苑公寓房一期项目基本完工，二期项目和乡俗文化园启动建设；完成官堂幼儿园、秦山工业园区等区块整治提升。完成农户建房审批77户、公寓房安置163套，新增城镇保障性租赁住房153套，欣欣北苑天然气接入工程全部完工。完成建设用地复垦147亩，垦造耕地120亩，消化批而未供土地53亩。

【社会事业】 2023年，秦山街道发放两低户、特困户、残疾群体救济补助326万元，“助联体”覆盖率100%。北团村居家养老服务照料中心提档升级为AAAAA级示范型居家养老场所。出台《秦山街道义务教育质量奖励项目实施办法》，开展学前教育普及普惠县创建，秦山中心幼儿园申报公立省一级幼儿园。社区卫生服务中心建成尘肺病康复站，中医科获评“嘉兴市基层特色专科”。新培育社会组织25个，秦山社会工作站获全市擂台赛二等奖。社区发展基金会全年募集资金60万元，实施定向公益项目4个。

【基层治理】 2023年，秦山街道梳理认领赋权乡（镇）事项168项，浙江省“大综合一体化”平台入驻率、执法人员账号开通率、掌上执法开通率均达100%，全年完成一般程序立案76起，结案72起。利用浙江省“大综合一体化”协同指挥系统平台发起联合会商1次，抄告抄送2次，协查协办1次，线索处置52次，联合执法检查活动9次。创新实施秦山街道社会治理承诺清单、项目清单、考核清单、晾晒清单、推广清单“五张清单”，打造一批村级平安示范样板。丰山村获评嘉兴市首批“四治融合”示范村，秦山街道社会治理综合服务中心、北团村、丰山村、许油车村获评市级五基建设示范群。秦山司法所创建为“枫桥式”司法所，调处各类矛盾纠纷394件，“秦义联盟”调解品牌被命名为省级金口碑调解区域品牌。

【招商引智】 2023年，秦山街道完成招大引强项目5个，其中世界500强项目2个、国家级专精特新“小巨人”项目1个、20亿元以上重大内资项目1个、超亿美元项目1个。全年举办清华校友走进海盐之核医疗活动、2023年上海·海盐县核技术应用（同位素）产业专场推介会议程、未来核医疗路演、“溯源新思想·中国式现代化下的核能高质量发展之路”理论研讨会、RDC核素偶联药物论坛等活动5场。举办海盐县核技术（同位素）产业集中签约活动，签约项目总投资35亿元。全年引进大学生801人、青年硕士61人、青年博士8人，申报省海外工程师1人，星耀南湖领军人才创业团队申报项目3个。完成技术合同6.7亿元，申报重大科技成果3个。

【核技术应用（同位素）产业园建设】 2023年，秦山街道完成同位素园区一期征（搬）迁工作，保障产业空间用地500亩。推进一期标准厂房、核技术创新中心建设，核技术创新中心被认定为省级工程研究中心。产业项目基本完工4个，上市公司景业项目开工建设。产业园累计招引落地项目16个，总投资超60亿元。全年合同利用外资3500万美元，完成年度任务350%，实到外资1004万美元，完成年度任务125%。

【北团村基层党建示范点建设】 2023年，北团村建设嘉兴首家样板“红旗书屋”，提升“三个示范”展示馆，打造红色文化学习基地和“三个示范”指引乡村振兴实践基地。获评浙江省红色根脉强基村、浙江省卫生村省级样板村、嘉兴市“四敢争先”先锋村，“初心之路”党性教育基

2023年，建设中的同位素生产基地　　（秦山街道供）

地被评为嘉兴市市民终身学习体验基地，盐文化馆被列入浙江省首批乡村博物馆名单。

【国际核药龙头诺华签约】 12月1日，诺华中国放射性药品投资项目正式签约落户海盐县核技术应用（同位素）产业园，该项目投资总额超过6亿元。诺华是世界500强企业、全球领先的药企之一。此次落户项目将作为诺华放射性药品业务的中国区功能性总部，主要生产销售治疗前列腺癌的镥-177核药。

2023年，北团村“三个示范”展示馆　（秦山街道供）

表68　2023年秦山街道各村（社区）基本情况表

村（社区）名	村（社区）党组织书记、村（居）委会主任	村（社区）集体经常性收入（万元）	村（社区）集体经营性收入（万元）
落塘社区	陈　军	295.48	228.72
秦兴社区	宋利军	532.73	468.94
丰山村	马惠良	337.02	275.09
北团村	张振华	306.44	239.35
永兴村	吴利华	321.26	262.78
杨柳山社区	王柏军	680.67	604.17
秦山社区	袁建康	228.05	171.43
长川坝社区	张凯锋	397.28	303.16
许油车村	陈建明	391.65	261.74
新联村	周忠伟	482.78	376.39
庆丰社区	张正明	501.22	429.55
长丰社区	宋方剑	—	—

（吴文成）

沈荡镇

【概况】 沈荡镇位于海盐县西北部，东和望海街道、武原街道接壤，南与于城镇相连，西南、西与百步镇为邻，北与嘉兴市南湖区接壤。2023年，全镇总面积66.03平方千米，耕地面积3708.6公顷。辖村民委员会11个、居民委员会1个，总人口3.27万人。全年实现生产总值28.44亿元，财政总收入1.42亿元。

农业　2023年，全镇粮食播种面积3992.93公顷，总产量28343.79吨；油菜籽播种面积43.2公顷，总产量103.12吨；

蔬菜播种面积1964.36公顷，总产量71115.5吨；水果种植面积173.46公顷，总产量5020.43吨。全年饲养蚕种536.25张，蚕茧总产量29.9吨；羊出栏9468只，存栏4378只；家禽出栏176.9万羽，存栏31.9万羽。

工业　2023年，全镇有工业企业341家。其中年产值5000万元以上企业27家、亿元以上企业18家，实现工业总产值63.07亿元，规模以上企业营业收入63.22亿元，利润总额2.29亿元，外贸出口总额11.36亿元。引进亿元以上产业项目3个、总投资5000万元以上服务业项目1个，实到外资510万美元，新增工业用地内资备案9.43亿元。推进民丰特种纸股份有限公司一期、二期以及高新产业园、康养中心等重点项目建设，完成固定资产投资22.9亿元，同比增长94.07%。腾退低效用地283.82亩，腾出用能5500吨标煤以上；工业达产履约挖潜投资1.05亿元、同比增长20.3%。新增国家级专精特新"小巨人"企业1家、省级"专精特新"中小企业4家。申报省级研发中心2家、省级研究院1家、省级科技型中小企业9家、高新技术企业5家，新增"品字标"认证企业1家，海盐沈荡酿造有限公司获评市长质量奖、浙江华帅特新材料科技有限公司获评市长质量奖创新奖、浙江方泉汽车标准件股份有限公司获评县长质量奖。

服务业　2023年，全镇新增规模（限额）以上服务业企业6家，外贸出口额10.85亿元，同比增长60.59%，限额以上零售企业、限额以上住餐企业、其他营利性服务业企业营业收入分别同比增长46.55%、80.54%和72.65%。

【城乡建设】2023年，千亩荡一级水源保护区内实现农房清零，沈荡渔场解危搬迁签约率100%；盛安佳苑二期660套安置房源完成抽签；嘉南景苑976套安置房建设进入收尾阶段。按省五星级标准建成齐家片区卫生室，镇中心农贸市场获评全市最美农贸市场，五圣村等4个村全域土地整治和生态修复工程获评省级精品工程。多元化改善农民住房611户，其中征搬迁345户、建房审批266户。

【社会事业】2023年，全镇发放各类救助金、春节补贴、生活补贴、护理补贴等681万余元，发放严重精神障碍两项补贴、计生奖扶助资金、独生子女父母奖励费等524万余元。慈善救助、慈善助学累计支出167万余元，救助帮扶800余人。成立社区发展基金会，资助公益项目14个，资助金额200余万元。完成居家养老服务照料中心改造提升2个、安装村无感服务智能终端3个，实现为老助餐全覆盖，上门配送1万余次；创建儿童之家3个、妇儿综合驿站5个，"向日葵亲子小屋"建设全覆盖，五圣村托育驿站完成建设并投入使用。推进0~3岁婴幼儿照护服务工作，开设托位220个。提供便民服务中心一站式服务，累计办理服务事项4万余件。是年，齐家幼儿园更名为沈荡镇实验幼儿园并创成省一级幼儿园，沈荡小学、齐家小学纳入向阳小学教育集团统一管理。

【生态环境整治】2023年，沈荡镇深化环境问题"大排查、大整治、大曝光"，上报问题2950条并全部完成整改。推进千亩荡水源地水源保护，治理河道2.5千米，整理岸坡1.44万平方米。推进垃圾分类"四位一体"工作，获评省级生活垃圾分类示范片区。巩固病媒生物防制B级水平，成为全县首个实现除四害村全覆盖的乡（镇）。

【"民声一键办"改革】2023年，全镇处理"民声一键办"接警事项402件，办结率100%。围绕"清纷"区域调解品牌建设，建成"5分钟"调解便民服务圈，建成市级调解品牌室2家、县级调解品牌室2家、个人品牌调解室7家，新增省级法治宣传教育基地1个、县级"诚信守法示范企业"3家。

【文化建设】2023年，沈荡镇打造省级五星级文化礼堂1个、省级非遗工坊1个，"沈荡酿造"获评省级非遗工坊和市级"非物质文化遗产展示体验点"，酿造品牌"沈荡"入选中华老字号。常态化开展全民阅读节、开酿文化旅游节等活动，承办浙江省农村文化礼堂"我们的村晚"，参与10万余人次，带动消费超500万元，获省委、市委主要领导批示肯定。举办村级自办文艺汇演等系列活动200余场。

【乡村振兴】2023年，沈荡镇启动8000亩高标准农田新建项目和3000亩绿色农田项目，粮食播种面积稳定在6万亩，助力打造"北部特色产业示范带"。承办市级中国农民丰收节，浙江

11月3—5日，沈荡镇举办开酿文化旅游节活动　（沈荡镇供）

万好食品全产业链共富模式入选全国“社会化服务”典型案例。创成省级和美乡村达标村3个、省级特色精品村1个、市级未来乡村3个、市级美丽河湖1条。

【“我们的村晚”】 2月5日，浙江省农村文化礼堂“我们的村晚”活动在沈荡镇永庆村举行。晚会以“年味、乡土味、文化味”为核心，精选全省11个地市15个节目，其中永庆村文化礼堂选送三句半表演《说海盐》。同时，举办“古法·新味——游园会”“故园·新光——赏花灯”“古镇·新意——逛老街”等活动，结合永庆村文化特色，将传统体验活动和非遗体验相结合。主会场永庆村文化礼堂由旧厂房改造而成，占地0.67公顷，建筑面积3000余平方米，配套有特色展馆、文化礼堂、礼堂书屋、多功能活动室等，周边公共服务配套完善，建有大型停车场4个、文化公园2个、特色文化街区2个，被称为沈荡人民的文化客厅。

【农民丰收节】 11月3日，以“嘉里庆丰收　禾美促共富”为主题的“2023嘉兴·海盐——中国农民丰收节”在沈荡镇举行。活动分为成就、奋进、征程三个篇章依次展开，既有文艺节目、乡土美食品鉴、丰收券打卡换礼等文娱活动，又有农产品展示展销、优秀农产品授牌及农业项目签约和授信仪式等活动。农产品展示展销区集宁波、绍兴、舟山、台州等浙东经济合作区、嘉兴市内相关农业主体以及台湾省南投县农会特色农产品。海盐“南部未来乡村样板带”文旅运营战略合作协议及“北部特色产业示范带”融合共富战略合作协议签订，着力打造具有海盐特色的“风貌成链”“产业成带”等乡村振兴标志性成果。活动表彰嘉兴市示范性家庭农场、海盐县十佳“品牌带动·产业赋能”共富工坊。

11月3日，“2023嘉兴·海盐——中国农民丰收节”在沈荡镇举办　（沈荡镇供）

表69　2023年沈荡镇各村（社区）基本情况表

村（社区）名	村（社区）党组织书记、村（居）委会主任	村（社区）集体经常性收入（万元）	村（社区）集体经营性收入（万元）
永庆村	王建芬	237.56	355.62

续表 69

村（社区）名	村（社区）党组织书记、村（居）委会主任	村（社区）集体经常性收入（万元）	村（社区）集体经营性收入（万元）
聚金村	沈全明	123.73	253.63
横泾村	何建军	150.01	229.71
董司村	杨飞飞	155.70	250.08
尤甪村	言　海	133.71	248.47
中钱村	丁忠君	106.77	249.23
五圣村	叶丽华	134.30	271.39
庄星村	吴君良	113.77	254.50
白洋村	李佳燕	105.55	282.15
新丰村	孙国平	145.42	302.69
沈荡社区	陈凌波	—	—

（沈神秀）

百步镇

【概况】 百步镇位于海盐县西北部，地处海盐县、海宁市、秀洲区、南湖区交界处，东靠于城、沈荡两镇，南邻通元镇，西连海宁市，北接秀洲区和南湖区。2023 年，全镇总面积 59.24 平方千米，耕地面积 2948.29 公顷。辖村民委员会 10 个、居民委员会 1 个，总人口 3.28 万人。全年实现生产总值 45.05 亿元，财政总收入 3.67 亿元。

农业　2023 年，百步镇建设农业绿色防控示范区 2.5 万亩，种植粮食作物面积 6.3 万亩（其中水稻面积 3.2 万亩），新增稻虾综合种养面积 982 亩，建设高标准农田 4000 亩、水稻绿色优质高产示范方 1 个、千亩稻虾示范基地 1 个、大豆新品种展示示范基地 1 个，培育农创客 30 人，完成农村实用人才培训 45 人，引进总投资 1000 万元的家庭农场项目 1 个，完成农业投资 1400 万元。超同村获评省级农作物病虫害绿色防控示范区，金斗笠农场“阳光玫瑰”葡萄获评浙江省农产品博览会金奖，合禾家庭农场创建为省级低碳生态农场，百胜农场获评嘉兴市“美丽农场”、海盐县“十佳农业经营主体”。

工业　2023 年，全镇实现规模以上工业总产值 106.9 亿元；实现规模以上工业增加值 22.2 亿元；实现建筑业总产值 34.3 亿元。规模以上工业高新技术产业增加值 14.7 亿元，规模以上工业数字经济核心产业制造业增加值 4.7 亿元，工业战略性新兴产业增加值 6.1 亿元，单位工业增加值能耗同比下降 4.3%。申报并入选省级专精特新企业 8 家，

红星时尚广场　（百步镇供）

入选第五批国家级专精特新“小巨人”企业2家，获评省级“隐形冠军”企业1家。友邦设计中心入选国家级工业设计中心，建成首个科技孵化平台，招引科创项目14个。中达金属电子的超高强度焊接材料、不锈钢单层堆焊钢带分别上榜国内、省内首批次新材料。《智能集成家居（吊顶）产业合规指引》入选省级重点产业合规指引目录，集成家居产业链获评省开发区产业链“链长制”示范试点单位，上榜全国综合实力千强镇。

紫荆小区　　（百步镇供）

第三产业　2023年，百步镇整合各类本地生活、休闲、商务资源，打造15分钟生活圈。以红星时尚广场、通汇路十字街区为两端的百禾路商业一条街初具规模，肯德基、大润发发到家超市、瑞幸咖啡、维也纳国际酒店、东海渔港、美丽家族等知名品牌入驻。举办消费集市等活动，全年围绕餐饮、零售等日常重点消费领域，发放消费券3次，累计金额150万元。全年实现服务业增加值12亿元，可比增速8.5%，限额以上企业7家，其他营利性服务业营业收入同比增长45.6%，限额以上零售业销售额同比增长71.2%，限额以上住餐业营业额同比增长11.7%。

【城乡建设】2023年，全镇改造提升百步亭路、百左路和百步大道，紫荆路、通汇路建设完成；实施农村公路提升、危桥改造等工程，新建道路1.46千米，改造提升道路1.5千米，硬化道路19332平方米，亮化道路5.28千米；新建停车场10个；累计投入2500余万元，对市政基础、雨污管网、路灯绿化等进行全方位管养。紫荆小区交付使用、人才公寓开工建设、长水景苑全部结顶、全国首个采用装配式剪力墙结构模块化集成建筑技术的邻里中心项目7号楼87天十五层结构封顶，并承办全县“七彩工地”表彰暨有限空间应急演练现场会、全县农民住房保障工作现场会及嘉兴市智能建造试点、装配化装修试点工作推进会。村级集体经济年经常性收入均达到180万元以上，经营性收入达到85万元以上。

【社会事业】2023年，全镇落实最低生活保障资金183.12万元、特困人员供养基本生活及护理资金47.25万元、困境儿童基本生活保障资金35.87万元、残疾人护理和生活补贴166.66万元，建设“向日葵亲子小屋”9个，入选省“无结核社区”建设试点。是年，百步镇举办“我们的节日”“文明好家风”等文化活动，非遗滚灯舞蹈“我们村的滚灯队”获县大赛金奖；代表嘉兴市参加湖州嘉兴文化走亲文艺晚会，获县非遗滚灯编制大赛金银奖2人。全年开展环境整治、交通安全、慰问帮扶等志愿服务活动300余项，获评浙江省文明家庭1户，嘉兴好人1人，盐田织彩开发的丝绸之路周系列文创产品跻身“国礼”。

【基层治理】2023年，百步镇统筹公安派出所、基层自治志愿力量，推进基层基础大排查工作，得胜村创建为市级“四治融合”示范村。推进“大综合一体化”行政执法改革与基层治理现代化“两化融合”，承接赋权事项168项，推动执法效能提升。创建基层警务服务品牌“平安书记”，建立非警务类警情现场处置队伍，推进“民声一键办”，强化诉源治理。

【生态环境整治】2023年，全镇空气质量主要指标PM2.5、PM10，年平均浓度较2022年同期保持稳定，臭氧年平均浓度较2022年同期下降17微克/立方米。整治提升废气企业 119 家，增加南北两片易腐垃圾压缩箱各 1 个。通过嘉兴市第一批生态文明建设示范镇（街道）复核评估，创成嘉兴市“无废工业园区”，入选浙江省低（零）碳乡镇（街道）试点。

【无结核社区创建示范点落户】5 月 24 日，嘉兴市无结核社区创建示范点签约启动仪式现场会在百步镇举行，市疾控中心、县卫生健康局与百步经济开发区（百步镇）现场签约，百步镇成为全市首个“无结核社区”创建示范点。

【浙江省废气治理活性炭公共服务体系建设现场会】8 月 7 日，浙江省废气治理活性炭公共服务体系建设现场会在百步镇召开。会上，海盐县就 VOCs（挥发性有机物）整治提升和创新建设活性炭公共服务体系工作进行交流，把海盐经验向全省推广。

海盐集成家居时尚小镇　　（百步镇供）

【海盐集成家居时尚小镇创建成省级特色小镇】2023 年，海盐集成家居时尚小镇范围内入驻集成家居企业 230 余家，其中上市企业 1 家、规模以上工业企业 47 家、亿元企业 10 家。拥有省级以上品牌 10 个、国家专利 1000 余项，国内市场占有率 40% 以上。1 月，省政府办公厅发布《关于命名第六批省级特色小镇的通知》，海盐集成家居时尚小镇成为此上榜特色小镇。

【丹麦得斯威东方先航物流中心项目开工】4 月 26 日，丹麦得斯威东方先航物流中心项目举行开工仪式。该项目通过整合仓储、物流和电子商务平台，提供清关、仓储、加工分销物流、配送等一站式新零售服务，并提供再包装、电商贴标、印刷生产、礼盒包装等增值服务，总投资 5000 万美元。

表 70　2023 年百步镇各村（社区）基本情况表

村社	村（社区）党支部书记、村（居）委会主任	村（社区）集体经常性收入（万元）	村（社区）集体经营性收入（万元）
百联村	叶吴良	371.34	302.70
超同村	储海峰	246.57	144.65
逍恬村	张小吐	220.83	106.80
农丰村	张浩东	229.75	134.35
新升村	钱益平	217.00	117.92
横港村	钱伟斌	466.69	320.80
桃北村	张海华	306.13	193.51
胜利村	陆建国	236.18	114.27
五丰村	钱柏根	356.90	221.47

续表 70

村社	村（社区）党支部书记、村（居）委会主任	村（社区）集体经常性收入（万元）	村（社区）集体经营性收入（万元）
得胜村	吴丹萍	228.14	134.42
百步社区	金雪明	—	—

（周宇鑫）

于城镇

【概况】于城镇位于海盐县中部，东、东南与武原街道相邻，西、南连接通元镇，西北与百步镇接壤，北接沈荡镇，东北仍与武原街道为邻。2023年，全镇总面积42.97平方千米，耕地面积1760公顷。辖村民委员会8个、居民委员会1个，总人口2.12万人。全年实现生产总值23.6亿元，财政总收入1.5亿元。

农业　2023年，全镇粮食播种面积2189.69公顷，总产量13889.95吨。其中：水稻播种面积1195.99公顷，总产量9866.95吨；小麦播种面积866.5公顷，总产量3769吨；油菜籽播种面积64.2公顷，总产量154吨。全年饲养蚕种197.75张，总产量10.5吨；羊出栏12391只，存栏2725只；家禽出栏577.9万羽，存栏130万羽。肉类总产量11712.9吨，其中禽肉类总产量11365.3吨。新增土地流转面积713.2亩，累计流转土地面积17054.2亩；有农业经营主体539家，家庭农场376家。完成“碧水河道”生态修复5条，完成连片未来乡村建设与验收。开展农业“双强”行动，通过省级农业“双强”项目立项3个；成立“海盐葡萄”电商直播示范基地；建成省级示范性家庭农场3家，市级示范性家庭农场4家；培训农民主播40余人，“新农人”12人。德会农场“红美人”获“2023嘉兴市红美人柑橘擂台赛”金奖。

工业　2023年，全镇有工业企业316家，其中年产值2000万元以上企业60家、亿元以上企业14家、“小升规”企业7家。完成固定资产投资15.2亿元，完成规模以上工业数字经济核心产业制造业增加值1.15亿元，其他营利性服务业营业收入（净服务收入）1.45亿元，外贸出口19.87亿元。兑付镇级惠企政策50件，兑付金额299万元。有创新型中小企业20余家，省级“专精特新”企业17家，国家级专精特新“小巨人”企业1家，省级隐形冠军企业1家。认定省级高新技术企业5家、省级科技型中小企业10家，完成国家科技型中小企业入库38家，认定市级研究中心2家。整治提升高耗低效企业15家，腾退低效土地232亩，淘汰落后用能1899吨标煤。

【招商引资】2023年，于城镇新签约项目11个，引进亿元以上服务业项目2个、亿元以上内资工业项目3个、总投资1000万美元企业1家。新增工业用地备案投资额8.97亿元，实际利用外资650万美元。申报国家引才工程5人（入选1人）、省引才工程1人，入选“星耀南湖”领军人才创业团队项目1个；新增青年硕博22人，高技能人才403人，落地A类外国高端人才1人。

【城乡建设】2023年，于城镇总体发展重心跨越嘉南线东扩。完成村庄布点规划报批工作，新增宅基地252个。组织编制村庄保留点“一点一策”实施方案。保障海航大厦项目主体完工，推进德创电子和博威新能源项目建设，新型印染产业园、镇邻里中心、振兴路基础设施配套工程和三联社区公寓房二期等项目开工建设。完成县重大线性工程和县新型印染产业园重大平台农房征迁，完成农房签约及腾房149户，征收土地936亩。实施农村公路提升及危桥改造工程，改扩建农村公路7条4.9千米，完成桥梁提升改造1座。推进“小县大城”公寓式搬迁，累计完成农户搬迁406户。推进未来社区建设，枫桥社区获评省级第四批未来社区。

【电子商务】2023年，于城镇持续推进“八字—江渭”共同富裕示范带建设，推进蓝龙虾全产业链项目，完成八字葡萄高标准大棚改造，八字农事服务中心开工建设，“海盐葡萄”电商示范基地入选全省“一标一品一产业”融合发展现场会参观点。推进共富工坊建设，建成市、县两级共富工坊10个，吸纳就业189人，人均增收3015元。胜利农场直播共富工坊入选省商务厅首批百个典型案例，秸秆回收共富工坊获评省农业双强项目，八字葡萄带富工作被《中国组织人事报》宣传报道。整合资源，多渠道发展壮大村级集体经济，全镇村级集体经济经常性收入达2322万元，同比增长27.1%。

【生态环境整治】 2023年，于城镇开展“大排查、大整治、大曝光”专项行动，完成大气污染防治设施提升改造企业21家。抓“五水共治”，完成镇域“断头浜”整治29条，新建碧水河道7条、美丽河湖1条，创建为“污水零直排”标杆镇，标杆园区被纳入市培育名单。深化“四位一体”长效保洁机制，建成省级高标准垃圾分类小区3个、省级高标准分类示范村1个。开展人居环境整治，相关工作排名全县前列并获通报表扬。全年未发生较大及以上突发环境事件，生态环境信访数量持续下降，通过嘉兴市生态文明建设示范镇复评。

【社会事业】 2023年，于城镇社会保障不断增强，深化“一窗受理”，网上可办率100%，营商环境不断优化。实施“一老一小”优养优育计划，居家养老平台和婴幼儿照护服务驿站建设不断完善，县福利中心建设项目稳步实施，重点打造AAA级以上村级居家养老示范点6个、镇级居家养老示范点1个。规范化建成“向日葵亲子小屋”9家、婴幼儿托育服务驿站4家。推进全民健身，完成八字村百姓健身房省级民生工程建设，新增户外健身路径3条。落实落细家庭医生签约服务工作，全年签约1.4万人，家庭病床数年度任务完成率110%，完成参保居民、企业退休人员等体检超9300人。就业扶持力度不断加大，提供公益性岗位2个，全面推进医保、居保等工作，参保率分别达99.64%和96.85%。发放低保救助、困境儿童救助、残疾人医保补贴、临时救助等各项资金258万元，枫桥社区创建为省级无障碍社区。开展多样化救助，实现困难群众和特殊群体社工服务100%覆盖。

5月20日，于城镇举行创建浙江省文明镇誓师大会　（于城镇供）

【文化活动】 2023年，于城镇组织开展甜蜜小镇稻香文化节、蓝龙虾文化节、湖畔集体婚礼等各类节庆活动98场，惠及群众2.3万余人。开展新时代文明实践系列志愿服务活动80余场次，参与志愿者达500余人次。鸳鸯村、八字村分别创建为“浙江省文明村”“嘉兴市文明村”。构建完善的“15分钟文化生活圈”，推进文化礼堂提档升级，获评省级文化礼堂示范镇。

【基层治理】 2023年，于城镇加强“基层治理四平台”运用，承接嘉兴基层智治综合应用测试地。实施“民声一键办”，实现非警务类警情快速调处。深化基层网格治理模式，打造“1025”工作法，获省级媒体报道点赞，何家村获省级红色根脉强基示范村称号。践行“整体政府”理念，推动“大综合一体化”改革。全年行政执法案件覆盖率同比上升180%，办案量同比上升326%。践行“大平安”理念，加快问题隐患发现和整改，加大初信初访和重大矛盾纠纷化解力度，累计调处化解矛盾纠纷330余起，办理信访件574件，办结率100%，实现信访积案清零。开展扫黑除恶、反邪教、反恐、打击整治养老诈骗等专项行动。推进“除险保安”，完成亚（残）运会等重要时段维稳安保工作。严守安全生产底线，加强农村出租房消防安全、道路交通安全等隐患点整治，开展食品安全专项整治行动，打击食品安全违法行为，获评嘉兴市安全生产标准化和双重预防机制融合运行示范镇，平安建设考核位列海盐第一、全市第六。

【元宵游园会举办】 2月1日，于城镇1953创库文化产业园举办“予你共度元夕”元宵游园会，活动现场设有传统击钱眼、财神送福、击鼓纳福等活动。

【友好乡镇交流】 3月23日，于城镇与丽水市景宁县东坑镇签订友好乡镇交流合作协议书。双方建立信息互换、资源共享等机制，激发两地基层合作潜力，建立长期稳定、全面的合作关系。

【项目开工】 4月15日，于城镇举行海盐德创电子有限公司年产1200套智能检测系统项目和博崴（浙江）智能科技有限公司年产7万套光伏、高铁、新能源汽车领域集成式成套控制及逆变设备项目的开工奠基仪式。年产1200套智能检测系统项目新建厂房面积2万平方米，总投资1亿元，投产后将实现年销售收入1.5亿元，利润550万元，税收600万元。年产7万套光伏、高铁、新能源汽车领域集成式成套控制及逆变设备研发生产建设项目新建厂房面积2.3万平方米，总投资1.17亿元，投产后将实现年销售收入1.2亿元、利润1800万元、税收800万元。

2月1日，于城镇1953创库文化产业园举办“予你共度元夕”元宵游园会
（于城镇供）

【第二届农民丰收节暨何家村第六届梨王争霸赛】 7月27日，2023年于城镇第二届农民丰收节暨何家村第六届梨王争霸赛举行。有26家果农的精品梨果参加“擂台”。根据品鉴规则，对参赛样品糖度、色泽、果形、大小均匀度等方面进行综合打分，何家村种植户袁国英的翠冠梨获得金奖。

【民生议事堂活动】 7月27日，于城镇政协委员履职小组开展“助解急难愁盼 增进民生福祉”民生议事堂活动。活动围绕基层网格员与农村法律顾问作用开展协商议事，推动成果转化，该案例获嘉兴市第三届案例展示活动“优秀案例”，并获市政协领导批示肯定。

【全省“一标一品一产业”融合发展现场推进会】 8月9日，全省“一标一品一产业”融合发展现场推进会的与会代表们现场调研海盐县胜利农场电商直播基地

7月27日，于城镇何家村第六届梨王争霸赛暨幸福文化节活动举行
（于城镇供）

和于城镇“海盐葡萄电商示范基地”建设情况。

【未来社区创建】 12月5日，于城镇枫桥社区通过考核验收，创建为浙江省第六批未来社区。枫桥未来社区以“枫桥渔火·水韵家园”为主题，形成含综合文化站、社区党群服务中心、涵芬智慧书屋、创库文化产业园、农贸市场、超市、幼儿园、小学、于城镇卫生院、婴幼儿照护服务驿站等公共设施为一体的15分钟生活圈与未来社区公共服务矩阵。

表71　2023年于城镇各村（社区）基本情况表

村（社区）名	村（社区）党组织书记、村（居）委会主任	村（社区）集体经常性收入（万元）	村（社区）集体经营性收入（万元）
鸳鸯村	吴燕萍	308.55	231.92
吕冢村	韩春娟	361.58	269.58
庄家村	周董芬	278.65	212.88
何家村	董云升	277.49	203.35
构塍村	张胜民	276.88	208.36
八字村	冯明达	299.86	237.97
江渭村	叶水平	252.82	176.01
三联村	苏小琴	268.12	171.95
枫桥社区	富晓川	—	—

（顾依婷）

澉浦镇（南北湖风景区）

【概况】 澉浦镇位于海盐县西南，东、南濒临杭州湾，西与海宁市黄湾镇、袁花镇接壤，北靠通元镇。2023年，全镇总面积120.7平方千米，耕地面积1859.04公顷。辖村民委员会13个、居民委员会1个，总人口2.82万人。全年实现生产总值30.01亿元，财政总收入1.8亿元。

农业　2023年，全镇农业总产值2.97亿元。粮食播种面积2105.23公顷；果园面积329.93公顷，总产量9705.33吨（其中柑橘475.77公顷、总产量8207.76吨，桃子26.45公顷、总产量352.97吨，杨梅10.49公顷、总产量162.32吨）；茶树种植面积81.6公顷，总产量17.8吨；水产品总产量1213吨（其中淡水产品1158吨）；饲养蚕种136.75张，蚕茧总产量8.3吨。全年羊出栏550只，存栏833只；家禽出栏2.4万羽，存栏1.6万羽。是年，推广粮种63吨，应用机械播种1951.53公顷，落实耕地地力保护补贴1140.3公顷；新增土地流转43.53公顷，完成土地复垦（垦造耕地）264.56亩，完成农业有效投入1414万元；推广农业机械72台（套）。年末，全镇有市级农业龙头企业3家、省级示范性家庭农场7家、县级规范化家庭农场22家。全年引进“嘉67”“浙禾香2号”“秀水121”“秀水519”“秀水14”等本地主栽优质稻品种，提升富硒产业发展。

工业　2023年，全镇实现工业总产值78.62亿元，其中规模以上工业总产值66.83亿元；战略性新兴产业产值44.72亿元。全社会固定资产投资18.33亿元，其中工业生产性投资3.89亿元、高新技术产业投资3.36亿元、工业技改投入1.74亿元、数字经济投资0.87亿元。实现外贸出口10.42亿元，同比增长16.83%。达产履约企业1家，新增上市企业1家、省“专精特新”中小企业4家、规模以上企业4家。完成技术合同交易额3.29亿元，引育科创项目6个，欣兴工具研发产品入选省“‘15’

战略领域硬核科技成果”。申报省级以上人才工程11人次，获评“长三角大工匠”1人。完成工业技改备案项目18个，入选县紧固件数字化改造示范企业5家。完成工业土地出让3.68公顷，两创中心工业社区生活中心基本建成并招引入驻高质量优质企业6家。收储（收购）工业用地282.3亩，整治高耗低效企业2家，小微企业入园入区15家，淘汰落后产能1268.49吨标准煤，实现企业节能1064.5吨标准煤。

【城乡建设】 2023年，澉浦镇加强农村生活污水运维，移交运维单位5498户，修复、疏通管道等922处。实施澉浦镇紫金山村顾家组、钟家组污水提升工程，对村庄改造实现污水零直排。完成危房解危审批10户，农房搬迁公寓房安置6户，提前拆迁2户。开展道路交通设施提升行动，完成道路2条、桥梁2座、路口6个标准化建设，排查发现隐患72处，完成整治72个。

【社会事业】 2023年，澉浦镇基本医疗保险、养老保险参保率分别为99.6%、98%，实现社区卫生服务站、医疗巡诊点全覆盖。依托“助联体”发放各类救助补助269.64万元。澉浦中学入选全市首批国家中小学智慧教育平台应用模式试点。打造零工市场1家、共富工坊12家，发放创业贷款300万元，支持恒瑞残疾人辅助性就业中心运行，支持群众就业创业，零就业家庭保持动态清零。

【基层治理】 2023年，澉浦镇开展各行业领域安全生产风险隐患大排查、大整治行动，化解各类不稳定因素，完成护航亚运等维稳安保工作。创新推动南北湖风景名胜区一支队伍执法向村延伸，实现村级执法联络站全覆盖。深化“平安澉浦”建设，累计调处矛盾纠纷331起，化解信访积案5件，依托“民声一键办”平台快速处理、闭环化解非警务警情266件。获评全市平安创建优秀镇、市法治镇（街）创建优秀单位。

【生态环境整治】 2023年，澉浦镇整治断头浜14条，完成清淤12千米，建设碧水河道4.2千米，开展农业面源污染治理，南北湖水质连续8年保持Ⅱ类水标准，入选省人文水脉类“大花园耀眼明珠”。开展汽修企业危废情况排查专项行动，完成“定时定点”投放小区机器换人1个，创成市级“无废乡村”2个。完成紫金山村省级民生实事项目污水终端改造，推进镇域污水全智慧化运维，争创市级“污水零直排区”标杆镇。常态化做好爱鸟护鸟、森林防火等工作，创成省级森林防灭火工作规范化建设乡（镇）。创建省级高标准垃圾分类示范小区1个、省级高标准分类示范村4个、示范楼宇1个。

【景区创建】 2023年，南北湖风景区实施续建项目7个、新建项目2个，完成总投资3.61亿元。南北湖未来城EOD项目入围国家库，获融资授信39.48亿元。蓝湾项目入选国家海洋生态保护修复项目，获央补资金3亿元；南北湖水生态提升项目获央补资金0.6亿元；海塘等项目获特别国债支持1.32亿元。南北湖景区被列入国家AAAAA级旅游景区培育名单。以“湖区＋垦区”两个板块为重点，进行系统谋划和顶层设计，《南北湖国家AAAAA级旅游景区提升规划》完成省级上报稿，并通过省文化旅游厅评审。推进南北湖风景区亮化建设（二期）、南北湖徐湾区块配套设施建设、安澜海塘（杨柳山至长山）等景区续建项目，推动黄沙坞围垦区实质性开发，南北湖生态湿地一期先行开工并完成工程量80%，S207疏港公路列入省级重点项目，科创中心设计方案完成初稿，开工建设景区道路提升10.5千米。北里湖旅游驿站、南北湖金九避难处、换乘中心旅游厕所分别获评第二批浙江省旅游驿站、第四批浙江省国际人文交流基地、省旅游厕所优秀案例。

【城乡风貌样板区创建】 2023年，澉浦镇推动澉浦—通元“湖光山色”县域风貌区创建。风貌区“以水为魂、以山为骨、以文为脉”，围绕“古韵新风、湖光山色”创建主题，以南北湖为核心，整合山海湖风光、古镇、古刹、村落、田园、多元文化等资源，推动城乡、产城、景城三大融合。秉承“保持原貌、修旧如旧”原则，通过采取古建保护、文化挖掘、环境修复、村庄整治等举措，修缮包括古城墙在内29处文物保护点和古街、古树、故居、特色建筑等。六里村朱家门通过历史建筑修缮促进传统风貌保护提升，保护“因堰而生、因堰而盛”古民居建筑群风貌，入选第六批中国传统村落名单；金粟寺引入禅修、康养相结合文化产业，建

朱家门一角　　（溆浦镇供）

居民打造全生命周期管理。从居民的健康生活、优质医疗与幸福养老等方面出发，以社区为中心，形成医、康、养、护闭环服务，并将线下居民需求与线上数字化医疗服务进行连接，满足健康多元化需求。溆川社区利用溆浦本土红色资源、戏曲艺术等鲜活、宝贵的文化财富，完善文化制度体系建设，使文化服务常态化运行。年内，溆川社区上榜省第四批未来社区名单。

设开放型特色禅修康养胜地。

【“溆调·南北和”调解品牌建设】 2023年，溆浦镇深化“溆调·南北和”调解品牌建设，以“枫桥经验”为引领，强化矛盾纠纷多元化解，吸纳心理咨询师、公安干警、优秀调解员、乡贤等社会各界人士，依托法治小院、睦邻客厅、工业园区等场所，建立一批“家门口调解室”“厂门口调解室”，探索创新“圆桌调解”“板凳调解”“流动调解”等调解形式，把调解工作延伸到居民家门口，依托公共法律服务点、居家养老服务站等地点创新建立“村民评理说事点”，实现“好坏大家判，事事有人管”。加强“浙里调”“浙里办”“微嘉园”“禾解码”等线上调解服务推广宣传，实现矛盾纠纷由事后处置为主到全闭环管理的升级。

【溆川社区上榜省引领型未来社区】 2023年，溆浦镇溆川社区围绕“全民健康”，面向社区

【入选市级历史文化重点村创建名录】 2023年，溆浦镇六里村拥有文物保护点9处，其中县级文物保护单位2处、县级文物保护点6处。村落核心区域朱家门片保留典型的江南水乡村落格局，内部以朱家门河为主轴，外部以六里堰河为主轴，沿河流形成团形，街巷布局为主路—支路—小巷的多级网络系统，吸引文化名人和文化工作室入驻。年内，六里村上榜市级历史文化重点村创建名录榜单。

表72　2023年溆浦镇各村（社区）基本情况表

村（社区）名	村（社区）党组织书记、村（居）委会主任	村（社区）集体经常性收入（万元）	村（社区）集体经营性收入（万元）
溆东村	陈亚芳	273.88	207.89
溆浦村	张　涛	248.18	206.05
镇中村	袁　明	239.23	192.39
溆南村	刘鸣中	296.43	238.28
永乐村	步群莉	242.61	200.54
南北湖村	吴雪华	309.96	263.27
六里村	干周平	233.74	172.76
紫金山村	顾潘明	245.58	164.80

续表 72

村（社区）名	村（社区）党组织书记、村（居）委会主任	村（社区）集体经常性收入（万元）	村（社区）集体经营性收入（万元）
六忠村	卢雷克	301.58	215.11
茶院村	钱叶海	283.99	186.28
保山村	杨敏芳	294.82	212.27
永新村	姚陈锋	304.31	238.63
南山村	唐欧晓华	219.42	171.67
澉川社区	沈　娅	—	—

（姚泽超）

通元镇

【概况】 通元镇位于海盐县西南部，东邻秦山街道，南连澉浦镇，西接海宁市袁花镇，北靠于城镇。2023年，全镇总面积69.13平方千米，耕地面积5100公顷。辖村民委员会14个、居民委员会1个，总人口4.07万人。全年实现生产总值28.88亿元，财政总收入2.05亿元。

农业　2023年，全镇粮食播种面积5134公顷，总产量3.09万吨；蔬菜播种面积812.1公顷，总产量2.08万吨；油菜籽播种面积171.1公顷，总产量388吨；瓜果种植面积219公顷，总产量5326吨；花卉苗木种植面积69公顷；茶树种植面积20.5公顷，茶叶总产量3.13吨。全年饲养蚕种1011张，蚕茧总产量51.8吨；湖羊出栏14998只，存栏1.13万只；家禽出栏638万羽，存栏153万羽；稻虾综合种养面积330.87公顷。土地流转总面积4.34万亩。全镇认定规范化家庭农场有50家，其中省级示范性家庭农场8家、市级示范性家庭农场8家、县级示范性家庭农场14家。

工业　2023年，全镇实现规模以上工业总产值63.95亿元。新引进亿元以上工业项目2个、千万元以上农业项目5个，实到外资518万美元，合同利用外资1070万美元，内资新增工业用地备案投资额3.7亿元。新增亿元企业3家、规模以上工业企业5家；新培育高新技术企业5家、省科技型中小企业10家、省级“专精特新”企业7家、省创新型中小企业9家。腾退低效用地220亩，整治高耗低效企业8家，节约用能1831吨标准煤。省级农业科技园区、湖山现代农业园区列入省创建名单，高标准农田改造提升项目入选全省最佳实践案例。水产科研基地、稻米烘干中心项目竣工投产，融禾农业通过省级数字农业工厂认定，美仑美奂总部大楼竣工。全年实现服务业增加值增长8%以上。

【城乡建设】 2023年，通元镇“小县大城”农房搬迁173户，农民建房审批316户。优化调整村庄布点规划，扩容800亩；提升改造农村公路14.2千米；提升X606核海线等标准化路口6个，总实施里程10.78千米；新建修缮北洋桥、东胜桥等桥梁。启动滕泾小区等小区绿化工程4个，完成镇南小区、韩家桥小区天然气管道安装工程等民生实事项目，新增农村生活污水“零直排”工程纳管农户800户。统筹推进村庄规划、土地整治、耕地功能恢复，并在全市跨乡（镇）土地综合整治会议上作交流发言。全年完成“三改”13.87万平方米，“一拆”8.2万平方米，完成率分别为231%和137%。是年，通元—秦山“共富示范”、澉浦—通元“湖光山色”县域风貌区获评省级城乡风貌样板区；“三宜”农村未来社区集成改革项目通过省级绩效评价；创成丰义省级未来乡村、禾溪省级未来社区；“闲宿雅居·和翠通元”示范片区建设在全市评比中获优胜奖；丰义村、雪水港村金AAA级景区村庄通过省级验收。全市首宗农村集体经营性建设用地入市。创建市级无废乡村3个、无废工厂1家。梅园、春风江南小区创建为省级高标准垃圾分类示范小区。

【文化建设】 2023年，通元镇承办全县主题党日特色路线发布会，雪水港村现场教学点被评为学习贯彻习近平新时代中国特色社会主义思想现场教学示范点。《海盐县通元镇巧解农民“自产自销”难题　打造“烟火气”与“文明风”和谐共生新局面》入选《嘉兴市整治整改典型案例》。由杭州九地文化传媒有限公司出品，县委宣传部、通元镇委员会、通元镇政府联合出品的网络短剧《爱在炊烟袅袅时》一季、二季杀青。丰义村连续3次获评全市AAA级景区村庄，全年接待游客73万余人次，实现旅游收入2820余万元。村年经常性收入200万元以上、经营性收入85万元以上全覆盖，低收入农户人均可支配收入同比增长10%以上。是年，通元镇获评浙江省红色根脉强基示范镇、市级水美乡镇；丰义村、雪水港村获评省级红色根脉强基示范村、省级清廉村居建设示范村，滕泾村长山河时代印记馆获评全县第二批清廉单元示范单位。

【社会事业】 2023年，全镇发放低保、低边、特困、残疾人、困难退役军人等各类补助570余万元。“元翼老兵”志愿队获评县最美老兵方阵。是年，石泉幼儿园获评省一级幼儿园，通元中心幼儿园获评嘉兴市幼儿园第三批课改“示范性试点园”。

【基层治理】 2023年，通元镇深化基层治理现代化和“大综合一体化”行政执法改革“两化融合”，承办全市现场观摩交流会。成立“民声一键办”协同处置队伍，实现非警情矛盾纠纷高效化解。通元镇风险隐患处置案例被风险监测和综合减灾司点名表扬。连续3年获评市级“平安创建优秀镇”，连续18年获平安镇称号。

【中国美丽乡村特色旅游乡镇】 2023年，通元镇重点打造省AAA级景区村庄群，挖掘乡村文化资源，形成“吃住行游购娱”农文旅融合示范点。支持旅游企业和村集体依托省AAA级景区村庄建设，发展乡村旅游，探索“旅游公司＋村集体＋村民”整村运营机制，开展游览、度假、休闲、研学等形式的旅游活动，带动餐饮住宿、特色旅游商品生产销售等关联产业发展。受邀出席中国第二届文旅融合发展大会并获“中国美丽乡村特色旅游乡镇”称号。全年接待游客80余万人次，实现旅游收入超3000万元。

6月29日，通元镇长山河时代印记馆正式开馆　　（通元镇供）

【县域风貌样板区】 2023年，与澉浦镇联动，围绕“古韵新风、湖光山色”创建主题，整合山海湖风光、古镇、古刹、村落、田园、多元文化等资源，推动城乡、产城、景城三大融合，展现“山海湖城”为一体的城乡融合风貌，入选省新时代富春山居图县域样板区。与秦山街道联动，依托群山、矿坑、河湖、田园等自然禀赋，串联区域内项目节点19个，打造“美好记忆·丰山溢水”党建引领美丽乡村旅游精品线，建成一批网红打卡点，入选浙江省2023年度第一批城乡风貌样板区名单。

【景区村庄群打造】 2023年，通元镇丰义村、雪水港村和秦山街道丰山村联动组成景区村庄群，围绕海盐打造南部未来乡村样板带的发展战略定位，串点成线，融入未来乡村场景建设，打造“丰山溢水”美丽乡村精品旅游线，整合、互补、集聚自然人文资源，入选全省首批金AAA景区村庄。

【农村集体经营性建设用地入市成交】 2023年，海盐县首宗农村集体经营性建设用地签约出让，出让地块位于丰义村，面积2417平方米，土地用途为零售商业用地，使用年限40年，由通元新农村建设有限公司以总价308.21万元竞得。通元镇丰义股份经济合作社与通元新农村建设有限公司签订《网上交易成交确认书》。

表73　2023年通元镇各村（社区）基本情况表

村（社区）名	村（社区）党组织书记、村（居）委会主任	村（社区）集体经常性收入（万元）	村（社区）集体经营性收入（万元）
浦漾村	卢永君	280.31	163.64
通元村	何前进	278.56	177.03
丰义村	奕国华	419.07	309.42
通北村	马娟群	220.34	114.59
联新村	邹萍峰	266.92	130.78
新拱村	王银超	248.04	114.88
雪水港村	潜利民	300.79	194.30
滕泾村	宋利峰	254.04	159.93
良贤村	吴　忠	273.28	128.51
育才村	王小琴	201.37	106.04
张桥村	曹雪平	236.74	123.83
三友村	俞红飞	204.93	96.74
镇北村	徐霞明	228.90	111.33
长山河村	张达勋	413.24	331.92
禾溪社区	郭　燕	—	—

（吕丽静）

人物·名录

英模人物

吴洁凤 1986年出生，浙江省海盐县人民医院急诊病房护士长。曾获嘉兴市五一劳动奖章、浙江省抗击新冠疫情先进个人、浙江省逆行援鄂杰出护士等荣誉。2023年3月，被授予“浙江省五一劳动奖章”。

自2007年工作以来，吴洁凤从事临床一线工作10余年，她以一名共产党员的标准，严于律己，坚定信念，甘于奉献，钻研业务，勇于创新，各项工作想在前、干在前，出色的工作能力、无私奉献的精神，赢得了领导和同事们的交口称赞。

作为一名医务工作者，她牢固树立“一切为了病人”的服务理念，热情护理每一位患者，待患者如亲人，拖班加班对她已是家常便饭，但她毫无怨言；在病区抢救急危重症病人中，她都能身先士卒，以过硬的技术本领得到同行的赞许和家属的感谢。2020年初她主动请缨，驰援湖北抗击疫情，被分到武汉科技大学附属天佑医院重症监护病房奋战52天，胜利完成任务。作为一名护士长，她先后负责感染科病区、发热门诊、隔离病房、EICU等相关护理管理工作，她能大胆管理，团结、带领全科同事一起落实科室质量管理，在各方面做出突出的成绩，确保患者安全，提高护理优质服务水平。

姚　华 1974年出生，浙江艾能聚光伏科技股份有限公司董事长兼总经理，嘉兴市工商联（总商会）执委、海盐县工商联（总商会）副主席（副会长）。曾获海盐县劳模、海盐县创业优秀个人、嘉兴市第五届优秀社会主义事业建设者等荣誉。2023年3月，被授予“浙江省五一劳动奖章”。

1992年，姚华高中毕业，进入他父亲所在的乡镇企业海盐第二羊毛衫厂从事机修工作。1995年乡镇企业转制，羊毛衫厂由集体企业转为私营企业，姚华从事企业生产经营管理。他看到国外市场的巨大商机和本地原料及生产优势，经过市场调研和科学的产品定位，他们生产的绢丝类横机衫迅速走俏美国市场。2000年，从德国进口11台电脑编织横机，又吸引不少国外新客户。与此同时，投资1200余万元征地新建分厂，成立新萌制衣有限公司，并与外商合资成立由中方控股新企业。公司出口业绩领先于嘉兴市整个服装业，到2007年销售额达2亿余元。2010年，姚华选中光伏行业，联系几个做服装的朋友，联合创办做新型产业。2010年8月注册成立浙江艾能聚光伏科技股份有限公司。2023年2月28日，浙江艾能聚光伏科技股份有限公司在北交所上市，接着公司在现有业务的基础上向下游分布式光伏电站业务拓展，从事以分布式光伏电站为主的清洁能源投资、开发和服务。

创业有成的姚华不忘回馈社会。1997年，乡里筑路，公司捐款10万元；1998年抗洪救灾，公司捐赠价值10万元的羊毛衫；2002年，六里集镇修路，公司捐款 3 万元；2006 年，作为新萌制衣有限公司总经理的他和县慈善总会签订捐款 25 万元的“新萌慈善助困金”协议，每年捐 5 万元，连续捐 5 年；2016 年起，公司每年向海盐县慈善总会捐赠 2 万元……同时作为政协委员的他，关注企业发展，聚焦民生实事，在经济、民生等领域提出众多意见和建议。

先进集体和先进个人名录

【国家部（委、办、局）表彰】

2023年度全国红领巾中队

浙江省海盐县向阳小学六（6）中队（向阳花中队）

浙江省海盐县实验小学教育集团五（9）中队

浙江省海盐县通元小学红船之声中队

2023年全国科普日活动优秀组织单位

海盐县科学技术协会

2022—2023年度劳动保障新闻宣传工作做得好单位

海盐县人力资源和社会保障局

国家一级图书馆

张元济图书馆

全国工商联2023年度调查点工作先进基层单位

海盐县工商联

中国传统村落名录村落

澉浦镇六里村

全国法院系统妇女岗位建功表现突出集体

立案庭（诉讼服务中心）

2022年度查处重大侵权盗版案件有功个人

丁　啸

【省委、省政府、省军区表彰】

浙江省历史文化街区

海盐县绮园路

全省指导人民调解工作先进集体

立案庭（诉讼服务中心）

2021—2022年浙江省耕地保护工作先进个人

许　婷

省军区安全管理先进单位

海盐县人武部

省军区安全工作“抓得紧”单位

海盐县人武部

2022年度全省无违建县（市、区）

海盐县

杭州亚运会、亚残运会浙江省先进个人

蔡　忻

【省高院、检察院表彰】

全省优秀法院

海盐县人民法院

全省法院诉源治理成绩突出个人

陆一卿

【省厅（委、办、局）表彰】

2022年度企业职工基本养老保险考核全省优秀

海盐县

2022年度农村生活污水处理设施建设改造和运行维护绩效优秀县

海盐县

全省城市更新试点城市

海盐县

2023年度“浙江省优秀少先队集体”

海盐县滨海小学五（7）中队

2022—2023年浙江省“红领巾奖章”集体四星章

海盐县滨海小学五（7）中队（七彩阳光中队）

第二批浙江省清廉学校建设示范校

海盐县沈荡中学

首批浙江省中小学校示范性党组织

元济高级中学党委

海盐县向阳小学教育集团党委

全市教育系统第五批“红船精神进校园”示范校

海盐县武原中学、三毛幼儿园

浙江省中小学教师信息技术应用能力提升工程2.0工作先进单位

海盐县教育局

最美离退休干部党支部

海盐县教育局机关退休党支部

最美银耀志愿服务团队

海盐县银晖助企智囊团

最美银耀志愿服务项目
智享健康助共富志愿服务项目
离退休干部“三强六好”示范党支部
海盐县教育局机关退休党支部
海盐县自然资源和规划局第四党支部
海盐县公安局离退休老干部第二党支部
海盐县武原街道机关离退休老干部第一网格党支部
集体三等功（浙江省市场监督管理局）
海盐县市场监督管理局
2023年药品安全创新治理成绩突出集体
海盐县市场监督管理局
首届消费维权业务技能比武活动组织奖
海盐县市场监督管理局
浙江省退役军人建档立卡及优待证发放工作成绩突出集体
海盐退役军人事务局
省“平安家庭建设优秀单位”
海盐县妇女联合会
省级优秀档案室
海盐县妇女联合会
海盐县水务集团
省妇联系统先进集体
南门社区妇女联合会
省三星妇女儿童驿站
武原街道海兴社区妇女儿童驿站
省级巾帼共富工坊
海盐县望海街道暖心坊
2023浙江非遗年俗短视频大赛活动优秀组织奖
海盐县文化和广电旅游体育局
2023年度全省工商联服务“两个健康”工作成绩突出集体
海盐县工商联
全省供销社系统2022年度综合业绩考核优秀单位
海盐县供销总社
全省供销社基层组织建设优秀单位
海盐县供销总社
2022年度全省信息宣传工作先进单位
海盐县供销总社
2022年度全省百强基层社
秦山兴农供销社
全省供销社消费帮扶明星企业
海盐县兴农供销农产品配送有限公司
浙江省农业“双强”行动先进集体
海盐县农业农村局
全省渔业安全生产工作成绩突出集体
海盐县农业农村局
全省动物疫病防控工作成绩突出集体
海盐县农业农村局
浙江省粮食生产功能区“非粮化”整治优化先进集体
海盐县农业农村局
浙江省集体经济巩固提升工作成绩突出集体
海盐县农业农村局
2022年全域“无废城市”建设工作成绩突出集体
嘉兴市生态环境局海盐分局
省级“工人先锋号”
武原税务所
浙江省税务系统新时代“枫桥式”税务所
武原税务所
2023年度全省政协联谊报宣传工作先进单位
海盐县政协
省治理重复信访化解信访积案专项工作及依法维护信访秩序工作突出集体
海盐县信访局
“乐活驿站”
海盐县老年大学“乐活驿站”
2022年度省级“红色物业”项目
百可世家、海韵华庭、金洲阳光、港湾花苑
全省人民防空工作先进个人
杜建勇
全省城市更新试点片区
沈荡镇
平安护航党的二十大成绩突出个人
李　刚
浙江省农村教师突出贡献奖
陆亚平
2023年“浙派名师名校长培养工程”培养人选
姜凌佳　周　燕　王彦军
“银尚达人”
赵荣华　胡永良
“银尚之家”
阮加平家庭

最美离退休干部党支部书记
蔚蒙仁
浙江省生态环境监测技术比武三等奖
徐艳武
浙江省农业丰收奖二等奖
俞刚翔
浙江省粮食生产功能区“非粮化”整治优化先进个人
姚云峰
2022年度全省信息宣传工作先进个人
张晓文　杨周根
2023年度全省城市地下市政基础设施普查工作成绩突出个人
郑　剑
浙江省农产品质量安全工作先进个人
赵其君
全省渔业安全生产工作成绩突出个人
徐　凯
全省动物疫病防控工作成绩突出个人
虞伟祥
2023浙江非遗年俗短视频大赛活动三等奖
沈寒婷
2023浙江非遗年俗短视频大赛活动优秀奖
曹梦远
浙江省税务局青年才俊
宋　潮　俞燕佳
浙江省最美执委
陆月萍　杨志芳　吴　瑛
浙江省退役军人建档立卡及优待证发放工作成绩突出个人
陈旭萍
2023年度《中国退役军人》宣传工作先进个人
沈玲丽
2022年度优秀个人
许虹梅
省级文化市场执法带头人
姚　佳
2023年度“浙江省优秀少先队员”
许咏棠
2023年度“浙江省优秀少先队辅导员”
赵佳惠
2022—2023年浙江省“红领巾奖章”个人四星章
王梓萱　崔王萱　吴羽曦
“浙江金蓝领”
周晟阳
最美银耀志愿者
姚爱根
首届消费维权业务技能比武活动初赛“知识达人”
陈　勇
2023年药品安全创新治理成绩突出个人
单燕飞
“尖兵领航”药品流通检查技能比武优秀选手
单燕飞

【市委、市政府表彰】

粮食和生猪稳产保供优秀集体
海盐县农业农村局
全市低收入农户增收优秀集体
海盐县农业农村局
2023年度推进智造创新强市先进个人
张泽文
打造“浙里最嘉”营商环境最优市成绩突出个人
虞敏钰　苏晗宁
2022年度农业农村工作考核优秀个人
路　斌
2022年度政务公开工作考核优秀个人
黄鑫涛

附　录

新任县领导简历

【县委】

徐胜娟　女，1978年3月出生，籍贯浙江海盐，1997年8月参加工作，2000年12月加入中国共产党，省委党校研究生学历。1993年9月浙江建筑材料工业学校工业分析专业学习；1997年8月海盐县南北湖风景区管委会接待中心职工；1998年8月海盐县公路收费所职工，2000年12月借调县交通局工作；2002年10月海盐县审计局办公室科员；2004年6月海盐县委统战部办公室科员；2004年7月任海盐县委统战部办公室主任；2004年9月任海盐县妇联副主席、党组成员；2009年9月任海盐县西塘桥镇党委副书记、纪委书记，2010年1月增补为政协海盐县第七届委员会委员；2010年11月任海盐县元通街道党委副书记、纪委书记；2010年12月任海盐县元通街道党委副书记、纪委书记，县政协元通街道委员联络室副主任；2011年9月任海盐县元通街道党委副书记、办事处主任；2014年9月任海盐县委组织部副部长、县委老干部局局长；2016年9月任海盐县于城镇党委书记；2016年12月为十四届县委委员；2017年2月为县十五届人大常委会委员；2019年1月任海盐县委办公室主任、县台办主任；2020年4月任海盐县政府副县长、党组成员，县委办公室主任、县台办主任；2020年8月任海盐县人民政府副县长、党组成员；2023年3月任海盐县委常委、宣传部部长。

刘芦苇　男，1982年1月出生，籍贯浙江绍兴，2006年7月参加工作，2005年6月加入中国共产党，研究生学历。2000年9月在浙江大学农学院农学专业学习；2004年9月在浙江大学农学院作物遗传育种专业学习；2006年7月任嘉兴市种植技术推广总站助理农艺师、农艺师；2008年5月借调到嘉兴市农办、农经局办公室工作；2011年5月任嘉兴市林特技术推广总站副站长；2012年9月任嘉兴市委办公室农业农村工作处副处长；2018年11月任嘉兴市委市政府督查考评室督查考评一处处长；2019年5月任嘉兴市委国安办秘书处处长；2020年11月任嘉兴市委办公室综合二处处长；2022年6月任嘉兴市委全面深化改革委员会办公室副主任；2023年8月为海盐县委常委；2023年9月任海盐县委组织部部长、县直机关工委书记、县委党校（县行政学校）校长。

【县政府】

李　超　男，1978年3月出生，籍贯山东威海，2000年7月参加工作，1998年4月加入中国共产党，大学学历。1996年7月在青岛化工学院高分子科学与工程学院橡胶工程专业学习；2000年7月为嘉兴韩泰轮胎公司工作人员、生产一部车间主任；2003年7月任嘉兴秀洲新区管委会办公室副主任；2006年7月为嘉兴经济技术开发区（国际商务区）塘汇街道办事处工作人员；2006年11月任嘉兴经济技术开发区（国际商务区）塘汇街道团工委书记，2008年3月任该区党政办副主任，2009年1月任该区经发中心副主任；2010年5月为嘉兴经济技术开发区（国际商务区）党工委、管委会办公室科员，2010年9月任该区法制督查处副处长；2011年9月任嘉兴经济技术开发区（国际商务区）党工委、管委会办公室法制督查处处长，2012年12月为主任助理；2013年2月任嘉兴经济技术开发区（国际商务区）长水街道党工委委员、办事处副主任；2013年8月任嘉兴经济技术开发区（国际商务区）长水街道党工委委员、办事处常务副主任；2015年7月任嘉兴经济技术开发区（国际商务区）长水街道党工委副书记、办事处主任；2017年12月任嘉兴经济技术开发区（国际商务区）长水街道党工委书记，嘉兴国际商务区开发建设工作部副部长；2018年2月任嘉兴经济技术开发区（国际商务区）长水街道党工委书记；2021年11月任海盐县委常委；2021年12月任海盐县委宣传部部长；2022年12月任海盐县委常委、宣传部部长，县政府党组副书记；2023年1月任海盐县副县长（常务）兼县委社会建设委员会第一副主任；2023年3月任海盐县委常委，县政府党组副书记、副县长（常务），兼县委社会建设委员会第一副主任。

廖　欣　男，1983年8月出生，籍贯江西峡江，2007年8月参加工作，2006年12月加入中国共产党，大学学历。2003年9月在江西师范大学化学化工学院化学专业学习；2007年8月任江西省新干县第二中学教师；2009年1月任江西省峡江县巴邱镇洲上村党总支书记助理；2009年6月任江西省峡江县戈坪乡政府科员；2011年4月任江西省峡江县罗田镇政府副镇长；2012年6月在江西省吉安市委组织部跟班学习；2012年11月为江西省吉安市委组织部副科级干部；2014年9月任江西省吉安市委组织部组织科副科长；2016年5月为江西省吉安市委组织部正科级组织员；2019年4月任江西省吉安市委组织部干部三科科长；2021年8月为江西省泰和县人民政府副县长候选人；2021年9月任江西省泰和县副县长；2023年2月任浙江省海盐县政府党组成员；2023年3月任海盐县政府副县长（挂职）。

何　峰　男，1983年9月出生，籍贯安徽枞阳，2008年7月参加工作，农工党党员，研究生学历。2002年9月在华东交通大学国际经济与贸易专业学习；2006年9月在中南财经政法大学金融保险学院投资学专业学习；2008年7月为嘉兴市铁路建设管理办公室干部；2015年3月任嘉兴市铁路建设管理办公室副主任；2019年3月任嘉兴市铁路与轨道交通建设发展服务中心副主任；2019年7月任嘉兴市铁路与轨道交通建设发展服务中心主任；2019年12月负责嘉兴市发展规划研究院工作；2021年5月借调嘉兴市发展和改革委员会战略与规划处、资源环境处工作；2022年1月任嘉兴市发展和改革委员会战略与规划处处长；2023年1月抽调嘉兴全球航空物流枢纽项目建设指挥部任综合组组长；2023年9月任海盐县人民政府副县长。

陆秀梅　女，1986年7月出生，籍贯浙江平湖，2008年7月参加工作，2005年11月加入中国共产党，大学学历。2004年9月在浙江工商大学经济学院经济学专业学习；2008年7月为平湖经济开发区（钟埭街道）经济发展局科技助理，2009年3月任该局团工委副书记；2009年7月任平湖经济开发区（钟埭街道）经济发展局统计信息中心科员、团工委副书记；2010年5月任平湖经济开发区（钟埭街道）党政办公室副主任，2011年1月任该局团工委书记；2011年10月任平湖经济开发区（钟埭街道）党政办公室主任、团工委书记；2013年5月任平湖经济技术开发区（钟埭街道）党工委组织员、党政办公室主任、团工委书记；2013年8月任平湖经济技术开发区（钟埭街道）党工委组织员、政治处主任、团工委书记；2013年10月任平湖经济技术开发区（钟埭街道）党工委组织员、政治处主任；2014年9月任平湖经济技术开发区（钟埭街道）党工委组织员；2015年12月任平湖经济技术开发区党工委委员、钟埭街道党工委委员；2018年12月任平湖市新仓镇党委副书记；2019年1月任平湖市政协新仓镇联络室主任；2020年8月任平湖市新仓镇党委副书记、镇长；2021年10月任平湖市新仓镇党委书记；2023年11月任海盐县人民政府副县长；2023年12月为海盐县人民政府党组成员。

（马云超）

海盐县组织机构及负责人名录

（2023年1—12月）

【中国共产党海盐县委员会】

书　记：王碎社
副书记：顾秋莉（女）
　　　　张华良
常　委：俞路达（—4月）
　　　　詹利民
　　　　仲建锋（—8月）
　　　　王　芳（女，—8月）
　　　　范剑春
　　　　王雪君
　　　　李　超
　　　　徐胜娟（女，3月—）
　　　　李　浩（4月—）
　　　　刘芦苇（8月—）
委　员：（以姓氏笔画为序）
　　　　卫沈弘　王祖利　石晓贤　吕华军
　　　　朱琛瑶（女）　汤敏建　李全发　杨爱民
　　　　沈再军　沈晓明（—7月）　宋伟庆
　　　　张佳伦（女，—12月）　张建虹（女）
　　　　张震宇　陆忠祥　邵煜强　范正华
　　　　金志刚　於永锋　赵小龙　胡　飞
　　　　袁迎春　夏一飞（女）　徐胜娟（女）
　　　　郭章洪　黄江莺（女）　曹继旻　章剑锋
候补委员：
　　　　朱国华　祝旭虹（女，—2月）　刘华锋
　　　　谢凤英（女）　陆云良　金胜华　卢　卫
　　　　王频波

【县委工作部门及直属单位】

县委办公室

主　任：卫沈弘（—2月）
　　　　沈晓明（2—7月）
　　　　刘华锋（7月—）
副主任：徐美平（—7月）
　　　　张秦峰（—7月）
　　　　徐海明
　　　　郭　超（—7月）
　　　　赵　野（—3月）
　　　　张　斌
　　　　姚敏方（女，7月—）
　　　　宣徐军（3月—）
　　　　沈张平（7月—）
　　　　许小丽（女，3—12月）
　　　　程叶峰（7月—）
　　　　张林峰（7月—）
县委保密委员会办公室（县国家保密局）主任（局长）：徐美平（—7月）
　　　　姚敏方（女，7月—）
县委机要局（县密码管理局）局长：徐美平（—7月）

县委台湾工作办公室、县政府台湾事务办公室

主　任：卫沈弘（—2月）
　　　　沈晓明（2月—7月）
　　　　刘华锋（7月—）
副主任：许小丽（女，—3月）
　　　　郭砚涛（3月—）

县委组织部

部　长：王　芳（女，—9月）
　　　　刘芦苇（9月—）
常务副部长：夏一飞（女）
副部长：朱敏燕（女）
　　　　徐海明
　　　　吕华军
　　　　陈绍宏
　　　　王良华（—3月）
　　　　赵　野（3月—）
县公务员局局长：夏一飞（女）

县委两新工委

书　记：王良华（—3月）
　　　　赵　野（3月—）
专职副书记：潘小芬（女）
副书记（兼）：姚冬明
　　　　沈印妹（女）
　　　　王昊军

县委人才工作领导小组办公室

专职副主任：顾晨熠

县委老干部局

局　长：徐海明
副局长：顾勤飞

韩晓伦（女）

县委宣传部

部　长：李　超（—3月）

徐胜娟（女，3月—）

常务副部长：朱建妹（女）

副部长：周　玲（女，—2月）

郭凤雨（2月—）

李　刚

文明办主任：朱建妹（女）

文明办副主任：潘继东

社科联主席：朱建妹（女，3月—）

社科联专职副主席：叶美勤（女）

县网信办主任：李　刚

县网信办专职副主任：丁　辉

县传媒中心

党组书记、主任、总编辑：周海风

副主任：姜　婕（女，—3月）

赵日春

汤燕萍（女）

王振华

范冰洁（女，3月—）

总工程师：郁建平

县委统战部

部　长：张华良

常务副部长：洪雪华（女）

副部长：张国民

顾爱萍（女，—7月）

许志华（7月—）

朱其良

县侨联

主　席：顾爱萍（女，—8月）

许志华（8月—）

专职副主席：谭泽芳

县民族宗教事务局

局　长：张国民

副局长：张凯鸣（—2月）

县委政法委

书　记：王雪君

常务副书记：刘华锋（—7月）

张秦峰（7月—）

副书记：张林峰

邵煜强

徐卫军

政治处主任：陆　萍（女，—2月）

何丽丹（女，2月—）

法学会会长：王雪君

法学会常务副会长：刘华锋（—9月）

张秦峰（9月—）

法学会专职副会长：何丽丹（女，—2月）

朱培初（5月—）

县社会治理综合指挥服务中心

主　任：张林峰

副主任：朱培初（—2月）

吴月琴（女）

俞哲峰（2月—）

县委、县政府信访局

局　长：张秦峰（—7月）

程叶峰（7月—）

县委、县政府信访督查专员：

宋志华

副局长：万胜龙

沈张平（—7月）

陈　斌（7月—）

信访督查专员：吴群伟

县委机构编制委员会办公室

主　任：陈绍宏

副主任：胡一尉（—7月）

叶张琴（女，7月—）

室务会议成员：莫云剑（女）

县直机关工委

书　记：王　芳（女，—9月）

刘芦苇（9月—）

常务副书记：沈再军

副书记：郑仁娟（女）

纪检监察工委书记：曾祥君

县委党校

校　长：王　芳（女，—9月）

刘芦苇（9月—）

常务副校长：陆云良

副校长：张文学

干　静（女）

县关心下一代工作委员会

名誉主任：葛德中

黄在法

汪玲芬（女）
袁世和
主　任：滕林华
常务副主任：万剑峰
专职副主任：韩晓伦（女）
副主任：张林峰
沈中华（—3月）
叶惠玉（女，3月—）
韩晓伦（女）
办公室主任：韩晓伦（女，兼）

【中国共产党海盐县纪律检查委员会】

书　记：范剑春
副书记：石晓贤
钟亚萍（女，—12月）
常　委：褚妙军
董学飞（—2月）
盛燕伟
莫红良（—11月）
顾胜敏（女，2月—）
吴燕子（女，12月—）
第一纪检监察室主任：王旭辉
第二纪检监察室主任：吴晓剑
第三纪检监察室主任：杨敢道
第四纪检监察室主任：沈海青
办公室主任：吴燕子（女）
干部室主任：翁　鹂（女，—2月）
秦银平（2月—）
案件审理室主任：廖　玮
宣传教育调研室主任：陆永华（女）
案件监督管理室主任：孙振威
党风政风监督室主任：黄苏平（女）
县委巡察办主任：褚妙军
县委巡察办副主任：孙会昊

县委巡察组

组　长：王周良（—2月）
张拥军（2月—）
陈利明
王哲丰
戴海华
副组长：张勤民
唐贤良（—2月）
陈建忠
俞文光
徐钱波（—3月）
龚利平（—12月）
沈玉良（—2月）
戴海华（1月—）
张凯鸣（2月—）
翁　鹂（女，2月—）
王小凤（女，3月—）
吴为民（12月—）

县纪委、县监委驻县法院纪检监察组

组　长：肖雪荣
副组长：王小凤（女，—3月）
李林太（3月—）

县纪委、县监委驻县检察院纪检监察组

组　长：方雪祥（—11月）
赵　晖（11月—）
副组长：郭　菁（女）

县纪委、县监委驻县公安局纪检监察组

组　长：董学飞
副组长：富黎明
陈秀明

县纪委、县监委派驻第一纪检监察组

组　长：赵　晖（—11月）
副组长：吴卫东
裴黎原

县纪委、县监委派驻第二纪检监察组

组　长：张拥军（—2月）
华　涛（2月—）
副组长：吴洁华（女，—11月）
朱永光（11月—）
王勤建

县纪委、县监委派驻第三纪检监察组

组　长：周　生（—7月）
许宏亮（7月—）
副组长：姚旦奕（女）
张东生

县纪委、县监委派驻第四纪检监察组

组　长：王明珍（女，—11月）
莫红良（11月—）
副组长：俞菊良
夏永明

县纪委、县监委派驻第五纪检监察组

组　长：蒋菊海

县纪委、县监委派驻第六纪检监察组

组　长：吴雪平

县纪委、县监委派驻第七纪检监察组

组　长：徐云波

【海盐县监察委员会】

主　任：范剑春

副主任：石晓贤
　　　　钟亚萍（女）

委　员：董学飞（—3月）　莫红良（—11月）
　　　　顾胜敏（女）　许卢晓（—8月）
　　　　王旭辉（3月—）　盛燕伟（12月—）
　　　　杨敢道（12月—）

【海盐县人民代表大会常务委员会】

主任、党组书记：黄江莺（女）

党组副书记：田林华

副主任：田林华
　　　　于智勇
　　　　崔用龙
　　　　马小平
　　　　胡燕萍（女）
　　　　陈　峰

党组成员：田林华
　　　　　于智勇
　　　　　崔用龙
　　　　　胡燕萍（女）
　　　　　陈　峰
　　　　　蒋云岚（女）

委　员：（以姓氏笔画为序）
　　　　王　薇（女，—5月）　王海军　王雪君
　　　　王勤伟　卢雷克　朱建国　刘支群（女）
　　　　许明曙　吴其初　吴笑春　沈志浩
　　　　沈晓明（—7月）　沈海良　张玉良
　　　　陆燕飞　陈云松　姚卫东　夏一飞（女）
　　　　倪建中　徐桂华　陶照明　曹卫良
　　　　蒋云岚（女）　蒋菊斌（—11月）
　　　　谢凤英（女）　颜玉其

县人大常委会办公室

主　任：蒋云岚（女）

机关党组书记：蒋云岚（女）

副主任：杨美芳（女）
　　　　刘超寅

县人大常委会研究室

主　任：蒋云岚（女）

副主任：李林太（—5月）
　　　　蒋吴佳（5月—）

县人大法制（监察和司法）委员会

主任委员：吴笑春

副主任委员：朱建国

县人大财政经济委员会

主任委员：陶照明

副主任委员：沈海良

县人大社会建设与民宗外侨委员会

主任委员：颜玉其

副主任委员：蒋菊斌（—11月）

县人大常委会监察和司法工作委员会

主　任：吴笑春

副主任：朱建国

县人大常委会预算工作委员会

主　任：陶照明

副主任：陈志平

县人大常委会社会建设与民宗外侨工作委员会

主　任：颜玉其

副主任：蒋菊斌（—11月）
　　　　潘其华（11月—）

县人大常委会教育科技文化卫生工作委员会

主　任：王　薇（女，—5月）
　　　　沈月伟（5月—）

副主任：陈兆宏

县人大常委会农业与农村工作委员会

主　任：王海军

副主任：肖再良（—5月）
　　　　许丽琴（女，5月—）

县人大常委会城乡建设与环境资源保护工作委员会

主　任：张玉良

副主任：沈月伟（—5月）
　　　　钟　卫

县人大常委会代表与选举任免工作委员会

主　任：徐桂华

副主任：许卫娟（女）

【海盐县人民政府】

代县长、党组书记：顾秋莉(女,—2月)
县长、党组书记：顾秋莉（女，2月—）
常务副县长：曹惠明（—1月）
李 超（1月—）
党组副书记：曹惠明（—1月）
李 超（1月—）
副县长：詹利民
徐胜娟（女，—3月）
胡 飞
庄佳玥（—9月）
范正华
邵煜强
廖 欣(挂职,3月—)
何 峰（9月—）
陆秀梅（女，11月—）
党组成员：詹利民
徐胜娟（女，—3月）
胡 飞
范正华
邵煜强
廖 欣(挂职,2月—)
陆秀梅（女，11月—）
严家远（挂职）
袁迎春

【县政府工作部门及直属单位】

县政府办公室
党组书记：袁迎春
主 任：袁迎春
副主任：沈雪娟（女）
陈景时
顾 涛
华 涛（—2月）
陆晓峰
李林飞
徐浩锋（2月—）
县对外友协会长：张华良
专职副会长：朱永光（—11月）
叶飞翔（11月—）
外事办主任：袁迎春
侨务办主任：顾爱萍（女，—7月）
许志华（7月—）
副主任：谭泽芳

县发展和改革局
党委书记、局长：张建虹（女）
副局长：许建华
张振华
姚 颖（女）
姜小峰
苏旦辉
县国防动员办公室专职副主任：苏旦辉
县长三角一体化发展中心（县项目推进服务中心）主任：陈叶峰
中共海盐县委社会建设委员会专职副主任：陈 磊

嘉兴市人民政府驻沪联络处海盐县工作部
部 长：黄 英（女）
副部长：吴国锋

县经济和信息化局
党委书记、局长：朱国华
副局长：朱徐伟
洪 星
张 琦
总工程师：汤梦吉

县数字经济发展局
局 长：朱国华
副局长：张 琦（3月—）
县企业服务中心（数字产业发展服务中心）主任：
钱亚锋

县教育局
党组书记、局长：郭章洪
党组副书记：杜伟明
专职副总督学：叶惠玉（女，—3月）
陈燕萍（女，3月—）
副局长：姚勤华（—4月）
林会国
胡国杰（7月—）

县教育研究中心
主 任：崔保祥（—7月）
方东明（7月—）

县科学技术局
党组书记、局长：章丽锋（女）
副局长：张利峰
屠稽元

县公安局
党委书记、局长：邵煜强
政　委：朱琪峰
党委副书记：朱琪峰
　　　　　　王沈军
常务副局长：王沈军
副局长：姜孝强
　　　　赵　磊
　　　　李　睿
　　　　顾春光
督察长：邵煜强
政治处主任：陈轶萍（女）
副科级干部：杨建良
　　　　　　周利明
县流动人口管理服务中心主任：姜孝强
县流动人口管理服务中心副主任：徐忠华
县交通警察大队
大队长：陈　华
县民政局
党组书记、局长：梅　春
党组副书记：汤　敏
副局长：汤　敏
　　　　肖建中
　　　　沈印妹（女）
县委社工办副主任：沈印妹(女)
县司法局
党组书记、局长：夏梅娣（女，—4月）
党组书记、副局长：王　薇(女,4月—)
局　长：张云东（5月—）
副局长：徐俊贤（—4月）
　　　　赵　红（女）
政治处主任：廖　琛
县财政局
党委书记：王晓军（—7月）
　　　　　曹继旻（7月—）
局　长：王晓军（—7月）
　　　　曹继旻（8月—）
副局长：王建林
　　　　富钧毅
　　　　朱晓展
　　　　刘建明（—11月）
　　　　沈霞琴（女，11月—）
总会计师：范永飞
副科级干部：徐建平
　　　　　　陈　莉（女）
县国资办主任：王晓军（—7月）
　　　　　　　曹继旻（7月—）
县国资办副主任：富钧毅
县金融办公室主任：王晓军（—7月）
　　　　　　　　　曹继旻（7月—）
县金融办公室副主任：王建林
海盐县金融发展服务中心主任：王建林
海盐县金融发展服务中心副主任：柳应丰
县人力资源和社会保障局
党委书记、局长：吕华军
副局长：王　骝
　　　　陆盛华
　　　　汪　薇（女，—3月）
　　　　金雪飞（女，3月—）
县养老保险服务中心主任：王　斌
县自然资源和规划局
党委书记：周忠伟
副局长：孙海斌
　　　　彭郭英（女）
总规划师：周贤宾
副总督察：王　泷
不动产登记服务中心主任：吴　俊
嘉兴市生态环境局海盐分局
党组书记、局长：顾擎峰
副局长：王建忠（—3月）
　　　　姜春燕（女，—2月）
　　　　陈　秀（2月—）
　　　　徐海华（3月—）
总工程师：张　苹（女）
县生态环境保护督察专员：张　苹（女）
县生态环境保护综合行政执法队队长：
　　　　徐浩锋（—2月）
　　　　朱君毅（2月—）
县住房和城乡建设局
党委书记、局长：杜建勇
副局长：朱杨伟
　　　　胡国杰（—7月）
　　　　王正刚（7月—）
总工程师：谈康平

县建筑业管理服务中心主任：杨叶丽（女）

县交通运输局

党委书记：曹继旻（—7月）
　　　　　於永锋（7月—）
局　长：曹继旻（—8月）
　　　　於永锋（8月—）
副局长：陈　珂（2月—）
　　　　何华春
总工程师：陈　宇（女）
县交通运输行政执法队队长：方春利
县港航管理服务中心主任：陈　立
县公路与运输管理服务中心主任：张　侃（4月—）

县水利局

局　长：孙勤华
党组书记：孙勤华
党组副书记：肖雪林（—2月）
副局长：肖雪林（—2月）
　　　　徐云伟（2月—）
总工程师：张士林

县农业农村局

党委书记：金胜华（—4月）
　　　　　夏梅娣（女，4月—）
局　长：金胜华（—5月）
　　　　夏梅娣（女，5月—）
副局长：胡爱云（—11月）
　　　　徐勋华（11月—）
　　　　张越茜（女，—2月）
　　　　刘建飞
　　　　邬佳伟（2月—）
总农艺师：王民华
县农业行政执法队队长：吕立峰

县商务局

党组书记、局长：曹卫益
副局长：徐云伟（—3月）
　　　　陈建军
　　　　胡一尉（8月—）
总经济师：宣徐军（—4月）
　　　　　步江山（4月—）
县服务业发展中心主任：姜　婕（女，4月—）
县服务业发展中心副主任：
　　　　何征宇
　　　　叶明华（—6月）
　　　　韩燕萍（女）
县服务业发展局局长：曹卫益
中国国际贸易促进委员会浙江省海盐县委员会会长：
　　　　曹卫益
中国国际贸易促进委员会浙江省海盐县委员会专职副会长：沈丹芸（女，4月—）

县文化广电旅游体育局

党委书记：吴学辉（—12月）
　　　　　周　玲（女，12月—）
局　长：吴学辉
副局长：马建中
　　　　封伟国（—12月）
　　　　朱玉文（女，12月—）
　　　　徐勋华（—11月）
　　　　王　峰（11月—）
县文化市场行政执法队队长：丁　啸

县卫生健康局

党委书记：郭　健
局　长：郭　健
党委副书记：许宏亮（—7月）
副局长：蔡卫勤
　　　　陆海峰
红十字会会长：范正华
红十字会党组书记、常务副会长：郭　健
红十字会专职副会长：严李明
计划生育协会会长：范正华
计划生育协会常务副会长：郭　健
县计生协专职副会长：宋建强

县应急管理局

党委书记、局长：庄理龙
副局长：姜雪松
　　　　王建根
总工程师：阚建平

县审计局

党组书记：吴建峰（—1月）
　　　　　金胜华（5月—）
局　长：吴建峰（—3月）
　　　　金胜华（5月—）
副局长：沈福军
县经济责任审计工作联席会议办公室主任：
　　　　吴为民（—12月）
　　　　许卫军（12月—）

总审计师：朱依蓝（女）

县市场监督管理局

党委书记、局长：於永锋（—7月）
朱　玮（7月—）
副局长：薛建芳（女）
王伟峰
王昊军
侯海伟
总工程师：张译文（女）
县市场监管行政执法队队长：曹继斌

县统计局

党组书记、局长：钟冬娟（女）
副局长：罗程章
总统计师：王　珏（女）
县社会经济调查队队长：陈　奕（2月—）

县医疗保障局

党组书记：杨林峰
局　长：张云东（—5月）
杨林峰（5月—）
副局长：杨林峰（—4月）
徐俊贤（4月—）
县医疗保险服务中心主任：
张丽芳（女）

县综合行政执法局

党委书记、局长：黄志华
副局长：徐海华（—3月）
汪　薇（女，3月—）
宋国锋
政治处主任：步江山（—3月）
史振兴（3月—）
综合行政执法队队长：冯　嘉

县核电产业发展服务局

党组书记：金建勤
局　长：徐剑虹（女）
总经济师：时旻涛

县政务服务和数据资源管理办公室

党组书记、主任：许进虎
副主任：朱海龙
黄传毅
周晓洁（女）
总工程师：朱华海
县大数据中心主任：杨　益（—12月）
王　欢（12月—）

县档案馆

党组书记、馆长：周海军
副馆长：汤储良
蔡海燕（女）
副科长级干部：徐永军

县机关事务管理中心

党组书记、主任：陆卫华（女）
副主任：胡小华（女）
潘　俊（3月—）

县供销合作总社

党委书记：汤建勋
理事会主任：汤建勋
党委副书记：王永明
监事会主任：王永明
副主任：马宏军
宋雁鸿

嘉兴市住房公积金管理服务中心海盐分中心

党组书记、主任：康建兵（—3月）
王良华（3月—）
副主任：时卫康
施剑峰

县医药有限公司

副董事长、总经理：胡伟民
董事、副总经理：王文英（女）

县城市投资集团有限公司

党委书记、董事长：朱嘉巍
总经理：朱晓峰（—4月）
姚勤华（5月—）
党委副书记、副董事长：朱晓峰（—4月）
姚勤华（5月—）
董事、副总经理：许玲燕（女）
奚　能（女）
褚恩东
监事会主席：唐孙波（3月—）
纪委书记：王李华（—8月）
徐凯辉（8月—）

县水务投资集团有限公司

党委书记、董事长：高　庭
副董事长、总经理：冯培仁
董事、副总经理：钟仁福
周　波

黄雪光（7月—）
监事会主席：张朱华（女）
纪委书记：朱伟强

县旅游投资集团有限公司

副董事长、总经理：穆云飞（—3月）
激　光（3月—）

县交通投资集团有限公司

董事长：江军延
副董事长、总经理：王天宝

海盐县杭州湾集团公司

副董事长、总经理：朱　虹(女)

海盐县国有资本投资有限公司

董事长、总经理：刘　伟（12月—）
副总经理、董事：刘　伟（—12月）

海盐招商引智服务有限公司

总经理：姚林晓（12月—）

海盐县传媒集团

总经理、董事：崔羽中(11月—)

【其他行政事业企业单位】

国家税务总局海盐县税务局

党委书记、局长：谢伟强
党委委员、副局长：俞益定（女）
冯王勤
邱鹤峰
史　明（3月—）
党委委员、纪检组组长：沈　昀

县气象局

党组书记、局长：张瑞萍（女）
副局长：钟朱惠
曾令建
党组成员：钟朱惠
曾令建
朱晓玲（女，—2月）
党支部书记：张瑞萍（女）

嘉兴市安全局海盐分局

局　长：刘修德

县烟草专卖局（嘉兴市烟草公司海盐分公司）

党组书记、局长、经理：张启明
副局长：俞悠源
副经理：孙　恒
纪检组组长：俞悠源

国网浙江电力有限公司海盐县供电公司

党委书记：和　巍
总经理：车江嵘
党委副书记：车江嵘
张中良
副总经理：陈　刚
张明明
姚宝明
纪委书记：张中良
工会主席：张中良

中国邮政集团公司浙江省海盐县分公司

党委书记、总经理：黄金华（—11月）
谢　梅(女, 11月—)
副总经理：沈　宏
沈伟杰（6月—）
纪委书记：沈　宏

中国电信股份有限公司海盐分公司

党委书记、总经理：肖勤惠（—12月）
党委副书记、副总经理（主持工作）：
陆建峰（12月—）
副总经理：陆建峰（—12月）
王仁宝
陈利燕(女, 10月—)
总经理助理：陈利燕（女，—10月）
纪委书记：王仁宝

中国移动通信集团浙江有限公司海盐分公司

总经理：许高伟（—5月）
副总经理（全面负责）：仲耀华（5月—）
副总经理：高陈燕（女）
尹杰林（—9月）
宓逸舟（9月—）

中国联合网络通信有限公司海盐县分公司

总经理：徐旭峰
副总经理：姜平华

中国人民银行海盐县支行

党组书记、行长：顾吉锋
副行长：沈明法
王　欣
副行级：杨文潮

嘉兴银保监分局海盐监管组

主　任：许　鑫
副主任：周振华

铁塔海盐办事处
主　任：姚林贝
中国工商银行股份有限公司海盐县支行
行　长：吴良锋
副行长：黄　平
　　张慧荣（—4月）
　　马军良（4月—）
　　张熊英（女）
　　殷王飞（11月—）
行长助理：殷王飞（—11月）
中国农业银行海盐县支行
行长、党委书记：唐　宁（—7月）
副行长（主持工作）、党委副书记：
　　沈振伟（7月—）
纪委书记：洪　波（—12月）
　　杨春燕（女，12月—）
副行长：沈振伟（—7月）
　　张　瑾（女）
　　施　斌（—10月）
　　曹水洪（7月—）
　　高　燕（女，11月—）
中国银行股份有限公司海盐支行
行　长：许北平
副行长：潘　丹
　　陈　晖（女，4月—）
　　马勤芳（女）
中国建设银行股份有限公司海盐支行
党委书记、行长：沈　翼（—4月）
党委副书记、副行长（主持工作）：
　　丁　扬（女，4月—）
副行长：沈　钢
　　向利民
行长特别助理：李国华（4月—）
中国农业发展银行海盐县支行
行长、党支部书记：朱国平（—2月）
　　余炀阳（1月—）
副行长：余炀阳（—1月）
　　孙　青（女，4月—）
海盐农村商业银行
党委书记：郑忠月
董事长：郑忠月
行　长：徐海卫
副行长：戴纪中
　　汤民轶（—8月）
　　戴美卯
监事长：郑　悦（—4月）
　　汤民轶（9月—）
纪委书记：郑　悦（—3月）
　　汤民轶（9月—）
中信银行股份有限公司嘉兴海盐支行
行　长：胡红杰
副行长：沈建红（女，—2月）
　　张永忠（—2月）
　　张晓海（2—9月）
　　张　琳（女，2月—）
　　沈亦君（女，9月—）
嘉兴银行股份有限公司海盐支行
行　长：陆海伟
副行长：朱崔平（女，—7月）
　　赵峤嵘（—5月）
　　熊　威（女，8月—）
中国交通银行股份有限公司海盐支行
副行长（主持工作）：戴　东
副行长：张　峰
行长助理：吴春敏
中国邮政储蓄银行股份有限公司海盐支行
行　长：许化冰（女）
副行长：叶丽萍（女，—3月）
　　胡亦晴（女，—1月）
　　竺伟东
　　陈芳芳（女，3月—）
浙商银行股份有限公司嘉兴海盐支行
行　长：唐文广
副行长：沈　骏
　　潘晨霞（女）
绍兴银行股份有限公司嘉兴海盐支行
行　长：沈　旦
副行长：钱李锋（—5月）
　　董　丽（5月—）
中国民生银行股份有限公司嘉兴海盐支行
行　长：皇甫瑛（女，—6月）
　　顾成强（11月—）
副行长：朱屹立（女，—2月）

上海浦东发展银行股份有限公司嘉兴海盐支行
行　长：冯　飞（—10月）
副行长（代为履职）：金　峰（10月—）
副行长：张敏伟（—6月）
　　　　姬建屏（女，—10月）
见习副行长：金超宇（10月—）
浙江泰隆商业银行股份有限公司嘉兴海盐支行
行　长：钱孝林
平安银行嘉兴海盐支行
行　长：张　昊
代理行长：方紫霞（女）
海盐湖商村镇银行股份有限公司
行　长：沈仲华
副行长：章　霓
行长助理：姚海明
中国人民财产保险股份有限公司海盐支公司
总经理：徐明华
副总经理：方　伟
　　　　　顾敏懿（女，—1月）
　　　　　沈娟娟（女，1月—）
总经理助理：顾玉燕(女,8月—)
中国人寿保险股份有限公司海盐县支公司
经　理：王姝瑶（女）
副经理：陈　静（女）
　　　　王佳元
中国太平洋财产保险股份有限公司海盐支公司
总经理：沈惠兴
副总经理：蒋列生
　　　　　沈　佳
中国石油化工集团公司浙江嘉兴海盐石油支公司
经　理：吴群贤（—6月）
副经理（主持工作）：曹　君(6月—)
副经理：宋春斌

【中国人民政治协商会议海盐县委员会】

党组书记：陆忠祥
党组副书记：周　锷
　　　　　　张华良
主　席：陆忠祥
副主席：周　锷
　　　　曹丽娟（女）
　　　　徐刘根
　　　　卫沈弘
　　　　刘志海
党组成员：周　锷
　　　　　卫沈弘
　　　　　施国庆
　　　　　张　妩（女）
秘书长：施国庆
常务委员：（以姓氏笔画为序）
　　　　　王　哲（女）　王　祥　王天宝
　　　　　王良华（—6月）　厉全明　朱徐伟
　　　　　朱爱英（女）　孙李峰　李洁琼（女）
　　　　　吴雄飞　沈　明　张　妩（女）
　　　　　张云东　陆蔚红（女）　陈　辉
　　　　　陈子彦　林圣全　金王琴（女）
　　　　　项小明　赵荣华　俞国平
　　　　　姜　婕（女）　洪建英（女）
　　　　　洪雪华（女）　徐剑虹（女）　高　健
　　　　　浦云峰　詹　华
机关党组书记：施国庆
机关党组副书记：张　妩（女）
县政协办公室（研究室）
主　任：张　妩（女）
副主任：王　芳（女）
　　　　李建卫
研究室副主任：顾　玮（女，—6月）
　　　　　　　沈　甜（女，6月—）
县政协提案委员会
主　任：洪建英（女）
副主任：沈雪平
　　　　许建华（兼）
　　　　姜小峰（兼）
县政协经济与人口资源委员会
主　任：孙李峰
副主任：虞顾龙
　　　　朱徐伟（兼）
　　　　章丽锋（女，兼，—1月）
　　　　朱其良（兼，1月—）
县政协教科卫体与文化文史学习委员会
主　任：吴雄飞
副主任：沈　甜（女，—6月）
　　　　崔张欣（6月—）
　　　　杜伟明（兼）

周　玲（女，兼）

县政协社会法制与民宗港澳台侨委员会

主　任：张海锋

副主任：王晓波

冯　强（兼，—1月）

朱琪峰（兼）

朱建忠（兼，1月—）

县政协农业和农村委员会

主　任：詹　华

副主任：方忠明

张越茜（女，兼，—6月）

吕立峰（兼，6月—）

县政协委员工作委员会

主　任：张　妩（女，—9月）

顾爱萍（女，9月—）

副主任：杨开华（—6月）

顾　玮（女，6月—）

王良华（兼，—6月）

洪雪华（女，兼）

钟亚萍（女，兼）

赵　野（兼，6月—）

【海盐县人民法院】

院　长：杨爱民

党组书记：杨爱民

副院长：沈爱萍（—5月）

汪先才（—5月）

周　明

沈宏宇（5月—）

李夏琰（女，5月—）

政治部主任：季　春（女，—12月）

许小丽（女，12月—）

沈荡人民法庭庭长：李晓炯（女，—9月）

曾怀东（9月—）

西塘桥人民法庭庭长：郑连平

审委会专职委员：李夏琰（女，—5月）

金春荣

李晓炯（女，9月—）

【海盐县人民检察院】

检察长、党组书记：张震宇

副检察长：陆蔚红（女，—9月）

王嫣红（女）

沈家奎（5月—）

政治部主任：汤云峰

检委会专职委员：金朝晖（—9月）

柏水英（女，5月—）

朱　冰（女，12月—）

【民主党派和工商联】

中国民主同盟海盐县基层委员会

主　委：庄佳玥

副主委：张云东

陈　辉

徐建群（女）

中国民主促进会海盐县基层委员会

主　委：刘志海（7月—）

副主委：李　俊

王天宝

沈雪芳（女）

中国农工民主党海盐县基层委员会

主　委：徐刘根

副主委：沈志浩

胡爱云

浦云峰

九三学社海盐县基层委员会

主　委：姜　婕（女）

副主委：刘　伟

李琳琳

黄雪光

中国国民党革命委员会海盐县支部委员会

主　委：曹丽娟（女，1月—）

县工商业联合会

党委书记：朱其良

主　席：陈子彦（兼）

副主席：章丽锋（女，—3月）

朱其良（3月—）

宋　华　姚冬明

卜晓华（兼）

马建平（兼）

马雪明（兼）

王　平（兼）

王宝辉（兼，—3月）

王勤伟（兼）

邓　建（兼）
卢中平（兼）
朱冬伟（兼）
朱忠明（兼）
任维明（兼）
许加生（兼）
许明曙（兼）
李永宪（兼）
时沈祥（兼）
沈正华（兼）
沈家华（兼）
张珊珊（女，兼）
陈跃忠（兼）
金惠明（兼）
姚　华（兼）
黄忠明（兼）
秘书长：顾　瑾（女）

【群众团体】

县总工会
党组书记：朱琛瑶（女）
主　席：朱琛瑶（女）
副主席：胡海峰
姚益芬（女，—4月）
杨开华（4月—）

团县委
书　记：汤振杰
副书记：姚倪平（7月—）
许琪洁（女，8月—）
陈　喜（挂，12月—）
徐　霞（女，兼，12月—）
金王涛（兼，12月—）

县妇女联合会
党组书记：谢风英（女，—12月）
钟亚萍（女，12月—）
主　席：谢凤英（女）
副主席：顾小雁（女）
金雪飞（女，—3月）
周　玲（女，兼）
王　敏（女，兼）
姚慧青（女，兼）
徐　苗（女，挂，—3月）
沈欣悦（女，挂，12月—）

县科学技术协会
党组书记：丁丽萍（女）
主　席：丁丽萍（女）
副主席：王卫锋
王群会
兼职副主席：肖亚宝

县残疾人联合会
党组书记、理事长：朱建忠
副理事长：吴徐锋
沈勇志

县文学艺术界联合会
党组书记：林周良（—2月）
周　玲（女，2—12月）
谢凤英（女，12月—）
主　席：林周良（—2月）
周　玲（女，2月—）
副主席：王惠华
黄沈明（兼，9月—）
浦云峰（兼，9月—）
吴方舒（挂，9月—）
副科长级干部：顾雪琴（女）

各镇（街道）负责人名录

武原街道
党委书记：李全发
党委副书记：朱　玮（—7月）
郭　超（7月—）
郭凤雨（—2月）
陆俊超（2月—）
冯　峰
党委委员：卫　忠
王博文（—12月）
孔董娜（女，12月—）
谭叶青（女，—7月）
金晓鹏（7月—）
张晓滢（女）
史振兴（—3月）
祝晓刚（3月—）

宋振光
陈　辉
人大工委主任：刘支群（女）
人大工委副主任：潘　洪
办事处主任：朱　玮（—7月）
郭　超（7月—）
办事处副主任：顾海赟（女）
沈柯亮
储妙华（女，—12月）
冯跃华
崔　瀚
纪委书记、监察办主任：卫　忠

开发区（西塘桥街道）

党工委书记：章剑锋
党工委副书记：张志华
夏一鸣
陈　珂（—2月）
姚虎伟（2月—）
党工委委员：彭能超
韩　磊（女）
陈越超
陈佳希（女）
姚虎伟（—2月）
李　波（2月—）
徐得利
张陆军
人大工委主任：王雪君
人大工委副主任：朱建辉（—1月）
崔灵佳（女，1月—）
办事处主任：张志华
办事处副主任：冯　炜
夏金平（—12月）
冯伟娟（女，12月—）
沈　超（2月—）
李　波（—2月）
林慧东
唐　强
纪工委书记、监察办主任：彭能超
管委会主任：章剑峰
管委会副主任：张志华
陈国华
姜　伟（2月—）
陆俊超（—2月）

望海街道

党工委书记：宋伟庆
党工委副书记：徐颖璐（女，—12月）
高　健（12月—）
王海峰（—7月）
徐燕峰（7月—）
石少华
党工委委员：王永吉
孔董娜（女，—12月）
宣园婷（女，12月—）
黄沈明
张雯琦（女）
包丹洲
胡　海
蒋龙飞（3月—）
缪李伟
人大工委主任：陈云松
人大工委副主任：范春芳（女）
办事处主任：徐颖璐（女，—12月）
高　健（12月—）
办事处副主任：王　欢（—12月）
储妙华（女，12月—）
王爱民
潘沈峰
徐燕峰（—7月）
沈欣悦（女，7月—）
张洪迪
纪工委书记、监察办主任：王永吉

秦山街道

党委书记：金志刚
党委副书记：戴燕卫（—2月）
沈一涛（2月—）
祝旭虹（女，—2月）
谢会德（2月—）
程叶峰（—7月）
徐美平（7月—）
党委委员：金中群
姜　鹤
杜　洋（女）
叶　春
高建忠

薛伟峰
张艳辉
人大工委主任：曹卫良
人大工委副主任：郑利明
办事处主任：戴燕卫（—2月）
沈一涛（2月—）
办事处副主任：谢会德（—2月）
王　杰（7月—）
王一琳（女）
朱玉文（女，—12月）
夏金平（12月—）
蒋吴佳（—3月）
高家欢（3月—）
曹　杰
纪委书记、监察办主任：金中群

沈荡镇

党委书记：沈晓明（—3月）
戴燕卫（3月—）
党委副书记：言　菁
许志华（—7月）
王利伟（8月—）
黄建国
党委委员：步佶晋（女）
张　俊（女，—7月）
谭叶青（女，7月—）
姚敏方（女，—7月）
戈丽雯（女，7月—）
史海通
干炯臻
甘建康
孙卫峰
人大主席：王朱明
人大副主席：秦顾良
镇　长：言　菁
副镇长：王利伟（—8月）
沈　尧（8月—）
金　乔
王　慧
陈景航
纪委书记、监察办主任：步佶晋（女）

百步经济开发区（百步镇）

党委书记：赵小龙
党委副书记：吴胜杰
王　哲（女）
姜利明
党委委员：李勤根
沈潇雅（女）
范郭真
吴肖峰
朱世鹏
丁　亢（4月—）
董佳浩
谢董董（3月—）
人大主席：蔡耀明
人大副主席：李均敬（女）
镇　长：吴胜杰
副镇长：潘其华（—11月）
王玲敏（女）
钱金超（11月—）
沈伟华
姚晨雪（女）
叶吴良
纪委书记、监察办主任：李勤根
管委会主任：赵小龙
管委会副主任：吴胜杰
叶　锋
沈　鹏
严家远（挂职）

于城镇

党委书记：汤敏建
党委副书记：张东怡
张美群（女）
党委委员：翁芳洁（女）
陈　彬
沈丹妮（女，—11月）
沈　佳（11月—）
沈霞琴（女，—11月）
卫佳锋（11月—）
沈国平
沈海峰
肖陆军
人大主席：姚卫东
镇　长：张东怡
副镇长：张　达

沈晓春（女）
张晨捷
步克淼
纪委书记、监察办主任：翁芳洁（女）

澉浦镇（南北湖风景区）

党委书记：郭　涛（3月—）
党委副书记：郭　涛（—3月）
王海峰（7月—）
高　健（—12月）
汤振杰（12月—）
吴晓波
党委委员：黄文君
李俊杰
肖也佳（女）
徐晓利（女，—11月）
韩云峰（11月—）
祝晓刚（—3月）
王凌捷（3月—）
苏周华
朱海明
人大主席：吴建军
人大副主席：金勤萍（女）
镇　长：郭　涛（—8月）
王海峰（8月—）
副镇长：徐晓利（女）
邱　枫（女）
单邵伟
许卫军
金明飞
纪委书记、监察办主任：黄文君
风景区管委会主任：郭　涛（3月—）
风景区管委会副主任：
郭　涛（—3月）
王海峰（7月—）
杨伟斌
陆　斌（—12月）
杨　益（12月—）

通元镇

党委书记：张佳伦（女，—12月）
徐颖璐（女，12月—）
党委副书记：张豪俊
马万勇
党委委员：周　泓（女）
吴成斌
刘　斌
张培兵
王正刚（—8月）
许卢晓（8月—）
刘　宇
冯　华
人大主席：倪建中
人大副主席：沈勤华
镇　长：张豪俊
副镇长：茹斌飞（1月—）
胡严萍（女）
冯伟娟（女）
姜　伟（1月—）
纪委书记、监察办主任：周　泓（女）

（马云超）

文件选编

中共海盐县委办公室 海盐县人民政府办公室关于印发《海盐县全面融入长三角一体化发展暨虹桥国际开放枢纽南向拓展带建设三年行动计划（2023—2025年）》的通知

各镇（街道）党（工）委、政府（办事处），县级机关各部门，县属各单位：

《海盐县全面融入长三角一体化发展暨虹桥国际开放枢纽南向拓展带建设三年行动计划（2023–2025年）》已经县委、县政府同意，现印发给你们，请认真贯彻执行。

中共海盐县委办公室
海盐县人民政府办公室
2023年4月6日

海盐县全面融入长三角一体化发展暨虹桥国际开放枢纽南向拓展带建设三年行动计划（2023-2025年）

为全面贯彻习近平总书记关于长三角一体化发展的重要指示精神，落实《长江三角洲区域一体化发展规划纲要》及省市有关文件精神，根据县委十五届四次（扩大）会议确定的我县全面融入长三角一体化发展的总体要求，特制定本行动计划。

一、指导思想

以习近平新时代中国特色社会主义思想为指导，深入贯彻党的二十大精神和习近平总书记在扎实推进长三角一体化发展座谈会上的重要讲话精神，紧扣“一体化”和“高质量”两个关键，忠实践行“八八战略”，聚力建设两桥之间“黄金海岸经济带”，助力打造长三角城市群重要中心城市，以更高水平的协同开放，助力长三角实现更高质量的一体化发展。

二、总体目标

到2025年，着力实现基础设施互联互通、产业平台高效协作、科技人才开放交流、公共服务同城优享，全县创新、协调、绿色、开放、共享发展水平进一步提升，力争地区生产总值超900亿元，一般公共预算收入80亿元以上，城乡居民人均收入与经济增长基本保持同步，奋力谱写中国式现代化海盐新篇章。

三、主要任务

（一）实施交通工程攻坚行动

1. 突出轨道交通建设。打造“2+2+X”接沪连杭融嘉通苏甬现代综合交通体系，全面融入沪杭甬高铁“半小时交通圈”，加快建设通苏嘉甬高铁和沪平盐城际等工程，谋划沪平盐城际铁路延伸，构建高铁、城际轨道于一体的高效枢纽。开展海盐至海宁市域铁路前期研究，力争纳入国家、省市规划。（责任单位：县发改局、县自然资源规划局、县交通运输局）

2. 完善骨干道路网络。加快

推进杭浦高速公路海盐联络线（一期）、嘉兴高铁枢纽至海盐快速路、杭浦高速公路南北湖互通改建工程、525国道平改立改造、S207秀洲至仙居公路海盐通元至澉浦段新建工程等项目，加快推进杭浦高速公路海盐联络线（二期）等项目。（责任单位：县交通运输局）

3. 构建海河联运枢纽。实施嘉兴海河联运示范区海盐内河枢纽工程建设，加快浙北高等级航道网集装箱运输通道、嘉兴港海盐海河联运Ⅲ区工程等项目建设。重点推进海盐长三角智慧港（传化）项目，着力打造辐射长三角的灯塔物流枢纽。〔责任单位：县交通运输局、开发区（西塘桥街道）〕

（二）实施产业平台赋能行动

4. 做强重大产业平台。构建以海盐经济开发区为龙头的“万亩千亿”产业平台，聚力打造空间集聚、产业升级、创新驱动和产城融合发展的杭州湾先进制造业重要基地，全力创建国家级开发区。推动百步经济开发区错位发展，建设以冠宇电池为龙头的新能源产业园，增强发展新动能。加快省级高新园区建设。〔责任单位：武原街道（城投集团）、开发区（西塘桥街道）、望海街道、秦山街道、百步经济开发区（百步镇）〕

5. 做优特色园区平台。充分发挥秦山核电独有优势，加快推进核技术应用（同位素）产业园建设，努力打造全国最大的集同位素研究与生产、核医学研究与医疗为一体的特色产业基地。做优5G通讯产业园、化工新材料园、氢能产业园、新型显示城等特色园区，持续提高园区项目承载力、创新吸附力和亩均产出效益。〔责任单位：开发区（西塘桥街道）、望海街道、秦山街道〕

6. 做实零碳绿色平台。稳步推进零碳未来城，以绿色、生态、零碳为导向，建设形成“155”体系。重点打造“双区并进、一镇提升”的空间格局，建设北部零碳产业区、南部未来科教区和核电小镇升级版。发挥核电关联产业优势提升产业能级与零碳化水平，开展核能综合利用与综合能源体系建设，积极打造核产业为主、融合发展的低碳产业新高地。〔责任单位：县发改局、秦山街道、澉浦镇（南北湖风景区）〕

（三）实施现代产业发展行动

7. 加快产业集群发展。坚持“工业强县”不动摇，深入开展3+3先进制造业集群体系建设，聚焦发展新型显示及电子信息、新能源新材料、核电关联及核技术应用（同位素）等领域，打造先进制造业产业集群，到2025年力争全县规模以上工业产值超2000亿元。实施数字经济“一号发展工程”，推进数字产业化、产业数字化，力争2025年数字经济规模以上产值突破250亿元。（责任单位：县经信局）

8. 深化推进培大育强。实施民营经济高质量发展“雄鹰计划”，实现规模以上企业数量和规模快速增长，大力实施“凤凰行动”，壮大专精特新梯队，深耕“上市50”。到2025年力争全县亿元企业超250家、10亿元企业超25家、50亿元企业超5家、百亿元企业3家，力争新增上市（挂牌）企业10家。（责任单位：县经信局、县财政局）

9. 提高招商引资质效。深入实施“地瓜经济”提能升级“一号开放工程”，强化“一把手”招商机制，推进“基金+股权+项目”招商，力争关键性、龙头型“大好高”外资项目实现新突破。力争三年累计实到外资10亿美元，引进世界500强、超亿美元项目等30个以上；力争内资新增工业用地备案投资300亿元，其中超10亿元项目15个以上。（责任单位：县商务局）

（四）实施科技创新拓展行动

10. 加快科创载体建设。深入实施“深根计划”，加强与清华大学长三角研究院合作，推动军民融合产业发展。依托南北湖医学人工智能研究院开展国家级医学影像数据存储中心创建。推动中核集团和大院名校共建核电关联新型研发机构，积极创建核技术（同位素）省级技术创新中心。加快海盐国际（上海）创新中心域外孵化器建设，依托复旦大学高校资源开展科创项目孵化和高端人才招引。（责任单位：县科技局、县核电产业发展服务局、秦山街道）

11. 拓宽成果转化渠道。深入对接“中国浙江网上技术市场3.0”、“浙里拍”成果转化系统，推进“线上对接、线下服务”的海盐科技大市场建设，持续举办科创项目集中路演活动，为产学研合作和科技成果转化搭建科技信息和交易平台，精准对接高校院所开展技术攻关。（责任单位：县科技局）

12. 推动多元人才招引。加强创新人才集聚，开展“盐途有你”“海燕回归”“盐医回巢”等人才招引行动。推动在海内外人才密集的城市聘请引才大使或与中介机构合作，引进和培育高层次人才。加快布局“人才飞地”建设，实现新引进的人才可同等享受相关政策。加强与大院名校合作，共建引才工作站。（责任单位：县人力社保局）

（五）实施滨海新城提级行动

13. 提升中心城市能级。大力推进千年古城复兴，以杨家弄为核心，以护城河为环线，构筑“一带两轴三中心”的总体格局，建设千年古城核心旅游区，重点实施杨家弄改造项目、“八园”重建修复提升等工程。联动开发城东滨海国际旅游度假区、城南高铁新城新片区，城西城市西客厅、城北科教中心等区块，不断拉开城市框架、优化城市形态。〔责任单位：县自然资源规划局、县住建局、县文化广电旅游体育局、武原街道（城投集团）〕

14. 推进南北湖未来城建设。高规格推进规划编制，启动未来城科创湖区和中央湿地水系生态治理工程，形成以南北湖、中央湿地为主的山湖海生态轴带。推动产城融合，以科创金融、数字经济、生物科技（生命健康）、智能制造、文旅服务等重点开展产业招商，培育经济新增长极。〔责任单位：澉浦镇（南北湖风景区）、县科技局〕

15. 建设文明智慧城市。以数字手段治理城市，完善“城市大脑”平台，统筹智慧交通、智慧城管建设，让城市运行更具韧性、更加高效。以文明理念温暖城市，推进高品质街区建设提质扩面，打造“席地而坐”城市客厅。〔责任单位：县综合执法局、武原街道（城投集团）〕

（六）实施文旅商务提效行动

16. 推进文旅载体提升。实施旅游业“微改造、精提升”行动，加快开元森泊等项目建设，打造高端酒店集群，持续做热海盐南北湖文化旅游节，全力争创5A级旅游景区。聚焦“五张典范牌”，推进“南部未来乡村样板带”建设，组团式发展未来乡村，打造有一定影响力的乡村旅游精品线。〔责任单位：县委宣传部、县农业农村局、县文化广电旅游体育局、澉浦镇（南北湖风景区）〕

17. 推进文化品质提升。深化新时代文化海盐“410”工程，巩固提升全国文明城市创建成果。推进文化融入城市建设，建成文化艺术中心、北大街历史文化中心，加快新时代文明实践中心、非遗馆建设，因地制宜打造一批城市智慧书房、特色文化街角。〔责任单位：县委宣传部、县文化广电旅游体育局、武原街道（城投集团）〕

18. 推进消费能级提升。培育城市消费新动能，以节促市挖掘消费潜力，开展汽车购物节、暑期消费季、假日黄金周等系列活动。高品质推进北大街文化旅游街区项目，积极导入品牌首店。大力培育“日出经济”“首店经济”“网红经济”，加快聚拢人气、商气、烟火气。（责任单位：县商务局、县市场监管局）

（七）实施公共服务优化行动

19. 推进营造一流营商环境。大力实施营商环境优化提升“一号改革工程”，持续深化企业投资领域审批改革，全面实现海盐与周边区域政务服务一网通办、全域通办、就近可办。推动开展与上海在市场规则、政府办事规则方面的“两个无差别”事项。〔责任单位：县委办公室（改革办）、县发改局、县政务数据办〕

20. 推动公共服务同城共享。加快实现沪盐市民卡“一卡通”，推进交通出行、旅游观光、文化体验等方面实现“同城待遇”。推进滨海中学与华师大基教所共同打造未来教育研究等合作。深化县人民医院、县中医院、县妇保院等与沪杭知名医院的合作，扩大异地就医门诊直接结算覆盖面。（责任单位：县教育局、县人力社保局、县卫生健康局、县医保局）

21. 推动社会事业优质优享。全力争创国家学前教育普及普惠县，持续擦亮全国义务教育优质均衡县金字招牌。深入高质量推进国家基层卫生健康综合试验区建设，着力打造15分钟品质文化健身、城乡养老和婴幼儿照护服务圈。推进“颐养在盐”，促进“居家养老+社区养老”融合发展。（责任单位：县教育局、县民政局、县卫生健康局）

（八）实施区域协作深化行动

22. 深化与上海片区产业联动。加强与上海全方位、宽领域接轨，加深国际产业链、供应链的合作韧性。围绕打造G60科创走廊重点节点平台，不断深化与上海“五大新城”的合作交流，积极开展核电关联、新能源新材料、新型显示及高性能医疗设备等领域的产业对接。（责任单位：县经信局、县科技局、县商务局）

23. 深化与两大都市圈产业联动。加强与杭州都市圈的接轨，进一步发挥数字协作联盟作用，不断深化在视觉智能、电子商务等数字经济产业上的合作交流，共促产业转型升级。加强与宁波都市圈的接轨，不断深化在海洋经济、新材料、关键基础件等领域的合作交流，壮大先进制造业集群。（责任单位：县经信局、县科技局、县商务局）

24. 深化与北向拓展带片区联动。充分借助苏州工业园区长三角境外投资促进中心等平台，为海盐企业在国内及境外多元投资发展提供服务。借鉴上海“反向飞地”运营经验，积极吸引京津冀、大湾区、成渝等地愿意来大虹桥投资的优质资本。（责任单位：县发改局、县经信局、县商务局）

四、保障措施

（一）强化组织保障。充分发挥县加快推进高质量融入长三角一体化发展工作领导小组统筹作用，加强领导小组办公室综合协调。建立健全工作例会、清单管理、督察督办、考核评价等制度，将融入长三角一体化发展工作纳入各镇（街道）、县级部门目标责任制考核。

（二）强化要素支撑。抢抓国家政策机遇窗口期，强化项目谋划申报，创新多渠道投融资模式，优先保障长三角一体化发展重点项目，按照工作载体化、载体项目化、项目清单化、清单责任化的要求，全面推进融入长三角一体化发展各项工作。

（三）强化宣传推介。聚焦主流媒体平台，抓住关键时间节点，持续加大对海盐全面融入长三角一体化发展的宣传力度。定期举办产业高端论坛、经贸合作洽谈、文化旅游推广等活动，增强人民群众、市场主体和社会各方对长三角一体化工作的认同感和参与度，汇聚形成全社会共同参与和融入长三角一体化发展的强大合力。

附件（略）

中共海盐县委办公室　海盐县人民政府办公室
关于印发《海盐县深入实施“八八战略”强力推进创新深化改革攻坚开放提升工作总体方案》的通知

各镇（街道）党（工）委、政府（办事处），县级机关各部门，县属各单位：

《海盐县深入实施“八八战略”强力推进创新深化改革攻坚开放提升工作总体方案》已经县委、县政府讨论同意，现印发给你们，请认真贯彻落实。

中共海盐县委办公室

海盐县人民政府办公室

2023年4月25日

海盐县深入实施“八八战略”强力推进创新深化改革攻坚开放提升工作总体方案

为贯彻落实全省深入实施“八八战略”强力推进创新深化改革攻坚开放提升大会精神，彰显海盐特色和辨识度，全力构筑县域高质量发展新优势，制定本方案。

一、总体要求

以习近平新时代中国特色社会主义思想为指导，全面贯彻党的二十大和二十届二中全会精神，按照省第十五次党代会、省委十五届二次全会和市委、县委决策部署，深入实施“八八战略”，坚定不移激活创新这个第一动力、用活改革这个关键一招、走活开放这个必由之路，以三个“一号工程”为牵引，以“十项重大工程”为具体抓手，切实把全县“三大比拼”“三大攻坚”“三大提升”等中心工作有机融入创新深化改革攻坚开放提升大框架，全面增强高质量发展新动能，为奋力谱写中国式现代化海盐新篇章而不懈奋斗。

——加快打造高水平创新县。坚持创新在现代化建设全局中的核心地位，以数字经济创新提质“一号发展工程”为牵引，强力推进创新深化，探索体制机制新路径，构建全域创新新格局，培育产业创新新优势，构建教育、科技、人才一体推进新机制，建设具有影响力的科创高地、创新策源地。

——加快打造高质效改革先行县。坚持发展出题目、改革做文章，以营商环境优化提升“一号改革工程”为牵引，强力推进改革攻坚，聚焦共同富裕先行示范等重点领域，着力破解深层次体制机制障碍，形成一批原创、鲜活、特色改革品牌，把海盐打造成为集聚高端要素的磁场、创新创业的沃土、现代治理的范本。

——加快打造高能级开放县。坚持以开放促发展增活力，以“地瓜经济”提能升级“一号开放工程”为牵引，强力推进开放提升，积极参与“一带一路”建设，主动参与国际竞争与合作，加快向制度型开放拓展，加快融入国内大循环和国内国际双循环。

二、组织架构

成立海盐县深入实施“八八战略”强力推进创新深化改革攻坚开放提升领导小组，由县委书记、县长担任双组长，下设“一办三组三专班一保障”。

（一）办公室。县领导小组办公室由分管副县长担任牵头人，办公室设在县发改局，主要职责是加强顶层设计、跟踪调度、督促考评，重点任务是组织筹备领导小组会议和工作推进例会，建立健全指标体系并进行综合晾晒，编发工作简报，做好领导小组日常协调工作。

（二）三个专题组。三个专题组主要职责是从战略层面开展本领域重大问题谋划研究，各协调单位原则上4月中旬前编制实施意见，明确时间表、路线图、任务书，推进本领域重点工作落实。创新深化专题组由县委副书记和分管副县长牵头，县科技局为协调单位，聚焦优化创新资源配置、激发创新主体活力、完善科技治理机制和教育、科技、人才一体推进机制，构建全面创新的体制机制；改革攻坚专题组由县委副书记和分管副县长牵头，县委办公室（县委改革办）为协调单位，聚焦营商环境、共同富裕、数字化改革、“大综合一体化”行政执法改革等重大领域关键环节，健全改革落实机制；开放提升专题组由分管副县长牵头，县商务局为协调单位，聚焦投资贸易便利化、服务业扩大开放、“一带一路”等领域，形成更高水平的开放型经济新体制。

（三）三个专班。三个专班聚焦重点工作、关键环节，协调重大问题，推动政策集成、资源集聚。各牵头单位3月底前编制实施方案，明确五年总体目标以及年度、季度目标任务，明确调度管理要求、标志性节点。数字经济创新提质“一号发展工程”专班由分管副县长为牵头人，县经信局牵头负责，突出往“高”攀升、向“新”进军、以“融”提效，推动以数字经济发展取得新进展；营商环境优化提升“一号改革工程”专班由县委副书记和分管副县长为牵头人，县委办公室（县委改革办）牵头负责，聚焦打造最优政务、法治、市场、经济生态、人文环境，让海盐跻身贸易投资最便利、政府服务最高效、干部作为最担当、法治保障最有力、经济生态最健康的营商环境最优县行列；“地瓜经济”提能升级“一号开放工程”专班由分管副县长作为牵头人，县商务局牵头负责，坚持高水平“走出去”与高质量“引进来”有机统一，推动主导产业的产业链供应链体系、内外贸综合实力、重要开放平台、企业主体提能升级。

（四）争先保障组。争先保障组由县委常委、组织部部长作为牵头人，县委组织部牵头负责，主要职责是统筹推进“四敢争先”实践活动，坚持重点工作用重兵，抽调优秀干部到专班锻炼“淬火”，练就过硬本领，推动全县上下在推进创新深化改革攻坚开放提升工作中展作为、显担当、勇争先。

三、工作机制

依托“一办三组三专班一保障”的组织架构，构建常态化调查研究、常态化分析研判、常态化协调服务工作机制。

（一）例会制。按照“周例会、月调度、季分析、年总结”的要求，环环相扣、扎实推进，做到以周保月、以月保季、以季保年。各专题组协调单位、专班牵头单位原则上每两周召开例会、牵头人每月调度，协调解决重大问题和重大事项。县委每季度召开全县工作推进会，实行综合晾晒，研究部署下一季度工作；领导小组每年召开一次会议，总结盘点全年工作，研究部署下一年工作。

（二）清单制。各专题组、专班将实施意见和实施方案重点工作清单化，制定主要指标进度表、重点任务进度表、问题销号进度表等三张清单（附件1–3），明确牵头县级部门、协作县级部门、镇街责任，清单化动态管理，确保每项任务落实到位、执行到位，季度进展情况于4月、7月、10月和次年1月12日前报至县领导小组办公室。

（三）报告制。按照精简精准、统一规范的要求，由县领导小组办公室负责简报信息的汇总、采编和报送，原则上每月一期，各专题组、专班不得自行编发。各专题组、专班要加强深层次问题收集和分析，于每月22日前将相关信息报送县领导小组办公室。县领导小组办公室根据实际情况，向上报送本县工作推进情况和典型经验做法。

（四）晾晒制。县领导小组办公室负责每季度综合晾晒。分经济发展、创新深化、改革攻坚、开放提升四个领域，在充分衔接“十项重大工程”的基础上选取若干具体指标，指标体系参照省、市体系结合本县实际另行制定。

（五）督查制。坚持统筹督导、统一行动，提高效率、减轻基层负担。由县委办督查科、县政府办督查科室牵头，会同县领导小组办公室和相关牵头单位，建立健全“督帮一体”工作链。各专题组、专班结合实际，提出督查事项建议报县领导小组办公室，县领导小组办公室汇总综合后报县委办督查科、县政府办督查科室。县委办督查科、县政府办督查科室审核研究后会同领导小组办公室和各牵头单位，联合组建“督帮一体”工作组，开展跟踪督查和整改帮助，确保回路闭环（附件4），按照县有关规定，对真抓实干成效明显的给予通报表扬激励，更好激发全县干部担当作为、干事创业的积极性、主动性、创造性。

四、政策配套

突出系统性、协同性、集成性，按照“优化出台一批、谋划储备一批、向上争取一批”的要求，构建一体推进创新深化改革攻坚开放提升的政策工具箱。除专题组、专班编制好创新深化改革攻坚开放提升三个实施意见、三个“一号工程”实施方案外，相关单位要同时研究五项机制措施。

县委社建委牵头围绕深化“扩中提低”改革、扎实推进公共服务优质共享、让创富活力竞相迸发和共富成果可及可感等工作，研究制定共同富裕体制机制措施。县委组织部牵头围绕开展领军型人才、乡村振兴人才等各类优秀人才引育集聚行动，加快构筑海盐人才聚集高地，深入实施人才强县战略，研究制定战略人才机制措施。县委宣传部牵头围绕激发全县域文化创新活力、厚植优秀创新文化、激活文化创新机制、推进文化创新繁荣等工作，研究制定创新文化和文化创新机制措施。县科技局牵头围绕打造“产学研贯通、上下游一体”的科创全链条、提升全域创新水平、加快“315”科技创新体系建设等工作，研究制定科技创新机制措施。县教育局牵头围绕职业院校建设，研究制定高水平职业教育机制措施。五项机制措施原则上4月中旬前编制完成。

五、评价体系

充分发挥考核“指挥棒”效应，形成县镇联动、部门协作的工作合力。由县委组织部牵头，将创新深化改革攻坚开放提升纳入综合考核，构建考核指标体系，形成完整覆盖部门、镇街的综合考核体系。原则上各专题组、专班不再另设专项考评。

六、有关要求

（一）凝聚思想共识。全县要坚决把思想和行动统一到深入实施“八八战略”强力推进创新深化改革攻坚开放提升决策部署上来，进一步增强创新精神、改革意识，立足自身，找准切入点，心往一处想、劲往一处使、拧成一股绳，凝聚强力推进的工作合力。

（二）压实工作责任。牢固树立“抓而不紧，等于不抓；抓而不实，等于白抓”意识，坚持“一把手”抓“一号工程”，以上率下、长期坚持、一抓到底，以“头雁效应”激发“群雁效应”。

（三）突出实干实效。全县要形成一以贯之推动落实的稳定性、连续性、纵深性，统筹利用现有工作机制、数字化平台，与现有工作深度融合，突出实干实效，确保实现整体高效、系统最优。

（四）激励担当作为。激扬“五敢”精气神，聚焦执行落实和攻坚破难，坚持严管和厚爱结合、激励和约束并重，建立健全正向激励机制和容错纠错机制，全面调动广大干部队伍的积极性。

附件（略）

文件目录选编

表 74　2023 年中共海盐县委文件目录（选编）

文号	文件名称	发文日期
盐委发〔2023〕1 号	关于表彰 2022 年度海盐县优秀企业的决定	1 月 19 日
盐委发〔2023〕2 号	关于表彰 2022 年度县委县政府重点工作及“五敢”型干部（团队）先进集体和个人的决定	1 月 28 日
盐委发〔2023〕5 号	关于印发《中共海盐县委海盐县人民政府 2023 年工作要点》的通知	2 月 8 日
盐委办发〔2023〕6 号	关于印发《海盐县贯彻落实 2022 年长江经济带生态环境警示片南北湖风景名胜区违规侵占林地问题整改方案》的通知	3 月 9 日
盐委发〔2023〕7 号	关于印发《海盐县“四敢争先”实践活动实施方案》的通知	3 月 16 日
盐委发〔2023〕8 号	印发《关于高质量建设新时代人才强县的若干政策意见》的通知	3 月 24 日
盐委发〔2023〕10 号	印发《关于进一步推动科技创新的若干政策意见》的通知	6 月 19 日

表 75　2023 年中共海盐县委办公室文件目录（选编）

文号	文件名称	发文日期
盐委办发〔2023〕12 号	关于印发《海盐县全面融入长三角一体化发展暨虹桥国际开放枢纽南向拓展带建设三年行动计划（2023—2025 年）》的通知	4 月 6 日
盐委办发〔2023〕14 号	关于开展 2023 年度县级重点课题调研活动的通知	4 月 16 日
盐委办发〔2023〕16 号	关于印发《海盐县加强技能人才队伍建设 加快引育“共同富裕”匠才队伍的实施办法（试行）》的通知	4 月 23 日
盐委办发〔2023〕17 号	关于印发《海盐县深入实施“八八战略”强力推进创新深化改革攻坚开放提升工作总体方案》的通知	4 月 25 日
盐委办发〔2023〕18 号	关于印发《海盐县数字经济创新提质“一号发展工程”实施方案（2023—2027 年）》等文件的通知	5 月 12 日
盐委办发〔2023〕19 号	印发《关于加快建设基本养老服务体系　推进养老服务高质量发展的实施意见》的通知	6 月 10 日
盐委办发〔2023〕25 号	关于印发《2023 中国·海盐南北湖文化旅游节总体方案》的通知	10 月 18 日
盐委办发〔2023〕27 号	关于命名县级爱国主义教育基地的通知	12 月 29 日

表76　2023年海盐县人大常委会文件目录（选编）

文号	文件名称	发文日期
盐人大〔2023〕6号	关于县人大常委会任命干部2023年依法履职满意度测评结果的报告	1月16日
盐人大〔2023〕7号	关于印发《海盐县人民代表大会议事规则》修订稿的通知	2月17日
盐人大〔2023〕8号	海盐县人大常委会2023年工作要点	3月14日
盐人大〔2023〕9号	关于批准浙北高等级航道网集装箱运输通道建设工程嘉兴段（海盐）SG—1标段湖盐公路吕冢桥概算调整的决定	3月14日
盐人大〔2023〕10号	关于批准杭浦高速公路南北湖互通改建工程的决定	3月14日
盐人大〔2023〕22号	关于批准两高联络线地面工程——七沈公路新建工程（海盐沈荡段）的决定	5月19日
盐人大〔2023〕32号	交办《县十六届人大常委会第十一次会议关于“八五”普法实施情况的审议意见》的通知	5月31日
盐人大〔2023〕33号	交办《县十六届人大常委会第十一次会议关于我县高层民用建筑消防安全风险治理工作的审议意见》的通知	6月2日
盐人大〔2023〕34号	交办《县十六届人大常委会第十一次会议关于我县实施机械强农推进农业高质量发展工作的审议意见》的通知	6月6日
盐人大〔2023〕35号	交办《县十六届人大常委会第十一次会议关于2023年度环境状况和环境保护目标完成情况的审议意见》的通知	6月7日
盐人大〔2023〕36号	关于建立人大依法监督与监委专责监督贯通协同工作机制的意见	7月14日
盐人大〔2023〕38号	关于批准海盐县2023年地方政府债务限额及新增债券预算调整方案的决定	8月1日
盐人大〔2023〕46号	交办《海盐县第十六届人大常委会第十二次会议关于2023年上半年国民经济和社会经济计划执行情况及优化营商环境情况的办理意见》的通知	8月4日
盐人大〔2023〕47号	交办《海盐县人大常委会关于县综合行政执法局工作的评议意见》的通知	8月7日
盐人大〔2023〕49号	交办《海盐县人大常委会关于县应急管理局工作的评议意见》的通知	8月4日
盐人大〔2023〕55号	交办《县十六届人大常委会第十三次会议关于我县全民健身工作情况的审议意见》的通知	10月7日
盐人大〔2023〕56号	交办《县十六届人大常委会第十三次会议关于未成年人检察工作情况的审议意见》的通知	9月28日
盐人大〔2023〕57号	交办《县十六届人大常委会第十三次会议关于2023年度城乡规划实施情况的审议意见》的通知	10月9日
盐人大〔2023〕58号	交办县十六届人大常委会第十三次会议关于《全面提升城市品质，加快打造杭州湾面海第一城的议案》的处理意见中有关人气、烟火气不足问题办理情况报告审议意见的通知	10月9日
盐人大〔2023〕60号	关于批准海盐县武原街道绿色产业园区基础配套项目——武原街道绿色产业园区小微企业园二期工程建设项目的决定	11月30日
盐人大〔2023〕61号	关于进一步落实2023年上半年国民经济和社会发展计划执行情况及法治化营商环境情况审议意见的督办通知	12月8日
盐人大〔2023〕68号	交办《海盐县十六届人大常委会第十四次会议关于海盐县“十四五”规划纲要中期执行情况的审议意见》的通知	12月5日
盐人大〔2023〕75号	关于举行海盐县第十六届人民代表大会第三次会议的决定	12月28日

表 77　2023 年海盐县人大常委会办公室文件目录（选编）

文号	文件名称	发文日期
盐人大办〔2023〕3 号	关于表彰 2023 年度“五好”先进履职代表、优秀建议、优秀基层单元、基层单元优秀实践案例和优秀人大代表小组的决定	1 月 13 日
盐人大办〔2023〕9 号	关于印发《县人大常委会关于开展“三领三助”推动全县高质量发展行动方案》的通知	3 月 10 日
盐人大办〔2023〕16 号	印发《关于组织全县各级人大代表“六带头”助力三个“一号工程”，助推全县“三个三”工作暨“奋进新征程 履职建新功”主题活动的实施办法》的通知	5 月 12 日
盐人大办〔2023〕18 号	关于全县婴幼儿照护服务体系建设工作的意见和建议	6 月 25 日
盐人大办〔2023〕26 号	关于海盐县镇村一体“站站联动”强化基层监督的指导意见	9 月 4 日
盐人大办〔2023〕27 号	关于转发《关于推进“六化协同”进一步深化新时代镇（街道）人大工作的实施意见》的通知	10 月 19 日
盐人大办〔2023〕28 号	关于印发《关于进一步加强新时代街道居民议事工作的实施意见》的通知	10 月 19 日

表 78　2023 年海盐县人民政府文件目录（选编）

文号	文件名称	发文日期
盐政发〔2023〕4 号	关于印发海盐县城市节约用水管理办法的通知	1 月 18 日
盐政发〔2023〕5 号	关于印发海盐县城市供水管理办法的通知	1 月 18 日
盐政发〔2023〕9 号	关于下达 2023 年海盐县国民经济和社会发展计划的通知	2 月 20 日
盐政发〔2023〕10 号	关于印发海盐县贯彻浙江省推动经济高质量发展若干政策承接落实方案的通知	2 月 24 日
盐政发〔2023〕11 号	关于高水平全面推进农业现代化建设的若干政策意见	3 月 21 日
盐政发〔2023〕13 号	关于印发海盐县国有企业经营性投资项目管理暂行办法的通知	4 月 2 日
盐政发〔2023〕16 号	关于给予张青茹等三名见义勇为人员表彰的决定	5 月 16 日
盐政发〔2023〕17 号	关于聘任特邀行政执法监督员的通知	5 月 29 日
盐政发〔2023〕18 号	关于印发海盐县零碳未来城开发建设方案的通知	5 月 30 日
盐政发〔2023〕19 号	关于 2023 年建设宜居和美乡村的若干政策意见	6 月 8 日
盐政发〔2023〕21 号	关于表彰 2022 年度“走出去发展”优秀建筑企业的通知	6 月 29 日
盐政发〔2023〕23 号	关于印发海盐县税费服务和征管协同共治共同富裕示范区试点实施方案（2023—2025 年）的通知	7 月 19 日
盐政发〔2023〕24 号	关于加快推进气象高质量发展的实施意见	8 月 18 日
盐政发〔2023〕26 号	关于印发海盐县打造“杭州湾两桥之间黄金海岸经济带”中长期规划（2023—2035 年）的通知	8 月 29 日
盐政发〔2023〕28 号	关于印发《海盐县养老服务设施布局专项规划（2021—2035 年）》的通知	9 月 26 日
盐政发〔2023〕31 号	关于公布海盐县一般湿地保护名录（第一批）的通知	12 月 8 日
盐政发〔2023〕32 号	关于印发海盐县沿海防潮二道防线方案的通知	12 月 22 日

续表 78

文号	文件名称	发文日期
盐政发〔2023〕33 号	关于公布海盐县第一批历史地段的通知	12 月 23 日
盐政发〔2023〕34 号	关于印发海盐县惠民殡葬实施办法的通知	12 月 25 日
盐政发〔2023〕38 号	关于公布第八批海盐县非物质文化遗产代表性项目名录的通知	12 月 29 日

表 79　2023 年海盐县人民政府办公室文件目录（选编）

文号	文件名称	发文日期
盐政办发〔2023〕1 号	关于印发海盐县加快推动“专精特新”中小企业高质量发展行动方案（2022—2025 年）的通知	1 月 19 日
盐政办发〔2023〕2 号	关于印发海盐县支持工业企业“专精特新”高质量发展的若干政策意见的通知	1 月 19 日
盐政办发〔2023〕3 号	关于印发海盐县推进制造业数字化绿色化转型若干政策意见的通知	1 月 19 日
盐政办发〔2023〕6 号	关于印发《海盐县创建浙江省食品安全示范县工作方案》的通知	3 月 9 日
盐政办发〔2023〕7 号	关于印发推进以县城为重要载体的城镇化建设若干政策的通知	3 月 24 日
盐政办发〔2023〕8 号	关于印发海盐县体系化推进“十项重大工程”工作总体方案的通知	3 月 28 日
盐政办发〔2023〕10 号	关于印发海盐县公共服务“七优享”工程推进方案（2023—2027 年）的通知	3 月 29 日
盐政办发〔2023〕12 号	关于印发促进海盐县开放型经济稳定发展若干意见的通知	3 月 31 日
盐政办发〔2023〕13 号	关于印发海盐县贯彻落实浙江省税费服务和征管保障办法实施办法的通知	4 月 20 日
盐政办发〔2023〕14 号	关于印发海盐县基本建设项目控制标准管理指导意见的通知	4 月 24 日
盐政办发〔2023〕15 号	关于印发海盐县金融支持经济发展考评办法（2023 年修订）的通知	4 月 29 日
盐政办发〔2023〕16 号	关于印发海盐县有效投资“百项千亿”工程实施方案（2023—2027 年）等方案的通知	4 月 28 日
盐政办发〔2023〕17 号	关于进一步加强海盐县土地储备的实施意见（试行）	5 月 8 日
盐政办发〔2023〕18 号	关于印发海盐县推动工业园区有机更新促进工业转型升级若干意见（试行）的通知	5 月 18 日
盐政办发〔2023〕19 号	关于公布海盐普亿紧固件有限公司等 3 处为挂牌督办重大火灾隐患单位（区域）的通知	5 月 31 日
盐政办发〔2023〕20 号	关于印发海盐县 2023 年生态环境提升行动实施方案的通知	6 月 8 日
盐政办发〔2023〕21 号	关于印发海盐县加快推进核电关联及核技术应用（同位素）、5G 通讯及电子信息、氢能产业发展专项政策意见的通知	6 月 26 日
盐政办发〔2023〕22 号	关于进一步加强卫生人才队伍建设的若干意见	6 月 30 日
盐政办发〔2023〕23 号	关于公布海盐中达海港智慧城列为重大火灾隐患区域的通知	7 月 11 日
盐政办发〔2023〕24 号	关于印发海盐县千亩荡饮用水水源保护区管理办法的通知	7 月 26 日
盐政办发〔2023〕25 号	关于印发海盐县促进服务业高质量发展若干政策意见的通知	8 月 28 日
盐政办发〔2023〕26 号	关于撤销海盐普亿紧固件有限公司等 3 家重大火灾隐患单位的通知	8 月 17 日

续表 79

文号	文件名称	发文日期
盐政办发〔2023〕28 号	关于促进海盐县小微园区企业园高质量发展的实施意见（试行）	9 月 12 日
盐政办发〔2023〕29 号	关于印发海盐县新一轮工业企业“亩均论英雄”绩效综合评价和结果应用办法的通知	9 月 12 日
盐政办发〔2023〕30 号	关于印发《海盐县创建“省中医药综合改革先行区”实施方案（2023—2025 年）》的通知	9 月 20 日
盐政办发〔2023〕32 号	关于印发海盐县“同位同为”特色产业外资集聚地先行区试点项目实施方案的通知	9 月 28 日
盐政办发〔2023〕33 号	关于印发海盐县构建国际营销体系建设创新试点实施方案的通知	9 月 28 日
盐政办发〔2023〕35 号	关于印发海盐县生产安全事故应急预案的通知	11 月 12 日
盐政办发〔2023〕36 号	关于印发海盐县深化农村集体经营性建设用地入市试点工作方案的通知	11 月 21 日
盐政办发〔2023〕37 号	关于擦亮“优学在盐”品牌　推进教育全面高质量发展的实施意见	11 月 5 日
盐政办发〔2023〕38 号	关于印发《海盐县儿童友好城市建设三年行动方案（2023—2025 年）》的通知	12 月 27 日
盐政办发〔2023〕40 号	关于印发海盐县促进残疾人就业行动方案（2023—2025 年）的通知	12 月 27 日

表 80　2023 年政协海盐县委员会文件目录（选编）

文号	文件名称	发文日期
盐政协〔2023〕3 号	县政协十届二次会议意见建议	2 月 22 日
盐政协〔2023〕4 号	关于印发《中共政协海盐县委员会党组 2023 年工作要点和政协第十届海盐县委员会 2023 年重点工作任务分工方案》的通知	3 月 10 日
盐政协〔2023〕5 号	关于暂停穆云飞履行政协第十届海盐县委员会委员职责的决定	3 月 27 日
盐政协〔2023〕6 号	关于印发《海盐县政协 2023 年度委员读书活动方案》的通知	4 月 18 日
盐政协〔2023〕8 号	关于印发政协第十届海盐县委员会常务委员会第六次会议审议通过的有关人事事项的通知	7 月 1 日
盐政协〔2023〕9 号	关于印发《政协海盐县委员会提案质量和提案办理质量评价办法（试行）》的通知	7 月 3 日
盐政协〔2023〕10 号	关于印发《政协海盐县委员会重点提案遴选与督办办法（试行）》的通知	7 月 3 日
盐政协〔2023〕11 号	关于印发《政协海盐县委员会提案审查立案实施细则》的通知	7 月 3 日
盐政协〔2023〕12 号	关于印发政协第十届海盐县委员会常务委员会第七次会议审议通过的有关人事事项的通知	10 月 8 日
盐政协〔2023〕13 号	关于印发《政协海盐县委员会关于深化委员联系界别群众工作的实施意见》的通知	11 月 23 日

表 81　2023 年政协海盐县委员会办公室文件目录（选编）

发文号	文件名称	发文日期
盐政协办〔2023〕8 号	中共海盐县委办公室　海盐县人民政府办公室　政协海盐县委员会办公室关于做好 2023 年度政协重点提案办理工作的通知	3 月 22 日
盐政协办〔2023〕9 号	关于开展 2023 年度提案跟踪督办的通知	3 月 27 日
盐政协办〔2023〕10 号	关于明确 2023 年度调研课题的通知	3 月 31 日
盐政协办〔2023〕12 号	关于围绕“深化‘千万工程’、建设美丽乡村情况”开展县政协专项集体民主监督的实施方案	6 月 5 日
盐政协办〔2023〕18 号	关于开展 2023 年度政协提案质量和提案办理质量评价的通知	9 月 11 日
盐政协办〔2023〕21 号	关于围绕营商环境优化提升“一号改革工程”实施情况开展三级政协联动专项集体民主监督的通知	10 月 10 日
盐政协办〔2023〕22 号	政协海盐县委员会办公室关于征集县政协十届三次会议提案和社情民意信息的通知	12 月 7 日

社会经济统计资料

社会经济统计示意图

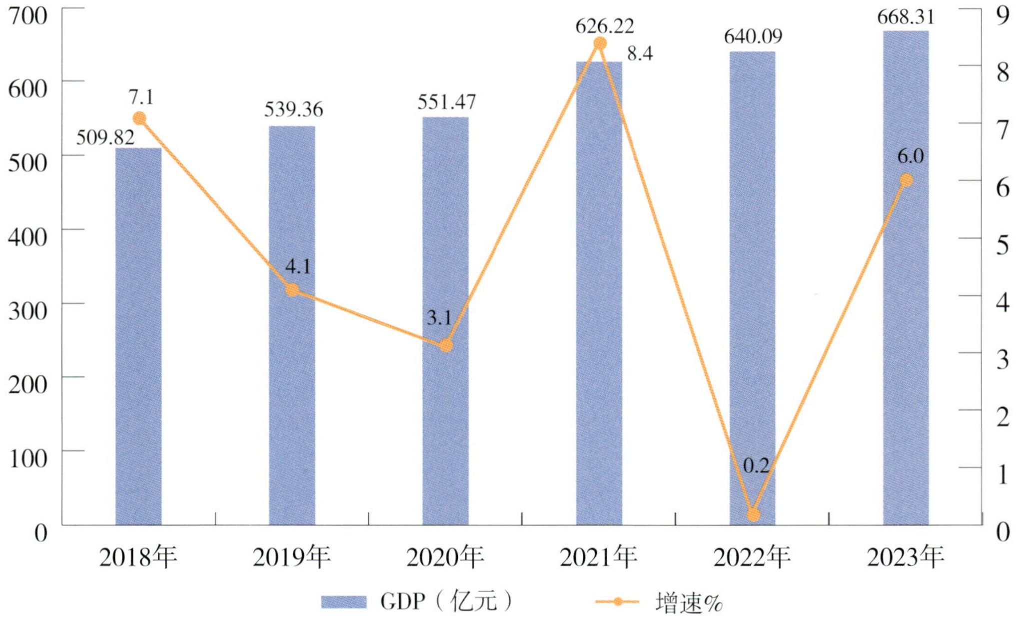

2018—2023年全县地区生产总值及增速情况

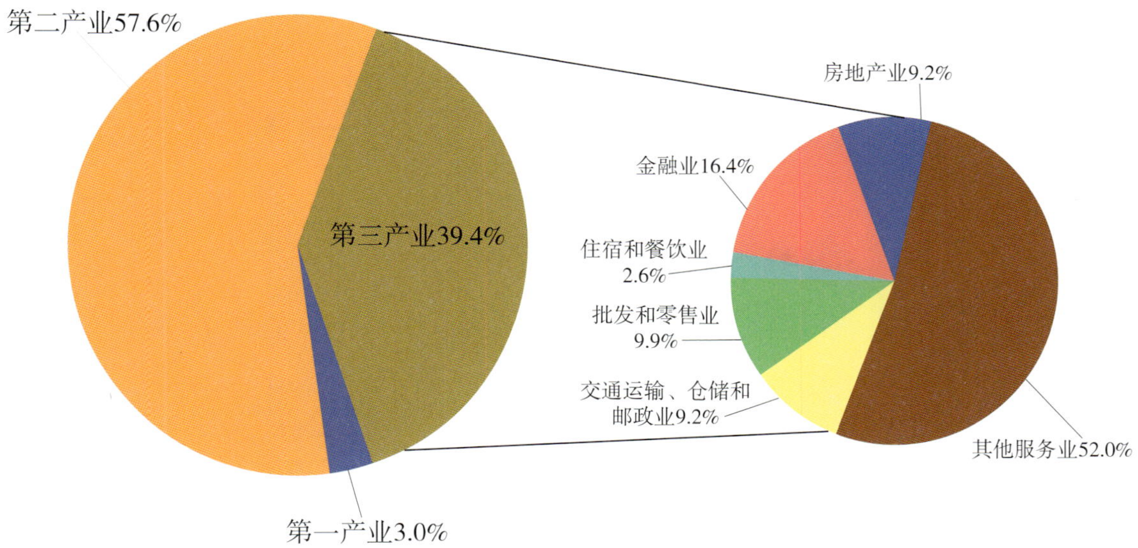

2023年全县各产业增加值占生产总值比重情况

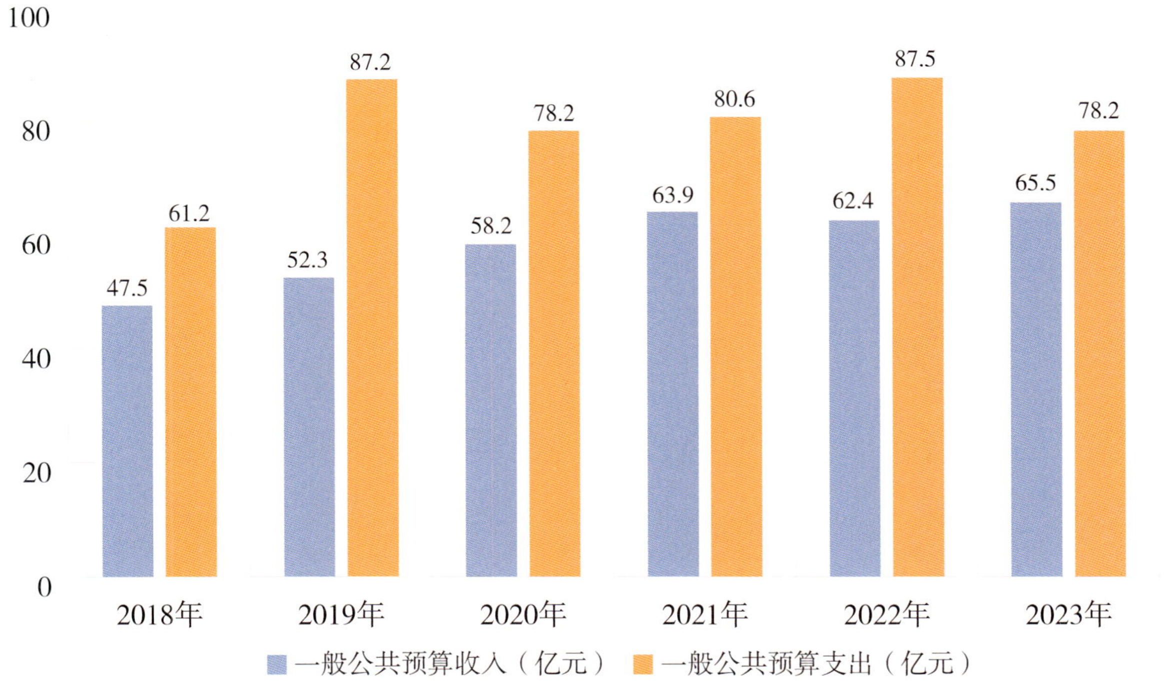

2018—2023年全县一般公共预算收入与支出情况

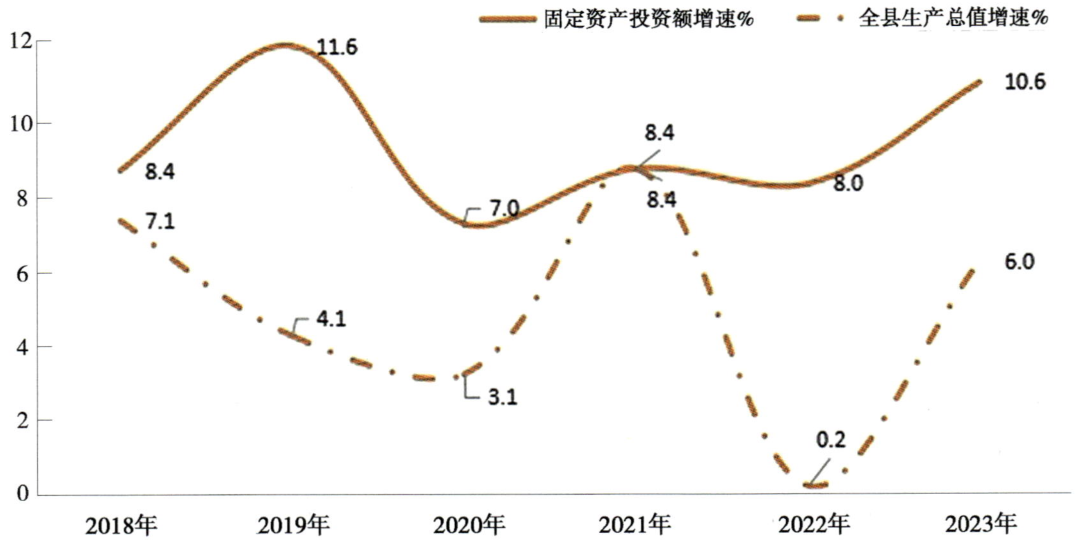

2018—2023年全县固定资产投资增速与同时期生产总值增速情况

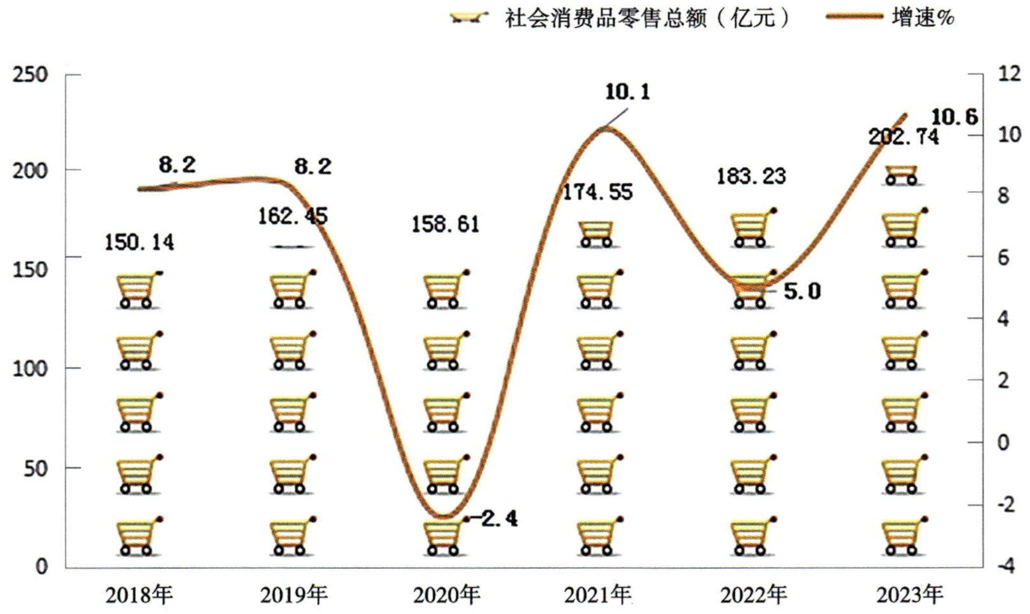

2018—2023年全县社会消费品零售总额及增速情况

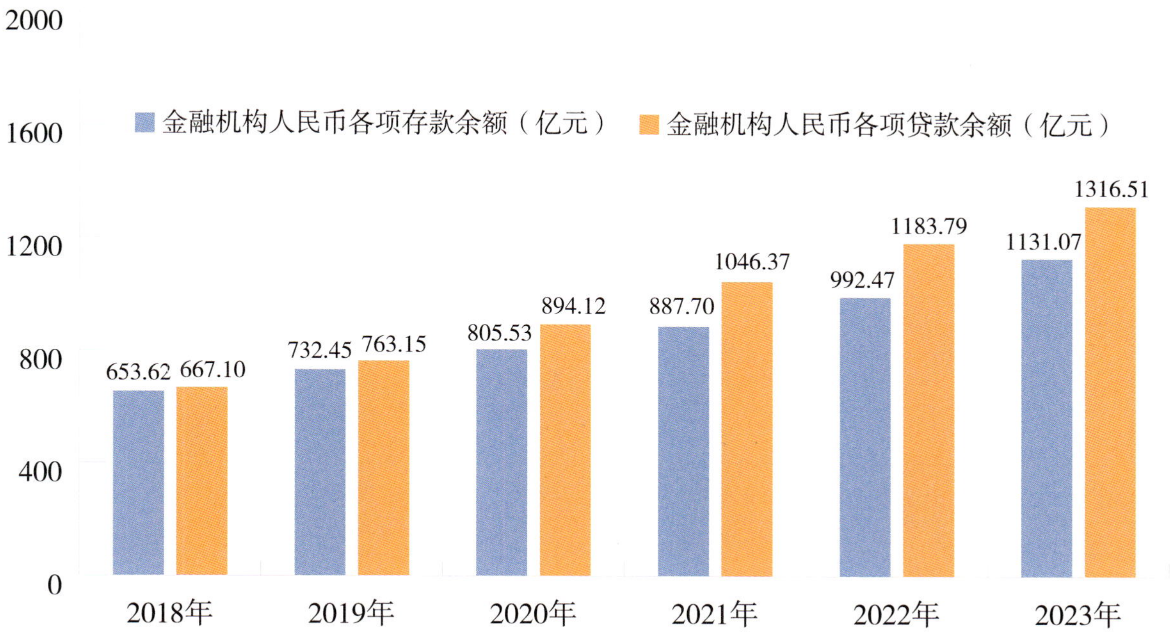

2018—2023年全县金融机构人民币存贷款余额情况

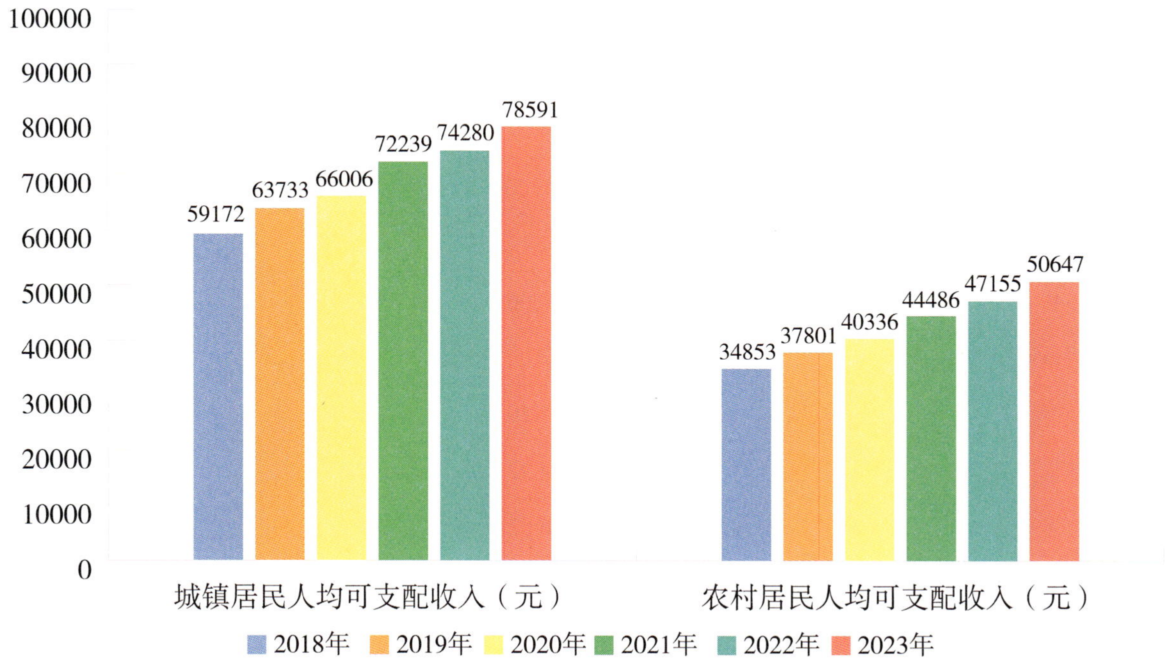

2018—2023年全县城乡居民人均可支配收入情况

表 82　2023 年海盐县主要统计指标情况表

指标	计量单位	2023 年	2022 年	2023 年比 2022 年增减（%）
一、年末总人口（户籍人口）	人	383782	383666	0.0
城镇人口	人	222410	215359	3.3
乡村人口	人	161372	168307	–4.1
女性人口	人	196766	196154	0.3
年末总户数	户	133561	131993	1.2
自然增长率	‰	–4.01	–1.91	减少 2.10 个千分点
二、常住人口	万人	47.09	46.87	0.5
城镇化率	%	67.06	66	提升 1.06 个百分点
三、年末全部从业人员	万人	29.39	29.15	0.8
四、经济总量				
全县生产总值	亿元	668.31	640.09	6.0
其中，县内	亿元	584.11	554.28	7.3
第一产业	亿元	20.10	18.76	4.8
第二产业	亿元	384.88	375.83	5.3
其中，县内二产	亿元	300.69	290.02	7.7
工业	亿元	360.70	354.17	4.9
县内工业	亿元	276.51	268.36	7.3
建筑业	亿元	24.27	21.73	12.7
第三产业	亿元	263.33	245.50	7.0
交通运输、仓储和邮政业	亿元	24.19	20.78	12.6
批发和零售业	亿元	26.06	24.61	6.2
住宿和餐饮业	亿元	6.95	6.02	12.3
金融业	亿元	43.20	41.55	8.1
房地产业	亿元	24.32	25.35	–5.4
营利性服务业	亿元	96.62	87.11	10.0
非营利性服务业	亿元	40.37	38.56	3.3
五、工业				
规模以上工业增加值	万元	3278773	3113846	5.1
其中，县内	万元	2178235	2054922	7.9
高新技术产业	万元	2690689	2470603	5.4

续表 82

指标	计量单位	2023 年	2022 年	2023 年比 2022 年增减（%）
装备制造业	万元	1182551	1154431	4.4
战略性新兴产业	万元	1725729	1663953	3.1
十七大重点传统制造业	万元	1383893	1256857	12.0
八大高耗能行业	万元	1830818	1691218	6.3
高端装备制造业	万元	1714840	1636900	1.3
环保制造业	万元	1310505	1253352	1.3
健康制造业	万元	4880	5155	–8.0
数字经济核心产业制造业	万元	418274	332602	10.1
时尚制造业	万元	126464	135197	–1.9
从规模以上工业企业效益指标看				
营业收入	万元	13371921	13492690	–0.9
利税总额	万元	1614971	1562183	3.4
利润总额	万元	1159957	1159619	0.0
工业亏损企业亏损额	万元	166161	131200	26.6
工业亏损企业户数	个	182	162	12.3
产品销售率	%	97.3	97.5	–0.2
六、固定资产投资完成额	万元	3450964	3121424	10.6
其中，核电	万元	52005	23182	124.3
县内	万元	3398959	3098242	9.7
按控股情况分				
国有控股	万元	1135403	1091703	4.0
非国有控股	万元	2232677	2029721	10.0
其中，民间投资	万元	1857081	1845607	0.6
按三次产业分				
第一产业	万元	11692	20136	–41.9
第二产业	万元	1243193	1133072	9.7
工业投资	万元	1243193	1133072	9.7
县内工业投资	万元	1206714	1119142	7.8
第三产业	万元	2113195	1968216	7.4
七、利用外资、进出口				

续表 82

指标	计量单位	2023 年	2022 年	2023 年比 2022 年增减(％)
合同利用外资	亿美元	8.69	7.33	18.6
实际利用外资（部口径）	亿美元	3.53	3.36	5.1
进出口总额	亿元	315.97	278.45	13.2
进口	亿元	38.25	35.77	6.9
出口	亿元	277.72	242.68	14.1
八、社会消费品零售总额	万元	2027434	1832347	10.6
限额以上消费品零售总额	万元	366169	293946	17.1
批发业	万元	880977	807326	3.7
限额以上	万元	8464	5694	4.3
零售业	万元	960577	802756	15.0
限额以上	万元	309819	251470	17.3
住宿业	万元	16732	14683	2.8
限额以上	万元	11704	10868	7.9
餐饮业	万元	169147	131188	28.9
限额以上	万元	36183	25913	21.5
九、财政、金融				
财政总收入	万元	1143672	1069108	7.0
一般公共预算收入合计	万元	655397	623726	5.1
税收收入	万元	550812	501720	9.8
1. 增值税（50%）	万元	278334	202718	37.3
2. 企业所得税（40%）	万元	115966	141734	-18.2
3. 个人所得税（40%）	万元	23770	19940	19.2
非税收入	万元	104585	122006	-14.3
一般公共预算支出合计	万元	781601	875482	-10.7
税收收入	万元	1093949	1007745	8.6
其中，核电	万元	352371	390453	-10.7
县内	万元	741578	617292	20.9
第二产业	万元	485062	397315	23.1
第三产业	万元	256091	219760	16.9
金融机构本外币各项存款	万元	11544540	10152276	13.7
金融机构本外币各项贷款	万元	13193221	11862392	11.2

续表 82

指标	计量单位	2023 年	2022 年	2023 年比 2022 年增减(%)
金融机构人民币各项存款	万元	11310671	9924668	14.0
其中:住户存款	万元	6854958	5667221	21.0
金融机构人民币各项贷款	万元	13165062	11837932	11.2
其中,住户贷款	万元	4292914	4185450	2.6
十、城乡居民生活				
城镇居民人均可支配收入	元	78591	74280	5.8
城镇居民人均消费性支出	元	52014	47676	9.1
其中,食品支出	元	13069	11655	12.1
农村居民人均可支配收入	元	50647	47155	7.4
农村居民人均消费性支出	元	37287	33053	12.8
其中,食品支出	元	10020	8540	17.3
城镇居民人均住房建筑面积	平方米	46.9	46.5	0.9
农村居民人均住房建筑面积	平方米	61.2	62.4	-1.9

注:1.2023 年生产总值为快报数据,已扣除物价指数。

2. 工业企业统计数据为快报数据;规模以上工业统计口径为年主营业务收入 2000 万元及以上。

(叶晓婷)

单位或个人编著成果

表 83　2023 年度海盐县单位或个人编著成果情况表

序号	成果名称(书名)	编著单位	主编(著)	出版单位	出版时间
1	《守望塔》		夏永军	浙江工商大学出版社	2023 年 1 月
2	《江南寻味记》		宋乐明	浙江工商大学出版社	2023 年 1 月
3	《毛泽东诗词鉴赏:朗读版》		祝建秀	中国画报出版社	2023 年 1 月
4	《推开时间的窗户》		宋乐明	浙江工商大学出版社	2023 年 4 月
5	《张元济研究选编》	张元济研究会 张元济图书馆		沈阳出版社	2023 年 5 月
6	《轻轻地,廉风吹过海盐》	海盐县纪委县监委、海盐县委宣传部、海盐文联、黄亚洲工作室		浙江文艺出版社	2023 年 6 月

续表 83

序号	成果名称（书名）	编著单位	主编（著）	出版单位	出版时间
7	《倚晴楼——晚清戏曲家黄燮清传》		孙晓梅	西泠印社出版社	2023 年 7 月
8	《Photoshop CC 岗位实训活页手册》		陈黎军	浙江科学技术出版社	2023 年 8 月
9	《陌上何忧》		何雪凤	浙江工商大学出版社	2023 年 8 月
10	《赛课者说》		何月丰	上海教育出版社	2023 年 9 月
11	《Python 大数据处理——从入门到实战》		张磊	电子科技大学出版社	2023 年 9 月
12	《海盐神歌书（上下册）》		胡永良	商务印书馆	2023 年 11 月
13	《澉浦甪里堰风云纪实录》		许懋汉、徐培林、陆震宇、周孝文	吴越音像出版社	2023 年 11 月
14	《老海盐》		张平	中国文史出版社	2023 年 11 月
15	《斫木显文心——四十年木器非遗传承散录》		印振群	西泠印社出版社	2023 年 12 月
16	《金缕衣》		韩李英	浙江工商大学出版社	2023 年 12 月
17	《海盐年鉴（2023）》		周海军	中华书局	2023 年 12 月

（县档案馆）

索 引

说 明

一、本索引采用主题分析法编制。索引范围包括各类目、分目、条目等。“特载”“专记”等部类的具体内容未做索引，仅以其部类名称标示。

二、索引名称按汉语拼音音序（同音字按声调）排列。类目、分目用黑体字标示，其余用宋体字标示。索引名称后的数字表示内容所在页码，页码后的 a、b、c 分别表示版面的一、二、三栏。

三、索引空两字位起排的款目为上一主题的“附见”。同一主题的“参见”只标页码。为便于读者检索，内容有交叉的款目，在本索引中重复出现。

四、以数字或字母开头的条目，不按音序排列，集中于“非音序”栏中。

A

B

C

D

E

F

G

H

J

K

L

M

N

P

Q

R

S

T

W

X

Y